rowohlt
BERLIN

Christian Nürnberger

Frauen

Warum wir sie trotzdem lieben

Rowohlt · Berlin

1. Auflage März 2004

Satz aus der Berthold Bembo PostScript,
PageMaker von Pinkuin Satz und Datentechnik,
Berlin
Druck und Bindung Clausen & Bosse, Leck
ISBN 3 87134 465 6

Für Petra

Inhalt

Was können wir wissen, was dürfen wir hoffen, was sollen wir tun?

Eines Tages stand plötzlich Giovanni wie aus dem Erdboden gewachsen vor meinem Schreibtisch und sprach: «Du sollst uns ein Buch über Frauen schreiben, Harry.»

«Unmöglich», antwortete ich, «ich bin der größte Frauenmissversteher der nördlichen Halbkugel und wahrscheinlich auch der südlichen, aber da kenne ich mich nicht so aus.»

«Das kann nicht sein», sagte Giovanni, Lektor bei einem renommierten Verlag. «Da du seit rund zwanzig Jahren Tisch, Bett und all den anderen Ärger mit ein und derselben Frau teilst, musst du über irgendein Wissen verfügen, das dir diese Leistung ermöglicht.»

«Leistung?», antwortete ich. «Wer sagt dir denn, dass es sich dabei nicht um pure Trägheit handelt? Und wenn schon Leistung, warum soll es *meine* Leistung sein und nicht die von Katja? Wie ich diese zwanzig Jahre heil überstanden habe, ist mir selbst ein Rätsel. Außerdem gibt es auch heute noch Tage, an denen mir Katja völlig unverstehbar erscheint. Andere Männer mit schwächeren Nerven würden an solchen Tagen davonlaufen. Vermutlich liegt darin der ganze Witz des heutigen Beziehungs-Schlamassels: Männer haben zu schwache Nerven.»

«Harry», sagte Giovanni, «wenn es so einfach wäre,

wie du behauptest, wie erklärst du dir dann die hunderttausend Meter Buch, die jedes Jahr über die Krise zwischen Männern und Frauen geschrieben werden?»

«Keine Ahnung. Vielleicht haben die Leute zu viel Zeit zum Bücherschreiben, vielleicht haben sie zu viel Zeit, sich mit sich selbst zu beschäftigen. Früher, als man noch sechs Tage in der Woche arbeiten musste, gab es bedeutend weniger Ehescheidungen. Die Empfehlung diverser Regierungskommissionen, wieder mehr zu arbeiten, würde vermutlich nicht nur unser Land, sondern auch unsere Ehen retten.»

«Lenk nicht ab», sagte Giovanni, «schreib mir das Buch.»

«Ich weiß nicht, was ich schreiben soll», erwiderte ich wahrheitsgemäß.

«Du willst dein Geheimwissen mit niemandem teilen? Willst die leidende Menschheit immer tiefer in Beziehungsstress und Liebeschaos versinken sehen? Willst dich am Elend derer laben, die von einer Ehekatastrophe in die nächste taumeln? Du bist auch nicht mehr wert als der Schaum zwischen den Hinterbacken der Rösser der berühmten Bestattungsfirma Bellomondo, während sie an einem heißen Augusttag nach der achten Beerdigung die steile Straße zum Capodimonte hinaufziehen.»

Schmähen können sie, die Italiener, das muss man ihnen lassen. Aber will man mit so einem verheiratet sein? Es wundert mich nicht, dass Giovanni schon drei Ehen, zwei Lebensabschnittspartnerschaften und fünf Paartherapien hinter sich hat. Zurzeit lebt er mit einem Hund und zwei Katzen zusammen, und nicht einmal diese Beziehungen funktionieren. Wahrscheinlich ist er kreuzunglücklich, sehnt sich nach der endgültigen Liebe mit einer Frau, die ihm Mama, Hure und Heilige in einer Person ist, und will von mir jetzt eigentlich nur wissen, wie er so eine finden soll. Aber ich tauge nicht zum kleinen Beziehungsberater und erst recht nicht zum großen. Ich werde Giovanni diese Idee ausreden müssen.

Daher fragte ich ihn: «Wieso überhaupt ein Buch über Frauen von einem Mann? Stünde es mir nicht viel besser an, ein Buch über Männer zu schreiben?»

«Das gibt es schon», sagte Giovanni.

«Und, haben's die Männer gelesen?»

«Nein, die Frauen.»

«Und das Buch über die Frauen sollen jetzt die Männer lesen?»

«Nein, die Frauen. Männer lesen nicht. Frauen möchten die Männer und sich selbst verstehen, darum lesen sie.»

«Und Männer möchten nicht die Frauen und sich selbst verstehen?»

«Männer meinen, sie hätten schon alles verstanden.»

«Kann sich unser Industriestandort Deutschland Männer leisten, die nicht lesen und meinen, alles schon verstanden zu haben?»

«Natürlich nicht. Darum geht es unserem Industriestandort ja so, wie es ihm geht. Also, Harry, schreibst du jetzt das Buch?»

«Wenn es das Buch schon gibt, in dem Frauen erklärt wird, wie Männer ticken, Männer aber nicht lesen, weil sie offenbar nicht interessiert, wie Frauen ticken, liefe es also auf ein Buch hinaus, in dem Frauen erklärt wird, wie sie selber ticken. Du glaubst doch nicht im Ernst, dass sich Frauen heutzutage von einem Kerl wie mir erzählen lassen, wie sie ticken.»

«Du sollst ja auch kein Buch schreiben über die Frau als Uhr oder Zeitbombe, sondern etwas Ernstzunehmendes, Innovatives, Grundsätzliches, was über den Tag hinaus Bestand hat.»

«Ist nicht alles schon gesagt und geschrieben worden zu diesem Thema?»

«Ja, aber es muss immer wieder neu gesagt und geschrieben werden.»

«Gibt es nicht Heerscharen von Psychologen, Therapeuten, Eheberatern, Aggressionstrainern und nicht zuletzt Dichtern und Denkern, die das Thema erschöpfend abgehandelt haben? Warum soll ich als blutiger Laie jetzt auch noch auf dieser abgegrasten Wiese grasen?»

«Ach Harry», sagte Giovanni, «unter den Heerscharen grasender Berater gibt es kaum einen, der auf eine 20-jährige Beziehung mit einer einzigen Frau zurückblicken kann. Würdest du dich von einem Anwalt beraten lassen, der noch nie einen Prozess gewonnen hat?»

Das leuchtete mir ein. Dennoch fragte ich mich: Warum will er plötzlich ein Buch über Frauen von mir? Ich muss ihm diesen Quatsch ausreden. Schließlich haben wir ganz andere Probleme. Die Regierung wankt, das Ozonloch wächst, Vater Rhein trocknet aus, Hitze und Dürre künden vom Treibhauseffekt, wir versagen bei der Erziehung unserer Kinder, die Bildung der Deutschen besteht nur noch aus Lücken, Dieter Bohlen gilt als der bedeutendste Deutsche, und seit Helmut Kohl die Arbeitslosen halbieren wollte, verdoppeln sie sich jedes Jahr – darüber müsste man mal ein Buch schreiben.

Kühl beschied ich meinen Lektor: «Ich weiß nicht, was ich über das Thema zu sagen hätte. Es geht mir auf die Nerven, dieses ewig gleiche Frauenmagazin- und Talkshowgeschwätz über Männer und Frauen, die drin sind in einer Beziehung und rauswollen oder draußen sind und reinwollen. Wahrscheinlich steckt darin das ganze Geheimnis meiner 20-jährigen Ehe, dass mir dieses ermüdende Rein und Raus noch nervenzerrüttender erscheint als die Mühe, mit einer einzigen unverstehbaren Frau einigermaßen friedlich den Alltag zu bewältigen und sie dabei langsam verstehen zu lernen. Im Grunde weiß ich auch nicht viel mehr als die Harlekin-Garnele, über die ich in der Zeitung gelesen habe, dass sie total monogam lebt, weil, wie der Max-Planck-Direktor Wickler herausgefunden haben will, die fortdauernde Partnerschaft den Garnelenstress lindere und auf diese Wirbellosen beruhigend wirke.»

«Du sollst nicht über Harlekin-Garnelen schreiben», sagte mein Lektor, «auch nicht über Rein-Raus-Kisten, sondern über die Liebe.»

«Über die Liebe? Spinnst du? Du wirst doch wohl wissen, dass man über die Liebe schon lange nicht mehr unschuldig schreiben kann, eigentlich überhaupt nicht mehr, und wenn doch, dann allenfalls noch im Stil der Farce oder der Tragikomödie.»

«Du hast eben was Schönes gesagt», schmeichelte mir Giovanni, «du hast gesagt, dass es darauf ankomme, mit seiner unverstehbaren Frau irgendwie einigermaßen friedlich den Alltag zu bestehen und sie dabei immer besser verstehen zu lernen. Die Wörtchen friedlich und verstehen», sagte Giovanni träumerisch, «die sind's. Es gibt eine große Sehnsucht nach Frieden und liebendem Verstehen. Das ist das Megathema, dein Thema, schreib's auf.»

Giovanni redete sich in eine schwer nachvollziehbare Begeisterung hinein: «Du könntest eine deiner Lieblingsanekdoten unterbringen, diese Geschichte von den Geschirr spülenden Physikern in Heisenbergs Hütte, wo Niels Bohr oder Werner Heisenberg, oder ist es Einstein, na, du weißt schon, wo einer dieser Großphysiker sagt, zu philosophischen Wahrheiten gelange man auf ähnliche Weise wie zu sauberem Geschirr auf der Alm. Man spült das schmutzige Zeug in schmutzigem Wasser, trocknet es mit schmutzigen Tüchern ab, und am Ende ist es sauber. Das könntest du doch auf die Ehe übertragen. Die zwei Geschlechter in ihrer schmutzigen Brühe des prinzipiellen Nichtverstehens reiben sich aneinander, zoffen sich, brüllen, schlagen um sich, und dabei klärt sich auf geheimnisvolle Weise die trübe Brühe, am Ende sehen die beiden klar, und sie erkennen einander.»

«Du meinst: durch gegenseitiges Nichtverstehen zum Verstehen und schließlich zum ewigen Frieden? Soll ich vielleicht das Ende des Geschlechterkriegs ausrufen?»

«Nicht schlecht. So könnte man es auf den Punkt bringen. Du würdest den Friedensnobelpreis bekommen, es herrscht zurzeit Kandidatenmangel für diesen Preis.»

«Friedensnobelpreis? Für mich? Das ist allerdings etwas anderes», sagte ich, «verdient hätte ich ihn, daran kann kein Zweifel bestehen. Vielleicht hast du Recht, vielleicht sollte ich das Buch schreiben, um dem Nobelpreiskomitee aus seiner Verlegenheit zu helfen. Sie werden froh sein, endlich einen so überzeugenden Kandidaten gefunden zu haben.»

«Du wirst also liefern?»

«Friedensnobelpreis», sagte ich, «das ist eine ganz neue Herausforderung, vor so etwas darf man sich nicht drücken, da rennt man nicht weg. Also gut, ich nehme dein Angebot an.»

«Wie könnte denn der Titel lauten? ‹Das Geheimnis trüber Brühen› oder ‹Klare Brühe› oder vielleicht ‹Zum ewigen Frieden›?»

«Quatsch», sagte ich, «andererseits, es stimmt, man muss es philosophisch aufziehen. Immer, wenn es nicht mehr weitergeht – und die überbordende Fülle der Rein-Raus-Literatur ist ja ein Beleg, dass es tatsächlich schon lange nicht mehr weitergeht –, sind wir genötigt, zu philosophieren und die grundlegenden Fragen zu stellen, etwa von der Art: ‹Wer spült? Wer kocht? Wer putzt? Wer bügelt?›»

«Ich fürchte, die grundlegende Bedeutung dieser philosophieträchtigen Fragen wird noch nicht von allen verstanden», wandte Giovanni ein.

«Da kannst du Recht haben», gab ich zu, «vielleicht sollten wir die Fragen daher doch lieber in ihrer klassischen Form stellen, also etwa so:

‹Frauen. – Was können wir wissen? Was dürfen wir hoffen? Was sollen wir tun?›»

«Das ist gut», sagte mein Lektor, «das ist sehr gut, vielleicht ein bisschen zu lang, aber gut. Also, schlag ein.»

Giovanni reichte mir die Hand, und ich schlug ein.

Wir öffneten eine Flasche Rotwein. Danach noch eine und dann noch mehrere. Als wir uns verabschiedeten, erhob Giovanni im Hinausgehen den Zeigefinger und sagte: «Aber, mein Freund, wir sind uns doch einig, dass du ein Buch über Frauen schreibst? Also nichts über den Urknall, nichts über Chaosforschung, nichts über Computer und künstliche Intelligenz!»

«Es hängt zwar alles mit allem zusammen, und darum ziehe ich nur ungern willkürliche Grenzen, aber ich weiß sehr wohl zwischen den wirklich wichtigen Themen und gewöhnlichen Frauengeschichten zu unterscheiden», sagte ich, «mach dir also keine Sorgen. Du wirst ein Buch über Frauen kriegen.»

«Ein Buch, das den Geschlechterkrieg zu einem guten Ende bringt», sagte er.

«Ein Buch des Friedens, des gegenseitigen Verstehens und der Liebe», antwortete ich.

Wir umarmten uns.

Ich ging zu Katja, erzählte ihr alles, und sie fand die Idee blöd. Das ist normal. Sie findet die meisten meiner Ideen blöd. Und wenn sich eine Idee später als doch nicht so blöd herausstellt, behauptet sie einfach, es sei ihre Idee gewesen. Außerdem tadelte sie mich, weil ich die Gläser und Flaschen auf dem Wohnzimmertisch hatte stehen lassen.

Ich liebe sie trotzdem.

Der Fluch des Ibsenweibes

Neulich fragte ich einen der letzten wirklich Konservativen unseres Landes, warum er noch immer die Frauen unterdrücken möchte. «Weil es sich bewährt hat», sagte der im Talkshow-Dunst ergraute Herr.

Das leuchtet ein. Wenn es tatsächlich so sein sollte, dass uns die Frauen auf allen wichtigen Gebieten prinzipiell überlegen sind, wie man jetzt überall lesen kann, dann hatten wahrscheinlich schon die Steinzeitmännchen größte Mühe, ihrer Weibchen Herr zu werden. Irgendwoher muss die männliche Urangst vor dem Weib schließlich kommen.

Daher, so vermute ich, haben sich die Männchen auf ihre einzige Stärke besonnen, also auf ihre hormonell geförderten Bizepse, haben die Weibchen in die Höhlen geprügelt, und damit herrschte endlich Ruhe im Stall.

Das war zwar barbarisch, aber doch so überzeugend, dass die Barbaren, als sie sich zivilisierten, das bewährte Prinzip in die Zivilisation hinüberretteten. In Persien etwa wurden die Frauen von der Poesie ausgeschlossen. Dort hieß es: «Wenn die Henne krähen will, so muss man ihr die Kehle durchschneiden.»

Sachlicher, doch genauso deutlich schrieben die Alttestamentler, das Weib sei dem Manne untertan. Dann kam Jesus, sorgte kurzzeitig für Aufruhr, indem er auch die Frauen gewähren ließ, und das, so erkannte Paulus, kann nicht gut gehen, weshalb er Jesus korrigierte und, die bewährte Ordnung wiederherstellend, die Losung ausgab: Das Weib schweige in der Gemeinde.

Damit herrschte ein paar Jahrhunderte lang Ruhe, bis sich die römische Kirche der weiblichen Aufsässigkeit nur noch durch Hexenverbrennungen zu erwehren wusste. «Durch die Frau kam das Gift, durch Christus das Heil», lehrten die Päpste und Bischöfe, und noch heute sind sie der Meinung, dass man die Frau zwar ganz gut brauchen kann, um die Kirche zu putzen, aber nicht, um auf der Kanzel zu predigen und am Altar die Sakramente zu spenden.

Schließlich kam wieder ein Aufrührer, Luther, und immer, wenn es Aufruhr gibt und gesellschaftliche Ordnungen stürzen, wittern die Frauen Morgenluft, trachten danach, den Männern das Zepter aus der Hand zu reißen, so auch damals, während der Reformation. Luther sah sich, bei aller Liebe zu Käthchen, genötigt, seine evangelischen Christen zu lehren: «Ob sich die Frauen auch müde und zuletzt todt tragen, das schadt nicht, laßt nur todt tragen, sie sind darum da.»

Heute sind evangelische Theologinnen stolz, wenn sie sich den Lutherrock umhängen dürfen. Und rührend ist ihr Versuch, im Männertrio Vater, Sohn und Heiliger Geist wenigstens dem Geist ein Kleid anzuziehen. Aber ihre Geistin kommt vom griechischen Pneuma, und das ist sächlich. Der Versuch, eine Göttin durchzusetzen, hat nur in der Esoterikszene geklappt, und mit Maria haben Protestantinnen so ihre Schwierigkeiten.

Nach Luther, Pest und Dreißigjährigem Krieg hatten die Leute andere Sorgen, als sich im Geschlechterkampf zu zerreiben, aber die Angst vor dem Weib blieb immer virulent, daher haben sich auch Generationen von Philosophen an dem Problem abgearbeitet. Dank unermüdlicher feministischer Aufklärungsarbeit kennen wir die Sprüche in- und auswendig: «Angeborener Schwachsinn des Weibes», «Du gehst zu den Frauen? Vergiss die Peitsche nicht!» oder «Wenn ein Weib gelehrte Neigungen hat, so ist gewöhnlich etwas an ihrer Geschlechtlichkeit nicht in Ordnung.» Und natürlich konnte die These nicht ausbleiben, dass das Abendland untergeht, wenn Frauen nicht mehr Frauen bleiben, sondern Mannweiber werden wollen, oder «Ibsenweiber».

Im «Ibsenweib» erkannte Oswald Spengler die Agentin des Untergangs, «die Kameradin, die Heldin einer ganzen weltstädtischen Literatur vom nordischen Drama bis zum Pariser Roman». Statt der Kinder, so schreibt der Philosoph, haben diese Weiber «seelische Konflikte, die Ehe ist eine kunstgewerbliche Aufgabe, und es kommt darauf an, ‹sich gegenseitig zu verstehen›. Es ist ganz gleichgültig, ob eine amerikanische Dame für Kinder keinen zureichenden Grund findet, weil sie keine Season versäumen will, eine Pariserin, weil sie fürchtet, dass ihr der Liebhaber davongeht, oder eine Ibsenheldin, weil sie sich selbst gehört. Sie gehören alle sich selbst und sind alle unfruchtbar.»

Nun geht es also unter, das Abendland, unentwegt, unaufhaltsam. Es wurde bei diesem Niedergang zwar kurzzeitig unterbrochen durch eine zwölfjährige, sehr aufbauende Gegenbewegung, während deren blond-blauäugige

Hünen und blond-blauäugig-fruchtbare Mutterkreuzträgerinnen nicht mehr sich selbst, sondern dem Führer gehören und diesem eine Jugend schenken wollten, die flink wie Windhunde, zäh wie Leder und hart wie Kruppstahl sein sollte. Aber das hat den Untergang nur verzögert, nicht aufgehalten.

Nach dem Wiederaufbau sind dann wir gekommen, wir Achtundsechziger, hager, langhaarig, zottelig, bärtig, unsportlich, ungepflegt.

Den Spengler, wenn er uns noch erlebt hätte, hätte es gegraust vor uns, ja, er hätte in uns die Bestätigung seiner Prognose gesehen und uns mit den von ihm so genannten «Fellachen» identifiziert, dem Endstadium eines Angehörigen einer ehemaligen Kulturnation.

Andererseits würden Spengler vermutlich unsere Kinder wieder besser gefallen, die Mitglieder der Generation Golf, die sich genau so vor uns 68ern grausen wie Spengler.

Aber so waren wir halt, schlappe Softies, die an Ibsenweibern nichts auszusetzen fanden. Wir ließen sie einfach gewähren, diese Frauen in ihren lächerlichen lila Latzhosen, wir sahen ruhig zu, wie aus ihnen eine Übermutter erwuchs, Alice Schwarzer, und das war vielleicht doch ein Fehler, denn was haben wir jetzt davon? Das Rentenproblem. Und Angst, jawohl.

Schon wieder müssen wir die Frauen fürchten, schon wieder stehen aufgeschreckte Männer bereit, um die Ibsenweiber ins Heim und an den Herd zurückzukeulen, denn sonst geht's uns diesmal endgültig an den Kragen, wenn ich mal glaube, was die Zeitungen so schreiben und schrieben.

Es ging damit los, dass vor Jahren, ach was, Jahrzehnten, ein Zeitgeist-Redakteur die wahre Bedeutung jener Frau entdeckte, die sich ausgerechnet Madonna nennt. Madonna will mir ans Gemächt und mich zum «Lustobjekt erniedrigen», klärte mich der Trendforscher damals auf, und er kündete von weiteren alarmierenden Entwicklungen, etwa von den «Tank Girls», die im Panzer wohnen und auf mich schießen. Hollywood lasse eine ganz neue Generation von Violent Femmes und Bad Girls schießend, mordend und brandschatzend über die Leinwände ziehen, meldete das Trendbüro.

Die Bad Girls seien hemmungslos narzisstisch, berechnend und gemein zu Männern, warnte mich das aufgeregte Zeitgeist-Magazin. Sie machten Männer zu Trotteln, jammerte es. Lüge ich meine Freundin an, setzt es Ohrfeigen, erzählte mir der Mercedes-Werbespot.

Das zeigt, wohin wir gekommen sind, analysierte der Freizeit-Philosoph: Die Zeit der gedemütigten Männer ist angebrochen. Untergangszeiten. Die Frauen verlassen Kirche, Küche, Keller, kriegen keine Kinder mehr, verweigern einer alternden Gesellschaft den Nachwuchs. Das ist der Fluch des Ibsenweibs.

Und dann geschah es.

An einem sommerlichen Sonntagabend des Jahres 2003 konnten ein paar Millionen Zuschauer im Fernsehen verfolgen, wie Friedrich Merz in der Sendung «Sabine Christiansen» der Moderatorin zur zweihundertfünfzigsten Folge dieser Talkshow gratulierte mit den Worten: «Diese Sendung bestimmt die politische Agenda in Deutschland mittlerweile mehr als der Deutsche Bundestag. Das betrübt mich, aber ist ein großer Erfolg.»

Wir gewöhnlichen Menschen, schon etwas müde, dachten uns nicht viel dabei, tranken unser Bier und unseren Wein, prosteten ganz im Sinne Merz' der Jubilarin zu, gingen nach der Sendung schlafen und hatten nichts begriffen.

Einer aber saß auf hoher Warte, überblickte alles und war hellwach. Einer hat gemerkt, was diese von uns Schlafmützen als artige Gratulation empfundenen Worte eines Politikers wirklich waren: die «bedingungslose Unterwerfung eines Mannes unter eine Frau».*

Und das muss diesen aufgeweckten Mann, Frank Schirrmacher heißt er übrigens, so erschüttert und aufgewühlt haben, dass er sich noch in der gleichen Nacht vor seinen Computer setzte und uns zwei Tage später in der Frankfurter Allgemeinen Zeitung für Deutschland mitteilte, was wir wirklich gesehen hatten: nicht nur die «bedingungslose Unterwerfung eines Mannes unter eine Frau», nicht nur, wie der Gratulant Merz als «Morgengabe» außer seiner eigenen Person auch gleich «eine ganze Institution, das Verfassungsorgan des Bundestages, dem Salon der Frau Christiansen» dargebracht hatte, sondern etwas Größeres, Schrecklicheres, Endgültiges: die «Männerdämmerung».

Die Machtübernahme der Frauen.

«Nicht viele Männer haben bislang begriffen, was da vor sich geht, wenngleich sich die Notrufe entgeisterter Manager, fassungsloser Patriarchen und ängstlicher Staats-

* Er hat es wirklich so geschrieben. Wer's nicht glaubt, lese es nach im Feuilletonaufmacher der FAZ vom 01. 07. 2003. Nun ja, es war ein heißer Sommer.

männer häufen», erzählte uns der Herausgeber der FAZ, jedoch ohne uns darüber aufzuklären, um welche Art von Notrufen es sich dabei handelt. Offenbar gehen diese Notrufe allesamt bei ihm ein.

Aber warum? Haben es irgendwelche Tank Girls oder Violent Femmes auf Manager, Patriarchen und Staatsmänner abgesehen, weshalb die FAZ ein Notruftelefon für unsere besten Männer eingerichtet hat? Dann ist diese Maßnahme mal wieder, wie so manches, an mir vorbeigelaufen. Schirrmacher hat es bis heute versäumt, uns zu diesem Telefon nähere Einzelheiten mitzuteilen.

Allerdings hatte er ja auch Wichtigeres zu tun, als er allein sofort begriffen hatte, was eigentlich los ist auf der Welt. Wie ein fallender Apfel schließlich die Gesetze der Mechanik, der Planetenbewegung und das ganze Weltbild der neuzeitlichen klassischen Physik innerhalb weniger Sekunden in Isaac Newtons Kopf entstehen ließ, so hat der Fall des Mannes Merz vor der Frau Christiansen im Schirrmacher-Kopf eine ganze Kaskade bestürzender Bilder und Erkenntnisse ausgelöst. Zunächst die Bilderreihe Sabine Christiansen, Sandra Maischberger, Maybrit Illner, Anne Will und Marietta Slomka und den Gedanken: Nanu, sind ja alles Frauen, die uns Männern die Welt erklären. War es nicht fünftausend Jahre lang umgekehrt?

Und da wusste unser Mann von der FAZ, «wer uns denkt». Frauen haben die Macht in der Bewusstseinsindustrie übernommen.

So geriet das Denken in Bewegung und sprang auf die zweite Stufe der Kaskade: An der Spitze von Bertelsmann, einem der weltgrößten Medienkonzerne, steht eine Frau, Liz Mohn. An der Spitze des größten Zeitungsverlags Europas: Friede Springer. «In einer der Zentralen der bundesdeutschen Bewusstseinsindustrie, dem Frankfurter Suhrkamp Verlag, scheint des Verlegers Witwe, Ulla Berkéwicz, die Macht zu übernehmen.» Hat sie inzwischen übernommen. Und dann auch noch Elke Heidenreich: «Kein Buch, das in Deutschland wirklichen Erfolg haben wird, kommt künftig an den Empfehlungen» dieser Frau vorbei.

Das katapultiert das Denken auf die dritte Stufe: Sabine Christiansen war mal Stewardess, Friede Springer war mal Kindermädchen und wurde Mutter, Ulla Berkéwicz war mal Schauspielerin und Schriftstellerin, Liz Mohn war mal Telefonistin, Maybrit Illner kam mal aus dem Osten – und all diese Frauen haben hübsche Karrieren hingelegt, nur unser Schirrmacher war immer nur Doktor der Philosophie, ist es, bleibt es und wird nun vermutlich auch von der Macht in einer der Zentralen der bundesdeutschen Bewusstseinsindustrie für immer ausgeschlossen bleiben.

Hat halt nichts Gescheites gelernt, der Mann. Hätte mal ein paar Jahre als Hausmann arbeiten sollen, als Babysitter, Steward oder Telefonist, sich die Welt auch mal von unten anschauen oder versuchen sollen, als Ossi gleich nach der Wende einen Job zu finden, dann hätte er es später vielleicht geschafft, bei Suhrkamp die Macht zu übernehmen. Frankfurter Bürger wollen ihn ja einmal gesehen haben, wie er in der Lindenstraße am Zaun des Verlags an den Stäben rüttelte und brüllte: «Ich will da rein!»

Nun ist ihm, als ob es tausend Stäbe gäbe und hinter

tausend Stäben keine Welt. Doch sein Blick ist vom Vorübergehn der Stäbe nicht müd geworden, im Gegenteil, mit wachem Blick erkannte Frank auf der vierten Stufe: Ein Kindermädchen, eine Telefonistin, eine Ossifrau und eine Stewardess bestimmen, was die Deutschen denken sollen.

Wie war das möglich? Unser Mann aus Frankfurt kennt die Antwort: Nur durch komplizierte, «zuweilen von höfischen Intrigen begleitete Strategien», wie nur falsche, hinterlistige Weiber sie beherrschen, haben diese Unwürdigen jene Kommandobrücke erobert, auf der doch nur die Besten und Edelsten, Kerle wie Schirrmacher eben, allenfalls noch die Herren Wickert und Kleber, von dem männlichen Naturrecht Gebrauch machen dürfen, uns zu sagen, was wir denken sollen.

Dazu passt, wie das Tüpfelchen auf dem i, dass «ein Kreis mächtiger Frauen um Friede Springer und Ann-Kathrin Bauknecht» sich zusammengetan hat, «um privat Angela Merkel zu stützen, die sich ihrerseits bis weit in manche Landesverbände in der Personalpolitik der CDU durchzusetzen beginnt».

Die Bad Girls sind also offenbar schon überall, sogar in der CDU, und mit Schrecken und Schaudern erinnerte der Feuilletonist sich nun jener Witwen «aus der Zeit der letzten Jahrhundertwende», als «Frauen als Hüterin eines Erbes zu ungewöhnlichem Einfluss über die Köpfe der Menschen» gelangten: Cosima Wagner und Elisabeth Förster-Nietzsche. Es gäbe noch weitere, aber die beiden reichen schon, um wieder einmal Verständnis zu wecken für den altehrwürdigen Brauch der Witwenverbrennung.

Doch dafür ist es jetzt zu spät, denn «jetzt scheinen wir damit zu tun zu haben, dass sich der Cosima-Effekt – die schwarz gekleidete, unnahbare, in ewige Händel verstrickte Witwe – umzukehren beginnt. Die Patriarchen verdämmern, und die Nachfrage nach ihnen sinkt. Frauen übernehmen die Vermittlung und sogar die Macht in einer zerfallenden Gesellschaft.»

So landen wir wieder bei Spengler. Schirrmacher kam eher auf Arnold Gehlen, was keinen großen Unterschied macht, denn, so zitiert ihn Schirrmacher: «Kleine zivilisierte Völker oder solche, denen alle Knochen zerschlagen sind, streben der Deckung zu, sie neigen zu Versicherungen, Krankenscheinen, zu sexuellen Libertinismen und moralischen Vorträgen an die Außenwelt. Aber gerade diese Atmosphäre kommt den innersten Bedürfnissen des Weibes entgegen.»

Dann aber, so Gehlen laut Schirrmacher, verändert sich die Sozietät ein weiteres Mal: «Dann betreten Klytämnestra und Judith die Szene, Antigone und Gallia Placidia, Katharina und Charlotte Corday und zeigen den Männern, wie man sich aussetzt und einsetzt.»

So ist das also, dachte ich, während ich in der Deckung meine Knochen prüfte, meine moralischen Vorträge verbrannte, mich meiner Versicherungsscheine versicherte und meiner Libertinismen schämte.

Bald werden die Evangelischen Akademien tagen und hochkarätige Referenten über das Thema «Männerdämmerung – Denken uns die Frauen?» nachdenken lassen.

Andächtig faltete ich die Zeitungsseite, glättete sie, um sie für immer in meinem Archiv historisch bedeutsamer Dokumente aufzubewahren, und abermals dachte ich, müde dahindämmernd: So ist das also. Ja, so wird es wohl sein.

Aber wer zum Teufel ist Gallia Placidia?*

* Ich habe für Sie nachgeguckt, gehört zu meinem besonderen Service. Also: Gallia Placidia (um 390 bis 450), weströmische Kaiserin, hatte ein bewegtes Leben. Als Geisel verschleppt, gerettet, mit dem Gotenkönig Athaulf verheiratet. Der wurde ermordet, sie wurde erneut verheiratet, bekam Kinder, der Gemahl starb, und so musste sie als Kaiserin Augusta das Weströmische Reich allein regieren, was sie sehr umsichtig tat. Ich weiß gar nicht, was Frank gegen diese wackere Frau hat. Und Judith? Ebenfalls eine respektable Persönlichkeit, wagt sich mutig ins Lager der Assyrer, der Feinde Israels, tötet mit List und Tücke Holofernes und hilft Israel damit, die Assyrer zu besiegen. Klar, dass man sich vor solch einem Weibsbild fürchtet. Charlotte Corday? Hat Marat, einen der Hauptverantwortlichen für die Schreckensherrschaft der Französischen Revolution, in der Badewanne erstochen. Wurde dann von Marats Freunden guillotiniert. Antigone, Katharina, Klytämnestra? Das sollten Sie jetzt aber selber wissen. Falls Sie zu faul sind zum Nachschlagen, nur so viel: alles tüchtige Frauen, sehr taff, wussten immer, was sie wollen. Für uns Männer, zugegeben, nicht ganz ungefährlich.

Als ich meine Marienerscheinung hatte

In einer heißen Sommernacht nach jener Schirrmacher-Lektüre sah ich plötzlich eine hohe edle Gestalt in blauem Samt auf der goldenen Mondsichel stehend vom Himmelsgebäude herabsinken. Ich erkannte Maria, bleich, aber schön aus traurigen Augen blickend, und ich rief überrascht aus:

«Ja, Maria, wo kommst du denn her?»

Sie aber blickte mich nur traurig an und sagte nichts.

Ich ahnte Schlimmes und fragte: «Sag, Maria, ist etwa kein Gott?»

Sie antwortete: «Es ist keiner.»

«Hab ich mir gleich gedacht», sagte ich so gefasst wie möglich, «und was machen wir jetzt?»

Maria ging nicht darauf ein und sprach: «Ich ging durch die Welten, ich stieg in die Sonnen und flog mit den Milchstraßen durch die Wüsten des Himmels; aber es ist kein Gott. Ich stieg herab, so weit das Sein seine Schatten wirft, und schaute in den Abgrund und rief: ‹Vater, Sohn und Heiliger Geist, wo seid ihr?›, aber ich hörte nur den ewigen Sturm, den niemand regiert, und der schimmernde Regenbogen stand ohne eine Sonne, die ihn schuf, über dem Abgrunde und tropfte hinunter.»

Ah, also doch, dachte ich und erinnerte mich, wie

mich mein Vater als kleines Kind mal in den April geschickt hatte, als ein kräftig leuchtender Regenbogen unser Dorf überspannte. Ich solle mit einem Eimer zum Regenbogen laufen und die Farben einsammeln, die von ihm heruntertropfen, sagte mein Vater. Und ich lief Kilometer um Kilometer mit einem Eimer über Wiesen und durch Wälder auf den Regenbogen zu, wunderte mich, dass ich ihm nicht näher kam, er immer blasser wurde und schließlich ganz verschwand.

Da waren wohl andere schon früher da, dachte ich, kehrte um und war gar nicht sonderlich traurig, weil ich mich die ganze Zeit geärgert hatte, nur einen einzigen Eimer mitgenommen zu haben, was ja bedeutet hätte, dass ich nur eine einzige Farbe hätte auffangen können, denn vermischen wollte ich sie nicht. Beim nächsten Mal, dachte ich, nehme ich mindestens vier Eimer mit.

Als ich nach Stunden wieder zu Hause war, hatte mein Vater ein schlechtes Gewissen und wurde von meiner Mutter zur Sau gemacht. Und nun erzählt mir Maria, dass es zwar keinen Gott gibt, wohl aber diesen Ort, an dem der Regenbogen abtropft. Wenigstens das, dachte ich, und sagte gut gelaunt zu Maria: «Na ja, wenn Vater, Sohn und Heiliger Geist tatsächlich nicht existieren sollten, gibt's ja immerhin dich, Maria, das ist doch auch was.»

Maria tat so, als hörte sie mich nicht, irgendwie sprang der Funke meiner aufkeimenden Fröhlichkeit nicht auf sie über, denn sie redete in dieser Depressi-Stimmung weiter: «Da kamen, schrecklich für das Herz, die Kinder und fragten mich: ‹Maria, haben wir keinen Vater?› Und ich musste weinend antworten: ‹Nein. Wir sind alle Waisen, ich und ihr, wir sind ohne Vater.›»

«Aber wenigstens der Regenbogen bleibt uns», sagte ich, «und dich haben wir. An allein erziehende Mütter haben wir vaterlosen Gesellen uns doch schon längst gewöhnt. Bei uns da unten sind die Väter ja auch nie da. Außerdem frage ich mich, ob du die Lage richtig beurteilst, Maria. Du kommst mir ein bisschen vor wie der sowjetische Kosmonaut Juri Gagarin, der nach seinem kleinen Hupfer ins Weltall verkündet hat, er habe dort keinen Gott gesehen. Gut, du hast das gesamte Weltall in seiner ganzen Weite durchmessen, aber seine Grenzen hast du doch nicht verlassen, oder? Außerhalb bist du nicht gewesen? Und wenn sich unser Über-Vater irgendwo befindet, dann doch ganz gewiss außerhalb, oder?»

Kaum hatte ich das gesagt, sank das ganze Weltgebäude mit seiner Unermesslichkeit an mir vorbei, und Maria sprach dazu: «Starres, stummes Nichts! Kalte, ewige Notwendigkeit! Wahnsinniger Zufall!»

Nun erschrak ich doch, denn wenn das, was da gerade krachend an mir vorbei in die Tiefe rumpelte, das ganze Weltall war, dann befinde ich mich jetzt wohl mit Maria außerhalb, dachte ich. Und da sah ich weit und breit tatsächlich nur das stumme Nichts. Schaudernd fragte ich: «Und was ist mit dem Paradies?»

«Auch nichts», sagte Maria.

«Na ja», antwortete ich, um Fassung ringend, «gibt's kein Paradies, gibt's auch keine Hölle, und so hat jedes Schlechte auch sein Gutes.»

«Falsch», sagte Maria, «das Paradies gibt's nicht, wohl aber die Hölle.»

«Und ich hatte ein Leben lang gehofft, es sei umgekehrt. Das wird ja immer schlimmer.»

«Für dich, Harry, ist es noch schlimmer», sagte Maria, «die Hölle ist nur für Männer.»

In diesem Moment rührte ein gewaltiger Donner mein Herz, es blitzte und krachte, giftig gelbgrüne Schwaden stinkenden Schwefels verhüllten Maria, und als sich der Nebel wieder lichtete, war da nicht mehr Maria, sondern Sabine Christiansen, in schwarzem Leder auf einer Harley-Davidson sitzend. Sabine packte mich an meinen schütteren Haaren, schnallte mich auf den Rücksitz ihrer Harley und donnerte mit mir raketengleich in die Tiefe, wo wir alsbald vor ein großes Tor kamen, auf dem geschrieben stand: «Lasciate ogni speranza, voi ch'entrate – Lasst alle Hoffnung fahren, die ihr eintretet.»

Zwei Figuren in Ritterrüstung bewachten das Tor. Als sie zum Gruß die Visiere hochklappten, erkannte ich Angela Merkel und Ann-Kathrin Bauknecht. Sabine schob mich an den beiden eisernen Ladys vorbei durch das Tor, und ich sah eine riesige Höhle und Millionen wuselnder Männer. Sabine sagte: «Was du hier siehst, sind Männer, die noch nie einen Spüllappen in der Hand hatten, sich vor jeglicher Form von Hausarbeit drückten und sich weigerten, Erziehungsurlaub zu nehmen, also unsere harmlosesten Fälle.»

Näher führte sie mich, und ich sah Heerscharen von Männern die Hölle putzen. Sie wienerten, polierten, kehrten, fegten, schrubbten, wuschen Berge von Wäsche, bügelten, spülten und windelten stinkende, mopplige, gehörnte Teufelsbabys. Aber so viel die armen Männer auch schrubbten, wuschen, spülten, die Berge wurden nicht kleiner, die Hölle nicht sauberer, und die Teufelsmoppel hörten nicht auf zu stinken. Inmitten der wuselnden Männerscharen sah ich Maybrit Illner herrschen. Vor ihr stand Albert Camus und bat brüllend, endlich Sisyphus ablösen zu dürfen, dessen ewige Steinerollerei sei wenigstens eines Mannes würdig. Maybrit schickte Camus in die Menge der Putzmänner zurück.

Weiter zog mich Sabine, tiefer hinunter, und wieder sah ich Heerscharen von Männern, diesmal auf dem Boden kauernd, viele sich vor Schmerzen windend. «Abteilung Schreibtischtäter», sagte Sabine.

«Was haben sie? Warum jammern sie so?», fragte ich. Sabine zeigte auf ein Podest in der Mitte. Dort erkannte ich Marietta Slomka und Anne Will, verkleidet als Scheherazade, wie in den Geschichten aus 1001 Nacht.

«Du weißt ja, Männer lesen nicht», sagte Sabine. «Darum müssen sie sich jetzt von Marietta und Anne alle jemals von Frank Schirrmacher geschriebenen Artikel vorlesen lassen, so lange, bis sie bewusstlos zu werden drohen, dann kommt Sandra Maischberger, liest ihnen sämtliche «Emma»-Jahrgänge vor, dazu die gesamte Frauenliteratur der letzten 150 Jahre, danach kommt Elke Heidenreich und haut ihnen alle von ihnen geschriebenen Dummheiten so lange um die Ohren, bis sie nicht mehr wissen, ob sie Männlein oder Weiblein sind, dann kommen wieder Anne und Marietta und so fort.»

Ich erkannte Henri Nannen in der Menge, Ernest Hemingway und Friedrich Nietzsche. Nannen wand sich auf dem Boden und bat flehentlich, nach oben geschickt zu werden und stinkende Teufelsmoppel windeln zu dürfen. Hemingway stierte apathisch vor sich hin, hatte ein mit Rotwein gefülltes Riesenhorn in der Hand und ließ sich damit voll laufen, Nietzsche hustete und spuckte in einem fort und schien unter krampfartigen Blähungen zu leiden.

Gerne wäre ich noch länger geblieben, um zu sehen, wen ich noch kenne, aber weiter zog mich Sabine, tiefer, in den dritten Kreis der Hölle.

Es roch wie im Affenhaus, markerschütternde Schreie, lautes Gebrüll und Stöhnen drangen in meine Ohren, dann erst sah ich die Urheber des Lärms: gedrungene Gestalten mit zotteligen Haaren und Bärenfellen bekleidet – Steinzeitmänner. Sie bekamen von Steinzeitfrauen Daumenschrauben angelegt, wurden auf die Streckbank gespannt, auf Nagelbretter geworfen, unter Wasser getaucht, mit Pech und Schwefel übergossen, geteert und gefedert.

«Das ist die Strafe dafür, dass sie ihre Frauen in die Höhle geprügelt haben», sagte Sabine.

«Bist du sicher, dass die Verhältnismäßigkeit der Mittel hier noch gewahrt ist?», fragte ich Sabine. Sie sah mein bleiches Gesicht, die Schweißperlen auf meiner Stirn und versuchte, beruhigend auf mich einzureden. «Die sind noch etwas primitiv strukturiert, die halten das ganz gut aus», sagte sie. Ich glaubte ihr nicht, war aber froh, als sie mich zu der Rutsche brachte, auf der es in den vierten Kreis der Hölle gehen sollte.

Es roch nach verbranntem Fleisch. Wieder Geschrei, Gestöhne und Gebrüll. Männer wurden auf glühenden Rosten gegrillt, und ich sah Alice Schwarzer mit ihren «Emma»-Redakteurinnen, wie sie Männer verhörten, ihnen Filme vorführten, sie mit tausend Fragen quälten. Die schöneren und jüngeren Männer waren nur mit hautengen Bodys bekleidet, mit Tangas oder mit dünngliedrigen Ketten. Ihre Füße steckten in hohen Stöckelschuhen, und alle mussten sich in sehr unbequemen Körperhaltungen den Frauen darbieten und sich dabei von einer Frau fotografieren lassen, die sie Helma Newton nannten.

In der hinteren Ecke schrie und zeterte einer, dem sie gerade ein Video über seine Untaten vorführten. Es war Dieter Bohlen. «Abteilung Nervensägen, Frauenprügler, Obermachos», sagte Sabine, «die Frauen wollen sie zur Rede stellen, aber von den Männern kommt nichts. Einige leiden zwar durch die Konfrontation mit ihrem Machismogehabe ganz schön, aber ich frage mich, ob nicht die Frauen in dieser Hölle mehr leiden als die Kerle, die hier eigentlich bestraft werden sollen. Wir haben die richtigen Höllenqualen für sie noch nicht gefunden.»

Sabine stupste mich hinunter in den fünften Kreis.

Ich hörte grässlichen Plastiksound, einen falsch singenden Knaben, dessen blecherne Stimme mir irgendwie bekannt vorkam, ja, richtig, es war Daniel Küblböck. Die Männer hielten sich die Ohren zu, brüllten «Aufhören!», schlugen ihre Köpfe gegen die Wände oder kotzten und jammerten.

«Hier bestrafen wir jene Kaiser, Könige, Fürsten, Generäle, Manager und Politiker, die zeit ihres Lebens immer die Ansicht vertreten hatten, Frauen gehörten an den Herd und Kinder seien das Privatproblem der Frauen», sagte Sabine. «Außerdem haben wir die Medienschaffenden dazugepackt und jene Aktionäre, die größere Mengen Medienaktien besitzen. Alle müssen sich Tag und Nacht die Programme der deutschen Fernsehsender angucken, die täglichen Gerichts-, Talk- und Schmuddel-

Shows, die Spiele der deutschen Fußballmannschaft und die Debatten des Bundestags.»

Ich sah weiß bekittelte Frauen durch die Reihen marschieren, wie sie randalierende Männer in Zwangsjacken steckten.

«Müssen sie sich denn auch ‹Sabine Christiansen› ansehen?», fragte ich.

«Nein, diese Sendung eignet sich nicht zur Bestrafung», antwortete Sabine spitz und schubste mich unsanft in den sechsten Kreis hinunter.

Ich sah Ulla Berkéwicz, Liz Mohn und Friede Springer in steifer Haltung um einen großen runden Tisch sitzen, mit feinstem Tafelsilber gedeckt, darauf die erlesensten Speisen und kostbarsten Weine. Ein molliges Dienstmädchen – weißes Häubchen, weißes Schürzchen, großes Schleifchen, kurzes Röckchen, sehr stämmige Beine, sehr große Füße, die ziemlich tollpatschig durch den Raum stöckelten – trug gerade den nächsten Gang auf. Bei näherem Hinsehen erkannte ich Frank Schirrmacher unter dem Häubchen.

Fragend blickte ich Sabine an. «Hier spielen wir ‹Dinner for three› und ‹Verdammt in alle Ewigkeit› in einem. Unermüdlich, pausenlos.»

«Und wie halten die drei Frauen das aus?»

«Das sind sie nicht wirklich», schäkerte Sabine, «das sind nur Wachspuppen.»

Erleichtert ließ ich mich von Sabine in den siebten Kreis der Hölle bringen. Doch schon von weitem hörte ich angsterfüllte Schreie, Schmerzensschreie, ohnmächtiges Wutgebrüll, das zu ohrenbetäubendem Lärm anschwoll, als Sabine eine Tür öffnete, auf der ein goldenes

Schild prangte mit der Aufschrift «Club der Teufelinnen». Dahinter bot sich mir ein Bild des Grauens. Blut, überall Blut, und dann sah ich, woher es kam. Hier wurden meine Geschlechtsgenossen kastriert.

Mir wurde übel. Sabine sah, wie sich mein Gesicht grün färbte, und sagte: «Wir würden das den Kerlen gerne ersparen, aber es sind Unverbesserliche, die nichts bereuen, sich keiner Schuld bewusst sind. Viele Päpste, Kardinäle, Bischöfe sind unter ihnen, Hexenverbrenner, fanatische, fundamentalistische Frauenhasser und hartnäckige Inquisitoren, die sich weigern, zu widerrufen.»

«Harte Brocken», sagte ich anerkennend, «sie stehen zu ihrer Überzeugung, eigentlich doch ganz tapfer, heldenhaft und bewundernswert. Muss man die so fertig machen?»

«Sie kannten kein Mitleid mit den Frauen», sagte Sabine, «nicht einmal heute entwickeln sie Reue oder Scham, und was ihre heldenhafte Überzeugungstreue betrifft, diese fanatische Sturköpfigkeit, so war diese eine der Hauptursachen dafür, dass die Geschichte der Menschen vom Anfang bis heute eine unendliche Folge von Katastrophen ist.»

«Dennoch», sagte ich, «wären sie nicht auch genug bestraft, wenn man sie putzen ließe oder in die Vorlesungshölle abkommandierte?»

«Nein, da bleiben wir hart», sagte Sabine.

Ich fiel auf die Knie und flehte um Gnade für diese Männer. Aber Sabine lachte nur, kickte mich mit ihrem gestiefelten Fuß durch das Tor der siebten Hölle hinaus ins Nichts und in tiefe Finsternis. Alles wurde eng, düster, bang, und ein unermesslich ausgedehnter Glockenhammer schwang durch das Nichts und sollte die letzte Stunde der Zeit schlagen – als der Hammer plötzlich mich traf und ich erwachte. Und ich erkannte: Es war alles nur ein böser Traum.

Meine Seele weinte vor Freude. Ich sprang aus dem Bett, lief aufgeregt hin und her, hätte in diesem Moment alle Frauen dieser Welt in meine Arme schließen mögen, aber nur Katja lag anmutig da, sie erwachte, sah mich verständnislos an, ärgerte sich über die nächtliche Ruhestörung, ich legte meine Hand auf ihren Mund, näherte mich ihrem von der Mondsichel beschienenen Gesicht, küsste sie, sagte ihr leise ins Ohr, dass ich sie jetzt noch mehr liebe und ihr so dankbar bin, dass sie mich nie quälen, demütigen, kastrieren wollte, sondern nur ihren Namen zu behalten wünschte, die Hälfte meines kleinen Vermögens beanspruchte, das sie mit ihrem eigenen kräftig aufstockte, und mich immer nur lieben, heiraten und Kinder von mir haben wollte.

«Dafür liebe ich dich, meine Katja», sagte ich, «dafür danke ich dir.»

Sie fragte: «Soll ich einen Arzt rufen?»

Die Frau und ihr Personal

Ich liebe die Frauen, und besonders liebe ich natürlich Katja. Aber nicht immer macht sie es mir leicht, sie zu lieben, manchmal macht sie es mir sogar ausgesprochen schwer, dann artet die Liebe in Liebesarbeit aus. Aber das hat sie mit allen Frauen gemein. In solchen Momenten, nach getaner Arbeit, liebe ich dann in Katja alle Frauen.

Gegenwärtig, zum Beispiel, muss ich wieder sehr hart an meiner Liebe zu den Frauen arbeiten, weil meine viel beschäftigte Katja in letzter Zeit pausenlos beruflich unterwegs ist. Sie kommuniziert seit Wochen fast nur noch über Haftnotizen auf dem Kühlschrank mit mir, und diese Zettel lesen sich wie kleine Dienstanweisungen: «Bitte nicht vergessen: morgen neue Zahnspange für Max» oder «Blachnik-Rechnung – bitte überweisen» oder «Denkst du an das Geschenk für die Bitterlichs?» oder «Lüpertzbuch: hast du das jetzt endlich weggeschickt?» und «Erledige endlich die Steuer!!!»

Je mehr solcher Zettel mich vom Kühlschrank her anbrüllen, desto weniger erledige ich, denn sie treiben mich nur in die Leseecke, wo ich mich in jene gemütlichen Zeiten zurückträume, in denen Ehegespräche so ganz anders klangen und Ehepaare so ganz anders lebten, wie Eduard und Charlotte zum Beispiel.

Eduard – so nennen wir einen reichen Baron im besten Mannesalter –, Eduard hatte in seiner Baumschule die schönste Stunde eines Aprilnachmittags zugebracht, um frisch erhaltene Pfropfreiser auf junge Stämme zu bringen. Als der Gärtner hinzutrat und sich an dem teilnehmenden Fleiße des Herrn ergötzte, fragte Eduard den Gärtner: «Hast du meine Frau nicht gesehen?»

«Drüben in den neuen Anlagen», versetzte der Gärtner. «Die Mooshütte wird heute fertig, die sie an der Felswand, dem Schlosse gegenüber, gebaut hat. Alles ist recht schön geworden und muss Euer Gnaden gefallen.»

Ja, es gefiel Eduard, aber so recht glücklich wurde er an jenem Tage nicht, denn ihn plagte ein Kummer, und deshalb eilte er zu Charlotten, in die Mooshütte, um mit seinem Kummer herauszurücken. «Es betrifft unsern Freund, den Hauptmann», sagte Eduard, «du kennst die traurige Lage, in die er, wie so mancher andere, ohne sein Verschulden gesetzt ist. Wie schmerzlich muss es einem Manne von seinen Kenntnissen, seinen Talenten und Fertigkeiten sein, sich außer Tätigkeit zu sehen und – ich will nicht lange zurückhalten mit dem, was ich für ihn wünsche: Ich möchte, dass wir ihn auf einige Zeit zu uns nähmen.»

Die liebe Charlotte aber fühlt sich für das Arbeitslosenproblem nicht zuständig, möchte lieber ungestört die traute Zweisamkeit genießen mit ihrem Gemahl, sagt aber nicht, wie Katja jetzt sagen würde, «kommt überhaupt nicht infrage» oder, noch schlimmer, «nur über meine Leiche», nein, die gute Charlotte sagt: «Das ist wohl zu überlegen und von mehr als einer Seite zu betrachten.»

Den Satz werde ich mir merken. Katja hat eine heimtückische Art, eheliche Streitigkeiten für sich zu entscheiden. Immer, wenn es nicht mehr vorwärts und rückwärts geht, verfällt sie auf den Trick, mir mitzuteilen, was alles falsch war an dem, was ich während der letzten fünf Minuten gesagt habe, was ich stattdessen hätte sagen sollen und warum dann alles gut gewesen wäre. Da ich es nicht sagte, stehe ich als der tumbe Unmensch in der Ecke, und weil ich nicht einfach nachplappern kann, was mir die erzürnte Ehefrau riet zu sagen, um sie zu besänftigen, sage ich gar nichts mehr.

Beim nächsten Mal werde *ich* ihr sagen, was *sie* hätte sagen sollen, zum Beispiel statt «kommt überhaupt nicht infrage» den Satz: «Das ist wohl zu überlegen und von mehr als einer Seite zu betrachten.»

Andererseits bin ich durchaus bereit zuzugeben, dass ich tatsächlich nicht immer gleich die richtigen Worte finde, und wenn sie mir wider Erwarten mit Charlottens Satz käme, würde ich wahrscheinlich lospoltern: «So ein Schmarrn, da gibt es überhaupt nichts von mehr als einer Seite zu betrachten, meinem Freund geht's schlecht, er braucht mich, und darum muss er her, Platz genug haben wir für ihn, darum ruf ich ihn jetzt an und sag ihm, dass er kommen soll.»

Ganz anders Eduard, der nun gemerkt hat, dass Charlotte dagegen ist. «Meine Ansichten bin ich bereit, dir mitzuteilen», sagt er und schildert anschaulich das Leid seines Freundes, um mit den Worten zu schließen: «… genug, liebes Kind, es ist eine peinliche Lage, deren Qual er doppelt und dreifach in seiner Einsamkeit empfindet.»

Bei dem Wort «liebes Kind» wäre es Katja, die poltern würde. Charlotte hingegen versetzt artig: «Es ist recht schön und liebenswürdig von dir, dass du des Freundes Zustand mit so viel Teilnahme bedenkst; allein erlaube mir, dich aufzufordern, auch deiner, auch unser zu gedenken.»

So wogt der eheliche Diskurs noch eine Weile hin und her, bis die kluge Charlotte die Zeit für gekommen sieht, einen kleinen Handel zu initiieren, den sie folgendermaßen einleitet: «Wenigstens, mein Lieber, sollst du gewahr werden, dass deine Wünsche, die freundliche Lebhaftigkeit, womit du sie ausdrückst, mich nicht ungerührt, mich nicht unbewegt lassen.» Dann gesteht sie, dass auch sie gern jemanden ins Schloss holen würde.

«Das hör ich gern», sagt Eduard, «ich merke wohl, im Ehestand muss man sich manchmal streiten, denn dadurch erfährt man was voneinander.»

So erfährt der Leser, dass dies ein Ehestreit gewesen sein soll, und Eduard, dass Charlotte ebenfalls ein Sorgenkind hat, ihre Nichte Ottilie, die unglücklich in einem Internat vor sich hin kümmert und deshalb bei ihr auf dem Schloss besser aufgehoben wäre.

Ach, warum können Katja und ich oder überhaupt alle Männer und Frauen nicht so anmutig miteinander streiten?

Eduard und Charlotte hatten es natürlich wesentlich leichter, damals. Keine nervenden Kleinkinder, ein großes Schloss mit vielen großen Zimmern, in denen man sich aus dem Weg gehen konnte, und vor allem: jede Menge Personal. In unseren demokratischen Zeiten jedoch ist man mit seinem Personal verheiratet und muss auf engstem Raum mit ihm zusammenleben. Die Bedeutung dieses Unterschieds kann man gar nicht hoch genug einschätzen.

Und außerdem werden an einen Ehemann von heute natürlich wesentlich höhere Anforderungen gestellt als zu Goethes Zeiten. Nicht nur Ehemann, Freund, Liebhaber und Vater ihrer Kinder muss ich meiner Katja sein, sondern eben auch noch ihr Personal und überhaupt ihr Mann für alle Fälle.

Darüber hinaus soll ich immer gleich wissen, wo's langgeht, selbständig entscheiden, sie nicht mit tausend Kleinigkeiten belästigen, aber nichts über ihren Kopf hinweg entscheiden und alles gründlich mit ihr diskutieren. Fürsorglich soll ich sein, aber sie nicht bevormunden. Eine Überraschungsparty soll ich ihr hin und wieder organisieren, aber sie nicht unangemeldet mit Gästen überfallen. Auf keinen Fall darf ich den Macho oder Patriarchen geben, aber wenn ihr unsere aufsässigen Kinder auf der Nase herumtanzen, sagt sie: «Nun sprich doch mal ein Machtwort.» Stark wie ein Bär soll ich sein, ein von nichts angekränkelter Naturbursche, dazu sensibel, verletzlich und auch einmal bereit, Schwäche zu zeigen. Einen vergeistigten Naturburschen will sie haben, meine Katja, dem Schönen, Wahren, Guten soll ich mich öffnen, mit feingliedrigen, zartfühlenden Pianistenfingern soll ich sie anfassen, aber wenn Katja von irgendeinem Typen schwach von der Seite angeredet wird, soll ich ihm zeigen, wo der Hammer hängt.

Da kann man schon mal in Rollenkonflikte kommen. Eigentlich müsste der Beruf des Ehemanns doch längst professionalisiert sein, man müsste das alles an der Uni studieren und einen Abschluss als Diplom-Ehemann machen können, oder wem das schon zu weit geht, wer meint, Lebensabschnittspartner zu sein, reiche auch, der sollte den Bachelor of Lebensgefährtenschaft machen können.

Wie dringend wir solch eines Diploms bedürfen, beweist im Übrigen auch der Fortgang der Geschichte von Eduard und Charlotte. Obwohl sie es mit all ihrem Personal und ihren vielen Zimmern so viel leichter hatten als wir und obwohl alle ihren Willen bekommen – Eduard kriegt seinen Hauptmann, Charlotte ihre Ottilie –, klappt es auch mit dieser Beziehung nicht, nimmt die Chemie menschlicher Gefühle zuverlässig ihren verhängnisvollen Lauf. Der Hauptmann wechselt zu Charlotte und Eduard zu Ottilie, ein Kind wird geboren und stirbt, Ottilie stirbt, Eduard stirbt ihr hinterher, alles endet katastrophal – aber wenigstens formvollendet.

Um wie viel mehr bräuchten daher wir mit unserem komplizierten modernen Leben ein Studium der Ehe und Partnerschaft. Weil es uns fehlt, enden unsere Katastrophen zumeist eher formlos und banal, oft hässlich, manchmal tragikomisch oder als Farce.

Gut, zugegeben, auch ein Studium der Eheführung böte uns wahrscheinlich keinen Schutz vor Katastrophen, aber vielleicht bewahrte es uns wenigstens vor der Farce. Ich jedenfalls würde gerne einmal mit Katja so anmutig und formvollendet disputieren, dass ich gewahr werde, wie meine freundliche Lebhaftigkeit sie nicht ungerührt und nicht unbewegt lässt.

Stattdessen finde ich Zettel auf dem Kühlschrank. Bring das Auto zum TÜV. Hol Co vom Bahnhof ab. Ich bedarf solcher Anweisungen eigentlich nicht, denn ich weiß sehr gut selber, was ich zu tun habe. All diese kleinen unwürdigen Beschäftigungen sind in meinem elektronischen Organizer sorgsam aufgeführt. Er piept sogar, wenn ein bestimmter Termin naht oder eine Aufgabe fällig ist.

Manchmal aber ist meinem *Ich* ein Termin oder eine Aufgabe so verhasst, dass mein *Es* in heimlicher Kumpanei mit dem *Ich* dafür sorgt, dass ich vergesse, das Häkchen in den Erinnerungs-Button zu setzen.

Wegen solcher Lappalien nimmt Katja fälschlicherweise an, ich sei unorganisiert, chaotisch und auch sonst ein Mann mit unterentwickeltem *Über-Ich*, weshalb sie meint, ihr eigenes hyperaktives *Über-Ich* reiche für zwei. Deshalb schreibt sie mir immer diese Zettelchen, sie meint es ja so gut mit mir, aber das wollte ich eigentlich gar nicht erzählen.

Warum ich zurzeit mal wieder hart an meiner Liebe zu den Frauen arbeiten muss, wollte ich erzählen. Dazu muss ich aber erst erzählen, dass ich nächste Woche an unserer Volkshochschule einen Vortrag halten muss zu dem Thema: «Wie politisch ist das Private?» Meine Antwort steht schon fest und lautet: sehr.

Als Beweis werde ich ins Zentrum meines Vortrags die Geschichte von Eduard, Charlotte, dem Hauptmann und Ottilie rücken, ja, Goethes Wahlverwandtschaften, und fein säuberlich herausarbeiten, wie Goethe anhand dieser ganz privaten Viererkiste das Verhältnis von Freiheit und Notwendigkeit, von Naturtrieben und kulturellen Normen problematisierte. Brillant werde ich meinem Publikum auseinander setzen, dass es dabei nur vordergründig darum geht, eine der üblichen Rein-raus-Geschichten zu erzählen und damit vielleicht einer freieren Form des Verhältnisses von Mann und Frau das Wort zu reden, was sowieso immer nur in Aporien endet.

Dabei werde ich nicht umhin kommen, entsprechend der «Dialektik der Aufklärung» aufzuzeigen, wie die vernunftorientierten Anstrengungen immer wieder von zerstörerischen Triebkräften durchkreuzt werden. Und natürlich kann ich nicht unerwähnt lassen, dass Goethe die schicksalhafte Macht des Dämonischen, die in seinem Roman die bürgerliche Ordnung der Ehe zerstört, auch in der Französischen Revolution und den Napoleonischen Kriegen am Werke sieht und sich ebendarum die private Geschichte von Eduard und Charlotte mit der Weltgeschichte verschränkt – genauso, wie sich auch meine Geschichte mit Katja irgendwie mit allen Männern und Frauen der gesamten westlichen Hemisphäre und der Weltgeschichte verschränkt.

Ja doch, werde ich sagen, auch heute ist das Private noch immer auf geradezu brisante Weise hochpolitisch – eine der wenigen 68er Erkenntnisse, die noch Bestand haben. Ich weiß auch schon, wie ich den Vortrag einleiten werde, nämlich mit der Frage: Soll man öffentlich über sein Privatleben plaudern?

Ja, werde ich ausführen, man soll, eben weil das Private politisch ist, auch wenn man dafür die Berichte über Susan Stahnkes Darmspiegelung und die Unflätigkeiten eines Dieter Bohlen in Kauf nehmen muss, denn es gibt noch andere Dinge, die auf diese Weise hochkommen könnten und tatsächlich hochkommenswert wären. Wenn, um ein kleines Beispiel zu nennen, in 99,9 Prozent aller Haushalte es stets die Frau ist, die das Klo putzt, dann ist die Frage «Wer putzt eigentlich bei euch zu Hause das Klo?» keine private, sondern eine politische Frage. So in etwa werde ich mich, politisch stets korrekt, dem Zentrum meines Vortrags nähern, dachte ich.

Aber letzte Woche brüllte Katja vom ersten Stock zu mir in den Keller hinunter: «Harry, das Klo ist verstopft!»

Das hatten wir schon lange nicht mehr. Früher, als die Kinder kleiner waren, verging kaum ein Monat, an dem ich nicht klaglos Zahnbürsten, Haarspangen, Duplo-Steine oder schrecklich zugerichtete Kuscheltiere aus dem versifften Siphon rettete. Heute, da die Kinder größer sind, habe ich wieder etwas mehr Zeit und Muße. Und was macht man mit der gewonnenen Zeit? Man macht sich Gedanken, grübelt vor sich hin, zum Beispiel über Katjas Donnerruf hinunter in den Keller, und kommt zu dem Ergebnis, dass es manchmal verdammt hart sein kann, die Frauen lieben zu müssen.

Das Klo ist verstopft, und ich bin jetzt weder als Katjas Ehemann noch als ihr Freund oder Liebhaber gefragt, sondern als ihr Personal. Das ist es, was heutige Beziehungen so wahnsinnig kompliziert macht. So scheinbar einfache Fragen – wer putzt, wer kocht, wer spült – gewinnen dadurch eine geradezu existenzielle Bedeutung. Sie sind die eigentlich philosophischen Fragen unserer Zeit.

«Harry, das Klo ist verstopft» klingt zwar zunächst nach neutraler Information, hört sich an wie eine ganz normale Hausmitteilung aus dem Alltag einer Kleinfamilie. Ist es aber natürlich nicht. «Harry, das Klo ist verstopft» heißt in Wahrheit: «Kümmere du dich um die Scheiße», und erinnert fatal an den Derrick-Spruch «Harry, fahr schon mal den Wagen vor». Der Spruch klingt genauso harmlos, macht aber schlagartig deutlich, wer hier der Johann ist, wobei man nicht übersehen sollte, dass es wesentlich angenehmer ist, für Derrick den Harry zu machen als für Katja den Johann.

Und ich dachte immer, wir führten eine gleichberechtigte Partnerschaft, in der man sich alle Aufgaben, einander liebend zugewandt, solidarisch teilt. Nun plötzlich der nur unzureichend verklausulierte Befehl: «Harry, mach den Abfluss frei!»

Ein herrschaftsfreier Diskurs ist das nicht gerade.

Noch genauer und differenzierter betrachtet, heißt der Befehl sogar: Kümmere dich um den Dreck, während ich meinem coolen, sauberen, kinderfreien, overdesignten Beraterbüro zustrebe, wo «die Kloschüssel so sauber ist, dass man daraus essen kann», wie meine Feldwebel in der Bundeswehr immer zu sagen pflegten. «Das Klo ist verstopft» heißt: Kümmere dich, Harry, während ich, Katja, in jene Sphäre hinüberwechsle, in der das Klo nie verstopft ist, und wenn es doch einmal verstopft sein sollte, der Hausmeister kommt, der es auch nicht selber macht, sondern dafür seine Leute hat.

Ob das seine Putzfrauenkolonne ist, die sich darum kümmert? Bestimmt hat er irgendeinen Mann für diese Spezialaufgabe, denn in jene Erkenntnis mündeten meine Grübeleien: Noch nie in unseren 20 Jahren Ehe hat sich Katja ums verstopfte Klo gekümmert. Und wenn ich mich bei meinen Freunden, Bekannten und Verwandten so umsehe – da ist keine, die sich jemals bemüht hätte, das Problem zu lösen. Immer haben sie ihre eigenen oder fremden Männer dafür. Selbst die Geschiedenen und

Verlassenen haben für so etwas plötzlich einen Mann an der Hand. Ich riskiere daher die These: In 99,9 Prozent aller Haushalte ist es stets der Mann, dem der Griff ins Klo obliegt.

Ich weiß natürlich schon, was Katja mir auf so eine Vorhaltung vorhalten wird. Was sind schon ein halbes Dutzend männlicher Eingriffe ins verstopfte Klo im Verlauf von 40 Jahren gegen die tägliche, lebenslange Putzarbeit der Frauen, wird Katja sagen. Aber das werde ich so nicht stehen lassen können, denn erstens handelt es sich bei der Angabe «ein halbes Dutzend in 40 Jahren» um eine maßlose Untertreibung, und zweitens ... – zweitens, also gut, geputzt wird das Klo von den Frauen wesentlich häufiger, auch in modernen partnerschaftlich-emanzipierten Ehen, wie ich sie mit Katja führe. Das liegt aber nicht daran, dass ich mich bewusst vor dem Putzen drücke, sondern daran, dass Katja wegen ihrer geringeren Frustrationstoleranz mir mit dem Putzen immer zuvorkommt. Sie stört sich schon an dem bisschen Staub auf der seit zwölf Wochen unbenutzten Klobrille unseres kleinen unbeheizten Ferienhauses auf der Insel Mainau, während ich völlig logisch folgere: Vor zwölf Wochen haben wir das ganze Haus geputzt, seitdem war hier niemand auf dem Klo, also ist es sauber.*

* Hier ist jetzt eine gute Gelegenheit, Talkshow-Moderatoren, Interviewern und sonstigen Fragern gleich die Frage zu beantworten, die ihnen immer als Erstes einfällt, wenn sie so ein Büchlein lesen: «Ist es autobiographisch?» Meine Antwort: Im Prinzip ja. Wenn Sie also nun vermuten, ich besäße wirklich ein Ferienhaus auf der Insel Mainau, und mich fragen würden, ob das stimmt, würde ich daher antworten:

Wegen solcher Inkompatibilitäten haben wir ständig Krach miteinander. Dabei wäre das gar nicht nötig, wenn Katja sich bewusst machte, dass sie mit mir ja noch unwahrscheinlich viel Glück hat. Sie sollte sich mal vorstellen, wie es wäre, mit meinem Freund Jochen verheiratet zu sein. Der stört sich, ganz wie ein Weib, fürchterlich an dem Staub auf der Klobrille, kommt jedoch im Traum nicht auf die Idee, einen Lappen in die Hand zu nehmen, sondern ruft in die Küche: «Sonja, das Klo ist schmutzig.»

Katja hatte zu Beginn unserer Beziehung auch solche Allüren, die ich ihr aber rasch dadurch ausgetrieben habe, dass ich immer dann, wenn so ein Ruf an mich gerichtet wurde, sagte: «Wer sieht, hat den Auftrag.» Seitdem sieht sie über manches hinweg.

Manchmal denke ich, es gibt nicht herrschende Männer und dienende Frauen, sondern Herren und Herrinnen auf der einen Seite und Diener und Dienerinnen auf der anderen. Aber dieses Fass will ich jetzt nicht auch noch aufmachen.

Vorrangig geht es mir nur darum, Katja anlässlich eines verstopften Klos und ihrer selbstverständlich vorgenommenen Delegation der Aufgabe an mich darauf aufmerksam zu machen, wie unreflektiert sie manchmal noch die alten Rollenklischees bedient. Und da fällt mir gerade

Im Prinzip ja, allerdings handelt es sich nicht um die Insel Mainau, sondern um die Stadt Mainz. Dort besitzen wir kein Ferienhaus, sondern eine Doppelhaushälfte, diese ist nicht unbeheizt, sondern beheizt, und auf der Insel Mainau gibt es keine Ferienhäuser. So in etwa hängen Dichtung und Wahrheit hier und in dem ganzen Büchlein zusammen.

ein: Katja hat vor ein paar Monaten Max dazu verdonnert, regelmäßig das Katzenklo zu reinigen. Warum eigentlich? Warum hat sie nicht Marlene damit beauftragt? Oder dafür gesorgt, dass sich beide diese Arbeit teilen?

Meine Frau, die emanzipierte, feministische Kämpferin für ein gleichberechtigtes Leben zu zweit, ist also offenbar in tief verwurzelte Atavismen verstrickt. Das werde ich ihr bewusst machen müssen.

Wahrscheinlich wird sie mir mit dem blöden Urhorden-Paradigma kommen: Männer waren in der Steinzeit Jäger, wurden regelmäßig vom Blut der erlegten Tiere besudelt, mussten oft bei Sturm und Regen durch Schlamm und Dreck waten, rutschten aus, fielen in die feuchte Mammutscheiße, blieben darin stecken, kommen seit damals bis heute nicht mehr aus ihrer analen Phase heraus – und haben daher im Lauf der Jahrtausende nie jenen kultivierten Abscheu vor Dreck und Schlimmerem entwickeln können, den wir bei Frauen so schätzen. Deshalb wird uns heute von den Frauen eine natürliche Zuständigkeit zugesprochen für alles, wofür sie sich zu fein sind.

Und wenn wir hinterher verdreckt in unsere Höhlen zurückkehren und stinken, kreischen die darin Kräutertee trinkenden Frauen: «Männer sind Schweine!»

Aber damit kommt Katja bei mir nicht durch. Zumal mir gerade bewusst wird, dass sie noch nie das Auto gewaschen, geschweige denn in die Werkstatt oder zum TÜV gefahren hat. Ich muss ja schon dankbar sein, wenn sie nicht den Tank bis auf den letzten Tropfen leer fährt.

Natürlich: Weil die Urweibchen angeblich immer in der Höhle hockten und die Urmännchen auf der Suche nach Beute ständig durch die Urwälder streiften, sollen die Männer von heute für alle Gerätschaften verantwortlich sein, die mit der Mobilität zusammenhängen. Ist dies Schema nicht ein bisschen primitiv für unsere hochdifferenzierte High-Tech- und Wissensgesellschaft? Und warum bin ich auch noch zuständig, wenn ein Loch in die Wand gebohrt und ein Schrank angedübelt werden muss? Die Bärenfelle haben ja wohl die Frauen an den Höhlenwänden befestigt. Und für die Information und Kommunikation sind auch seit jeher die Frauen zuständig. Ich aber muss aktiv werden, wenn Katjas E-Mail-Postfach wegen Überfüllung geschlossen wird, der Videorecorder nichts aufgenommen hat, der Anrufbeantworter seinen Geist aufgibt, das Handy nicht mehr düdelt, der Computer abstürzt. Was hat das alles mit dem Leben der Urhorde in der Steinzeit zu tun? Man kann nicht alles mit den Unsitten der Steinzeit rechtfertigen! Dieser primitive Sozialdarwinismus geht mir schon lange auf die Nerven!

Mein *Ich*, *Es* und *Über-Ich* verknoteten sich bei diesen Grübeleien so unentwirrbar, dass ich zunächst zu keiner Tat mehr fähig war. Nur die Reflexion, das reine Denken war mir noch möglich, und es dachte in mir: Warum eigentlich immer *Ich*? Katja macht es sich einfach. Es gibt, denkt sie, einfach gewisse Dinge, für die nicht *Ich*, also sie, zuständig ist, sondern das *Nicht-Ich*, er – also ich. Manchmal stellt sich sogar mir die Schirrmacher-Frage: Wer denkt mich eigentlich? Katja oder ich?

Ich wollte mir gerade zurechtlegen, wie ich den sicher schwierig werdenden Dialog mit Katja eröffne, dachte auch kurz über die Frage nach, ob man einen Paartherapeuten hinzuziehen solle, verwarf den Gedanken aber wieder, als Marlene hereinkam und voll des Hochmuts im Gesicht sprach: «Papa, weißt du eigentlich schon, dass du ein Auslaufmodell bist? Und du», sagte sie, zu Max gewandt, «du auch», knallte mir ein Magazin auf den Tisch, sagte, dass wir das lesen sollen, und stöckelte erhobenen Hauptes aus dem Wintergarten.

Ich blickte auf den Titel und erkannte, nur mäßig überrascht, mit einem Blick, worauf ich schon immer gewartet hatte: die vierte Kränkung der Menschheit.

Der männliche Makel

Drei große Kränkungen habe die Wissenschaft der Menschheit zugefügt, sagt Sigmund Freud. Nikolaus Kopernikus habe die Erde aus dem Mittelpunkt des Weltalls in die Bedeutungslosigkeit eines Staubkorns im Nichts katapultiert. Darwin habe uns die Abstammung vom Affen zugewiesen und uns damit die Gottebenbildlichkeit genommen. Und er selbst schließlich, Freud, habe uns die Illusion geraubt, wir seien Herren im eigenen Haus, geistgesteuert und vernunftgeleitet, während wir doch in Wahrheit von unseren Trieben und dem unbewussten Chaos in uns beherrscht würden.

Neuerdings vermutet man allerlei Hormone, Enzyme und natürlich die Gene hinter all der chaotischen Triebhaftigkeit, aber das ändert nichts an dem Befund, dass wir nicht viel zu melden haben bei den angeblich freien Entscheidungen, die wir angeblich mündige Bürger tagtäglich treffen.

Und nun, an einem friedlichen Septembermorgen, knallt mir meine Tochter die vierte Kränkung auf den Tisch. Das Perfide daran ist, dass es nur die halbe Menschheit kränkt, die männliche, also mich. «Warum gibt es eigentlich Männer»? lautete die Titelzeile jenes Magazins.

Nicht, dass ich etwas dagegen hätte, mich auch einmal infrage stellen zu lassen, warum also nicht gelegentlich das Prinzip Mann infrage stellen? Früher hätte ich in meiner eitel-selbstherrlich-zufriedenen Männlichkeit solchen FragerInnen wahrscheinlich aufmunternd zugerufen: «Nur zu, hinterfragt mich, prüft mich, macht mich fertig! Es ist für einen Mann wie mich äußerst lustvoll und schön, von euch Frauen auch einmal hart angefasst zu werden, haha.»

Aber in letzter Zeit haben eine Besorgnis erregende Häufung weiblicher Attacken gegen den Mann als solchen, ein zunehmend männerfeindliches, männerverachtendes Klima und ein stürmisch wehender weiblicher Zeitgeist meine sensible Männerseele doch ein wenig gebeutelt und zerzaust.

Von der Last des Wissens um die Verbrechen des Patriarchats gebeugt, von Selbstzweifeln zernagt und vom derzeit so modischen Männer-bashing zerrüttet, nahm ich also das legendäre Hamburger Magazin zur Hand, um mich der unheilschwangeren Frage zu widmen, wozu es eigentlich Männer gibt.

Ich erkannte natürlich sofort: Wer so fragt, hat uns bereits zum Abschuss freigegeben.

Zwar wissen wir: Als Gott am sechsten Tag sein Schöpfungswerk mit der Erschaffung von Adam und Eva gekrönt hatte, ruhte er am siebten Tag, betrachtete das Ergebnis seines Schaffens und «sah, dass es gut war». Aber das Magazin in seiner manchmal schwer erträglichen Siebengescheitheit meinte nun zu sehen: Es war nicht alles gut, die Eva vielleicht, ja, die war ganz gut gelungen, aber beim Adam hat der liebe Gott gepatzt.

Natürlich kommt das jetzt nicht gerade überraschend. Über Jahrtausende galt der Satz des Aristoteles: Frauen sind missglückte Männer. Über Jahrtausende lieferten uns Aristoteles et al. die Rechtfertigung, Frauen als Gebärmaschinen, Putzfrauen, Wäscherinnen, Köchinnen, Kindermädchen und Haushüterinnen zu verschleißen und notfalls als Hexen zu verbrennen. Jetzt also die Retourkutsche, die Rache. Logisch.

Aber ist es nicht tragisch, dass sie ausgerechnet uns ereilt, uns moderne, emanzipierte Männer, uns «Lämmerschwänzchen», wie unser Außenminister Fischer früher, als er noch kein Staatsmann war, zu sagen pflegte? Schließlich haben wir die Idee der Gleichheit als Erste wirklich ernst genommen und unsere Frauen in die Freiheit entlassen. Nun lassen sie ihre Wut an uns Unschuldigen aus. Wie fürchterlich und ungerecht die Rache wohl ausfallen wird?

Ich erinnere mich, wie wir emanzipierten Männer in den achtziger Jahren noch strotzend vor Selbstbewusstsein mit den Feministinnen über den Spruch gelacht haben: «Als Gott den Mann schuf, übte sie nur.» Wer an keinen Gott glaubte, immer noch der Herr war, glaubte auch an keine Göttin und hatte leicht lachen.

Doch jetzt, ein Vierteljahrhundert später, scheint man (frau?) es darauf anzulegen, dass uns das Lachen im Halse stecken bleibt, denn alle Welt glaubt ans Y-Chromosom, die «Heimat des Mannmacher-Gens». Darauf aber, so musste ich nun lesen, liege ein Fluch, diese Heimat schrumpfe und sei noch schlimmer «im Niedergang begriffen» als unser Industriestandort Deutschland. In den vergangenen 300 Millionen Jahren habe das Y-Chromosom bereits zwei Drittel seiner ursprünglichen Größe eingebüßt, und dieser Trend setze sich fort.

Das männliche Y-Ding, dieser mickrige, verkümmerte, verkrüppelte Wurmfortsatz eines richtig gesunden, wohlgeformten, weiblichen X-Chromosoms, habe die Fähigkeit verloren, sich zu regenerieren. Die Folge: Männer degenerieren immer weiter, bis sie schließlich an ihrer eigenen Lebensuntüchtigkeit zugrunde gehen. Artentod durch Männersiechtum sei aber nichts Besonderes. Schon oft seien im Verlauf der Erdgeschichte viele Tiere wegen des männlichen Makels ausgestorben, und nun ereile dieses Schicksal eben demnächst mich, die Krone der Schöpfung.

Nun gut, könnte ich sagen, den klassischen Dreisatz anwendend, den Katja übrigens noch immer nicht beherrscht, und mir vorrechnen: Wenn meine Y-Ranch während der letzten 300 Millionen Jahre zwei Drittel seiner ursprünglichen Ländereien verloren hat, dann dauert es noch 150 Millionen Jahre, bis gar nichts mehr da ist. Meine Aufregung darüber hielte sich doch sehr in Grenzen und bewiese nebenbei, wie beruhigend es sein kann, den Dreisatz zu beherrschen.

Andererseits lehren alle Katastrophen der Weltgeschichte, dass das Elend immer schon lange vor dem Eintreffen der eigentlichen Katastrophe beginnt und das Tempo der Fahrt in die Hölle nicht linear, sondern exponentiell zunimmt.* Die Frage wäre daher, ab welchem

* Sorry, das verstehen jetzt viele meiner Leserinnen nicht, aber es ist ein weit verbreitetes Vorurteil, dass Männer es besser wüssten. Darum jetzt für meine Leserinnen – Männer lesen ja nicht – die Erläuterung,

Prozentsatz und zu welchem Zeitpunkt wir die Grenze der Debilität erreichen und endgültig zum Pflegefall unserer Frauen werden. Glaubt man den neuen Hiobsbotschaften, haben wir nicht mehr allzu viel Zeit, hat der Niedergang, obwohl wir immerhin noch über ein Drittel unserer Heimat auf dem Mannmachergen verfügen, schon begonnen.

Man erkenne die großen Folgen des kleinen Unterschieds zwischen dem X- und dem Y-Chromosom schon jetzt an der Zunahme der Übel in der Welt, und diese Übel seien männlich, wird behauptet. Fast alle Schurken dieser Welt seien männlich, deren Opfer auch und der Rest aller Übel sowieso: organisierte Kriminalität, Sex-Tourismus, sexueller Missbrauch, Hooliganismus, Delinquenz, Vandalismus, Alkoholismus, Demenz, Massaker, Mord und Totschlag – alles Y-Chromosom-gesteuert.

Glückwunsch, Alice, Aufklärungsarbeit gelungen, «Emma» hat ganze Arbeit geleistet. Den Rest kann jetzt die Frauen-Fußball-Elf des DFB erledigen, die sich das Abo auf den Titel des Fußballweltmeisters erkämpft hat und so Fußballnationen wie Portugal mit 13:0 zu besie-

mit der sie bei der nächsten Diskussion mit Männern punkten können: Linear heißt, etwas wächst über die Tage, Monate und Jahre mit konstantem Faktor. Wenn sich also beispielsweise der männliche Zustand um den Faktor drei verschlimmert, heißt das, in zehn Jahren ist es dreißigmal schlimmer als heute. Degenerierten wir Männer, was Gott verhüten möge, exponentiell, also beispielsweise quadratisch (mit dem Exponenten zwei) wären wir in zehn Jahren zehn hoch zwei, also hundertmal schlimmer dran als heute. Noch katastrophaler wäre ein kubisches (zehn hoch drei gleich tausend) Wachstum, und bei einer Viererpotenz könnten wir uns gleich die Kugel geben.

gen pflegt, während Rudi Völlers Buben dankbar sein müssen, wenn sie gegen Frankreich nur 0:3 verlieren.

Das Elend, ein Mann zu sein, ist damit aber noch nicht zu Ende beschrieben. Es geht weiter beziehungsweise beginnt mit Frühgeburtlichkeit, Gehirnschäden, Lähmungen sowie angeborenen Fehlbildungen der Genitalien und Gliedmaßen. Jungs hinken in ihrer Entwicklung gleichaltrigen Mädchen hinterher, sind in der Grundschule kleiner als die Mädchen, bekommen mit den ersten Bartstoppeln ihre Pickel, müssen hinnehmen, dass die Mädchen aus ihrer Klasse mit älteren Jungs flirten, und an der Uni ziehen die Studentinnen an ihnen vorbei, weil sie die Profs verführen, während die Jungs als Sitzenbleiber, Schulversager und Studienabbrecher enden.

Von der Spermienzahl über die Gesundheit, die Intelligenz und Karrierechancen bis hin zur gesellschaftlichen Stellung sind die Träger des Y-Chromosoms im Niedergang begriffen. Kein Wunder, dass Männer sechs Jahre früher sterben als Frauen, häufiger an Herzinfarkt, Krebs oder Unfällen auf der Straße zugrunde gehen und sich dreimal häufiger als die Frauen selber umbringen. Was bleibt ihnen denn anderes übrig?

Wie katastrophal das Wirken dieser Ypsilon-Chemikalie sein muss, und das gibt mir nun allerdings wirklich zu denken, erkennt man an jenen bedauernswerten Geschöpfen, die durch eine Laune der Natur gleich mit zweien dieser chemischen Keulen geschlagen sind.

Der Laie, der ich bin, denkt, solche Männer mit dem Y-Doppelpack müssten ganz besonders männliche und darum beneidenswerte Kerle sein, wahre Testosteronschleudern, vielleicht sogar mit drei Hoden ausgestattet und auch sonst besonders herrlich.

Tatsächlich sind sie nur besonders dämlich. Sie tummeln sich überdurchschnittlich häufig im Knast, weshalb man zunächst glaubte, die zweite Y-Keule mache die Männer kriminell. Jedoch füllen diese armen XYY-Ganoven nur deshalb die Knäste, weil sie, stets an der Grenze des Schwachsinns entlangschrammend, für die Polizei besonders leicht einzufangen sind.

Geht also die Menschheit an uns Männern zugrunde? Nicht nur unser Hamburger Magazin behauptet das. Die untergangsschwangeren Mäkeleien an unseren kleinen männlichen Makeln sind schon länger in Mode. Christian Pfeiffer, Kriminologe, ehemals Justizminister Niedersachsens, ja der, der den Ost-Rechtsradikalismus mit der ebenso zweifelhaften wie Aufsehen erregenden These begründete, das käme vom sozialistischen Töpfchensitzen in den DDR-Krippen, Christian Pfeiffer lässt ebenfalls seiner Unzufriedenheit mit uns Männern freien Lauf. Wir überzögen mit unseren Aggressionen die Welt mit Gewalt, Terror und Krieg, verweigerten in vielen Ländern machismohaft den Gebrauch von Verhütungsmitteln, scherten uns einen Dreck um die Natur und gefährdeten dadurch das Überleben der Menschheit.

Ein weiterer Großdenker der Gegenwart, Francis Fukuyama, hat ebenfalls schon gemerkt, dass Aggressivität und intensive Konkurrenz um Dominanz in einer Statushierarchie vornehmlich von Männern ausgingen, und meint aber, wir könnten nichts dafür. Er verweist auf die Primatologie, die angeblich bestätige, dass männliche Angriffslust genetisch bedingt sei und der menschlichen Spezies zeitlich voranginge.

Das hatte ich auch schon öfters in der Zeitung gelesen, aber was wäre denn aus der Menschheit geworden, wenn wir Männer nicht mit einem gewissen Überschuss Adrenalin und Jagdlust unsere Steinzeitweibchen gegen den Säbelzahntiger verteidigt hätten? Ausgestorben wären wir, vom Säbelzahntiger ausgerottet, noch ehe wir die Pyramiden gebaut und das Rad erfunden hätten.

Nun, da wir den Säbelzahntiger besiegt haben, das Rad erfunden ist, die Pyramiden gebaut sind, die Weibchen sich in Sicherheit wiegen, stehen wir plötzlich als Übeltätervolk da und gefährden angeblich unser aller Überleben. Jetzt heißt es: Der Mohr hat seine Schuldigkeit getan, der Mohr kann gehen.

Vor diesem dunklen Hintergrund erstrahlt nun die andere, die wertvolle Hälfte der Menschheit umso heller, unsere Leistungsträgerinnen, die Trägerinnen des Lebens, der Zukunft und des X-Chromosoms. «Ohne moralisch integere, beruflich hoch motivierte, leistungsfähige und sozial engagierte Frauen wäre das ökonomische, soziale und politische System der westlichen Demokratien längst gescheitert», schleimte ein Soziologe dem Magazinredakteur ins Notizbuch.

Pfeiffer assistiert, Frauen setzten in Beruf, Familie und Alltag stärker auf Ausgleich und Konsens als die Männer, seien wesentlich sensibler für die ökologische Gefährdung durch Umweltverschmutzung und Raubbau an der Natur und protestierten weitaus energischer gegen Krieg, Terror und Gewalt.

Und Heide Göttner-Abendroth sprach schon 1988

den Frauen die Zuständigkeit für das «mütterliche Prinzip des Lebens, die Einigkeit, den Frieden und die Gleichheit aller Menschen» zu. Das Recht und die Freiheit hat sie noch vergessen, die Frau Göttner-Abendroth, und wo, Frau Göttner-Abendroth, bleiben die Güte und Barmherzigkeit? Oder die Herzensbildung, die soziale Gerechtigkeit, Glaube, Hoffnung, Liebe, die Vernunft, die Weisheit und das Wissen, sind die etwa nicht weiblich?

Allmählich komme ich mir vor wie der böse Bube, der immer schuld ist, egal, was er tut, und von seiner Gouvernante beschimpft wird, während diese ihren braven Mädchen zufrieden über die Köpfe streicht. Denke insgeheim aber auch: Ich sollte mal Katjas X-Chromosomen nachzählen, wahrscheinlich hat sie drei.

Was mache ich nun als ein mit dem Rücken zur Wand stehender Kümmerling mit solchen Nachrichten? Es bleibt mir wohl nur noch eine einzige Möglichkeit: scharf nachdenken.

Als Erstes fällt mir ein, dass ich als langjährig geübter Leser natürlich weiß, wie sehr dieses legendäre Hamburger Magazin auf Niedergänge, Untergänge, Skandale, Aussterbeszenarien und Katastrophen angewiesen ist. Das gehört zu seinem Geschäft, davon lebt es, nur bad news sind good news, und diese bad news werden von der Redaktion mit viel Liebe und großem erzählerischem Talent zu hübschen, modernen Gruselgeschichten komponiert. Ich lese sie alle gern.

Manchmal sehne ich mich aber mit vielen anderen Menschen auch nach ein paar good news. Und da denke ich mir: Es müsste doch ein Leichtes sein, ein paar willige

Wissenschaftler aufzutreiben, die für eine Hand voll Dollars und ein bisschen Ruhm bereit sind, aus ihren notfalls erst noch zu erstellenden Studien schon vorweg abzuleiten, dass sich unser Y-Chromosom im Verlauf der Jahrmillionen nur von Ballast befreit hat und sich noch immer weiter davon befreit, weil unser Chromosom wie ein Bildhauer, der alles Unnötige weghaut, durch Weglassen zur reinen männlichen Form oder Essenz vorzudringen versucht.

Oder man überredet ein paar Weißkittel aus der Wissenschaft, die als «Verkümmerung» missdeutete Schrumpfung des Y-Dings als Reduktion aufs Wesentliche zu interpretieren und den Vorrang der Qualität vor der Quantität zu betonen, vielleicht verbunden mit der Nachricht von der Entdeckung wichtiger Bodenschätze am Standort Y-Chromosom und der Prognose eines kometenhaften Aufstiegs meines Geschlechts.

Die Zeitungen sollen ruhig schreiben, dass selbst bei Betrug hierzulande in 99 Prozent der Fälle Männer die Täter sind. Meinetwegen zitieren sie auch jene Forscher, die ausgerechnet haben wollen, dass in einem Stadtteil im Süden Londons die Gesellschaft jährlich 6000 Euro pro Kopf ausgeben muss für junge Männer, welche diese Kosten im Gefängnis, in der Gesundheitsversorgung und für die Behebung der von ihnen angerichteten Schäden verursachen. Eine junge Frau verursache nur ein Zehntel der Kosten.

Das mag in England so sein, aber vielleicht deckt dann irgendein Enthüllungsjournalist auch einmal auf, dass es nicht die Chromosomen sind, sondern die Frauen, die uns in den Alkohol treiben, ins Verbrechen, in die Raserei, zu den Thaimädchen, in die Demenz und zu Mord und Totschlag.

Als Zweites fällt mir ein: Mit den Ergebnissen der Primatenforschung lassen sich möglicherweise die ziemlich überschaubaren Verhaltensweisen von Männern wie Dieter Bohlen oder George Bush erklären, aber doch nicht die vernunftgeleitete Komplexität, Rätselhaftigkeit und überreich differenzierte Struktur meiner Persönlichkeit.

Ich für mein Teil bin daher noch nicht ganz reif für die Raserei und möchte erst noch die Frage geklärt haben, ob denn an all diesen Übeln wirklich ganz allein die unglückliche Verkettung ungünstig konstruierter Eiweißmoleküle schuld sein kann?

Gibt es keine besseren Erklärungen? Zum Beispiel die Beobachtung, dass hinter jedem unglücklichen Mann eine herrschsüchtige Frau steckt? Oder eine ehrgeizige? Oder eine habgierige? Oder sonst eine? Oder das Gegenteil von allen, nämlich keine, also männliche Einsamkeit und rational unbegründetes männliches Sehnen nach einer Frau? Davon liest man in den Gazetten nichts.

Stattdessen wird mir zu meiner Rettung vorgeschlagen, mich kastrieren zu lassen, weil Männer, die, aus welchen Gründen auch immer, ohne Hoden auskommen müssen, im Durchschnitt 13 Jahre länger leben als Hodenträger. Wissenschaftler führen das auf das von den Hoden produzierte Männlichkeitshormon Testosteron zurück.

Es schwäche die Immunabwehr, sagen sie, drossele die Energiezufuhr in das Immunsystem, damit der Mann sich als Wichtling fühlen und seine Kraft in typisch männliche, also sinnlose Aktivitäten umlenken kann, beispielsweise in die Fähigkeit, mit Hörnern auf dem Kopf durch den Wald zu laufen und zu röhren oder Dreisatz-Aufgaben zu lösen.

Irgendwie reicht es mir jetzt mit den Beleidigungen meines Geschlechts. Ich frage mich: Wer schreibt so etwas? Was hat so eine Hetze in einem Nachrichtenmagazin verloren? Ist es einem radikalfeministischen Autorinnenkollektiv gelungen, dem Magazin diesen Hetzartikel unterzujubeln? Ich schlug die letzte Seite des Artikels auf und las in der Autorenzeile: Jörg Blech und Rafaela von Bredow.

Dass das Girlie in diesem Gespann den Artikel mit orgasmischer Wollust niederschrieb, verstehe ich natürlich. Das Vergnügen, das Rafaela dabei empfunden haben muss, springt einen aus jeder Zeile an. Geradezu sturzbachartig quellen ihr die Schmähungen aus der Feder: eine Krankheit namens Mann, nur noch als Samenspender nötig und auch in dieser Funktion, dank Gentechnik, bald überflüssig, Irrläufer der Evolution, Parasit des Weibchens, Fluch des Y-Chromosoms, Mängelwesen der Natur, missglückte Frau, genetisches Ödland, Seuche, Krüppel, Niedergang, Untergang, Elend, Tod und Apokalypse.

Ich fühlte, als ich das alles las, ein großes Verlangen nach einer neuen Bewegung, einer Maskulinistenbewegung, in mir aufsteigen, hatte die Vision eines maskulinistischen Manifests und einer brandneuen Zeitschrift, eines publizistischen Zentralorgans der neuen Bewegung. Vielleicht sollte es «Harry» heißen. Dort würde es den Titel «Megäre des Monats» geben, der regelmäßig an jene Personen des öffentlichen Lebens verliehen würde, die sich durch besonders niederträchtig-männerfeindliche und menschenverachtende Girlie-Chauvinismen hervorgetan haben.

Rafaela wäre die erste Anwärterin für diesen Titel gewesen. «Es ist recht schön und liebenswürdig von dir, liebe Rafaela, dass du des Mannes Zustand mit so viel Teilnahme bedenkst; allein erlaube mir, dich aufzufordern, auch deiner zu gedenken», hätte ich geschrieben, und dann hätte ich sie gnadenlos abgebürstet.

Aber was hätte ich mit Jörg gemacht? Warum erkenne ich nirgends seine Handschrift? Gibt es ihn wirklich, und er musste mit den Wölfinnen heulen? Wurde er von den Redakteurinnen gefoltert? Und warum berufen sich Rafaela und Jörg ausschließlich auf Männer? Steve Jones («Der Mann. Ein Irrtum der Natur?») zitierten sie, Bryan Sykes («Keine Zukunft für Adam») und Dieter Otten («MännerVersagen»). Gibt es ein neues Phänomen, den männlichen Selbsthass? Oder handelt es sich bei diesen Autoren um Marionetten in der Hand einer mächtigen Macha? Befindet sich nicht das ganze Medienbusiness schon fest in weiblicher Hand?

Ich muss jetzt ruhig Blut bewahren, denke ich, ich muss jetzt messerscharf argumentieren. Zum Beispiel könnte ich sagen, dass ich die Frauen ja verstehe mit ihren Rachegelüsten und ihrem Männerbashing, aber dass sie's jetzt auch mal wieder gut sein lassen könnten, denn auf Dauer schaden sie sich damit nur selbst.

Frauen als moralisch bessere Hälfte, das ist doch ein Schmarrn. Nicht einmal Katja würde behaupten, dass sie moralisch über mir stehe. Auch sie wird hin und wieder von Adrenalinstößen durchzuckt, ihr Aggressionspotenzial steigt zuweilen höher als meins, einem Streit ist sie noch nie ausgewichen, und sie wirft sich durchaus lustvoll und kämpferisch in die sinnfreien Gefechte röhrender Platzhirsche, das würde sie jederzeit bereitwillig zugeben.

Und wenn ich mir all die Fläschchen und Döschen betrachte, die Püderchen und Wässerchen, mit denen sie jeden freien Quadratzentimeter unseres Badezimmers bedeckt, wenn ich an die vielen Schaumbäder denke, die Katja regelmäßig nimmt, wenn ich sehe, wie sie jeden zusätzlich angeschafften Schuh- oder Kleiderschrank in kürzester Zeit mühelos füllt, wenn ich im Winter in Sommerhemden durch die Wohnung laufen muss, weil Katja die Heizung bis zum Anschlag hochdreht, wenn Katja jeden Abend sämtliche Ecken des Hauses innen und außen beleuchtet, weil sich Behaglichkeit erst ab ungefähr sieben Dutzend leuchtender Lampen einstellt, für deren Betrieb sich die Anschaffung eines Blockheizkraftwerks lohnte – dann zweifle ich doch sehr, ob ihr Umweltbewusstsein tatsächlich um so viel ausgeprägter ist als meins.

Gut, der Einzelfall Katja beweist noch gar nichts, aber ich kenne ja auch Katjas Freundinnen, ich kenne deren Freundinnen und Töchter, ich kenne meine Mutter, meine Schwiegermutter, meine Schwestern, Tanten und Cousinen, die Lehrerinnen, die ich hatte, Kolleginnen, Chefinnen, Verkäuferinnen, Frauenfiguren der Literatur, dazu Ex-Gattinnen, Ex-Geliebte, Ex-Luder und, ganz gefährlich, Praktikantinnen.

Alles Einzelfälle, gewiss, aber in der Summe doch ausreichend, um generalisierend sagen zu können: Ihr seid auch nicht besser als wir. Und das solltet ihr nicht als Vorwurf verbuchen, sondern als Chance, denn die einfältige Vorstellung von der Frau als besserer Hälfte hatten wir schon einmal, und es hat euch nicht zum Vorteil gereicht. Das Bild von der Frau als Erhalterin des Lebens mit ihrer Nähe zur Natur, Religiosität und Spiritualität hat 1861 der Schweizer Gelehrte Johann Jakob Bachofen an die Wand gemalt.

Es war die Zeit, in der männliche Hybris sich einzubilden begann, in der Geschichte so etwas wie Naturgesetze zu erkennen, und einerseits meinte, den weiteren Verlauf der Weltgeschichte bestimmen zu können, sich andererseits legitimiert fühlte, dem Verlauf notfalls mit Gewalt etwas nachzuhelfen, wenn die Geschichte nicht ganz so wollte, wie es sich die Großhirne der damaligen Zeit in den Kopf gesetzt hatten. Während des ganzen 20. Jahrhunderts hatten wir alle Hände voll zu tun, um mit den Folgen dieser Hirngespinste unserer Meisterdenker fertig zu werden.

Bachofen war auch so einer. Für ihn verlief die Geschichte vom «naturhaft-stofflichen und gleichheitlichen» Mutterrecht zum «geistigen Vaterrecht». Er gehört zu den Urhebern jener Idee eines goldenen Zeitalters des Friedens und des Matriarchats, welches als Gegenbild zum machtgerichteten Handeln der Patriarchen diente. Dieses Bild hat kurioserweise fast allen Männern gefallen, den Nazis genauso wie den Kommunisten, auch Friedrich Engels, Ernst Bloch und Erich Fromm waren davon angetan.

Möglicherweise wurde dabei die Kehrseite dieser Idylle übersehen. In einem Frauenbild, das bereits vollständig ausgefüllt ist von Mutterschaft, Naturhaftigkeit der Lebensprozesse und Spiritualität, ist dann leider kein Platz mehr für Kreativität, Geist und Kultur.

Um dieses Revier musste sich daher fast notgedrungen, ja naturnotwendig, der Mann kümmern. Wahrscheinlich ist das der Grund, warum dieses Bild Männern unterschiedlichster Couleur so gut gefallen hat. Die Frauen von heute aber muss ich fragen: Wollt ihr das noch einmal, ihr die Natur und das Gute, wir der Geist und das Böse? Eben.

Ich aber habe jetzt ein anderes Problem. Während der ganzen Zeit, in der ich das Magazin las, stand Max neben mir, guckte sich die Fotos an, las die Bildunterschriften und Überschriften, hörte mich stöhnen und schnauben, sah mich manchmal etwas ratlos an, wartete wohl auf ein klärendes Wort von mir, sodass ich schließlich verstört aufblickte, ihm in die Augen sah und sprach: «Fürchte dich nicht, mein Sohn, ich kann dir alles erklären.»

Väter, Söhne und das Regiment der Frauen

«Also, pass auf», sagte ich zu Max, «drei Dinge musst du wissen. Erstens: Selbstverständlich sterben wir nicht aus, schon gar nicht wegen irgend so einem lächerlichen Chromosomenglibber. Und wenn doch, fänden wir Trost bei jenem ‹Spiegel›-Leser, der geschrieben hatte: ‹Wenn ich mir den Zickenhaufen in 125 000 Jahren vorstelle, frage ich mich doch, ob auszusterben da nicht die größere Gnade ist.›

Wir Männer werden auch nicht so schnell überflüssig, nur weil einige Genklempner behaupten, demnächst die Babys in Reagenzgläsern basteln zu können. Die Herren sollen erst mal mit Aids, Krebs und Alzheimer fertig werden. Im Übrigen ist die ganze Genklempnerei ziemlich fest in männlicher Hand, die werden ja wohl nicht so blöd sein und uns gentechnisch aus der Welt verschwinden lassen. Zweitens musst du wissen …»

«Aber warum schreiben die dann so etwas?», unterbrach mich Max.

«Ach, Woche für Woche müssen die ein ganzes, dickes Heft füllen und es auch noch verkaufen. Glaubst du, dass irgendjemand das Magazin kaufen würde, wenn auf dem Cover stünde: ‹Zwischen Mann und Frau alles bestens›? Darum sind die jedes Mal dankbar und froh, wenn wieder irgendein mit akademischen Würden ausgewiesener Eierkopf irgendetwas Haarsträubendes behauptet, beispielsweise, es sei uns bestimmt, an unseren Chromosomen zugrunde zu gehen.»

«Und warum behaupten die Eierköpfe so 'n Zeug?», fragte Max.

«Was weiß ich, vielleicht sind sie mehrmals geschieden, müssen wahnsinnig viel Unterhalt zahlen, und dafür reicht das Professorengehalt nicht. Vielleicht taumeln sie seit Jahren von einer Beziehungskiste in die andere und wollen jetzt schreibend reflektieren, warum das so ist.

Oder sie langweilen sich ein bisschen bei ihrer Forscherei, sind nicht richtig ausgelastet, wollen ihre freie Zeit aber nicht zu Hause bei ihrer Frau und ihren Kindern verbringen, weil ihnen das zu anstrengend ist, also schreiben sie lieber ein Buch. Es gibt viele Gründe, ein Buch zu schreiben. Ich, zum Beispiel, muss Bücher schreiben, weil Giovanni es so will. Wenn ich aufhörte zu schreiben, hätte er nichts mehr zu lektorieren und würde von seiner strengen Chefin gefeuert.»

«Giovanni hat eine Chefin?»

«Ja, natürlich, wusstest du das nicht? Ist aber völlig normal. Die ganze Bewusstseinsindustrie befindet sich mittlerweile fast vollständig in weiblicher Hand. Ich wollte aber auf den zweiten Punkt kommen. Du müsstest dir nämlich um deine Zukunft selbst dann keine Sorgen machen, wenn dieser Unsinn stimmte, den die Eierköpfe erzählen.»

«Und warum nicht?»

«Weil du eine unverwüstliche Siegernatur in dir hast.»

«Jetzt sag aber bloß nicht, die hätte ich von dir geerbt.»

«Doch, genau das sage ich dir, du hast von mir eine Siegernatur geerbt. Aber nicht ich behaupte das, sondern Dietrich Schwanitz, der begnadetste Männerversteher der nördlichen Halbkugel. Er muss zwar auch wieder bis zu den Affen zurückgehen, um uns schwankenden Gestalten Halt und Sicherheit zu geben in dieser Welt der Niedergänge. Aber dafür findet er einen auf den ersten Blick starken Trost für uns.

Gorillas, sagt Schwanitz, aber auch Löwen und viele andere Tiere leben in Herden, in denen meist ein Pascha das Sagen hat. Nur dieser Pascha kommt zur Fortpflanzung. Alle anderen Männchen würden auch gern, aber dürfen nicht, es sei denn, sie besiegen den Pascha, aber der ist ja gerade deshalb Pascha, weil er allen anderen bereits gezeigt hat, wer hier der Boss ist.

Und jetzt kommt's: Die anderen sind zwar Loser, aber erst jetzt sind sie es, und zwar auf hohem Niveau, denn sie selbst sind die Nachkommen der Nachkommen von Siegern. All ihre Vorfahren bis hinunter zu ihrem ersten Urahn waren Sieger, denn nur diese haben sich fortpflanzen können.

Der aktuelle Pascha trägt also schon eine ellenlange Latte von Siegergenen mit sich herum, die er wiederum an seine Nachkommen weitervererbt, aber von denen wird nur einer, der Stärkste, zur Fortpflanzung kommen, in der übernächsten Generation wieder nur der Stärkste und so fort.

Und das heißt: Wir, du und ich, sind die Sieger, die aus Siegern über Sieger über Sieger herausgemendelt wurden. Die Frauen können das nicht von sich sagen, die hatten ja diesen Selektionsdruck nicht, die mussten nichts leisten, um sich fortzupflanzen, denn der Pascha hat sich keine entgehen lassen.»

«Ist das nicht eine Theorie von jener primitiv sozialdarwinistischen Sorte, die dir sonst so verhasst ist?», fragte Max.

«Genau das ist es», antwortete ich, «zumal, wie auch Schwanitz weiß, die goldenen Zeiten der strengen Pascha-Herrschaft unter uns Menschen längst vorüber sind. Inzwischen haben wir ja die Zivilisation eingeführt, in der jeder Spatz und jeder Blender zum Zuge kommt, solange er es nur schafft, seiner Spätzin vorzumachen, er sei ein Schwan, aber wenn mir dieser primitive Sozialdarwinismus ausnahmsweise mal in den Kram passt, bediene ich mich seiner gerne.»

«Wozu?», fragte Max. «Ich dachte, du wolltest mich beruhigen. Glaubst du, ich lasse mich mit Argumenten ruhig stellen, die du selber für Schwachsinn hältst?»

«Ich erzähle dir das ja auch nicht, um dich ruhig zu stellen, sondern damit du etwas lernst.»

«Was soll ich denn jetzt gelernt haben?»

«Wie man Schwachsinn durch anderen Schwachsinn aufhebt. Das hast du gelernt. Und jetzt lernst du gleich noch etwas, und das wird dich tatsächlich beruhigen, jetzt komme ich nämlich zu meinem dritten und wichtigsten Punkt. Du brauchst dir um deine Zukunft als Mann vor allem deshalb keine Sorgen zu machen, weil» – nun wurde ich unfreiwillig etwas feierlich, fast pathetisch – «weil du das unwahrscheinliche Glück hast, in einer sehr seltenen Ausnahmesituation heranzuwachsen. Das ist mir schon vor vielen Jahren bewusst geworden, als du noch in den Kindergarten gingst und eines Tages freudestrahlend nach Hause gekommen bist und erzähltest, dass du jetzt einen Erzieher hast. Weißt du noch ...?»

«Jochen», sagte Max.

«Richtig, Jochen. Du hast ihn damals mit Handschellen ans Klettergerüst gekettet und dich geweigert, den Schlüssel herauszurücken. Die anderen Erzieherinnen und deren Chefin haben etwas verunsichert reagiert, wussten nicht so recht, wie sie damit umgehen sollten, und baten dich und uns, die Handschellen künftig doch besser zu Hause zu lassen. Wahrscheinlich bist du das einzige Kind in Deutschland, das mit Handschellen in den Kindergarten gegangen ist und seinen Erzieher gefesselt hat.»

«Und was hat das jetzt mit meiner Zukunft als Mann zu tun?», fragte Max.

«Das mit den Handschellen hat nichts damit zu tun, fiel mir nur gerade so ein, wegen Jochen. Obwohl, wenn ich's mir recht überlege – es war wahrscheinlich kein Zufall, dass du ausgerechnet den einzigen Mann im ganzen Kindergarten gefesselt hast. Nur er war wahrscheinlich bereit, sich von dir fesseln zu lassen.»

«Stimmt», sagte Max, «ich hatte es auch bei der Kindergartenleiterin probiert, aber die hat sich unter irgendeinem Vorwand davongemacht.»

«Siehst du, weil Frauen nichts verstehen von Bubenseelen. Weil sie gleich an Gewalt, Folter, Terror und Krieg denken, wenn sich ein kleiner Junge einen Spaß mit Handschellen machen will. Jochen hat wahrscheinlich geahnt, dass du diesen Fesselscheiß jetzt brauchst für dein noch schwach ausgeprägtes Selbstbewusstsein. Deshalb hat er mitgespielt.

Deshalb sage ich ja immer, dass wir mindestens dreißig

Prozent mehr Männer in der Erziehung brauchen. Das nämlich war der eigentliche Aha-Effekt, den deine Jochen-Geschichte in mir ausgelöst hat. Mir wurde plötzlich klar, dass ihr Jungs heutzutage fast ausschließlich unter Frauen aufwachst.

Im Kindergarten habt ihr Erzieherinnen, in der Grundschule Lehrerinnen, in der Haupt- und Realschule habt ihr fast überwiegend wieder Lehrerinnen, und sogar an den Gymnasien unterrichten jetzt mehr Frauen als Männer.

Und zu Hause? Viele Jungs leben bei ihren allein erziehenden Müttern, auch dann, wenn diese Mütter verheiratet sind. Die meisten deiner Freunde sehen ihre Väter, wenn sie Glück haben, gerade noch morgens kurz vor dem Frühstück. Viele Väter müssen sich abends oder am Wochenende fortbilden, dann müssen sie joggen und in den Fitness-Gulag, um sich fit zu halten für den Kampf um Marktanteile gegen die Koreaner und Taiwanesen.

Also, du siehst: Deine Freunde haben zwar Väter, aber sie sind nicht da. Du hingegen hast einen Vater, der da ist.»

Max antwortete: «Abgesehen davon, dass es dir nicht schaden würde, mal gelegentlich wieder zu joggen und ins Fitness-Studio zu gehen, stimmt es zwar, dass du da bist, aber eigentlich bist du ja doch nicht da, sondern hockst in deinem Büro, hackst deine Texte in den Computer und kriegst einen Anfall, wenn ich dich mal störe. Und außerdem: Glaubst du wirklich, dass es einen so großen Unterschied macht, ob sich Frauen oder Männer um uns kümmern?»

Tief durchatmend erwiderte ich:

«Jetzt halt mal die Luft an, mein Lieber, aufs Joggen und den Gang ins Fitness-Studio verzichte ich schweren Herzens, und zwar nur wegen euch, um mehr Zeit für dich Frechdachs, deine Schwester und deine Mutter zu haben. Daher verfette ich, ich weiß, aber diese Last nehme ich auf mich um euretwillen.

Und du hast zwar Recht, dass ich von morgens bis abends nur hocke und hacke und mich ungern dabei stören lasse – ich hocke da übrigens nicht zu meinem Vergnügen, sondern um die Finanzierung deines Studiums zu sichern, die Miete für deine Bude zu verdienen und deine Klamotten, Skateboards, Inliner und zahlreichen Spezialfahrräder zu bezahlen, dies nur nebenbei.

Und gib's doch zu: Ich bin zwar nicht richtig da, weil ich im Büro arbeite und nicht gestört werden möchte, aber das Wissen, dass ich da unten im Keller sitze und jederzeit aktiviert werden kann, wenn's nötig ist, muss doch unheimlich beruhigend auf dich wirken. Außerdem glaube ich wirklich: Dass ich zu Hause bin und koche und du siehst, dass einem Mann kein Zacken aus der Krone bricht, wenn er mal einen Putzlappen in die Hand nimmt, wird dir ein ganz anderes Männerbild vermitteln, als es das Fernsehen tut oder als mir noch eingetrichtert wurde.»

«So oft sehe ich dich auch wieder nicht mit dem Spüllappen herumlaufen, und das Klo putzt meistens die Mama. Und die Mama sagt auch, dass du nicht so ein Buhei machen sollst, wenn du mal einen Lappen in die Hand nimmst.»

«So, sagt sie das? Soso, na ja, ich muss ja sowieso mal

mit ihr einiges bereden, ich komme nur nie dazu, weil deine Mutter in letzter Zeit mit ihrer Firma verheiratet ist und ihre Mitarbeiter für wichtiger hält als ihre Familie.»

«Sie muss halt das Geld für dein Auto verdienen und für dein Büro und deine zahlreichen Computer.»

«Deine Mutter arbeitet hauptsächlich für ihr Auto und ihre Klamotten und ihre zahlreichen Schuhe, und die Kosten für meinen und euren Lebensunterhalt verdiene ich immerhin noch selbst», sagte ich leicht verbiestert, da dieses Gespräch eine unangenehme Wendung zu nehmen drohte, und ging daher zum Gegenangriff über: «Im Übrigen, wenn du meinst, dass deine Mutter offenbar zu Recht klagt, dass sie zu oft das Klo putzen müsse, warum nimmst du ihr nicht einen Teil der Arbeit ab?»

«Ich kümmere mich ja schon ums Katzenklo.»

«Ich führte übrigens wegen dieser Angelegenheit ein Gespräch mit deiner Mama. Ich hatte darauf gedrungen, dass auch Marlene das Katzenklo reinigt und ihr euch die Arbeit teilt. Hat sie dir schon mal geholfen?»

«Ja, aber sie hat sich so saublöd angestellt und sich so vor dem Gestank geekelt, dass ich ihr sagte, lass nur, ich mach das alleine. Dafür bügelt sie mir jetzt die Hemden. Da stell ich mich nämlich saublöd an.»

«Aha, gut dass du das sagst, damit sind wir nämlich wieder beim eigentlichen Thema. Dir macht es also nichts aus, das Katzenklo zu reinigen. Marlene hingegen meint, sich übergeben zu müssen, wenn sie das Ding nur anfasst. Hast du dich schon einmal gefragt, warum das so ist?»

«Jetzt bin ich aber gespannt.»

«Erinnerst du dich, als wir aus München weg und aufs Land gezogen sind? Da hatten wir einen Nachbarn, dessen Haus voller Mäuse war. Er setzte große Hoffnungen auf unsere Katzen. Völlig zu Recht. Innerhalb von 14 Tagen war sein Haus mäusefrei. Es waren mehr, als die beiden fressen konnten, daher lagen die Leichen bei uns herum, auf der Terrasse, vor der Haustür, unter Mamas Schreibtisch, in meinem Büro.

Das war nicht weiter schlimm, denn du hast alle eingesammelt, um sie mit dem Küchenmesser aufzuschlitzen und zu untersuchen. Du hast es zu einer großen Kunstfertigkeit im Sezieren von Mausleichen gebracht, hast fachkundig Herz, Magen und Darm freigelegt.

Die Katzen erweiterten unterdessen ihren Aktionsradius und brachten gelegentlich auch mal eine Ratte, einen Siebenschläfer oder einen Vogel nach Hause. Du hast die Leichen im Garten vergraben und drei Wochen später wieder ausgegraben, abgewaschen, fotografiert, noch mehrmals eingegraben und wieder ausgegraben.

Als deine Mutter dich einmal dabei entdeckte, wie du eine halb verweste Leiche in der Küche waschen wolltest, bekam sie einen Schreikrampf und fiel fast in Ohnmacht, als sie dann auch noch die Knöchelchen und Eingeweide sah, die du auf deinem Schreibtisch ausgebreitet hattest. Daraufhin wollte sie dir diese Beschäftigung verbieten.

Und da schritt ich dann ein und sagte sinngemäß, dass sie dich gewähren lassen müsse, denn das hätte ich als Bub auch gemacht. Alle Buben wollen das machen, müssen es machen, aber nur wenige dürfen es. Buben, die nur eine Mutter zu Hause haben, dürfen es nie. Sie müssen es aber dürfen, denn das gehört zur jungenspezifischen Auseinandersetzung mit dem Tod, weckt und fördert auch das naturwissenschaftliche Interesse, gehört einfach zur Mannwerdung dazu. Daraufhin ließ sie dich gewähren, bestand nur darauf, dass du deine naturwissenschaftliche Neugier im Garten befriedigst und deine Leichenwäsche mit dem Gartenschlauch erledigst.

Aufgrund dieser hohen elterlichen Toleranz kamen alle deine Freunde zu dir, die das zu Hause nicht durften, weil sie ja keine Väter haben, die in solchen Fällen für sie eintreten, und ihr habt dann gemeinsam so etwas wie eine systematische Tieranatomie betrieben, die Leichen seziert, zerschnitten, einige Gewebeproben sogar unterm Mikroskop betrachtet.

Ihr kamt auf die Idee, die Beute unserer Katzen in Marmeladengläsern luftdicht zu verschließen und den Verwesungsprozess zu beobachten. Manche Gläser habt ihr offen gelassen und erstaunt beobachtet, dass sich Maden darin bilden und die Leichen auffressen.

Deine Mutter und ich bestanden nur darauf, die Gläser im Garten zu deponieren statt im Kinderzimmer. Gelegentlich wurden die Gläser auch wieder geöffnet, nicht selten auf dem Küchentisch, und unsere Proteste gegen den bestialischen Gestank wurden von euch toleriert. Unsere Erziehung zur Toleranz trug also Früchte.

Einmal haben die Katzen eine sehr große Ratte gebracht, und du hast sie in einem unserer besten Kochtöpfe so weich gekocht, dass du mühelos das Fleisch von den Knochen lösen konntest. Die Knochen hast du mit Uhu zu einem Rattenskelett zusammengeklebt, sehr genau, sehr fachmännisch. Es stand wochenlang auf deinem

Tisch, bis der Hund hereinkam und mit seinem Schwanzgewedel das Skelett vom Tisch fegte.

Dein Freund Lukas wollte auch eins haben, also hast du gewartet, bis die Katzen wieder eine Ratte angeschleppt brachten. Wieder hast du sie weich gekocht, aber diesmal kam deine Mama dazu und tobte wie eine Rasende durch die Wohnung. Den guten Kochtopf mussten wir wegschmeißen.

Deine Rattenkochphase ist ja jetzt gottlob schon lange vorbei. Danach kam deine Kreucht-und-fleucht-Phase. Stundenlang hast du im Garten Spinnen, Käfern, Wespen, Maden, Raupen, Schnecken, Schmetterlingen, Kellerasseln und Würmern bei der Arbeit zugesehen, und ich habe dir gezeigt, wo du die Asseln findest, wie man Schmetterlinge fängt und Maden züchtet. Nur einmal bin ich ausgeflippt, als du Nacktschnecken in der Mikrowelle gegart hast. Die sind darin explodiert, haben die ganze Mikrowelle versaut, und ich musste sie stundenlang putzen.

Aber ich merkte, dass du das brauchst, nicht nur die Reptilien, Insekten und das ganze Gewürm, sondern auch mein Interesse für deine Interessen. Außerdem merkte ich, dass ich dich damit von deiner Scheiß-Videospielkonsole wegbringe, dass alle Bücher über Spinnen, Fische, Reptilien und Insekten, die ich dir kaufte, von dir nicht nur gelesen, sondern aufmerksam studiert, immer wieder hervorgeholt wurden. So kamst du ans Lesen.

Deine Mutter hatte immer probiert, dich mit Märchen und Sagen zum Lesen zu bringen, aber diese Bücher hast du nicht angerührt, und deine Mutter war schon ganz verzweifelt. Auf die Idee, Bücher über eklige Spinnen und Würmer zu kaufen, wäre sie, wenn überhaupt, erst sehr spät gekommen. Und wenn du heute in Deutsch und Biologie fast nur Einsen und Zweien schreibst und dich darüber hinaus freiwillig ums Katzenklo kümmerst, dann ist das auch meiner väterlichen Vorarbeit zu verdanken, meinem Verständnis für deine Interessen, den ungezählten Besuchen in naturkundlichen Museen, Zoos, Aquarien und Terrarien. Und natürlich meinen Genen.»

«Ist ja schon gut, Papa.»

«Ja, natürlich ist das gut, du brauchst dich jetzt gar nicht über mich zu mokieren, kannst dir ruhig einmal bewusst machen, wie privilegiert du aufwächst. Nicht jedes Kind hat so einen Vater wie du, und nicht jedes Kind hat einen Garten mit Fischteich. Im Übrigen hat dieser Artikel nicht mich beunruhigt, sondern dich. Deine Beunruhigung war überhaupt der Anlass für diesen väterlichen Vortrag.»

«Na, jetzt bin ich ja beruhigt.»

«Allzu ruhig solltest du auch wieder nicht sein, denn es ist nicht alles aus der Luft gegriffen, was die Journalisten und Wissenschaftler da schreiben. Dass ihr Jungs es heutzutage viel schwerer habt, als wir es hatten, scheint mir eine Tatsache zu sein. Als ich ein Kind war und auf die Straße ging, fand ich dort so gut wie immer irgendwelche Spielkameraden, die jünger, älter und gleichaltrig waren. Wenn ich nach Hause ging, traf ich meinen Opa und meine Geschwister.

Heute ist das ganz anders. Es gibt weniger Kinder als früher, und diese wohnen verstreut in den Städten und Dörfern, darum haben Jungs heute kaum noch die Möglichkeit, Kinderbanden zu gründen und gemeinsame

Streifzüge durch die Umgebung zu unternehmen. Ihr wachst einsamer auf als wir.

Viele von euch haben Eltern, die beide arbeiten, und was macht man da als Junge allein zu Haus? Man verfettet vor dem Fernseher, der Videospielkonsole und dem Computer und spricht kein einziges Wort. Mädchen telefonieren wenigstens.

Ihr dagegen verstummt, habt dann Sprachprobleme in der Schule, seid Nieten im Sport und habt überhaupt mehr Entwicklungsstörungen als Mädchen, vielleicht auch, weil zu Hause die Väter fehlen und in der Schule die Männer. Ihr kennt Männer fast nur vom Fernsehen, und da zeigt man euch entweder falsche Supermänner oder falsche Idioten oder richtige Idioten, die als Stars und Vorbilder gehandelt werden, und nur äußerst selten wirkliche und vernünftige Männer.»

Max schwieg. Es entstand eine Gesprächspause, in die hinein er sagte: «Weißt du noch, als ich meine Angelphase hatte? Da saßen wir oft stundenlang am Ufer, hielten die Angeln ins Wasser, fingen nichts, redeten kein Wort, aber waren sehr zufrieden.»

«Das war aber kein Verstummen, sondern ein beredtes Schweigen. Das Schweigen der Männer. Glückliche, stille, ungestörte Harmonie unter Männern. Diese wortlose Harmonie war keineswegs sprachlos: Wenn uns jemand gesehen hätte, hätten wir ihm mit dem Bild, das wir boten, mit diesem Urbild, diesem Archetypus der Mannwerdung, Geschichten erzählt, die Geschichten von Vätern und Söhnen von der Steinzeit bis heute, von Vätern und Söhnen, die scheinbar angeln, aber in Wahrheit einen geweihten Ritus vollziehen. Stell dir vor, deine Mutter und deine Schwester wären dabei gewesen. Glaubst du, dass sie es geschafft hätten, wenigstens dreißig Minuten lang einfach dazusitzen und nichts zu sagen?»

«Nein», sagte Max.

«Eben», sagte ich.

Dann schwiegen wir.

Das große Wiwiwi

Früher habe ich Putzen gehasst, auch Waschen, Bügeln, Spülen, das ganze Hausfrauenprogramm halt. Wozu habe ich studiert mit großer Müh, wenn ich jetzt meinen Tag mit schmutzigem Geschirr, schmutziger Wäsche und ungebügelten Hemden verbringe?

Eine Antwort fand ich nie. Aber irgendwann hatte ich mich daran gewöhnt. Man gewöhnt sich tatsächlich an alles, und dann passierte es, ich merkte es zunächst gar nicht.

Erst später wurde es mir bewusst: Man kann, statt sich aus Ärger über diesen langweiligen Hausfrauenkram das eigene Leben zu vermiesen, diesen Kram auch ganz anders hinter sich bringen, meditativ, kontemplativ, den ganzen Dreck wie nebenbei wegmachen und sich dabei aus diesem Dreck und dieser Welt hinausdenken, hinausmeditieren, die Gedanken fliegen lassen.

Und dann auf einmal, während ich so am Spülstein stehe und versuche, die eingebrannten Rückstände vom Kochtopfboden wegzukriegen, kommen mir die tollsten Ideen, schreibe ich in null Komma nichts im Geiste die brillantesten Zeitungsartikel, ganze Bücher, mehrere Lebenswerke.

Als ich das zum ersten Mal merkte, ließ ich alles stehen und liegen und hechtete an meinen Schreibtisch, um sofort alles aufzuschreiben, was mir so eben durch den Kopf gegangen war. Aber kaum, dass ich saß, war alles weg. Nichts, kein Gedanke mehr, kein Einfall, schwarze Nacht. Hatte ich eben noch ganze Bücher in Gedanken ausformuliert, müssen mir diese Bücher auf dem Weg zum Schreibtisch komplett abhanden gekommen sein. Traurig kehrte ich an den Spülstein zurück.

Beim zweiten Mal ereilten mich die Gedankenergüsse beim Spaziergang mit dem Hund. Ich muss mir alles merken, dachte ich panisch, alles merken, bis ich wieder am Schreibtisch sitze, merken, merken, merken. Dann saß ich am Schreibtisch und hatte mir nichts gemerkt.

Katja schenkte mir ein Diktaphon. Als ich wieder meine kontemplative Phase hatte, merkte ich nicht, dass ich sie habe, dachte daher auch nicht daran, in mein Diktaphon zu sprechen, kehrte heim und wusste nichts mehr. Beim nächsten Mal dachte ich unentwegt daran, dass ich mein Diktaphon einschalten muss, wenn die kontemplative Phase kommt. Aber weil ich nichts anderes mehr denken konnte, kam sie nicht.

Dann aber kam der Tag, an dem ich spürte, wie ich in die Kontemplation hineinglitt. Sofort zückte ich das Gerät, fing an zu sprechen, und es war alles Unsinn, was ich sprach. Irgendwie muss man beim Sprechen eine andere Gehirnregion aktivieren als beim meditativen Denken, und wenn man die eine Region einschaltet, schaltet sich die andere aus, jedenfalls bei mir ist das so. In der Kontemplation denke ich zehn Gedanken gleichzeitig. Beim Sprechen kann ich sie nur hintereinander formulieren.

Während ich den ersten Gedanken formuliere, vergesse ich die anderen neun.

Mit der Zeit lernte ich, mich am Schreibtisch in eine kontemplative Phase hineinzumeditieren, und dann produziert mein Hirn tatsächlich die Gedanken schneller, als ich schreiben kann. So mühsam, wie die Finger meiner Ideensintflut folgen, so mühelos verschmelze ich den Urknall, die Quantenmechanik und die Theodizee zur Großen Einheitlichen Feldtheorie, und innerhalb von Minuten entsteht Seite um Seite, und ich fühle mich glücklich und matt und zufrieden.

Wenn nur Katja nicht wäre. Katja hat ein großes Talent, ausgerechnet in solchen Phasen in mein Reich der Ideen und Gedanken zu platzen und das noch junge und zarte Gespinst des Geistes jäh zu zerfetzen.

Dann steht sie plötzlich mitten im Raum und spricht so merkwürdige Sätze wie «Hier ist aber ein Mief, kannst du nicht mal lüften» oder «Kannst du bei dieser Unordnung auf deinem Schreibtisch eigentlich ordentlich denken» oder «Weißt du, dass es schon 23.50 Uhr ist» oder «Willst du nicht mal eine Pause machen» oder «Geh doch mal an die frische Luft, das täte dir jetzt sicher gut».

Solche Sätze sagt sie, auf die ich, während ich ohne aufzublicken einfach weiterschreibe, geistesabwesend und automatisch mit knappen Formeln antworte, wie etwa «Du hast Recht, kipp doch bitte mal das Fenster» oder «Du weißt doch, das nennt man schöpferisches Chaos» oder «So spät schon, gut, ich mach gleich Schluss» oder «Ich brauch jetzt keine Pause» oder «Ich war erst vor einer Viertelstunde mit dem Hund an der frischen Luft».

Eben noch verknotete ich widerspruchsfrei Stephen

Hawkings Zeitbegriff mit dem Begriff des Chronos und des Kairos und hielt alles schwebend in meiner etwas abgestandenen Büroluft, nun hoffe ich nur noch, dass Katja merkt, dass sie jetzt stört, und mich in meinem Mief alleine lässt.

Aber das Gegenteil passiert, sie fühlt sich von mir nicht angemessen gewürdigt, nicht richtig beachtet, darum erwidert sie: «Danke, dass ich dir das Fenster kippen darf», «Chaos ist niemals schöpferisch», «Eine Viertelstunde ist viel zu kurz.» Worauf meine Sprechautomatik andere Formeln aus der Kiste holt, zu denen ihr weitere mich zu einer Reaktion nötigende Sätze einfallen, wobei die Schärfe des Tons auf beiden Seiten unmerklich zunimmt und sich eine schreckliche Doppelhelix in meine abgestandene Büroluft windet.

Auf der einen Spirale stürzt meine Kreativität auf den absoluten Tiefpunkt zu, auf der anderen schraubt sich meine Aggressivität steil dem Höchstwert zu. Zwischen beiden Enden dieser Helix baut sich eine knisternde Spannung auf, während sich mein Formelvorrat erschöpft und ich plötzlich vor einer Frau sitze, die, wie mir scheint, grundlos geladen ist und sich wundert, dass ich geladen bin.

Warum macht sie so etwas?, fragte ich mich mehr als einmal. Weiß sie, was sie tut? Nein, sie kann es nicht wissen, sonst täte sie es nicht.

Einmal, als es durch die gefährliche Spannung zum Übersprung kam, explodierte ich, schrie fürchterlich herum, tobte, erhob mich sogar von meinem Platz und lief wie ein Raubtier im Käfig hin und her.

An den Inhalt meines Gebrülls kann ich mich nicht

mehr erinnern, nur, dass ich irgendwann Thomas Mann ins Feld führte, dessen Ehefrau Katja lebenslang eine undurchdringliche Zone der Ruhe um ihn herum geschaffen hatte und diese Zone sogar gegen ihre eigenen Kinder verteidigte wie eine Löwin.

Worauf die andere Katja, also meine, erwiderte, wenn ich ein Thomas Mann wäre, würde sie auch … aber ich sei halt leider keiner, worauf ich konterte, ich könne ja auch nie einer werden mit so einer Katja, die wegen jeder Lappalie tausendmal am Tag in mein Büro gestürmt kommt und dadurch jeden Ansatz von Genie schon im Keim erstickt. Woraufhin sich eine hässliche und ermüdende Diskussion darüber entspann, was Lappalien sind, was ich mir überhaupt einbilde, wer sich für wen aufopfert, wer zu wenig oder zu viel fürsorglich ist, was sie alles nebenher für mich erledigt, was sie alles macht, während ich mich in meinem stillen Kämmerlein als Genie verwirkliche, dabei aber weniger verdiene als sie und so weiter und so weiter. Danach haben wir nicht mehr miteinander gesprochen.

Ich war verzweifelt, aber ich ließ es mir nicht anmerken. Sie war verzweifelt, aber ließ es sich nicht anmerken. Eine ganze Woche lang haben wir verzweifelt aneinander vorbeigeschwiegen.

Dann kam uns Cloppenrath zu Hilfe.

Cloppenrath ist ein intrigantes Schwein, ein Macho vom alten Schlag und Katjas härtester Konkurrent im Kampf um den demnächst neu zu besetzenden Posten eines Hauptabteilungsleiters. Er ist also so etwas wie Katjas habitueller, ontologischer und natürlicher Feind in einer einzigen Person.

Mein Feind ist er obendrein, nicht nur, weil er Katjas Feind ist, sondern auch, weil er zur anderen Sorte gehört. Es gibt nämlich innerhalb des männlichen Geschlechts noch einmal zwei verschiedene Geschlechter, Cloppenrath gehört zum anderen, und beide Sorten hassen einander.

Um das zu erklären, muss ich den Umweg über die Frage nehmen: Wozu gibt es eigentlich Krokodile? Ich weiß es nicht, aber vielleicht besteht ihr einziger Daseinszweck darin, uns über den Zusammenhang von Fortschritt und Beharren, Einfachheit und Komplexität zu belehren: Vor vielen Millionen Jahren hat das Krokodil einfach aufgehört, sich weiterzuentwickeln, und verharrt seitdem hartnäckig und eigensinnig auf jener primitiven Entwicklungsstufe, die einem Reptil eigen ist.

Krokodil sein genügt mir, ich will nicht mehr sein oder scheinen als ein ganz normales, bescheidenes Krokodil, sagt sich das selbstzufrieden-primitive Krokodil. Mögen andere einem gefährlich ungesunden, von Konkurrenz und Neid geprägten Leistungsfetischismus frönen, ich klinke mich da aus, mich geht das alles nichts an, denkt das Krokodil, als ob es die Luther'sche Rechtfertigungslehre draufhätte.

Diese provokante Akzeptanz der eigenen Insuffizienz stellt uns vor ein Rätsel der Evolutionslehre, die doch besagt, nur dasjenige Lebewesen, das immer auf dem Quivive ist, sich immer rechtzeitig an wechselnde Situationen anpasst, wird überleben.

Das Krokodil scheint von dieser Lehre nichts zu wissen. Es blieb einfach über die Jahrmillionen so, wie es immer schon war, und hat mit diesem Beharrungsvermögen

Eiszeiten und Tropenzeiten überstanden, Vulkanausbrüche und Erdbeben, Hungersnöte und Tierseuchen, Wasserknappheit und Wasservergiftung, während weit höher entwickelte Wesen starben wie die Fliegen. Primitive Großereignisse wie Eiszeiten, Erdbeben oder vulkanische Dauereruptionen können primitive Strukturen offenbar nicht zerstören, und darum kann es auch eine lohnende Strategie sein, primitiv zu bleiben.

Was daraus folgt? Da muss ich Sie jetzt leider ins Männerpissoir mitnehmen, aber keine Angst, ich werde den Aufenthalt so kurz wie nötig halten und so interessant wie möglich zu gestalten versuchen.

Ich begebe mich also an diesen Un-Ort: Alle Urinale sind besetzt bis auf eines. Ich stelle mich zwangsläufig vor das einzig freie und bemühe mich erst gar nicht, meinem kurz zuvor noch heftig gefühlten Drang freien Lauf zu lassen, denn dieser Drang ist jetzt weg. Es geht nicht, wenn da einer neben mir steht, und das ist ja eigentlich auch völlig normal, denn es ist eine absurde Situation.

Eine der intimsten Verrichtungen soll man in aller Öffentlichkeit beginnen und zu einem Ende bringen. Jeder einigermaßen differenzierte, empfindsame und kultivierte Mensch wird sich dazu außerstande sehen, weshalb er so lange wartet, bis der Nebenmann endlich fertig ist und verschwindet.

Jetzt könnte es losgehen. Doch schon kommt der Nächste, und, es ist unglaublich, kaum hat er sein Ding ausgepackt, spritzelt und spratzelt es nebenan in einer Lautstärke, als ob ein Sturzbach sich durch den Raum ergösse. Jetzt kann ich erst recht nicht mehr.

Beim Mann neben mir haben wir es mit einem Exemplar der anderen Sorte zu tun, Cloppenraths Sorte, die Sorte mit der Kroko-Struktur, das andere Geschlecht innerhalb meines eigenen. Als ich bei einem Betriebsfest zufällig mal neben Cloppenrath zu stehen kam, erkannte ich es: Es gibt nur diese beiden Sorten, den hemmungslosen Spratzler und das stille Wasser, und auf dem Pissoir erkennt man sie schon an der Körperhaltung.

Die Kroko-Struktur, also der in einer Menschengestalt steckende Pascha der Affenhorde, genießt den Geruch und die dampfige Gemütlichkeit des Männerpissoirs, das ihm genussvolle Entleerung ermöglicht. Er steht breitbeinig da, kerzengerade in einer leichten Schräge von der Wand abgeneigt, sein Ding einhändig bedienend, den kleinen Finger abgespreizt, die andere Hand in der Hosentasche, gern aber auch eine Zigarette haltend, den Kopf halb nach oben gerichtet, also demonstrativ uninteressiert an der Sauerei, die er mit seinem ziellosen Gespritze unten anrichtet.

So stand Cloppenrath neben mir, dabei lärmend, als ob er allein und der Herr aller Urinale wäre. Zuletzt, als er fertig war, schnippte er noch die brennende Kippe ins Wasser, um genießerisch sein Lärmen mit dem Zischgeräusch der erlöschenden Glut ausklingen zu lassen.

Ich hasste ihn vom ersten Moment an.

Dagegen ich, der bis zum Bersten gefüllte, still ruhende Stausee, krumm, vornübergeneigt, beide Hände gebrauchend, um den Strahl so zu führen, dass möglichst kein Geräusch entsteht, stehe ich da und frage mich: Wäre es nicht besser, sich ebenfalls so hemmungslos zu erleichtern?

Man findet sie oft in Führungspositionen, diese Reptilienmachos, besonders in der Politik, in der Baubranche, im Journalismus und in der Autoindustrie. Draußen, außerhalb der Urinale, erkennt man sie schon von weitem an ihrer Gebärdensprache, die aller Welt, auch bei den unpassendsten Gelegenheiten, unmissverständlich signalisiert: Achtung, hier kommt ein Wichtling.

Bestimmt verdanken sie einen Gutteil ihres Erfolgs der eigenen Hemmungslosigkeit, ihrer durch nichts kaputtzukriegenden Primitivstruktur, die in der einschlägigen Managementliteratur als Führungsmerkmal gelobt und mit dem Euphemismus «hohe Belastbarkeit» bezeichnet wird. Es ist die Belastbarkeit des Krokodils, das jede Katastrophe übersteht, weil nicht viel da ist, was kaputtgehen könnte, aber das Wenige, das da ist, offenbar reicht, um in die höchsten Ämter zu gelangen.

Nun ist es keineswegs so, dass ich meine hoch entwickelten Gehemmtheiten und Sensibilitäten genösse oder kultivierte. Im Gegenteil. Auch ich fühle den alten Affen in mir lebhaft sich regen, zugleich aber fühle ich, wie einst Luther, die Pflicht, diesen von Luther so genannten Alten Adam jeden Morgen aufs Neue zu ersäufen. Cloppenrath fühlt nichts dergleichen. Cloppenrath ist mit seinem alten Affen völlig eins, lässt sich von ihm spazieren führen und genießt sich noch dabei.

Immer wenn ich mir bewusst mache, wie sich Cloppenrath nicht nur vor dem Urinal, sondern total, in seiner ganzen Art zu sein, Dinge herausnimmt, die ich mir mühevoll, ja, oft qualvoll versage, steigere ich mich in einen abgrundtiefen Hass hinein. So tief, dass der dünne Lack der Zivilisation von mir abblättert, der soeben ersäufte

Affe gleich wieder ersteht und Cloppenrath auf der Stelle niederkeulen möchte.

Die Chance dazu bekam ich nach jener langen Woche des feindlichen Schweigens zwischen Katja und mir. Katja kam nach Hause, schien alles vergessen zu haben, warf sich mir an die Brust, weinte bitterlich, und ich fühlte mich glücklich. Sie hat das Schweigen gebrochen. Und sie braucht jetzt meine Hilfe. Alles wird wieder gut.

Ich verstand zunächst nicht gleich, warum, aber kapierte immerhin so viel, dass Cloppenrath mal wieder gegen Katja intrigiert hatte. Irgendeine wichtige Information, die er an Katja hätte weitergeben müssen, hat er zwar weitergegeben, aber so, dass Katja sie zu spät bekam, bewusst die Tatsache ausnützend, dass Katja montags immer erst um neun ins Büro kommt, gleich in die Morgenkonferenz geht, ohne ihre E-Mails zu lesen, weil montags früh sowieso noch nichts Wichtiges im Postfach ist.

Diesmal aber hatte ihr Cloppenrath samstags jene Information gemailt, die sie in der Morgenkonferenz gebraucht hätte, um nicht in das offene Messer zu rennen, das Cloppenrath aufgeklappt hatte. So rannte sie hinein und blamierte sich vor ihrem Chef und den Kollegen. Es war nicht das erste Mal, dass er so etwas machte.

«Ich bring ihn um», murmelte ich, «ich bring ihn um, ich stech ihm Löcher in die Reifen, ich schütte einen Eimer Jauche über ihn aus und schlage ihm die Zähne aus.»

«Ach, lass nur», schluchzte Katja, «damit tust du ihm zu viel der Ehre an. Aber ich glaube, ich werde kündigen. Ich kann ihn nicht mehr sehen. Er verleidet mir die Freude an meiner Arbeit.»

Ich ging an unsere Flaschen und mixte Katja, wie in

alten amerikanischen Filmen, einen Drink. Sie macht sich nichts aus meinen Drinks, aber die Geste gefällt ihr. Es erinnert sie an ihre Studienzeit in Amerika, wo ihr in ihrer Gastfamilie der Hausherr abends immer einen Drink machte, genau so, wie sie es zu Hause im Kino und Fernsehen gesehen hatte. Nach längeren Stresswochen oder größeren Ehekrächen mache ich ihr darum immer einen Drink.

Diesmal trank sie ihn auf einen Zug. «Gib mir noch einen», sagte sie. Ich gab ihr noch einen. Sie stürzte ihn hinunter. «Noch einen», sagte sie. Wir tranken den dritten.

«O Gott», sagte sie, «ich muss ja noch die Präsentation für morgen früh vorbereiten, und jetzt habe ich so viel getrunken. Ich muss sofort anfangen, damit ich den größten Teil der Arbeit geschafft habe, bevor der Alkohol seine Wirkung entfaltet.» Sie wankte zum Schreibtisch, schaltete den Computer ein, kramte in ihrer Handtasche und sagte schon wieder «o Gott». Sie habe die Unterlagen im Büro liegen lassen, müsse noch einmal ins Büro zurück.

«Du kannst jetzt nicht fahren», sagte ich, «du hast drei hochprozentige Drinks intus. Ich werde dich fahren.»

«Du hast auch drei Drinks intus», sagte sie.

«Ja», antwortete ich, «aber bei meinem massigen Leib dauert es etwas länger, bis der Alkohol wirkt, und wenn er wirkt, wirkt er schwächer als bei dir.»

«Das ist einer der seltenen Fälle, in denen ich froh bin, mit einem Moppel verheiratet zu sein», sagte sie.

Wir fuhren in ihr Büro. Im Büro neben ihr brannte noch Licht. Cloppenraths Büro. Durch die offene Tür sah ich ihn vor dem Computer sitzen, auf dem Tisch eine angebrochene Flasche Rotwein.

Typisch, dachte ich, morgens als Erster da, abends als Letzter immer noch da. Dieser Mensch hat alle Zeit der Welt, um sich ausschließlich um seinen Job zu kümmern und um sonst gar nichts, denn zu Hause hat er eine Hausfrau und Mutter, die ihm das Frühstück macht, die Socken wäscht, die Unterhosen in den Schrank legt, die Hemden bügelt, die Kinder erzieht, mit den Handwerkern verhandelt, die Rechnungen bezahlt, ihm alles, alles abnimmt, was ihn von seiner Arbeit und seinen intriganten Kungeleien ablenken könnte.

Wenn dieser Kerl sich so um seine Kinder kümmern würde, wie Katja sich um unsere Kinder kümmert, wenn er sich die tausend kleinen Beschäftigungen und Ablenkungen, die unseren Alltag ausfüllen, so mit seiner Frau teilen würde, wie Katja sie mit mir teilt, dann hätte es dieser Schwachkopf nicht einmal bis zum Nachtwächter gebracht. Aber er hat sich sein Personal erheiratet, behängt es einmal im Jahr mit einem Nerz und einem Brilli und hat dafür das ganze Jahr über Zeit, meiner Katja das Leben schwer zu machen.

Ich fühlte den dünnen Firnis der Zivilisation von mir abblättern, betrat sein Büro und sagte: «Sieh da, der Herr Cloppenrath, ist er mal wieder mit seiner Arbeit nicht fertig geworden? Schafft er es nicht, sich so zu organisieren, dass er seinen Job während der normalen Arbeitszeit geregelt kriegt, und so ein ineffizienter Kerl will Hauptabteilungsleiter werden?»

«Was erlauben Sie sich, was soll das, was wollen Sie hier, verlassen Sie sofort mein Büro», dröhnte Cloppenrath mit hellrotem Schwellkopf, der sich dunkelrot färbte, als ich die angebrochene Flasche Rotwein über ihn ausgoss.

Er wollte von seinem Stuhl aufstehen, aber ich drückte ihn hinein, Hektoliter von Adrenalin schossen durch meine Adern, verliehen mir Bärenkräfte, mit denen ich Cloppenrath auf seinem Stuhl quer durch sein Büro krachend an die Wand schob, dass das Holz splitterte. Er schrie um Hilfe, wollte aufstehen, ich drückte ihn nieder und verpasste ihm einen Kinnhaken, überlegte kurz, ob ich ihm noch die beim Einzelkämpferlehrgang der Bundeswehr erlernte Schläfenkeule verpassen sollte, aber fürchtete, ihn damit umzubringen, und an seinem Zustand bemerkte ich, es reicht schon. «Arschloch», sagte ich im Hinausgehen und hörte ihn etwas sagen von «bereuen, Nachspiel haben, Körperverletzung, Hausfriedensbruch, Schmerzensgeld».

Unterm Türrahmen stand, leichenblass, Katja und sagte nur: «Du spinnst, du bist vollkommen übergeschnappt, noch heute Abend, spätestens morgen verhaftet dich die Polizei, und ich werde gefeuert.»

«Auch egal», sagte ich, «hatte schon lange nicht mehr so einen Spaß gehabt, und diesen Spaß lass ich mir was kosten.»

«Teurer Spaß», sagte Katja während der Heimfahrt, «zu teuer, wenn ich meinen Job verliere und du in den Knast musst.» Dann begann sie zu lachen. Sie lachte sich halb tot. Es war ein leicht irres Lachen, hatte einen mir fremden hysterischen Unterton. Offenbar fing jetzt der Whisky an, seine Wirkung zu entfalten.

«Lass uns auf Cloppenrath trinken», sagte ich, zu Hause angekommen, «er hat unsere Ehe gerettet. Jedes Paar braucht einen gemeinsamen Feind. Ernennen wir Cloppenrath zu unserem Aggressionsableiter.»

Später las ich bei Konrad Lorenz noch einmal nach, wie die Liebe aus Aggression entsteht, wie die Liebe gerade dadurch ihre Chance bekommt, dass Individuen ihre angeborene Aggression gegen den Artgenossen auf echte, vermeintliche oder eingebildete Feinde umlenken, beispielsweise auf Männer von der gegnerischen Sorte, und sich danach umso friedlicher dem Artgenossen zuwenden, je aggressiver sie sich zuvor ausgetobt haben. Durch Ritualisierung dieser Aggressionsableitung nach außen entsteht Frieden im Innern, die Bindung an den Artgenossen.

Bei dieser Gelegenheit las ich dann auch wieder das Kapitel über das «Wiwiwi» der Graugänse. Wenn Graugänse unter sich sind, dann wispern die Kinder ihr fragendes «Wiwiwi», und die Eltern antworten mit einem beruhigenden «Ganggangang». Dieses «Wiwiwi», sagt Konrad Lorenz, heißt so viel wie «Ich bin hier, und wo bist du?» oder «Ich bin dir gut, du mir auch?», und das «Ganggangang» heißt so viel wie «Ja, ja ja, ich bin auch da, und ich bin dir auch gut, alles in Ordnung, alles bestens».

Circa 80 Prozent der Graugans-Kommunikation besteht aus diesem beruhigenden Wiwiwi und Ganggangang. Auch erwachsene Graugänsinnen bedienen sich gerne dieses kindlichen «Wiwiwi», um von ihren Gantern das friedlich-liebevolle «Ganggangang» zu hören.

Und da, als ich das durch einen Zufall wieder las, wusste ich, dass ich Katja die ganze Zeit über bitter Unrecht getan hatte, wurde mir schlagartig klar, warum Katja immer in mein Büro kommen und sinnlose Sätze sagen muss, wie «Hier ist aber ein Mief, kannst du nicht mal lüften», oder «Weißt du, dass es schon 23.50 Uhr ist». Tränenblind erkannte ich, dass diese Sätze einfach nichts weiter bedeuten als «wiwiwi» und Katja von mir eigentlich nichts weiter erwartet als die Antwort «ganggang-gang».

Mit dem Buch von Lorenz in der Hand stürzte ich in Katjas Zimmer, nahm sie in die Arme, benetzte sie mit meinen Tränen und heißen Küssen, sie wusste gar nicht, wie ihr geschah, «sag jetzt nichts», sagte ich zu ihr, «hör mir einfach nur zu», und ich las ihr die uns betreffenden Graugans-Passagen aus Konrad Lorenz vor. Sie begriff sofort, und wir küssten und umarmten uns weiter und noch oft an diesem Abend.

Am nächsten Tag, als sie wieder in mein Büro kam, sagte sie mit hoher wispernder Stimme: «Wiwiwi?»

Und ich antwortete mit tiefem Geschnatter: «Gangganggang.»

Einige Zeit später, nach ein paar Stress-Wochen, hatte sie es allerdings schon wieder vergessen, sprach wieder ihre sinnlosen Sätze vom «Pause machen». Aber da sagte ich nur: «Gangganggang.»

Sie strahlte, sagte «Wiwiwi» und verließ auf Zehenspitzen mein Büro.

Ach ja, eines muss ich noch nachtragen: Katja wurde nicht gefeuert. Bei der Gerichtsverhandlung, bei der ich wegen Hausfriedensbruch und Körperverletzung zu einer Geldstrafe von 3000 Euro verurteilt wurde und zu einer Zahlung von Schmerzensgeld in Höhe von 4000

Euro sowie zu 2000 Euro für die Reparatur des Cloppenrath-Büros, war alles zur Sprache gekommen, besonders das über Jahre währende fiese Verhalten von Cloppenrath.

Bei dieser Verhandlung saß auch Katjas Chef im Publikum. Dieser kam hinterher auf uns zu und fragte Katja, warum sie ihm davon nie etwas gesagt habe, er wäre sehr offen dafür gewesen, denn er könne Cloppenrath auch nicht ausstehen. Dann sagte er noch, dass Katja zum Monatsersten Hauptabteilungsleiterin würde.

Cloppenrath hat daraufhin gekündigt.

Neben Katjas Chef hatte ich auch schon einmal gestanden. Er fiel mir gleich positiv auf durch seine gekrümmte Haltung. Sehr gehemmt. Beidhändig zugange. Angenehm leise. Zielführend.

Die Strahlefrau und ihr Schattenmann

Es wird Zeit, dass ich meinen Leserinnen erkläre, wie es sich eigentlich mit Katja und mir verhält. Einige wissen es vielleicht schon, denn ich habe die Geschichte schon häufiger erzählt. Ich muss sie an dieser Stelle jetzt erzählen, weil es ja darum geht, zu erklären, wie sich das Private mit dem Weltgeschichtlichen verschränkt.

Ich widme diese Geschichte den sich aufopfernden Müttern und den egoistischen Powerfrauen, die sich seit einiger Zeit bekriegen, wobei die Opfermütter gerne auf nicht ganz astreine Weise von ihren Gatten unterstützt werden, aber nicht, wie es ehrlich wäre, mit dem schlichten Argument, dass sie selbst als Männer am meisten vom Opfer ihrer Frauen profitieren, sondern mit dem schwergewichtigen, staatstragenden Argument, dass die egoistischen Powerfrauen an der Misere des Standorts Deutschland schuld sind.

Weil sie sich auf Teufel komm raus selbst verwirklichen und unbedingt einen Beruf ausüben möchten, statt, wie es ihres Amtes wäre, Kinder in die Welt zu setzen und großzuziehen, nehmen sie den Männern die Arbeit weg. Und produzieren so die gegenwärtige Arbeitslosigkeit, behaupten die Opfermütter und noch lautstärker deren Gatten, denen es schon lange auf die Nerven geht, sich im Kampf um die nächste Beförderung auch gegen weibliche Konkurrenten durchsetzen zu müssen.

Und weil diese ewig nervenden Emanzen keine Kinder mehr kriegen, produzieren sie die künftige Arbeitslosigkeit, gefährden die Renten und überhaupt die ganze Zukunft unseres Standorts.

Diejenigen Frauen, die zwar Kinder kriegen, aber im Beruf bleiben möchten und darum nach staatlicher Kinderbetreuung und Ganztagsschulen rufen, sind auch keine Lösung, denn das kostet alles ungeheuer viel Geld, und außerdem führen Ganztagsschulen nur dazu, dass der Staat den Eltern die Kinder wegnimmt und so die Hoheit über die Kinderbetten an sich reißt.

Etliche Standortkommandanten versuchen daher, diesem ganzen Emanzenspuk ein Ende zu bereiten und sämtliche Egoistinnen mit der Keule des demographischen Faktors wieder in die Küche und die Kinderproduktion abzukommandieren.

Wertvolle Dienste für dieses Projekt leisten die zu Hause waltenden Mütter, die sich geschickt als Opfer der sich selbst verwirklichenden Egoistinnen präsentieren und behaupten, von diesen wechselweise als beautyfarmbevölkernde, Tennis und Golf spielende Luxusweibchen niedergemacht zu werden oder als unbedarfte, etwas rückständige, geistig zurückgebliebene, unselbständige Hausmuttchen in der Kittelschürze, die ab ungefähr dem 40. Lebensjahr täglich damit rechnen müssen, von jenem Gatten, dem man sich geopfert hat, entsorgt und durch ein jüngeres Modell ersetzt zu werden.

Ja doch, es ist ein richtiger Kulturkampf, der da tobt, und ich bin, ohne dass ich es wollte, mitten hineingeraten, genau zwischen die Fronten. Daher kann ich beide sehr gut verstehen, möchte ihnen aber gerade deshalb energisch zurufen: Nun macht mal halblang. Kommt mal wieder herunter. Lockert euch mal durch, und bitte, ihr verrennt euch da in etwas, aus dem ihr später nicht mehr herauskommt.

Wie das im Kampfgetümmel so ist, man stößt auf taube Ohren und kriegt von beiden Parteien eins übergebraten. So opfere auch ich mich auf. Ich habe mein Leben dem Frieden zwischen den Geschlechtern geweiht, und das ist, wie Sie gleich erfahren werden, wahrlich kein Zuckerschlecken.

Es begann bereits beim Balzritual der Brautwerbung. Ich hatte mich damals gerade intensiv mit den Verbrechen des Patriarchats auseinander gesetzt, war daher in entsprechender Büßerlaune und trug meiner Angebeteten an, stellvertretend für mein Geschlecht Sühne zu leisten.

Als konkrete Maßnahme schlug ich ihr vor, ihr bei der Heirat ihren Namen zu lassen und selbst einen Doppelnamen anzunehmen. Das gefiel meiner Angebeteten wohl. Katja – wie Sie inzwischen erfahren haben, zur Sorte «egoistische Powerfrau» gehörend –, Katja bestand zwar noch darauf, dass ich auch all die anderen zu einem ordentlichen Balzritual gehörenden Teile gewissenhaft ausführte und mich an die vorgeschriebene Reihenfolge hielt, aber im Grunde hatte ich sie mit meiner Schuldeinsichtsfähigkeit und Bußfertigkeit schon im Sack.*

* Man kann dies übrigens alles nachlesen in dem sehr lesenswerten Rowohlt-Bändchen «Zum Glück gibt's Anzeigen», das ich unter dem

Einen weiteren Meilenstein auf dem Weg des Friedens zwischen den Geschlechtern setzte ich dann, als sich uns die Frage «Kind oder Karriere» stellte und ich Katja großzügig den Vortritt ließ. Seitdem macht Katja eine kometenhafte Karriere, mit Folgen, die ich bei meinem aus heutiger Sicht etwas voreiligen Rücktritt wohl nicht ganz überblickt hatte.

Sie ist ja inzwischen als Vize-Chefin der weltweit größten Unternehmensberatung und Präsidentin des Bundesverbands der Deutschen Industriestandortkommandanten eine öffentliche Person, gern gesehener Gast bei Sabine Christiansen, Maybrit Illner und den eher bunteren Talkshows, und so konnte es nicht ausbleiben, dass sie in die eine oder andere Talkshow als Mitbringsel mich mitschleppen und der neugierigen Öffentlichkeit den Mann an ihrer Seite präsentieren musste.

Nun sind Talkshow-Moderatoren auch nur Menschen, weshalb auch der beste Moderator seine Grenzen hat. An diese Grenzen geraten die Moderatoren bevorzugt im Angesicht meiner Person, was man daran erkennt, dass ihnen eigentlich nur eine einzige Frage zu mir einfällt, und die lautet: «Wie kommen Sie damit zurecht, Harry, im Schatten Ihrer erfolgreichen, prominenten Frau zu stehen?»

Pseudonym Christian Nürnberger veröffentlicht habe. Dort steht auch, wie ich mir Katja über eine Heiratsanzeige geangelt habe, worauf es bei Heiratsanzeigen ankommt und was man als Brautwerber alles bedenken sollte. Ein sehr nützliches Buch, gar nicht teuer, sollte man im Zehnerpack kaufen und als anregende Lektüre den Singles in seinem Bekanntenkreis zum Geburtstag schenken. Nebenher tut der Käufer noch ein gutes Werk, denn der Erlös des Büchleins dient der Finanzierung des Studiums meiner Kinder.

Die Frage kann der Schattenmann natürlich gut verstehen, denn für einen TV-Moderator, der sein Lebensziel – die regelmäßige Präsenz auf dem Bildschirm – glücklich erreicht hat, muss es eine Horrorvorstellung sein, seinen Ehepartner statt sich selbst in der Glotze sehen zu müssen.

Ich als gelernter ModeratorInnenversteher habe mir auf diese Standardfrage die Standardantwort ausgedacht: Wieso Schatten? So, wie die Sonne den Mond anstrahlt und dieser mit seinem Abglanz die Welt und die auf ihr wandelnden Liebespaare erleuchtet, so strahlt meine Frau mich an, und so erleuchte ich mit meinem Abglanz die Welt und die in ihr talkenden Fernsehmoderatoren.

Diese Lüge hat sich bewährt.

Eine andere erfolgreiche Lüge, die ich über diverse Talkshows, Interviews und Publikationen weiträumig gestreut habe, lautet, dass ich Katja aus lauter Liebe zu ihr, aus einem leidenschaftlichen Gefühl für Gerechtigkeit heraus und im Bewusstsein der Schuld, die sich mein Geschlecht durch die jahrtausendelange Schreckensherrschaft des Patriarchats aufgeladen hat, ermöglicht habe, sich in ihrem Beruf zu verwirklichen, während ich mich als Hausmann, Vater und dilettierender Schriftsteller aufzuopfern bereit erklärte.

Weil aber allmählich die Gefahr wächst, dass mir diese Schrift etwas zu hagiographisch gerät, aber vor allem, weil meine Leserinnen es nicht verdient haben, mit platten, nur für die Talkshows zurechtmodellierten Sprüchen abgespeist zu werden, will ich jetzt an dieser Stelle erzählen, wie es wirklich war.

Ich war Textchef in einem Wirtschafts- und Technologiemagazin und war es gerne, bis ich zwei neue, etwas jüngere, ständig mit den Hufen scharrende Chefredakteure vor die Nase gesetzt bekam. Wie das bei solchen Leuten so ist, konnten sie keinen Text passieren lassen, ohne ihre eigene Duftmarke drüberzusetzen, und so blitzte eines Tages die Erkenntnis in mir auf: Du kannst auf der Karriereleiter so hoch steigen, wie du willst, du wirst immer einen über dir haben, der dümmer ist als du, aber meint, dir vorschreiben zu müssen, was du zu tun hast.

Die Erkenntnis stürzte mich in eine tiefe Krise, aber Krisen sind ja dazu da, sie zu meistern und geläutert und gestärkt aus ihnen hervorzugehen. Bei mir mündete die Krise in die fruchtbringende Frage: Ist es nicht viel sinnvoller, ein Kind in die Welt zu setzen, als für den Rest des Lebens in überflüssigen Magazinen überflüssige Texte zu redigieren und sich dabei mit eingebildeten Vorgesetzten herumzustreiten, die keine Ahnung haben?

Zum ersten Mal nistete sich eine bis dahin nicht gekannte Vorstellung in meinem Kopf ein: aussteigen. Vater werden.

Die Vater Morgana verdichtete sich, als meine Chefs eine Überschrift von mir durch ihre eigene ersetzten, die da lautete: «Wie das Ozonloch seine Wunden leckt».

Da sprach ich zu meiner Frau: «Wann, wenn nicht jetzt?»

Sie stellte die Frage aller Fragen: «Wer soll sich kümmern?»

Und ich sprach: «Wer, wenn nicht ich?»

Ein Jahr später hielt ich glücklich meine Mini-Tochter auf dem Arm und plante die Zukunft und sechs weitere Töchter.

Kleine Kinder schlafen viel, und während sie schlafen, kann ein Mann wie ich viele Bücher schreiben, dachte ich. Denn ich wollte zu Hause bleiben und nicht den Stress der doppelt belasteten Frauen auf mich nehmen, auch nicht die permanenten Gewissensbisse jener immer zahlreicher werdenden Männer, die ihre Energie 50:50 auf ihren Job und die Familie zu verteilen versuchen, woraus fast immer ein 100:100-Verhältnis erwächst.

Den ganzen Tag feilen sie an ihren Excel-Tabellen und Powerpoint-Präsentationen, dann hetzen sie mit schlechtem Gewissen etwas früher als die kinderlosen oder hausfraubeweibten Kollegen nach Hause, lassen sich schlechten Gewissens von ihrer angesäuerten, nervlich zerrütteten und auf eigene berufliche Ambitionen verzichtenden Ehefrau das Baby in die Hand drücken, spulen das übliche Abendprogramm ab und sinken ermattet ins Bett. Am nächsten Tag das gleiche Theater von vorn.

Das wollte ich mir ersparen. Ich kündigte meine gut bezahlte Festanstellung und gab ab sofort als Berufsbezeichnung «Hausmann und Vater und selbständiger Unternehmer» an, überlegte kurz, ob ich mir neue Visitenkarten besorgen soll, aber ließ es dann bleiben.

Als Erstes, dachte ich, werde ich ein Buch über mein Leben als Hausmann und Vater schreiben. Seht her, werde ich Alice Schwarzer und den anderen Frauen zurufen: Hier bin ich, der neue Mann, ein Held unserer Zeit! Während meine Frau in der globalen Wirtschaft Karriere macht, schmeiße ich den Haushalt und ziehe ein paar Kinder groß. Mir nach, werde ich meinen Geschlechtsgenossen zurufen, wir sind die wahren Revolutionäre. Die Supermänner!

Man wird uns bewundern, man wird uns verehren, die Leute werden uns in den Bundestag wählen und als Kanzlerkandidaten vorschlagen. Die ganze Gesellschaft wird sich von Grund auf verändern, und wir, wir werden nicht nur dabei, sondern die eigentlichen Akteure gewesen sein.

Der Mann von der Sparkasse sah das alles ein bisschen enger, sah nur, dass auf meinem Konto seit Monaten nichts mehr einging, und fragte mich deshalb, ob ich arbeitslos sei. «Aber überhaupt nicht», sagte ich, «ich habe mich nur selbständig gemacht.» Im Jahr 2000 hätte mich der Banker vermutlich mit einer Million Mark Venture Capital überschüttet und gefragt, wann ich mein Start-up-Unternehmen an die Börse bringe. Damals aber, 1990, war mein Banker noch altmodisch, und darum kürzte er mir erst einmal die Kreditlinie.

Egal, denn nun war klar: Ich muss jetzt sofort einen Bestseller schreiben. Noch unklar war, wann ich das tun sollte. Mein Kind schlief wenig, schrie viel und unangenehm laut. Musste gewickelt, gebadet, an die frische Luft gebracht und zum Stillen zweimal pro Tag in das 35. Stockwerk eines Frankfurter Hochhauses gebracht werden. Schlief es doch einmal, schlief auch ich, jedoch immer nur so lange, bis jemand an der Haustür klingelte, der Hund bellte, das Telefon düdelte und das Baby schreiend aufwachte. Das war gut, denn ich hatte ja noch den Haushalt zu erledigen. Einkaufen, putzen, kochen, waschen, bügeln – alles wichtige neue Erfahrungen im Leben eines neuen Mannes. Aber wann sollte ich je darüber schreiben?

Einmal war meine Frau als Ehrengast zu einer Preisverleihung ins Münchner Prinzregententheater eingeladen. Problem: Ab 18 Uhr sitzt sie da drin, vor Mitternacht kommt sie nicht mehr heraus, aber irgendwann dazwischen muss das Kind gestillt werden. Ich schiebe also das Kind mit dem Buggy in Richtung Prinzregentenplatz und treffe auf einen Polizeikordon. «Ja, wo woll'n denn Sie hin», fragt mich ein Polizist.

«Da rein will ich», antworte ich.

«Na, da kemman S' net rei», sagt er, «da brauchen S' schon a Einladung.»

«Hab ich nicht», sage ich, «ich muss aber trotzdem rein, sonst verhungert mein Kind. Da drin sitzt seine Mutter und wartet, dass ich ihr das Kind zum Stillen bringe.» – «Ja, so a ausgschamte Ausred hob i mei Lebtag no ned g'hört», sagt der Mann in Uniform, «schaun S' dass weiterkemma.»

Wie durchdringt man unbemerkt feindliche Stellungen? Hab ich doch gelernt auf dem Offizierslehrgang bei der Bundeswehr. Ich beurteile die Lage, schiebe weiter und erkenne eine Lücke im Sicherheitsring der Polizei. Durch diese Lücke schlüpfe ich und komme bis vor den Eingang des Theaters. Zum ersten Mal in meinem Leben habe ich etwas in der Schule der Nation Gelerntes wirklich brauchen können.

Wo ich jetzt stehe, prallen zwei Welten aufeinander: Ich in Jeans und offenem Hemd mit Kind im Buggy auf der einen Seite, mir direkt gegenüber die schwarzen Karossen, denen der Ministerpräsident, Veronica Ferres, Iris Berben und viele weitere Abendroben entsteigen. Die Fotografen, promigeil und darum blind für mich, stürzen sich auf die Abendroben.

Das nutze ich, um mich an dem Blitzlichtgewitter vorbei durch die Tür zu zwängen. Ich bin drin. Niemand achtet auf mich. Niemand wundert sich über den Mann mit dem Buggy, nur einer vom Sicherheitsdienst beäugt mich misstrauisch. Vorne sehe ich Ottfried Fischer herumlaufen, den Bullen von Tölz.

Noch bevor der Sicherheitsmensch mir unangenehme Fragen stellen kann, frage ich ihn, wo es hier zur Maske geht, ich hätte gleich einen Auftritt in einem Sketch mit Ottfried Fischer. Der Mann von der Sicherheit setzt zu einer langatmigen Erklärung an, in die hinein ich sage: «Ah, da vorn läuft der Fischer ja, ich häng mich am besten gleich dran an ihn.»

Ich schiebe mich an Fischer ran, begrüße ihn, zum Glück kennen wir uns schon länger, der Mann von der Sicherheit sieht, dass wir uns kennen, und ich kann endlich unbehelligt mein Kind vor dem Verhungern retten. Während des Stillens kam dann noch ein älterer Diplomat von der russischen Botschaft versehentlich in das Kämmerchen, in das sich Katja mit dem Kind zurückgezogen hatte, erblickte eine stillende Frau in der Abendrobe, erbleichte, errötete, erbleichte, es war ein hübsches Farbenspiel, und ergriff, als er wieder zu sich kam, die Flucht.

Von solchen Geschichten hätte ich noch mehr erzählen können, aber erst jetzt, 12 Jahre später, komme ich dazu, sie aufzuschreiben, denn wer von den körperlichen Bedürfnissen eines Kleinkinds durch die Welt gehetzt wird, kommt zu nichts anderem mehr.

Nach einjährigem Martyrium als neuer Held unserer Zeit war ich sichtlich gealtert und des Heldentums ein bisschen müde. Alice Schwarzers «Emma» wählte mich nicht zum Mann des Jahres. Die Medien ignorierten meine revolutionäre Tat, Franz Josef Wagners «Bunte» machte unsereinen als Softie, Schlaffi und Hänger nieder, feierte die Powerfrauen, und der Literaturbetrieb fand Popliteraten interessanter, die von morgens bis abends nichts anderes zu tun haben, als darüber nachzudenken, auf welche Party sie gehen und was sie dafür anziehen.

Ich mied Partys eher, nicht nur aus Müdigkeit und Zeitmangel, sondern auch, weil ich die Partyfrage fürchtete: «Und was machst du denn so?»

Antwortete ich wahrheitsgemäß, teilte sich die Menschheit in vier Lager: Die üblichen Männer, allesamt ausgestattet mit Job und Sekretärin und Dienstwagen, guckten etwas ratlos und verwundert und fügten noch ein wenig allgemeines Gerede an, um sich dann möglichst schnell zu verabschieden und wichtigere Gesprächspartner zu suchen.

Die Sensibleren brachen in Rufe des Erstaunens aus und versicherten mich ihrer Bewunderung und sagten, dass sie meinen Mut ganz toll fänden. Unausgesprochen sagten sie damit aber, dass sie diesen Mut für Blödheit halten. Unausgesprochen sagten sie, dass sie für sich selbst die Option Hausmann und Vater kategorisch ausschließen. Unausgesprochen sagten sie: Ich hab doch nicht zwölf Semester studiert, um anschließend zu Hause das Klo zu putzen. Und unausgesprochen sagten sie damit auch noch: Wir wollen zwar auch mal Kinder haben, aber dann werden wir dafür sorgen, dass unsere Ehefrauen zu Hause bleiben oder auf einen Halbtagsjob umsatteln. Unsere Ehefrauen haben zwar auch eine teure

Ausbildung, aber denen ist diese Arbeit, da sie ja Frauen sind, naturgemäß eher zuzumuten.

Und dann gab es noch jene ältere Dame, die selber einen Sohn in meinem Alter hat und das Ansinnen ihrer akademisch gebildeten Schwiegertochter, ihr Sohn möge es mir gleichtun, abwehrte mit dem Argument: «Na, fürs Windelnwechseln hat mein Bub doch nicht studiert.» Und dann schob sie noch nach: «Ein Mann, der sich von seiner Frau ernähren lässt, ist kein richtiger Mann.»

Da waren mir die jüngeren Frauen dann doch lieber, die sich ehrlich begeistert zeigten, so sehr, dass sie später in Kleingruppen meiner Frau von dem «süßen Mann» vorschwärmten, den sie sich da an Land gezogen hatte – während ich mich fühlte wie ein Streber, dem seine Tanten zufrieden übers Haar streichen.

Nach dieser Erfahrung beendete ich mein freiwilliges soziales Jahr, wir engagierten Putzfrau, Babysitter, eine Tagesmutter, das ganze Personal, das man halt so braucht, wenn zwei egoistische Leute «alles» wollen: Kinder *und* einen Job. Ich arbeitete wieder als Journalist, von zu Hause aus. Aber so wie vorher wurde es nie wieder, zumal wir unser Kind nicht alleine aufwachsen lassen wollten und drei Jahre später das zweite kam.

Inzwischen weiß ich: Die Arbeit hört nie auf. Auch mit Putzfrau, Babysittern und Au-pair-Mädchen besteht der Alltag des zu Hause arbeitenden Mannes aus so viel Organisation und Improvisation, dass er kaum dazu kommt, seinen eigentlichen Job zu machen.

Das Leben ist ausgefüllt mit Arztbesuchen, Zahnspangenkorrekturen, Elternabenden, Pausenbroten, Hausaufgaben, Schulkonzerten, Kindergeburtstagen und Nachhilfestunden. Das sensible und kostbare Personal muss gut behandelt, beschenkt, effizient geführt und häufig neu organisiert werden, da es spontan zu anderen Plänen neigt und nicht selten über Nacht abhanden kommt.

Installateure, die nicht kommen wollen, verlangen ein hohes Maß an Zuwendung. Die Klavierlehrerin schätzt es, von mir mit Kaffee und Kuchen bewirtet und ein bisschen unterhalten zu werden, und schließlich ist da noch die voll berufstätige Ehefrau, die abends nach Hause kommt und nicht nur ein köstliches Mahl auf dem gedeckten Tisch erwartet, sondern auch eine aufgeräumte Wohnung, sauber gewaschene Kinder und einen entspannten Ehemann, welcher die vom Job gestresste Ehefrau charmant lächelnd mit einem Aperitif empfängt und in die Arme nimmt.

Seit ich all diese Anforderungen kenne, welche jahrhundertelang allein den Frauen oblagen, bin ich ein Feminist, verstehe das Gejammere der Frauen über ihre Doppelbelastung und beneide die Männer, die morgens die Tür hinter ihrem häuslichen Chaos schließen und unter Hinterlassung eines verschmierten Frühstückstisches in ihre sauberen, aufgeräumten Büros enteilen, wo schon die Sekretärin mit dem frisch gebrühten Kaffee wartet.

Ich ertappe mich dabei, wie ich abends meiner heimkehrenden Gattin ein schlechtes Gewissen mache, indem ich sie mit schlechter Laune empfange und mit Berichten überfalle, die schildern, was wieder alles schief gelaufen ist während des Tages und warum ich kaum zu meinem eigentlichen Job des Schreibens gekommen bin.

Das alles ist natürlich nur auszuhalten, wenn man sich

von Zeit zu Zeit die Größe der weltgeschichtlichen Mission bewusst macht, der man dient. Man kann diese Leistung nur bringen, wenn man weiß, dass es um das Projekt der Moderne geht, um die Aufklärung, die Emanzipation, um die nie versiegende Mühe, die Welt im Grundsätzlichen zu verbessern und künftigen Generationen junger Männer als leuchtendes Vorbild zu dienen.

Ich zeige Größe durch tätige Reue für 10 000 Jahre Patriarchat und die von den Frauen in diesen Jahrtausenden erlittene Unbill – Selbstentmachtung durch Selbsterkenntnis. Wir Männer, die wir jetzt leben, sind die letzten Kaiser.

Aber diese, ich muss es leider sagen, zeigen einen beklagenswerten Mangel an Einsicht. Kleinkariert, hartleibig und verbissen stemmen sie sich gegen den endgültigen Zusammenbruch ihrer Herrschaft und finden es auch heute noch völlig normal, dass nur Frauen gefragt werden: «Wie vereinbaren Sie Familie und Beruf?» Diese Frage wurde mir noch nie vorgelegt, aber seit 13 Jahren alle vier Wochen meiner Frau.

«Wie kommen Sie damit zurecht, im Schatten Ihrer erfolgreichen Gattin zu stehen?» – so etwas werde nur ich gefragt. Und der Mann von Amelie Fried. Und der Mann von Maybrit Illner. Und der Mann von Petra Gerster. Wir vier haben schon erwogen, eine Schattenmann-Boygroup zu gründen und uns dazu ein paar Schattenfrauen einzuladen, aber komisch, die gibt's nicht.

Kanzler-, Minister- und Berühmtheiten-Gattinnen werden nie gefragt, wie sie sich so fühlen, und, noch komischer, sie selber fühlen sich auch nicht als Schattengewächse, sondern sonnen sich selbstbewusst im Glanz ihrer Männer. Während ich mir am Tisch des Bundespräsidenten vorkomme wie ein Hochstapler, der sich reingeschlichen hat, thronen die Promi-Gattinnen so selbstverständlich auf ihren Stühlen, als hätten ihre Männer es ihnen zu verdanken, dass die da sitzen dürfen. Na ja, im Grunde ist es ja auch so.

Trotzdem, diese Weiber, die sich im Patriarchat kommod eingerichtet haben und unsereinem in den Rücken fallen, wenn wir im Namen des Fortschritts, der Emanzipation und des herrschaftsfreien Diskurses eine neue Epoche des Friedens zwischen Mann und Frau einläuten möchten, machen mich noch wahnsinnig, und geradezu hysterisch reagiere ich, wenn ich sehe, dass sie immer noch oder schon wieder auf so testosterongesteuerte Alphamännchen wie Jürgen Schrempp abfahren.

Schrempp, so las ich in einem Buch über den Chrysler-Deal, habe die Amerikaner durch seine überbordend männliche Vitalität beeindruckt und sie gerade deshalb über den Tisch gezogen. Einmal, nach einem recht alkoholreichen Geschäfts-Abendessen in Sevilla, etwa um zwei Uhr morgens, hatte Schrempp plötzlich dieses gefürchtete Glitzern in den Augen, packte seine Assistentin, warf sie sich über die Schulter, griff sich eine Flasche Champagner, rief seinen hellauf begeisterten Geschäftsfreunden über die noch freie Schulter ein markiges «Bis später, Jungs!» zu und war verschwunden.

Ich gebe zu, ich beneide sie ein wenig, diese Sieger und Hochleister, wie Gertrud Höhler sie zu nennen pflegt. So ein Hochleister steht bekanntlich morgens schon energiegeladen zwischen fünf und sechs auf, joggt, setzt sich dann noch energiegeladener in den Dienstwagen, braust zum Managen ins Büro, und noch bevor er am Schreibtisch sitzt, hat er schon drei bis vier weitreichende Entscheidungen gefällt, welche die Zukunft seines Unternehmens für die nächsten hundert Jahre sichern.

Ich Tiefleister stand zwar ebenfalls zwischen fünf und sechs auf, als die Kinder noch klein waren, aber nur, weil sie ihren Kakao verlangten. Damit trage auch ich zur Zukunftssicherung des Wirtschaftsstandorts Deutschland bei, aber irgendwie zählt das nicht so richtig. Statt Großes zu tun, Firmenimperien zu schmieden, Weltmärkte zu erobern, Frauen über die Schulter zu werfen und nach Champagnerflaschen zu greifen, ist mir bestimmt, mein Leben mit den Kindern bei Arztbesuchen und Zahnspangenkorrekturen zu verzetteln.

Ja, doch, ich beneide sie, die Alphamännchen, die haben für all diese würdelosen Beschäftigungen genügend Angestellte und ihre Lebensabschnittsgefährtinnen und können sich daher ganz auf ihre eigentliche Aufgabe konzentrieren: Großes zu leisten, wie ein richtiger Mann.

Manchmal haben wir solche Manager bei uns zu Gast. Dann kommt es gelegentlich vor, dass der Gatte verhalten hadert, er würde auch gerne öfter so eine Einladung geben, aber seine Frau «packt das nicht». Worauf diese ihm laut schweigend mit funkelnden Blicken zu verstehen gibt: Ich habe auch meinen Job, und wenn du endlich bereit wärst, mal zum Einkaufen in die Metro zu fahren, und wenn du in der Lage wärst, ein Stück Fleisch ordentlich zu garen und ein vernünftiges Ratatouille termingerecht auf den Tisch zu bringen, dann hätten wir auch Gäste. Die Angetraute denkt eben im Traum nicht mehr daran, ihrem Kerl den Rücken freizuhalten, damit er an seiner Karriere stricken kann.

Nicht einmal Cherie Blair sieht das ein. Die hat nach der Geburt ihres vierten Kindes ihrem Tony gesagt, er solle gefälligst Erziehungsurlaub nehmen und ihr beim Windeln helfen. Blair verstand einerseits, dass von Gesetzen, die er selber gemacht hat, auch er Gebrauch machen dürfte und in diesem Fall auch sollte, schon um der Wählerinnen willen.

Andererseits dachte er an seinen kinderlosen Rivalen William Hague von den Tories, der viel Zeit hat und nur darauf wartet, ihm das Gesetzemachen abzunehmen. Blairs früherer Kollege Bill Clinton meinte dazu, dass Erziehungsurlaub vielleicht gar nicht nötig sei, schließlich wohne Blair sozusagen «über dem Geschäft» und könne jederzeit von seinem Schreibtisch aufspringen, wenn das Kind ein Stockwerk höher brüllt.

Wir wissen nicht, wie es Blair nun macht, wenn sein Kind schreit, während er am Telefon gerade mit Mr. Bush die desolate Lage im Irak bespricht. Wir wissen nur: So wie Blair geht es vielen Männern. Die Cheries werden immer mehr.

Und gelegentlich, auf jenen Events mit hohem Alphamännchen- und Cloppenrath-Aufkommen, schleicht so einer um meine Frau und mich herum, beobachtet mich aus den Augenwinkeln, während ich aus den Augenwinkeln die Gedanken hinter seiner Stirn lese: Wie kommt *so* ein Mann zu *so* einer Frau? Geld hat er nicht, Macht hat er nicht, ein Beau ist er nicht, ein Genie ist er nicht, berühmt ist er nicht, aber er sitzt da mit der unerschütterlichen Ruhe des Felsens von Gibraltar. Was ist sein Geheimnis?

Dann denk ich mir: Verrat ich nicht. So soll es sein. So soll es bleiben.

Wenn die Männer schwanger würden

Denken uns die Frauen? Ach was. Wenn es so wäre, hätten sie längst für uns vorgedacht, was ich mir manchmal denke. Männer wie ich haben ja des Öfteren so Tagträume, in denen sie sich beispielsweise ausmalen, was eigentlich passieren würde, wenn sich über Nacht eine biologische Revolution ereignete und plötzlich die Männer die Kinder bekämen.

Ich weiß es. Ich hab's nämlich geträumt: Das Problem der Vereinbarkeit von Familie und Beruf würde innerhalb einer einzigen Legislaturperiode komplett gelöst werden.

Der schwangere Vorstandsvorsitzende von Daimler oder BMW würde bis eine Woche vor der Geburt seine Geschäfte wahrnehmen, eine Woche später gebären und drei Tage später mit einer bunten Limousine von seiner Fahrerin abgeholt werden. Im Auto säße eine bestens ausgebildete Erzieherin, welche das Baby morgens in Empfang nähme und mit in die Vorstandsetage von Daimler oder BMW führe. Die Limousine wäre zwischenzeitlich umgebaut worden zu einem babygerechten Auto mit Wickelkommode, Windelfach, Abfalleimer, Creme, Öl und allem, was man als Baby halt so braucht.

Am Vormittag peitschte der Vorstandsvorsitzende in

der Hälfte der sonst üblichen Zeit die erste Morgenkonferenz durch, danach zöge er sich zusammen mit einigen anderen Vorstandsmitgliedern, die auch frisch geboren haben, in einen Raum zurück, um dort sein Baby zu stillen. Dort, in der Intimität der Stillgruppe, würden dann die wesentlichen Personalentscheidungen gefällt. Männer mit Kind hätten bei diesen Entscheidungen immer die besseren Karten.

Das Betriebsklima würde sich enorm verbessern, denn Männer mit Kind würden sich nicht mehr so wichtig nehmen wie Männer ohne Kind. Männer mit Kind würden plötzlich merken, dass es ein Leben außerhalb des Jobs gibt, dass die Welt größer und reicher ist als das Unternehmen, das sie bisher für ihre Welt gehalten haben.

Sie hätten nicht mehr so viel Zeit und auch nicht mehr so viel Lust, in abendlichen Rotweinrunden zu kungeln und zu intrigieren. Die im Unternehmen anwesenden Kinder würden die Männer sanfter stimmen und vielleicht auch jene überflüssigen Konferenzen, Tagungen und Symposien als das erscheinen lassen, was sie sind: Veranstaltungen, deren hauptsächlicher und geheimer Zweck darin besteht, Seilschaften zu knüpfen und einander mächtig zu imponieren.

Ein paar Monate später käme das Baby in eine betriebliche Krabbelgruppe, nach drei Jahren in den betrieblichen Kindergarten, von wo aus die Kinder ihre Mamas und Papas regelmäßig an ihren Arbeitsplätzen besuchen dürfen. In diesem Kindergarten wüchse es zweisprachig auf, und Ausländerkinder lernten dort automatisch Deutsch. Das Unternehmen sorgte dafür, dass ausreichend qualifiziertes Personal für diese Kinderbetreuung zur Verfügung steht und den Kindern alles geboten wird, was für eine optimale frühkindliche Bildung nötig ist. Sportstätten, Hallenbäder, Konzertsäle, Musikinstrumente, Lehrer, Therapeuten, Psychologen – das alles wäre da.

Das Unternehmen verspräche auch jenen Eltern eine sichere Rückkehr an ihren Arbeitsplatz, die sich für die ersten drei Jahre ihres Kindes lieber eine Auszeit nähmen, als sie in die betriebliche Krabbelgruppe zu stecken. Das Unternehmen hielte intensiv Kontakt zu diesen Mitarbeitern und würde sie im dritten Jahr durch Fortbildungskurse so weit vorbereiten, dass der Wiedereinstieg keine Probleme verursacht.

Natürlich würde die Sache auch begrifflich unheimlich aufgepeppt. Niemand spräche mehr von «Nur-Hausmann» oder «Hausmann und Vater», wenn sich Männer massenhaft ganz auf die anspruchsvollen Aufgaben in Haushalt und Erziehung konzentrierten. Vielleicht würde man sie als «Wir-AG» bezeichnen oder als «Zukunfts-Agentur».

Ich persönlich würde ja eher den Begriff «Zivi» auf mich und meine Tätigkeit anwenden, denn das genau leiste ich: Zivildienst, Dienst an der Zivilisation. Politiker könnte das Wort auf die durchaus glorreiche Idee bringen, Zivis in jeden Haushalt zu schicken, damit sie dort putzen, kochen, waschen, bügeln und gelegentlich auch mal einen duftenden Pflaumenkuchen backen.

In ehrgeizigen Unternehmenskulturen würde man die vielfältigen Anforderungen an Hausmänner und Väter auf mehrere Köpfe verteilen und sich dafür phantasievolle Bezeichnungen ausdenken. Bei Bertelsmann hieße ein Hausmann vermutlich «Executive Coordinator of Family

Synergies», und der Vater, der einen besonderen Ehrgeiz für eine kreative Küche entwickelt, wäre so etwas wie ein «Chief Creative Officer». Es gäbe wahrscheinlich auch Kurse in Hauswirtschaft, die dann aber «Family Management and Controlling» hießen und in die auch die Zivis geschickt würden. Davon würden sie dann später, wenn sie selber eine Familie gründen, ein Leben lang profitieren. Und deren Kinder auch.

Es gäbe betriebliche Kinderfeste, Sportfeste, Sommerfeste, es gäbe sorgfältig ausgewählte Erzieher, Lehrer und Psychologen, die mit den Kindern in den Abenteuer-Urlaub führen, die sich um Behinderte, Lernschwache, Hochbegabte und sonst wie auffällige Kinder kümmerten.

Nach sechs Jahren käme ein Teil der Kinder in eine Ganztagsschule in der Nähe des Unternehmens, ein zweiter Teil ginge in eine Halbtagsgrundschule und verbrächte die Nachmittage wieder in der Nähe des elterlichen Arbeitsplatzes in einer betrieblichen Kinder-Nachmittags- und Hausaufgabenbetreuung. Die Unternehmen würden Patenschaften für solche Schulen übernehmen, an denen besonders viele Kinder ihrer Angestellten unterrichtet und erzogen werden.

Durch die enge Verzahnung der Unternehmen mit Krabbelgruppen, Kindergärten, Schulen, Kinderbetreuung stiege die personelle Flexibilität. Angestellte des Unternehmens könnten ein paar Jahre lang in der Kinderbetreuung oder an Schulen arbeiten, Lehrer und Erzieher könnten ins Unternehmen wechseln.

Für die Erziehung eines Kindes braucht es ein ganzes Dorf, sagt ein afrikanisches Sprichwort. Diese bei uns kaputtgegangenen Dorfstrukturen entstünden neu, wenn rund ums Unternehmen Wohnungen für die Angestellten gebaut, Vereine gegründet, Kneipen und Läden angesiedelt würden. Jeder Mitarbeiter hätte nicht nur das Unternehmen im Blick, sondern das Ganze, in den das Unternehmen eingebettet ist. Die Zahl der persönlichen Bekanntschaften stiege. Die Anonymität aus den Städten verschwände, das Leben kehrte in die Städte zurück.

Der Vorstandsvorsitzende würde darauf achten, dass Familienväter genügend freie Zeit für ihre Familien haben, würde diese möglichst selten versetzen und dafür sorgen, dass den Vätern aus ihrer eingeschränkten Mobilität und Flexibilität keine beruflichen Nachteile entstehen.

Die Politiker würden dafür sorgen, dass Familien sich nicht mehr in Hasenställe zwängen müssen, sondern geräumige Wohnungen zu bezahlbaren Preisen bekämen, Bürgermeister bauten kindgerechte Stadtteile, durch die man zu Fuß schlendern könnte, aus den Supermärkten verschwände die Quengelware, das Fernsehen brächte nur noch pädagogisch wertvolle Sendungen ohne Werbung. Kinos, Theater, Restaurants, Kaufhäuser nähmen einem für die Zeit der Vorstellung, des Essens oder des Einkaufens die Kinder ab, und in ganz Europa wäre es Touristik-Unternehmen und Hotels verboten, ausgerechnet während der Ferien die höchsten Urlaubstarife zu verlangen.

Es ist wirklich ein Jammer, dass Männer keine Kinder bekommen können.

Der Ladyboss und sein Heldennotausgang

Männer passen sich nicht der Welt an, sondern passen die Welt sich an. Wenn alle Männer morgen schwanger würden, begännen sie gleich morgen früh damit, die Welt so umzukrempeln, dass sie gebären und trotzdem Boss bleiben können. Warum tun die Frauen das nicht? Warum haben sie es nicht längst schon getan?

«Weil sie nicht Bosse sind, sondern Sekretärinnen, nicht Chefärzte, sondern Krankenschwestern, nicht Intendantinnen, sondern Moderatorinnen», sagt Katja, mit der ich für solche Fragen die erste Adresse im eigenen Haus habe, schließlich ist sie Unternehmensberaterin und muss es wissen.

«Und warum habt ihr so wenig Bosse», frage ich Katja, «ihr mit euren zwei tollen X-Chromosomen, eurer hervorragenden Erziehung, eurer glänzenden Ausbildung, eurer strotzenden Gesundheit, eurer kommunikativen Kompetenz, eurer sprachlichen Überlegenheit und eurer ausgeprägten emotionalen und sozialen Intelligenz?

Auf euren Frauen-Netzwerk-Symposien zitiert ihr immer genüsslich diesen Hamburger Trendforscher, der behauptet, Männer würden immer entbehrlicher, demnächst bei der Kinderproduktion und schon heute in der Dienstleistungsgesellschaft, die bevorzugt auf weibliche

Eigenschaften Wert lege. Und dann habt ihr auch noch alle Unterstützung von der Politik und der öffentlichen Meinung.

Heerscharen von Gleichstellungsbeauftragten, Dutzende von Antidiskriminierungsgesetzen, Regelungen, Eingliederungshilfen, Frauenquoten und sogar der CSU-Chef Stoiber stehen hinter euch, aber wenn ich in der Business-Class fliege, bin ich allein unter Männern. Was muss denn noch geschehen, bis ihr auch mal mitfliegt?»

«Ach, das ist ein weites Feld», pflegt Katja auf diese Frage zu antworten und zeigt wenig Lust, näher darauf einzugehen, weil ihr auf diesem Feld immer ihre Freundin Barbara in die Quere kommt.

Nicht ohne heimliches Vergnügen erinnere ich mich an den Zoff, den sie neulich wegen dieser Fragen miteinander hatten. Ich hörte ihnen schweigend zu, während ich in unserer offenen Küche für die Damen einen Petersfisch mit Basmatireis und asiatischem Gemüse zubereitete.

Zuerst zerrissen sie sich ja noch in freundschaftlicher Einigkeit das Maul über Silke, die kurz vor einer Beförderung plötzlich schwanger wurde, deshalb den Job schmiss, fortan ihrem Rüdiger die Socken wusch, und nun hat sie der Rüdiger wegen einer anderen verlassen, einer Powerfrau, wie man hört.

Barbara erzählte aufgebracht, wie sie Silkes freiwilligen Rückzug in die Hausfrauenfalle und ihren Verfall darin aus nächster Nähe miterlebt hat. Zuerst sei Silke noch allein ausgegangen, habe Freundinnen getroffen und ihr Ding gemacht. Dann sei sie nur noch mit Rüdiger ausgegangen, habe immer weniger Freundinnen getroffen, und diese immer seltener, und am Ende sei Rüdiger allein ausgegangen und habe dabei seine Neue getroffen.

«Jetzt sitzt Silke da mit Kind, ohne Mann, ohne Job und ohne Rentenversicherung», sagte Barbara, «hab ich kein Mitleid, selber schuld, kann ich da nur sagen.» Sie habe Silke immer zugeredet, wenigstens wieder eine Halbtagsstelle anzunehmen, um nicht ganz den Anschluss zu verpassen, «aber nix, ihr Kind und Rüdiger, das war jetzt ihre Welt, die genügte ihr, mehr wollte sie nicht».

«Warum hat sie das Kind eigentlich gekriegt», fragte Katja, «war das geplant?»

«Nein, Zufall, sagt sie», erzählte Barbara, «aber ich sag dir was, diesen ‹Zufall› hatte Silke geplant. Sie hatte einfach keine Lust mehr, jeden Morgen anzutanzen und ihren Job zu machen. Immer schon hat man sie zum Jagen tragen müssen. Immer schon war sie bei geringsten Widerständen nahe daran, aufzugeben, sich mit der Position zu begnügen, die sie gerade hatte.

Immer schon neigte sie, wenn's mal stockte, zu der Ausrede, die Männer ließen sie nicht. Aber es waren nur selten die Männer, die ihr im Weg standen, sondern sie selbst. Männer haben sie in ihrer Firma immer nur gefördert. Schon die Profs an der Uni haben sich um sie mehr gekümmert als um mich, denn sie war ja viel hübscher als ich, weiblicher, männerkompatibler.

Und wenn ich denke, wie viel Trainee- und Fortbildungsprogramme sie in ihrer Firma gemacht hat, was das gekostet hat, was ihre ganze Erziehung, die Schule, das Studium gekostet haben – und jetzt steht sie ihrem Unternehmen und dieser Gesellschaft nicht mehr zur Verfügung, lebt vom Geld ihres Mannes und jammert, weil sie sich ihren Mercedes nicht mehr leisten kann.»

«Na, na», suchte Katja sie zu besänftigen, «ein Kind und einen künftigen Rentenzahler und Mercedesfahrer großzuziehen ist ja auch etwas. Ich kann inzwischen ganz gut akzeptieren, wenn eine Frau sich bewusst entscheidet, Kinder zu erziehen, jedenfalls solange es hierzulande nicht genügend gute Kinderbetreuungseinrichtungen gibt. Und wer weiß, vielleicht macht Silke ja einen Arbeitsplatz frei für eine Arbeitslose, die schon lange einen Job sucht.»

«Du redest mal wieder sehr staatstragend», sagte Barbara. «Hast ja im Großen und Ganzen recht damit, aber den Einzelfall Silke kenne ich halt zufällig aus nächster Nähe, und darum weiß ich: Silke hat nicht Kinder, sondern ein Kind, und diesen Balg erzieht sie nicht, sondern verwöhnt ihn nach Strich und Faden. Und jetzt benutzt sie ihn auch noch als Ersatzpartner, hat ihn aus dem Kindergarten herausgenommen. Dieses Kind bräuchte Spielgefährten, aber hat nur seine Mutter.

Und ich bin mir sicher: Das war kein bewusstes Ja zum Kind, sondern ein unbewusstes Nein zu der Anstrengung, eine 55-Stunden-Woche und die Ringkämpfe gegen die Kollegen auf sich zu nehmen.

Und weißt du, was ich glaube? Die Kerle finden Frauen wie Silke eine Zeit lang zwar ganz bequem, aber irgendwann langweilen sie sich mit ihnen, vor allem, wenn die Frauen, wie Silke es tat, dann irgendwann anfangen, an ihren Männern herumzumeckern, sich plötzlich in der Opferrolle beschreiben, ihren Männern ein schlechtes Gewissen machen mit der Lüge, um der Kinder willen auf eigene berufliche Ambitionen verzichtet zu haben. Das nervt. Ich an Rüdigers Stelle wäre auch davongelaufen.»

«Nun sei mal nicht so hart», sagte Katja, «nicht jede Frau kann Männer mit ihrer Kodderschnauze so in Angst und Schrecken versetzen wie du. Silke ist halt ein weicher Typ, war auch nie so wie du an Macht interessiert, und ich kann mir schon vorstellen, dass sich viele Frauen sagen: Diese lächerlichen Machtspielchen der Männer öden mich an. Da krieg ich doch lieber ein Kind, als mein Leben im Kleinkrieg um die Albernheiten der Männer zu vergeuden.»

«Wenn Silke die Größe hätte, dies zuzugeben, würde ich mich ja gar nicht aufregen. Aber sie behauptet, die Männer sind schuld, wenn Frauen nichts werden im Job. Silke gehört zu den Frauen, die emotional werden, wo eigentlich ein professioneller Auftritt angemessen wäre. Silke gehört zu den Frauen, die immer jammern, egal, was sie gerade machen, ob sie im Job sind oder ein Kind kriegen oder ein Kind haben, immer ist ihnen alles zu schwer. Und einen Job *und* ein Kind zu haben ist angeblich das Allerschwerste, ist praktisch unmöglich. Aber du selbst bist der lebende Beweis dafür, dass es nicht unmöglich ist. Wenn eine Frau heute sagt, ich will ein Kind *und* eine Karriere, dann kann sie sich das organisieren.»

Mit großer Zufriedenheit und schweigender Zustimmung hörte ich Katja sagen: «Es wäre mir vermutlich nicht so reibungslos gelungen, wenn nicht Harry zu Hause arbeiten würde.»

Fröhlich schnippelte ich mein Gemüse, hackte die Petersilie und die Zwiebeln, und in das Gehacke hinein sagte Barbara: «Ach was, wenn Harry ins Büro ginge, hättet ihr es auch irgendwie hingekriegt. Mir hängt dieses ewige Gejammer der Frauen über ihre Benachteiligungen zum Hals heraus. Wir sind nicht mehr benachteiligt, jedenfalls die Abitur gemacht und studiert haben. Ich rede nicht von den anderen, die's vielleicht wirklich schwerer hatten, ich rede von den Akademikerinnen.

Die Hälfte der Abiturienten ist weiblich, im Studium schneiden Frauen meist besser ab als Männer, aber in den Vorstandsetagen und auf den Professorenstellen finde ich nur noch vier Prozent Frauen. Ich lasse mir nicht weismachen, dass das nur an der Bösartigkeit der Männer und deren Seilschaften liegt. Das liegt auch an so Frauen wie Silke. Das liegt an den Frauen, die Kinder als faule Ausrede benutzen.»

Ich wusste schon, was Katja jetzt vortragen würde, dass sie nämlich glaube, dass die «Frauenfrage» noch immer eine «Kinderfrage» sei, zumindest in Deutschland, und genau das hörte ich sie sagen, und weiter: «Irgendwann zwischen dem Einstieg in den Beruf und der Menopause muss jede Frau entscheiden, ob sie ein Kind will. Es gleich nach dem Einstieg zu bekommen ist problematisch. Es immer länger hinauszuschieben ist ebenfalls problematisch.

Irgendwann dazwischen ist auch blöd. Eigentlich passt es nie, und darum kriegen die Frauen ja immer weniger Kinder. Wer doch eins kriegt, ist erst mal lahm gelegt, muss gebären, sich um Kinderkrippen, Kinderfrauen oder Au-pair-Mädchen kümmern, zum Arzt rennen oder zu Hause bleiben, wenn das Kind krank ist.

Männer kennen den ganzen mit der Versorgung eines Kleinkinds zusammenhängenden Organisationsstress nicht. In dieser Phase, in der eine Frau sich ‹dazwischen› befindet, liegen die entscheidenden Jahre, ziehen die Männer an den Frauen vorbei. Während Frauen ständig pendeln zwischen Job und Kind, können sich Männer ganz ihrer Karriere widmen, und darum sind immer noch sie es, die dann irgendwann ganz oben ankommen.»

Katja hat Recht, dachte ich, innerlich fröhlich singend, während ich den Fisch in den Ofen schob, und das wird noch lange so bleiben, sang ich munter weiter, denn der Staat hat kein Geld für Ganztagskrippen und Ganztagsschulen.

Darum muss ich mir um die Zukunft von Max keine Sorgen machen, da können uns die Frauen mit noch so vielen X-Chromosomen auf allen Gebieten überlegen sein. Solange sie nur Kinder kriegen und im großen Rattenrennen um die besten Jobs ausgerechnet dann aus dem Rennen fliegen, wenn's darauf ankommt, ganz dabei zu sein, so lange hat mein minderbemitteltes Geschlecht noch immer die besten Chancen auf einen Rattenführerjob.

Natürlich merken das die Frauen, darum entscheiden sich ja immer mehr gegen Kinder, und darum sterben wir viel schneller aus, als wir aussterben würden, wenn es nur vom Y-Chromosom abhinge.

Aber hören wir unseren Frauen weiter zu, deren Gespräch gleich eine gefährliche Wendung nehmen wird.

«Die schwierige Vereinbarung von Job und Familie würde vielleicht einen Frauenanteil von 25 oder 30 Prozent an den Führungspositionen rechtfertigen», wandte

Barbara ein, «aber vier Prozent? Nein, das lass ich mir nicht einreden, dass es objektive Gründe dafür gibt. Ich sage dir: Mindestens 50 Prozent aller Frauen sind einfach zu faul oder zu dämlich, um Karriere zu machen.»

«Glaube ich nicht», sagte Katja, «Frauen sind einfach nicht so karrierefixiert wie Männer und wie vielleicht du. Ich übrigens auch nicht», und nun machte Katja den Fehler, eine Geschichte zu erzählen, die sie besser nicht erzählt hätte, denn ein paar Minuten später flogen die Fetzen.

Kurz nachdem Katja Hauptabteilungsleiterin in ihrem Unternehmen geworden war, kündigte ihr Chef, weil er zum Vorstandsvorsitzenden eines großen Konzerns berufen wurde. Nun wurde Katja gefragt, ob vielleicht sie die Nachfolge …

Und Katja sagte nein.

Barbara war fassungslos, als sie das hörte. «Bist du des Wahnsinns», ereiferte sie sich, «seit ich dich kenne, meckerst du, dass dieses Land von Männern regiert wird, und nun hast du selbst die Chance, an die Spitze eines Unternehmens zu gelangen, und du sagst nein? Tut mir Leid, ich kann dich nicht mehr ernst nehmen.»

Etwas kleinlaut, wie ich Katja nur selten höre, sagte sie: «Ach, weißt du, diese Position einzunehmen hätte für mich bedeutet, noch weniger Zeit für die Kinder zu haben. Ich leide schon jetzt darunter, dass ich zu wenig Zeit für sie habe. Für mich stand immer die Familie an erster und der Job an zweiter Stelle. Hätte ich den Chefposten angenommen, hätte ich ihn nur ausfüllen können um den Preis, die Familie an die zweite Stelle zu setzen. Das wollte ich nicht.»

«Ach ja, die lieben Kinder und die heilige Familie», giftete Barbara, «der Heldennotausgang für alle Weiber, die kneifen, wenn's ernst wird, denen der Kampf um die Macht zu anstrengend wird, die plötzlich vor der Verantwortung zurückscheuen, wenn sie ihnen angeboten wird.

Wenn es knistert und kracht an ihrem Arbeitsplatz, wenn die Funken fliegen und es ungemütlich wird, dann geht die Frau in Deckung und sagt: Ich kriege jetzt mein Kind. Und du gehörst also offenbar jetzt auch dazu.»

«Fällt dir auf, dass du es bist, die sich gerade zur Heldin der Arbeit ernennt, die standhält, wenn die Fetzen fliegen? Und hast du, wenn du mich ins Silke-Körbchen sortierst, vielleicht vergessen, dass ich bereits zwei Kinder habe und ich mir trotz dieser zwei Kinder eine ziemlich hohe Führungsposition erobert habe?»

Mit einer gewissen Schärfe in der Stimme sagte Katja: «Predige deine Frauen-an-die-Macht-Phantasien bitte den Hausfrauen und Halbtagsjobberinnen, aber doch nicht mir.»

«Zwischen dir und den Halbtagsjobberinnen besteht nur ein gradueller Unterschied, kein prinzipieller», sagte Barbara. «Auch du drückst dich vor den Konflikten und dem Stress, den man als Ladyboss auf sich nehmen müsste.»

«Vielleicht reichen mir der Stress und die Konflikte schon, die man als berufstätige Mutter zweier Kinder auf sich nehmen muss», sagte Katja jetzt mit lauter Stimme, «du hast leicht reden, liebe Freundin, du hast keine Kinder, du kennst den Stress nicht und weißt nicht, was es bedeutet, hundert Prozent Verantwortung in einem anspruchsvollen Job zu tragen und noch einmal hundert Prozent für die Familie.

Hast du dich schon einmal gefragt, ob nicht für Frauen wie dich ihr Job der Heldennotausgang ist, weil sie vor der Verantwortung zurückschrecken, ein Kind in die Welt zu setzen? Vielleicht flüchtet ihr euch in den Job, weil ihr insgeheim wisst, dass eine 55-Stunden-Woche mit Dienstwagen und Sekretärin allemal leichter zu bewältigen ist als die 24-Stunden-Tage und Sieben-Tage-Wochen, die Frauen abverlangt werden, welche einen Job haben *und* zwei kleine Kinder, von denen eines krank ist und nachts schreit.»

«Wirfst du mir jetzt vor, mich gegen Kinder entschieden zu haben?», fragte Barbara mit gefährlich leiser Stimme.

Ich warf das Gemüse in den heißen Wok und unterbrach durch das laute Zischen des Gemüses im Fett kurzzeitig den Disput. Aber meine beiden Damen ließen sich dadurch nicht aus dem Konzept bringen.

«Ich werfe dir nicht vor, kinderlos zu sein, ich werfe dir vor, über berufstätige Mütter zu urteilen, deren Situation du aus eigenem Erleben nicht kennst», sagte Katja.

«Muss ich einen Fisch braten können, um sagen zu dürfen, dieser Fisch stinkt? Willst du mir verbieten, über Situationen zu urteilen, die ich nur vom Zuschauen und nicht aus eigener Praxis kenne? Dann wären alle Zuschauer in den Fußballstadien dieser Welt zum Stillsein verurteilt.»

«Man muss nicht kochen können, um einem Koch sagen zu dürfen, dass das Schnitzel, das er da auf den Teller gelegt hat, eine Ledersohle ist», sagte Katja, Worte gebrauchend, die eigentlich von mir sind, aber das macht sie oft, und sie fuhr fort: «Aber es schadet nicht, wenn man's trotzdem kann. Es macht dem Koch mehr Eindruck, wenn man ihm sagen kann, wie er das Fleisch hätte behandeln sollen. Und darum kannst du mit deinen Auslassungen über Frauen vielleicht andere kinderlose Frauen beeindrucken, aber nicht mich.»

«Du beschwerst dich, seit ich dich kenne, dass es immer die Falschen sind, die an die Macht kommen, aber kaum wird dir die Teilhabe an der Macht angeboten, lehnst du sie ab – und das soll ich nicht sagen dürfen, nur weil ich keine Kinder habe?»

Ich warf den Reis ins kochende Wasser. Die Rede, die Katja nun hielt, dauerte fast länger als der Reis.

«Du darfst alles sagen, was du willst, Barbara, aber ich auch. Und ich sage dir jetzt, dass du den Unterschied zwischen Kinder haben und keine Kinder haben unterschätzt. Ich sage dir sogar, dass Kinderlosigkeit den Horizont verengt.

Dir ist es wahrscheinlich noch nie aufgefallen, aber mir fällt seit Jahren auf, dass sich Gespräche mit dir fast ausschließlich um den Job drehen, um deinen Job vor allem. ‹Ich, Barbara, und mein Job› ist seit Jahren der einzige Inhalt unserer Gespräche. Ich werfe dir das nicht vor. Mir ist klar, dass das so sein muss, denn der Job ist ja das Einzige, was du hast. Du bist mit deinem Job identisch.

Auch das ist dir nicht vorzuwerfen, aber vorzuwerfen ist dir, dass du meinst, dich wegen deines tollen Jobs über die anderen Frauen erheben zu dürfen, ihnen überlegen zu sein. Du meinst immer, die Frauen zu Hause am Herd und auf dem Kinderspielplatz verspießern in ihrer kleinen Welt, aber merkst nicht, dass du in deiner großen weiten Managerhochglanzwelt, die nur funktionieren kann, weil keine Kinder stören, ebenfalls verspießerst, nur andersrum, denn deine Welt mag groß sein, aber sie ist auch arm.

Du jettest zwar dauernd zwischen Berlin, Brüssel, London, New York und Tokio in der Welt herum, aber was lernst du dabei kennen? Unwirtliche Flughäfen, langweilige First-Class-Businesshotels, genormte Bürohochhäuser, schallgedämmte Konferenzräume und Meetings mit eindimensional genormten, nadelgestreiften Wichtigtuern, die im September davon sprechen, ‹den Christmas-Roll-Out und die Xmas-Mailing-Aktion just in time› vorbereiten zu müssen, wenn sie eigentlich nur sagen wollen, dass es Zeit ist, ihren Schrott fürs Weihnachtsgeschäft auf den Markt zu werfen.

Wenn dir wenigstens zwischen dem Konferenzende und dem Abflug noch Zeit bliebe, eine Ausstellung in Tokio zu besuchen, ein Musical in New York oder eine Oper in Mailand, aber dazu reicht es nicht, das gibt dein Terminkalender nicht her. Was du allenfalls schaffst, ist ein kurzer Gang durchs Rolex-Segment der Shopping-Meilen, wo du dich mit dem üblichen Zeug von Gucci, Prada, Lagerfeld und der ganzen Luxusscheiße eindecken kannst, die ein Ladyboss angeblich so braucht.

Du bildest dir vielleicht ein, diese Erfahrungen seien welthaltig, aber ich sage dir, sie sind leer. Welthaltig ist es, abends am Kinderbett zu sitzen und den Kindern die Geschichten vorzulesen, die man einst selber vorgelesen bekam. Welthaltig ist es, ein Kind zu trösten. Welthaltig ist es, mit seinem Kind über seine Konflikte mit Lehrern und Mitschülern zu sprechen. Welthaltig ist es, einem Kind bei seiner Entwicklung zu helfen, es durch sein Leben zu begleiten und in die Welt zu entlassen.»

Der aromahaltige Reis war fertig, der knoblauchhaltige Fisch war fertig und das chilihaltige Gemüse. Deshalb rief ich: «Darf ich auch mal was sagen?»

Verblüfft blickten die zwei zu mir herüber. Offenbar hatten sie völlig vergessen, dass ihnen ein Mann die ganze Zeit zugehört hatte. «Und, was hast du uns zu sagen?», fragte Katja.

«Nun», antwortete ich, «die freundliche Lebhaftigkeit eures Gesprächs hat mich nicht unbewegt gelassen. Alles, was darin gesagt wurde, war sehr klug, ist wohl zu überlegen und von mehr als einer Seite zu betrachten.»

«Willst du uns verarschen?», fragte Barbara.

«Nein», sprach ich, «das Wesentliche kommt ja noch. Der Fisch ist fertig.»

Ungefähr zwei Wochen nach diesem Gespräch war dann Katja fertig. Sie hatte erfahren, wer die Chef-Stelle bekommen sollte, die sie abgelehnt hatte: Cloppenrath.

Cloppenrath hatte sich nach seiner Kündigung in einem anderen Unternehmen angeblich so gut bewährt, dass er jetzt triumphal in jenes Unternehmen zurückkehren sollte, in dem man ihn bei einer Beförderung schmählich übergangen und ihm eine Frau vorgezogen hatte.

Barbara hat schon Recht. Es sind meistens die Falschen, die an die Macht kommen. Aber sie kommen nur deshalb dorthin, weil die Richtigen nicht so danach drängen. Das ist ein Problem. Ich arbeite daran.

Die Aura der Frauen

Wenn ich erklären müsste, was mich an Katja fasziniert, würde ich sagen: Es ist halt diese wahnsinnige Ausstrahlung, die alle in ihren Bann schlägt. Wenn ich hingegen Katja in einem einzigen Satz mit äußerster Knappheit beschreiben müsste, würde ich sagen: Hat kalte Hände, kalte Füße und kennt sich nicht aus.

Beide Sachverhalte scheinen nichts miteinander zu tun zu haben. Aber das ist grundfalsch, wie ich kürzlich herausgefunden habe. Seit ich weiß, wie eng beides miteinander verzahnt ist, bahnt sich ein neuerlicher Paradigmenwechsel in der Wissenschaft an.

Ich kann Ihnen das erklären, es interessiert Sie wahrscheinlich nicht, ich erkläre es Ihnen trotzdem, weil es zeigt, wie kleine Zufälle, diverse Umwege und große Unwägbarkeiten zum Erkenntnisfortschritt beitragen.

Es ist mir nämlich gelungen, die Große Einheitliche Feldtheorie des Systems Katja zu entwickeln, eine Theorie, welche dringlich der Aufklärung bedürftige Phänomene endlich aufklärt, und zwar auf erstaunlich einfache Weise. Dafür werden sich auch Frauenzeitschriften interessieren.

Und wer weiß, welche Innovationen meine Theorie hervorbringt? Ich vermute, dass sie eine weitere technologische Revolution initiiert und unseren maroden Standort endlich wieder an die Spitze der Industrienationen katapultiert.

Ich beginne mit «kalte Hände, kalte Füße»: Weil Katja ganzjährig, ausgenommen an den wärmsten Tagen des Hochsommers, unter Kälte leidet, muss sie, wenn ich mit ihr durch die Stadt gehe, in jedes am Weg liegende Schuhgeschäft, in jede Boutique und in jede Parfümerie hinein, um, wie sie sagt, sich wieder ein wenig aufzuwärmen.

Nein, das ist keine billige Ausrede und auch kein billiges Klischee. Manchmal kommt es eben vor, dass sich die Tatsachen an die Klischees halten, und so ein Fall liegt uns hier vor. Katja hat wirklich immer bemitleidenswert kalte Hände, und mit ihren Füßen könnte man ein Kühlhaus betreiben.

Ganz anders liegt mein Fall. Ich leide, ausgenommen an den kältesten Tagen des Winters, unter Hitze und schwitze immerzu. Deshalb halte ich Katja immer fest an der Hand, um die ihre zu wärmen und meine zu kühlen. Für die andere hatte ich ihr vor Jahren einen Handwärmer geschenkt, da war sie sehr gerührt, aber sie hat ihn nie benutzt, weil man ihn mit Feuerzeugbenzin betreiben musste und sie immer fürchtete, er könne explodieren.

Außerdem hätte er auch nur zur Hälfte etwas genützt, denn da wären ja immer noch die kalten Füße gewesen, die sie in die nächste Boutique getragen hätten.

Es ist übrigens erstaunlich, mit welch traumwandlerischer Sicherheit die Frauen von ihren Füßen in jede im Umkreis von zehn Kilometern versteckte Boutique getragen werden. Auch bei der Minderheit der warmfüßigen Frauen sei das so, habe ich mir sagen lassen. Das müsste man auch einmal näher erforschen, vielleicht brächte uns das der Lösung des Zugvogel-Geheimnisses näher. Und die US-Militärs könnten möglicherweise noch zielgenauere Raketen entwickeln.

In der Boutique, sagt Katja, gebiete es die Höflichkeit, dann auch eine Kleinigkeit zu kaufen. Auch das ist keine Ausrede. Katja ist wirklich so höflich. Aber der Leid- bzw. Warentragende bin natürlich ich, wenn ich nach ein paar Stunden mit hundert aus Höflichkeit erworbenen Kleinigkeiten wie ein Lastesel durch die Fußgängerzonen des Rhein-Main-Gebiets schwanke und schwitze.

In den Läden frohlocken die Inhaber. Die tückischen unter ihnen gewähren Katja mittlerweile gerne Rabatte von zehn bis 20 Prozent. Sie haben nämlich herausgefunden, dass Katja die Prozentrechnung sehr eigenwillig handhabt. Sie muss nicht rechnen können, in ihrem Büro hat sie dafür ihre Leute, aber beim Wort Rabatt tut sie es dann doch und erzählt mir hinterher immer fröhlich, dass sie wieder viel Geld gespart hat. Wenn sie mir das Ersparte jedes Mal ausbezahlt hätte, wäre ich heute ein reicher Mann.

Katja rechnet nämlich so: Dieses Paar entzückender Schuhe kostet 200 Euro. Der Verkäufer gewährt mir 15 Prozent Rabatt, also spare ich 30 Euro. Da wäre es ja dumm, wenn ich nur ein Paar kaufte, denn wenn ich, sagen wir, sechs Paar kaufe, spare ich nicht 30, sondern 180 Euro. Dafür kann ich mir in der Boutique nebenan zwei hübsche Seiden-Tops kaufen, dort kriege ich auch 15 Prozent, also 27 Euro, für die ich in der Parfümerie ein Eau de Toilette erstehen kann, wo ich übrigens sogar 20 Prozent …

So rechnet Katja. Darum löst das Wort Rabatt den sofortigen Kaufzwang bei ihr aus. Darum hat das Rhein-Main-Gebiet, seit wir hier wohnen, einen stetigen wirtschaftlichen Aufschwung zu verzeichnen, was uns übrigens noch niemand gedankt hat.

Von der Großen Einheitlichen Feldtheorie sind wir damit aber noch weit entfernt. Deshalb gehen wir jetzt in die Abteilung «kennt sich nicht aus»: Immer wenn Katja den Laden voll des Glücks über ihre vorteilhaften Einkäufe verlässt, rennt sie zuverlässig in die falsche Richtung, und zwar zurück, wenn wir eigentlich vorwärts wollen, um weiterzubummeln, und vorwärts, wenn wir nach Hause, also zurückwollen.

Ich weiß, dass diese Orientierungslosigkeit ein gut dokumentiertes Merkmal aller Frauen ist. Besonders während jener rauschhaften Zustände, die sich bei Frauen nach stundenlangen Shopping-Orgien einzustellen pflegen, taumeln sie planlos und verzückt in alle falschen Richtungen davon.

Diese Orientierungslosigkeit wird von den primitiven Sozialdarwinisten mit der sattsam bekannten These begründet, dass Frauen keinen Orientierungssinn entwickeln konnten, weil sie hunderttausend Jahre lang immerzu in ihren Höhlen hockten und auf ihre heimkehrenden Männer warten mussten. Diese hatten sich beim Jagen in der Welt herumgetrieben und hunderttausend Jahre Zeit gehabt, sich eine innere Landkarte anzulegen. Daher kommt der männliche Orientierungssinn.

Die Frauen, die nichts von der Welt gesehen haben, müssen ohne diese Landkarte auskommen, und wenn man ihnen eine gäbe, könnten sie sie nicht lesen, würden sich in die Wildnis verirren und hunderttausend Jahre Einsamkeit erleiden.

Ich halte nichts von dieser Theorie, auch wenn sie angeblich von der modernen Hirnforschung bestätigt wird. Wenn sie stimmte, müsste Katja nach den Gesetzen der Wahrscheinlichkeit in 50 Prozent aller Fälle auch mal in die richtige Richtung taumeln. Sie marschiert aber zuverlässig in hundert Prozent aller Fälle so entschlossen in die falsche Richtung, als ob sie genau wüsste, wo es falsch ist. Sie muss also so etwas wie einen gut funktionierenden inneren Kompass mit sich herumtragen, der um 180 Grad gedreht ist.

Deshalb, und aus mancherlei anderen Gründen, auf die ich später noch zu sprechen komme, habe ich eine viel intelligentere Theorie als die primitiven Sozialdarwinisten. Ich muss aber, um Ihnen diese bestechende Theorie in ihrer ganzen Stringenz und Klarheit zu erklären, einen kleinen Umweg über ein anderes sattsam bekanntes Klischee machen: So gut wie jede Autofahrt endet bei langjährig verheirateten oder zusammenlebenden Paaren mit oder ohne Umwege in einem handfesten Krach.

Auch meine Ehe unterscheidet sich in dieser Hinsicht leider nicht von den anderen. Es beginnt zumeist damit, dass Katja mich ganz klischeehaft fragt: «Bist du sicher, dass die Richtung noch stimmt?»

Und dann ist der Tag eigentlich schon gelaufen.

Auch wenn ich die Strecke schon zweitausendmal allein und tausendmal mit ihr zusammen gefahren bin, sagt ihr ein untrügliches Gefühl, dass ich in die falsche Richtung fahre. Dann muss ich diskutieren, sie überzeugen, beruhigen.

Ich würde eigentlich gerne über mein nächstes Buch mit ihr reden, über die Kinder, ihren Job, Giovanni, Cloppenrath, den Urlaub oder darüber, ob es ihr eigentlich nicht zu blöd ist, auf geradezu lächerliche Weise dem gängigen Frauenklischee zu gehorchen, dem zufolge Frauen immer Schuhe kaufen und in die falsche Richtung laufen müssen.

Es wäre wirklich interessant, von ihr mal zu erfahren, was sie von meiner Vermutung hält, dass Frauen so viel Schuhe kaufen, weil sie insgeheim hoffen, irgendwann einmal das ideale Paar zu finden, das Frauenfüße nicht nur automatisch in die nächste Boutique hinein und hinaus, sondern auch sonst immer richtig durch die Welt lenkt, vielleicht sogar zu einem Märchenprinzen, Navigationsschuhe sozusagen, die obendrein noch schick aussehen, bequem sind und die Füße wärmen.

Solche Schuhe gibt's natürlich nicht, darum sind all eure hektischen Schuhkäufe vergeblich, würde ich Katja gerne sagen. Aber dazu kommt es nie, weil ich sie stattdessen mühsam davon überzeugen muss, dass ich soeben über das Wiesbadener Kreuz gefahren bin, kerzengerade in Richtung Frankfurt spure und vorhabe, mir dort in 25 Minuten im Messeparkhaus einen Parkplatz zu suchen.

Gereizt drücke ich aufs Gaspedal, verfluche mein Schicksal, mit einer Frau leben zu müssen, die wider besseres Wissen und jegliche Erfahrung immer wieder meinem Orientierungssinn misstraut, an meiner Kompetenz zweifelt, mich dauerndem Rechtfertigungszwang aussetzt und mich permanent infrage stellt.

Warum nehme ich das eigentlich auf mich? Warum

sitze ich nicht, wie Franz Josef Wagner, als einsamer Wolf jeden Abend in der Paris Bar, rauche, trinke und warte darauf, dass die Tür aufgeht, eine Prinzessin reinkommt, auf mich zugeht und mir sagt: «Dich habe ich gesucht.»?

Einmal wieder, wie ganz früher, grenzenlos bewundert und leidenschaftlich angehimmelt werden von einer Frau, das fehlt mir, danach sehne ich mich jetzt, aber das bekomme ich wahrscheinlich nie wieder. Denn ich sehe bei Katja, wie bei allen anderen mitteleuropäischen Frauen, so etwas wie einen weiblichen Rassismus aufkeimen oder einen weiblichen Chauvinismus oder prinzipielles Misstrauen gegen den Mann als solchen oder zumindest gegen mich oder was auch immer.

Warum bewundert mich eigentlich niemand? Ich koche, spüle, erziehe meine Kinder, stehe meinen Mann im Beruf, halte den Rasen kurz, zahle Steuern, liebe trotz allem meine Frau, werde aber infrage gestellt und demnächst auf den Rentnerberg geworfen.

Aber wahrscheinlich hat das gar nichts mit Katja und mir zu tun. Wahrscheinlich bin ich nur ein Opfer der öffentlichen Meinung. Wäre ja kein Wunder, wenn das ewige Männerbashing nicht irgendwann Folgen zeitigen würde.

Was malen denn die Medien für ein Bild von uns Männern? Männer in der Krise zeichnen sie, lächerliche Machos, entthronte Patriarchen, nackte Kaiser, bemitleidenswerte Softies, entzauberte Märchenprinzen, bornierte Glatzköpfe, koksende Fußballtrainer, schwächelnde Süchtlinge, durchgeknallte Politiker, raffgierige Manager, korrupte Beamte, arbeitslose Versager, Lustgreise, Ferngesteuerte, Paranoiker, Säufer, Hurer, Schläger, Bohlen und Effenberg – kurz, Männer, die nicht mehr wissen, wo's langgeht, aber sich immer noch einbilden, wo sie sind, sei vorn.

Und mir, der wirklich vorn ist, glaubt nun niemand mehr, dass ich vorn bin. Zu viele Schwachköpfe haben den guten Ruf eines ganzen Geschlechts ruiniert.

Stumm gleite ich mit unserem Van über die Autobahn, hadere mit den heruntergekommenen Mannsbildern, ärgere mich über die vorurteilsbeladenen Weibsbilder, steigere mich, unbewusst den Druck aufs Gaspedal verstärkend, in eine Wut hinein, die mich die Welt draußen immer mehr vergessen lässt und sich so tief in meine Innenwelt bohrt, dass ich am Eschborner Dreieck bei Tempo 160 die Abfahrt Richtung Messe verpasse.

Ich gebe Vollgas.

«Ras doch nicht so», sagt Katja. «Es ist wirklich nervenaufreibend, mit einem Raser verheiratet zu sein.»

«Ich bin kein Raser», sage ich, «im Gegenteil, ich hasse alle Raser, die von hinten auf mich zujagen wie wild gewordene Hummeln, deshalb versuche ich ja, ihnen zu entkommen, darum muss ich schneller sein als sie.»

Als ich in die nächste Abfahrt donnere und gleich wieder auf die Autobahn in die Gegenrichtung brettere, sagt Katja: «Du hast dich verfahren, immer verfährst du dich, schaff dir doch endlich mal ein Navigationsgerät an.»

Wieso merkt sie das jetzt? Sie merkt doch sonst nie etwas.

«Ich habe mich nicht verfahren», gifte ich sie an, «ich

habe nur die Abfahrt verpasst, weil ich dauernd mit dir über den richtigen Weg diskutieren muss.»

«Du hast überhaupt nicht mit mir diskutiert, seit zwanzig Minuten schweigst du vor dich hin.»

«Aber innerlich habe ich mit dir diskutiert.»

«Ich glaube, du wirst alt», sagt sie, «deine Fehlleistungen häufen sich in letzter Zeit signifikant. Du fährst doch immer am Eschborner Dreieck an der Ausfahrt vorbei.»

Das sagt die Frau zu mir, die nie bis zum Eschborner Dreieck käme, wenn sie es allein finden müsste. Katja allein im Auto nach Frankfurt, das ist die einzige Gelegenheit, bei der sie nicht friert, sondern ins Schwitzen gerät, mich nach einer Dreiviertelstunde völlig genervt anruft, um mir ihren derzeitigen Standort im Hochtaunus vorzuwerfen und mich aggressiv aufzufordern, ihr bitte sofort zu sagen, wie sie jetzt innerhalb von zehn Minuten ins «Haarwerk» kommt, wo diese ausgeflippte türkische Friseurclique in der Nähe der Alten Oper seit einer halben Stunde auf sie wartet. Ich sei an allem schuld, sagt sie, weil ich mich weigere, endlich ein Navigationssystem anzuschaffen. Schon um des Ehefriedens willen sollten wir so etwas haben, meint sie.

«2500 Euro kostet so ein Ding», pflege ich dann überzeugend und herrschaftsfrei zu argumentieren, «die spinnen doch. Reine Geldschneiderei ist das. Mit mir nicht. 2500 Euro auszugeben, nur weil du nicht willens oder fähig bist, Landkarten zu lesen und dir mehrfach gefahrene Strecken einzuprägen. Und wenn ich das Auto wieder verkaufe, bekomme ich für das Ding keinen Cent mehr und muss beim neuen wieder zweieinhalbtausend extra ausgeben. Außerdem arbeiten diese Geräte noch nicht hundertprozentig zuverlässig, denk doch nur an deinen Bruder, der hat sich neulich mit seiner Frau im Auto verkracht, *obwohl* sie ein Navigationsgerät haben. Weil es sie in Köln ein Dutzend Mal am Ziel vorbei über die Zoobrücke gescheucht hat.

Und weil das bescheuerte Gerät nur ihretwegen angeschafft wurde, gab er ihr die Schuld für die Gurkerei. Zu Recht. Im Übrigen wird das Zeug irgendwann billiger, und in ein paar Jahren gehört es sowieso zur Standard-Ausstattung jedes Autos. So lange können wir warten.»

Gut, ich weiß, was Sie jetzt denken, und ich gebe zu, dass auch ich dem Klischee gehorche, wenn ich heimlich denke: Navigationsgeräte sind unmännlich. Wer so etwas benutzt, gesteht vor sich und anderen, dass er sich nicht mehr auskennt. Wer so etwas nutzt, outet sich als Ferngesteuerter. Ich aber steuere mich selbst.

Ich kenne mich aus. Habe schließlich den Einzelkämpferlehrgang der Bundeswehr mitgemacht. Da wurde ich mit dem Hubschrauber irgendwo in einem Wald bei Hammelburg nachts ausgesetzt und hatte den Auftrag, mich ohne alles innerhalb einer Woche zu meiner 200 Kilometer entfernten Dienststelle durchzuschlagen.

Fünf Tage später stand ich auf der Matte, denn an der bemoosten Rinde jedes Baumes erkenne ich, wo Westen ist, brauche dazu weder Sonne noch sternklare Nächte. Außerdem wurde mir auf dem Lehrgang beigebracht, wie man sich von Baumrinde ernährt. Seitdem weiß ich: Finde ich nur irgendwo einen einzigen Baum, meistere ich die schwierigsten Lebenslagen.

Auch das Klischee, dass Männer nie nach dem Weg fragen, weil sie Fragenmüssen als Niederlage empfinden, trifft voll auf mich zu. Na und? Ist es nicht schön, bei aller Individualität auch ein paar Dinge mit seinen Geschlechtsgenossen gemein zu haben? Dafür drehe ich ruhig mal ein paar Runden um die Häuserblocks.

Außerdem erlebe ich oft, wie Katja trotz ihrer nervenden Fragerei nicht ans Ziel kommt, weil sie ja doch sehr häufig an jene gerät, die eben schon lange nicht mehr wissen, wo's langgeht, aber dennoch bereitwillig Auskünfte erteilen. Es schmeichelt ihnen, von so einer schönen Frau nach dem Weg gefragt zu werden, und da schicken sie dann Katja lieber irgendwohin, als dass sie zugeben, keine Ahnung zu haben.

Insgeheim wünschen die Irrlichter sich, von Katja auch noch nach der Wahrheit und dem Sinn des Lebens gefragt zu werden, und noch insgeheimer, dass sie fragt, ob man sich mal treffen könne. Dabei würden sie den Treffpunkt gar nicht finden, wenn Katja sich darauf einließe. Und wenn doch, würde Katja ihn nicht finden.

All diese Überlegungen nützen nun aber nicht mehr viel, denn die Kräche mit Katja häufen sich in letzter Zeit dramatisch, weil sie – vermutlich, weil ich sie zu stark verwöhnt habe – Ansprüche an mich stellt, die sich ins Ungeheure auswachsen. Ansprüche, die sie selber nicht einmal im Ansatz erfüllt.

Neulich beispielsweise, als sie mich auf einer Lesereise begleitete, erwartete sie, dass ich die Buchhandlung Kaim in der Pferdestraße 46 in Jüterbog von Mainz aus auf Anhieb finde. Hielt ich nur ein einziges Mal an, um zu gucken, wo die Bäume ihr Moos haben, behauptete sie schon, ich sei ein totaler Versager und unfähiger Autofahrer und ich solle doch endlich ein Navigationsgerät anschaffen.

Ich fing an, mich über diese Navigationsdinger zu informieren, nicht etwa, weil ich meine Meinung geändert habe und mir plötzlich einbilde, so etwas zu brauchen, nein, sie werden an manchen meiner Andeutungen vielleicht schon gemerkt haben, dass ich ein Computerfreak bin. Ja, ich besitze vier miteinander vernetzte Desktops, zwei Notebooks und zwei Pocket-PCs, und – das kann ich jetzt an dieser Stelle ruhig einmal gestehen – meine Füße tragen mich ziemlich zielsicher in jeden im Umkreis von zehn Kilometern versteckten Computerladen. Mein Lieblingsladen ist der MediaMarkt.

Katjas ewiges «Ich will ein Navigationsgerät!» bot mir einen willkommenen Anlass, mal wieder jene vom Fernsehen bekannten Helden aufzusuchen, die nur billig können.

Einer zeigte mir den «TomTomNavigator». Mit dem könne ich meinen Pocket-PC zu einem Navigationsgerät aufmotzen, sagte mir der BilligHeld vom MediaMarkt, der passende GPS-Empfänger sei auch dabei. Das Ganze koste nicht mehr als 400 Euro, 1900 Euro weniger, als ein Fahrzeugnavigator kostet. Ich bin doch nicht blöd, dachte ich, kaufte den TomTomNavigator und dachte außerdem, man müsste auch einmal klären, worin der VorteilDieserSchreibweiseLiegt, schließlich leiden wir nicht unter Papierknappheit.

Im Auto sieht TomTom ein bisschen unschön aus, weil man ein Kabel für den GPS-Empfänger und eine Halterung für den Pocket-PC an die Windschutzscheibe pappen muss. Es ginge auch drahtlos, aber das wäre teurer. Ich fuhr durch Mainz, und welches Ziel ich auch eingab, stets führte mich TomTom, wohin ich wollte. Fuhr ich absichtlich einmal falsch, merkte er es und empfahl mir die Umkehr.

Bei der nächsten Frankfurt-Fahrt führte ich Katja stolz meine Errungenschaft vor. Sie gab sich skeptisch. Tom-Tom ließ sich davon nicht beeindrucken und lotste uns souverän über den Rhein und die Schiersteiner Brücke auf die Autobahn nach Frankfurt. Sogar vor Radarfallen warnte er uns.

Katja blieb skeptisch. Gleichmütig teilte mir TomTom vor jeder Ausfahrt mit, dass ich sie nicht nehmen, sondern auf der Autobahn bleiben soll. Das ging Katja auf die Nerven, denn sie wollte sich mit mir unterhalten und nicht dauernd von TomTom unterbrochen werden. Im Stillen dachte ich auch, es wäre doch intelligenter, wenn TomTom die Klappe hielte und sich erst dann meldete, wenn ich die Autobahn verlassen muss.

Als ich am Eschborner Dreieck die Autobahn hätte verlassen müssen, meldete sich TomTom nicht.

Schon als wir an Höchst vorbeifuhren, fiel mir auf, dass er meine Gespräche mit Katja nicht mehr störte. Vielleicht ist er ja wirklich intelligent und hat gemerkt, dass er stört, dachte ich. Aber warum schweigt er auch jetzt, wo's nötig wäre zu reden? Ist er etwa auch noch empfindlich? Schmollt das Sensibelchen jetzt?

Dann sah ich genauer hin und las: Navigation unterbrochen, kein Satellitenempfang.

«Scheiße», rief ich.

«Wie kannst du auch so einen Mist kaufen», sagte Katja, «wenn etwas schon TomTom heißt, das kann ja nur plemplem sein. Damit kommen wir nie in die Neuhaußstraße.»

In Frankfurt hatte TomTom dann einen Teil seiner Satelliten plötzlich wieder gefunden. Aber er merkte immer zu spät, dass ich auf eine Kreuzung zufuhr, sagte mir immer erst dann, dass ich abbiegen soll, wenn ich schon eine Straße weiter war, dabei ist es wirklich nicht sehr schwierig, die Neuhaußstraße zu finden. Andererseits, wenn er nicht alle Satelliten im Schrank hat, was kann er dafür, wenn er mein Ziel nicht findet?

«Du hast billigen Schrott gekauft», sagte Katja, «gib ihn zurück.»

Billig? 400 Euro für ein Ding, das die Neuhaußstraße nicht findet? Ich sagte Katja lieber nicht, wie viel ich dafür bezahlt habe. Nicht einmal Rabatt habe ich bekommen.

Ich informierte mich über andere Navigationssysteme im Internet und fand den BusinessMobileNavigator für Notebooks. Business, das klingt schon mal kompetenter und seriöser als TomTom, dachte ich, und kostet nur 369 Euro. Und führt nicht nur durch Deutschland, sondern durch ganz Europa.

Ich bestellte, installierte, ließ mich durch Mainz lotsen. Das zweite Kabel an der Windschutzscheibe störte ein wenig. Mein teures Notebook auf dem Beifahrersitz rutschte ein wenig. Beim Bremsen und in engeren Kurven musste ich es festhalten, damit es nicht vom Sitz fiel. Nach einer halben Stunde ging nichts mehr, weil ich vergessen hatte, die Akkus des Notebooks aufzuladen. Aber sonst funktionierte alles tadellos.

Am Wochenende besuchten Katja und ich Freunde in Kronberg. Natürlich brauche ich dafür keinen BusinessMobileNavigator. Aber ich dachte, soll er uns doch mal zeigen, was er kann. Viele Wege führen nach Kronberg. Vielleicht kennt er ja eine kürzere Strecke. Ich bin immer bereit, andere Meinungen einzuholen und mich belehren zu lassen.

Katja hielt das voll aufgeladene Notebook auf ihrem Schoß wie ein Schoßhündchen. Der BusinessMobileNavigator meldete sich nur, wenn ich abbiegen sollte, und immer rechtzeitig. Er führte uns sicher ans Ziel, wenn auch auf seltsamen Wegen durch Dörfer mit nie gehörten Namen. In manche sind wir mehrmals aus allen vier Himmelsrichtungen hinein- und wieder hinausgefahren. Wir umkreisten viele anmutige Taunusgegenden, liebliche Täler, sonnige Höhen und sogar den Großen Feldberg. Hätten die Gastgeber nicht mit dem Essen auf uns gewartet, wäre die dreistündige Fahrt ein sehr schönes Erlebnis gewesen.

So aber sprach Katja: «Du hast Schrott gekauft, gib ihn zurück.»

«Vielleicht war ja irgendwo ein Stau, und das intelligente Gerät hat uns um den Stau herumgeführt», sagte ich.

«Durch den Taunus hat es uns geführt», sagte Katja, «wir haben die ganze Zeit Susanne Fröhlichs HR3-Radio-Kuppel-Show gehört, aber sie hat nicht eine einzige Staumeldung gebracht, schon gar nicht aus dem Taunus.» Da hatte sie leider Recht.

Andererseits: Weiß man, ob Susanne Fröhlich wirklich von jedem Stau erfährt? Und falls ja: Weiß man, ob sie auch jeden meldet? Vielleicht denkt sie, ich hab hier gerade viel Spaß im Gespräch mit einem einsamen Herzen, irgendein blöder Stau im Taunus stört jetzt nur. Sollen die

Idioten, die meinen, die frische Luft meiner Heimat verpesten zu müssen, doch in den Stau hineinfahren und darin ersticken.

Ich weiß nicht, ob Susanne Fröhlich so denkt. Wahrscheinlich eher nicht. Aber wenn doch?

Eine Woche später besuchte ich die Kronberger Freunde allein. Der BusinessMobileNavigator lenkte mich innerhalb kürzester Zeit auf genau jenem Weg zum Ziel, den ich sonst auch immer fahre – das gab mir zu denken.

Und ich dachte: Katja hasst alles, was mit Technik zu tun hat. Sie akzeptiert bis heute nicht, dass ihr Faxgerät von Zeit zu Zeit mit Papier aufgefüllt zu werden wünscht, statt sich sein Papier selbst zu besorgen oder herzustellen. Katja verlangt von jedem Gerät, dass es von sich aus tut, was sie will.

Da sich die überwältigende Mehrheit der Geräte solchen Anforderungen widersetzt, nähert Katja sich jedem Gerät immer schon mit einer gewissen Gereiztheit und der inneren Bereitschaft, es sofort aus dem Fenster zu werfen. Ich vermute, dass die Geräte das merken. Kommt Katja in ihre Nähe, fühlen sie die berechtigte Angst, falsch bedient oder schlecht behandelt zu werden, und drehen durch.

Auch ich bin dann immer nahe am Durchdrehen, denn Katja macht mich verantwortlich, wenn die Geräte nicht funktionieren, und zwar so überzeugend, dass ich mich tatsächlich schuldig fühle, mich für die Geräte schäme und den Satz erwarte: «Du hast Schrott gekauft, gib ihn zurück.»

Der Leidensdruck, der von diesem Satz ausgeht, stimulierte meinen Forscherdrang so heftig, dass er sich eines Tages in einer blitzartigen Erkenntnis entlud, und damit komme ich nun auch zu meiner Großen Einheitlichen Feldtheorie. Ich erkannte plötzlich: Katja strahlt. Wo sie geht und steht, verwandelt sie ihre Umgebung in stark gepulste elektromagnetische Felder.

Ich weiß das, seit ich irgendwo gelesen habe, dass die US-Militärs Mikrowellen-Kanonen entwickeln, die elektromagnetische Impulse aussenden und damit technische Geräte zerstören. Sogar an Bomben arbeiten sie, die ganze Länder mit gewaltigen elektromagnetischen Schockwellen überziehen und alle Computer und elektronischen Netze lahm legen.

Seitdem ist mir klar: Ich bin mit einer natürlichen Strahlenkanone verheiratet. Wie sonst wäre denn zu erklären, dass sowohl der TomTom wie auch der BusinessMobileNavigator tadellos funktionieren, wenn sie mit mir allein sind, aber plötzlich irre werden, wenn Katja dabei ist?

Schon lange rätselte ich, warum Computer abstürzen, wenn Katja nur in ihre Nähe kommt. Auf dem Display ihres Handys erscheinen gelegentlich seltsame, nie gesehene Zeichen. Warum zieht ihr Faxgerät immer zwei Blätter gleichzeitig ein, wenn sie es bedient, und korrekt eins nach dem anderen, wenn ich es bediene?

Katjas Computer macht, was er will, formatiert ihre Texte um, lässt Texte verschwinden, wählt sich selbständig ins Internet ein, aber kappt die Verbindung, wenn Katja reinwill. Und ich selber muss bei meinen Computern alle paar Monate Windows neu installieren. Nur Linux stürzt nie ab und scheint gegen Katja immun zu sein, was, nebenbei, ein weiteres Argument für Linux ist. Wenn wir gemeinsam fliegen, wird das Flugzeug wegen angeblicher Turbulenzen immer heftigst durchgeschüttelt. Fliege ich allein, gleitet die Maschine sanft dahin.

Ob ich es noch länger verantworten kann, Katja fliegen zu lassen? Man sollte mal eine Strahlungsmessung vornehmen bei ihr.*

Ich bin bloß froh, dass Katja den Handwärmer nie benutzt hat. Der wäre möglicherweise tatsächlich explodiert, wenn die Mikrowellen das Benzin verstrahlt hätten.

Davon abgesehen, kann ich mit meiner Großen Einheitlichen Feldtheorie mir nun endlich erklären, warum Katja immer in die falsche Richtung läuft. Ihr innerer Kompass wird von der Kraft ihrer Mikrowellen einfach umgepolt.

Auch das Rätsel ihrer kalten Hände und Füße löst sich damit auf: Für den Betrieb ihrer eingebauten Mikrowelle muss Katja so viel Energie aufwenden, dass sie innerlich auskühlt. Ihre Mikrowellen treffen hauptsächlich mich, heizen also mich auf, und darum schwitze ich so viel, womit auch dieses Phänomen erhellt ist. Und nicht nur das. Immer schon fragte ich mich, warum Katja so viel essen kann, wie sie will, aber niemals zunimmt. Jetzt weiß ich es. Die Mikrowellen verbrauchen fast alle Kalorien, die Katja in sich hineinschaufelt.

* Kann mir irgendjemand so ein Gerät schicken? Natürlich nur leihweise. Ich sende es garantiert zurück. Mit allen Messprotokollen. Obwohl, ach nein, behalten Sie Ihr Gerät. Es geht ja doch kaputt, wenn ich Katja damit messe.

Das Gegenteil ist bei mir der Fall. Selbst vom Fasten nehme ich zu. Aber sogar dieses geheimnisvolle Phänomen lässt sich mit meiner Feldtheorie restlos aufklären, weshalb sie zu Recht die Adjektive «Groß» und «Einheitlich» trägt: Das Immunsystem meines Körpers baut Fettschicht um Fettschicht auf, um mich vor Katjas Strahlen zu schützen.

Woher mein Immunsystem all das Fett nimmt, bleibt das einzige noch ungelöste Rätsel. Aber ich vermute, es kennt einen Trick, um Luft und Wasser in Fett zu verwandeln. Das werde ich auch noch herausfinden.

Ich bin also wirklich ein tragischer Fall. Fast täglich kritisiert Katja meine Figur und beschimpft mich, weil die Technik nicht funktioniert, dabei ist sie die Ursache aller Übel.

Gleich morgen früh, wenn sie wieder grundlos Schuldgefühle in mir erweckt, werde ich sie über die wahre Natur der Dinge aufklären und ihr eröffnen, dass sie eine eingebaute Mikrowelle mit sich herumträgt, die zu nichts nütze ist, außer dass sie die Geräte stört und mich dick macht. Dann werde ich sagen: Du trägst Schrott mit dir herum, gib ihn zurück.

Dann wird sie erschüttert sein über das Unrecht, das sie mir all die Jahre angetan hat, wird bittere Tränen vergießen und mich schuldbewusst fragen: «Wohin soll ich den Schrott denn bringen?»

Und ich werde sagen: «Schmeiß ihn doch am Eschborner Dreieck einfach aus dem Fenster.»

Rettet den Mann

Manchmal, wenn Katja in ihre Arbeit versunken ist und ich sie so betrachte, frage ich mich: Warum lebt sie eigentlich mit mir zusammen? Wofür braucht sie mich? Wenn ich jetzt plötzlich tot umfiele, wäre sie zwar sehr traurig, aber das Leben ginge weiter. Sie käme bestens ohne mich zurecht.

Dann grüble ich: Angenommen, es stimmt wirklich, dass uns die Frauen überlegen sind und dass wir aufgrund eines Gendefekts und der Fortschritte in der Menschenzüchterei eines Tages auszusterben drohen, die Frauen aber fröhlich weiterleben, weil sie uns zur Fortpflanzung und zum Sex nicht mehr brauchen – wenn das alles so wäre, dürften wir hoffen, dass sie aus bloßer Liebe für unser Überleben sorgten, dass sie uns pflegten und uns Überflüssige weiter durch die Zeiten schleppten?

Und wäre es ratsam, sich auf diese Liebe zu verlassen? Wäre es nicht klüger, jetzt durch intelligente Maßnahmen unserem Schicksal ein Schnippchen zu schlagen?

Beim Versuch, diese schwerwiegenden Fragen zu klären, wurde ich unterbrochen, als Katja zum 1001. Mal laut ihren Computer verfluchte und mich zu Hilfe rief. Irgendetwas, was Katja will, will der Computer nicht.

Ich erinnerte Katja an ihre unheilvolle Mikrowelle –

sie hat sie noch immer nicht entsorgt –, aber Katja sagte, dann müsse man eben Computer bauen, die gegen Strahlen immun sind.

«Vielleicht sollte man sie mit einer Fettschicht überziehen», sagte ich. Aber Katja war nicht zum Scherzen aufgelegt. Sie stand unter Zeitdruck. «Je eiliger man es hat, desto mehr Schwierigkeiten machen sie.» Und zum hundertsten Mal fragte mich Katja vorwurfsvoll, warum es eigentlich nicht möglich sei, «eine Maschine zu konstruieren, die einfach tut, was der Mensch will».

«Wenn man die Maschine richtig bedient, tut sie, was der Mensch will», antwortete ich.

«Was heißt hier ‹richtig bedienen›?», brauste Katja auf. «Sollen die Maschinen mir dienen oder ich ihnen? Mein Computer hat noch nie getan, was ich will, deiner tut auch nicht immer, was du willst, und von meinen Bekannten höre ich ebenfalls nur Klagen. Der Computer ist das Problem, dessen Lösung zu sein er vorgibt», sagte Katja.

Gleich wird sie mir wieder den Startknopf vorwerfen, dachte ich, und da kam es auch schon: «Gib doch endlich mal zu, dass diese Maschinen blöd und unbedienbar sind. Allein schon die Tatsache, dass man auf den Startknopf klicken muss, um diese Dinger auszuschalten, sagt doch alles.»

Tapfer, aber zugleich wissend, mich wieder einmal in eine sichere Niederlage hineinzuargumentieren, erklärte ich zum 1001. Mal, dass es eben Techniker und Programmierer seien, die solche Maschinen bauen, also eine Spezies, die sich systematisch das normale menschliche Denken abtrainiert hat, um mit der Logik einer Maschine zu denken. «Die haben in ihrem Leben noch nie etwas anderes kennen gelernt als die zwei Zustände ‹Strom ein›, ‹Strom aus›. Daher müssen wir, um den Computer auszuschalten, das Computer-Herunterfahr-Programm starten. Starten! Verstehst du? Deshalb müssen wir auf ‹Start› klicken.»

«Das Abschaltprogramm einschalten, um auszuschalten – auf so etwas können nur Männer kommen», pflegt Katja dann immer zu sagen. «Und nur Männer entwickeln diese sklavische Bereitschaft, sich mit solchen Unzulänglichkeiten abzufinden. Warum versucht ihr immerzu, das Funktionieren dieser Maschinen zu verstehen? Wo ihr es letztlich doch nicht ganz verstehen werdet, was dann dazu führt, dass ihr in Ehrfurcht vor ihnen erstarrt. Frauen versuchen erst gar nicht, den Computer zu verstehen, darum imponiert er ihnen auch nicht.»

Und mit dem Argument, es müsse doch möglich sein, diese absurde Maschinenlogik in normale menschliche Logik zu übersetzen, also beispielsweise dem Computer in der rechten unteren Ecke einen Ausschaltknopf zu verpassen, setzt sie mich endgültig matt.

Auch ich habe mich oft heimlich gefragt, warum ich mich meinem Computer anpassen muss, statt dass er sich mir anpasst. Jeder vernünftige Mensch würde doch, wie Katja, links unten den Startknopf und rechts unten den Ausschalt- oder Endeknopf anbringen, da hat Katja völlig Recht. Aber warum geschieht das nicht?

Jahrelang habe ich immer gedacht, dass es Bill Gates einfach wurscht ist, ob die Menschheit mit seinem bescheuerten Windows klarkommt oder nicht, Hauptsache, er kann seinen Milliarden-Dollar-Bergen jedes Jahr einen weiteren Berg hinzufügen.

Manchmal dachte ich auch, es liege vielleicht an den unvermeidlichen Kinderkrankheiten einer jungen Branche. Dann denke ich wieder, dass die störrische Bockigkeit der Maschinen unseren sportlichen Ehrgeiz anstachelt. Wir betrachten es als männliche Herausforderung, jene Probleme zu lösen, die der Computer verursacht und die wir gar nicht hätten, wenn es keine Computer gäbe.

Dann aber wurde ich eines anderen belehrt.

Eines Tages wurden mir über geheime Kanäle, über die ich hier keine genaueren Angaben machen darf, geheime Dokumente zugespielt, die belegen, dass ich Bill Gates bitter Unrecht getan habe. Diesen Dokumenten entnahm ich: Windows ist so schlecht, weil sein Schöpfer, Gates, Angst hat, auszusterben. Und ausnahmsweise denkt er bei dieser Angst nicht nur an sich selbst, sondern an alle Männer.

Deshalb, aus dieser männlichen Urangst heraus, überflüssig zu werden, hat sich Gates gegen die Frauen verschworen. Um die Unentbehrlichkeit von uns Männern für alle Zeiten zu sichern, lässt Gates die Computer so funktionieren, dass die Frauen an ihnen scheitern. Ganz bewusst hält Gates die Computer künstlich dumm, damit sie für Frauen unverstehbar und unbedienbar bleiben und für immer darauf angewiesen sind, uns Männer zu Rate zu ziehen, die aus Ehrfurcht vor der Technik und aus sportlichem Ehrgeiz versuchen, mit der eingebauten Dummheit dieser Artefakte fertig zu werden.

Wenn uns eines Tages jene Stunde schlägt, zu der wir uns für immer aus der Weltgeschichte verabschieden sollen, werden unsere Frauen sagen: Was machen wir eigentlich, wenn wir ein Computerproblem haben und alle Männer sind tot? Dann werden die Frauen das Projekt «Rettet den Mann» starten.

Wird diese Rechnung aufgehen?

Jedenfalls stimmt die Überlegung, dass normal denkende Frauen wie Katja prinzipiell unfähig sind, sich in die Logik einer Maschine hineinzuversetzen. Deshalb verzweifeln sie immer wieder vor dem Computer und rufen uns zu Hilfe.

Bei den anderen Frauen beobachte ich, dass – ähnlich wie im Fall des verstopften Klos – so gut wie jede irgendeinen «Techie» an der Hand hat, der ihr den neuen PC installiert, die nötigen Programme herbeischafft und für den Internetanschluss sorgt.

Ich bin auch so ein Techie, daher weiß ich: Wir sind knapp. So gut wie jeder von uns hat nicht nur eine Frau, sondern einen ganzen Harem zu versorgen. Katja reagiert immer, ganz wie die erste Haremsdame, grantig und eifersüchtig, wenn ich viele Stunden meiner kostbaren Zeit bei anderen Frauen verbringe, um deren abstürzende Computer wieder aufzurichten.

Aber in uns Männern ruft das Wissen, gebraucht zu werden, Glücksgefühle hervor. Und, ja, mir bricht kein Zacken aus der Krone, wenn ich an dieser Stelle einmal zugebe, dass ich Katja auch deshalb liebe, weil sie mir mit ihrer Hilflosigkeit vor dem Computer die Gelegenheit gibt, endlich einmal wieder so etwas wie männliche Überlegenheit demonstrieren zu können.

Und manchmal, wenn ihre Verzweiflung dem Wahnsinn nahe kam, ich aber die Ursache ihrer Verzweiflung mit einigen Mausklicks und etlichen Neustarts innerhalb weniger Minuten beseitigte, erntete ich sogar ihre Bewunderung. Dass ich mir diese Bewunderung auch von vielen anderen hilflosen Frauen ganz legal und ohne alle Heimlichkeit holen darf, daraus sauge ich ein hohes Maß an Lebenszufriedenheit.

Die Kehrseite ist, dass wir Techies dafür gnadenlos ausgebeutet werden von den Frauen.

Neulich, beispielsweise, war unsere Freundin Barbara der Meinung, dass sie unbedingt so eine Diktiersoftware haben müsse, die gesprochene Wörter in den PC tippt und einem das mühsame Hacken auf der Tastatur erspart. «Nie mehr tippen, einfach nur diktieren», hatte Barbara gesagt, «das will ich haben.» Ja, Barbara diktiert gerne.

Eines Tages hatte sie sich so ein Programm gekauft und mir auf meinen Anrufbeantworter diktiert, dass ich sofort zu kommen habe, um ihr «bei der Installation behilflich zu sein» – was ein ziemlicher Euphemismus ist. Ihr «behilflich sein» besteht darin, dass sie mir das Zeug auf den Tisch knallt und sagt, sie gehe jetzt in die Stadt, um noch ein paar Besorgungen zu machen.

Nach acht Stunden – ich hatte inzwischen das Programm installiert, aber das Mikrophon hat nicht gleich funktioniert, deshalb musste ich den Computer aufschrauben, die Soundkarte ausbauen, darauf eine Steckbrücke umstellen, einen Kondensator umlöten, außerdem die ISDN-Karte deaktivieren, die Handbücher konsultieren, mich in den Computer mit seinem sensiblen Zusammenspiel von Interrupts, DMA-Kanälen und IRQ-Plätzen einfühlen. Und zuletzt musste Barbara 254 Übungssätze in abgehackter Sprechweise aufsagen, um das Programm an ihren Sprachduktus zu gewöhnen –, acht Stunden später also fing Barbara an, ihrem Computer zu diktieren. Und tatsächlich: Auf dem Monitor erschienen wie von Geisterhand geschriebene Zeichen, sobald sie zu sprechen begann.

Einen richtigen Sinn ergaben die Zeichen nicht. Barbara eliminierte das Sinnlose und korrigierte das falsch Verstandene, hatte dann dreimal so lange gebraucht, wie wenn sie gleich alles selber getippt hätte, aber ist sich sehr fortschrittlich vorgekommen.

In der Computerindustrie rast der Fortschritt in Tausendmeilenstiefeln exponentiell voran, behaupten deren Manager und gießen diesen Vorgang in den Spruch: «Wären Autos im letzten Jahrzehnt so schnell entwickelt worden wie Mikrochips, dann wögen diese Autos heute 50 Gramm, rasten mit 5000 Kilometern pro Stunde durch die Gegend, kämen mit einer Tankfüllung bis zum Mond und kosteten knapp zweieinhalb Euro.»

Leider kann man damit nur Männern imponieren. Katja würde sofort fragen, ob sie in einem 50-Gramm-Auto noch Platz hätte, auf welcher Autobahn sie 5000 Kilometer pro Stunde fahren könnte, dass sie das auch gar nicht möchte, und was sie eigentlich auf dem Mond soll, wenn es dort nicht mal eine Boutique gibt, und dass es wahrscheinlich verheerende ökologische Folgen hätte, wenn jeder Depp für zweieinhalb Euro mal eben zum Mond rasen könnte.

Andererseits ist nicht zu leugnen: Als es losging mit

der Computerei, verarbeiteten die Mikrochips gerade mal ein paar tausend Instruktionen pro Sekunde, heute sind es hundert Millionen, demnächst eine Milliarde, und es werden immer noch mehr, weshalb so Leute wie Bill Gates verheißen, dass wir immer schneller immer mehr Zeit sparen und unsere Produktivität ins Gigantische steigern.

Katja würde daraufhin sofort fragen: Warum aber bemerken wir im Alltag vom Wirken der rasenden Rechner so wenig?

Dann würde sie aufzählen: In den Fluren und Warteräumen unserer vollcomputerisierten Behörden, Ämter und Arztpraxen vergeudet man heute noch genauso viele Stunden wie vor 25 Jahren. Wer Geld vom Finanzamt zurückzubekommen hat, fragt sich, ob's nicht schneller ginge, wenn dort mit dem Abakus gerechnet würde. Die Schlangen vor den elektronischen Kassen der Supermärkte sind so lang wie vor einem Vierteljahrhundert. Die Warterei auf Kino-, Konzert- und Theaterkarten, Tickets der Bahn und Fluglinien hat einem noch kein Computer verkürzt.

Und obwohl die Banken inzwischen gerichtlich gezwungen wurden, Aufträge so schnell wie möglich zu erledigen, dauern Überweisungen so lange wie im 19. Jahrhundert, und Katja würde fragen: Was passiert eigentlich mit der vom Mikroprozessor gewonnenen Zeit?

Und ich würde antworten müssen: Die Zeit wird, kaum dass sie gewonnen ist, gleich wieder totgeschlagen. Von Bill Gates. Wann immer der Chip-Gigant Intel einen neuen Prozessor auf den Markt wirft und verspricht, dieser arbeite doppelt so schnell wie der Vorgänger, dauert es nur wenige Monate, bis Bill Gates ein neues Betriebssystem nachschiebt, das genau diese Mehrleistung wieder auffrisst.

Wir wissen nun, warum Gates das tut.

Was Sie aber noch nicht wissen, ist, dass es vergeblich sein wird, das zu tun. Gates Plan ist zum Scheitern verurteilt. Daher wird es wohl darauf hinauslaufen, dass das Projekt «Rettet den Mann vor dem Aussterben» auf mich zuläuft.

Das wurde mir bewusst, als ich wieder einmal wegen der Computer eine jener fruchtlosen Diskussionen mit Katja hatte. Katja schimpfte über die Programmierer, unterstellte ihnen, heimlich stolz darauf zu sein, dass sie wie Maschinen denken können. «Einen Grund, wirklich stolz zu sein, hätten sie aber erst dann, wenn sie es verstünden, Maschinen zu bauen, die wie Menschen denken können», sagte Katja.

Und da fiel mir ein, dass das ja bereits geschieht. Es gibt eine zweite Gruppe von Computerfuzzys, die nicht, wie Gates, den Computer künstlich dumm zu machen versuchen, sondern daran arbeiten, ihn künstlich intelligent zu machen. Auch diese zweite Gruppe verfolgt heimlich das Ziel, das Überleben der Männer zu gewährleisten.

Offiziell erklären sie ihr Vorhaben als Erforschung der Künstlichen Intelligenz (KI), und als offizielles Ziel nennen sie die «Mindmachine», intelligente Roboter, welche für uns arbeiten und uns endlich jene schon von Karl Marx erfundene Freizeitgesellschaft bringen, in der wir nach Lust und Laune morgens fischen, mittags jagen, abends kritisieren und nie mehr arbeiten müssen, weil das die «Mindmachines» für uns tun.

Tatsächlich geht es den KI-Leuten aber um etwas anderes. Ihre Idee ist, dass die vom Aussterben bedrohten Männer vor dem endgültigen Ableben ihre Software, also den Inhalt ihrer Gehirne – all ihr Wissen, ihre Erinnerungen, Fähigkeiten, Fertigkeiten und Kenntnisse –, auf Festplatten oder sonst eine Speicherart übertragen.

Diese Speicher, so sieht der Plan vor, sind Teil einer computerisierten Maschine oder eines Roboters, die dann durch die Übertragung vom Gehirn auf die Maschine quasi verlebendigt und beseelt werden. Auf diese Weise könnten Männer ewig weiterleben, solange ihnen nur niemand den Strom abdreht.

Damit bei diesem Übergang das typische Menschen-Feeling nicht verloren geht, muss natürlich für eine entsprechend aufwendig konstruierte Hard- und Software gesorgt werden.

Die Idee ist jedoch aus mehreren Gründen zum Scheitern verurteilt. Der erste Grund: Die Urheber dieser Idee bekommen nicht die dafür nötige hochintelligente Technik, denn diese wird hauptsächlich von so Leuten wie Bill Gates geliefert, den Spezialisten der Künstlichen Dummheit.

Der zweite Grund: Die Gates-Fraktion hat mitbekommen, dass auf der Agenda der Intelligenz-Fraktion auch das Projekt «Intelligenter Haushalt» steht, welches vorsieht, dass Haushaltsroboter das Regiment zu Hause übernehmen, wo sie mit größter Umsicht, hoher Sorgfalt und durchdachten Konzepten vollautomatisch putzen, waschen, kochen, bügeln, einkaufen.

Damit wäre der wichtigste Liebestöter, der größte die Ehen der westlichen Welt gefährdende Faktor aus der

Welt geschafft. Die philosophischen Grundfragen unserer Zeit – wer kocht, wer wäscht, wer putzt – wären ein für alle Mal beantwortet.

Aber genau das, die Eliminierung dieses destabilisierenden Faktors jeder Ehe, wollen Gates und Konsorten um jeden Preis verhindern, weil sie, nicht zu Unrecht, messerscharf argumentieren: Wenn sich keine Frau mehr um die Kocherei, die Wäsche und den Dreck zu Hause kümmern muss, kümmern sie sich um anderes, vielleicht sogar um die Entwicklung von Computersoftware.

Dann programmieren sie ein Zeug zusammen, das Computer möglicherweise wirklich zu nützlichen Gliedern der Gesellschaft und obendrein auch für Frauen bedienbar macht, und dann sind wir Männer schon wieder überflüssig.

Darum muss alles getan werden, um das Projekt Künstliche Intelligenz und erst recht das Unterprojekt «Intelligenter Haushalt» schon im Keim zu ersticken. Bisher ist das hervorragend gelungen. Bisher haben sie die KI-Leute sehr erfolgreich ausgebremst und sind dabei sogar noch reich geworden.

Es gibt aber noch ein drittes Problem, und das sind die Intelligenzler selbst. Da sie eine beklagenswert primitive Vorstellung von menschlicher Intelligenz haben, sind auch die Intelligenzleistungen ihrer Maschinen ziemlich primitiv. Deshalb kamen die KI-Forscher während der letzten fünfzig Jahre nur langsam voran, und heute müssen sie zugeben: Computer, die jeden Text in jede beliebige Sprache adäquat übersetzen; die menschenleere Fabrik, in der ein sich selbst steuernder Prozess Einzelteile zu einem Ganzen zusammenfügt; Autos, die sich selbständig durch jedes Verkehrschaos manövrieren; Computer, die dichten, malen, komponieren – es gibt sie nicht.

Und Roboter, die im Haushalt putzen, waschen, bügeln, gibt es schon gar nicht. Leider. Was es gibt, sind Windows-Computer, die regelmäßig abstürzen. Noch immer haben Computer weniger Verstand als ein Sack Bohnenstroh, und dass das noch lange so bleiben wird, dafür sorgen die Leute um Bill Gates.

Einige intelligentere Vertreter aus beiden Fraktionen haben das inzwischen auch schon eingesehen und deshalb einen dritten Plan entwickelt. Dieser Plan fußt auf der Nanotechnologie, die ihren Namen vom Nanometer hat, das ist ein milliardstel Meter. Auf einem Nanometer passen gerade noch zehn Atome nebeneinander. Und mit Hilfe der Nanotechnologie wollen die Wissenschaftler Atome verschieben, Moleküle zerreißen und, wie mit einem Legokasten, nach Belieben so zusammensetzen und miteinander verknüpfen und verschachteln, dass ganz neue Strukturen entstehen, welche in der Natur nicht vorkommen.

Dann können wir das, was die Natur kann, auch, und möglicherweise sogar noch mehr, zum Beispiel die Männer vor dem Artentod bewahren. Unser Y-Chromosom verkürzt sich unentwegt? Nanotechniker werden es in die Länge ziehen. Unser Y-Chromosom verliert wertvolle Ressourcen und Erbeigenschaften? Nanotechniker werden den Verlust wettmachen. Unser Y-Chromosom macht uns zu Wesen, die weiblichen Wesen unterlegen sind? Wir bauen das Y-Chromosom zu einem Superchromosom um, das uns zu Übermenschen macht, das uns in die Lage versetzt, die verloren gegangene Herrschaft über die Frauen wieder neu zu errichten!

Merken Sie was? Hier ist die Cloppenrath-Fraktion am Werk. Herrschen oder beherrschtwerden, gewinnen oder verlieren, Hammer oder Amboss sein – etwas anderes können sich die Cloppenraths dieser Welt nicht vorstellen.

Es ist auch typisch Cloppenrath, sich für jedes Problem dieser Welt eine technische Lösung auszudenken.

Das Problem aber, das die Männer mit den Frauen haben, ist kein technisches, sondern ein politisches. Politische Probleme kann man nur politisch lösen.

Ja, gut, werden Sie jetzt sagen, aber wie denn?

Nun, da gibt es drei Möglichkeiten, eine dumme, eine mäßig intelligente und eine intelligente. Die dumme Lösung hatten wir schon, die Cloppenrath-Lösung. Herrschen über die Frau, deren Interessen einfach ignorieren. Dumm ist diese Lösung schon deshalb, weil die Frauen nicht mehr so dumm sind, sich das gefallen zu lassen.

Die mäßig intelligente Lösung lautet: Soll die Frau für ihre Interessen kämpfen und mich um die meinen kämpfen lassen, aber nicht verlangen, mich für die ihren einzusetzen, noch dazu auf meine Kosten. Nur mäßig intelligent ist diese Lösung, weil dann das ganze Leben zwischen Mann und Frau zu einer einzigen großen Verhandlungssache ausartet. Wenn du putzt, dann spüle ich, wenn du das tust, tu ich das und so weiter. Und am Ende zieht derjenige, der über weniger Verhandlungsgeschick oder die schwächeren Nerven verfügt, dann doch den Kürzeren.

«In der Ehe ist für gewöhnlich immer einer der Dumme», hat George Bernard Shaw einmal gesagt, «nur wenn zwei Dumme zusammenkommen, das kann mitunter gut gehen.» Sie müssen aber wirklich gleich dumm sein, was selten vorkommen wird.

Daher plädiere ich für den intelligenten Egoismus, der weiß, dass er aus guten Beziehungen zum Gegner am meisten Gewinn zieht. Also wird er um kurzfristiger Vorteile willen nicht seine langfristigen Interessen aufs Spiel setzen, die Interessen des Gegners mitbedenken und nach Möglichkeit realisieren. Kurz: Er wird eine Friedens- und Entspannungspolitik einleiten. Und genau das wird meine Aufgabe sein.

Wie das gehen soll? Ach, ich hatte da neulich so eine Vision.

Eine Männerdämmerung

Ist es recht, als Mann von der Frau entthront zu werden? Sollen Männer und Frauen gemeinsam herrschen? Oder soll jetzt der Mann dem Weibe untertan, die Frau das Haupt des Mannes sein?

Ich sehe durchaus die Lächerlichkeit der Rollen, die uns nun von gewissen Frauen zugewiesen werden. Wir fangen als Tellerwäscher an und werden als Tellerwäscher enden. Da tun sich tausend Fragen auf, aber keine endgültig wahre Antwort.

Jedenfalls bis gestern war das so. Dann aber geschah ein Wunder, und ich bekam meine Fragen von höchster Stelle beantwortet. Seitdem sehe ich wieder klar und stehe wie eine Eins.

Aber wenn ich jetzt einfach erzählen würde, wie das zuging und wie die Antworten lauten, würden Sie mir nicht glauben. Darum muss ich die Geschichte von Anfang an erzählen. Sie werden dann erkennen, dass der Weltgeist selber seine Hand im Spiel hatte. Dabei bediente er sich Giovannis und Katjas als nützlicher Idioten.

Fangen wir mit Giovanni an. Ihn interessieren die Fragen, die wir soeben verhandelt haben, nur mäßig. Er wolle von mir kein Buch über diese «verstaubte Mann-Frau-Ideologie», sagte er, sondern ein Buch, das den Weg aus den Beziehungskrisen weist, das Frieden herbeiführt zwischen Mann und Frau.

Vor allem aber wollte er jetzt endlich einmal ein Exposé haben, erste Kapitel sehen und ein wie auch immer geartetes Konzept. Ich hatte nichts dergleichen, hatte nicht einmal einen Einfall, klagte abends Katja mein Leid, aber wie immer, wenn ich sie einmal brauche, musste sie noch arbeiten, telefonieren, ihre E-Mails beantworten.

Wenn mir nichts einfällt, hilft es oft, eine Flasche Bier zu trinken. An jenem Abend half das Bier nicht. Aber manchmal kommen die Einfälle, wenn ich dem Bier eine Flasche Roten oder Weißen hinterherschicke. An jenem Abend half der Wein nicht.

Das letzte Mittel, die Einfälle mit dem Geist einer Birne herbeizuzwingen, half diesmal ebenfalls nicht. Als ich merkte, dass nun nichts mehr half, tröstete ich mich mit einer weiteren Birne, und aus Gründen der Vollständigkeit und meiner Sympathie für Trinitäten nahm ich noch eine dritte, wankte ins Bett und hoffte, am nächsten Tag von der Muse geküsst zu werden.

So dämmerte ich hoffend in den Schlaf und wurde geküsst – leider nur von Katja. Mit Zeitungsgeraschel und ihrem Kuss hat sie mich in den Vordämmerzustand zurückgeholt.

Ich war sehr, sehr müde. Ich sollte ein eigenes Schlafzimmer haben, dachte ich.

«Ich hab etwas für dich», sagte Katja, «vielleicht kannst du's für dein Buch gebrauchen. Giovanni will doch von dir wissen, was Ehen stabil macht und warum manche Frauen trotzdem ihre Männer lieben, und gerade heute steht darüber etwas in der Zeitung.»

«Leg sie mir irgendwohin», brummte ich, «ich lese sie morgen, und außerdem», brummte ich weiter, «bringst du da was durcheinander. Die Männer sind es, die ihre Frauen trotzdem lieben, nicht umgekehrt.»

Katja, frisch und munter, als würde sie gerade nach erquickendem Schlaf aufstehen, ging nicht darauf ein und textete mich einfach zu. Das muss auch mit ihrer Strahlung zusammenhängen. Immer kommt sie abends müde und ausgepowert nach Hause, sagt den Standardsatz, heute müsse sie aber gleich nach dem Essen sofort ins Bett.

Aber kaum, dass sie isst und trinkt, füllen sich ihre Batterien, blüht sie auf, würde nach dem Essen am liebsten noch einmal aufbrechen und mich durch die Mainzer Kneipen und Kinos schleppen oder mit mir nach Frankfurt fahren.

In meine bleierne Müdigkeit hinein hörte ich Katja sagen: «Walter Bien vom Deutschen Jugendinstitut in München sagt, die lebenslange Bindung werde heutzutage so sehr mit Ansprüchen und Projektionen überfrachtet, dass der Alltag der Wunschvorstellung kaum standhalten könne.»

Ich verstand nichts, nur das Wort «Jugendinstitut» blieb irritierend hängen und ließ mich stumm fragen, was denn die Jugend mit meiner alten Ehe zu tun hat.

Katja redete unterdessen aus dem Badezimmer heraus weiter, und ich hörte sie sagen: «Siehst du, da hast du das Geheimnis unserer Ehe. Weil ich unsere Beziehung nicht mit Projektionen überfrachte und keinerlei Ansprüche an dich stelle, ist unsere Ehe stabil.»

Jetzt hatte ich verstanden. Auch wegen solcher Sätze brauche ich dringend ein eigenes Schlafzimmer. Immer wenn ich am schwächsten bin, wenn ich müde und matt darniederliege, den Tag als Niederlage abhake, weil mir abermals nichts eingefallen ist und ich nur noch schlafen möchte, peinigt mich Katja mit solchen Provokationen, die ich wegen versiegender Kräfte nicht mehr zurückweisen kann.

Es verhält sich nämlich, und Sie werden das schon geahnt haben, genau umgekehrt in unserer Ehe. Ich bin der einfache und anspruchslose Part, und Katja gehört zu den anspruchsvollsten und kompliziertesten Menschen, die ich kenne. Aber ich fand in jener Nacht nicht mehr die Kraft zum Widerspruch.

Katja hingegen verfügt jede Nacht über die Kraft, sich stundenlang ihren Dusch- und Badeorgien vor dem Zubettgehen hinzugeben. Mir rauben diese kultischen Handlungen den Schlaf, denn sie sind von Geräuschen begleitet, die als Lärm zu empfinden ich mir auch nach zwanzig Jahren Ehe noch nicht abgewöhnen konnte.

Wenn Katja dabei wenigstens schwiege, könnte ich wahrscheinlich trotzdem einschlafen. Aber stets werden diese Geräusche von Katjas Erzählungen begleitet. So auch jetzt.

«Weißt du eigentlich, wie viele Ehen jährlich in Deutschland in die Brüche gehen? Schon jede dritte endet vor dem Scheidungsrichter. Die Zahlen streben seit Jahren von Höchststand zu Höchststand. Und weißt du, was traurig ist: dass schlechte Zeiten die Menschen nicht mehr zusammenschweißen, sondern auseinander bringen», sagte Katja und fuhr fort: «Krisenzeiten sind Scheidungszeiten.» Geldsorgen wirkten oft wie ein Funken am Pulverfass.

Der heimliche Wunsch nach einem Neuanfang werde in die Tat umgesetzt, weil das Verlustrisiko plötzlich geringer erscheine als der potenzielle Gewinn von Freiheit, Selbstbestimmung und neuen Lebenschancen.

Auch ich mache gerade eine Krisenzeit durch, dachte ich, aber ich möchte mich nur nachts von Katja scheiden lassen, nur nachts sollte man sich trennen. Man ginge keinerlei Verlustrisiko ein, aber gewönne alles: Freiheit, Selbstbestimmung, Schlaf.

Katja hörte nicht auf zu reden, sprach mit lauter Stimme: «Siehst du, auch das ist ein Grund für die Berufstätigkeit der Frau. Du kannst nur froh sein, dass ich so gut verdiene, über Geld haben wir uns noch nie streiten müssen.»

Ich stöhnte leise.

«Hörst du mir eigentlich zu?», tönte es aus dem Badezimmer.

«Nein», rief ich mit letzter Kraft ins Bad, «ich schlafe bereits, möchte in meinem Schlaf nicht gestört und schon gar nicht mit den Weisheiten der deutschen Soziologie und Familienforschung behelligt werden!»

Nun kam sie aus dem Bad und sagte: «Was hast du denn? Ich wollte dir doch nur zu einer Idee für dein Buch verhelfen. Das ist wirklich interessant, was hier steht, und passt genau zu deinem Thema. Zum Beispiel hat der Kölner Soziologe Michael Wagner herausgefunden, dass nicht alle Verheirateten das gleiche Risiko einer Trennung haben. Ehen, die vor dem 21. Lebensjahr geschlossen wurden, seien besonders risikobehaftet. Jedes Lebensjahr mehr bei der Heirat senke die Scheidungsträchtigkeit um etwa vier Prozent.»

Dann wäre ja das ideale Heiratsalter ab 46 aufwärts, dachte ich, aber sagte nichts.

«Auch der Wohnort spielt eine Rolle», sagte Katja. «Auf dem Land bleiben Eheleute länger zusammen als in der Stadt.»

Soll ich nach Tuntenhausen ziehen, nur um meine Ehe zu stabilisieren? Man sollte lieber mal untersuchen, wie steil die Ehestabilität anstiege, wenn der Mann nachts in sein eigenes Schlafzimmer zöge.

Katja ahnte nichts von meinen Gedanken, war jetzt beim Soziologen Dorbritz, der herausgefunden hat, dass die Scheidungswahrscheinlichkeit auch dann steigt, wenn der Altersabstand zwischen den Partnern sehr groß, der Bildungsabschluss sehr verschieden ist oder man vor der Heirat nur kurz zusammengelebt hat.

Und um auf solche Binsenweisheiten zu kommen, beschäftigen wir ausgewachsene Soziologen? Die Herumforscherei in Deutschland müsste mal dringend auf ihren Erkenntniswert überprüft werden. Allzu viele Forscher verpulvern meine Steuern, um Dinge zu beweisen, die ich längst weiß.

Katja erzählte vom Mannheimer Familiensoziologen Hartmut Esser, von dem sie zu berichten wusste, dass die Paare heute schon wegen Kleinigkeiten hysterisch reagierten und einfach auseinander sprängen.

Weiß ich auch schon lange. Haben keinen Durchhaltewillen mehr, die Leute, kein Stehvermögen mehr, schwache Nerven.

Auch mein Durchhaltewillen neigte sich dem Ende zu, besonders als Katja erzählte, dieser Esser meine, dass das, was zwei Menschen zusammenhält, ab sofort «Framing» heißen solle. Framing sei der «gemeinsame Rahmen», in dem sich eine Ehe bewegt. Das ist eigentlich zum Auseinanderspringen, aber auf so etwas springt Katja immer sofort an.

Begeistert dozierte sie: «Je ähnlicher das mentale Bild der Familie bei den Eheleuten, das sich im Lauf des Lebens dann noch ineinander verzahnt, desto höher die Wahrscheinlichkeit einer lebenslangen Ehe. Diese Übereinstimmungen, zu denen zum Beispiel der gemeinsame Kinderwunsch, der gleiche Geschmack oder ähnliche weltanschauliche Einstellungen zählen, bringen unzertrennliche Paare schon von vornherein mit.»

Das starke Framing mache sie gewissermaßen immun gegen Krisen, Schicksalsschläge und negative Einflüsse von außen, fuhr Katja fort zu dozieren. Schwach geframte Paare, sie sagte wirklich «schwach geframt», habe es natürlich auch früher schon gegeben, aber sie seien mangels anderer Möglichkeiten – gesellschaftlich wie finanziell – zusammengeblieben. Heute fielen die schwach Geframten aus dem Rahmen.

Ich plädiere für die Institutionalisierung eines Anglizismus-Beauftragten, der jeden neu in die Welt gesetzten Anglizismus darauf prüfen soll, ob er wirklich nötig sei. Wer Wörter wie Framing oder Xmas benützt, soll mit Gefängnis nicht unter drei Jahren bestraft werden.

Ich hörte Katja lachen. Lacht sie mich aus? Kann sie meine Gedanken erraten? Nein, sie war jetzt wieder beim fleißigen Bien, unserem Mann vom Jugendinstitut. Der habe gesagt, dass sich die meisten Scheidungswilligen ein falsches Bild von den Folgen ihres Handelns machten. Sie glaubten wie die Kinder an den Spruch, «beim nächsten Mal wird alles besser», erhofften sich vom Partnerwechsel das ganz große Glück, anstatt die Krise zu meistern und die Beziehung danach auf einem höheren Niveau fortzuführen.

«Tatsächlich gleichen die Wechsel meistens nur dem Wechsel vom Regen in die Traufe, und darum ergeht es jetzt immer mehr Leuten» – und an dieser Stelle lachte Katja laut auf – «wie dem Mann, dessen fünfte Ehe gerade gescheitert ist und der überrascht feststellt, dass er genauso gut auch bei der ersten Frau hätte bleiben können.»

Das wird wohl so sein, dachte ich, wahrscheinlich spielt sich jetzt überall auf der Welt das Gleiche ab: Die Männer wollen schlafen und können nicht, weil ihre Frauen auf sie einreden. Zu einer anderen zu wechseln wäre völlig zwecklos.

Walter Bien, sagte Katja, plädiere für ein realistischeres Bild von der Ehe und frühe Aufklärung schon in der Schule. Für viele Standardprobleme gebe es Standardlösungen, wenn die Partner sie nur kennten und zuließen.

Eine der besten Standardlösungen für viele Standardprobleme ist das getrennte Schlafzimmer, denke ich, es würde schwach geframte Paare stark framen.

Katja hatte mir offensichtlich alles mitgeteilt, was sie in dem Artikel gelesen hatte, war jetzt plötzlich still, kam ins Bett und schnappte sich ihr Buch. Endlich Ruhe.

Zumindest fast. Erst kommt noch die obligatorische Frage, ob ich nicht auch mal wieder ein Buch lesen möchte. Darauf antworte ich nur mit einem Stöhnen, und während Katja raschelnd ihre Buchseiten umblättert und der Schein ihrer Leselampe direkt auf meine Augen fällt, schlafe ich friedlich ein.

Wehe aber, es ist umgekehrt, wehe, ich lese noch, und Katja will schlafen. Dann erteilt sie mir genaue Anweisungen, wie ich die Lampe zu drehen habe, damit kein Schimmer auf ihr Gesicht fällt. Meistens lese ich deshalb fast im Dunkeln und ruiniere mir die Augen. Und bei jeder Seite, die ich behutsam umblättere, beschwert sie sich über den «Lärm», den ich mache.

Schließe ich sachte mein Buch und lege ich es behutsam auf den Nachttisch, ermahnt sie mich, dies doch bitte geräuschlos zu tun. Auch das Löschen des Lichts hat geräuschlos zu erfolgen. Drehe ich mich auf meine Einschlafseite, sagt sie, ich solle mich doch nicht so «herumwerfen» und endlich «aufhören, so ein Getöse zu machen».

Deshalb stöhne ich nur, wenn Katja fragt, warum ich nicht läse. Darum wirft mir Katja vor, ich täte nichts für meine Bildung, sei ein schlechtes Vorbild für unsere Kinder, und überhaupt empfinde sie meine Gewohnheit, mich einfach ins Bett zu legen und sofort einzuschlafen, als Provokation.

Wiederum hält sie es für völlig normal, dass sie nur bei heruntergelassenen Rollläden einschlafen kann, weil es draußen durch die «Lichtverschmutzung» zu hell ist. Außerdem würde sie morgens zu früh aufwachen, wenn das Tageslicht hereinkäme. Ich hingegen wache zu spät auf, wenn das Tageslicht nicht hereinkommt, was sie mir als eigensinnige Bosheit auslegt.

Zu unterschiedlich entwickeln sich die Schlafgewohnheiten von Mann und Frau, wenn sie älter werden. Dennoch könnten einer Ehe, die in die Jahre kommt, noch viele schöne Jahre bevorstehen, wenn sich die Ehepartner nächtens schieden.

Und doch frage ich mich, ob mir jenes entscheidende Erlebnis, von dem ich jetzt berichten muss, auch beschieden worden wäre, wenn ich damals, geschieden von Katja, in einem eigenen Schlafzimmer geruht hätte.

Als Katja nämlich schwieg, sank ich sofort in tiefen Schlaf und begann lebhaft zu träumen. Eine dichte birnenförmige Wolke erschien mir, und aus dieser Wolke sprach jemand zu mir: «Höre, Harry, du Knecht Gottes, ich bin der Herr dein Gott und habe seinerzeit völlig verschwitzt, meinem Knecht Moses das zwölfte Gebot mitzugeben, als er vom Berge Sinai hinunter zum Volke stieg. So nimm du es und geh hin und steige hinab und verkündige allem Volke das zwölfte Gebot.»

Ich erschauderte, denn ich wusste sofort, dass es wirklich Gott selbst ist, der zu mir spricht. Wäre es irgendein anderer gewesen, hätte er mir aufgetragen, das elfte Gebot entgegenzunehmen.

Zufällig weiß ich aber, dass Gott schon seinem Knecht Gernhardt vor Jahren aufgetragen hatte, das elfte Gebot zu verkünden. Es lautet übrigens «Du sollst nicht lärmen» und hat sehr strenge Ausführungsbestimmungen. Zum Beispiel heißt es darin, ein Gräuel seien Gott die Flugzeuge und Hubschrauber, daher werde er alle abstürzen lassen, sobald auch nur ein Ruhegestörter ausruft: «Ruhe da oben!», und es kehrt nicht sogleich Ruhe ein. Rettungshubschrauber werde Gott nicht abstürzen lassen. Transportiert aber der Rettungshubschrauber jemanden, den er hat abstürzen lassen, weil er gelärmt hat, so wolle Gott auch den Rettungshubschrauber abstürzen lassen.

So streng waren die Lärmvorschriften, die Gott seinem Knecht Gernhardt aufgetragen hatte zu verkünden, und nun hatte er mich erwählt, das zwölfte Gebot zu verkünden, und ich erwartete es mit großer Spannung.

Und Gott sprach also: «Höre, mein Knecht Harry, was als zwölftes Gebot längst auf Erden hätte gelten sollen: Du sollst deinen Mann oder dein Weib nicht am Einschlafen hindern!»

Das gefiel mir außerordentlich. Gott hatte eine gute Wahl getroffen, als er sich entschied, mir die Verkündung des zwölften Gebots aufzutragen. Nun wartete ich auf die Ausführungsvorschriften, und schon sprach Gott: «Spricht ein Weib des Nachts zu seinem Manne, obwohl es sieht, dass er dringend des Schlafes bedarf, so soll es unrein sein bis zum nächsten Morgen.

Spricht es aus dem Badezimmer zu seinem Mann, während es reinigende Bäder nimmt, so soll auch das Badezimmer unrein sein bis zum nächsten Morgen, dazu alle Utensilien, mit denen die Weiber gemeinhin die Bäder zu verstopfen pflegen. Spricht gar ein Weib zu einem Mann provozierende Sätze in der Nacht, da dieser sich nicht mehr dagegen wehren kann, weil er rechtschaffen müde ist von des Tages Arbeit, so soll das Weib des Todes sterben. Solche Weiber aber, die ihre Männer immerzu jede Nacht daran hindern, rechtzeitig einzuschlafen, sind mir ein Gräuel und sollen nicht am Leben bleiben.»

Dass Gott immer gleich so übertreiben muss, dachte ich. Schon reute es mich, als Gottesknecht erwählt worden zu sein, als Gott weitersprach: «Reut es einen Mann, sein Weib wegen nächtlichen Geredes sterben zu sehen, so soll er seinem Weibe vorschlagen, sich des Nachts zu scheiden, um sich des Morgens wieder friedlich zu vereinen.»

Ich war erleichtert, wollte nun die restlichen Eheschlafvorschriften entgegennehmen, um mich dann auf den Weg zu machen, spürte aber plötzlich einen heftigen Schlag von der Seite in meinen Lenden.

Ich erwachte und hörte Katja sagen: «Du schnarchst.»

Immer träumt Katja, dass ich schnarche, immer schlägt sie in ihren Träumen wie wild um sich und spricht dazu die schrecklichen Wörter «du schnarchst», meistens ergänzt um die Worte, «weil du wieder so viel getrunken hast. Trink doch nicht immer so viel.» Auch deshalb werde ich gleich morgen früh die nächtliche Scheidung einreichen. Außerdem hat sie mir einen wunderbaren Traum vermasselt.

Manchmal gelingt es mir, mich in einen unterbrochenen Traum zurückzuträumen. Ob es mir auch diesmal wieder gelingt? Nein, ich bin wach, wach vor Ärger und doch zugleich sterbensmüde, schlafe irgendwann aber doch wieder ein, und da, plötzlich, höre ich den Ruf erneut an mich ergehen. Von hinten ertönt das Wort: «Harry?»

Da stand ein Engel und sprach: «Ich bin der Erzengel Gabriel. Ich soll dir sagen, dass du auf den Großen Feldberg steigen und dort eine Botschaft von Gott entgegennehmen sollst.»

«Ah ja», sagte ich, «das zwölfte Gebot. Ich werde mich sogleich auf den Weg machen.»

Und ich stieg hinauf auf den Gipfel des Großen Feldbergs, und alsbald sah ich dort einen brennenden Birnbaum. Aus dem Feuer hörte ich eine Stimme sagen: «Harry, mein Knecht Harry, trete näher zu mir!»

«Hier bin ich, o Herr», sagte ich, schwer atmend. «Ich weiß, es geht ums zwölfte Gebot, wir sind vorhin unterbrochen worden.»

«Um was soll es gehen?», sprach die Stimme.

«Ums zwölfte Gebot», antwortete ich. «Hattest du mir nicht gerade eben auftragen wollen, dem Volk dein zwölftes Gebot zu überbringen?»

«Zwölftes Gebot?», sprach die Stimme. «Was redest du da für einen Unsinn. Bist du im Delirium? Was für einen Idioten hat mir Gabriel da geschickt! Es gibt kein zwölftes Gebot.»

«Auch kein elftes?», fragte ich.

«Auch kein elftes», sprach die Stimme. «Kannst du mir endlich erklären, was das soll und warum du immerzu von Geboten redest, die ich nie erlassen habe?»

«Dein Knecht Gernhardt behauptet, du …»

«Gernhardt? Gernhardt?», unterbrach mich die Stimme. «Etwa dieser Frankfurter Dichter, der mit loser Zunge lästerliche Reden über mich führt?»

«Ja, der», sagte ich, «der behauptet, du habest ihm vor Jahren aufgetragen, dem Volk das elfte Gebot zu verkünden, und er hat's verkündet.»

«Diese Ratte», sagte die Stimme.

«Gernhardt hatte nie einen Auftrag?», fragte ich.

«Nie», sagte die Stimme.

«Na, wenn ich den wieder treffe, dem werd ich was erzählen», sagte ich. «Aber erkläre mir, mit wem ich soeben gesprochen habe», fuhr ich fort, «ich begegnete einer Wolke, aus der eine Stimme behauptete, Gott zu sein und mir das zwölfte Gebot zu verkünden. Und neulich ist mir sogar die Jungfrau Maria erschienen. War das vielleicht auch jemand anderes?»

«Weiß der Teufel, mit wem du da geredet hast», sprach die Stimme aus dem Feuer, «ich war es jedenfalls nicht, mein Sohn und der Heilige Geist können es auch nicht gewesen sein, denn wir haben vor mindestens tausend Erdenjahren vereinbart, grundsätzlich niemandem mehr zu erscheinen, weil uns das hoffärtig-dummstolze Gehabe derer, denen wir früher mal erschienen sind, auf die Nerven geht. Maria macht so etwas eigentlich auch schon lange nicht mehr. Vielleicht hast du einfach nur zu viel Birnengeist getrunken.»

«Und wer bist jetzt du?», fragte ich.

«Na, wer soll ich schon sein? Gott bin ich, das müsstest du doch längst gemerkt haben.»

«Wie soll ich wissen, dass du Gott bist?»

«Hebe diese Wurzel von der Erde auf, nimm sie in die Hand und zeige mit ihr zu mir in das Feuer», sprach die Stimme.

Ich hob die vor mir herumliegende Wurzel auf, zeigte in Richtung Feuer, und sie verwandelte sich in einen kerzengeraden, glatt polierten Stab.

«Jetzt wirf ihn auf die Erde», sagte die Stimme.

Ich warf das Stück Holz auf die Erde, und es verwandelte sich in eine Schlange.

«Jetzt pack die Schlange am Schwanz», sagte die Stimme.

Ich packte sie am Schwanz, und da verwandelte sie sich wieder in einen Stab.

«Kannst du die länglichen Dinge auch in etwas Rundes verwandeln?», fragte ich.

Kaum hatte ich das gesagt, bog sich der Stab zu einem Reif.

«Gut», sagte ich, «das soll fürs Erste reichen. Jetzt sage mir, warum du mich hast rufen lassen.»

«Also», sprach Gott, «hör mir genau zu. Kürzlich, nach eurer Zeitrechnung vor rund 20 Jahren, aber du weißt ja, für mich ist ein Jahr so kurz wie ein Tag, kürzlich kam die Erdenbürgerin Simone de Beauvoir bei uns an und brachte von der ersten Minute an den ganzen Himmel in Aufruhr. Maria und alle weiblichen Engel hat sie aufgehetzt, alle männlichen Engel und Erzengel hat sie gegen sich aufgebracht.

Luther, die zwölf Apostel und die paar Päpste, die es im Himmel gibt, forderten mich auf, dieses Teufelsweib sofort zur Hölle fahren zu lassen. Also rief ich sie zu mir, hörte mir an, was sie eigentlich wolle, und da begriff ich, dass ich damals, als ich die Welt und die Menschen erschuf, einen Fehler gemacht hatte. Ich bin ja auch nur ein Mensch, war noch jung damals und unerfahren, warum sollte ich nicht auch einen Fehler machen.»

«Lass mich raten», sagte ich, «ich glaub, der Fehler war, dass du Männer und Frauen glauben ließest, ihre Nächte nebeneinander schlafend verbringen zu müssen.»

«Unsinn», sagte Gott, «wer behauptet denn so was. Wir mischen uns doch nicht in solche Lappalien ein. Regelt das gefälligst untereinander. Nein, mein Fehler war, den Mann über das Weib zu erheben.»

«Ach was», sagte ich. «Und jetzt?»

«Jetzt werde ich das ändern. Ich habe das Leid und das

Elend gesehen, das Männer und Frauen wegen meines Fehlers bis zum heutigen Tag erdulden mussten, das zerreißt mir das Herz, ich kann und will das nicht mehr länger mit ansehen.

Darum, mein Knecht Harry, gehe hin in alle Welt und verkündige allen Völkern, dass das Weib dem Manne nicht mehr länger untertan, sondern gleich und ebenbürtig sei. Ich widerrufe, dass der Mann das Haupt des Weibes sei, und gestatte jedem einzelnen Erdenweibe, einen eigenen Kopf zu haben und diesen so hoch zu tragen, wie es ihm gefällt.

Aber wohlgemerkt: Ebenbürtig, gleich sollen die Geschlechter einander sein. Ich will nicht den umgekehrten Fehler machen und die Frau zum Haupt des Mannes küren. Das würde auch wieder schief gehen. Darum lehre alle Völker, dass die Hälfte der Macht, der Reichtümer und der Welt hinfort dem Weibe gehören soll.

Du sollst das Ende des Patriarchats auf Erden ausrufen und den Anbruch eines neuen Zeitalters verkünden, eines Zeitalters des Friedens zwischen den Völkern und Geschlechtern.

Ihr Männer sollt eure Weiber lieben, achten und ehren, und auch die Weiber sollen euch Männer lieben, achten und ehren. Und ich verheiße euch ein Land, in dem Milch und Honig fließen werden und es kein Privatfernsehen gibt.»

«Aber manchmal ist es sehr schwer, die Frauen zu verstehen», sagte ich, «und dann ist es nicht immer leicht, sie liebenswert zu finden.»

«Dann», sprach der Herr, «sollt ihr sie trotzdem lieben.»

Donnerwetter, dachte ich, Riesenauftrag.

Aber wem und wo soll ich das alles verkünden?, fragte ich mich bang. Wenn ich mich einfach so hinstelle und erzähle, eine super Vision gehabt zu haben, wird mein Altkanzler Helmut Schmidt wieder sagen, wer Visionen hat, soll zum Arzt gehen. «Wie soll ich das machen?», fragte ich.

«Gehe zu meinem Knecht und Stellvertreter, dem Papst in Rom», sprach Gott, «erkläre ihm, dass ich dich schicke, und sage ihm, er irrt. Er und alle anderen Päpste irren schon lange, und nicht nur in diesem Punkte, aber das will ich jetzt nicht vertiefen. Sage meinem Knecht, dem Papst, er solle sofort Priesterinnen, Bischöfinnen und Kardinalinnen in großer Zahl weihen und dafür Sorge tragen, dass eine schwarze Bischöfin zu seiner Nachfolgerin erkoren werde. Ich will eine schwarze Päpstin haben. Das ist mein fester Wille!»

Das kann ja heiter werden, dachte ich. Ich soll jetzt also zum Papst gehen und sagen: Ich habe eine gute und eine schlechte Nachricht. Erstens, Gott existiert. Zweitens, du irrst.

Dann wird der Papst sagen, dass Gott existiert, wisse er eh, dazu hätte ich ihn nicht extra aufsuchen müssen, aber dass der Papst irre, sei Unfug, darum werde er mich von seiner Schweizergarde in das tiefste Verlies des Vatikans werfen lassen.

Daher fragte ich Gott: «Was ist, wenn dein Knecht, der Papst, mir nicht glaubt?»

«Dann zeige ihm diese Wurzel, und sie wird sich in einen Stab, eine Schlange und wieder in einen Stab verwandeln. Dann wird er wissen, dass ich dich geschickt habe.»

«Ich werde zaubern können?»

«Du wirst es nur dieses eine Mal können, wenn mein Stellvertreter nach deiner Legitimation fragt. Nun gehe hin und tue, wie ich dir gesagt habe.»

In diesem Augenblick erlosch das Feuer. Ein Baum voller Birnen stand unversehrt vor mir. Dunkelheit umwölkte mein Haupt. Aus dem Dunkel sah ich eine leuchtende Erscheinung auf mich zukommen. Eine weiße Frau. Sie ritt auf einem weißen Pferd direkt auf mich zu. Sie war verschleiert.

Als sie vor mir zu stehen kam, fragte ich: «Maria? Sabine?»

Die weiße Frau lüftete den Schleier, und ich blickte in das leuchtende Antlitz meiner Tochter.

«Marlene!», rief ich wie vom Donner gerührt. «Was machst du denn hier?»

Sie aber sprach: «Ich bin nicht deine Tochter Marlene. Ich bin von dieser Erde nicht. Ich bin die Himmelskönigin.»

Dann reichte sie mir ein Bild von sich und sagte: «Nimm dieses Bild und verbreite es über die Welt als Sinnbild für den Anbruch einer neuen Zeit, in der eure Töchter herrschen und das Land gerecht aufteilen sollen unter Männern und Frauen, Armen und Reichen, Weißen und Schwarzen.»

«Schon gut», sagte ich, «schon gut. Ich kenn doch meine Tochter. Und ich habe nicht das Geringste dagegen, dass du hier als Himmelskönigin durch die Welten reitest.» Ich stieg zu ihr aufs Pferd, wir ritten hinaus in die Welt, es wurde dunkel um uns, ich fiel in tiefen Schlaf, plötzlich erwachte ich auf einem Schloss in einem großen, prunkenden Saal mit einem großen, schweren Bett. Die weiße Frau beziehungsweise Marlene küsste mich auf die Stirn und sagte: «Das ist jetzt dein Schlafzimmer.»

Zufrieden lächelte ich meine Tochter an. Dann wurde es wieder dunkel, ich spürte plötzlich zwei Lippen sanft meine Stirn berühren, atmete Wohlgerüche ein, schlug die Augen auf und blickte in Katjas Gesicht.

«Hattest du einen schönen Traum?», fragte sie mich mit zärtlicher Stimme.

«Warum?», fragte ich schlaftrunken zurück.

«Du hast gar nicht geschnarcht, sondern im Schlaf gelächelt», sagte sie.

«Ja, ich hatte einen schönen Traum», sagte ich. «Mir träumte, ich bekäme ein eigenes Schlafzimmer.»

Danksagung

Es gibt Wissenschaftler und Wissenschaftlerpaare, die viele Jahre brauchen, um so ein Buch zu schreiben. Manche müssen dafür 400 000 Kilometer reisen, Experten interviewen, Seminare halten in Australien, Neuseeland, Schottland, in der Türkei, in Simbabwe und natürlich in den USA. Sie müssen hoch gestellte Persönlichkeiten hinter verschlossenen Türen und in schwach erleuchteten Räumen unter dem Siegel der Verschwiegenheit interviewen und schwören, die Interviewten nicht zu zitieren.

All das war für dieses Werk nicht nötig. Darum möchte ich jetzt jenen danken, die mir bei dieser sich über Jahrzehnte erstreckenden wissenschaftlichen Feldstudie die üblichen mit solch einer Studie verbundenen Anstrengungen, Schrecklichkeiten und Widrigkeiten erspart haben. Ich danke also den Frauen dieser Welt.

Zuvörderst danke ich den sich aufopfernden Hausfrauen und Müttern sowie den egoistischen Powerfrauen. Ich danke den Großmüttern und Urgroßmüttern, den Tanten und Großtanten sowie allen Ibsenweibern. Gabriele Henkel, Regine Sixt und Madonna danke ich, ohne genau zu wissen, wofür. Den Schwestern dieser Welt, Nichten, Cousinen und natürlich Töchtern, Enkelinnen und

Urenkelinnen sage ich ein herzliches Dankeschön, und die Gleichstellungsbeauftragten will ich nicht vergessen.

Große Freude bereiten uns Männern stets Chefinnen, Kolleginnen, Konkurrentinnen, Mitarbeiterinnen, gute Nachbarinnen und manchmal auch die bösen. Ihnen sei gedankt. Und Dank für alles, was Verkäuferinnen, Köchinnen, Schneiderinnen und Modedesignerinnen für mich und meine Geschlechtsgenossen getan haben und immer noch tun, dazu alle Hebammen, Maskenbildnerinnen, Bäuerinnen, Schauspielerinnen, Ärztinnen, Azubis, Anwältinnen, Friseurinnen, Sängerinnen, Masseurinnen und Steuerberaterinnen.

Ich danke unseren Fußballweltmeisterinnen vom DFB. Besonders danke ich Lehrerinnen, Erzieherinnen, Pfarrerinnen, Pfarrfrauen und primitiven Sozialdarwinistinnen. Und meiner bösen Feindin auch. Sogar Politikerinnen, Ministerinnen und Praktikantinnen kann ich meinen Dank nicht versagen, und sofern sie der SPD angehören, will ich sie ausdrücklich loben. Ich danke der Gattin des Bundespräsidenten. Der Queen wäre ich dankbar, wenn sie mir einen Grund mitteilen würde für meine Dankbarkeit.

Dichtern und Denkern, Dichterinnen und Denkerinnen danke ich für all die guten und weniger guten Frauenfiguren, die sie in ihren Werken erschaffen haben. Ich danke allen Freundinnen und Geliebten, die wir Männer jemals hatten, aber auch denen, die wir nicht hatten. Ich danke allen Frauenforscherinnen. Der Fürstin Gloria von Thurn und Taxis wäre ich sehr zu Dank verpflichtet, wenn sie sich um der Gerechtigkeit willen bereit erklärte, den zehnten Teil ihres Vermögens an mich abzutreten.

Ich danke den Frauen, die ich begehrt, aber nicht bekommen habe, und ich danke denen, die mich begehrt, aber nicht bekommen haben. Ich danke der Roten Heidi. Ich danke den Verlegerinnen und Buchhändlerinnen, besonders jenen, die etwas dafür tun, dass meine Bücher verkauft und meine Artikel gedruckt werden. Ich danke der Jungfrau Maria, sowie Ann-Kathrin Bauknecht, Ulla Berkéwicz, Sabine Christiansen, Hillary Clinton, Elke Heidenreich, Maybrit Illner, Sandra Maischberger, Angela Merkel, Liz Mohn, Patricia Riekel, Renate Schmidt, Doris Schröder-Köpf, Alice Schwarzer, Marietta Slomka, Friede Springer und Anne Will. Ich danke den Frauen, die ich in dieser Aufzählung vergessen habe, und all jenen, die sich zumindest als abschreckende Beispiele nützlich gemacht haben.

Aus dem Bewusstsein, gut angezogen zu sein, vermag eine Frau mehr innere Sicherheit zu ziehen als aus religiösen Überzeugungen. Darum danke ich der Münchner Modeschöpferin Gabi Blachnik. Immer wenn von ihr ein Paket für Katja kommt, verklären sich ihre Gesichtszüge, fühlt sie sich beglückt, und davon profitiert auch meine Ehe mit Katja.

Und nicht zuletzt danke ich meiner eigenen Frau, Petra, die mit Katja nicht das Geringste zu tun hat und in ihrer Einmaligkeit einen weiblichen Sonderfall darstellt. Auch meiner Tochter Livia und meinem Sohn Moritz danke ich, die ebenfalls nichts mit Max oder Marlene zu tun haben. Eventuell vorhandene Ähnlichkeiten oder Parallelen sind daher rein zufällig, bei diesem Thema aber unvermeidlich. Umso mehr habe ich dafür zu danken, dass alle drei eigene Interessen zurückstellten, trotz großer Bedenken in die Veröffentlichung dieses wichtigen Werkes um des Erkenntnisfortschritts willen einwilligten, mich bei der Abfassung dieses Werkes sogar beraten und damit sehr zu dessen Gelingen beigetragen haben.

Und dem einzigen Mann in dieser Runde danke ich: meinem Lektor, Jens Dehning, der mit Giovanni nicht das Geringste … aber das wissen Sie jetzt schon.

Christian Nürnberger
Mainz, kurz vor Weihnachten 2003

Alberto Savinio

MEIN PRIVATES LEXIKON

DIE

ANDERE BIBLIOTHEK

Herausgegeben

von Hans Magnus Enzensberger

ALBERTO

SAVINIO

MEIN PRIVATES LEXIKON

Zusammengestellt
und mit einem Nachwort versehen
von Richard Schroetter

Aus dem Italienischen
von Christine Wolter
und Karin Fleischanderl

Eichborn Verlag
Frankfurt am Main
2005

ISBN 3-8218-4551-1

A Erster Buchstabe des Alphabets, in fast allen alten und modernen Sprachen. Kein Wunder. Das *A* ist nicht nur der einfachste und am leichtesten auszusprechende Laut, sondern ist auch die Grundlage der Vokalisation. Der Mensch hat in Form von Bildern zu schreiben begonnen, also kann man zu Recht annehmen, daß er singend zu sprechen begonnen hat. Damit wollen wir nicht sagen, daß die Cromagnonmenschen ein Duett in der Art von Margherita Carosio und Beniamino Gigli gesungen hätten, sondern daß sie ihre grundlegenden Gedanken in Form von »sonoren Ideogrammen« ausgedrückt haben. Ein wenig von dieser uralten gesungenen Sprache hat sich bei Bergvölkern erhalten, in dem Brauch, sich von Berggipfel zu Berggipfel mit Hilfe kurzer Gesänge zu verständigen. Wer weiß, vielleicht ist auch die Litanei der Dialekte ein Überbleibsel der gesungenen Sprache, woraus man schließen kann, daß die klangvollsten, dem Singen am nächsten Sprachen die größte Verwandtschaft mit der primitiven Sprache haben. Die Sprache des Homo Grimaldi war also einem Rezitativ von Gluck sehr ähnlich, bloß fehlten ihm die Worte: um einen Gedanken auszudrücken, reichte »die Form« des Lautes. Und warum sollte nicht auch der Akzent ein Überbleibsel der uralten gesungenen Sprache sein? Noch bevor wir diese Gedanken formuliert haben, haben wir uns rein instinktiv gerühmt, *keinen Akzent zu haben.* Die

A Sprache des zivilisierten Menschen ist tonlos. Taubstumme können mit etwas Geschick die Worte von den Lippen ablesen, die sich ebenfalls kaum merklich bewegen. Je zivilisierter ein Volk ist, desto mehr werden die Töne abgelegt – vergessen. Der Fortschritt besteht im fortschreitenden Schweigen. Ich schlage eine Definition Gottes als »höchstes Schweigen« vor.

Das *A* wird gesungen, wenn dem Gesang die Worte ausgehen: wenn es nichts mehr zu sagen gibt, man dem Gesang jedoch die Artikulation und die klassische Linie Palladios erhalten will. Andernfalls gibt man mit geschlossenem Mund einen Stummengesang, ein Winseln von sich. Beziehungsweise man *puccinisiert.* (Um die Titel von Puccinis Opern niederzuschreiben, muß man sich einen kleinen Ruck geben und sein Schamgefühl überwinden. Ein gewisses Schamgefühl müssen wir sogar überwinden, wenn wir sagen: *Die Neunte, Abendröte,* oder die *Brandenburgischen Konzerte* ...) Auf dem »A-a-a« beruhten die Kantaten des 17. und 18. Jahrhunderts. Diese weiße Musik. Diese gebäudeartige Musik. Diese Musik, die aus Freitreppen, Säulen, Akroterien besteht. Diese Musik, die nichts aussagt. Nicht weil sie nichts zu sagen hätte, sondern weil sie ihren zivilisatorischen Verpflichtungen nachkommt. Die »zivilisierte« Musik beginnt jenseits der Bedeutungen. Die Musik, die etwas aussagt, die bedeutungsvolle Musik, die tiefschürfende Musik ist Barbarenmusik. Nur ein Barbar kann sich die extreme Taktlosigkeit erlauben, die Musik mit seinem Herzen, seinem Hirn, seiner Seele zu befrachten und das leichte, luftige, ungreifbare Gerüst der Musik zu zwingen, diese Last zu tragen. Dennoch ist es eine süße Verlockung, barbarisch zu sein! Und noch dazu einfacher, eindrucksvoller und gewinnbringender! Als Schopenhauer einen Lieblingsmusiker nennen sollte, entschied er sich für Rossini: für das reine Stottern aus einem zahnlosen Mund. Der Mund des fetten Rossini, des Rossini »in Paris« ist das beste Bild für seine Musik.

Der große Erfolg des *A* ist auch darauf zurückzuführen, daß das *A* Staunen und Schmerz zum Ausdruck bringt, also zwei der drei »Gefühlszustände«, aus denen das ganze Leben des Menschen besteht. Der dritte Gefühlszustand ist die Langeweile (man achte auf den nasalen, adenoiden Klang dieses Wortes, das auf italienisch *noia* heißt). Die Langeweile befindet sich in der Mitte, zwischen Staunen und Schmerz. Das Leben des Künstlers besteht aus Staunen. Das Leben des Geistesmenschen besteht aus Schmerz. Das Leben aller anderen besteht aus Langeweile. Wären alle Menschen entweder Künstler oder Geistesmenschen, wäre die Welt friedlich und glücklich. Denn glücklich ist man selbst im Schmerz: Das ist das süßeste Glück. Aber die übergroße Mehrheit der Menschen lebt in der Langeweile. Und die Langeweile muß man ausfüllen, überlisten, totschlagen.

Was die Form anbelangt, so stellte das umgedrehte *A* ursprünglich den mit Hörnern versehenen Ochsenkopf dar, beziehungsweise das Leittier, das die Herde führt. Das *A* war das Aleph der Phönizier. Was für eine merkwürdige Meinung der Mensch doch manchmal von sich selbst hat! Aber ist diese Meinung nur merkwürdig? Griechen und Römer stellten das A auf den Kopf, aus Scham, um den Ochsen zum Verschwinden zu bringen. Zur Zeit, als Nikolaus II. Félix Faure besuchte, sagte man in Frankreich: »Kratzt an der Oberfläche des Russen und ihr werdet einen Kosaken finden.« Dieses Sprichwort könnte man auch so formulieren: »Stellt das *A* auf den Kopf und ihr werdet einen Ochsen finden«. Wie viele Ambitionen würden den Kopf sinken lassen, wieviel Traurigkeit würde anstelle der Illusionen treten, die die Brust der Sterblichen schwellen lassen, wenn man bei jedem *A*, das man schreibt oder ausspricht, den stumpfsinnigen langsamen Ochsen sehen würde, der die Herde durch die Wüste führt...

Natürlich sprechen wir vom Großbuchstaben *A*. Aber ursprünglich waren alle Buchstaben Großbuchstaben.

A Nicht nur, weil Anfänge immer mit Großbuchstaben einhergehen, sondern weil der Großbuchstabe mit dem Ideogramm beziehungsweise der Methode, einen Gedanken durch ein Bild auszudrücken, verwandt ist. (Im übrigen ist *a* bloß ein sich duckendes und abgerundetes *A*). Ich kenne einen lebendigen Beweis dafür, daß Anfänge nur in Großbuchstaben möglich sind. Während ich diese Notiz verfasse, schreibt mein siebenjähriger Sohn Ruggero, der gerade in diesen Tagen feierlich in die Welt des geschriebenen Wortes eingeführt worden ist, höchst konzentriert und sehr vertrauensvoll einige grundlegende und poetische Sätze, und er schreibt sie ausschließlich in Großbuchstaben, fast als ob er die Inschrift der Trajansäule erneuern wollte. (Ein italienischer Bildhauer brach eines Tages aus einer Stadt im Norden Italiens auf und kam nach Rom, um sich von der *Trojanischen* Säule inspirieren zu lassen). Die Kleinbuchstaben sind eine Degeneration der Großbuchstaben, sie stellen den Übergang vom Ideogramm zum reinen Gedanken dar. Es ist eine typisch moderne Idee, die Großbuchstaben abzuschaffen, und sogar nach dem Punkt und am Anfang eines neuen Absatzes klein weiterzuschreiben. Das beweist, daß der Mensch auch in der Schrift weiter, immer weiter kommenwill, sich immer weiter von der Materie entfernen, immer mehr in den Geist eindringen will. Das sind gefährliche Bewegungen, die großen Schaden anrichten können, vor allem, wenn sie nicht sehr vorsichtig, sehr maßvoll, mit einem sicheren Gespür für das Verhältnis von Geist und Materie ausgeführt werden; andernfalls riskiert man, sich vom Ufer abzustoßen und im Nichts zu treiben. Kinder, damit wären wir beim Ästhetizismus angelangt! Gewisse typographische Raffinessen, wie zum Beispiel die Abschaffung der Großbuchstaben, sind ebenfalls kleine Abstecher ins Nichts. Eleganz vorzutäuschen versucht auch die Aufhebung des Unterschieds von *U* und *V*. Diese Raffinesse ist auch auf den Ein- und Zweilirescheinen zu bewundern, die im

IL SIGNOR A

übrigen kein Vorbild in Sachen Druckgrafik darstellen. Anstelle von *una lira* liest man *vna lira,* anstelle von *due lire dve lire.* Die Klänge der russischen Sprache stören plötzlich unsere monetäre Sprache, nach dem Vorbild von *Vedova* (Witwe), die auf russisch zu *Vdova* wird.

Das *A* dominiert im Italienischen und im Spanischen, aber mehr noch im Italienischen. Das Spanische verfügt wenigstens über das *J,* dessen harter Klang diesem neulateinischen Idiom etwas Arabisches verleiht und an das griechische *X* erinnert; und es hat sogar etwas Kindliches, wie das gelispelte *ç.* Unserer Sprache verleiht nur das behauchte *c* der Toskaner (*L'etrange aspiration que l'on trouve dans l'italien des florentins, et qui vient de l'etrusque:* Stendhal,

Promenades dans Rome, Band I, S. 98) einen nicht-italienischen Klang, sofern man unter italienischem Klang »gereinigten« Klang versteht. Vor einiger Zeit wurde das *a* meiner Schreibmaschine krank, aber ich schrieb weiter, in der Hoffnung, daß die Seiten trotzdem leserlich wären, aber als ich die Seite aus der Maschine zog, war sie völlig unverständlich.

Im Sanskrit war das *a* derart dominierend, daß die beim Sprechen den Mund immer ganz weit aufreißen mußten. Was beweist, daß es in Indien keine Fliegen gab. Diese Schlußfolgerung ist genauso viel wert wie die Theorie eines bekannten Linguisten, der zufolge die Engländer eine geschlossene Aussprache haben, weil sie in einem kalten Land leben.

Die Vorherrschaft des *A* im Italienischen wird immer wieder besungen (unter anderem in der italienischen Bundeshymne):

Fratelli d'Ita-a-lia
L'Ita-a-lia s'è desta …

Das Italienische ist nun mal eine melodische, eine »paisiellanische« Sprache. Aber löst der »Paisiellismus« alle Probleme? Meiner Meinung nach hat ein allzu weit aufgerissenes Auge nur einen kurzsichtigen Blick. Ich wünsche mir, *W* und *SCHML* würden ein größeres geistiges Helldunkel verbreiten.

Heute wird das geschriebene Wort rasch vom Bild ersetzt. Man zieht das Schauen dem Lesen vor. Die Fachleute machen die moderne Schnellebigkeit dafür verantwortlich, daß die Lektüre immer geringeres Ansehen genießt. Heute fliegt man. Und deshalb wird man wieder zur ideographischen Sprache der Maya zurückkehren, zu der 1913 auch Apollinaire zurückkehrte. Apollinaire beschrieb mit poetischen Mitteln die Uhr, wobei er die Worte so anordnete, daß sie eine Uhr darstellten. Aber die Ideogramme, auf die wir mit großen Schritten zueilen, werden nur Bilder sein, wie geschaffen für Kinder und Wilde. Das *A* wird wieder einmal auf den Kopf gestellt werden und der Ochs wird stolz seine Hörner tragen. A

ABAT-JOUR/LAMPENSCHIRM. Erstes Stichwort im *Dizionario di Esotismi* von Antonio Jacono (Verlag Marzocco, Florenz). Ehrlich gesagt, in Italien habe ich immer das Wort *paralume,* Lampenschirm, gehört. Meines Wissens hat das Wort *abat-jour* nur ein einziges Mal unser Idiom befleckt, und zwar gleich nach dem Krieg in einem Liedchen, das so anfing:

Abat-jour che diffondi tua luce blu.

Man beachte den fehlenden Artikel bei »tua luce« – von Panzinischer Eleganz. Für nach Italien eingeführte Fremdwörter gibt meine Schwiegermutter, aus Magliano de' Marsi gebürtig, ein Beispiel. Meine Schwiegermutter sagt *pitigrì* und *grogrè,* in völliger Unkenntnis des Französischen und ohne *pitigrì* mit *petit-gris* und *grogrè* mit *gros-grain* in Verbindung zu bringen. Für meine aus Magliano de' Marsi gebürtige Schwiegermutter sind *pitigrì* und *grogrè* absolut italienische Wörter, so wie *tavola, padre, anima* ... Wenn man das Böse nicht kennt, existiert es nicht.

Interessant ist es, nach den Gründen zu forschen, aus denen bestimmte Fremdwörter bei uns eingeführt werden. Fast immer sind es psychologische Gründe. Ich kenne Damen, die *renard* und *lapin* sagen und die niemals *Fuchs* und *Kaninchen* sagen würden. Nach dem Warum befragt, haben sie mir – als Frauen – keine genaue Auskunft gegeben, aber ich habe dennoch begriffen, daß das Fremdwort (lebendig als Klang, unverständlich als Sinn) das Wort von seiner materiellen Bedeutung abtrennt und es in eine Art mythischen Himmel aufnimmt.

Einer unserer Dichter, inzwischen Akademiemitglied, benutzte in einem Jugendgedicht das Französische für einen schlüpfrigen Vers. Ich fragte ihn, warum er den Vers in einer anderen Sprache geschrieben habe, und er antwortete, er habe damit dessen Schlüpfrigkeit verhüllen wollen. Das Übliche: Das A wird auf den Kopf gestellt, um den Ochsen zu verbergen, und man sagt *lapin,* um das Kaninchen zu verbergen.

ABATINO (GRAF PEPITO). Name des Ehemanns von Josephine Baker, der wegen seiner Ehe mit dem bekannten schwarzen Star einen Augenblick internationaler Berühmtheit erlebte. Was den Ruhm anbelangt, zu dem seinerzeit die Gräfin Abatino gelangt war, so will ich noch sagen, daß ich vor zwei Jahren, als ich in Guardiagrele das Haus des Dialektdichters Modesto Della Porta, des Autors von *Ta-pù lu Trumbone d'accumpagnamento,* besichtigte, auf dem Wohnzimmersofa Josephine Baker in Gestalt einer Puppe, als Lare also, sitzen sah.

ABENDLAND. Gern sehe ich nach Westen, und diese Kontemplation übt auf mich eine große Anziehungskraft aus, sie flößt meiner Seele ein melancholisches Gefühl der Liebe und eine unstillbare und darum um so brennendere Sehnsucht ein. Gern betrachte ich das Tyrrhenische Meer, in dem die Sonne untergeht, weniger gern das Adriatische Meer, in dem die Sonne aufgeht, und um meine Vorliebe zu rechtfertigen, denke ich, daß ich so wie die wandernden Völker und in Nachahmung des Weges der Zivilisation selbst gern in die Richtung schaue, wo die Sonne untergeht, gleichsam um ihrem Lauf zu folgen und ihr Licht nicht zu verlieren. Kurz, das Abendland ist der Sitz dessen, was die Deutschen *Sehnsucht* nennen, das heißt das brennende, schmachtende Begehren, die ungeduldige und zugleich verzweifelte Erwartung. Aber Begehren, Erwartung, *Sehnsucht* sind Feinde der Aktion, des tätigen Lebens, der Kultur. Die Vollendung, Vollkommenheit der antiken griechischen Welt kann man zum Teil der geographischen Lage Griechenlands zuschreiben, das alle seine Buchten und gastlichen Meerbusen nach Osten und Süden richtet, dem Westen dagegen den Rücken wendet. Auf natürliche Weise hat Griechenland damit seine Tore vor der Sehnsucht geschlossen, vor dem Gefühl also, das vom Handeln abhält und zum Träumen und Phantasieren auffordert; dadurch konnte es sich ohne Wolken, ohne Schatten ganz der Errichtung seiner Kultur widmen. Das ist die »Un-Romantik« Griechenlands. Nicht daß es Griechenland an romantischem Gefühl fehlte, das für das poetische Leben so nötig ist; aber alles, was Griechenland an Romantischem an ›Unverwirklichbarem‹ dachte, versetzte es in den Westen: die Fahrt des Odysseus, die Glücklichen Inseln, das Reich der Toten. Weil es ein Irrtum ist, ein abgrundtiefer Irrtum, die Sehnsucht nach Dingen, die wir nicht zu den unseren machen können, in uns selbst zu beherbergen. Einen ähnlichen Gedanken drückt auch Goethe aus, wenn er sagt, man solle *»die Sterne ohne Sehnsucht anschauen«*. *Abendland*

ABSÄTZE, HOHE. Seit ein paar Monaten wohne ich im ersten Stock. Ich besitze einen Balkon. Dieser blickt auf eine sehr verkehrsreiche Straße. Am Anfang fürchtete ich, der Straßenlärm würde mich bei der Arbeit stören. Aber ich habe mich getäuscht. Unsere Feinde befinden sich ausschließlich in unserem Inneren. Unsere metaphysische Rinde ist undurchdringlich für die Gefahren von außen. Gestehen wir es ruhig, bevor es uns jemand anderer ins Gesicht schreit: Die einzigen Störenfriede sind unsere eigenen Gedanken. Die Nähe, der Beinah-Kontakt zum Leben der Menschen stellt eine Erholung von den Mühen des Geistes dar. Balzac fand diese Erholung im Bad. Hätte er nicht in der Rue Rainouard in Passy, sondern hier

Absätze, hohe gelebt, wo ich zu Hause bin, hätte er kein Bad im heißen Wasser, sondern ein »Bad in der Menschheit« genommen. Immer wenn ich spüre, daß meine Energie zu Ende geht, trete ich auf den Balkon hinaus und frische meine Phantasie auf. Mein Posten im Freien, nur wenige Meter oberhalb der Straße, eignet sich nicht nur hervorragend zur Beobachtung meiner Artgenossen, sondern ich mache mir dadurch auch weniger Feinde als Ikaromenippos, der – eher wie ein Dieb als wie ein professioneller Psychologe – die Geheimnisse der Familien durch die Dachluken erforschte. Ich verstecke mich nicht, werde aber auch nicht gesehen.

Die Beobachtung der Menschen »aus der Vogelperspektive« offenbart viel mehr als die Beobachtung auf gleicher Ebene, von Angesicht zu Angesicht. Das erste, was einem auffällt, ist der riesengroße Unterschied zwischen dem Gang des Mannes und dem der Frau. Der erstere ist direkt, der letztere indirekt. Der Gang des Mannes ist ein autoritärer Akt, eine Inbesitznahme der Erde; der Schritt der Frau ist eine zimperliche Kontaktaufnahme mit dem Asphalt. Der Mann trägt das Gewicht seines Körpers auf den Fersen, die Frau trägt ihr Gewicht auf den Zehenspitzen und den immer etwas durchgedrückten Knien. Nicht alle Männer, die unterhalb meines Balkons vorbeigehen, haben den gleichmäßigen Gang eines durchtrainierten Sportlers, aber alle haben gleichermaßen einen freien, beinahe entschiedenen Schritt. Der Schritt der Frau hingegen ist unbeholfen und unentschieden. Sie geht wie über Glasscherben, als würde sie auf einem unsichtbaren Hocker sitzen. Schuld daran sind ganz offensichtlich die äußerst hohen Absätze, die wie ein Schiffsheck gebogen sind und die Alfredo Panzini als »Lui kenz« (Louis quinze) bezeichnet. Obwohl Sport und Körperkultur immer mehr an Ansehen gewinnen, sind diese ungesunden und unvernünftigen Stelzen noch immer in Mode.

Wenn der Mensch ein Glied verliert, versucht er den Mangel zu kompensieren, indem er die Leistung eines anderen Glieds verdoppelt. Wenn jemand eine Hand verliert, muß die verbliebene Hand »für zwei« arbeiten. Das lehrt uns Sherlock Holmes. Die hohen Absätze beeinträchtigen Freiheit und Gleichgewicht. Die Frau, die hohe Absätze trägt, befindet sich in einem Zustand der Unterlegenheit. Wie kompensiert die Frau diese schwere Beeinträchtigung? Das ist ein Geheimnis: ein Geheimnis, das ich noch nicht lüften konnte. Abgesehen vom Verlust der eigenen Freiheit (was ist Freiheit, wenn nicht das vollständige Verfügen über sich selbst?) verhindert die Frau, die hohe Absätze trägt, die natürliche Bewegung der Muskeln, sie gefährdet ihre körperliche und damit auch ihre geistige Gesundheit. Die hohen Absätze stehen im Widerspruch zur feierlichen Würde der Mutter, zum harmonischen Schreiten, sogar zum Kanon der weiblichen Schönheit. Sogar die Menschenwürde leidet darunter, und der Gang der Frau, der eigentlich Rhythmus und Musik sein sollte, verkommt zum Entengewatschel. Wenn die Frauen genauso gut wie ich von meinem Balkon aus sehen könnten, zu welch plumpen Bewegungen der berühmt-berüchtigte Absatz »Lui kenz« sie zwingt, würden sie wohl augenblicklich darauf verzichten. Selbst die kleinwüchsigen. (→Mode)

Abschied Opus 81. Die Klaviersonate Nr. 26 (Opus 81) von Beethoven ist in drei Sätze unterteilt, und jeder Satz hat einen beschreibenden Titel: *Abschied, Trennung, Wiederkehr.* Über die ersten drei Töne des ersten Satzes *(Abschied)* hat Beethoven mit eigener Hand das Wort *Lebewohl,* einen Abschiedsgruß, geschrieben. Von allen Sonaten Beethovens, die einen Namen haben, wie die *Pathétique,* die *Apassionata,* die *Aurora,* die *Pastorale,* ist die des Opus 81 die einzige mit einem Originalnamen, der von Beethoven selbst stammt. Nichts ist pathetisch-beschreibender als diese drei Sätze: Der Schmerz des Abschieds, verhalten im Adagio und hervorbrechend im Allegro, das die letzten Worte eindringlich wiederholt, damit sie tiefer im Gedächtnis dessen haftenbleiben, der fortgeht, die Klänge der Jagdhörner, die sich entfernen; dann die Trauer der Trennung, die manchmal von der Süße der Erinnerungen gemildert wird; endlich die Freude der Wiederkehr, drängend zuerst, dann ein wenig ruhiger; und im Poco Andante des Finale das Glück, das sich ausdehnt und einen ernsten Ton wiederfindet. Für mein Empfinden beschrieb diese schöne Musik in ihrem Wohlklang das Drama zweier Liebenden, die gezwungen sind, sich zu trennen, die für eine gewisse Zeit fern voneinander sind, sich endlich wiederfinden; in jeder dieser Noten erkannte ich eine Einzelheit dieses Dramas wieder, und ich konnte das *Lebewohl* des ersten Satzes nicht hören, ohne gleichzeitig einige Bilder des Abschieds von Liebenden *vor mir zu sehen,* wie den *Kuß* von Hayez. Und nun mußte ich vor ein paar Tagen erfahren, daß sich die drei Titel dieser Sonate auf die Abreise des Erzherzogs Rudolf beziehen, der mit dem ganzen kaiserlichen Hof beim Nahen des französischen Heeres im Mai 1809 Wien verließ, auf die Zeit der Abwesenheit des Erzherzogs und des Hofes von Wien und auf die Rückkehr des Erzherzogs und des Hofes in die österreichische Hauptstadt am 30. Juni 1810, nach dem Friedensschluß. Und ich – ich war, aus den Gründen, die ich oben nannte, in diese Sonate verliebt! Was beweist, daß man sich auch in einen Schatten verlieben kann. Welch seltsamer Fall eines Musikwerkes, das man eine Gelegenheitsarbeit nennen kann und das zur Beschreibung der Abreise, der Abwesenheit und der Wiederkehr eines Erzherzogs diesen tiefen Ausdruck der Liebe findet. Was hatte dieser Erzherzog Rudolf so Besonderes an sich, daß er Gefühle wachrief, die in einem romantisch gesinnten Mann sonst nur von der geliebten Frau geweckt werden?

Achilles und Aperitiv. Die antiken Homernachfolger schrieben Achills Namen mal mit zwei, mal mit einem *l*, je nach der Bedeutung, die sie ihm geben wollten. Für den Namen des Peleussohns waren zwei verschiedene Etymologien erdacht worden: *Achilleus* war derjenige, der »den Schmerz schleudert«, ἀπὸ τοῦ ἄχος ἰάλλειν, und *Achileus* war derjenige, den die göttliche Vorsehung angekündigt hatte als den »Jammer von Ilion«, ἀπὸ του ἄχος Ιλιεῦσιν. Jedenfalls durfte der Name Achills nicht ›unerklärt‹ bleiben, und ebenso die Namen der anderen Helden, der Götter, der Dinge. Bekanntlich kommt der etymologische Kalauer in den homerischen Dichtungen öfter vor. Ja, sogar Pallas Athene kalauert, und ihre Rede vor der Vollversammlung der Götter beendet sie mit einem Kalauer, der Paolo Monellis würdig ist, nämlich über *Odysseus,* den Namen des listenreichen Sohnes des Laertes, und *odisào,* »hassen« (weswegen auch der Name des Odysseus mal mit einem und mal mit zwei *s* geschrieben wird). Die Etymologie ist die Psychologie der Sprache, der Weg, auf dem man in die Seele der Wörter eindringt. Ein etymologischer Geist findet in den Wörtern unendliche Genüsse, die denen unbekannt bleiben, die Wörter nur als konventionelle Klänge betrachten; ebenso findet ein psychologischer Geist unendliche Genüsse im Umgang mit Menschen, die denen unbekannt bleiben, die den Menschen nur als eine sprechende, selbstbewegliche Form betrachten. Die Trägheit so vieler Schriftsteller rührt daher, daß ihnen ein solcher etymologischer Geist fehlt, der Giacomo Leopardis Prosa diese wimmelnde ›innere‹ Lebhaftigkeit verleiht. Leute, die geboren werden, leben, sterben und nicht bemerken, daß zum Beispiel *olezzo* (Duft) einfach durch das verneinende *o* das Gegenwort zu *lezzo* (Gestank) ist; daß *innocente* (unschuldig) das Gegenteil ist von *nocente* (schädlich); daß *tyrannos* ursprünglich derjenige war, der die Käse hütete. Sie kennen weder die Liebe zu den Worten (»Philologie«) noch das ›Spiel‹ der Worte (und übrigens kennen sie auch die anderen ›Spiele‹ des Lebens nicht, und ihr Leben ist erloschen und stumm wie der Tod). Die Suche nach dem Etymon ist eines der Hauptmotive (von *motus*, Bewegung) der Intelligenz; doch findet man es auch in einem rohen Zustand bei ungebildeten Leuten, bei denen nämlich, wo Schein, Fiktion und ein Schleier von Gelehrsamkeit die Neugierde und den Forscherdrang noch nicht ausgelöscht haben. Aus dieser etymologischen Neugier, die das ›Warum‹ der Worte sucht, nannte meine Schwiegermutter den *Aperitiv Appetitiv*, und meine Schwägerin nannte die *Balearen Badearen*. Wieviel interessanter, wieviel rührender sind doch diese Fehler als der fortgesetzte Gebrauch von *Aperitiv* und *Balearen*, der nicht nach dem Warum fragt. (→Adam, →Etymologie)

Adam. Name des ersten Menschen. Besser gesagt, Name eines Menschen, den es nie gegeben hat. Odysseus sagt zu Polyphem, er heiße Niemand. Er hätte auch sagen können, er heiße Adam, es wäre dasselbe gewesen. Noch weniger hat Adam in der Form existiert, die ihm Michelangelo gegeben hat: griechische Nase, langgestreckte Muskeln, harmonischer Körperbau eines vollkommenen Athleten. Auf dem höchsten Gipfel des Fürstentums Monaco erhebt sich ein Tempelchen, das als Museum der Frühgeschichte der Menschheit dient. Und dort, in einem kleinen Saal, von dem der Blick über ein grenzenloses Meer schweift, auf dem man von einer Minute zur anderen erwartet, Isoldes Segel auftauchen zu sehen, ist zwischen den Vitrinen, in denen die Skelette vom Cavillon und der Knabengrotte in ihrem Bett aus Staub ruhen, ein Gipskopf ausgestellt, mehr Gorilla als Mensch, in dem der unbekannte Bildhauer die typischen Gesichtszüge der Familie Grimaldi zusammengefaßt hat. Dieser Kopf sieht dem Adam der Sixtinischen Kapelle so ähnlich, wie ich Greta Garbo ähnlich sehe. *Usque tandem* wird dieser Adam, der nie existiert hat, noch das Amt des Vaters des Menschengeschlechts bekleiden? Der Mensch ist noch immer äußert kindisch. Sein Verstand braucht Stützen, Darstellungen, die seiner Unbeholfenheit entsprechen, er braucht Mythen in erzählender oder plastischer Form. Die frühgeschichtliche Anthropologie liefert dem Menschen nicht den gewünschten Mythos, den ihm das Buch der *Genesis* liefert. Kein Zeichen dafür, daß die Kunst der Wissenschaft überlegen ist, sondern dafür, wie rudimentär die Fähigkeiten des menschlichen Verstandes noch sind.

Der Tag, an dem Goethe den Zwischenkieferknochen entdeckte und das letzte Hindernis beseitigte, das den Weg des Evolutionismus noch versperrte, hätte das Ende von Adams Existenz und das Ende der Existenz des Menschen als Atemhauch Gottes sein müssen. Und doch tat die Entdeckung des Zwischenkieferknochens Adams Ruhm und seiner Stellung keinen Abbruch. Die Revolutionen der Wissenschaft finden statt, ohne die Mythen zu stören: wenn die Kopernikanische Revolution dem größten Teil der Menschen nicht verbietet, auf rein ptolemäische Art zu leben und zu denken, und wenn die Darwinsche Revolution dem größten Teil der Menschen nicht verbietet, den Menschen für den Mittelpunkt des Universums zu halten. Wie könnte es auch anders sein? Die Entdeckungen, die der Mensch macht, die immer neuen Erkenntnisse, die er erwirbt, bewirken nicht gleichzeitig, daß der Mensch aufhört, Mensch zu sein. Die größte Tragödie des Menschen ist also, daß er, was immer er gedanklich erreicht, weiter ein Mensch und nur ein Mensch sein wird.

Adam als Wort steht in Beziehung zu der Vokabel *adhâmâh,* »Boden«, abgeleitet aus der Wurzel *'dm,* »rotbraun sein«, das heißt, von der Farbe der lehmigen Erde, aus der, wie es heißt, der erste Mensch geformt wurde.

In den unterirdischen Grabmalereien von Tarquinia sind die Körper der Männer rotbraun und die der Frauen weiß. Vielleicht eine Bestätigung der phönizischen Herkunft der

Etrusker und der Existenz der Wurzel *'dm* in ihrer geheimnisvollen Sprache? Zu erwähnen wäre noch, daß ich im »Grab der Stiere« zwischen den rotbraunen Männern und den weißen Frauen auch rosafarbene Männer gefunden habe …

Die Türken nennen den Mann *adàm.* In einer Oktobernacht des Jahres 1918 entdeckte ich in der Stadt Monastir an einem Brunnen eine Frau. Sie war heimlich herausgekommen, um zu trinken, so wie der Schakal nachts an den Fluß kommt, um seinen Durst zu stillen. Es war eine *dolmea,* das letzte Freudenmädchen, das in dieser vom Krieg verwüsteten Stadt zurückgeblieben war und das sich versteckt hielt, um der Gier der Soldaten zu entgehen. Ich sprach ihr Mut zu und tröstete sie, und sie drückte mit dem Wort *»adàm! adàm!«,* das sie wie einen tragischen Refrain wiederholte, den ganzen Schrecken aus, den ihr die Mannesbrut einflößte. Ich dachte, daß auch in der hinfälligsten Alten und selbst in der Frau, die sich prostituieren muß, die Jungfrau und ihr Entsetzen vor dem furchtbaren, raubgierigen Mann weiterlebt. Wie sollte man da nicht die größere Sympathie, das größere Vertrauen verstehen, die der ›rosafarbene‹ Mann einflößt?

Eine freiheraus liebende Türkin nennt ihren Mann nicht *adàm*, sondern *aslàn,* Löwe. Sie greift in das Haar auf seiner Brust und wiederholt mit zärtlicher Stimme: »aslanùm!«, mein Löwe.

Wie es im Lied heißt:

Wir fahren mit der Eisenbahn
Es geht in die Türkei.

AGONIE. *Wenn sich vom Leib die wilde Seele scheidet / aus dem sie selbst sich losgerissen hat …* In diesen beiden Versen, die Pier delle Vigne im 13. Gesang der *Hölle* zu Dante spricht, ist der ganze Sinn des Wortes Agonie enthalten, der durch den freiwilligen Tod sogar noch gewaltsamer wird. Aber immer enthält das Wort *agonia* seine wörtliche Bedeutung Kampf, und es bezeichnet den letzten Kampf des Menschen mit dem Tod. Noch deutlicher sagen es die Deutschen: *Todeskampf.* Wie mir jedoch vor kurzem ein sehr schmerzliches Beispiel gezeigt hat, ist die Agonie weniger ein Kampf als eine furchtbare Anstrengung, ›um hinüberzukommen‹. So eng ist also das Tor zum Jenseits? Ja. Derart, daß unser Beistand, wenn ein geliebter Mensch uns verläßt, weniger darin besteht, ihm zu helfen ›hierzubleiben‹, als – schrecklich, es auszusprechen – ›hinüberzukommen‹. *Agonie*

AKADEMIE. Manche Leute leiten Akademie von *Akàdemos,* dem Beinamen des Bacchus mit der Bedeutung ›Befreier‹, her. Anderen zufolge war der Held *Akàdemos* oder *Ekàdemos* der Namensgeber. Die Verschiedenartigkeit der Bedeutungen ist damit noch nicht erschöpft. Für meine Tante, die Marchesa Aglae Afan de Rivera, waren *Akademien* die Musikabende im Saal der alten Florentiner Philharmonie; für meinen Onkel, den Baron Gustavo de Chirico, waren *Akademien* die Aktstudien, die sein altes Junggesellenherz zärtlich anrührten; für meinen Bruder Giorgio de Chirico ist *Akademie* die Münchner Kunstakademie, an der er von 1907 bis 1910 Malerei studierte – bei Professor H., der, wie man später erfuhr, nie einen Bleistift oder einen Pinsel in der Hand gehalten hatte. Für mich ist *Akademie* die Hoffnung, daß die Sektion Literatur mir eines Tages gewährt …

AKZENTVERSCHIEBUNG. Die Süditaliener versetzen den Akzent einiger Wörter und Namen nach vorn, aus *zanzara* machen sie *zànzara,* aus *Cavour Càvour.* Kürzlich hörte ich einen Süditaliener *bàule* sagen, und ich schrieb diese Akzentverschiebung demselben Grund, einem eigenen Klanggefühl, zu; aber dann erfuhr ich, daß sie eine

Akzentverschiebung

andere Ursache hat. In einigen Orten des Südens bedeutet *baule* statt Koffer auch Sarg, und wenn *baule* in der Bedeutung »Kiste für die Reise« benutzt wird (in der anderen Bedeutung ist *baule* die Kiste für die »letzte Reise«), ändert sich die Betonung, um eine Verwechslung und vor allem eine böse Vorbedeutung auszuschließen.

ALLWISSENHEIT. Neben dem Eingang zum »Konvent« von Fancavilla al Mare zeigte mir mein liebenswürdiger Führer einige auf die Mauer geschriebene Worte in jener geheimnisvollen Sprache, die Francesco Paolo Michetti zu seinem persönlichen Gebrauch erfunden hatte. Und als ich fragte, was sie bedeuteten, antwortete mein Führer: »Man weiß es nicht ... nicht einmal D'Annunzio konnte sie deuten.«

Manche Leute machen noch heute ihre großen Männer zu Göttern, und jener abruzzische Baron war äußerst befremdet, daß die Allwissenheit des Gabriele diesen kleinen Makel hatte. War D'Annunzio also dem Apollonius von Tyana unterlegen, der alle menschlichen Sprachen verstand, während die Apostel dieser übernatürlichen Gabe nur zu Pfingsten teilhaftig wurden?

AMAZONE. Die Vergangenheit hat ein schweres Los. Es genügt nicht, zu sterben, um ein Recht auf Achtung zu erwerben, wie die Todesanzeigen und die Gedenksteine auf den Friedhöfen uns glauben machen wollen. Auch die Vergangenheit ist der Veränderlichkeit der Launen unterworfen. Die Unsicherheit der irdischen Dinge wirkt weiter im Bereich des Endgültigen und des Feststehenden. Dante, den wir als den größten Dichter verehren, wurde vom 18. Jahrhundert für einen langweiligen Barbaren gehalten. Bevor sie verehrungswürdig wird, muß die Vergangenheit weniger privilegierte Bedingungen durchmachen, darunter eine, in der sie von den Menschen der Gegenwart tüchtig verspottet wird. Diese ins Lächerliche gezogene Vergangenheit ist die nahe Vergangenheit. Instinktiv lacht der Mensch über das, was unmittelbar vor ihm gewesen ist; und er beweist damit seine Verachtung für die bescheidenmenschliche Seite seiner selbst, die er in der nahen Vergangenheit dargestellt sieht, und er verabscheut das, was er nicht sein möchte und nicht zu sein glaubt, aber was zu sein oder doch zu werden er im Grunde argwöhnt und befürchtet. Der Mensch glaubt ständig, seine eigene nahe Vergangenheit überwunden zu haben, und die Freude darüber ist so groß, daß sie sogar die Achtung besiegt, die das Kind den Eltern schuldet. Wer garantiert aber, daß dieses Überwinden keine Illusion ist? Niemand; und die Ungewißheit bleibt. Aber diese Ungewißheit stachelt das Lachen an, statt es zu vertreiben, eben weil wir im Grunde fühlen, daß wir, indem wir über unsere nahe Vergangenheit lachen, auch über uns selbst lachen, daß unser Lachen über das Lächerliche, Mittelmäßige, Schäbige unserer nahen Vergangenheit nicht rein und lauter ist, sondern von Boshaftigkeit und einer gewissen masochistischen Selbstgefälligkeit angehaucht ist. Ich wiederhole: die Verehrungswürdigkeit der Vergangenheit ist eine Frage der Zeit. Über ein Standbild von Papiniano lacht man nicht mehr, aber man lacht über das Photo eines Handelsministers in Röhre und Bratenrock, der im Frühling 1902 eine zootechnische Ausstellung einweiht. Das »lächerliche« 19. Jahrhundert hatte eine ganze Industrie der Veralberung ins Leben gerufen, von der sich Sondernummern und Wochenschriften, Varieté-Revuen und Filme ernährten; und wenn ihre Aktivität heute ein wenig nachläßt, dann deshalb, weil alles auf dieser Erde langweilig wird, auch die zwecks Erheiterung vorgeführte Dame in Keulenärmeln und mit Reiherfedern auf dem Hut und der Herr mit hochgezwirbeltem Schnurrbart und Vatermörderkragen. Auch das Vorführen von alten Filmen entspricht zum Teil diesem ungesunden Bedürfnis, über unsere nahe Vergangenheit zu lachen.

Amazone Können wir der Behauptung der Kino-Mystiker folgen, man müsse die Filme von 1916 mit derselben archäologischen Gemütsbewegung ansehen, mit der der blinde Michelangelo den Torso vom Belvedere betastete? Wenn bei der Exhumierung alter Filme Leda Gys zitternd und schmachtend auf der Leinwand erscheint, dann brechen im Zuschauerraum die Lachsalven ohne Mitleid los. Angesichts dieser »Dokumente« aus der Vergangenheit stellt sich dem Betrachter – dem naiven Betrachter – spontan die Frage: »Wie konnten sich die Frauen damals bloß so unmöglich anziehen?« Eben diese Frage stellten aber auch die Frauen von 1925, die ihrerseits einer dunklen und lächerlichen Vergangenheit entkommen und in eine lichterfüllte Gegenwart eingetreten zu sein glaubten, in der es nur Ungezwungenheit und guten Geschmack gab; aber mit ihren Glockenhüten und ihren in Kniehöhe taillierten Tuniken erregen die Frauen von 1925 ihrerseits das Erstaunen und das Gelächter der Amazonen im superkurzen Rock, den Haaren à la Jeanne d'Arc und den von der Schulter hängenden Radfahrertaschen – des Gebrauchs- und Serientyps der Frau unserer Tage. Daß die Frau durch die Weiterentwicklung von Sitten und Gebräuchen und durch den Wandel der Mode die orientalisch träge Position der Sultanin aufgegeben hat und sich forsch auf ein perfektes Amazonentum zubewegt, wird niemand auch nur im Traum beanstanden. Nur eines wirft einen kleinen Schatten auf all diese Klarheit und macht einen ratlos: das Schuhwerk. Einem schnellen und sicheren Ausschreiten, unerläßlich für den, der das Leben beherrschen will, ist der turmhohe und wie ein Schiffsheck gebogene Absatz im Wege, den Alfredo Panzini in seinem *Dizionario Moderno* den Absatz *lui kinz* nennt; der »orthopädische« Schuh dagegen, begünstigt der vielleicht diesen Erobererschritt? Die Amazone von heute, schwankend, aber draufgängerisch auf ihren Stelzen, möge daran denken, daß in zwanzig Jahren oder vielleicht schon früher andere Frauen über sie lachen werden.

Ambrosius. Ich empfinde keine Sympathie für die Heiligen. Ich empfinde keine Sympathie für die Mystiker. Der Mystiker flößt mir Angst und Widerwillen ein. Wie der Blinde. Wie ein Mensch ohne Augen, Mund, Nase, Ohren. Wie der Mann aus Eisen, der kein Gewissen hat und sich unerwartet auf uns wirft und uns zerdrückt. Wie der Mann aus Feuer, der dunkel im Geist ist und sich unerwartet auf uns stürzt und uns verbrennt. Wie einer, der als Feind in unsere Welt eingedrungen ist und vermittels unsichtbarer, geheimnisvoller Zeichen mit einer anderen Welt spricht oder zu sprechen glaubt. Dem von Gott Inspirierten ziehe ich den von der Muse Inspirierten vor. Er ist liebenswürdiger und vor allem weniger gefährlich. Ja, er ist überhaupt nicht gefährlich. Er ist vielmehr wohltuend, weil er als Künstler die irdischen Dinge liebt und sie, so oft und soweit er kann, verbessert.

Es ist noch zu klären, ob Ambrosius mehr Heiliger denn Künstler war. Ich sage: Künstler. Im *Hexaëmeron*, dem literarischen Hauptwerk Ambrosius', nimmt das Kapitel über das Meer die *Chants de Maldoror* um fünfzehn Jahrhunderte voraus. Ambrosius besingt die Elemente mit theistischem Geist, Ducasse mit satanischem, aber ihre Stimmen ähneln sich: Sie sind Brüder in der Poesie. Ambrosius wie Nietzsche haben ein intellektualistisches Vergnügen an philologischen Spielen (vgl. im zitierten *Hexaëmeron* die Auslegung der Versuchung durch die Schlange im Paradies). Als Poet betrachtete er sich selbst, als Poet ›von Erfolg‹, und in der Rede gegen Auxentius ruft er aus: »Sie sagen, ich hätte das Volk mit den Versen meiner Hymnen behext, und ich will es nicht leugnen.«

Ambrosius, der Römer, erwarb sich seine fromme Bildung durch die Lektüre der Griechen, die er als überlegen anerkannte. Als Christ kannte er Vergil vollständig und ahmte ihn häufig nach, er kannte Cicero, Sallust, Seneca, Homer, Plato, Xenophon im Original und indirekt, durch Philon, Sophokles und Euripides. (→Mystizismus)

Die Antipathie, die ich für den Mystiker empfinde, ist die Antipathie des Wirbeltieres gegen die Wirbellosen. Meine Sympathie für Ambrosius ist die Sympathie eines Menschen für einen Menschen ähnlichen Geistes und für einen Kollegen in der Kunst. Die Sympathie eines Literaten für einen Literaten ist die Sympathie eines ›geistigen‹ Wirbeltieres für ein anderes ›geistiges‹ Wirbeltier. Auch die Schmähungen, die ein Literat zu erleiden hat, wurden Ambrosius zuteil. Der Heilige Hieronymus verriß seine Übersetzung des Buches von Didymos über den Heiligen Geist. Bemerkenswert Ambrosius' Liebe zur Musik, vergleichbar der Liebe eines anderen Heiligen zur Musik, eines Heiligen, der uns zeitlich sehr nahe und in seinem Wesen, der Mystikferne und Tatkraft dem Ambrosius sehr nahe ist: Giovanni Bosco. Dieser verhandelte auf gleicher Ebene mit Cavour, Rattazzi, Vittorio Emanuele II.; Ambrosius verhandelte mit Stilicho. Und Stilicho hatte so großes Vertrauen zum Bischof von Mailand, daß, als dieser krank wurde und dem Tode nahe war, Stilicho ihn anflehte, Gott darum zu bitten, seinen Tod aufzuschieben, um den Zusammenbruch Italiens hinauszuzögern. Offenbar vertraute der Krieger mehr der Kraft des Bischofs als den eigenen Waffen. Obwohl er ein Heiliger war, konnte man mit Ambrosius diskutieren, arbeiten, sich erholen. Nicht zufällig war Ambrosius Bischof von Mailand, einer klugen, menschlichen, kritischen Stadt. Ambrosius arbeitete nachts, wie auch wir viele Jahre lang. Er schrieb eigenhändig – wie wir. Eines Tages, als er dem Paolino den Kommentar zum 44. Psalm diktierte (Ambrosius schrieb also nicht immer eigenhändig: wie unangenehm, daß wir uns schon so schnell widersprechen! Schuld sind die Quellen, die wir zugrunde legen), entzündete sich ein Feuerball auf seinem Kopf, trat durch den Mund in sein Haupt und ließ sein Gesicht leuchten. Ein Wunder. Das aber auch einer Figur Homers geschehen konnte. Da ist nicht das Todbringende, Stilisierte, Präraffaelitische der typisch christlichen Wunder. Feuerbälle können sich auch auf unserem Haupt entzünden. Wir erwarten es sogar.

Ambrosius war ein unermüdlicher Gegner von Arius, diesem verfrühten Renan. Das Arianertum war ein Versuch, die Kirche zu verweltlichen, zu nationalisieren. Als solchen unterstützte es der Staat. Das Arianertum könnte heute wieder in Mode kommen, wenn die Kirche so mächtig wäre wie zur Zeit des Ambrosius. Die Kämpfe zwischen Arianern und Orthodoxen nahmen manchmal gewaltsame Formen an, manchmal komische. Leontius, Bischof von Antiochia, bekam, wenn in seiner Kirche die Psalmen gelesen wurden und die Orthodoxen erwarteten, daß er sagte: »Glorie dem Vater, dem Sohn und dem Heiligen Geist«, und die Arianer: »Glorie dem Vater durch den Sohn im Heiligen Geist«, Leontius also bekam nach den ersten Worten einen Hustenanfall, in welchem er beide Versionen vermischte. Diplomatische Krankheiten sind bekannt, weniger bekannt sind die diplomatischen Hustenanfälle. Arius starb an einem stillen Örtchen, das heißt, in einer öffentlichen Latrine in Konstantinopel im Jahre 335, »mittendrin krepiert«, wie die alten Historien berichten. Fünfzehn Jahrhunderte später starb Albert Thomas auf einem »stillen Örtchen« in Paris.

Warum diese Ähnlichkeit des Todes zwischen dem Oberhaupt der arianischen Häresie und dem Direktor des BIT *(Bureau international du travail)?* Unerforschlich sind die Wege der Vorsehung.

Im Jahre 1097 brachen die Mailänder Kreuzfahrer unter dem Kommando von Ottone Visconti von der Piazza San Sepolcro nach Jerusalem auf. An der Spitze marschierte Bischof Anselmo da Bovisio, der einen Arm des Heiligen Ambrosius schwenkte. Ambrosius, dieser so ausgeglichene, so menschliche Heilige, hätte eine so unmenschliche Geste mißbilligt. Die Toten läßt man sagen und tun, was sie im Leben nie gesagt und getan hätten. Gibt es eine größere Gemeinheit? (→MYSTIZISMUS)

Im Unterschied zum Heiligen Augustinus, der in seinen Schriften auf Schritt und Tritt die Heilige Monika erwähnt, bewahrt Ambrosius, der nicht weniger schreibfreudig als der Bischof von Hippo war, ein strenges und geheimnisvolles Schweigen über seine Mutter. Die zur Homosexualität Neigenden empfinden für die eigene Mutter mehr als Liebe; sie treiben einen Kult mit ihr, den sie, wenn die Mutter stirbt, bisweilen auf eine andere ›mütterliche‹ Frau übertragen. Sie schwärmen für sie, machen sie zur Göttin, zur Madonna. Sie schenken der Mutter auch die Liebe, die für andere Frauen bestimmt ist, so daß die ›anderen‹ Frauen dieser Liebe beraubt werden. Nun, andererseits, welch geheimnisvolle Bedeutung soll man diesem Übermaß an Scham für die eigene Mutter geben? Diesem Sie-Verschweigen? Diesem Sie-Verstecken? (→MUTTER, →SEBASTIAN)

AMÖBE. Als mein Freund V. das erste Mal zum Abendessen zu mir kam, fragte er mich, sobald er mein Haus betreten hatte, wo die Toilette sei, und blieb eineinhalb Stunde darin eingeschlossen. Der Unglückliche litt an Amöben. Diese Krankheit tropischen Ursprungs, die zur sogenannten Amöbenruhr führt, heißt so nach dem griechischen *amoibàios,* wechselnd, wegen der veränderlichen Form des Mikroorganismus, der sie hervorruft. Bis zu einem gewissen Zeitpunkt blickte Europa sehnsüchtig nach Asien, vielleicht in der Hoffnung, dort das Schlafzimmer der Sonne zu entdecken, und Asien sandte als höfliche Erwiderung seine ausgewähltesten Krankheiten, gleich zuerst die allererlesenste, die Schwarze Pest. Dann hörte Europa auf, sehnsüchtig nach Asien zu schauen, und Asien schickte seine Krankheiten nicht mehr nach Europa. Nicht, daß die Pest heute verschwunden ist, aber in ihrem *Drang nach Westen* bleibt sie an den Toren Europas stehen und durchschreitet sie nicht. Man hat geglaubt, die vervollkommneten prophylaktischen Systeme Europas hielten sie auf, aber das war ein Irrtum: Die Pest greift Europa nicht mehr an, will es ganz einfach nicht mehr angreifen. Nun hingegen sendet Afrika, dem Europa seinen sehnsuchtsvollen Blick zugewandt hat, seine erlesensten Seuchen, darunter diese Amöbe, die es auf der getigerten, duftenden Bananenschale herüberschickt. Wer dazu bestimmt ist, geliebt zu werden, widersetzt sich diesem Geliebtwerden vielleicht wegen dem, was an Feindseligem in der Liebe ist. Über Afrika als den Sitz der zukünftigen Zivilisation lese man die prophetischen Worte von Jules Verne in seinem herrlichen Buch *Fünf Wochen im Ballon.*

Amphoren und Kelche. Aurel M. Milloss, Choreograph des Teatro dell'Opera, war bei mir zu Besuch, und unter anderem sagte er, die Kritiker würden seine Absichten oft *malintendere,* mißverstehen. Aurel M. Milloss ist Ungar, und er hat sich gewundert, daß ich ihn als Schöpfer eines neuen italienischen Verbs pries. Er wunderte sich noch mehr, als er sah, daß ich mein Notizbuch öffnete und dieses neue und höchst nützliche Wort aufschrieb. So kann ein Ausländer unseren Wortschatz bereichern, und auch wir müssen ab und zu wie Ausländer fühlen und versuchen von Gewohnheiten abzulassen, Kristallisationen aufzubrechen und uns zu der nötigen Vorurteilslosigkeit zu zwingen, um der Sprache neue Wörter zu geben und sie frisch und lebendig zu erhalten. Lange Zeiten hindurch haben die Italiener ein manieristisches Leben geführt. Unsere Sprache hat zu sehr unter der Pflege der Literaten, unter dem Eifer der Konservativen und unter der Priesterschaft der Puristen gelitten. Schriftsteller wie Carducci, D'Annunzio, Pascoli, die einander in der Ausübung einer literarischen Diktatur ablösten, hatten von Vornehmheit einen ähnlichen Begriff wie meine Tante, die Marchesa Afa de Rivera, die die Menschheit in *Geborene* und *Nicht-Geborene* teilte; sie meinten, man müsse, um eine reiche, schöne und würdige Sprache zu besitzen, ungebräuchlich gewordene Wörter wiedererwecken, anstatt neue zu erschaffen, die den neuen Bedürfnisses des Lebens entsprachen und die Sprache beweglich machten. Carducci nannte das, was alle *biglietto ferroviario* (Fahrkarte) nennen, *tessera,* D'Annunzio nannte den allgemein *farmacista* genannten Apotheker *farmacópola,* Pascoli nannte »Amphoren« und »Kelche«, was sonst »Flaschen« und »Gläser« sind. Hätten die von diesen Schriftstellern vorgeschlagenen Wörter Wurzel gefaßt, dann wären die Italiener eines Tages in zwei Gruppen geteilt gewesen, und die eine hätte die Sprache der anderen nicht verstanden. Ist das schon als literarischer Fakt seltsam genug, so ist es noch seltsamer, und zwar auf ›traurige Art‹, als geistiger Fakt. Wieviel mehr hätten diese Schriftsteller geleistet, wenn sie anstatt der ›edlen‹ Wörter neue Ausdrücke und vor allem neue Ideen hervorgebracht hätten. Man sollte endlich begreifen, daß jede literarische Form, die ästhetisierend oder archaisierend oder klassizistisch oder überhaupt gekünstelt ist, von selbst alle intelligenten, nützlichen, interessanten und lebendigen Gedanken ausschließt. Gewendete und neu eingefärbte Kleider sind nicht elegant. Aus bestimmten historischen Gründen und vor allem als Auswirkung jenes ›Aristotelismus‹, der das geistige Gewand des Katholizismus ist, haben weder Kämpfe noch Spiele der Gedanken bei uns stattgefunden (und leider finden sie noch immer nicht statt), und man hat vorgezogen, sich an einige wenige starre und unveränderliche Schemata zu klammern. Was am meisten fehlt, sind Ideen: neue, kühne, weitreichende, ›entdeckerische‹, ›korrigierende‹, desinfizierende Ideen und eine Sprache, die so beweglich und vorurteilsfrei ist, daß sie sie auszudrücken vermag. Jede feierliche, erhabene Form, die Sprache eines Carducci, eines D'Annunzio, eines Pascoli sind ›ptolemäische‹ literarische Formen: sie setzen einen Archetypus voraus, ein Dogma, eine feste Ordnung, den geschlossenen Kreis, die Kuppel, und sie schließen die Ideen aus, das heißt, das freie Leben oder das freie Schicksal, den geraden unendlichen Marsch. Es geht darum, die »Neue Wissenschaft« wiedererstehen zu lassen, das wiederaufzunehmen und zu entwickeln, was von Bruno, Campanella und Vico begonnen wurde, und der »Neuen Wissenschaft« eine ihr angemessene Sprache zu geben. Man sage nicht, ich wolle die Barbarisierung der Sprache oder eine Mischung aus Verwaltungs- und Industriesprache der mechanischen ›Fünfjahresplan‹-Kultur oder die abscheulichen Neologismen, die die Witzblätter in Umlauf bringen und von denen die ›Nicht-Geimpften‹ so blitzartig angesteckt werden wie vom Scharlach. Ich sage nicht, man solle der Sprache ihre Eigenart und ihre Religiosität nehmen – obwohl die Religiosität ›auch‹ für die Sprache ein Hindernis sein kann –, sondern man soll sie aus der Scheinheiligkeit herausreißen, in der sie noch immer dahindämmert. (→Vorfahren)

Amphoren und Kelche

Anaxagoras. Griechenland hat Mythen erschaffen, andere Mythen sind über Griechenland entstanden. Dieser geschichtliche Frühling, dieser Augenblick seltensten Glücks, dieses Intermezzo höchster Menschlichkeit, dieser hellglänzende See, in dem sich, wenn auch kurz, das Lächeln der Götter spiegelte, diese so einzigartig heitere Oase inmitten der trüben Annalen der Welt – kurz, dieser poetische Augenblick, was ist er anderes als ein glänzender, aber verdächtiger Mythos? Ein Mythos ist auch die so hochgepriesene Freiheit von Athen. Wir sind im Jahr 460 vor Christus, und ungefähr in diesem Jahr wird in der ionischen Stadt Klazomenä einer dieser sonderbaren Menschen geboren, die, da sie das Glück woanders suchen als in den Dingen, die von den meisten begehrt werden, unter dem Namen Weise geführt werden. Eine edle Eigenschaft. Dennoch ist nicht einzusehen, warum diese ›andere‹ Art, das Glück zu suchen, so verschieden sein soll von der, die darin besteht, die Frauen in den Autobussen anzufassen, seinen Aperitiv in der Via Veneto zu nehmen und ein Pokerspielchen zu machen. Ja, um den Unterschied deutlicher zu machen, sagt man nicht einmal, der Weise ›suche das Glück‹. Und doch ist die Art und Weise, durch die der Weise sich Glück zu verschaffen sucht, die unreinste von allen und – wir verhehlen es uns nicht – die gefährlichste.

Anaxagoras wurde reich geboren, aber er verzichtete auf die Güter, mit denen ihn Fortuna versehen hatte, um sich freier der Wissenschaft zu widmen (und auch das enthüllt, daß die Suche nach dem Glück vermittels der Wissenschaften einsamer, eifersüchtiger, lasterhafter als die anderen Arten der Glückssuche ist). Voltaire hinwiederum meinte, der Stand des Philosophen müsse durch ein jährliches Einkommen von einhunderttausend Francs unterstützt werden. Wer von beiden mag recht haben? Nach dem Zeugnis des Aristoteles wissen wir, das Anaxagoras schon im 4. Jahrhundert angesehen wurde als einer, der das »theoretische Leben« praktizierte. Anaxagoras war der erste Philosoph oder, anders gesagt, der erste »Mann der Wissenschaften«, der sich in Athen niederließ. Obwohl es dabei war, das politische Zentrum der griechischen Welt zu werden, hatte Athen selbst noch keine »Männer der Wissenschaften« hervorgebracht. Mehr noch, der Athener war ein Erzfeind jeglicher Art der Forschung. Zur Zeit seines größten Glanzes war Athen weit davon entfernt, ein Zentrum zu sein, in dem ungehindert eine freie Forschung betrieben werden konnte. Anaxagoras, Sokrates, Aristoteles, obwohl eher politischer Vergehen beschuldigt denn häretischer und weniger als Häretiker denn als Erneuerer auf dem Gebiet der Religion verurteilt, wurden, jeder auf andere Weise, Opfer der demokratischen Scheinheiligkeit Athens. So kann es nicht wundernehmen, daß ›Herr Nus‹ in ein derartiges Milieu geraten, bald darauf den ruchlosen Richtern in die Hände fiel, denen das hygienische Amt oblag, für die Respektierung der offiziellen Götter zu sorgen. Dunkel die Einzelheiten des Anaxagoras-Prozesses, widersprüchlich die Versionen von Satyros und Sotion. Dieser sagt: Ankläger Kleon; Anklage: die Sonne als eine glühende Masse bezeichnet zu haben; Urteil: Bußgeld von fünf Talenten. Und jener: Ankläger Thukydides, Sohn des Melesias; Anklage: Gottlosigkeit und Tätigkeit als Medium; Urteil: in Abwesenheit zum Tode verurteilt. Von Platon wissen wir, daß man Anaxagoras vorwarf, er lehre, die Sonne sei ein glühender Stein und der Mond bestehe aus Erde. Und doch, mitten in diesem ›mittelalterlichen‹ Dickicht, das auf so symptomatische Weise die Klarheit des glänzendsten Jahrhunderts von Griechenland befleckt, öffnet sich eine glückliche Lichtung, leuchtet plötzlich etwas legendär Griechisches auf: die Freundschaft, und zwar nicht nur der Gefühle, sondern die wirksame und tätige Freundschaft des Perikles für den verfolgten Philosophen. Anaxagoras, so sagt Hermippos, lag, zum Tode verurteilt, im Gefängnis, als Perikles ihn befreite und ihm zur Flucht verhalf und zugleich den Athenern ihr schändliches Verhalten vorwarf. Als Verbannter kehrte Anaxagoras in seine ionische Heimat zurück und ließ sich in Lampsakos nieder. Hier gründete er eine Schule und starb schließlich hochbetagt. Zu seinem Gedächtnis errichteten die Bewohner von Lampsakos »dem Geist und der Wahrheit« einen Tempel. (Wann genau wurde das Freimaurertum geboren?) Sein Todestag war ein Feiertag für die Schüler von Lampsakos. So hatte es ›Herr Nus‹ selbst gewollt, weil er, der sein ganzes Leben lang gemeint hatte, die Wissenschaft sei ein großes Glück, vor seinem Tode begriff, daß der Schlaf der Wissenschaft wohl ein noch größeres Glück ist. (→Karussell)

Angelus. In der *Hymne an Maria* spricht Alessandro Manzoni vom Angelusgebet, das zu drei verschiedenen Tageszeiten wiederholt wird:

Angelus

Dich, wenn der Tag sich hebt und sinkt
und wenn die Sonn den halben Weg genommen,
grüßet die Bronze, welche singt
her zum Gebet die Frommen.

Wenn unsere größten Dichter eine Sprache benutzen, die vom Laster des Literarischen derart deformiert ist, wen wundert dann noch, daß ein großer Teil unserer Dichtung – trotz aller Schönheit – so unlebendig ist, ein solches Schattendasein führt und uns so wenig Zuneigung einflößt?

APOLLINAIRE. Der einzige Dichter unserer Zeit, der aufgrund der Leichtigkeit und Tiefe seiner Inspiration, der Natürlichkeit und Klarheit des Ausdrucks; wegen seiner Nähe zu den natürlichen, übernatürlichen und unternatürlichen Elementen; wegen seines Gefühls irdischer Unsterblichkeit; wegen seiner Vertrautheit mit den Geheimnissen der Erde, des Himmels und der Seele; wegen seines Weitblicks und seines Blicks hinter die Dinge; wegen seiner olympischen Geistesmelancholie; wegen seiner Überwindung aller Gier nach Wissen, Kenntnissen, Entdeckungen, Siegen über die Natur und die Menschen; wegen seines Desinteresses am Leben; wegen seines Lebens jenseits des Lebens und wegen der Reinheit seiner Stimme, der Keuschheit seiner Gefühle, der Klarheit der Ornamente, der Schönheit des Gesanges neben Sappho, Anakreon, Alkaios gestellt werden kann. Diese Zeilen schreibe ich in meinem Haus in Poveromo, vor dem Fenster sehe ich Erlen, Steineichen, Platanen, Pappeln, die muskulös und mit schönen Kronen auf dem Sand wachsen. Wer hat gesagt, der Sand sei steril? Nirgends gibt es einen so reichen Baumbestand, eine so vollkommene Bebauung wie in der sandigen Versilia. Und hinter den Erlen erblicke ich einen jungen Klempner mit seinen zuckenden Muskeln, von geschmeidiger Bronze umspannt wie ein Meergott, mit der Reparatur meines artesischen Brunnens beschäftigt. Zuerst kommt das Wasser stoßweise, herausgespuckt, wütend und schwarz von Erde: Das ist die Dichtung bis zu Rimbaud, im Kampf mit dem Schlamm des Lebens und auf der Suche nach »Illuminationen«. Schließlich – Triumph des halbgöttlichen Klempners und Krönung seiner Arbeit – kommt das Wasser klar, ruhig und ohne Anstrengung hervor: Das ist die Dichtung von Apollinaire, das Wasser, wie es immer sein müßte und um das herum sich die Frauen mit ihren funkelnden Kupferkannen versammeln, die Kinder mit ihren muschelförmig zusammengelegten Händen, die Männer, die auf Hals und Gesicht die langen Falten des Durstes tragen. Dieses Beispiel hilft, die beste Seite des Kapitalismus zu verstehen. Die Väter haben gearbeitet, damit die Kinder genießen können. Ich sage einfacher: damit die Kinder leben können. Warum denkt man immer, das Leben müsse aus dem Leiden kommen, um zum Genuß zu werden? Warum das Leben stets in seinen höllischen Extremen betrachten und nie in seiner menschlichen Mitte? Oder sogar in seinen engelhaften und paradiesischen Extremen? Es geht darum, mit Kunst, Maß und Weisheit ›in der Mitte‹ zu bleiben. Nicht genießen, aber auch nicht leiden. Es versteht sich von selbst, daß hier nur von den ›würdigen‹ Kindern die Rede ist. Diese poetische Ataraxie hat ihm den schlechten Ruf der Nutzlosigkeit eingebracht: Und die eben ist seine poetische Vollkommenheit, das Ziel, nach dem alle Dichter streben müßten, um eine poetische Zivilisation ins Leben zu rufen. Ich sage nicht, daß Victor Hugo ein schlechter Dichter ist; ich sage, er ist ein unzivilisierter Dichter.

Er hieß Guillaume Apollinaire de Kostrowizki, aber um seine Unterschrift deutlicher zu machen und ihr das Barbarische des Familiennamens Kostrowizki zu nehmen, hatte er seinen Vornamen Apollinaire zum Familiennamen erhoben, der für einen Dichter nach Maß gemacht zu sein scheint. Ich kann aber nicht sagen, ob Apollinaire mehr an seiner phonischen Verwandtschaft mit Apollo lag oder an der mit Apollinaris, das bekanntlich ein Tafelwasser mit abführender Wirkung ist. Apollinaire war kein Spezialist. Er schrieb ohne Unterschied in Prosa und in Versen, in freien Versen und streng daktylisierten, in reimlosen und gereimten, er wußte, daß zwischen Prosa und Prosodie höchstens ein technischer und praktischer Unterschied besteht. Er wußte, daß die Poesie die Creme der Prosa ist, das, was nach einem langen und fleißigen Klärvorgang übrigbleibt; er wußte, daß man der leichteren Aufnahme wegen die Worte nach dem Metrum mißt und die Verse zu Reimen verbindet, so wie Medikamentpulver eingeschlossen wird in etwas, was die Accademia d'Italia vorschlug *cialdini,* Oblätchen, zu nennen, aber nicht nach Cialdini, dem Eroberer von Gaeta.* Er wußte, daß der Vers eine Kapsel für Ideen und Bilder ist, für diese leider häufiger als für jene, das heißt, er macht sie leichter erinnerbar. An *»Amor ch'a nullo amato amar perdona«,* in Prosa ausgebreitet, würde man sich nicht mehr erinnern. Er macht auch das erinnerungswürdig, was es von sich aus nicht ist (»Der rauhe Ton tatarischer Trompeten«). Manchmal verleiht er den widerlichsten Dummheiten eine aphoristische Schärfe, und oft wird der Vers zu unpoetischen Zwecken benutzt, um die Anämie der Gedanken und die Magerkeit der Phantasie zu maskieren (siehe Paul Valéry). Um den Vers wirksamer und seinen Inhalt erinnerbarer zu machen, müßte man ihn singen wie in der Liturgie oder wie die französischen Gedichtrezitatoren. Der Vers ist autoritär und gebieterisch. Er dient dazu, dem Volk den Willen des Oberhaupts einzuhämmern. Er ist unanfechtbar, endgültig. Auch wenn er sagt »O grüne Zweige, heitre Bächlein«, erhalten diese armseligen Worte und ihre armselige Bedeutung etwas Ewiges. (Die Variante, die einzige bekannte Form von Veränderlichkeit des Verses, hat keinen

* Es heißt, Leopardi habe seine Gesänge für sich in Prosa niedergeschrieben und sie dann mit großer Geduld zu Versen geordnet.

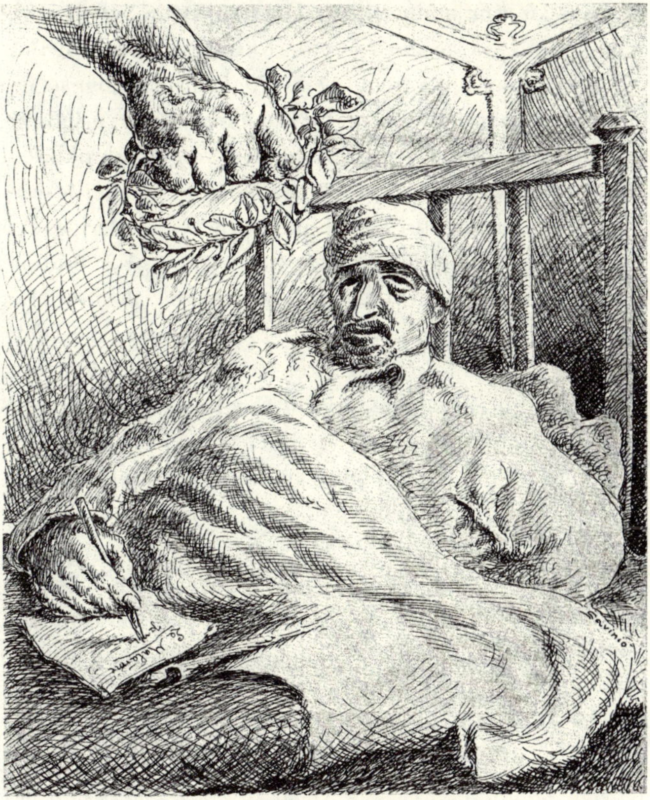

dialektischen Wert.) Als religiöses oder legislatives Instrument wird der Vers heute *slogan* genannt.

Apollinaire starb 1918 in Paris in seiner kleinen Wohnung unter dem Dach des Gebäudes, das die Nummer 208 des Boulevard Saint-Germain trägt; in einer Wohnung, die den kleinen Vögeln ähnelte, die ihren Wohnsitz auf dem Rhinozeros haben, dort singen, Flöhe fangen, ihr Leben leben, während der Dickhäuter das seine lebt. Er starb an der Spanischen Grippe und an den Folgen der schweren Kriegsverletzung, die eine Schädeloperation notwendig gemacht hatte. Er starb genau am Tag des Waffenstillstands, während sich die Pariser ihrer zügellosen Freude hingaben. Als Wahlfranzose liebte Apollinaire an Frankreich das, was an ihm lateinisch ist. Die fränkische Seite Frankreichs interessierte ihn wie eine Kuriosität. Auch die angelsächsische Welt erregte seine Neugierde. Ebenso die slawische Welt, der Balkan, die Kolonien. Ganz zu schweigen von den alten Kulturen, besonders von den dunkleren. Die Hölle flößte ihm eine unglaubliche Neugierde ein. Viele Jahre widmete dieser unersättlich Neugierige den Studien der Dämonologie. Als Mann von großer Bildung schätzte er die Schriftsteller des Großen Jahrhunderts: Corneille, Racine waren seine Lieblingsautoren, die Dichtung auf dem Kothurn, die strenge Dichtung in der Toga, in der sich das erhabene Gesicht Roms spiegelt. Übrigens gab es zwischen Rom und Apollinaire eine physische Beziehung. Sein Vater stammte aus Rom und dem Vatikan. Seine Freunde nannten Apollinaire *»le pape«*. Die Büste Apollinaires würde sich in der Galerie der Kaiser, Rhetoren und Geschichtsschreiber im Thermenmuseum unter Verwandten fühlen. Römisch war auch sein robuster und gedrungener Körper. Er liebte die italienische Küche, und seine Agnolotti bereitete er sich selbst zu. Er liebte es nicht, mit Bildung zu glänzen. Als einmal jemand im Ton eines Kenners über Racine redete, entgegnete er mit naivem Staunen: *»Racine?… tiens … était-ce un poète?«* Er war extrem schüchtern. Bei einem Konzert, auf dem meine Musik gespielt wurde, wollte er mich mit einer kleinen Ansprache ehren. Er stellte sich neben den Flügel, wurde rot bis unter die Haarwurzeln, aber aus dem massigen Körper eines Meisters im griechisch-römischen Ringkampf drang nicht der Hauch eines Tones. Er wurde von den Maristen-Padres im Fürstentum Monaco erzogen, reiste kreuz und quer durch Europa; war Angestellter bei einem Wechselagenten in Paris; arbeitete für einen Verleger leichtgeschürzter Literatur; wurde des Diebstahls der Gioconda beschuldigt, verbrachte zehn Tage im Gefängnis, trank Seerosenwasser, um die Glut der Sinne zu dämpfen, und schrieb in der Zelle eines seiner anrührendsten

Gedichte: *A la prison de la Santé.* Als Ausländer mußte er sich jeden Monat auf der Polizei melden und sich einen Sichtvermerk in den Paß stempeln lassen. Er ging als Freiwilliger in den Krieg, wurde am Kopf verwundet, schwebte im italienischen Lazarett in Auteuil zwischen Leben und Tod, wurde Mitglied der Ehrenlegion. Er selbst hatte sich *»le Malaimé«* genannt. Endlich fand er eine Frau, die ihn liebte, und er heiratete sie. Aber an der Schwelle des Glücks starb er, wie Tamerlan angesichts des Meeres. Seine Mutter führte ein galantes Leben, solange es ihr möglich war, am Ende mußte sie in Spielhöllen den Lockvogel machen. Er liebte sie mit kindlicher Zärtlichkeit, und mit brüderlicher Zärtlichkeit liebte er seinen Bruder Albert, der nach Mexiko ausgewandert war.

Giuseppe Ungaretti war auf Fronturlaub in Paris. Er fragte Apollinaire, was er ihm das nächste Mal von der Front mitbringen solle. »Ein Päckchen *toscani*«, sagte Apollinaire. Einige Tage später ist der Krieg zu Ende, und Ungaretti kommt nach Paris zurück. Er steigt zu Apollinaire hinauf, um ihm die Zigaretten zu bringen. Der Tag ist glühend heiß. Das Fett des Dichters beginnt zu verwesen.

Am selben Tag stirbt auch Rostand. Zwei ›poetische‹ Trauerzüge bewegen sich durch die flaggengeschmückten Straßen. Die »Polin« folgt der Bahre des Sohnes, als Karnevalskönigin gekleidet. Denen, die sie trösten wollen, antwortet sie: »Mein Sohn ein Dichter? Ein Nichtstuer, wollt ihr wohl sagen. Rostand – das war ein Dichter!«

Sie starb im selben Jahr. Und in Mexiko starb der Bruder, dem Apollinaire über Meere und Kontinente hinweg ideographische Botschaften geschickt hatte.

APOLLO. Die Tatsache, daß er auf einer schwimmenden Insel geboren wurde, hat einen starken Einfluß auf den Charakter Apollos gehabt. Man mißt dem Boden, auf dem wir leben, nicht die ihm zukommende Bedeutung bei;

und auch nicht der Oberfläche, auf die sich unser Körper stützt, und der Stellung, die diese Oberfläche uns einnehmen läßt, sowie den Wirkungen, die diese Stellung auf unser Wesen hat. Albert Thibaudet, der mikroskopierende Kritiker, hat eine deutliche Analogie zwischen dem poetischen Ton Rimbauds und seiner Gewohnheit entdeckt, sich auf den Feldern oder an Straßenrändern rücklings hinzuwerfen, um die Bäuche der Wolken zu betrachten. Vor einigen Jahren zwang mich ein scheußlicher Ischias, für einige Monate das Bett zu hüten, und ich gewöhnte mich daran, liegend zu arbeiten – bis ich nach kurzer Zeit bemerkte, daß ich anfing zu ›prousten‹. Die Instabilität von Delos, der schwimmenden Insel, auf der Latona zu Füßen einer Palme ihre beiden Kinder, die sie von Zeus empfangen hatte, gebar, erklärt den Charakter Apollos und den seiner Schwester Diana. Man müßte den Charakter derjenigen studieren, die auf einem Schiff geboren sind, es würde mich sehr wundern, wenn sie nicht einen apollinischen Charakter hätten. Apollo ist der oberflächlichste der olympischen Götter, der eitelste, der unbedeutendste. Apollos sind reichlich unter uns vorhanden. Man braucht sich nur umzusehen: schöne Männer mit Mandelaugen (die also weder nach draußen noch nach drinnen sehen), mit breiten Schultern, schmaler Taille, wunderschön und vollkommen nutzlos. Natürlich kann ich keine Namen nennen. Die anderen Götter üben entweder einen Beruf aus, oder sie betreiben, wie Vulkanus, ein Handwerk. Apollo, dieser sperrige und zu keiner ernsthaften Beschäftigung fähige Schönling, wurde zum Musenführer ernannt, da man nichts anderes mit ihm anzufangen wußte, ein Amt, das jeder, der auch nur eine Spur von Würde besitzt, mit Verachtung zurückgewiesen hätte. Außerdem ist Apollo der Vertreiber der Finsternis, der Lichtbringer, die Sonne in Person. Aber wer sagt mir, daß das Licht besser ist als die Dunkelheit? *Ich denke im Dunkeln besser.* Die Sonnenmanie kommt von Apollo, und auch dieses Adjektiv »solar«, das so aussieht, als sage es viel, und das in Wirklichkeit nichts sagt. Vertreter Apolls in der Poesie sind George Byron, Shelley und Gabriele D'Annunzio. Wenn man an die Nutzlosigkeit manchen Lichts denkt, kommt einen die Lust an, in den Keller hinunterzusteigen. Um das Licht zu rehabilitieren und um es vor allzu naheliegenden Entstellungen zu schützen, erfand Nietzsche die »Dunkelheit« des Lichts und, daß der Mittag tiefer sei als die Mitternacht. Trotzdem ist sein Zarathustra, ein naher Verwandter Apollos, eine der plumpsten und mißlungensten Gestalten der Weltliteratur. Wollen wir die Wahrheit sagen? Apollo ist der Gott des Ästhetentums. Die Unverständigsten, die Rhetorischsten, die Hysterischsten auf dieser Welt haben ihn zu ihrem Gott gewählt. Wir sind für die Schlange Python. Die plastische Darstellung spiegelt diesen Charakter von Apollo wider: oberflächlich und ohne Substanz. Der sogenannte Apollo vom Belvedere ist das Bildnis eines Golfspielers. Die röckchenbekleidete Statue des Apollo Musagetes, sowohl Mann als auch Frau, zeigt den doppeldeutigen, geschlechtslosen Charakter des Lichtgottes. Und: Die Unmännlichkeit Apollos findet ihre genaue Entsprechung in der Unweiblichkeit Dianas. Sie ist so wenig weiblich, wie er wenig männlich ist. Dasselbe Gleichgewicht findet man bei den Sterblichen, besser gesagt dieselbe Entsprechung von Ungleichgewichtigen: Die Schwester des weibischen Mannes ist natürlich das Mannweib. Auch hier kann ich, wie man verstehen wird, keine Namen nennen. Die Diana im Louvre, die Jägerin im kurzen Röckchen zwischen ihren Hunden, verkörpert diesen so wenig fraulichen Frauentyp, der sich wie alle wenig fraulichen Frauen entschlossen hat, Sportlerin zu sein. *Apollo*

ÄRZTLICHER RAT. Vor kurzem drohte mir ein Abszeß als Folge einer Injektion, aber zum Glück verteilte sich die angesammelte Flüssigkeit nach einer Behandlung mit

Röntgenstrahlen (ich sage das, falls es jemandem nützlich sein kann). Bei dieser Gelegenheit bemerkte ich, daß alle meine Freunde und Bekannten Abszesse als Folge einer Injektion gehabt hatten, alle selbstverständlich viel schwerer als meiner, und jeder gab mir mit großem Eifer einen anderen Ratschlag, um den ich ihn nicht gebeten hatte: Der eine riet zu Leinsamenbrei, um den Abszeß zur Reifung zu bringen, der andere zu spiritusgetränkten Läppchen, um den Abszeß zurückzudrängen, und so weiter und so fort. Diese ›spontanen‹ Ratschläge, die mir die lieben Leute gaben, ohne zu bemerken, daß ihre Wirkung wahrscheinlich kaum von Nutzen und bestimmt unangebracht war, wurden nach dem Zeugnis von Herodot von den Babyloniern legal praktiziert. So nämlich: »Sie schaffen die Kranken aus ihren Häusern hinaus auf den Platz; denn die Babylonier haben keine Ärzte. Und die Passanten nähern sich dem Kranken und geben ihm Ratschläge zu seiner Krankheit, wenn sie selbst eine ähnliche gehabt haben oder einen Dritten kannten, der an ihr gelitten; dann fordern sie ihn auf, das zu tun, was sie getan haben oder haben tun sehen, um gesund zu werden. Es ist verboten, stillschweigend an den Kranken vorüberzugehen, ohne sie zu fragen, an welcher Krankheit sie leiden.«

BARBIERIN. In London, Paris, Berlin und in Salsomaggiore, Italien, habe ich die Bartscherkunst von Frauen ausüben sehen. Psychologische Gründe widersetzen sich der Verbreitung des weiblichen Barbiers. Campanella sagt, daß im *Sonnenstaat* »das Gewerbe des Haar- und Bartscherens meist von Frauen ausgeübt wird«. Man sieht, daß Campanella nicht an die obigen Gründe gedacht hat. Nicht nur dieses Beispiel weckt Zweifel an der psychologischen Feinfühligkeit Campanellas. Der Hauptgrund ist, daß sich der Mann schutzlos den Händen der Barbierin überantwortet und sich als der Unterlegene empfindet.

Der andere Grund, der für die Minderheit gilt, das heißt für diejenigen, die gegenüber einer Frau nicht die Gefühle eines Orientalen hegen, ist der, daß der Mann es nicht erträgt, sich von der Frau *bedienen zu lassen.* In einigen Kliniken ist die Lage noch schlimmer. 1941 wurde mir in einer römischen Klinik ein eingeklemmter Bruch operiert, und vor der Operation wurde das Einseifen und Rasieren – zu meiner unbeschreiblichen Qual – von zwei Nonnen ausgeführt. »Warum nur kommt keiner – besonders an den zur Linderung von Schmerzen bestimmten Orten – auf den Gedanken, daß die innere Qual der verletzten Scham stärker als ein physischer Schmerz ist?« (Alberto Savinio, *Casa La Vita*) In anderen Kliniken werden die Frauen vor der Operation von *Barbieren* rasiert. Ich für meinen Teil werde mich niemals in die Hände einer Barbierin begeben.

Wenn ich sehe, daß in einem Schuhgeschäft Verkäuferinnen sind, verzichte ich auf den Stolz und den Schmerz neuer Schuhe und gehe meiner Wege.

BART. Die Würde des Mannes hatte bis vor wenigen Jahren ihren Sitz im Bart und, bevor es die *geschlossene* Kleidung gab, auch in der Behaarung der anderen Körperteile. Höchster Ehrgeiz des Mannes war es, dem Löwen zu ähneln (das Paris des 19. Jahrhunderts taufte seine Elegants *lions*, also gewissermaßen »Könige des Pariser Waldes«), und die Türkin, die zumindest bis zur reformierten Türkei von Kemal Atatürk mehr die physischen als die moralischen Qualitäten schätzte, konnte ihrem Mann kein schöneres Kompliment machen, als ihn *aslanùm*, »mein Löwe«, zu nennen. Spuren der ›totalitären‹ Behaarung findet man heute noch beim heranwachsenden Jugendlichen, der stolz ist, auf Brust und Beinen eine reichere Behaarung vorweisen zu können als seine Altersgenossen. Wen wundert's? Viele halten noch immer Behaarung für ein Zeugnis von Männlichkeit, und Männlichkeit ist eine der größten Ambitionen des Mannes. Imposante Bärte haben meine Kindheit geschmückt: Mosesbärte und Satyrbärte, Prahlhansbärte und Mazzinibärte, diplomatische Fräsen und militärische Quadratbärte, gehorsame Bärte in Weidenrutenform und stolze, auseinanderstrebende Bürsten. Ich erinnere mich an die ausdauernde, liebevolle Pflege (mit Ausnahme der ungepflegten Bärte, die Aufschluß gaben über die heute verzehrten Eier und die gestern genossenen Soßen), die der Mann seinem Bart durch Waschen, Massieren, Bürsten angedeihen ließ, durch Besprühen mit duftenden Lotionen, Kämmen und dem abschließenden Sonnenbad am Fenster, um ihn von oben, von unten und von den Seiten zu trocknen. Ich erinnere mich an die Handbewegungen, die den zerzausten Bart ordneten, die weichen Fluß in seine Wirrnis brachten. Ich erinnere mich an das Geflatter der beweglichen Hand um den Bart, an das Spiel der Finger mit den Locken, an das röhrengleiche Herabgleiten der Hand am Bart, an das lustvolle Kratzen unterm Kinn, an das Bartwischen mit der Serviette nach der Suppe und den soßenreichen Gerichten; ich erinnere mich an das Taschenkämmchen, das der bärtige Mann ab und zu aus der Hülle zog (in seinem Etui ruhte das Kämmchen in der oberen Westentasche, zusammen mit dem goldenen Zahnstocher und einem kleinen löffelförmigen Werkzeug zum Reinigen der Ohren), um den Bart entweder auf der Brust nach innen zu kämmen (wie Raffaels Gottvater, der die Erde von den Wassern scheidet) oder ihn auseinanderzuziehen (wie der Baron von Münchhausen) oder ihm, vom Adamsapfel zum Kinn hinaufstreichend, Schwung zu verleihen.

Vermeinten sie, in ihrem Bart nur einen Schmuck zu pflegen? Einfältige bärtige Seelen! In der sogenannten »Zierde des Kinns« war etwas ganz anderes verborgen: die Ehre; und jemanden *beim Bart* nehmen war ebenso beleidigend wie jemanden bei der Nase nehmen und an ihr herumführen. Als zu Beginn unseres Jahrhunderts das kahle Gesicht aufging, das bis dahin das unbestrittene und unangefochtene Vorrecht von Schauspielern und Kellnern gewesen war, schrieb einer der geistvollsten Mitarbeiter des *Corriere della Sera* – ich erinnere mich nicht mehr, ob Amedeo Morandotti oder ein anderer –, der rasierte Mann *ähnele einer häßlichen Frau.* Ohne Wissen des Autors (in dem zitierten Satz gibt es kein Indiz für bewußten Hintersinn) enthält diese Definition den wahren und tiefen Sinn der Gesichtsbehaarung, nämlich den, Mann und Frau zu unterscheiden und vor allem dem unbedeckten und sichtbaren Teil des männlichen Gesichts jedes Anzeichen von Weiblichkeit zu nehmen. Eine Dame aus dem Norden Europas, die zum ersten Mal in eine Stadt des Südens gekommen war, sagte mir, sie sei beeindruckt gewesen von dem deutlichen Unterschied der Gesichter der Männer und Frauen, was stillschweigend einen weniger großen Unterschied, das heißt eine Bewegung zum Zwittertum hin, im Heimatland jener Dame einschließt. Nebenbei gesagt war der bärtige Mann ›reicher an Stimmen‹, war mehr ›Persönlichkeit‹, mehr ›Typ‹, war ›geheimnisvoller‹, und vielleicht ist der Niedergang des Romans in Europa zum Teil dem Verschwinden des Bartes zuzuschreiben. (Der Übergang vom Bart zum nackten Gesicht findet nicht nur auf dem Antlitz des Mannes statt, sondern auch in der Architektur, in der Wohnungseinrichtung, in der Kleidung, in den Sitten, und diese Entkleidung des Lebens von allem Schmuck ist wohl ›rational‹, aber sie liefert keine Inspiration für *Geschichten.*) Mit dem Verlust des Bartes verliert der Mann zugleich auch seinen erschreckenden Anblick, die *Kraft seiner Erscheinung,* die immer schwächer wird und gänzlich verschwindet, während die Eigenschaften des Geistes das Übergewicht über die (vom Bart und von der Behaarung repräsentierte) Körperkraft gewinnen. Der Mann trug ja schließlich einen kleinen Wald auf dem Gesicht (und wieviel stärker war der Ausdruck des Mundes, der sich inmitten des Bartes öffnete, wieviel beeindruckender war das Gefunkel der Augen oberhalb jenes Haarforsts, beinahe die Augen eines Riesen, die über einen Wald hinwegschauen), und wenn mein Vater plötzlich in mein Zimmer trat, war mir, als käme ein Zentaur oder Zeus persönlich herein; wenn ich dagegen als bartloser Vater in das Zimmer meines Sohnes Ruggero komme, merke ich sehr wohl, daß ich ihm weder als ein Geschöpf mit menschlichem und zugleich pferdischem Körper noch als der *patèr andròn te theòn te* erscheine. Man sagt mir, die Frauen mögen keine bärtigen Männer mehr (wie kann die Frau, die das Gewöhnliche liebt, etwas Außergewöhnliches lieben?), und wehe, wenn sich *heute* eine Frau in einen Mann mit Bart verliebe: sie kehre zur *sklavischen Liebe* zurück. Ob das wahr ist? Ich weiß es nicht, ich werde es nie erfahren, ihre geheimsten Gedanken teilt eine Frau nur einer anderen Frau, nie einem Mann mit.

Im homerischen Griechenland unterscheiden die langen Haare nicht die Freien von den Sklaven, sondern die Adligen von den ›Bauern‹. Ein Zeichen ihrer Freiheit – der *anarchia*, wie man damals sagte – waren auch die langen Haare der Künstler bis zur Zeit des Kubismus. Vorher noch verlor Samson seine Kraft zusammen mit seinen Haaren, und auch die Sonne trug all ihre Macht in ihrer glühenden Mähne. Und wer weiß, ob nicht der Mann, gequält von einem ewigen, brennenden Traum von sich selbst, seine Haare und seinen Bart als die strahlenden Formen der feurigen Kraft des Sonnenmannes ansah? Der berühmte und schon lächerliche »Sonnenmythos« wartet vielleicht auf eine neue, menschlichere Interpretation, die das noch immer dunkle Problem der Haare und des Bartes lösen würde.

Dies ist die Stunde der kahlen Gesichter. Ein bartbekleidetes Gesicht veranlaßt alle nackten Gesichter, sich neugierig nach ihm umzuwenden. Ist die Aufgabe des Bartes als ein Verzicht auf die Männlichkeit und ihre Ambitionen zu verstehen? Das Verstandesleben unterdrückt die Ehre des Geschlechts, und die Lieblingsgefährtin der Intelligenz ist die Keuschheit. (→GELÜBDE)

BAUDELAIRE. An anderer Stelle habe ich gelegentlich einmal das folgende geschrieben: »Die Kunst gab ihre Vorstellungen auf einer hohen und unerreichbaren Bühne, jenseits einer Rampe, die ein undurchschreitbares Licht ausstrahlte und die Leben und Kunst unerbittlich trennte; sie verwandte Farben, deren Formel hier unbekannt ist, sie benutzte Formen und Ansichten, die mit dem natürlichen Leben ungefähr die Ähnlichkeit haben, die im Kalender zwischen Werk- und Feiertagen, in den alten Monarchien zwischen Untertan und König, im Hühnerstall zwischen den Hühnern und dem Pfau besteht. Im Laufe des 19. Jahrhunderts wirkten dann drei hervorragende Künstler jeder auf seine Weise daran mit, dieses Rampenlicht zu löschen, die Kunstbühne dem Theater des Lebens anzunähern und die Menschen in ihren Alltagskleidern und ohne Schminke auf diese Bühne zu bringen, damit sie die Dramen und Farcen des gewöhnlichen Lebens darstellten. Diese drei ›Annäherer‹ waren Baudelaire in der Dichtung, Manet in der Malerei, Bizet in der Musik. Nicht genau steht bisher fest, ob das Werk dieser drei Männer darin bestanden hat, Leben in die Kunst zu bringen oder die Kunst ins Leben. Ich plädiere für das letztere.«

Hier spreche ich nur von Baudelaire. Und ich spreche nicht von der Qualität und dem Wert seiner Dichtung. Ich untersuchte nicht, ob Baudelaire ein sehr großer oder ein sehr kleiner Dichter ist (mir persönlich erscheint er nicht sehr groß), sondern ich betrachte lediglich die Bedeutung Baudelaires in der ›Politik‹ der Dichtung. Und diese Bedeutung ist eminent.

Es handelt sich nicht um eine Erneuerung der poetischen Form, sondern um die Einführung neuer Bedingun-

gen in die Dichtung. Der Poet ist nicht mehr der Inspirierte, der in einigen Fällen, und sagen wir ruhig, in den herausragendsten, eine rein rezeptive, passive Pythia-Funktion hat, sondern er selbst wird ›Produzent‹ von Poesie. Der Dichter lauscht nicht mehr der Muse, sondern nur der Stimme des eigenen Herzens. Baudelaire ist der Kopernikus der Dichtung. Er leitet das kopernikanische Zeitalter der Poesie ein, die bis dahin ausschließlich und unabänderlich ptolemäisch gewesen war. Wie kommt es, daß eine so große Veränderung in der Geschichte der Poesie von niemand bemerkt worden ist? Es existiert eine tiefe Abneigung gegen Baudelaire, eine unheilbare Abneigung. Gerade vor ein paar Tagen habe ich einen Freund, einen intelligenten Menschen, nur bei der Nennung des Namens Baudelaire vor Wut erbleichen sehen. Sofort stellte er diesem Namen einen anderen entgegen: Giovanni Pascoli, so wie man der Farbe Schwarz die Farbe Weiß entgegenhält, dem Schatten das Licht, und so wie der Abergläubische bei der Nennung gewisser gefährlicher Namen mit seinen Beschwörungsformeln antwortet. Dieses Beispiel führe ich nicht an wegen des Widersinns einer solchen Gegenüberstellung (man kann keinen Disput entwickeln aus dem Vergleich zwischen einem Apfel und einer Schachtel Streichhölzer), sondern um zu zeigen, wie lebendig, wie tief verwurzelt die Feindseligkeit gegenüber Baudelaire noch heute ist. Was ist der Grund dafür? Die Art seiner Dichtung vielleicht? Seine ›Amoral‹ – die am Anfang dazu gedient hat, den wahren Grund der Feindseligkeit gegenüber seiner Dichtung zu verbergen und den Verdacht abzulenken? Nein. Der Grund ist, daß Baudelaire, wie Kopernikus und Charles Darwin auf anderen Gebieten, *einen Gott getötet hat.*

Da Baudelaire lehrt, daß der Dichter alles selbst machen kann, ohne Führer und Vermittler, erbleicht und stirbt durch sein Werk Apoll, die Musen verdorren und lösen ihren Chor auf, der Hof des Parnaß wird liquidiert. Ich frage mich, welche Scham, welche Zurückhaltung, welche Heuchelei, welche ›heilige Furcht‹ es verbietet, diese Bezüge, diese Konsequenzen, diese Beziehung von Ursache und Wirkung zwischen der Kopernikanischen Astronomie, der Revolution von 1793 und der Dichtung seit Baudelaire klarzustellen. Warum widersetzt man sich so hartnäckig, den grandiosen Komplex dieses Übergangs der universellen Dichtung aus den Händen Gottes in die Hände des Menschen zu erkennen? Vor Baudelaire war die Dichtung im Stand der Unschuld und nicht korrumpierbar. (Nicht ohne Grund also, nicht ohne einen genauen ›physischen‹

Grund, wurde die Dichtung als unsterblich betrachtet.) Die Dichtung war wie der kleine Sakia Muni vor der Bekanntschaft mit dem Alter, der Krankheit, dem Tod. Die gewaltigsten, höchsten Darstellungen von Schmerz und Tod bei Homer, Dante und Shakespeare hatten in den Worten, mit denen sie ausgedrückt wurden, nicht den Geschmack von Schmerzen und nicht den Geschmack von Tod. Die Dichtung operierte mit sauberen Händen. Sie schaute an und berührte nichts. Alles spielte sich jenseits einer erhabenen Rampe ab. Und deswegen war die Dichtung Verzückung, Traum (ein glücklicher Traum, auch wenn er von der menschlichen Tragödie sang). Und deswegen hatte die Dichtung eine heilige, aber aktive Rolle im Leben (manches, das Erhabenste, das Geheimnisvollste, konnte nur in der Dichtung ausgesprochen werden); während seit Baudelaire die Dichtung diese erhabene priesterliche Funktion beim Volk verliert und das Volk kein Interesse mehr an ihr hat und sie vergißt. Die Poesie hatte eben die Eigenschaft eines Isolators gegenüber dem Drama des Lebens gehabt.

Dieser unmittelbare Geschmack von Schmerz und Tod, den man in der Dichtung Baudelaires spürt; dieses Abwesendsein der metaphysischen Autorität; dieses Fehlen von hoher Protektion; dieses isolierte Auf-der-Erde-Stehen inmitten der Menschen, deren Hoffnungen und Illusionen im Licht der Sonne erbleichen und den armseligen Schwindel (?) enthüllen, der sie nährt; dieses Dastehen unter dem von Göttern entvölkerten Himmel – ist das der Grund, weshalb die Dichtung Baudelaires dekadent genannt wird? … Vielleicht genügt das nicht. Man müßte sagen ›sterbliche Dichtung‹ im Unterschied zu der anderen, die unsterblich war. Aber was ist größer, die Unsterblichkeit oder die Sterblichkeit? Seit langem denke ich schon nach über einen griechischen Gott (Hermes), der der Unsterblichkeit, seiner ›nutzlosen‹ Unsterblichkeit, müde ist und der ein Mensch werden will, *um sterben zu können.* Auch die Dichtung war es eines Tages müde, unsterblich zu sein, und sie stieg hinab in die Dichtung Baudelaires, *um sterben zu können.* *Baudelaire*

BERATUNGEN. »Die Perser haben die Gewohnheit, ihre wichtigsten Angelegenheiten im Zustand der Trunkenheit zu diskutieren, und am nächsten Tag, wenn sie nüchtern sind, lassen sie sich wiederholen, was sie in der Beratung für gut befunden hatten. Wenn sie es auch nüchtern für gut befinden, nehmen sie es an, andernfalls verzichten sie darauf. Umgekehrt wird alles, was nüchtern beraten worden ist, noch einmal von ihnen beraten, wenn sie betrunken sind.« So sagt Herodot im ersten Teil seiner *Geschichten,* und dieselbe Art zu beraten schreibt Tacitus auch den alten Germanen zu. Als Herodot seine *Geschichten* während der Olympischen Spiele vorlas, war die Begeisterung so groß, daß den neun Büchern durch Akklamation die Namen der neun Musen gegeben wurden. Bei einem Historiker unserer Zeit kann man sich das nicht vorstellen. Johan Huizinga zum Beispiel, der seinen *Herbst des Mittelalters* auf den Olympischen Spielen von Antwerpen oder Berlin oder Los Angeles vorliest und ebensoviel Erfolg hat. Warum ist das, was ›damals‹ möglich war, heute nicht möglich? Das erste Buch der *Geschichten* von Herodot ist, wie es sich geziemt, Clio gewidmet, die sich auf griechisch *kleio* schreibt, was bedeutet »ich schließe«. Der Name der strengsten der neun Musen enthüllt die wahre Aufgabe der Geschichte: unsere Handlungen nach und nach in der Vergangenheit zu ›verschließen‹, um uns ihre Last von den Schultern zu nehmen und uns jeden Morgen neuen Mut zu geben – in Ermangelung einer neuen Welt.

BEWUSSTSEIN. Ich habe Sokrates immer mißtraut. (In einer kurzen Geschichte der Philosophie, zu seinem persönlichen Gebrauch verfaßt, diese scharfsinnige

Beobachtung von Schopenhauer: »Sonach wird es mir schwer, an den eigentlich großen Geist derer zu glauben, die nicht geschrieben haben.«) Ich habe Sokrates immer mißtraut, und ich mißtraue ihm noch viel mehr, seitdem ich den unermeßlichen Schaden bemerkt und festgestellt habe, den das Bewußtsein der Menschheit gebracht hat. Und dieses schöne Geschenk verdanken wir ihm, dem nasenlosen, stumpfgesichtigen Mann, dem Anwalt der plebejischen Instinkte und der geistigen Knickrigkeit und seiner perfiden, tendenziösen Auslegung des apollinischen »Erkenne dich selbst«. Das Bewußtsein war schon da, aber es war ein Laster, das der Mensch in sich verbarg und das zu zeigen er nicht den Mut hatte. Da kam er, der Unzufriedene, der Fordernde, der neidische Plebejer, der Antikünstler (ich möchte sie sehen, die Statuen des Sohnes des Sophronisios!), und pries jenes Laster, legalisierte es, gab ihm die Macht, sich schamlos auszustellen und herumzuprotzen. Die ganze Vulgarität, die ganze Dummheit, die ganze Niedrigkeit, die ganze Feigheit, das ganze häßliche Leben, die ganze falsche Kunst, die seitdem grassiert und die sich uns *Vorsokratikern* auch heute noch aufdrängen will – wir verdanken sie ihm, der ›Hebamme‹ des Bewußtseins. (→ANAXAGORAS)

BIBEL. Oktober 1943, als ich mich verstecken mußte. Ich habe plötzlich den Wunsch, die Bibel wiederzulesen. Mein Cousin Piero F., bei dem ich Zuflucht gefunden habe und der mich mit großer Güte aufgenommen hat, ist praktizierender Katholik, aber er besitzt die Bibel nicht. Mein Cousin Giorgio F., Pieros Vater, steht jeden Morgen um halb fünf auf, damit er die erste Messe in der Kapelle der Suore del Calvario hören kann, aber er besitzt die Bibel nicht. Da ich selbst nicht in Rom herumlaufen kann, bitte ich meinen Cousin Piero, mir das gewünschte Buch zu besorgen, aber die wichtigsten Buchläden in Rom, ganz zu schweigen von den weniger wichtigen, haben die Bibel nicht. Was ist daraus zu folgern? Daß in Rom, der Hauptstadt der Christenheit, sehr wenige Leute das Bedürfnis verspüren, dieses Buch zu lesen, das Bibel heißt von *biblion,* da es das Buch par excellence ist. Außerdem ist die Bibel nicht nur die Sammlung der Texte der christlichen Religion, sondern auch ein literarisches Dokument von grundlegender Bedeutung, wie die *Ilias,* die *Odyssee,* die *Commedia.* Was ist daraus zu folgern? Daß in Rom die literarischen Dokumente von grundlegender Bedeutung wenig gefragt sind. In welcher römischen Zeitung, die die Gründe anführte, aus denen Rom vor feindlichen Luftangriffen geschützt sei, habe ich vor wenigen Monaten den Satz gefunden, Rom sei nicht nur die Hauptstadt der Christenheit, sondern auch das Zentrum der westlichen Kultur? Lord Glenervan findet Kapitän Grant auf der Insel Tabor wieder, und auf derselben Insel setzt er den gefangenen Tom Ayrton aus, um ihn die Strafe für seine Verbrechen abbüßen zu lassen. Bevor er jedoch ablegt und Ayrton seinen Gewissensbissen überläßt, übergibt ihm Lord Glenervan das Lebensnotwendigste, das heißt verschiedene Werkzeuge, Waffen, Munition – und eine Bibel. Die Protestanten haben von der Heiligen Schrift eine andere Meinung. *Bibel*

Wahr ist aber auch, daß wir in der *Geheimnisvollen Insel,* der Fortsetzung der *Kinder des Kapitän Grant,* Tom Ayrton auf seiner öden Insel wiederfinden, jedoch ins Stadium der Wildheit zurückgefallen; was zeigt, daß die Bibel auf seine Seele nicht die Wirkung gehabt hat, die der wohltätige, aber strenge Lord erwartete. Aber ist das ein hinreichender Grund dafür, daß die Bibel in der Hauptstadt der Christenheit so gut wie unauffindbar ist?

BILDUNG. Die Bildung hat hauptsächlich das Ziel, mit *vielen* Dingen bekannt zu machen. Je mehr Dinge man kennt, um so weniger Bedeutung gibt man dem einzelnen: weniger Glauben, weniger *absoluter* Glauben. Viele Dinge kennen bedeutet freier urteilen und also besser urteilen. Je weniger Dinge man kennt, desto mehr glaubt man, nur *sie* existierten, nur *sie* zählten, nur *sie* seien wichtig. So gelangt man zum Fanatismus, das heißt dazu, nur eine Sache zu kennen und also *allein an sie* zu glauben. Vergleiche die Deutschen, die zur Spezialisierung neigen. Auch der Fanatismus ist eine Spezialisierung. Schlußfolgerung: Da die Kultur das Ziel hat, mit der größtmöglichen Zahl von Dingen bekannt zu machen, und da etwas kennen bedeutet, es zu zerstören, ist das höchste Ziel der Bildung die Unwissenheit. Man verzeihe mir dieses stolze Bekenntnis: Ich sehe sie schon voraus, diese höchste Stufe der Bildung – diese höchste Stufe von Unwissenheit. Ich erkenne schon undeutlich diese äußerste Ruhe, diesen bis ins Letzte wissenden Blick, der über eine Welt aus bekannten – aus zerstörten – Dingen dahinschweift. Diesen Friedhof von Dingen. Diesen letzten Frieden. Im Grunde vereint sich mein ›Ziel‹ mit dem Prinzip des christlichen Lebens, das darin besteht, nichts zu wissen; ja, es übertrifft es sogar, weil mein Ziel nichts von Gott weiß. Ich kann nicht eigentlich sagen, woran es liegt, daß Gott mir unbekannt ist, ob daran, daß mein Bewußtsein ihn ›durchschritten‹ hat, oder daran, daß ich ihn nie kennengelernt habe. Es bleibt noch zu klären, ob Gott etwas ist, ›das man kennen muß‹.

BILDUNGSREISE. Im Jahre 1890 fuhr der Schah von Persien nach Europa, und das Tagebuch, das der kaiserliche Reisende hinterlassen hat, wird in Persien noch heute als ein beispielhaftes Stück Prosa betrachtet. Einige Beobachtungen des kaiserlichen Tagebuchs sind auch für uns interessant, die wir keine Perser sind. »In Frankreich habe ich der ehemaligen Kaiserin der Franzosen einen Besuch abgestattet. Sie ist alt und häßlich, aber ich habe es ihr nicht gesagt – warum soll ich ihr Kummer machen? In Berlin bin ich mit meinen Fürsten und Ministern in die Oper gegangen. Auf der Bühne waren ein König und eine Frau, die überhaupt nicht mit Singen aufhörten. Zuletzt haben sie die Frau auf einen Scheiterhaufen gelegt und lebendig verbrannt. Mir, meinen Fürsten und meinen Ministern hat diese Lösung allergrößtes Vergnügen bereitet.« Der Schah nahm guten Glaubens an, die Sängerin des *Berliner Opernhauses* wäre wirklich bei lebendigem Leibe verbrannt worden. Hat Wagner, als er die *Walküre* schrieb, geahnt, daß er ein so würdelos veristisches Melodrama komponierte? Abgründe von Unverständnis trennen die Menschen voneinander – auch wenn sich auf der anderen Seite nicht der Schah von Persien befindet.

BLUTHUND (MASTINO). Die Wörter sind Klänge und Zeichen, die durch Übereinkunft unsere Gedanken ausdrücken und alle zusammen die Sprache konstituieren. Sie wird von einem seltsamen Tabu beherrscht, das sie unverletzbar und heilig macht. Die Würde der Sprache! Die Ehre der Sprache! Als wären die Wörter nicht in unserer Mitte entstanden, als wären sie nicht auch eine Schöpfung des Menschen. Das geht so weit, daß man Angst und Widerwillen davor empfindet, neue Wörter zu bilden; für manche Leute ist das geradezu ein heiliges Verbot, wie die Erschaffung von Luft oder Licht. Alfieri hatte diese Angst zum Teil überwunden und bildete sich einige eigene Wörter, die er allerdings von Wurzeln ableitete, die im Wörterbuch stehen, diesem verehrungswürdigen Herbarium. James Joyce tat mehr: Er schuf vollkommen neue, eigene Wörter; und Francesco Paolo Mitchetti leistete noch mehr, obwohl unbegreiflich ist, warum er die Notwendigkeit dazu verspürte: Er schuf sich eine ganz eigene Sprache, die nur er verstand und die nach ihm niemand mehr versteht – worüber man vielleicht nicht traurig sein muß. Es ist unterhaltend, zu verfolgen, wie sich die Wörter vom Embryo bis zur endgültigen Form entwickeln, und ebenso

Bluthund (Mastino)

unterhaltend ist es, den Weg zurückzugehen von dem, was ein Wort ist, zu dem, was es war; vor allem, wenn das Wort auf diesem Weg seine Bedeutung verändert hat. Bei *mastino* denkt man an einen wilden, bösartigen Hund, einen Bluthund, und einstmals bedeutete es *mansuetinus*...

BRIGIDA. Für die alten Irländer war Brigida eine Gottheit, die in Kildar im Stamm einer alten Eiche angebetet wurde und der zu Ehren bis zur Zeit des protestantischen Terrors ein heiliges Feuer brannte. Der Name der Göttin ähnelt dem irländischen Adjektiv *brig*, das stark, mächtig bedeutet. Einige Texte geben der ›Prophetin‹ Brigida zwei Schwestern, die eine Ärztin, die andere Eisenschmiedin, was darauf hinweist, daß auch Brigida eine Zwillingsgottheit war. Für andere war Brigida die Göttin der Dichtkunst und der Weisheit im allgemeinen, und die Römer, die Irland eroberten, erkannten in ihr unsere Minerva. Für mich ist Brigida etwas anderes. Ich lebte in Florenz, als es noch den Brauch der Mandolinengesellschaften gab, und die von San Nicolò, die beste von allen, zog nachts durch die Stadt und ließ ein heiteres Marschliedchen mit den folgenden Worten erklingen:

Ein braves Weib war Brigida
und wär es auch geblieben,
da kamen zehn Halunken,
die es mit ihr trieben.

Seitdem ist Brigida für mich eine Frau, die ihre Ehre verloren hat und von Mandolinen und Tamburins durch die Stadt geschleppt wird. Ein Beispiel dafür, wie Legenden fortgeführt werden und sich wandeln.

BÜRGERTUM. Unter dem Stichwort Bürgertum konsultiert, sagt mir die *Enciclopedia Italiana*, daß »die etymologische Bedeutung (von *borghesia*) nichts über den modernen, aktuellen Gehalt des Wortes aussagt«. Mag sein, aber das ist kein hinreichender Grund, den etymologischen Sinn des Wortes zu verschweigen. Zunächst einmal ist die etymologische Bedeutung der Wörter immer nötig für ihr tiefes Verständnis, auch – und vor allem – wenn ihre ursprüngliche Bedeutung von Zeit und Umständen verändert worden ist. Der Wert eines Schriftstellers, die Ernsthaftigkeit seiner Absichten, seine Phantasie, sein Geist lassen sich messen an seiner größeren oder geringeren Neugier für die etymologische Bedeutung der Wörter. Die Wörter lieben, wie D'Annunzio es tat, wegen ihrer Schönheit und ihres Klanges, das ist eine oberflächliche Liebe, die die Ehre, den Stolz, die Seele der Wörter beleidigt; sie wenden sich dagegen gerührt und dankbar dem zu, der sie, wie Leopardi, im Innersten erforscht und eine so große und neugierige Liebe für ihr Geheimnis, für die Geheimnisse, die jedes von ihnen einschließt, an den Tag legt. Leopardi steigt oft auf den Leitern der Etymologie zum lyrischen Stil empor. Wenn wir uns erinnern, daß »bürgerlich« von dem Adjektiv *burgensis* und dieses wiederum von dem spätlateinischen Substantiv *burgus* kommt, so hilft uns das zwar nicht, die abwertende Bedeutung zu verstehen, die das Wort bürgerlich durch den heutigen revolutionären Geist erfahren hat, aber es hilft doch, zu jenem nicht abwertenden Gehalt zurückzufinden, der in diesem Wort noch immer vorhanden ist, und uns beispielsweise begreiflich zu machen, welche Bedeutung einige große Bürger, wie ein Poincaré oder ein Berthelot, für Frankreich hatten, oder für Italien die Bürger der Lombardei, des Piemont und Liguriens. Die Rückführung von bürgerlich auf *burgus*, Stadt, erinnert uns daran, daß der Bürger, bevor er der seine Bequemlichkeit liebende Pantoffelheld und Feind jeder Neuerung wurde, der *burgensis* gewesen ist, das heißt der Erbauer und Bewohner der Stadt und also der Begründer jener sozialen Gruppierung, die der Ursprung der Nation wurde. Es lehrt uns vor allem, daß der Bürger, wie das Wort sagt, der Stadtbürger ist, es suggeriert uns die Unmöglichkeit für den Nicht-Stadtbürger, ein Bürger zu werden, es erklärt uns die Analogie in der heutigen Verachtung für den Bürger und für den Stadtbewohner. Lesen Sie Spengler, und Sie werden sehen, daß für diesen Autor jeder Stadtbewohner ein Bürger ist und daß nicht das Bürgertum für den Verfall der Tugenden verantwortlich ist, die ihm zufolge zum »Untergang des Abendlandes« führen, sondern die Stadt. Mit weniger Worten und mehr Sinn für das Spiel gibt die etymologische Bedeutung von »Bürgertum« einem denselben Gedanken ein.

Die Kenntnis, die man heute von der homerischen Kultur hat und die sehr von den gestrigen Kenntnissen abweicht, lehrt uns, daß auch die von Homer beschriebene Gesellschaft eine »bürgerliche« Kultur war. Bürgerlich par excellence, weil par excellence städtisch. Homer maß den urbanen und zivilen Eigenschaften die höchste Bedeutung zu: Geschmack, Eleganz, Feinheit, Bewegung und Abwechslung, städtisches Lächeln, im Gegensatz zu der Schwere und Grobheit des Landes. Er bestimmte mit dem Wort *asteiotes* die Güte der städtischen Eigenschaften und mit dem Wort *agroikia* die Eigenschaften des Landes, und in diesem Wort steckt die Wurzel *agroi,* wild. Es ist interessant, zu beobachten, daß *asteiotes,* »Urbanität«, »das Städtische«, im modernen Griechisch die Bedeutung »Scharfsinn« angenommen hat, Scharfsinn sozusagen als eminent städtische Eigenschaft. *Asteiotes* ist also eine »städtische Eigenschaft«, in derselben Weise wie »urban«, »zivil«, »bürgerlich«.

Wer war bürgerlicher als die olympischen Götter? Lassen wir die Eifersucht Heras beiseite und die Ehebrüche des Zeus (der Ehebruch ist die »bürgerlichste« aller Sünden); die Götter trieben den bürgerlichen Geist bis zu seinen äußersten, lasterhaften Verfeinerungen, so weit, daß sie, bequem auf einer Wolke sitzend, den Kämpfen zwischen Griechen und Trojanern zusahen. Denn der Bürger

Bürgertum

– der »letzte« Bürger – gibt sich nicht mit dem bequemen, sicheren und faulen Leben zufrieden, *sondern er will außerdem auch die Leiden der anderen genießen**, gewissermaßen um das eigene Wohlbefinden zu vergrößern. Ich kann eine Karikatur nicht vergessen, die während des Ersten Weltkrieges in einer französischen Zeitung, ich weiß nicht mehr, in welcher, erschien, und die dieses scheußliche bürgerliche Gefühl grausam beleuchtete. Zwei fette Bürger waren darauf abgebildet, Mann und Frau, am Tisch sitzend, auf dem die Reste eines üppigen Mahls zu sehen sind, vor ihnen ein armer, vom Leid gebeugter Greis. Und der Bürger sagt: »Und nun, lieber Mann, nachdem wir Ihren Hunger gestillt haben, erzählen Sie uns ein bißchen von dem Massaker an Ihrer Familie und der Zerstörung Ihres Hauses.«

Wie man sieht, waren auch eine bestimmte humanitäre Haltung und eine bestimmte Wohltätigkeit im Grunde nichts anderes als der Reflex des abscheulichen »bürgerlichen« Vergnügens am Leid der anderen. Ist der Wohlstand ein so fruchtbarer Boden für das Laster? Ist der friedliche Genuß der eigenen Güter so unhygienisch, daß er zu diesen psychischen Schwammgewächsen bei Menschen führt, zu diesen Krebsgeschwüren der geistigen Faulheit, des Egoismus, der Feigheit, der Ungerechtigkeit, des Sadismus? Der bürgerliche Geist, in seiner abwertenden Bedeutung, ist bekanntlich aus den Lastern des Kapitalismus geboren; aber wie soll man – außerhalb der Welt des Kapitalismus – zum Beispiel den Geist des perikleischen Athen nennen, wo es für jeden freien Mann vierzehn Sklaven gab?

* Über die Lust, die das Leid anderer verschafft, gibt es berühmte Zeugnisse, angefangen bei den zwei bekannten Versen des Lukrez am Beginn des zweiten Buches *De rerum natura:*

Suave, mari magno turbantibus aequora ventis
e terra magnum alterius spectare laborem.

»Süß ist es, wenn auf dem weiten Meer die Stürme die Fluten emportragen, vom Land aus den harten Mühen der anderen zuzusehen.«

Bürgertum Die von den Romantikern vollzogene Revolution beleuchtete den Typ des intellektuellen Bürgers, der jeder Veränderung der Ideen und des Geschmacks feindlich gesinnt ist; die Energie der Revolutionen, die in Italien vom Faschismus und in Deutschland vom Nationalsozialismus vollzogen wurden, hat den Typ des sozialen Bürgers beleuchtet, der jeder Veränderung jener Lebensweise feind ist, in der er nunmehr ohne Anstrengung und Mühe vorherrscht.

Die Verachtung für den Bürger ist die Verachtung für jeden (auch ein Volk oder eine Nation), der darauf verzichtet, sich selbst zu verteidigen (oder zu arbeiten), und diese Aufgabe anderen überträgt. Die Idee des *Bürgers* impliziert den Gedanken an die durch Gesetz unverletzliche Wohnung, die mit allen Bequemlichkeiten ausgestattet ist, das Auto vor der Tür und den Ordnungswächter, der auf dem gegenüberliegenden Gehweg patrouilliert und über die Unverletzlichkeit des Bürgers wacht. Die Dekadenz des Bürgers ging einher mit dem Niedergang der Stadt, besser gesagt, der »kriegerische« Bürger hat die kriegerischen Tugenden aufgegeben, als die Stadt aufhörte, ein Schlachtfeld zu sein. Obwohl höchst bürgerlich, nämlich die wahren Träger der Stadt, würden die Familien der Medici, der Pazzi, der Albizzi, die sich in den Straßen von Florenz bekämpften und ihre Häuser weniger als Wohnung denn als Festung benutzten, heute von niemandem mehr als bürgerlich bezeichnet werden. Aber die Kampfplätze weiten sich aus, je größer die Reichweite der Waffen wird. Einst kämpften die Menschen zwischen Haus und Haus, dann zwischen Stadt und Stadt, und heute sind wir beim Krieg zwischen Kontinenten angelangt. Es ist wahrscheinlich, daß die Bezeichnungen Asiat, Europäer, Amerikaner eines Tages mit derselben Verachtung ausgesprochen werden, mit der man heute »bürgerlich« sagt. Aber das wird dann sein, wenn sich das Schlachtfeld zwischen die Planeten verlagert hat.

Für den Soldaten ist der Bürger ein *Nichtsoldat*. Ich erinnere mich an die verächtliche Bedeutung, die wir als Soldaten während des Ersten Weltkrieges in das Wort »bürgerlich« legten, das diejenigen bezeichnete, die »nicht wie wir« waren. Darin war die Bedeutung des Kapitalisten, des Mannes, der von seiner Rendite lebt, nicht arbeitet, sondern die Arbeit der anderen ausbeutet, nicht enthalten. Ein Bürger war für uns ein Mann, der »nicht der Pflicht der Stunde genügte«. *Bürgertum*

Und wir dachten, daß wir »auch für ihn« kämpften. Womit der Bürger in unserem Verständnis zu den Schwachen gehörte, zu den Ohnmächtigen, den Frauen und Kindern. Wir hatten noch nicht entdeckt, daß der Bürger nicht nur ein Schwächling, sondern auch ein Bösewicht ist.

Von der Auffassung, die der Soldat vom Bürger hat, kann man die wohl richtigste Definition des Bürgers ableiten: »Der nicht kämpft.« Der in keiner Hinsicht kämpft: Er kämpft nicht im Denken, er kämpft nicht im Handeln, er kämpft nicht in der Arbeit. Der *unkämpferische* Mensch. Derjenige, der auf die heroische Aktivität des Lebens verzichtet hat. (→ADAM, →ETYMOLOGIE)

CAFÉ D'ITALIA. Die Sonne hat die Wolken vertrieben, und plötzlich glänzt vor uns das Meer. Neben dem im Schrittempo fahrenden ›Nutz‹-Wagen schreitet ein unsichtbarer Dichter. Wie vor hundert Jahren geht Leopardi den Weg von seinem Haus hinunter zum Café d'Italia.

Leopardi starb 1837 in Neapel, ein Jahrhundert später war sein Todestag Anlaß zu einer zweifachen Feierstunde, die eine in Torre del Greco, die andere in San Vitale.

Die Kirche von San Vitale steht irgendwo zwischen der Via Mergellina und der Via Piedigrotta in einem Stadtteil Neapels, das als ein anrührendes *poetry corner* gelten kann. Jacopo Sannazaro, Virgil in ›ideeller‹ Hinsicht und Leopardi oder zumindest seine mutmaßlichen sterblichen

Überreste sind hier, zwischen dem Meer und den Hügeln aus Tuff, versammelt. Welcher Instinkt drängt wohl die Dichter dazu, sich am hellichten Tag wie auch in dunkler Nacht eher nach dem Okzident zu wenden als nach dem Orient? Es ist vermutlich der gleiche wie jener, der die Völker dazu treibt, von Osten nach Westen zu wandern, als folgten sie der Sonne, deren Licht sie nicht missen wollen. Jenes Haus unterhalb der Kirche von Santa Maria del Parto liegt in unmittelbarer Nähe des Hauses von Barbaja, der nacheinander Bellinis Impresario, Rossinis Gourmet und Donizettis Kerkermeister war – um ihn zur Arbeit zu zwingen, sperrte er den Komponisten in seine Wohnung an der Via dei Guantai ein, als dieser immer mehr dem Wahnsinn verfiel. Hier traf sich auch Lamartine mit Graziella.

Während ich dies niederschreibe, spaziert ein prächtiger Hahn mit wippendem Kopf und rotem Kamm über Barbajas Terrasse. Auf jeder Etage dieser neapolitanischen Wohnhäuser kann man Hähne und Hühner sehen, die mit den Menschen in trautem Nebeneinander leben. Die Gedenkrede über Leopardi hielt damals Farinelli in Torre del Greco, während Gastone Venchi die *Ginestra* deklamierte; die Feierstunde in San Vitale hatte unter Guiseppe Ungarettis Ägide stattgefunden. Es regnete und wehte an einem Abend, der Libeccio war aufgekommen. Ungaretti stand niesend und hustend am Grab des Dichters und vollführte unter seinem Mantel große schwarze Gebärden; seine Augen verschwanden hinter den spiegelnden Brillengläsern. Als die Grabrede zu Ende war, kam ein Schar neapolitanischer Damen herbeigeeilt, hüllte den Redner in wollene Kleider ein und brachte ihn mit äußerster Behutsamkeit zum Hotel zurück.

Leopardi war während einer Cholera-Epidemie an einer leichten Dickdarmentzündung gestorben, einer *a cacarella*, wie die Neapolitaner sagen. So nennen sie auch eine besondere Art, sich hervorzutun, so wie jemand, der bei einem Bankett mit zwanzig Gängen sich nur von Brot und

Wasser ernährt. Das heißt nicht, daß Leopardi gegen die schreckliche Krankheit immun war oder daß er sie geringschätzte. Im Gegenteil, er fürchtete sich sehr vor ihr. Diese ursprüngliche Angst hatte sich in ihm noch verstärkt, als er erfuhr, daß der Dichter Platen – glaubt man seinen Biographen – »in Syrakus seiner Furcht vor der Cholera erlag, noch bevor er daran erkrankt war«.

Wem von uns sind Leopardis körperliche Gebrechen nicht zu Herzen gegangen? Die Tatsache, daß ein Teil der gesundheitlichen Nöte des ›kleinen Grafen‹ auf seine unersättliche Naschsucht zurückzuführen war, ist besonders anrührend. Leopardi war ein großer Freund von Speiseeis, von Sahneeis und Sorbets, *mantecati*, Cassatas und *cremolati* – an sich eher ein schlechtes Zeichen. Eis ist etwas für Kinder, für Frauen und Müßiggänger. Daß ein seriöser, ein denkender Mann sich vor einen *cremolato* setzt, den Eisspachtel in der Hand und den Mund zu einem Saugnapf zusammengezogen, also in der charakteristischen Pose des Eisessers, ist eigentlich ein Ding der Unmöglichkeit.

Im Sommer sind in Neapel die Nachmittage grell und schattig, kühl und glühend zugleich. Von Zeit zu Zeit nimmt das Auge das blinkende Meer wahr, am Ende einer Straße oder über dem Dach eines Hauses. Die Schatten werden länger und die Sonne flutet zwischen den Beinen der Leute hindurch. Nach dem unausweichlichen Stillstand der Mittagsglut entlädt sich das Leben mit voller Wucht, wie ein sprudelnder Strahl aus einer Siphonflasche. Man kann sich gut vorstellen, welche Gefühle Leopardi bewegten, wenn er aus seinem Maulwurfshügel gekrochen kam und von Santa Teresa degli Scalzi hinab zum *Café d'Italia* lief. Erst kam er durch Toledo, schlenderte an den belebten Verkaufsbuden vorbei, die wie kleine Theaterbühnen ausgestattet waren. Im Vorübergehen berührte er Frauen, die zugleich kühl und warm, und vor allem parfümiert waren – er, der die Frauen nur mit den Augen, mit dem Geist zu lieben vermochte; und seine

Freude wurde noch größer, sobald er eine Straße hinunterging, denn das Gefühl von Leichtigkeit, von Loslösung, von Schweben, das der Gang auf einer abschüssigen Straße verschafft, ist unvergleichlich größer als das Vergnügen des Reiters, des Radfahrers, der einen Hang hinunterrollt, oder des Autofahrers, der über die Autobahn braust. Das sind die großen einsamen Freuden der Schüchternen, die wir gut kennen, wir, die Speiseeis – nicht aber die Frauen – nur mit den Augen und dem Geist zu genießen wissen.

Unter den Spezialisten gibt es einen, der sich mit den kleinen Anekdoten im Leben großer Männer befaßt, mit ihren Steckenpferden, ihren Schrullen und den Randbegebenheiten ihrer Biographie. Zu dieser Spezies gehört Francesco Lo Parco, ordentlicher Professor für Literaturwissenschaft an der Universität von Neapel, wenn ich nicht irre, und ein hervorragender Kenner des intimen Lebens seiner Lieblingsdichter: Giacomo Leopardi und Pietro Paolo Parzanese. Ich rate jedem, der mehr über die Rolle des Speiseeises im Leben des Verfassers von *Batracomiomachia* wissen möchte, das ausgezeichnete kleine Buch von Professor Lo Parco über *Das eine und dreifaltige Eis von Giacomo Leopardi* zu lesen.

Leopardi wohnte in Neapel abwechselnd im Haus des Rechtsanwalts Ferigni und der Villa Ginestra, mal in Torre del Greco, mal in Torre Annunziata an den Hängen des Vesuvs – was mag sich der ›kleine Graf‹ dabei gedacht haben, als er jenen stillen Pfeifenraucher als *Sterminator Vesevo* bezeichnete? Bisweilen residierte er in einem *Quartino* im Vico Pero in der Nähe von Santa Teresa degli Scalzi. Das neapolitanische *quartino* ist letztlich nichts anderes als das, was in anderen Städten Italiens *quartinino* genannt wird, eine Vierzimmerwohnung also, die auch aus drei oder fünf oder gar nur aus einem Zimmer bestehen konnte, wenn sie nur eine Diele besaß und mit einer kleinen Küche sowie einem Badezimmer ausgestattet war.

Café d'Italia

Am Nachmittag, zur Stunde des Speiseeises, verließ Leopardi sein Haus; sein Weg führte ihn am Palast vorbei – eine Kaserne, die der Graf von Lemons zu einer Universität umbauen ließ und die heute die herrlichen Bilder von Pompeji beherbergt – und schließlich über Toledo direkt zum Café d'Italia. Das Café d'Italia ist vor drei Jahren eingegangen. Ohne die blinde Zerstörungswut der *novecentisti* mit den bebenden Nüstern wäre es heute noch am Leben. Vor drei Jahren konnte man in diesem zauberhaften Café, das voller Erinnerungen steckte, die weißgoldenen Leisten und die roten Sofas bewundern, auf denen so viele illustre Hintern Platz genommen hatten, sowie die großen Spiegel, die unzählige Male das Bild des Poeten zurückwarfen, wenn er, nach vorn gebeugt und mit gerundeten Lippen, sein »eines und dreifaltiges« Eis schleckte. Doch vor drei Jahren gab man dem Café d'Italia den Gnadenstoß und setzte an seine Stelle eine Bar im Stile *novecento.* An diesem Ort und beim Anblick des springlebendigen, reminiszenzlosen Lokals kann man spüren, daß hier einige zarte und kostbare Erinnerungen vernichtet wurden.

Unwillkürlich sucht das Auge auf den Lavawänden das unschuldige Blut, klar und rein wie das von Kindern. Reglos verharrend am »Ort des Verbrechens« blicken wir durch die Scheiben hindurch auf die roten Hände eines jungen Kellners, der die langstieligen Eisschalen abwäscht, die ein etwas älterer Kellner mit Onyx und Smaragd füllt.

Aber unsere Lebensgefährtin, jene, die über unser Vergessen wacht wie ein Engel über die Träume des Kindes, unterbricht unser bitteres Sinnen: »Erinnere dich an deine Verabredung mit Lorenzo um sechs Uhr vor dem Gambrinus.« Wir eilen davon, fast fliegend, denn von diesem Treffen, das wir noch in Rom per Telegramm vereinbart haben, hängt ein wichtiger Teil unseres Aufenthaltes in Neapel ab. Doch das Gambrinus ist nicht da, das Gambrinus gibt es nicht mehr; es wurde völlig unerwartet und wie durch Zauberhand durch eine Filiale des Banco di Napoli ersetzt. Aber das Gambrinus hatte doch hier gestanden, und nicht vor drei Jahren etwa wie das leopardinische Café d'Italia, sondern vor nicht einmal drei Monaten. Es stand da mit seinen Scheiben, seinen Vergoldungen, seinen Lichtern. Geht dieser Albtraum etwa weiter?

Verstört gehen wir auf dem Bürgersteig auf und ab, aber der Albtraum will nicht weichen, der Banco di Napoli überlagert beharrlich das traute Bild des entschwundenen Cafés mit seinen undurchsichtigen Scheiben, seiner Tafel, auf der die Börsenkurse notiert stehen, seinem finanzwirtschaftlichen Stilleben, in dem die Banknoten der wichtigsten Länder Europas sich ein Stelldichein geben.

Kein Café – also auch kein Lorenzo, denn ohne Blatt kein Baum. Ein schauriges Hackbeil ist auf unsere neapolitanischen Hoffnungen niedergesaust.

Die Luft Neapels ist für die schönen Cafés ebenso ungesund wie der Esel für die Rosen. Mit seinen vergoldeten Räumen, seinen schokoladenbraunen Tischchen, seinen mit rotem Samt bezogenen Sofas und seinen großen Fenstern mit Blick auf die Plätze San Fernandino und del Plebiscito war das Gambrinus mehr als nur ein Café, es war ein Denkmal, eine Institution, einer der Hauptanziehungspunkte der Stadt. Warum hat man es sterben lassen? »Die Laus ist tot, der Floh weint«, sang manchmal eines unserer Dienstmädchen, die im Auge eine »Perle« trug und in den Bergen, oberhalb von Ancona zu Hause war; sie sang gern beim Geschirrspülen, und ihr Auge verschwand hinter den dicken Dampfschwaden: »Die Laus ist tot, der Floh weint.«

Das Gambrinus hat Leopardi nicht erlebt, es erblickte erst 1890 das Licht der Welt, unter dem Namen Gran Café; aber um seine Tische versammelte sich einst die geistige Elite der Zeit: die Paladine der *Kultur,* der Journalist D'Annunzio, Scarfoglio, Salvatore di Giacomo, Roberto Bracco, Ferdinando Russo, Mario Giobbe, die Maler Dalbono, Morelli und de Sanctis; Gemito, Zola, Maupassant,

Oscar Wilde, Renan und Flammarion; und hier erlebte im Jahr 1916 Ardengo Soffici unter dem Namen Turchini eine große, des Satyricon würdige Liebe, die er später in seinem *Neapolitanischen Tagebuch* verewigte. Die Pfeiler des Gambrinus wurden von den berühmtesten Malern der neapolitanischen Schule bemalt: von Migliaro, Caprile, Vincenzo Volpe, in dem sehr warmen und überschäumenden Stil, der an die musikalischen Romanzen von Luigi Denza und Francesco Paolo Tosti erinnert. Auch Gaetano Esposito leistete seinen Beitrag zur Ausschmückung der Räume, jener Maler also, der nach einer langen Nacht, in der er mit Vincenzo Gemito über die Unsterblichkeit der Seele gestritten hatte, bei Tagesanbruch den Vomero hinunterstieg und sich in seinem Atelier mit einem Drahtseil erhängte. *Café d'Italia*

Wer wird da noch behaupten können, daß es zwischen unserer südländischen Mentalität und dem slawischen Geist keine Affinitäten gibt? Dieser taucht an der russischen Grenze unter und in Kampanien wieder auf, oder in der Puglia, in Sizilien, gewandelt, aber keineswegs verändert, wie Alphios, der an der Küste des Peleponnes ins Meer taucht und wieder zum Vorschein kommt, um Arethusa zu umarmen … (→Süsse Speisen)

Caritas. Die Caritas ist eine Regung des Gemüts, aus der heraus wir Gott um seiner selbst und unseren Nächsten um Gottes willen lieben. Wie alle christlichen Gefühle ist auch sie volkstümlich und kann nur von einem Menschen mit plebejischem Gemüt empfunden werden und ihm nützen. Unterbrechen wir die Überlegung und stellen wir uns die Frage: Ist das christliche Lebensprinzip einzig der Plebs vorbehalten, oder kann es auch auf die ausgedehnt werden, die nicht zur Plebs gehören? (Zu den Plebejern zähle ich auch diejenigen, die zu anderen Klassen gehören, wie Fürsten und Herzöge, Offiziere des

Heeres und Wissenschaftler, reiche Leute und ›Gebildete‹, die aber in ihrem Wesen und ihren Geisteseigenschaften Plebejer sind, das heißt Sklavenmenschen, die kein persönliches Kriterium, kein individuelles Urteil besitzen, das allein den Menschen aus der Masse der Plebs heraushebt und aus ihm ein selbständiges Individuum macht.) Wenn die christliche Auffassung vom Leben und die christlichen Gefühle überhaupt auf diejenigen ausgedehnt werden könnten, die nicht zur Plebs gehören, dann müßte man jedem dieser christlichen Gefühle eine Variante für Nichtplebejer geben. Und die nichtplebejische Variante der Caritas wäre nicht mehr die Nächstenliebe aus Liebe zu Gott, sondern ein Gefühl – ebenfalls aus Liebe zu Gott – vollkommener Gleichgültigkeit gegenüber unserem Nächsten, da die Caritas, die Liebe zum Nächsten aus Liebe zu Gott, unseren ›nichtplebejischen‹ Nächsten beleidigen, ihm also schaden würde. Andererseits, wenn wir unseren Nächsten im Sinne der ersten Version der Caritas lieben, warum sollen wir ihn *aus Liebe zu Gott* lieben? Die christliche Auffassung vom Leben ist nicht an die Idee von Gott gebunden. Deutlicher gesagt: Für das christliche Lebensgefühl ist Gott als Prämisse nicht nötig. Noch deutlicher: Das Vorurteil Gott belastet das christliche Lebensgefühl und schadet ihm. Die lateinischen und katholischen Völker beweisen es: Bei ihnen hat das Vorurteil Gott das christliche Lebensgefühl annulliert. Das wahre Christentum ist *gottlos.* (→Liebe, →Toleranz)

Chateaubriand. In den Kindheitserinnerungen der *Mémoires d'outre-tombe* ruft sich Chateaubriand einige ländliche Spiele ins Gedächtnis zurück, denen er als Knabe auf dem Schloß seines Vaters in Combourg beiwohnte, wie die Quintaine, den Fischhändlersprung, die Angevine, und am Ende beklagt er, daß, während er diese Memoiren schreibe, das heißt, vierzig Jahre nach den berichteten

Ereignissen, diese Spiele verschwunden seien und mit ihnen diejenigen, die daran teilnahmen, und diejenigen, die zuschauten. Dieses Bedauern über die Zeit, die entflieht und auf ihrer Flucht allmählich die Dinge dieser Welt verschlingt, ist die dominierende Note der *Mémoires d'outre-tombe*, und dank ihrer kam Chateaubriand zu der Überzeugung, daß er nicht nur ein Schriftsteller mit einem reichen Wortschatz, sondern auch ein Denker sei. Seine Gedanken sind jedoch so naheliegend, daß mir bei der Lektüre dieser *Mémoires*, die andererseits durch die erinnerten Fakten und Männer interessant sind, diese durchgängig pessimistische Note lästig wird und ich eine anständige und klare Oberflächlichkeit vorziehen würde. Zu den beißendsten Dingen, die Chateaubriand in seinen *Mémoires* erzählt, gehört, daß Napoleon bei seiner Machtergreifung sein Geburtsjahr fälschen und von 1768 auf 1769 ändern ließ – nicht um sich zu verjüngen, wie ein oberflächlicher Leser glauben könnte, sondern um den Anschein zu erwecken, er sei als Franzose geboren (im Jahre 1768 gehörte Korsika noch zur Republik Genua). Ein anderes bissiges Stück der *Mémoires* ist das Begräbnis Napoleons I. in Paris (Napoleon I. war bekanntlich die Hauptinspirationsquelle Chateaubriands). Als der Sarg mit der Leiche Napoleons an Bord der Belle-Pule* nach Frankreich zurückkehrte, so erzählt Chateaubriand, wurde er mit großem Pomp auf die menschenerfüllte Place des Invalides gebracht, auf den Katafalk in der Mitte des Platzes niedergesetzt und geöffnet, damit sich alle überzeugen konnten, daß die Leiche nicht verschwunden sei; die Leiche wurde nicht nur sichtbar, sie begann auch, sich zu bewegen, worauf sich der riesige Platz im Handumdrehen leerte. Chateaubriand fügt hinzu, die Ursache für diese Bewegung seien Verwesungsgase gewesen, die im Sarg eingeschlossen waren und bei der Öffnung des Deckels freigesetzt wurden.

* *Pule*, von französisch *piauler*, weinen, wimmern. – Eine ausgezeichnete Wahl für den Rücktransport des Adlers ins Vaterland.

Chateaubriand Wenn Chateaubriand die alten und verschwundenen ländlichen Bräuche wachruft, muß ich daran denken, daß auch ich einige alte Sitten habe verschwinden sehen, aber ich bemühe mich, an dieses Gedenken keine melancholischen Betrachtungen über die entfliehende Zeit zu knüpfen. Im Jahre 1907 kam ich zum erstenmal nach Rom und mietete mich in einer Pension in der Via Gregoriana ein, ohne zu bemerken, daß ich in den heißen Herrschaftsbereich von Andrea Sperelli geraten war. Mir gegenüber, im Zimmer eines später verschwundenen Hotels, wohnte eine Frau, deren Gesicht ich nie erblickte, denn sie erschien nur nachts und bei gelöschten Lichtern am Fenster. Stundenlang schaute sie mit aufgestützten Ellbogen auf die Straße und rauchte Zigaretten; und da ich damals noch ein junger Bursche und die Zahl der Raucherinnen sehr beschränkt war, stellte ich mir beim Pulsschlag jenes feurigen Aufglimmens phantastische Scheherezaden und Höfe aus Tausendundeiner Nacht vor. Morgens kam in die Via Gregoriana eine Gruppe von Sängern und Musikanten, die unter den Fenstern meiner Pension haltmachten und sangen und spielten. Es waren Bänkelsänger, die die beeindruckendsten Tagesereignisse, wie Entführungen von jungen Mädchen, Eifersuchtsdramen und ähnliches, in Poesie und Musik übertrugen und Rhapsodien komponierten, die sie straßauf straßab in der ganzen Stadt sangen. Ein anderer Brauch, den ich gerade noch kennengelernt habe und der dann verschwunden ist, waren die Serenaden. In einigen italienischen Städten gab es Gesellschaften von Mandolinenspielern, Gitarristen, Sängern und Tamburinspielern, die abends in geordneter Reihe durch die Stadt zogen und sich an den wichtigsten Stellen aufstellten, um zu singen und zu spielen. Sie sangen und spielten aber auch, während sie im Marschschritt von Etappe zu Etappe zogen. Genauer als an andere erinnere ich mich an die Florentiner Serenade der Barriera San Nicolò, an deren Spitze ein rüstiger Alter mit Strohhut, der Dirigent, marschierte. Die Serenade zog jeden Abend kreuz und quer durch Florenz und ließ eine Spur von Tönen zurück, die die Nacht erleuchtete. Wo sind die Bänkelsänger? Wo die Serenaden? Ich habe versprochen, daß diesen kleinen Erinnerungen keine melancholischen Betrachtungen über die Zeit, die entflieht, folgen werden. Ich will etwas Besseres tun: ich werde mich über diese Flucht freuen. Denn es wäre wirklich unerträglich, immer dieselben Dinge wiederzufinden; immer Bänkelsänger, immer Serenaden … *Chateaubriand*

CLAIR-OBSCUR. Ich unterhielt mich mit meinem Freund B. über Schatten. Mein Freund B. ist Maler, und er hat, was ihn selbst betrifft, die Wolke des Clair-obscur wie ein Indra niedergekämpft; auf die von ihren Schatten entblößten Dinge hat er ein Licht geworfen, das nicht wie bei einigen intelligenten Kubisten aus dem Photolabor kam, sondern aus dem Laboratorium der Welt vor der Erschaffung der Tiere; er hat die Schatten zu ihrer ursprünglichen Zurückhaltung und Aufrichtigkeit zurückgeführt, indem er sie ganz leicht nur dort auf die Körper legt, wo der Körper sich ›wendet‹; und er hat ihnen die rhetorische, theatralische und plebejische Selbstzufriedenheit des mitgeführten Schattens genommen. Und dieser Hinweis auf den mitgeführten Schatten bringt uns auf sehr eigenartige Betrachtungen. Sehen Sie sich einmal die Figuren in der Cappella Scrovegni an: lauter Peter Schlemihls, lauter Menschen, die ihren Schatten verloren haben. Dante, der in kreisförmiger Bewegung durch das Purgatorium aufsteigt, ist der einzige, der einen Schatten wirft. Der Schatten ist die Seele des Menschen, sein *kâ*. Die Seele neben den Körper zu malen, ›Seele und Körper‹, war für Giotto ein Sakrileg. Durch einen glücklichen Zufall bot sich spontan ein Beispiel für die Theorie. Während mein Freund und ich über den mitgeführten Schatten sprachen (wir befanden uns im Garten meines Freundes B.), von seinem allzu menschlichen Charakter, seiner niederen Dramatik, ging die Sonne unter, Himmel und Erde verbrüderten sich in einem gemeinsamen Grau, und als wir rings um uns die Schatten der Bäume auf dem Boden suchten, die Schatten der Stühle, unsere eigenen Schatten, waren sie nicht mehr da. Alle Gegenstände waren nackt, einsam, wahr. Die Welt war in den Zustand vor der Erschaffung der weltlichen Komödie, zu ihrer Aufrichtigkeit, zurückgekehrt. Vielleicht holen alle Dinge in der Dämmerung ihren Schatten in den Körper zurück, um sich auf die nahe Nacht vorzubereiten, die Zeit, in der die Seele herrscht und während deren es nicht schicklich wäre, die Seele hinter sich herzuschleppen wie einen alten Mantel.

Der Deutsche und Europa. Am 12. September befand ich mich in meinem Haus in Poveromo bei Massa. Ich stehe morgens auf und öffne die Fensterläden. Der Tag ist noch ein unschuldiges Kind. In dieser Aura von Naivität erscheinen alle Dinge ganz klar. Alles ist rein, alles ist wahr. Ich verstehe die Bäume, ich verstehe die Luft, ich verstehe den Himmel. Die Natur enthüllt sich. Wahrscheinlich verstehen sich jetzt auch die Menschen besser, auch die Seelen, aber zum Glück bin ich allein. Kostbare Einsamkeit. Niemand denkt daran, wie notwendig eine gewisse Dosis täglicher Einsamkeit für den Organismus des Menschen und für die Ökonomie seines Lebens ist, um sein Leben zu reinigen, es von den Schlacken des Kollektivlebens zu befreien. Das gesellschaftliche, das kollektive Leben vergiftet den menschlichen Organismus. Man beschäftigt sich so sehr mit den Schäden, die Tabakmißbrauch und Alkoholismus verursachen, aber niemandem machen die Schäden durch Kollektivismus Sorgen. In der Schule und auch später müßte jeder Mensch einige Stunden des Tages allein und in Stille verbringen. Als notwendige Ergänzung für die Lebenshygiene. Diese bewegende Atmosphäre wirkt durch Empfindungen. Man betritt die Welt der Schätzungen. Die Seele öffnet sich den Enthüllungen. Ich zittere, daß plötzlich jemand kommen könnte. Alles wäre verdorben, zu Ende. Es war bestimmt eine solche Stunde, eine so vollkommene Morgenstunde, in der Siegfried die Sprache der Vögel erschien. Warum habe ich gesagt »erschien«, wie kann eine Sprache ›erscheinen‹? Sie kann. Aber nur in Augenblicken wie diesem verfeinern sich die Sinne derart, daß sie neue Möglichkeiten erwerben. Dann werden die Töne sichtbar, und das Ohr ›sieht‹. Der Körper des Tons und sein Knochengerüst erscheinen. Die Vögel zwitschern in den Erlen, den Steineichen, den Platanen, den Pappeln, den Pinien, die mein Haus umgeben. Heute morgen verstehe auch ich die Sprache der Vögel. So gut verstehe ich sie, daß ich verstehe, daß man die Sprache der Vögel nicht verstehen soll. Wagner irrte und setzte sich Angriffen aus, als er das Verständnis der Sprache der Vögel bis zu ihrer völligen Synthese mit der menschlichen Sprache trieb. Solche Irrtümer sind üblich bei Wagner. Wagner ist eher ein *gaffeur* denn ein Irrender. An diesem Morgen bin ich so gut darauf vorbereitet, die Sprache der Vögel zu verstehen, sie tief, sie ›an sich‹ zu verstehen, daß sie sich, je mehr ich sie verstehe, immer weiter von der Sprache der Menschen zu den äußersten Grenzen des Nichtmenschlichen entfernt. Und plötzlich hallt das Echo einer Stimme durch den Wald. Einer menschlichen und zugleich unmenschlichen Stimme. Einer Stimme, die mich schlagartig aus der bekannten und vertrauten Welt fortträgt. Gleichsam als ob in diesem Wald, wo ein Eichhörnchen oder eine Ringelnatter schon außergewöhnliche, schreckliche Erscheinungen sind, das düstere Krächzen eines Pterodaktylus oder das gräßliche Pfeifen eines Plesiosauriers widerhallten. Eine vorsintflutliche Stimme hat die vertraute Atmosphäre dieses sonst so sanften Waldes verseucht. Die Vögel haben aufgehört zu zwitschern bei dem plötzlichen ›Erscheinen‹

dieser ungeheuerlichen Stimme, dieser Stimme außerhalb der Zeit, die aus einer versunkenen Welt emporgestiegen zu sein scheint; selbst die Bäume sind befremdet und beben, die Pappeln mit ihren weißen Stämmen, die hochgewachsenen Jünglingen gleichen, die Platanen mit ihren Stämmen in Tarnfarben, die Pinien mit ihren von Roststreifen umwundenen Stämmen. Ich kehre zurück in die Wirklichkeit, die der Schlaf ausgelöscht und die dieser reine Morgen ausgeschlossen hatte, so wie die Unschuld die Sünde ausschließt. Die Rollen sind vertauscht, anstatt den Albtraum zu verjagen, stürzt nun der Tag mich in den Albtraum. Unser Leben als wache Menschen hat sich in diesen Tagen in einen absurden und bedrückenden Traum verwandelt. Die Deutschen haben die Kasernen, die Hotels, die Häuser von Forte dei Marmi besetzt. Mit einem grausamen und hysterischen Lärm rollen die Kolonnen ihrer Lastwagen, ihrer Artillerie, ihrer Kriegsmaschinen über die Hauptstraße im Innern und über die Uferstraße. Die Fahrzeuge sind gelb oder gefleckt wie eine Krötenhaut. Viele verbergen ihre eigentliche Bestimmung unter großen Netzen. Die Männer auf den Fahrzeugen sind gelb gekleidet, und einige wenige tragen aufgeblähte Tarnanzüge, und im Bild dieses scheußlichen Geschöpfes, halb böse Riesenschildkröte, halb »Todestaucher«, hat der deutsche Soldat seinen Charakter mit seiner Erscheinung in Einklang zu bringen vermocht. Immer theatralisch und teuflisch, läßt der Deutsche sein Regiegenie geschickt mit dem Ungeheuerlichen spielen. Auch diese scheußliche Bekleidung zeigt, wie dumm und vor allem wie oberflächlich der Deutsche im Grunde ist. Er will auch mit seinem Aussehen Furcht einflößen. In einem Freistilringkampf im *Cirque de Paris* habe ich einmal einen Ringer gesehen, der seinen Schädel streifenweise kahlrasiert hatte, um seinem Gegner Furcht einzuflößen. Aber er flößte niemandem Furcht ein. Dieser Ringer hätte ein Deutscher sein können, irrtümlicherweise war er aber Chinese. Um die

Wirkungen, die der Deutsche mit soviel Anstrengung und Kosten vorbereitet hat, zunichte zu machen, genügt es, *im Zuschauerraum das Licht anzuschalten.* Der Krieg, den die europäischen Völker seit zwanzig Jahrhunderten gegen das Germanentum führen, ist nichts anderes als die ununterbrochene Anstrengung, die die Europäer unternehmen müssen, um das Licht wieder anzuzünden, das die Deutschen immer wieder zu löschen versuchen. Hat der Kampf Indras gegen Ahriman kein Ende? Ahriman stirbt nicht, er ändert nur seinen Namen, heißt jetzt Attila, dann Alarich, dann Barbarossa oder Wilhelm II. oder Hitler. Und er ist immer deutscher Rasse. Fühlen sich die Deutschen vielleicht darum so dem Ariertum verhaftet? Man gestatte mir das Wortspiel: dem Ahrimanentum. Nach zwanzig Jahrhunderten tödlicher Anstrengungen hätten die Europäer das Recht, müde zu sein und entschlossen, ein für allemal mit diesen unverbesserlichen Lichtauslöschern Schluß zu machen. Aber die Menschen sind nicht nur sterblich, sondern auch gedächtnislos, und als Söhne erinnern sie sich nicht mehr an das, was sie als Väter gedacht haben. Besonders in Italien ist der *deutsche Mythos,* der ›schreckliche‹ deutsche Mythos, ganz unbekannt. Vieles übrigens, zuviel ist den Italienern unbekannt. Das schlimmste Übel, an dem Italien leidet, der Hauptgrund seines Unglücks, ist seine Unwissenheit. Wenn ich von den Europäern vor zwanzig Jahrhunderten spreche, meine ich selbstverständlich die Römer. Die Römer gehören zu dem Begriff Europa. Besser gesagt. Die Römer sind die, wenn auch unbewußten, Schöpfer der geistigen Einheit von Völkern mit gleichen kulturellen und moralischen Vorstellungen, die sich in dem Begriff Europa ausdrückt. Der Begriff Europa kann nicht mit geographischen Grenzen umschrieben werden. Er überschreitet die geographischen Grenzen des europäischen Kontinents und dehnt sich überallhin aus, wo Europäer sind und wo sich die europäische Lebenssituation wiederholt, das heißt die Möglichkeit einer geistigen

Einheit mehrerer durch gleiche kulturelle und moralische Ideen verbundener Völker. Und so setzt sich der Begriff Europa bzw. Europa selbst in Amerika, in Australien, in Indien, in Sibirien, in Südafrika und in Nordafrika fort. Für einen zukünftigen Krieg, den er übrigens selbst vorbereitete, sagte Mussolini das Ende Europas voraus. Warum? Europa ist heute mehr außerhalb Europas als in Europa. Über Europa geht die Sonne nie unter. Es ist heute unverletzbar. Daran haben weder Hitler noch Mussolini gedacht. Sie haben nicht bedacht, daß sie, als sie den Krieg gegen Europa entfesselten, verlieren mußten, weil das unverletzbare Europa, das »sich in den fünf Kontinenten wiederholt«, sie am Ende besiegen würde – auch wenn es ihnen gelungen wäre, wie es tatsächlich geschah, vom ganzen europäischen Kontinent Besitz zu ergreifen. Denselben Fehler beging Alarich, der glaubte, Rom zu besitzen, als er es eroberte und zerstörte. Das sind die Irrtümer, denen die dunklen Männer, die Knechte des Bösen, unweigerlich erliegen. Es ist nicht leicht, zu sagen, worin das Europäertum Mussolinis bestand. Europäertum und Mussolini sind antithetische Begriffe. Mussolini war der Feind des Europäertums, und seinen Willen, das Europäertum zu zerstören, drückte er in dem Wort »Antieuropa« aus. Ich fürchte nicht die Zerstörung Europas. Ich fürchte auch nicht die Zerstörung des Europäertums durch die Zerstörung Europas. Welche Bedeutung hat schon das Territorium? Jener ›Geist‹ allein interessiert mich, der, weil er in diesem Teil der Erde, die Europa heißt, geboren wurde, sich nach ihm ›Europäertum‹ nennt. Das Ende Europas hat in dem Augenblick begonnen, als Kolumbus Amerika entdeckte. Von diesem Tag an begann das Europäertum auszuwandern, zu kolonisieren. Und dank der Auswanderungen nährt und stärkt sich das Europäertum. Wenn es nicht das Territorium verlassen hätte, das es zuerst beherbergte, das heißt die Länder rings um das östliche Mittelmeer, hätte es sich schon längst gänzlich verflüchtigt.

Unter welchen Bedingungen ist ein Territorium geeignet, das Europäertum lebendig und fruchtbar zu erhalten? Meiner Meinung nach ist diese Bedingung vor allem das ›Abendländische‹. Ein Territorium ist um so geeigneter für das Europäertum, je mehr es westlichen Charakter hat, das heißt, je mehr es glauben macht, daß es jenseits seiner Grenze weder kultivierte Länder noch Leben gibt, sondern einzig und allein den Sonnenuntergang: dieses größte Abenteuer des menschlichen Tageslaufs. Halten wir mit dem Denken beim Sonnenuntergang inne. Wenn die Sonne untergeht, fallen die anderen Tiere in Schlaf, der Mensch allein erwacht, und das ist sein Erwachen zu einem inneren Tag. Es ist der wichtigste Augenblick für das Leben des Menschen, der menschlichste Augenblick, der wichtigste Augenblick für die Menschheit, für das Leben der Zivilisation. Das Morgenrot inspiriert nicht. Der Sonnenuntergang gibt dem Menschen die ›moralische‹ Notwendigkeit der Arbeit und daß er sich hienieden ein immer höheres, immer geistigeres Leben schaffen muß, das sich immer mehr von dem so ganz anderen, einfachen Leben jenes Tieres entfernt, das zusammen mit dem Ochsen, der Schlange, dem Mollusken auf die Erde geraten ist. In dem Augenblick, in dem die Sonne untergeht, empfindet der Mensch das große Bedauern um das Leben, und er will es über den Sonnenuntergang hinaus dauerhaft machen, über den Tod, über sich selbst hinaus. Der Sonnenaufgang enthüllt dem Menschen die Existenz Gottes, der Sonnenuntergang lehrt den Menschen, daß er selbst Gott werden kann. Der Sonnenaufgang führt den Menschen zur Religion (*ex oriente lux*, die Religionen kommen aus dem Osten), der Sonnenuntergang gibt ihm die Kultur und den Fortschritt. Aber das Abendländische ist keine fixe und unveränderliche Bedingung. Die Westlichkeit ist provisorisch und wandert von Land zu Land. Griechenland war zu seiner Zeit westlich, heute wird es als östlich angesehen. Westlich war auch Italien, heute ist Rom eine große Stadt des Südens. Schon fühlen wir, wie sich die Westlichkeit von Paris, von London abschwächt. Was bedeutet das? Es bedeutet, daß sich Europas Europäertum abschwächt. Das ist der ›Sinn‹ des Krieges gegen den Faschismus und den Nazismus. Das Europäertum ist von außerhalb Europas gekommen, um das Nicht-Abendländische zu bekämpfen und zu zerstören, das Nicht-Europäertum, das dabei war, sich in Gestalt des Faschismus und des Nazismus in Europa festzusetzen. ›Die Sonne verfolgend‹, überquert das Europäertum – das heißt die Idee, der Mensch könne das Leben dauerhaft über den Tod hinaus, besser und ›leichter‹ machen – heute die Ozeane auf der Suche nach Orten, wo sich die Westlichkeit für einige Zeit niederlassen kann und wo jene Idee Ruhe finden kann, daß es jenseits dieses Ortes keine Kulturländer und kein Leben, sondern nur den Sonnenuntergang gibt. Wie sollte man nicht diese zyklische Wanderung des Europäertums mit der Kugelgestalt der Erde in Verbindung bringen? Denken wir an das ›absurde‹ Schicksal alles Irdischen, das, da dieses Schicksal von der Form unseres Planeten determiniert ist, weder Anfang noch Ende hat und zu einer kreisenden Bewegung verurteilt ist, also zu einer unendlichen und vergeblichen Bewegung. Genügt das nicht schon, um das unheilbare Unglücklichsein des Menschen, seine ewige Zerstreuung, sein ewiges Hinterherlaufen hinter der Hoffnung zu erklären? Bis jetzt habe ich vom ›Europäertum‹, nicht von ›Kultur‹ gesprochen. Das Europäertum ist eine Form der Kultur *sui generis*. Die östlichen Kulturen, die assyrische, die babylonische, die ägyptische, waren in sich geschlossene Kulturen göttlichen (theokratischen) Charakters. Sie konnten etwas lehren – Ägypten hat ja Griechenland etwas gelehrt –, aber sie konnten nicht *zusammenarbeiten*. Das Europäertum dagegen ist eine Form von Kultur *in Zusammenarbeit*. Das ist seine grundlegende Eigenschaft, seine ›Originalität‹. Das Europäertum ist eine nicht theokratische, sondern in seinem Wesen humane Kultur, also empfänglich für Fortschritt und Vervollkommnung. Das Europäertum ist eine rein menschliche Form der Kultur, so rein menschlich, daß jede Einmischung des Göttlichen in das Europäertum, jeder Versuch der Theokratie in Europa, ein Hindernis für das Europäertum wird, ein Stillstand in der Kultur. Der Feind des Europäertums ist Gott. Der Feind des Europäertums sind die Kirchen, das heißt, die Organisationen, die geschaffen wurden, um die Idee Gottes durchzusetzen und ihr zur Herrschaft zu verhelfen. Die Feinde des Europäertums sind die jüdische Kirche, die orthodoxe Kirche, die katholische Kirche, die protestantische, überhaupt jede Kirche, Theosophie, Anthroposophie, Freimaurertum, überhaupt jede Institution, die die Idee Gottes durchsetzen will. Aber das Europäertum hat einen stärkeren Feind als die Kirchen in Europa: das Germanentum. Das deutsche Volk ist ein *nichteuropäisches Volk* in der Mitte Europas. Deutschland ist für Michelet das »Asien Europas«. Die deutsche Kultur verschmilzt die Charakterzüge des Germanentums nicht in dem gemeinsamen Schmelztiegel, in dem die Elemente zusammenfließen, die zusammen das Europäertum bilden: Es ist seinem Wesen nach eine theokratische und darum nichtmenschliche Kultur, ähnlich den antiken orientalischen Kulturen, wie der assyrischen, der babylonischen, der ägyptischen. Die Verwandtschaft zwischen der germanischen Kultur und den theokratischen Kulturen des alten Orients wird von grauenvollen Beispielen bezeugt. Eines, das grauenvollste und ›überzeugendste‹, sind die Deportationen von Völkern, die Deutschland im 20. Jahrhundert organisiert hat und die kein anderes Volk nach dem Ende von Babylon, Ninive und Memphis in Erwägung gezogen, geschweige denn gewagt hätte. Es hat nichts zu sagen, daß das Germanentum nicht von einer Gottesidee beherrscht wird. In den theokratischen Kulturen ist Gott keine Bedingung *sine qua non.* Man sagt Gott, um eine zentrale und absolute Idee zu bezeichnen. Der Gott der germanischen

Theokratie ist Deutschland selbst: der ›deutsche Mythos‹. Außerdem verkörpert sich für das Germanentum die zentrale und absolute Gottesidee manchmal auch in einem Mann, wie die Beispiele Wilhelm II. und Hitler bezeugen. Als Kultur theokratischen Charakters hat Deutschland nicht teil am Europäertum, das heißt an unserer Kultur menschlichen Charakters. Das Germanentum kann die anderen europäischen Völker etwas lehren, es kann das gemeinsame kulturelle und wissenschaftliche Erbe Europas mit ihm eigenen Elementen bereichern, aber es kann nicht mit den anderen Völkern Europas *zusammenarbeiten* und aktiv und positiv an der Formung und Entwicklung des Europäertums mitwirken. Deutschland hat eine europäische Idee: die Idee von einem Europa, das ihm gehört, das germanisiert ist, das aus germanischem Material erbaut und von germanischem Geist belebt ist. Deutschland versteht ein ›europäisches‹ Europa nicht. Ein schlagender Beweis für die Unfähigkeit Deutschlands zur Zusammenarbeit in Europa sind die wiederholten Versuche Deutschlands, Europa zu *kolonisieren*; während andere Kolonisatorenvölker, England an erster Stelle, ›außerhalb Europas‹ kolonisierten. Ein anderer Beweis ist, daß das germanische Volk das einzige große Volk in Europa ist, das niemals, weder mit Waffen noch mit anderen Mitteln, für die Unabhängigkeit oder überhaupt für ein anderes europäisches Volk eingetreten ist. Im Jahr 1827 fordert Lord Canning die europäischen Mächte auf, eine Liga zur Verteidigung der Griechen zu bilden, denen die Ausrottung durch die Türken und die Ägypter drohte. Frankreich stimmt zu, Rußland stimmt zu. Österreich und Preußen aber lehnen ab, »ihrem tiefen Haß gegen die Freiheit treu«, wie H. A. L. Fisher sagt (*Geschichte Europas,* Bd. III, »Das liberale Experiment«, S. 103). Deutschland ist nicht nur eine nichteuropäische Nation in der Mitte Europas, sondern der Feind Europas, der Feind des Europäertums und im weiteren Sinne der Menschlichkeit. Ich habe noch den ›außerordentlichen‹ Klang jener Stimme, die durch den Wald hallte, im Ohr. Diese Stimme bringt mich abrupt in die schreckliche Wirklichkeit zurück. Patrouillen deutscher Soldaten sind gestern in den Wald gekommen und haben ihr Lager rings um mein Haus aufgeschlagen. Nichts Schlimmeres konnte der Reinheit dieses Hauses, der so ›menschlichen‹ Freundlichkeit dieses Waldes geschehen, der wie ein schützendes Fell um mein Haus liegt. Es war zu erwarten. Das Vordringen der Deutschen ist unaufhaltsam wie das Vordringen der Flut. An den ersten beiden Tagen dieser ungeheuer paradoxen und bedrückenden Situation der deutschen Besetzung Italiens glaubten wir, der Strom der Deutschen werde wie ein Fluß zwischen seinen Dämmen auf den beiden Hauptstraßen bleiben, die parallel zum Meeresufer verlaufen, und die Bewohner des Waldes abseits der beiden großen Straßen würden von diesem drohenden Strom nicht erreicht werden. Meine Frau schlug deshalb Piero Calamandrei und seiner Frau, deren Haus an der Straße am Meer liegt, vor, zu uns überzusiedeln, und den gleichen Vorschlag machte sie der Marchesa Orengo und der Gräfin Gaudioso, die eine die Schwiegermutter, die andere die Schwägerin meines Freundes Giacomo Debenedetti. Aber das war eine Illusion. Zwei Tage nach dem Beginn der Invasion betraten die Deutschen die Pineta und drangen in den Wald vor, wobei sie kleine Schützengräben für die Aufstellung ihrer Maschinengewehre aushoben und andere kriegerische Vorbereitungen trafen; und gestern in der Abenddämmerung, als Maria, ich und die Kinder auf der Terrasse vor unserem Haus saßen, erschienen zwei Deutsche in unserem Garten. Bevor wir sie ganz sahen, nahmen wir auf dem Privatweg, der unseren Garten mit der Straße von Poveromo verbindet, jemanden wahr, der unter dem Laub näher kam, aber wir dachten keinen Augenblick daran, daß es Deutsche sein könnten. Ihr Erscheinen machte einen solchen Eindruck auf uns, als wären sie Menschen aus einer anderen Zeit, von einem anderen Planeten. Jetzt verstehe ich die ›soziale‹ Notwendigkeit für die Deutschen, sich mit Gutmütigkeit auszustaffieren (zu ›maskieren‹), eine bestimmte, systematische Höflichkeit bereitzuhalten (*»ils sont très corrects«* – sie haben erreicht, daß man so von ihren Soldaten spricht, die Frankreich besetzt haben), sich zu bemühen, im fremden Land die fremde Sprache zu sprechen, sich mit Eifer für die Geschichte, die Bräuche, die Landschaft des anderen Volkes zu interessieren. Der Grund ist, daß die Deutschen »etwas zu verbergen haben«; und dessen sind sie sich mehr oder weniger bewußt. Sie fühlen die Verpflichtung, sich anders zu zeigen, als sie wirklich sind. Vor anderen Völkern haben sie das Gefühl, sie müßten sich *erst ins reine schreiben.* Eben weil sie sich außerhalb des Menschlichen befinden. Muß ich hinzufügen, daß ich von diesem allgemeinen Porträt des Deutschen die Dichter, Schriftsteller, Philosophen, Künstler, die Intellektuellen überhaupt, ausnehme? Selbstverständlich halte ich nur solche Leute der Bezeichnung Intellektueller für würdig, denen es gelungen ist, die niedrigsten und ›instinktiven‹ Charakterzüge ihrer Rasse zu überwinden und sich davon zu befreien. Die Intellektuellen sind eine eigene Spezies, in welchem Land auch immer sie geboren sind oder leben. Ein ›nationalistischer‹ Intellektueller, sei es ein Charles Maurras, sei es jener Joseph Fabre, dessen Fassung des *Chanson de Roland, »cette épopée du patriotisme«,* ich in diesen Tagen lese, überhaupt jeder Intellektuelle, der seine Nationalität als Italiener oder Franzose oder Deutscher (diese Unfälle des Lebens) über seine Eigenschaft als Intellektueller stellt, hat kein Bürgerrecht in der Stadt der Geistesschaffenden. Es ist symptomatisch für die deutschen Intellektuellen, daß sie es ablehnen, es unerträglich finden, Deutsche zu sein. Goethe wird in Rom »ein zweites Mal geboren«; Schopenhauer rühmt sich, mehr französische als deutsche Bücher in seiner Bibliothek zu haben, Nietzsche betont seine polnische Herkunft. Wieder kommt mir der Gedanke an die vorsintflutliche Welt. Diese beiden deutschen Soldaten, die im Hintergrund meines Gartens aufgetaucht waren, erschienen mir wie das unerklärliche, ungeheuerliche Auftauchen zweier Steinzeitmenschen unter uns; mitten in unsere Gebräuche, unsere Häuser, auf unsere von vielen Jahrhunderten der ›Humanität‹ kultivierten Felder geraten: zwei außergewöhnlich zurückgebliebene Kreaturen, mit denen keine Kommunikation möglich ist, die dem Anschein nach unschädlich sind, bei denen man aber *auf alles gefaßt sein muß.* Es ist das Bewußtsein, die *Last* dieses Andersseins, was den Deutschen dazu bringt, anders sein zu wollen, als er ist, und den übrigen Menschen ähnlich zu werden. Der Deutsche hat einen Horror vor sich selbst. Der Grund seines ewigen Dramas, seiner dauernden und ergebnislosen Anstrengungen, seines fortgesetzten Dranges nach Eroberung von Ländern und Unterwerfung von anderen Völkern ist dieses Bedürfnis, ›aus sich selbst herauszukommen‹, sich zu verwandeln. Das ist das ›germanische Drama‹, aber es wird von einer gewaltigen Fiktion überdeckt. Man glaubt, der Deutsche wolle über die Völker herrschen, weil er sich überlegen fühle und die anderen sich selbst ähnlich machen wolle; der Deutsche will dagegen die anderen Völker erobern, um sich mit ihnen zu vermischen und *als Deutscher zu verschwinden.* Der deutsche Eroberungsdrang, oder besser die ›Notwendigkeit‹ des Eroberns, kommt aus einem Minderwertigkeitskomplex. Ein Europa, wie es Hitler erträumte, ein germanisiertes Europa, hätte die Deutschen allmählich absorbiert und sie schließlich vollkommen ›verdaut‹, wodurch das Problem des Germanentums gelöst worden wäre. Europa hätte also in einem riesigen Verdauungsprozeß allmählich diese störende, unruhige, überhebliche, gefährliche, ›nichteuropäische‹ Rasse absorbiert, wie England seinerzeit eine Portion Germanen absorbierte und in Engländer verwandelte, wie Nordfrankreich seinerzeit eine Portion absorbierte und in Franzosen verwandelte und Norditalien ebenfalls eine Portion absorbierte und in Italiener verwandelte. Aber welche Anstrengung hätte diese Masse Europa gekostet! Der Magen Europas hielt der Drohung einer solch ungeheuerlichen Verdauung nicht stand. Deutsche fressen – wenn auch mit dem Ziel, sie zu verdauen und in Europäer zu verwandeln – ist eine Tätigkeit, vor der auch die kühnsten Mägen zurückschrecken. Jene außergewöhnliche Stimme, die vor kurzem im Wald widerhallte, war ein Ruf, den einer von den Deutschen ausgestoßen hat, die rings um mein Haus ihr Lager aufgeschlagen haben. Auf diesen ersten Ruf folgte ein zweiter von einer anderen Stelle des Waldes, dann noch einer und dann noch einer, jeder von einem anderen Punkt. Dadurch kann ich ermessen, wie viele Deutsche in diesem Wald sind. Ich fühle mich umzingelt, eingeschlossen, gefangen. Durch die Bäume erkenne ich undeutlich einen nackten Körper, der in der Sonne glänzt. Groß waren die beiden Soldaten, die gestern abend in meinen Garten kamen. Sie trugen Stiefel und kurze Hosen, kurzärmlige Khakihemden und Mützen mit flachem Schirm. Hitlers Soldaten haben die Pickelhaube ihrer Väter, das Symbol des Preußentums, abgelegt. Vielleicht meinen sie, daß sie so freier werden, mehr »republikanisches Heer«, mehr »Volksheer«, mehr »Nationalarmee«. Es ist eine ungeheuerliche Verstellung des Nazismus, sich als ein Regime »des Volkes« auszugeben und, die Mißverständnisse ausnutzend, als ein Regime, das die ›gesunden‹ Forderungen des Kommunismus verwirklicht; während das Grundprinzip einer Volksherrschaft, wie wir sie verstehen, die Abschaffung des Nationalismus, des Vaterlandsgedankens und der Vaterlandsgefühle bedeutet; und das heißt auch die Abschaffung des Glaubens an die Überlegenheit des eigenen Volkes, des Rassismus also. Der Nazismus als »Volksherrschaft«, das ist wie ein freier Geist, der »Diener der Gottesidee« ist. Aber es ist ihnen nicht gelungen. Unter der freien und ›sportlichen‹ Kleidung wird das Harte, das Systematische, das Mechanische, das Grausame, das Mitleidlose des preußischen Militärs noch deutlicher, und der Schatten der Pickelhaube auf dem Kopf des deutschen Soldaten ist nicht auszulöschen. Einer der beiden Soldaten trug einen Eimer, und als er vor uns stand, bedeutete er uns, er brauche Wasser. Ich kann genug Deutsch, um mich verständlich zu machen, und hätte mich auch jenem Soldaten verständlich machen können, aber ich zog es vor, Unkenntnis der Sprache vorzutäuschen und vollkommene Distanz zu wahren. In der Begriffssprache der psychologischen Syntax kann man diese Form gewollter Unkenntnis ›die Unkenntnis der Verteidigung‹ nennen. Da italienische, vom Faschismus infizierte Generale Italien verraten und es wehrlos Hitlers Soldaten ausgeliefert haben, bleibt uns keine andere Verteidigung als dieses Nichtsehen, Nichthören, dieses Ignorieren der Invasoren. Maria stand auf und ging vor dem Deutschen her ins Haus, um ihm in der Küche den Wasserhahn am Spülstein zu zeigen. Als sie wieder bei uns war, sagte Maria: »Er hat sich bedankt und mir zugelächelt.« Sie sagte das wie: »Ich habe eine Giraffe getroffen, und die Giraffe hat plötzlich angefangen zu sprechen.« Ich höre ein Wiehern, und dieser behende Pferdeton erinnert mich daran, daß die Deutschen, die gestern abend in das Gut Buonvino neben unserem Grundstück eindrangen, Pferde hinter sich herzogen. Unter den Tiergeräuschen ist das Wiehern das, was der Blitz unter den Lichterscheinungen ist. Es ist etwas Elektrisches im Wiehern, und überhaupt ist alles am Pferd elektrisch, und die Zuckungen seiner Haut, das Losschnellen seiner Füße, die dauernden verrückten Bewegungen seines Kopfes scheinen von plötzlich auftretenden elektrischen Wellen verursacht. Zwischen den Bäumen erkenne ich ein Pferd auf den Ländereien von Buonvino. Es ist mit den Zügeln an einem der Pfähle festgemacht, die den Drahtzaun halten. Offensichtlich hat man diese Pferde den Bauern der Versilia weggenommen. Und doch zeigt dieses Pferd keine

Überraschung. Es steht still da, weniger ›elektrisch‹, als zu erwarten gewesen wäre, nur ein wenig niedergeschlagen, mit hängendem Kopf. Ich werde nicht mehr sagen können, das Pferd sei ein edles Tier, und auch nicht mehr, es sei intelligent. Die deutschen Soldaten rufen einander noch immer durch den ganzen Wald, mit einsilbigen Worten, Schreien, wie Waldtiere. Mein Eindruck einer vorgeschichtlichen Welt verstärkt sich. Worin besteht das ›Außergewöhnliche‹ dieser Stimmen? In dieser äußerst reinen und reinigenden Atmosphäre wird mir alles transparent, und die Dinge enthüllen mir ihr Innerstes. Ich kann durch die Blätter der Bäume hindurchsehen. Ich kann ins Innere der Erde schauen. Ich kann entdecken, was der Himmelsgrund verbirgt. Was verbirgt er? Nichts. Ich entdecke die Nichtexistenz der Tiefe. Was uns an die Existenz der Tiefe glauben läßt, ist lediglich der Abstand, der sich zwischen uns und ›eine‹ Oberfläche schiebt. Zwischen uns und der ›Tiefe‹ ist nur eine Abfolge von ›Oberflächen‹. Auch die ›Tiefe‹ ist eine ›Oberfläche‹. Heute morgen überrascht mich stärker denn je der gutturale Klang der deutschen Stimmen. Guttural ist nur eine annähernde Bezeichnung für die Eigenart der deutschen Stimmen. Alle Stimmen, die durch den Wald hallen, haben dieselbe Eigenart. Alle haben denselben ›Defekt‹. Alle klingen nach einer ›gewissen Anstrengung‹. In der Erinnerung höre ich andere deutsche Stimmen. Ich höre die Stimmen von deutschen Sängern wieder. Die Stimme des Tenors Lorenz im *Siegfried.* Alle Stimmen, auch die von Lorenz, hatten eben diesen ›Defekt‹, alle klangen nach dieser ›Anstrengung‹. Die Stimme kommt nicht natürlich, nicht leicht. Sie muß eine Art Widerstand überwinden, wie soll ich sagen?, eine Trennwand. Hier müßte ich die ›Techniker‹ zu Wort kommen lassen. Aber wie soll man den Technikern trauen? Es ist, als müßte die deutsche Stimme durch einen Ring hindurch (ein Loch), der zu eng ist und in keinem Verhältnis zum Umfang der Stimme steht; in keinem Verhältnis vor allem zur Wirkung, zur Reichweite, zum Strahl, zur ›Bestimmung‹, die die Stimme sich gesetzt hat. Als müßte die deutsche Stimme bei jeder Note, bei jedem Wort einen Todeskampf durchstehen. Es ist eine Stimme, die von ihrem inneren Willen erfüllt ist, die aber ›erstickt‹ wird von der Öffnung, aus der sie kommt, wie das Wasser eines mächtigen Flusses, das plötzlich durch eine Wasserleitung fließen muß und dessen Austritt eine schmerzhafte Anstrengung erfordert. Die deutsche Stimme läßt einen an ein Volk denken, das stumm geboren ist und erst seit kurzer Zeit die Sprache erworben hat. Eine auf schmerzliche Weise rudimentäre und unvollkommene Sprache. In der deutschen Stimme ist etwas von dem Ton, mit dem der Taubstumme spricht. Vielleicht liegt hier, in der deutschen Stimme, die häufig guttural genannt wird, ohne daß genauer nach den Ursachen dieses gutturalen Charakters gefragt wird, der Grund des deutschen Dramas. Vielleicht ist dies der Grund der fortgesetzten deutschen Anstrengung, dieser ›abgewürgten‹ Anstrengung, des Willens, der sich niemals frei und vollständig ausdrücken kann und darum ungeduldig wird, erbittert, nachtragend und sich mit Groll und Bosheit auflädt. Vielleicht ist dies der Grund für das ›Aufgeblasene‹ des Deutschen, das nie Ausgedehnte, das nie Explodierte. Vielleicht ist dies der Grund für die ›Wurstähnlichkeit‹ des Deutschen. Vielleicht liegt hier der Grund für das Schicksal, zu dem der Deutsche verurteilt ist, zehn zu bezahlen, um eins zu bekommen (im Gegensatz zum Italiener, der eins bezahlt und zehn bekommt). Betrachten Sie die Handlungen und Mühen der Deutschen über die Jahrhunderte: Sie führen nie zu einem Ergebnis, das den Anstrengungen und Mühen entspricht, und meist führen sie zu einem gänzlich negativen Resultat; vergleichen Sie das mit den Taten und Mühen der Italiener, die, auch wenn sie gering sind, große Ergebnisse erzielen. Vielleicht liegt hier die Ursache für die deutsche *Hysterie.* Hören Sie noch einmal die Stimme Hitlers in den Reden an sein Volk: In dieser abgewürgten Stimme, die in Klumpen hervorbricht, haben Sie das Drama der deutschen ›Unmöglichkeit‹. Eine Operation am Gaumenzäpfchen der deutschen Kinder würde vielleicht das ›Problem‹ dieses unglücklichen und gefährlichen (gefährlichen, weil unglücklichen) Volkes lösen. Eine »Beschneidung des Gaumenzäpfchens«. Vielleicht würde sie die deutsche Rasse von ihrer Angst befreien. In freie Menschen verwandelt, werden die Deutschen nicht mehr zu verzweifelten Aktionen getrieben werden, sie werden mit sich zufrieden und ruhig sein, sie werden den Gedanken an Krieg aufgeben und sich zu ihrem und zu anderer Wohl den Friedenswerken widmen. Ob Rosenberg jemals daran gedacht hat, daß die einzige Art, die ›Deutschen zu retten‹, darin besteht, sie in die Kategorie der Beschnittenen zu überführen? (→Hitler)

Dichtung. Man weiß, daß die *Commedia* für das Florentinische Patriziat eine Art »goldenes Buch« ist. Dasselbe widerfuhr der *Ilias* und der *Odyssee.* Diese beiden Werke der Dichtung dienten nicht nur Einzelpersonen und Familien, sondern auch einigen Regionen Griechenlands dazu, ihren Adel zu attestieren. Gut nur, daß der Ehrgeiz, den eigenen Namen in einem der drei Gesänge zu finden (wenn es darum geht, einen Vorfahren im »goldenen Buch« zu haben, achtet man nicht darauf, ob dieser Vorfahr zu den Heiligen oder zu den Wucherern gehört), die *Commedia* keine Veränderungen erleiden ließ. Von den Homerischen Dichtungen kann man das jedoch nicht sagen. Die vielen Interpolationen, von denen die *Ilias* und die *Odyssee* gesprenkelt werden, sind zum großen Teil durch den Ehrgeiz, in diesen Dichtungen erscheinen zu wollen, durch Lokalpatriotismus, verursacht. Hinzufügungen und Varianten, Veränderungen von Namen und Umlenkung von Ereignissen sollen Menschen und Orte in die *Ilias* und die *Odyssee* einschleusen, die in der ursprünglichen Fassung nicht vorhanden waren. Die Kreter versetzten ihre Insel aus ihrer ursprünglichen Lage in die Route des Sohnes von Odysseus. In der *Reise des Telemach* ersetzt Zenodot Sparta durch Kreta. Die Kreter selbst schieben drei Verse in die *Odyssee* ein (T 175–177), um ihre aus Achäern, Eteokretern, Kydoniern, Pelasgern und jenen Dorern, die in Griechenland einfielen und die ionische und homerische Kultur begruben, um auf ihrem Territorium das sogenannte dorische Mittelalter zu verbreiten, zusammengesetzte Nation auf homerische Zeiten zurückzuführen. Die Zyprer schmuggeln sich ihrerseits in die *Ilias* ein und bringen in guter Beleuchtung ihre Dynastie der Iasiden darin unter. Die Messener ›lakedämonisieren‹ geradezu ihr Land und lassen auf diesem maskierten Boden den jungen Odysseus immerhin mit einem der zukünftigen Opfer jenes Herkules zusammentreffen, den der Patriarch Nestor gerade noch als kleiner Junge hatte kennenlernen können. Wir, die wir eine Dichtung ohne Nebenabsichten lieben, sind verwundert und bedauern, daß der Ruhm dieser drei erhabenen Bücher der Dichtung zum Teil so niedrigen Ambitionen zu verdanken ist. Und es ist eine Wahrheit, daß die Dichtung, wenn sie nicht mehr als »goldenes Buch« dient, weniger im Munde der Leute ist.

Dichtung

Don Quichotte. Ich habe meinem Sohn Ruggero (8 Jahre) eine schöne Ausgabe des *Don Quichotte* geschenkt. Mein Sohn hat die Lektüre mit großer Begeisterung angefangen, hat mit gleicher Begeisterung etliche Seiten weitergelesen, um dann plötzlich das Buch zuzuschlagen; seitdem ruht die Geschichte des *Sinnreichen Don Quichotte de la Mancha* in einem Regal seiner kleinen Bibliothek. Ich füge hinzu, daß ich bei diesem Abbruch der Lektüre den Eindruck hatte, mein Sohn habe einen *Betrug gewittert.* Ich habe ihn nicht ermutigt, weiterzulesen, weil mir klar war, daß es mir nicht gelingen würde, ihm das

Vertrauen in das Buch des Miguel Cervantes de Saavedra zurückzugeben. Andererseits, ist dieses Vertrauen wirklich nötig? Hätte ich den Akt meines Schenkens überprüft, so hätte ich das überwiegend Mechanische daran erkannt. Es ist üblich, daß die Eltern nach *Pinocchio, Gian Burrasca* und *Robinson Crusoe* ihren Kindern den *Don Quichotte* schenken. Mein Akt war unkontrolliert. Nicht nur das. Ich hätte mich daran erinnern müssen, daß ich selbst im Alter meines Sohnes Ruggero es nicht geschafft habe, den *Don Quichotte* zu lesen. Ich hätte mich daran erinnern müssen, daß ich es nicht einmal später geschafft habe, dieses hochberühmte Buch zu lesen; vielleicht weil ich, obwohl ein halbes Jahrhundert an Lebensjahren hinter mir liegt, eine kindliche Seele bewahrt habe, wessen ich mir voll und ganz bewußt bin und was ich hiermit öffentlich zugebe. Aber welchen Betrug witterte mein Sohn Ruggero im *Don Quichotte?* Der *Don Quichotte* gibt sich aus als ein Buch über Ritterabenteuer, aber nach wenigen Seiten merken wir, daß es sich um falsche Abenteuer handelt, die die innere Leere des Ritterabenteuers zeigen sollen. Bei der Entdeckung dieser *wahren Absicht* ist der kleine Leser enttäuscht, so als entdecke er, daß die Praline, die ihm geschenkt worden ist, aus Gips besteht. An diesem Punkt weist eine einflußreiche Stimme darauf hin, daß der *Don Quichotte* kein Kinderbuch, das heißt kein Buch aus ›süßen Träumen‹ sei, sondern ein Buch, das die Vergeblichkeit aller Täuschungen lehre, das das Leben zeige, wie es ist, und das deshalb ein bitteres Buch und für Erwachsene bestimmt sei. Es bleibt noch festzustellen, welche Erwachsenen gemeint sind. Auch ich bin erwachsen, wie ich weiter oben gesagt habe, und nichtsdestotrotz nehme ich das Abenteuer mit vertrauensvoller Seele und in seiner vollen Fiktion an, das heißt, ich verspeise es mit Genuß und ohne Moralsoße, die sein Aroma verdirbt; und wenn das Abenteuer Ritzen hat, durch welche die sogenannte Wahrheit schimmert, wird mir, ich gestehe es, *schlecht.* Noch mehr:

die hochgerühmte Ironie des Ludovico Ariosto im *Orlando furioso* geht mir auf die Nerven, weil ich das, was der Kardinal Ippolito für »Albernheiten« hielt, meinerseits zutiefst ernst nehme: ein unüberwindlicher Unterschied zwischen den ›seriösen‹ Leuten und mir. Um zum *Don Quichotte* zurückzukommen: ich frage mich, lohnt es, die Abenteuer des Ritters von der Traurigen Gestalt zu ›demontieren‹, um in den soviel trübsinnigeren Moralismus seines Knappen Sancho Pansa abzusinken? *Don Quichotte*

DRUCKFEHLER, GLÜCKLICHER. Im V. Band (vierte Reihe, II. Jahrgang) der *Critica* zitiert Benedetto Croce eine Seite aus den Memoiren der Herzogin von Dino, der Nichte Talleyrands. Dort ist oben, wenige Zeilen nach dem Anfang, der folgende Satz zu lesen: »*C'est pourtant une utile chose que la vérité, ce premier des biens, toujours inconnu par les âmes qui ne sont pas fortement trompées.*« An dieser Stelle unterbrach ich die Lektüre und begann nachzudenken. Die Neuheit dieses Gedankens hatte mich lebhaft betroffen gemacht: daß nämlich der Geist, um die Wahrheit zu erkennen, »sehr getäuscht« werden muß; und eine Kette von unerwarteten Überlegungen formte sich lebhaft und erregend in meinem Geist, alle von dieser pessimistischen, aber fruchtbaren und höchst überzeugenden Idee hervorgebracht, daß »die Wahrheit aus dem Trug geboren wird«; bis ich, plötzlich zu logischer Klarheit zurückfindend, bemerkte, daß *trompées* ein Druckfehler war und man nicht *les âmes fortement trompées,* sondern *fortement trempées* lesen mußte, »die fest gestählten Geister«. Mein kleines Schloß aus unerwarteten Gedanken brach im Nu zusammen. Die Worte der Herzogin von Dino waren keine Quelle einer neuen Interpretation der Wahrheit und ihrer Ursprünge, sondern sie kehrten in den grauen Bezirk der offenkundigen Wahrheiten zurück. Zu sagen, daß die Wahrheit nur von fest gestählten Geistern erkannt werden kann, ist dasselbe wie die Feststellung, daß man für ein Omelett Eier braucht. Ich füge hinzu, daß in der Gedankenassoziation sich die Idee von der »durch Täuschung geschaffenen Wahrheit« glücklich mit der Persönlichkeit Talleyrands verband, diesem großen Täuscher. Aber ach, das Spielzeug war kaputtgegangen. In den zufälligen Begegnungen von Wörtern erkannten die Griechen die Stimme der Gottheit. Uns widerstrebt es, den Sitz der poetischen Inspiration in den beunruhigenden Bezirk des Willkürlichen und des Zufalls zu verlegen (vor allem aus menschlich-sentimentalen Gründen, so wie einem Sohn der Gedanke widerstrebt, seine Mutter könnte einen Geliebten haben), aber wir wagen es auch nicht, sie in den Bezirk der Logik, mitten hinein in ihre quadratisch verlaufenden Straßen und in ihren rationalen Urbanismus zu verlegen. Vermittels der automatischen Schreibweise hatten die Surrealisten versucht, auf dem zufälligen Zusammentreffen der Wörter eine neue Poetik zu begründen, aber der Zauber und das Geheimnis des Unerwarteten (wenn man überhaupt von Zauber und Geheimnis sprechen kann) verflüchtigen sich, wenn das Unerwartete gewollt ist, vorbereitet und organisiert von einem kleinen Stamm steriler Schriftsteller ohne poetische Phantasie und in mehr oder weniger simulierter *trance.* Hüten wir uns also, das Unerwartete zu beflecken, und ehren wir es dagegen gebührend, wenn es sich rein und echt zeigt. Ehren wir es in einem Druckfehler, und vor allem in einigen besonders glücklichen Druckfehlern wie diesem *trompées* auf der Seite 318 des V. Bandes der *Critica* (vierte Reihe, II. Jahrgang), der uns durch die Sinnveränderung eines Wortes für ein Weilchen erschüttern und unseren Begriff von Wahrheit umgestalten konnte. Und warum sollte man nicht der Anregung folgen und auch weiterhin in dieser so unerwarteten Weise an die Wahrheit denken? Ein unfreiwilliger Beitrag zur Pluralität der Wahrheiten, und für die Monotonie der Wahrheit ein glückliches Korrektiv. (→Kalauer)

DUMMHEIT. Die Dummheit, unsere heimliche Liebe, hat eine hypnotische Macht über uns, sie übt eine unbesiegbare Anziehungskraft auf uns aus. Ich habe es oft erfahren, in der Straßenbahn, auf der Straße, im Café. Ich sitze im Café, durchstreife die unerforschtesten Kontinente der Klugheit; neben mir haben ein paar Unbekannte Platz genommen. Aus ihrem Gerede steigt wie gewohnt eine göttliche, heilige, bezaubernde Dummheit auf. Allmählich verdunkelt sich mein Abenteuer, ich verliere die Spuren meiner einsamen Reise, ich folge dem Ur-Ruf der Dummheit, mein Ohr ist erfüllt von der Stimme der Sirene. Klugheit, leb wohl! Ich denke nicht mehr, ich suche nicht mehr, ich will nicht mehr. Ein süßes Vergehen erfüllt mich, wie wenn unsere Nerven nach langer Schlaflosigkeit in die lustvolle Erschöpfung des Schlafes hinüberschmelzen. Und nun wende ich mich an Sie und frage: »Ist für uns, Söhne der Klugheit und Söhne der Sünde, dieser Ruf vielleicht der ferne, nostalgische Ruf des verlorenen Paradieses?« (→KLEINSTADTPROBLEME, →FASS-MENSCHEN, →INTELLIGENZ)

EINHEIT. Die Einheit ist der größte Irrtum, den der Mensch je erfunden hat. Auch das vorsokratische Griechenland ›betäubte‹ sich in der Suche nach der Einheit, aber damals suchte wenigstens jeder die Einheit auf andere Art; und viele Einheiten bewahren vor der Einheit, so wie viele Götter vor Gott bewahren. Außerdem suchten die Vorsokratiker die Einheit in den Dingen, die sich ›in Reichweite‹ befanden (ausgenommen Pythagoras – der kein Grieche war. Was Anaxagoras betrifft, so kann seine Einheit, sein *nous,* auch eine Art *élan vital* sein). Hier liegt die Lösung des Problems: Man soll sich nicht über die Dinge hinauswagen, die in Reichweite sind. Die erste Regel in der Kunst. Ein erfahrener Künstler weiß, daß vieles, was als Gedanke schön erscheint, der Probe der plastischen Anwendung nicht standhält. Wenn die Wahrheit existiert,

Einheit kann sie nur das sein, was man plastisch ausdrücken kann. Ein Kriterium für ein *nicht nutzloses* Leben. Man hütet sich, die Grenze des Plastischen zu überschreiten. Das ist der eigentliche Grund, warum nur der Europäer ein *Künstler* ist. Jeder Mensch wird somit der *Künstler* seines eigenen Lebens, und jedes Leben ist eine plastische Tatsache. Das ist die ›Tiefe‹ des griechischen, des europäischen Menschen. Eine ›physische‹ Tiefe. Der Nichteuropäer (Hindu) wagt sich als Nichtkünstler über das Plastische hinaus und fällt ins Leere – er *lebt* schließlich im Leeren. Seltsam: Im Leeren haben die Menschen die sichersten, die gewaltigsten Garantien für sich selbst, für ihr Leben, für ihr gegenwärtiges und zukünftiges Geschick untergebracht. Es handelt sich nicht darum, das Unendliche zu negieren, es handelt sich auch nicht darum, sich dem Unendlichen zu *entziehen*, sondern es handelt sich darum, das Unendliche als eine unendliche Fortsetzung des Seienden zu sehen. Es geht darum, die Kontinuität zwischen Seiendem und Unendlichem nicht aufzulösen. Was wir endlich nennen, darf nicht *anders* gedacht werden als das, was wir unendlich nennen. Das Unendliche darf nicht als etwas *anderes* betrachtet werden. Der Unterschied zwischen dem Europäer und dem Nichteuropäer besteht darin, daß der erstere das Unendliche als eine Fortsetzung des Endlichen betrachtet und sie homogen denkt, während der zweite zwischen das Endliche, sich selbst also, und das Unendliche einen ›Fluß aus Nichts‹ setzt. Das ist ein tiefgreifender Unterschied, der genügt, um den tiefgreifenden Unterschied zwischen dem Gesamtschicksal des Europäers und dem des Nichteuropäers zu erklären. Der Europäer wird jedoch vom Nichteuropäertum *bedroht.* Er läuft ständig Gefahr, ins *Absurde* des Nichteuropäers zu verfallen. Und dieser Fall ins Nichteuropäische ist für den Europäer der Fall in eine Art Wahnsinn. Europäisierung bedeutet dagegen für den Nichteuropäer den Hafen der Vernunft erreichen und damit die einzige Glückseligkeit, die uns hienieden gestattet ist. Ich hatte gehofft, daß der Europäer, in seinen Denkspielen angeregt und belehrt von den Wahrheitsspielen, die uns die Physik heute vorspielt, endlich einen intellektuellen Zustand erreichen würde, der frei von allem Absurden ist, dem vorsokratischen ähnlich und reiner noch. Ich neigte um so mehr zu dieser Hoffnung, als hier seit beinahe hundert Jahren viele Denker und vor allem viele Künstler und auch Gruppen von Ideen und Gruppen von Künsten den Weg zu einer vom Absurden freien Welt vorbereitet haben. Aber meine Hoffnungen sind enttäuscht worden. Die Marschierer für die Freiheit haben haltgemacht, von der Freiheit erschreckt, nach der sie seufzten, sie sind umgekehrt und haben sich wieder dem Absurden zugewandt. Und aufs neue schickt das Absurde Rauchsäulen ins europäische Gehirn. Das Sichere aufgeben aus Angst und sich ans Unsichere klammern, um in Sicherheit zu sein! Ist das Absurde also ein für das Leben des Menschen nötiges Element? (→Europa)

Emphase. Frau M. D. sitzt bei Tisch und ruft aus: »Ach, bin ich müde!« Sie schlürft ein paar Löffel Suppe und stößt hervor: »Diese Hitze!« In die Darlegung ihres physischen Zustandes legt Frau M. D. ihre ganze Seele, und wenn wir ein Psychometer besäßen, also ein Instrument zum Messen der vorhandenen psychischen Stärke, so würde es uns wahrscheinlich anzeigen, daß sich Frau M. D. nach diesen beiden höchst einfachen Sätzen ihrer Seele vollkommen entäußert hat; ein sehr gefährlicher Zustand, insbesondere wenn Frau M. D. in dieser Lage Dinge zustießen, die die ganze und wirksame ›Anwesenheit‹ ihrer Seele erforderten. Frau M. D. ist Schauspielerin von Beruf, und wenn sie spricht, ist ihr Ton emphatisch, farbig, ausdrucksvoll. Die Bedeutung der Wörter genügt ihr nicht, sondern vermittels des Klanges eines jeden Wortes gestaltet sie lautlich seine Besonderheit, seinen Charakter, seine

Emphase Physiognomie. Es ist ein ›visuelles‹ Sprechen, ein Sprechen *für die Augen.* Da mich diese Art zu sprechen immer geärgert hat, will ich versuchen, den Grund dieses Ärgernisses zu bestimmen. Ausdrucksvolles Sprechen gilt als schön, dabei ist es häßlich und vor allem unzivilisiert. Die Zivilisation führt zu einem immer mehr geistigen Leben (und zu den erfreulichen Konsequenzen des geistigen Lebens: Ordnung, Gleichmaß, Stille) und zur Beseitigung der Gesten. Die zivilisierten Völker sprechen ohne Zeichen, die weniger zivilisierten mit Wörtern und gleichzeitig Zeichen. Die Emphase, die Veränderung des Tonfalls, das ausdrucksvolle Sprechen sind nichts weiter als ein Überrest des semiologischen Sprechens des primitiven Menschen und der in den Ton eingegangenen Gesten. Es ist ein Gestikulieren mit der Stimme. Es ist ein Zeichen, daß man noch kein Vertrauen in die Bedeutung des Wortes hat. Es ist ein Zeichen, daß wir das Äffische in uns noch nicht besiegen können. Die zivilisierten Menschen werden nicht nur ohne Gesten, sondern auch ohne Emphase, ohne Veränderung des Tonfalls ohne Charakter, Färbung, Ausdruck im Klang des Wortes reden. Und auf dieselbe Weise werden die Schauspieler eines ›zivilisierten‹ Theaters sprechen, das heißt die Schauspieler, die den Hanswurst in sich besiegt haben. Ebenso wird der Schriftsteller, der den Affen in sich vollkommen besiegt hat, ohne Emphase, ausdruckslos, farblos schreiben. Noch immer ist der Begriff des literarisch Schönen beeinflußt von den Gefühlen des Affen vorm Spiegel.

England. Eine der wichtigsten und gleichzeitig merkwürdigsten Wirkungen dieses Krieges (1944) wird der Übergang Englands aus dem Stadium der kapitalistischen Nation zu dem einer proletarischen Nation sein. Muß ich hinzufügen, daß »kapitalistisch« und »proletarisch« als *Gefühle* zu verstehen sind, das heißt, als *Gemütszustände?* Es

England

kann sein, daß England auch nach diesem Krieg fortfährt, beharrlich fortfährt in seiner kapitalistischen Ausstattung, was ihm sicher nicht zum Vorteil gereichen wird; wie auch immer, die ›psychischen‹ Bedingungen werden verändert sein, das also, was vorwiegend die menschlichen Formen verursacht. Vom Kontakt und vom Kontrast erleuchtet, wird England fühlen und begreifen, daß seine zukünftigen Lebensmöglichkeiten, sein Schicksal es zwingen, seine alte kapitalistische Seele aufzugeben und sich eine neue proletarische Seele zuzulegen. Das wird der Grund sein, aus welchem dieses große Volk aus seiner »splendid isolation« herauskommen und zu unserem Heil und seinem zu Europa gehören wird.

Enzyklopädie. Enzyklopädie bedeutet »alles wissen«, also ›Rundum‹-Wissenschaft, ›abgeschlossene‹ Wissenschaft. Enzyklopädie bedeutet eine aus allen Kenntnissen und aus homogenen – ›geistig‹ homogenen – Kenntnissen zusammengesetzte Wissenschaft. Eben in diesem Sinne ist die Enzyklopädie eine Waffe, eine polemische Waffe. Man versteht so den Enzyklopädismus der Renaissance, den Enzyklopädismus der französischen Enzyklopädisten. Unverständlich ist der Sinn einer heute verfaßten Enzyklopädie, außer als Sammlung praktischer Mitteilungen, denn sie verrät ihre eigene Natur und verfehlt ihr eigenes Ziel. Heute ist eine *Enzyklopädie* nicht möglich. Heute ist es nicht möglich, alles zu wissen. Eine *abgeschlossene, eine umfassende Wissenschaft* ist heute nicht möglich. Heute gibt es keine *Homogenität* der Kenntnisse, keine *geistige Verwandtschaft* zwischen den Kenntnissen. Heute gibt es keine gemeinsame Tendenz der Erkenntnisse. Heute besteht ein gewaltiges Ungleichgewicht zwischen den Erkenntnissen. Das ist der Grund jener ›Kulturkrise‹, die zuerst von Spengler, dann von Huizinga verkündet wurde. Und wie kann es ein Gleichgewicht geben, wie eine Kultur – was ja Homogenität der *polis* bedeutet –, wenn einige Leute sich die Krümmung des Raumes vorstellen und das Geschlecht der Metalle, andere zur gleichen Zeit die ptolemäische Architektur des Universums? Und da andererseits keine Hoffnung besteht, daß einander so fernliegende Ideen sich vereinen und verschmelzen können, ist es angebracht, sich mit einer fortgesetzten und immer ernsteren Kulturkrise abzufinden. Verzichten wir also auf eine Rückkehr zur Homogenität der Ideen, das heißt, zu einem vergangenen Zivilisationstyp, und bemühen wir uns, die disparatesten Ideen, einbegriffen die desperatesten, auf weniger blutige Weise miteinander leben zu lassen.

ERINNERN. Wir Italiener sagen *conoscere a memoria* oder *conoscere a mente,* auswendig kennen. Die Franzosen sagen *connaître par cœur,* die Engländer *to have by heart.* Was folgt daraus? Daß der Italiener ›geistiger‹ als der Franzose oder der Engländer ist? Auf jeden Fall ist die französische Form schön, derzufolge man das, was man auswendig kennt, das heißt ohne Unterstützung durch Unterlagen und Dokumente, »vermittels des Herzens« kennt, also liebt; gleichsam als sei Erinnern Lieben – wie es tatsächlich auch ist. Noch genauer in diesem Sinne ist das Englische, weil *to have by heart* wörtlich bedeutet: »im Herzen haben«, also das Erinnerte im Organ der Empfindungen selbst aufbewahren.

ESSKULTUR. Wenn ihr der Menschheit den Puls fühlt, wenn ihr eure klinischen Tabellen ausfüllt, wenn ihr eure vergleichenden Bilder erstellt, wenn ihr versucht, das ›Ja‹ und das ›Nein‹ und das ›Mehr‹ und das ›Weniger‹ festzustellen, ihr Analytiker der Geschichte, wählt ihr als Vergleichsebene diejenige, die ihr für die würdigste haltet, um eine tatsächliche oder angenommene Überlegenheit eines Volkes über ein anderes zu bestimmen; aber trau-

rigerweise ist euer liebster Begriff die finanzielle Potenz. Nun ist der Reichtum eine vermittelte Eigenschaft und sein Schicksal ungewiß. Wenn ihr den Grad der Kultur eines Volkes wirklich und gerecht abwägen wolltet, müßtet ihr andere und sicherere Vergleichsmomente finden, und ihr müßtet solche wählen, die mit dem ›natürlichen‹ Leben des Menschen verknüpft sind. Und eines davon ist die Art zu essen. Daß Italien außer allem anderen eine eigene und charakteristische Ernährungskultur hat, ist ein zusätzlicher Beweis, daß die italienische Kultur die erprobteste und legitimste aller Kulturen ist. Wenn es erlaubt wäre, die Ernährung als ein Kriterium für Kultur zu nehmen, hätten wir Italiener noch immer das Recht, Deutschland und England so anzusehen, wie Tacitus sie betrachtete: »Sage mir, wie du ißt, und ich werde dir sagen, wer du bist.« Ich habe die Küchen dieser und der anderen Hemisphäre gekostet, und ich kann versichern, daß die italienische Küche die logischste und ›menschlichste‹ von allen ist, anders gesagt, sie spiegelt im Glanz der Tafel und bis auf den Grund der Tiegel und Töpfe dieselben Eigenschaften, die grundlegend für unser Volk sind. Die Ernährung ist bei uns eine Form der Kultur geworden, und das ist nicht nur daran sichtbar, wie die Lebensmittel für die Tafel zubereitet werden, sondern es ist auch sichtbar in der Sauberkeit, in der Würde, in der *Redlichkeit,* mit der die Nahrungsmittel auf unseren Märkten und in unseren Geschäften angeboten werden. Wenn es der Malerei und der Bildhauerei in Italien eines Tages gelingt, den Stil unserer Ernährungskultur zu erreichen, dann können wir sagen, daß wir wieder eine große Malerei, eine große Bildhauerkunst haben. (→Café d'Italia, →Süsse Speisen)

Etymologie. Meine fünfjährige Tochter hat entdeckt, daß die Streichhölzer *fiammiferi* heißen, weil sie die »Flamme tragen«. Ein neues Licht ist in ihren goldenen Augen erschienen, der erste Widerschein einer größeren Gewißheit in der Kenntnis der Dinge, eines Glücks, das stärker von der Vernunft getragen wird. Eine ähnliche Freude wird Leopardi empfunden haben, als er entdeckte, daß *nausea,* Ekel, von *naus,* Schiff, kommt. Ich selbst war vor vielen Jahren glücklich über die Entdeckung, daß *Krawatte* von *Kroate* herkommt und daß die ersten Buchstaben von *Snobismus* eine Abkürzung von *sine nobilitate* sind, daß *Tyrann* ursprünglich der *Hüter der Käse* war. Die etymologische Entdeckung ist eine ›Erleuchtung‹. Sie verschafft uns den Eindruck (oder die Einbildung), die Wahrheit zum Greifen nahe zu haben – also das so angenehme Gefühl eines befriedigten Ehrgeizes. Aber es ist ein jugendliches Gefühl und in die Grenzen der Jugendzeit eingeschlossen (oder besser der ›Jugendlichkeit‹, denn oft dauern die Jugendempfindungen auch über die Jugendzeit hinaus). Wenn diese Grenzen überschritten sind, überrascht, bezaubert uns der ursprüngliche Sinn der Wörter nicht mehr, und weise halten wir uns an ihre gewöhnliche Bedeutung, die erworbene, die bisweilen unendlich weit von der ursprünglichen entfernt ist. Was schert es uns, daß die Schwiegermutter im Piemont *Madonna* genannt wird? Wenn die Neugierde für die ›Wurzeln‹ erloschen ist, bleibt uns eine größere Freiheit für wichtigere Entdeckungen. Das Ende des vorigen Jahrhunderts war das goldene Zeitalter der etymologischen Studien. Der Göttin Vernunft huldigend, glaubten die Menschen, die Wahrheit schon mit Händen greifen zu können. Es war ein Augenblick der vollen, stolzen, triumphierenden Freude. Aber während die Predigten der ›Erleuchteten‹ und das Schrumm-Schrumm der Orchester noch am gottlosen Himmel widerhallten, begann Enttäuschung das scheinbar so sichere Terrain zu unterminieren, und was am Anfang als Morgenrot eines neuen, lichtvollen Lebens erschienen war, erwies sich dagegen lediglich als ein Zeichen, daß die nördliche Zivilisation, rennend und hinkend, auf einem toten Gleis angekommen war. (→Achilles, →Adam, →Monte Navale)

Europa. Europa ist das Grab Gottes: eine genauere und zugleich tiefere Definition Europas. Sooft Gott zur Eroberung Europas aufbricht, stirbt er. Er kommt von Asien her, seinem natürlichen Sitz. Gott wird in Asien geboren und stirbt in Europa. Es wundert jemanden, daß Gott so oft stirbt? Gott ist bekanntlich unsterblich. Der Tod ist in seinem Leben nur ein Zwischenfall. Es sollte einen viel mehr wundern, daß Gott, von so vielen als die höchste Weisheit anerkannt, sich darauf versteift, die Kolonisierung dieser ihm todbringenden Erde zu versuchen. So lernt also auch Gott nichts aus Erfahrung? Im Licht der jüngsten Ereignisse und aus dem Verhalten ›verantwortlicher‹ Männer dabei kann man ersehen, wie wenig selbst die Menschen durch Erfahrung lernen. Im Kopf der Menschen erkennt man Gott. In Wahrheit ist Gott nicht die

Weisheit. Die Weisheit lehrt zu unterscheiden, und Gott ist die Einheit.

Dasselbe Schicksal, das Gott widerfährt, wird auch der asiatischen Pest zuteil. Seit Jahrhunderten kommt, den Hygienikern zufolge, die Pest bis an die Tore Europas und bleibt dort stehen. Nicht wegen einer Sanitätsbarriere, sondern wegen einer einfachen Abstoßung. Nicht immer hat Europa das geschafft. Einmal durcheilte dieser tiefe Atemhauch Asiens Europa vom Hellespont bis zu den Säulen des Herkules. Es sind Augenblicke, in denen Europa sich enteuropäisiert. Sobald es sich wieder europäisiert, schließen sich seine Tore vor der Pest. Das ›Problem‹ Europa besteht darin, sich selbst auf ein Maximum – auf ein ›europäisches‹ Maximum – zu bringen. Wenn der Nazismus, eine Erscheinung asiatischer Natur, die wie ein Tumor im Herzen Europas entstanden ist, nicht von Europa selbst vernichtet worden wäre, dann wäre die Pest nach Jahrhunderten des *no entrance* wieder vom Hellespont bis zu den Säulen des Herkules durch Europa gerast. Den Totalitarismus herauszuskalpellieren ist für Europa vor allem eine Frage der Hygiene. Wie im menschlichen Organismus so ist auch im geographischen Organismus der psychische Zustand der Hauptregulator des physischen Zustands, indem er entweder die Krankheit direkt hervorbringt oder indem er die Entstehung der Krankheit erlaubt beziehungsweise verbietet. Aber was versteht man darunter: »Europa selbst hat den Nazismus vernichtet«? Und was unter: »Nazismus – eine Erscheinung asiatischer Natur«?

Michelet nennt, ich erinnere mich nicht, bei welcher Gelegenheit, die Deutschen *»ces asiatiques de l'Europe«*. Ich hoffe, daß in Michelet keine Reminiszenzen physischer Natur nachwirkten, wie die angeblich slawische Herkunft der Preußen. Seine Definition würde so platt werden wie ein zusammengedrückter Klapphut. Eines der Elemente, die mit größter Sicherheit das Vorhandensein von »Europäertum« signalisieren, ist ein freiheitliches Lebensgefühl.

Das fehlt den Deutschen. Im Jahre 1827, in einer Zeit, in der das Bekenntnis freiheitlicher Gesinnung schließlich auch zur Eleganz gehörte, wiesen Preußen und Österreich Cannings Appell, Griechenland zu helfen, zurück.

Gott in der hier gebrauchten Bedeutung ist nicht Gott im Sinne von Liebe, sondern Gott im Sinne von höchster und zentralisierender Autorität. Die einzige mit der Idee von Gott vereinbare Bedeutung. Gott–Liebe ist eine absurde Symbiose. Die Kirche verewigt diese Symbiose. Sie verbindet das Autoritätsprinzip mit christlichem Lebensgefühl. Sie erzeugt eine Synthese durch Vereinigung zweier Antithesen. Sie versöhnt zwei Unversöhnliche. Sie vereint zwei Unvereinbare. Wie tut sie das? Ganz einfach: ›Sie tut es nicht‹. Die Wahrheit ist, daß sich eine der beiden Stimmen in diesem Duett zurückgezogen hat. Welche? Vielleicht ist es richtiger, zu sagen, daß das Autoritätsprinzip das christliche Lebensgefühl *absorbiert* hat. Die Kirche absorbiert mit höchster Meisterschaft. Sie hat das Heidentum absorbiert (man beachte: absorbiert, nicht zerstört). Sie hat den Heiligen Franziskus absorbiert. Sie hat Giovanni Bosco absorbiert. Sie absorbiert jegliche Häresie. Sie absorbiert nach und nach die Entdeckungen der rationalen Forschung. Enorm, die Verdauungsfähigkeit der Kuppel! Außer der plastischen Abbildung des ptolemäischen Himmels enthüllt die Kuppel damit auch ihre nicht minder wichtige Funktion als Gefäß. Enorm die Kraft ihres Verdauungsprozesses. Wie schäbig dagegen andere Institutionen mit ihrem sterilen Mimikry! Auch der Faschismus versuchte den Sozialismus zu absorbieren*, allerdings blieb ihm der Sozialismus im Halse stecken.

Jeder Versuch, das christliche Lebensgefühl wiederzuerwecken, geht auf Kosten des Autoritätsprinzips. Die reformierte Kirche lehrt es.

Christentum ist ein menschlicher, ein rein menschlicher Akt. Das menschlichste aller Gefühle. Das Wirken von

* Der schwarze Perlendieb verschluckt die Perle, um sie zu verstecken.

Mensch zu Mensch. Es bewegt sich auf horizontaler Linie. Es ist ein Gefühl, das jeder Mensch den anderen Menschen einflößt und das jeder von den anderen empfängt. (Die Ausweitung des christlichen Lebensgefühls, nach der ich mit ganzer Seele strebe, wird zur christlichen Kommunion mit allen Lebewesen und Dingen über den Menschen hinaus führen: mit Tieren, Pflanzen, Mineralen; und mit den Partikeln, aus denen die Lebewesen und die Dinge zusammengesetzt sind; bis zu den Zellen und den Atomen; und über die Zellen und Atome hinaus; und erst dann wird das volle, tiefe christliche Lebensgefühl erreicht sein.) Überlaßt das Christentum, diese menschliche Angelegenheit, uns Menschen. Bringt man es aus seiner natürlichen Lage und versetzt es aus der Horizontalen in die (vertikale) der Autorität, dann verändert man nicht allein seine Natur, sondern man verstopft auch die Quellen seiner Fruchtbarkeit, schwächt seine Energie. Christentum ist die Fortführung unserer selbst in der menschlichen Kollektivität und allem, was existiert. Christentum ist Vereinigung der einzelnen Egoismen. Ist Austausch von Egoismen. Ist Verschmelzung der Egoismen – des unseren mit dem des anderen, des anderen mit unserem. Es ist unsere Lebenskraft, die zusammengetan wird mit der der anderen. Es ist die Verschmelzung aller menschlichen Lebenskräfte, und es wird die Verschmelzung der menschlichen und der nichtmenschlichen Kräfte sein. Eine göttliche Gelatine, in die man immer gut fällt. Wollen wir, ihr Brüder der gemeinsamen Gelatine, uns nicht die Atomphysik als die ›wissenschaftliche‹ Bestätigung des christlichen Lebensgefühls denken? Wollen wir nicht in ihr das Ende der ungeheuerlichen Trennung von Zusammenhängendem begrüßen? Wollen wir nicht in ihr die Verschmelzung von Materie und Geist, Seele und Körper, Physischem und Metaphysischem feiern?

Vor Christus wurde diese Energie in der Sprache Platons Eros genannt und von Lukrez als die göttliche Venus begrüßt. Christus vertiefte diese Kraft und das Gefühl, das sie ausdrückt, er erweiterte das Repertoire der gemeinsamen menschlichen Interessen, indem er das wollüstige Gefühl des Mitleids und das noch wollüstigere der Nächstenliebe erweckte, und machte dieses menschlichste aller Gefühle noch ›menschlicher‹. Aber eben weil es so menschlich ist, hält es allem Nichtmenschlichen nicht stand, vor allem hält es der einzigen und zentralisierenden Autorität nicht stand – diesem Stillstand, dieser Lähmung, diesem Punkt. Und noch weniger hält es dem metaphysischen Reflex der Autorität, Gott, stand. Das Christentum ist gottlos. Und wenn ich gottlos bin, dann nicht aus Überlegungen heraus, sondern weil ich ein Christ bin.

Europa tötet Gott. Die beiden letzten Göttermorde, die Europa vollbracht hat, heißen Hitler und Mussolini. Hitler wäre also Gott? Mussolini Gott? Ja. Gott, aus der Nähe gesehen, ist Mussolini. Gott, aus der Nähe gesehen, ist Hitler. Hitler von weitem gesehen ist Gott. Mussolini von weitem gesehen ist Gott. Dieses Nah-Fern-Spiel funktioniert sowohl auf der Ebene Mussolini–Gott und Hitler–Gott als auch auf der Ebene Hitler–Mann von der Straße und Mussolini–Mann von der Straße. (Kein Wortspiel.) Mussolini habe ich 1918 in Mailand als einen Mann von der Straße kennengelernt. Von Natur aus bin ich für jede Form der Götzenanbetung ungeeignet. Meine Abneigung gegen das geringste Zeichen von Anbetung – der ›Vater‹ Dante und der ›göttliche‹ Platon – zwingt mich, auch die Qualitäten eines Dante und eines Platon zu unterschätzen. Aber auch wenn es nicht so wäre, die Bekanntschaft, die ich mit Mussolini als einem Mann von der Straße gemacht hatte, bewahrte mich davor, den zum Gott erhobenen Mussolini anzuerkennen. Der Gott, den wir haben entstehen sehen, ist kein Gott.

Dies ist ein Europa vom Ballon aus gesehen. Man kann diese Tragödie der Kontinente nicht mit Ameisenblick betrachten.

Die Intelligenz Europas hat eine besondere Funktion; sie teilt und trennt. (Das *divide* der britischen Diplomatie hat nicht nur das politische Ziel, zu herrschen, es hat vor allem eine Funktion unterteilender Intelligenz.) Das ist die ›natürliche Form‹ der europäischen Intelligenz, des ›europäischen Geistes‹. Auch wenn es nicht ›willentlich‹ am Werk ist, unterteilt und trennt Europa immerfort durch einen natürlichen Impuls, auf eine unauffällige, lautlose Art. Der europäische Geist haßt den Klumpen. Welches Gerinnsel sich auch immer in Europa bilden sollte, es muß sich unter dieser wirkenden Antipathie auflösen. Nicht alles in Europa ist ›europäisch‹. Im Gegenteil. Vieles in Europa *ist nicht europäisch.* Aber alles, was in Europa nicht europäisch ist, ist dazu bestimmt, zu verschwinden durch die Antipathie dessen, was europäisch ist.

Wer in den Sinn dieser Worte eindringen möchte, kehre einige Bedeutungen um. Zersetzen ist nicht zerstören. Zersetzung ist heilsam. Der europäische Geist, der in seiner subtilsten, tiefsten, ›europäischsten‹ Funktion teilt, trennt, zersetzt, vollbringt ein heilsames Werk. Auch hier stößt man auf das Gespenst Gottes, dieses beharrliche Gespenst Gottes. Der Gedanke, daß vereinigen gut und teilen schlecht sei, ist von der Erscheinung Gottes inspiriert. Im ptolemäischen Begriff des Lebens hatte das Verb vereinen magische Bedeutung und beinhaltete Gott als Vereinigung und die Vereinigung mit Gott. Im kopernikanischen Begriff des Lebens ist Vereinigung Irrtum, Opposition zur natürlichen Ordnung, Hindernis für das ewige Fließen des Lebens und für seinen ewigen Wandel.

Gott als Hindernis für das Leben. Als Bremse des Fortschritts. Auch wenn Europa Gott akzeptiert, vor allem aus einer Art guter Manieren des Geistes (die allmählich zu einer Art guter Erziehung herabgesunken sind), nimmt es ihn doch nicht so ernst, daß es sich von ihm hindern ließe. Braucht es mehr, um die Gründe des europäischen ›Fortschritts‹ zu erklären?

Kurze Geschichte des Ersten Weltkriegs: Das ›Europäische‹, vertreten von England, Frankreich, Italien und den anderen ›Alliierten‹, bekämpft und zerstört das Nichteuropäische, vertreten von den Zentralmächten und ihren bulgarischen und türkischen Verbündeten.

Kurze Geschichte des Zweiten Weltkriegs: Das ›Europäische‹, vertreten von Frankreich, England und den Vereinigten Staaten, bekämpft und zerstört das Nichteuropäische, vertreten vom Nazismus und vom Faschismus. Und diesmal – ein wichtiger Fakt – kommt das Europäische von außerhalb; diesmal kommt Europa aus Amerika, um das Nichteuropäische zu bekämpfen und zu zerstören, das sich in Europa gebildet hat.

Dieses Beispiel müßte genügen, um diejenigen zu beruhigen, die das Ende des europäischen Geistes infolge eines dritten Weltkriegs oder infolge einer slawischen Expansion in Europa befürchten.

Der europäische Geist wird nicht sterben, wenn das Territorium ›Europa‹ zerstört wird. Der europäische Geist ist nicht in den Europa genannten geographischen Umkreis eingeschlossen. Der europäische Geist ist lebendig und also beweglich. Und der europäische Mensch ist überall hingekommen und hat sich überall niedergelassen. Seine Bewegung geht von Ost nach West. Aus psychischen Motiven: von Sympathien angezogen, von Antipathien abgestoßen. Er schaut nach Westen. Aus Sympathie mit dem Licht. Die untergehende Sonne zieht ihn an. Er bewegt sich in der Richtung der Sonne. Zieht ihr nach. Um ihr Licht nicht zu missen. Sein eigentlicher Charakter ist die Westlichkeit. Er stößt zurück, was östlichen Charakter hat. Er flammt auf und leuchtet zuerst in Griechenland. Dann beginnt er seinen von der Sonne geführten Marsch. Er kommt durch Italien. Von Italien gelangt er nach Frankreich und England. Von England zieht er über den Atlantik nach Amerika, der letzten Etappe des Europäertums. Es hat einen ›europäischen‹, psychischen Grund, daß sich meine Seele verdüstert, wenn ich das Adriatische Meer anschaue, und daß sie sich wieder mit Hoffnung füllt, wenn ich das Tyrrhenische Meer betrachte. Amerika ist heute der Sitz des lebendigsten Europäertums. Und als solcher hat sich Amerika aufgemacht, um auf dem ›historischen‹ Territorium Europas die beiden asiatischen Formationen, die beiden Fremdkörper zu bekämpfen und zu zerstören, die sich dort gebildet hatten und sein Gewebe zerfraßen.

Die Vereinigten Staaten haben heute dieselbe europäisierende Funktion, die Griechenland zu seiner Zeit hatte. Dasselbe Licht, das in Griechenland leuchtete, danach in Italien, Frankreich, England, leuchtet heute in den Vereinigten Staaten. Erstaunlich?… Und doch…

Jede Etappe des Europäertums auf seinem Weg von Ost nach West ist für die Dauer dieser Etappe das Kap des äußersten Westens. Äußerster Westen waren jeweils Griechenland, Italien, Frankreich, England. Als erlaube jede Etappe des Europäertums nichts ›Westlicheres‹. Als dulde jede Etappe des Europäertums nichts zwischen sich und dem Horizont, wo die Sonne untergeht. Als hätte jede Etappe des Europäertums allein das Recht, jeden Abend der Sonne den letzten Gruß zu senden. Verliert der Etappenort des Europäertums an Kraft, dann geht der Titel des Äußersten Westens an einen anderen über, an eine neue Etappe. Griechenland verliert an Kraft, also geht der Titel des Äußersten Westens an Italien über. Verliert Italien an Kraft, geht der Titel Äußerster Westen an Frankreich über. Frankreich verliert an Kraft (und mit ihm das ganze ›geographische‹ Europa), seitdem der Titel Äußerster Westen an Amerika übergegangen ist.

Wird das Europäertum seinen Marsch von Ost nach West fortsetzen? Wird es von der Küste Kaliforniens ablegen und den Pazifik überqueren, wie es einst den Atlantik überquert hat, wird es im Fernen Osten landen, der für das Europäertum der Fernste, Äußerste Westen ist?… Am anderen Ufer des Pazifik hat der Mensch eine andere Farbe, auf der Haut – und darunter.

»Möge das Studium der griechischen und römischen Literatur die Grundlage der höheren Bildung bleiben! Chinesische, indische, ägyptische Antiquitäten sind immer nur Kuriositäten; es ist richtig, sie zu kennen und bekannt zu machen, aber für die moralische und ästhetische Bildung fruchten sie wenig.« (Goethe)

Europa hält inne an der amerikanischen Pazifikküste.

Wird Europa je glücklich sein? Wird es je ›ganz‹ europäisch sein? Europa leistet eine subtile und stetige Arbeit, um sich vor dem Nichteuropäischen zu retten, das fortgesetzt einsickert und es vergiftet. Das reinste Europäertum ist das vorsokratische Griechenland. Ein Zustand, der europäischer als Europa ist. Obwohl es auch nichteuropäische Teile im vorsokratischen Griechenland gab: Pythagoras und die Pythagoräer. Aber die (nichteuropäischen) Ideen von Seele und Körper, Materie und Geist, Physischem und Metaphysischem, Hölle und Paradies konnten den europäischen Geist noch nicht verderben. Das Leben wurde in dem, was ist, betrachtet, gedacht, geprüft: als unendliche Körperlichkeit; nicht aber als das, was es nach dem Wunsch des nichteuropäischen Geistes sein sollte, ›um Gottes würdig zu sein‹.

Wenn man Griechenland preist, dann preist man den ersten europäischen Zustand Europas. In Griechenland selbst muß man das Griechischere (Europäischere) vom weniger Griechischen (weniger Europäischen) unterscheiden. Das Griechischste von Griechenland ist die vorsokratische Epoche. Das weniger Griechische beginnt bei Platon. Aber selbst im vorsokratischen Griechenland muß man zwischen dem Griechischeren (Europäischeren) und dem weniger Griechischen (weniger Europäischen) unterscheiden. Das Griechischste im vorsokratischen Griechenland ist das Lebensgefühl, wie es von Thales, Heraklit, Empedokles ausgedrückt wird. Das weniger Griechische sind Pythagoras und der Pythagoreismus. Pythagoras ist nicht griechisch. Pythagoras und der Pythagoreismus sind ein Abzweig des Hindu-Spiritualismus, der in Griechenland und Europa eingedrungen ist. Und Europa weiß das und mißtraut Pythagoras. Im Pythagoreismus empfindet Europa das Unartikulierte, das nicht Geplante, das ihm ›Nicht Eigene‹. Schopenhauer sagt in seiner kleinen, für den eigenen Gebrauch geschriebenen Geschichte der Philosophie: »Sonach wird es mir schwer, an den eigentlich großen Geist derer zu glauben, die nicht geschrieben haben.« Er hätte hinzufügen müssen, daß Pythagoras keine schriftlichen Dokumente seines Denkens hinterlassen *konnte.* Das Denken von Pythagoras *entzieht* sich der Niederschrift. Es ist ein nichtgraphisches Denken. Das europäische Denken ist dagegen im höchsten Maß graphisch. Stets und genau aufgeschrieben. Auch wenn es nicht niedergeschrieben ist.

Platon, durch und durch hellenisch, führt in Griechenland das Asiatentum in Gestalt eines einzigen Gottes und des Gewissens ein (das Gewissen als Statthalterschaft des einzigen Gottes im Innern des Menschen, als Instrument, mit dem der einzige Gott den Menschen auch von innen her beherrscht). Die europäische Intelligenz teilt die Einheit, vervielfältigt Gott.

Wie ein trüber Fluß neben einem kristallklaren, so läuft der Pythagoreismus, der ab und an seinen Namen ändert und sich einmal Mystizismus, ein andermal Esoterik, ein andermal Spiritualismus nennen läßt, parallel neben dem Europäertum her. Heute hat sich der Pythagoreismus, ohne daß jemand es weiß, im Marxismus eingenistet.

Europa, wenn es ›europäisch‹ ist, begreift, daß keine Idee ›die erste‹ ist. Daß keine Idee würdig ist, über andere Ideen erhoben zu werden. Daß keine Idee es verdient, das Zentrum zu sein, für wahrer, schöner, besser gehalten zu werden. Das ist die ›Demokratie‹ der Ideen, die einzige Voraussetzung für den Fortschritt. Wenn eine Idee stehenbleibt, bildet sich eine Embolie, die den schnellen und leichten Lauf der Ideen unterbricht und den Fortschritt aufhält; und rings um die ›unbewegliche‹ Idee bildet sich ein brandiger Herd. Betrachten Sie die fortschrittsunfähigen Punkte Spaniens, Italiens, der anderen südlichen Gebiete Europas, in denen der Rost Menschen und Dinge zerfrißt; im Zentrum eines jeden Punktes werden Sie eine stehengebliebene Idee finden. Die Idee ist lebendig, solange sie läuft. Stehengeblieben, verfällt sie und verbreitet Tod um sich. Manche Leute loben heute den Süden, weil er weniger von Ideen überrannt ist, und sie erklären ihn zum Modell eines richtigen Lebensverständnisses. Falsch. Man verwechselt dabei Apathie aus geistiger Sklaverei mit freier Gleichgültigkeit. Der Süden ist nicht von Ideen überrannt, sondern schlimmer: er ist gelähmt von ›einer‹ Idee (Gott, König). Er schläft. Und wenn man von dieser Idee nicht viel Aufhebens macht, so liegt das daran, daß sie seit Jahrhunderten unbeweglich ist. Aber um so verderblicher.

Die beste Voraussetzung des europäischen Geistes ist sein Dilettantentum. Nur der europäische Geist ist so reif, im Dilettantentum die Lösung des Lebensproblems zu erkennen. So weise, zu erkennen, daß das Leben kein Problem ist. So gebildet, zu erkennen, daß das Leben keine Probleme in sich verbirgt. Nur der europäische Geist weiß, daß die Probleme höchstens ein Gegenstand der Liebhaberei sind, ein Zeitvertreib, ein sportlicher Vorwand. Nur der europäische Geist ist so maßvoll, daß er an die beiden Enden des Lebens nicht ein Lebens-Infrarot und ein Lebens-Ultraviolett setzt. Er ist weise genug, anzuerkennen, daß das Leben keinem Ziel zustrebt, auf keine Eroberung aus ist, keine Belohnung erhofft und keinen Sieg ersehnt; daß Ziel, Eroberung, Belohnung, Sieg höchstens sportliche Anfeuerungsmittel sind. Nur der europäische Geist hat keine Probleme. Wenn der böse Same des Problemdenkens zufällig in einen europäischen Kopf fällt, dann sucht sich der Betreffende sein Problem außerhalb Europas. So Aldous Huxley. Muß gesagt werden, aus welcher Quelle dieser Unselige seinen Problemdurst zu löschen hofft? Es gibt nur eine ewige Quelle des sublimierten Schwachsinns, ein Lourdes der geistig Ruhrkranken: Indien.

In Europa redet man von Gott, aber Gott ist nicht in Europa. Vor allem hat man von ihm geredet. Gott ist auch in Europa gewesen. Hat sich dort lange aufgehalten. Furchtbar seine Durchreisen durch dieses ungastliche Gebiet. Finster seine Aufenthalte. Aber jetzt ist Gott nicht in Europa. Keiner weiß genau, wer das ist, was das ist, dieser Gott, von dem man in Europa spricht. Er ist alles und nichts. Alle und niemand. Er ist anpassungsfähig. Undefinierbar. Unendlich dehnbar. Eine extreme Unbestimmtheit nimmt ihm jede Möglichkeit, sich zu behaupten, und entzieht ihn zugleich den geschicktesten Widerlegungen. Und also bleibt er, sogar dann, wenn der Beweis seines Wesens von der Art ist, daß er sein Wesen selbst negiert. Diese ätherisch verfeinerte Erinnerung an Gott kann von keinem Schirm abgefangen werden. Sie dringt überall ein. Sie kommt durch alle Türen. Sie durchdringt die undurchlässigsten Stoffe. Taucht an den undenkbarsten Stellen auf. Läßt sich in Gebiete einbeziehen, die von ihr grundverschieden, und in Situationen, die ihr gänzlich konträr sind. Vor einigen Monaten hörte ich in Mailand einen illustren Mathematiker sprechen, für den die Atomphysik, die Relativitätslehre und die Quantenphysik gleichermaßen Beweise für die Existenz Gottes sind. Auf eine derartige Nichtform reduziert, kann Gott das Objektiv-Plastische, das für den Ausdruck des Europäischen unerläßlich ist, nicht mehr behelligen. Das Europäertum ist also mit diesem äußerst verdünnten Theismus nicht unvereinbar. Beispiel: François Mauriac. Ein Theist und dennoch ein Schriftsteller, spitz und hart wie ein Stilett – höchst europäisch. Wenn so viele unserer heimischen Schriftsteller, die sich zum Theismus bekennen, so wenig europäisch sind, dann nicht wegen ihres Theismus, sondern weil sie schlechte Schriftsteller sind. *Europa*

Der europäische Mensch ›hält sich‹, auch wenn ihm der Stimulus des Absurden fehlt, auch wenn ihm der Stimulus des Krieges fehlt. (Krieg ist die zum Absurden getriebene Aktion.) Im Gegenteil, der europäische Mensch braucht weder das Absurde noch den Krieg, um ›sich zu entzünden‹. Und er braucht sich auch gar nicht ›zu entzünden‹, um zu sein. Im Zustand des Nichtentzündetseins dagegen ist der europäische Mensch mehr. Außerhalb des Absurden, außerhalb des Krieges ist der europäische Mensch mehr er selbst. Und nur der europäische Mensch besitzt diese Fähigkeit. Weil nur er ein ›vollständiger‹ Mensch ist. Weil nur er, einfacher gesagt, ›Mensch‹ ist. Ein Organismus, der nicht durch äußere Impulse funktioniert, sondern durch seine eigene Energie, Willens- und Urteilskraft. Nur der europäische Mensch braucht keine Ideologien (Religion, kollektive Mystik usw.). Der nichteuropäische (arabische, asiatische) Mensch existiert nur im Zustand des Entzündetseins. Nur das Absurde (Gott, Glaubensformen, Mythen, Märchen) und der Krieg ›entzünden‹ ihn, verleihen ihm Wirksamkeit. Der *ferngesteuerte* Mensch. Wenn die Bestrahlung von außen fehlt, verfällt der Nichteuropäer ins rein Vegetative. Seltsam ist das Phänomen (das nach allem Gesagten so seltsam nicht ist) eines Volkes wie des arabischen, das sich nach einer Periode umwälzender Aktivität auf die Erde wirft und Jahrhunderte in der Sonne schläft. Totalitarismus ist nichteuropäische Lebensorganisation. Zuerst entindividualisiert und entleert er den Menschen, dann entzündet er ihn vermittels starker und fortgesetzter Bestrahlung mit Absurdem und Krieg. In Europa ist der Totalitarismus ein Ungeheuer. Er kann in Europa geboren werden, weil auch Ungeheuer in Europa geboren werden. Aber Europa zerstört ihn. In Europa ist jeder Totalitarismus zum Untergang verurteilt. Der europäischste Europäer ist der Engländer.

Der europäische Mann ›hält sich‹, auch wenn ihm der Stimulus der Männlichkeit fehlt (entsprechendes gilt für die Frau). Der europäische Mann trägt den Schnurrbart nicht als Insignien (und die europäische Frau nicht ihre Brüste). Unter Europäern ist das Geschlecht kein heiliges Prinzip (kein Stolz, keine Ehre). Nur dem europäischen Mann wird sexuelle Dialektik zugebilligt, sexuelle Demokratie, sexueller Liberalismus – sexuelles Dilettantentum.

Auf den von Brüsten gewölbten Feldern der Nichteuropäer herrscht hoch aufgerichtet ein gigantischer Phallus, flankiert von zwei Schnurrbarthälften, die zwei schwarzen Säbeln gleichen. In der Mitte Europas, auf einem zivilisiert mageren Diwan, umgeben von bequemen und geräuschlosen Apparaten, schläft Hermaphroditus in einem indirekten und diffusen Licht.

So ruhig zu schlafen ist ein Zeichen von Kraft, von Sicherheit.

Der nichteuropäische Mann betrachtet sein männliches Organ als Kanone, als Zepter, als Keule der Gerechtigkeit.

Die katholische Kirche ist ein kolossaler Transformator. Sie formt das Absurde, das aus Asien kommt, für den europäischen Gebrauch um und veredelt es. In dieser Hinsicht ist die katholische Kirche äußerst nützlich, äußerst wohltätig für Europa. In dieser Hinsicht ist die katholische Kirche zutiefst ›europäisch‹. Betrachten Sie dagegen die orthodoxe Kirche an der Schwelle Europas, die das Absurde empfängt und unbearbeitet weitergibt.

Das heilsame Werk der Zersetzung, das Europa zur Zeit vollbringt, heißt Sozialismus. ›Eine europäische Sache‹. Alle sprechen von den ›sozialen‹ und ökonomischen Zielen des Sozialismus, die sekundär sind. Niemand spricht von seinem Hauptziel – seinem ›geheimen‹ Ziel –, nämlich durch Zersetzung jedes soziale Gerinnsel zu zerstören. Der Sozialismus, der letzte Ausdruck des Europäertums, hat die totalitären Tumore, das Nichteuropäische, durch Zersetzung zerstört. Er wird ebenso jeden anderen Tumor zerstören, der sich bilden sollte. Er wird Europa in einem Zustand von Zersetzung halten – dem einzig gesunden Zustand. *Europa*

Züge, die europäischer sind als Europa. Zu ihnen ist Europa immer hingelangt, seitdem Zeus im Stierkostüm hier abstieg wie in einer gemütlichen *garçonnière;* auch von sehr weit her und von ganz anderem herkommend, um sich selbst zu vollenden. Züge, die mal erscheinen und dann wieder verschwinden. Einmal verborgen, dann wieder offenbar sind. Und längere Zeit verborgen als offenbar. Was tut's? Wenn wir »Beethoven« sagen, steigt dann nicht die Klaviersonate Opus 49 Nr. 2 aus unserem Gedächtnis empor? Züge, die bei niemandem und in nichts zu finden sind, der oder das nicht europäisch ist. (→Nächte des Zorns)

Familien. Aus den Jugenderinnerungen von Francesco de Sanctis: »Morgens überhäufte mich Mama mit tausend Zärtlichkeiten. Sie nahm den Kleinen von der Brust und hielt sie mir hin, mit einem Ausdruck wie: Erinnerst du dich?« Man fragt sich, was ihm der Vater zeigte.

Fanatismus. Am 26. Oktober 1786 kommt Goethe zum erstenmal nach Assisi, läßt sich den Minervatempel zeigen, der »zu Zeiten Augusts gebaut, noch vollkommen erhalten« ist, bewundert ihn lange und schreibt am selben Abend nicht weniger lang darüber in sein Tagebuch, dann bricht er nach Foligno auf, ohne einen Fuß in die Kirche des Heiligen Franziskus gesetzt zu haben. Goethe war, wie man weiß, jeder Form von Fanatismus abhold, und deshalb mochte er Kulte und Religionen so wenig. Aber ist das nicht auch eine Form des Fanatismus – eines ›umgekehrten‹ Fanatismus? (→Bildung)

FASCHIST. Ein moralisch, geistig und beinahe physisch negativer Mensch, dessen Negativität sich in Feindschaft, Haß und Zerstörungswillen gegen alles, was positiv ist, äußert. Mit diesen Eigenschaften nähert sich der Faschist dem Verbrecher und stellt schließlich zusammen mit dem Verbrecher ein und denselben menschlichen Typus dar. Der Unterschied zwischen Faschist und Verbrecher liegt darin, daß der Verbrecher isoliert und einsam ist – und diese Einsamkeit ist sein Drama, sein Heldentum, seine Poesie –, während der Faschist ein kollektiver und ›sozialer‹ Verbrecher ist. Der isolierte Faschist verliert seine Eigenschaften als Faschist, seine Kraft als Verbrecher ›verdunstet‹, er wird scheinbar ein unschädlicher – ein beliebiger – Mensch. Man mußte diese geheime Bedeutung des *fascio,* des Rutenbündels, aufdecken, nämlich als Symbol für die Einheit, die nötig ist, damit die faschistische Kriminalität wirksam werden kann. (→MAZZINI)

FASS-MENSCHEN (MUSSOLINI). 12. September 1943. Vor vier Tagen, am 8. September, hat Pietro Badoglio im Radio den Waffenstillstand zwischen Italien und England sowie den Vereinigten Staaten von Amerika verkündet. Der unsinnigste und bestialischste Krieg, den Italien in mehr als fünfundzwanzig Jahrhunderten seiner Geschichte führen mußte, ist zu Ende. Durch den Verrat der italienischen Generäle, die als Diener des Faschismus oder von ihm infiziert ihre eigenen Truppen entwaffneten und sie schutzlos den Deutschen überantworteten, haben sich in den darauffolgenden Tagen die Deutschen wie bösartige, eisenfarbene Insekten von den Alpen bis Neapel über das italienische Territorium ausgebreitet und haben es besetzt. Ich befinde mich in meinem Haus in Poveromo in der Versilia. Vorgestern abend, als ich mit dem Fahrrad die Landstraße entlangfuhr, die nach Forte dei Marmi führt, habe ich gesehen, wie die Deutschen die Schule der Marineschüler besetzten, die in einer der Ferienkolonien von Cinquale kaserniert sind. Vier deutsche Soldaten stehen in ziemlichem Abstand voneinander draußen vor dem Gitterzaun der Schule, und mit dem Gewehr im Arm halten sie die Marineschüler und ihre Offiziere in Schach, die im Hof versammelt sind und die zusammen einige Hundert ausmachen. Ich habe gesagt, daß die vier Deutschen die Marineschüler und ihre Ausbilder »in Schach halten«, aber der Ausdruck ist unzutreffend. Die Marineschüler und ihre Ausbilder zeigen nicht den geringsten Willen zum Widerstand. Wie deutlich wird doch, wenn man sie so folgsam aufgestellt sieht, daß sie an Gehorsam gewöhnt sind! Hier liegt der Fehler, die Rache, die Ironie der Heere und überhaupt der Menschen die daran gewöhnt wurden, passiv zu gehorchen: Sie gehorchen folgsam in den mutigen Aktionen, und nicht weniger folgsam gehorchen sie in den feigen. Diese jungen Männer, die für die Kriegsmarine bestimmt waren, tragen die weiße Dienstuniform, und auch ihre Ausbilder sind weiß gekleidet. Wie unvorsichtig, welch mangelnder Farbensinn! Das weiße Gewand macht den Menschen frivol und unbeständig. Der weißgekleidete Mensch verliert an Gewicht. Der Weißgekleidete assoziiert den Gedanken an die Rikscha, den Kolonialismus, an das, was am ungeistigsten auf der Welt ist. Wir lassen diejenigen beiseite, die aus beruflichen Gründen weiß gekleidet sind, wie Ärzte, Chirurgen, Pfleger, Köche. Matrosen und Marineoffiziere erwecken den Eindruck von Menschen ohne geistiges Gewicht wegen ihrer weißen Sommeruniformen und ihrer unkontrollierten Überfälle auf die Cafés, in die sie sich stürzen und Eis, Granita und ähnliches verschlingen. Wie haften nur Männer, die so leicht sind wie die Matrosen und die Marineoffiziere, auf dem Erdboden? Jedesmal wiederholt sich in mir die Verwunderung, daß diese weißen und leichten Männer nicht schräg durch die Luft emporsteigen, die Arme am Körper angelegt, von den Molen, den Kais, den Cafétischchen, und ordentlich und ausdruckslos auf dem Oberdeck und dem Gestänge ihrer sauberen und funkelnden Schiffe Aufstellung nehmen. Die Marine ist ein Spiel: das sauberste aller Spiele, und die mächtigsten Flotten der Welt sollte man zusammen mit ihren tüchtigen Besatzungen in schöne Schachteln aus glänzendem Karton stecken und den Kindern zu Weihnachten schenken, deren schwarze und verantwortungsbeladene Väter sich mühend auf dem Festland leben. Die weiche und weiße Kompaktheit dieser Hunderte von Matrosen, die auf dem Hof der Schule vor den Mündungen von vier deutschen Gewehren versammelt waren, erinnert mich an eine Kaninchenherde – dieser Vergleich kommt mir, und erst nachträglich fällt mir ein, daß das Kaninchen der glaubwürdigste Vertreter des Kleinmuts ist. Aber was sollen hier diese gegensätzlichen Antriebe des Muts und der Feigheit, die geheimen Regungen der Seele? Hier geht es um eine wunderbare Verwandlung, eine aus mythischen Zeiten wiederauferstandene Metamorphose, um eine außergewöhnliche Umwandlung von bewaffneten Männern in Männer aus Watte, aus Creme … Eine plötzliche Erleuchtung trifft mich. Der aktuelle und so ›moderne‹ Gebrauch von Abkürzungen hat auch den Corpo Reale Equipaggi Marina Italiana dazu veranlaßt, sich nach den Anfangsbuchstaben dieser fünf Wörter CREMI zu nennen. Wen wundert's, wenn Männer, die unter der gemeinsamen Bezeichnung CREMI vereint sind, sich schließlich selbst in Creme-Männer verwandelt haben? Das Zunehmen der Abkürzungen wie MCAT, SAFA, FATMA hat zu einer absurden Sprache in der Sprache geführt, und die dunklen Bedeutungen dieser Abkürzungen beginnen auf das Leben der Menschen Einfluß zu nehmen. Es ist das beschämendste Schauspiel, das ich je gesehen habe. Mir ist, als träumte ich und müßte plötzlich in einem freien Italien aufwachen, das sein eigener Herr ist, nicht besetzt, entwaffnet, erniedrigt von Hitlers Landsknechten. Was ich in der Kaserne des CREMI sehe, ist ein Modell für das, was in diesen Tagen auf dem gesamten italienischen Territorium von den Alpen bis Salerno geschieht. Und dennoch kann ich eine leise Genugtuung nicht zum Schweigen bringen, die vom Grund des Leidens herauf- und aus dieser erschütterten, ›umgestürzten‹, albtraumhaften Lage herausschimmert. Ich kann sie nicht verhehlen! Es ist jene ›erquickende‹ Befriedigung, die wir verspüren, wenn etwas eintritt, das wir seit langem vorausgesehen haben, und die sich in Lust verwandelt, auch wenn das Vorausgesehene, das nun wirklich eintritt, eine Katastrophe ist. Diese Katastrophe habe ich vorausgesehen – mit Leichtigkeit, natürlich; ich habe sie ohne die Hilfe besonderer prophetischer Fähigkeiten vorausgesehen, weil eine Diktatur wie die Mussolinis in Italien eben *nur in einer Katastrophe enden konnte.* Ich habe ebenso seit 1939 vorausgesehen, daß Italien in diesem Krieg zum Schauplatz der Auseinandersetzungen werden würde, und du, Aldo L., damals zum Spaß mein Verwandter, du weißt es. Es ist kein Gleichgewicht möglich zwischen dem gemeinsamen Schicksal eines Volkes und dem eines einzelnen Mannes, doch die Diktatur, das heißt die Unterwerfung des Schicksals eines Volkes unter das eines einzelnen Menschen, ist die absurdeste aller politischen Formen. Es ist unverständlich, daß sich trotz der vielen Beispiele früherer Diktaturen, die alle katastrophal endeten, noch immer Völker finden, die dazu bereit sind, die Diktatur eines einzelnen Mannes hinzunehmen und sich ihr zu unterwerfen. Wie erklärt man diese ›glühende‹ Hinnahme einer ungeheuerlichen Lage? Die Masse ist unwissend, gedächtnislos, unfähig zu urteilen. Die erste Aufgabe eines zivilisierten Staates müßte es sein, die *Masse zu beseitigen.* Man könnte die Masse beseitigen, indem man den Geist jedes einzelnen Teils dieser Masse erzieht und erleuchtet, das heißt, indem man bewirkt, daß die Masse keine Masse mehr ist. Aber die Diktatur selbst braucht die Masse. Die Diktatur lebt von der Masse. Die Diktatur ist ein Ausdruck der Masse. Die Masse erschafft die Diktatur. In einer Nation ohne eine unwissende und viehische Masse kann die Diktatur keine Wurzeln schlagen. Die Geburt der Diktatur aus der Masse macht die Ansicht Plinius' des Älteren wieder glaubwürdig, der an die Geburt bestimmter Insekten *aus dem Staub* glaubte. Mussolini rechtfertigte seine bevölkerungspolitische Kampagne mit der Begründung, die zahlenmäßig größten Völker seien auch die stärksten. Ein falscher Gedanke, der von den Tatsachen widerlegt wurde: Italien und England haben die gleiche Einwohnerzahl, und doch kann man die Kraft Englands und die Italiens nicht vergleichen. Der wirkliche Grund für den Wunsch der Diktatur nach hohen Einwohnerzahlen ist der, daß durch die Vergrößerung des Volkes (der Masse) die Materie wächst, die die Diktatur ernährt und leben läßt. Es ist möglich, daß Mussolini diesen Grund nicht kannte. Möglicherweise gehorchte er ihm unbewußt. Mussolini war dumm. Dumm und oberflächlich. Ein *echter* Diktator. Dummheit und Oberflächlichkeit sind die grundlegenden Eigenschaften eines Diktators – vor allem, weil der Diktator der höchste Ausdruck des Tatmenschen ist. Jede Tat kann nur oberflächlich sein. Die Tat wird nur an der Oberfläche vollbracht und bewegt nur die Oberfläche des Lebens, so wie die Stürme nur an der Meeresoberfläche stattfinden und nur sie bewegen. Die Tiefe kennt die Stürme nicht, kennt die Tat nicht, sie kennt nur die majestätische und blaugrüne Stille des Grundes. Das Handeln entsteht aus der Leere. Der Mensch handelt und bewegt sich ›vor allem‹, um die eigene Leere auszufüllen. Die von den praktischen Notwendigkeiten des Lebens erforderte Aktivität ist sehr bescheiden, und wenn die Menschen sich auf die für das Leben notwendige Aktivität beschränkten, wäre die Welt unvergleichlich ruhiger. Dann gäbe es keine nutzlosen Tätigkeiten, keine fieberhaften, zügellosen, verrückten, gefährlichen Aktionen: jene eben, die die Welt in ständiger Gefahr halten, die jenen Geist der Umgestaltung anregen, der Revolutionen und

Kriege schürt, und die der Grund der häufigen Krisen, der unzähligen Katastrophen, des dauernden und allgemeinen Unglücks der Menschen sind. Es gibt eine *menschliche Leere,* die durch nichts ausgefüllt werden kann. Es gibt Menschen, die gleichen den Fässern der Danaïden. Sie sind die gefährlichsten. Einer dieser Faß-Menschen war Mussolini. Nichts konnte ihn füllen. Die zwanzig Jahre seiner Diktatur (und ebenso seine vorhergehenden und seine späteren Tätigkeiten, aber diese interessieren uns nicht) sind ein langer, ausgedehnter, ungeheurer Versuch, seine Leere ›mit allen Mitteln‹ zu füllen. Aus diesem Grund war sein Handeln (seine ›Politik‹) ›unendlich‹ und ›verzweifelt‹; aus diesem Grund war sein Handeln ein ›Rasen in den Abgrund‹. Ein paar Naive hatten geglaubt, Mussolini werde nach der gewaltsamen Machteroberung allmählich wieder zu einer normalen Regierungsausübung zurückkehren. Aber wie konnte er das? Eine Rückkehr zur Normalität der Regierungsausübung hätte bedeutet, seine mussolinische Aktivität anzuhalten wegen *erreichter Sättigung.* Andere, die den Erklärungen Mussolinis glaubten, meinten, nach der Besetzung Abessiniens würden die gewaltsamen Aktionen Mussolinis aufhören und dieser endlich befriedigt sein. Aber wie wäre das möglich gewesen? Die Politik Mussolinis, sein Handeln im Innern Italiens wie außerhalb hatte keinen ›politischen‹ Zweck, besser gesagt: der politische Zweck war ein Vorwand und eine Täuschung, und der wahre Zweck war der Versuch, durch ständige Aktion die ewig gähnende Leere des Diktators zu füllen. Warum nur hat niemand verstanden, daß Mussolinis ›Politik‹ nichts anderes war als ein Akt der Hysterie? Warum nur hat niemand, weder Politiker noch Militärs, noch die Männer, die ihre Aufmerksamkeit stets auf das Getriebe der Nation richten, warum hat niemand bemerkt, daß die sogenannte ›Politik‹ Mussolinis nichts als ein pathologischer Akt war und daß die Unterwerfung der Geschicke Italiens unter die ›Politik‹ Mussolinis bedeutete, Italien zu einer

Faß-Menschen

unvermeidlichen Katastrophe zu verurteilen? Es gibt einen Ausspruch Mussolinis, der seine eigene Situation ganz deutlich definierte: »Wer stehenbleibt, ist verloren.« Dieses Apophthegma prangte in riesigen Lettern auch auf den Bahnhöfen, und es weckte merkwürdige Gefühle in einem, in dem Moment, in dem der Zug langsamer wurde und auf dem Bahnhof hielt, zu lesen, daß man verloren war, wenn man stehenblieb – wie es uns erging – erinnerst du dich, Valentino? – als wir an einem Sommertag des Jahres 1942 mit dem Zug, der uns nach Viareggio brachte, in den Bahnhof von Orbetello einfuhren. Bevor er in einer Katastrophe endete, war der Faschismus vor allem eine Quelle des Komischen. Mussolini war in der Situation eines Radfahrers, der fahren muß, um nicht umzukippen. Als Mussolini am 25. Juli 1943 anhielt, war er verloren. Was blieb ihm noch, nachdem ihm die politische Aktion genommen war und ihm fünfundvierzig Millionen Italiener genommen waren, die ihm bis dahin tagtäglich geholfen hatten, seine Leere zu füllen? Das große Spiel, die Pflege jener hysterischen und ungeheuerlichen Gefräßigkeit waren aus, vorbei. Was blieb Mussolini anderes, als wieder zu schreiben? Der Augenblick war gekommen, um die *Tochter des Kardinals* fortzusetzen. Mussolini schrieb. In bestimmten Abschnitten seines Lebens war das Schreiben seine Haupttätigkeit. Auch darin war Mussolini napoleonisch. Napoleons Traum war gewesen, Schriftsteller zu werden. Er hätte das Kaiserreich, Europa, seine militärischen Siege für einen literarischen Erfolg hingegeben. Diese großen Männer der Tat – ihre Taten sind Notbehelfe, sind Ersatz für anderes, was sie tun möchten und nicht können. Aus diesem Grund enthalten die Taten dieser Tatmenschen ein Bedauern, einen Gewissensbiß, eine Enttäuschung. Aus diesem Grund sind die Taten dieser großen Männer der Tat niemals klar noch rein. Aus diesem Grund haben die Taten dieser großen Tatmenschen einen Keim in sich, der sie zerfrißt und verfaulen läßt. Aus diesem Grund sind die Taten der großen Tatmenschen *unmoralisch.* Schreiben bedeutet nicht, Schriftsteller zu sein. Mussolini schrieb, aber er war kein Schriftsteller. Der Diktator schreibt, um *fortzudauern.* Der Diktator schreibt, weil er weiß, daß die Diktatur vergänglich ist, und er etwas Dauerhaftes von sich hinterlassen will. Wie konnte Mussolini hoffen, in den *eigenen Söhnen* fortzudauern? Der gewöhnliche Mensch lebt in seinen Söhnen fort, der Mensch, der keine andere Möglichkeit, Hoffnung, Art des Fortlebens hat. Erkennen wir das – *wenigstens das* – bei Mussolini an. Hätte er nur in seinen Söhnen fortleben müssen, wäre das ein sehr trauriges Fortleben gewesen. Es wäre ein zweimaliges Sterben gewesen, ein endgültiges Sterben. *Non omnis moriar,* sagt Horaz. Und Corneille im *Cinna: »Sont-ils morts tous entiers avec leurs grands desseins?«* Und Racine in *Iphigénie: »Et toujours de la gloire évitant le sentier / Ne laisser aucun nom, et mourir tout entier.«* In seiner unendlichen Unwissenheit konnte Mussolini doch so viel Latein, um zu wissen, daß *scripta manent.* Und er schrieb. Sein geheimer Ehrgeiz war, ein Schriftsteller zu sein. Aber er war kein Schriftsteller. Auch das Schreiben war bei ihm ein Versuch, die eigene Leere auszufüllen. Das enthüllt seine eilige Schrift, eine Schrift, die besorgt ist, das Papier zu füllen. Die Schrift Mussolinis hat Angst vor der Leere, vor dem weißen Papier. So war auch D'Annunzios Schrift. Auch seine Schrift füllt viel Papier mit sehr wenig Worten. Ein Zeichen für einen verschwenderischen Charakter, aber vor allem dafür, daß man mit wenigen Mitteln und Mühen zum Ziel gelangen will. Noch ein Zeugnis für die enge Verwandtschaft zwischen Mussolini und D'Annunzio; dieser ist ein bißchen weniger plebejisch als jener (der Verkehr mit den *bonae literae* hat doch einen gewissen Einfluß auf D'Annunzio ausgeübt), aber genauso ein Flegel. Es haben sich Speichellecker gefunden, die Mussolini zu einem großen Schriftsteller machen wollten: die Herausgeber der Lesebücher für die Elementarschule, Allodoli und Trabalzi, die

Autoren der *Grammatik der Italiener* … Jedenfalls ruht der literarische Ruhm eines Diktators auf wenig soliden Fundamenten. Stürzt die Diktatur, bleibt keine Hoffnung für das Überleben des literarischen Ruhms des Diktators, auch wenn es sich um den Diktator namens Mussolini handelt, über den Ugo Ojetti einmal geschrieben hat, er sei der größte lebende italienische Schriftsteller. Das ist das gemeinsame literarische Schicksal aller Diktatoren. Dasselbe geschah Kemal Atatürk. Vor ein paar Jahren erschien bei einem französischen Verleger eine Anthologie türkischer Dichter, deren Herausgeber im Vorwort die von ihm vorgestellten Dichter ihrer Bedeutung nach aufführte und damit schloß, daß »der größte Dichter der Türkei, und allen genannten Dichtern überlegen, Kemal Atatürk« sei. Erinnern wir uns nebenbei daran, daß dieser große Reformator seine Untertanen dazu verpflichtete, den Fes mit dem Filzhut zu vertauschen, damit die Türken auch mit ihrer Kopfbedeckung ein Zeichen der Kultur und des Fortschritts trügen, und daß er einige alte Traditionalisten, die auf dem Fes beharrten, köpfen ließ. Mit genialer Vereinfachung hatte der Erneuerer der Türkei das Problem der Kopfbedeckung auf ein Kopfproblem reduziert. Sind das nicht Taten, die eines großen Dichters würdig sind? Wir verfügen nicht über genügend Indizien, um sagen zu können, ob die Abschaffung des Feses auf die Zivilisierung der Türkei einen Einfluß hatte, wir können jedoch als erwiesen behaupten (ohne Zweifel ist uns das Verb »behaupten« von den abgehauenen Häuptern der hartnäckigen Fesanhänger eingegeben worden), daß die Revolution der Kopfbedeckung den Hutfabriken und besonders der Firma Borsalino allergrößten Gewinn einbrachte. Ich weiß aus sicherer Quelle, daß als Auswirkung der von Kemal Atatürk ausgesprochenen Verbannung des Feses die bekannte Hutfabrik in Alessandria weder genug Schachteln noch genug Eisenbahnwagen, noch genug Schiffe für die Verschickung der Ware von Italien in die Türkei auftreiben konnte.

Der Faschismus wiederum unterstützte die Kopfbedeckungsindustrie nicht, sondern schadete ihr. Der Faschismus ermutigte die Italiener, barhaupt zu gehen, besonders im Sommer, und diese Freikopfkultur schädigte und zerstörte die Strohhutindustrie. Im parlamentarischen Italien hatte sie in solcher Blüte gestanden, daß ein bestimmter Typ von Italiener damals *Strohhut* genannt wurde. Anstatt, wie oben, zu sagen: »der Faschismus unterstützte die Kopfbedeckungsindustrie nicht«, hätte ein Faschist gesagt: er *vermehrte* sie nicht. Der Faschismus zwang den Italienern nicht nur eine faschistische Diktatur, eine faschistische Ethik, eine faschistische Mystik, einen faschistischen Gruß, ein faschistisches Pronomen, einen faschistischen Schritt und faschistische Kleidung auf, sondern allmählich auch ein faschistisches Vokabular. Zu diesem Vokabular gehörten *incrementare* (vermehren), *massimizzare* (maximieren), *minimizzare* (minimieren), *decennale* (Zehnjahres-), *ventennale* (Zwanzigjahres-) und andere Wörter. In einem Kriegsbulletin aus dem Sommer 1943 erschien zum erstenmal das Verb *incursionare* (beangreifen) in der Form des Partizips der Vergangenheit, anläßlich eines anglo-amerikanischen Fliegerangriffs auf Palermo; aber dieses neue faschistische Verb tauchte nirgends noch einmal auf. Muß noch gesagt werden, daß der Erfinder der faschistischen Wörter Mussolini war? Mussolini ist ein Wort-Erfinder gewesen. Damit soll nicht die Qualität der von ihm erfundenen Wörter gepriesen werden. Die von Mussolini erfundenen Wörter tragen das Zeichen ihres Schöpfers: sie sind vulgär und lächerlich. Einige sind weniger unglücklich, wie *Topolino,* der Name, den Mussolini dem von Fiat gebauten Kleinauto gegeben hat. Eines Tages kam ein Filmproduzent zu Mussolini und bat ihn um einen Namen für seine Produktionsstätten, die zwischen Pisa und Livorno lagen, und Mussolini sprach: *Pisorno.* Mussolini ist auch der Schöpfer des Wortes *autista* (Autofahrer/Autist), dessen Vaterschaft fälschlicherweise Massimo Bontempelli zugeschrieben wurde. Bontempelli leugnete seinerseits diese Vaterschaft und benutzte das Wort *autiere.* Man vergleiche Mussolini, der das Wort *autista* erfindet, aber seine Vaterschaft verheimlicht und sie einem Akademiemitglied unterschiebt, mit dem Sultan, der seine Speisen von seinen Ministern kosten ließ, bevor er davon aß. Die oben zitierten Wörter, zu denen man weitere hinzufügen könnte, wie *aviere, milmar, confindustria* usw., sind echt faschistische Wörter. Das Gegenstück zu diesem faschistischen Wortschatz bildet die Wörtersammlung, die ein paar übereifrige Dummköpfe zusammengestellt haben und die Fremdwörter und ausländische Namen durch rein italienische Wörter und Namen ersetzen soll. In diesem nationalistischen Wörterbuch gibt es *tramezzino* statt *sandwich, millerighe* statt *piquet, maglia* statt *pullover.* Es folgen die italienisierten Namen: das Geschäft Standard wird Standa, das Hotel Astor (in Viareggio) zur Pension Astro (Gestirn) durch Umstellung zweier Buchstaben, die Pension Shelley (in Rom) wird zur Pension Schiller – wegen der klanglichen Ähnlichkeit des englischen Namens mit dem deutschen. Berühmt ist das Beispiel der Pension Milton (in Rom), die zur Pension Miltone wurde. Eines Tages entdeckte ich auf einem Briefchen Veramontabletten die folgende Aufschrift: 2 Knöpfe, und neben das Wort Knöpfe war in Klammern gesetzt: *cachets.* Selbst die Akademie beteiligte sich munter an der Ersetzung von Wörtern ausländischer Herkunft, und Ugo Ojetti ist das Wort *filmo* mit dem Plural *filmi* zu verdanken. Um der Wahrheit die Ehre zu geben, die Italiener haben nicht das Monopol dieses dummen Eifers inne. Im Ersten Weltkrieg hatten die Franzosen das *Eau de Cologne* in *Eau de Pologne* verwandelt. Außer Vokabeln hat Mussolini auch Wendungen erfunden. Ihm verdanken wir »Wo hätten wir hingekommen«, »Es ist Zeit, daß wir damit Schluß zu machen« und andere *exempla* dieser Art. Mir kommt ein Zweifel. Ist Mussolini wirklich der Autor dieser Redewendungen? Ich kann es nicht behaupten, aber er hat sie jedenfalls *gefirmt*. Mussolini benutzte sie in seinen Artikeln von 1918, 1919, 1920, 1921. Als er 1922 an die Macht kam, begannen viele Journalisten, diese Wendungen eifrig zu wiederholen, um dem Diktator angenehm aufzufallen. Aber der Gebrauch entartete zu einem derartigen Mißbrauch, daß die Pressestelle des Regierungschefs ein Rundschreiben an alle Zeitungen schickte, das den Gebrauch von »Wo hätten wir hingekommen« und »Es ist Zeit, daß wir damit Schluß zu machen« verbot. Schon Napoleon hatte empfohlen: *»Jamais trop de zèle.«* Konnte die Tatsache, daß Ojetti ihn den »größten lebenden Schriftsteller Italiens« nannte und daß Allodoli und Trabalzi seine Prosa zu einem Beispiel von gutem Stil erklärten, den literarischen Ehrgeiz von Benito Mussolini befriedigen? Er strebte nach ganz anderer Anerkennung, die nicht aus Italien, sondern aus Frankreich hätte kommen sollen, aus dem so gehaßten und so geliebten Frankreich, so gehaßt, weil es sich nicht lieben ließ. Nicht alle Franzosen nannten Mussolini nach dem Beispiel von Paul-Boncour den »Karnevals-Cäsar«, nicht alle Franzosen verachteten die Freundschaft Mussolinis, wie sie Briand verachtete: Einige Franzosen meinten, die Übereinkunft mit Italien könne Frankreich nutzen. Wie aber zu dieser Übereinkunft gelangen? Einige glaubten, man könne Mussolini kaufen. Wie naiv! Es hätte genügt, wenn ein Brief mit dem Zeichen N. R. F. vom Haus Gallimard im Palazzo Venezia eingetroffen wäre, in welchem Benito Mussolini aufgefordert wurde, ein Manuskript einzusenden. Kein politisches Buch, keine *Schriften und Reden*, sondern ein literarisches Buch, vielleicht nur eine einfache *plaquette de vers*. Die schreckliche Geschichte Europas jener Jahre hätte eine andere Wendung genommen. Kehren wir zum Wort-Erfinder Mussolini zurück. Ihm verdanken wir auch das Wort *picchiatello*, das den Flieger bezeichnen soll, der im Sturzflug auf das Ziel herabstößt. Während ich in der obigen Prosa schrieb: »Ihm verdanken wir …«, ist mir in Erinnerung gekommen, daß unter Mussolini die Personalpronomen, die sich auf ihn bezogen, groß geschrieben wurden: »Er«, »Ihm« usw., während bis dahin diese Ehre nur Gott zuteil geworden war. Bekanntlich ist das Wort *picchiatello* durch einen Film von Frank Capra mit dem Titel *Das Glück ist gekommen* populär geworden und bedeutet »bekloppt, behämmert«. Dies beweist, daß Mussolini in seiner göttlichen Einsamkeit nicht wußte, was die Neubildungen, die das italienische Volk benutzte, bedeuteten. Nichtsdestotrotz fuhren Journalisten und Verfasser von Kriegsbulletins mit geheuchelter Unschuld fort, das Wort *picchiatello* in der von »Ihm« gewollten Bedeutung zu benutzen. Die Kriegsbulletins wurden von den Italienern *balletins* genannt, was nicht von Ball, Tanz herkommt, sondern von *balle,* Märchen. Das einzige Verdienst des Faschismus ist, daß er den Witz der Italiener verfeinert und die Schmähschrift wieder aus der Versenkung geholt hat. Es ist ja bekannt, daß unter der Tyrannis Witz und Musik gedeihen. Unter der faschistischen Tyrannei blühten Witz und Geist in Italien wieder auf, was man von der Musik nicht sagen kann. Auch D'Annunzio erfand gern Wörter und ersetzte gern ausländische und barbarische Wörter durch andere, die er für italisch und edel hielt. Das zeigt, wie sehr die Aufmerksamkeit dieses Schriftstellers aufs Unnütze gerichtet war. Es gibt unendlich viele Berührungspunkte zwischen Mussolini und D'Annunzio, und ein Publizist, der nichts Besseres zu tun hat, könnte einmal eine parallele Lebensgeschichte dieser beiden Männer schreiben. D'Annunzio grub eines Tages das Wort *arzente* aus, um das Wort »Cognac« zu ersetzen. Er wußte wahrscheinlich nicht, daß Cognac ein geographischer Name ist wie Malaga, Marsala, Asti. Das »Nichtwissen« D'Annunzios war unvorstellbar vielseitig. Eines Tages, während seines »Exils« im »französischen Lande«, entdeckte D'Annunzio in Paris die Espressomaschine, und er gedachte in seiner patriotischen Gesinnung, diese Maschine in Italien bekannt zu machen:

in Italien, wo die Espressomaschine seit einigen Jahren in allen Cafés, Bars und Barlöchern in Gebrauch war. Warum glaubte D'Annunzio, daß *arzente* ein edleres Wort als »Cognac« sei? *Arzente* ist ein antiquiertes Beiwort zu Wasser, und *acqua arzente* (vgl. *agua ardiente* bei den Spaniern) bedeutet Aquavit … Ein Beweis des moralischen Gehalts der Dinge: D'Annunzio war der Überzeugung, daß »edel« und »alt« dasselbe seien, und daraus leitete er ab, edel sei all das, was sich außer Gebrauch und außerhalb des aktiven Lebens befinde. Als ein Beispiel für literarischen Adel nannte er die französische Fassung des *Mistero di San Sebastiano,* in der es kein Wort gibt, das nicht mindestens fünfhundert Jahre alt ist. Das Ergebnis ist eine Sprache, die in der Literatur das ist, was die *Capponcina** auf dem Gebiet der Inneneinrichtung darstellt. Mein Freund Bucciante, ein Landsmann D'Annunzios, hat sich eine Villa in L'Aquila zugelegt und sie paraphrasierend die *Cafoncina*** getauft. Ein einziges Mal habe ich das Wort *arzente* in einem Text gebraucht gefunden. Im vorletzten Absatz eines Kriminalromans mit dem Titel *Die alte Frau Plover* von einem gewissen Louis Todd, ins Italienische übersetzt von einer Frau oder einem Fräulein Marta Farnesi. Ich bin kein eifriger Leser von Kriminalromanen. Ich habe den genannten Roman im Oktober 1943 gelesen, als Rom von den Deutschen besetzt war und ich mich bei meinem Cousin P. F. vor den Faschisten versteckte. Mein Cousin hat eine winzige Bibliothek, die ausschließlich aus Kriminalromanen besteht sowie aus einigen wenigen Werken über Buchführung. Da ich keine Bücher über Buchführung lesen konnte, obwohl die Gefangenschaft auch die trockenste Lektüre interessant macht, blieben mir nur die Kriminalromane. Ich muß hinzufügen, daß das Wort *arzente* in *Die alte Frau Plover* falsch gebraucht wird, denn dieser *Arzente* wird von einem Ehepaar Hope, Bürgern der Stadt New York, einem gewissen Herrn Sercus, dem

* Florentiner Villa D'Annunzios. ** Von *cafone,* Tölpel, Flegel.

Chefinspektor der Polizei eben dieser Stadt, angeboten, und man kann annehmen, daß diesem Herrn Sercus ein *Arzente* völlig unbekannt war und er ein Glas Canadian Whisky vorzog. Den aber schrieben die italienischen Zeitungen der Mussolinizeit *uischi,* und mit diesen Systemen bereitete der Faschismus die zukünftige Förderation der europäischen Staaten vor. (→Dummheit)

Fatum. Tacitus (*Annales,* VI, 22) sagt: *»Fatum … nexus naturalium causarum.«* (Vgl. die Definition des Tacitus mit der von Campanella – *Ath. Triumph.* Kap. V, S. 30: *»Fatum vero est concursus omnium causarum agentium.«*) Die Definition, die Tacitus vom Fatum gibt, enthüllt den vollkommenen Rationalismus des römischen Geistes. Man vergleiche diese ganz ›physische‹ Art, das Schicksal zu betrachten, mit dem Fatum, der *Moira,* wie sie sich die Griechen, besonders die Tragödiendichter, vorstellten. Aber auch der Rationalismus erscheint, indem er jedes Ding auf einen festen Punkt stellt, als das, was er tatsächlich ist, eine Kirche nämlich. Auch der Rationalismus ›behindert‹ also das freie Spiel des Geistes; auch der Rationalismus ist eine geistige Tyrannei. Es genügt demnach nicht, sich vom geistigen Theismus zu befreien, man muß sich auch vom geistigen Rationalismus befreien. Man befreit sich dann von jeder geistigen Tyrannei, wenn man aufhört, die Ursache der Dinge zu suchen. *Infelix qui potuit rerum cognoscere causas.* Die Fragen: »Was bedeutet das?« – »Wie erklärt man das?« – »Welchen Zweck hat das?« verlangen Antworten, die jedem Ding eine ›bestimmte‹ Erklärung, einen ›bestimmten‹ Zweck geben; und jede dieser Antworten polarisiert den Geist auf ›diesen einen‹ Ursprung, auf ›diese eine‹ Erklärung, auf ›diesen einen‹ Zweck, und sie schaffen ebenso viele geistige Tyranneien. Eines der Hauptverdienste der sogenannten *modernen Kunst* ist die Entdeckung, daß Kunst nicht »bedeutet«. Dieses Axiom muß ausgeweitet werden auf alles in der Natur, auf das Leben des Menschen, auf das Universum: »Sie bedeuten nicht.« Es ist überflüssig, zu sagen, welch kolossalen Vorteil die Metaphysik, die Dichtung, der Lyrismus, die Phantasie des Menschen aus dem Gedanken ziehen könnten, daß das Universum keine Bedeutung hat. Man ahnt eine neue Bibel, die ganz von diesem Gedanken inspiriert ist: unsere ›wahre‹ Bibel. *Fatum*

FILMO. Manche sagen und schreiben *filmo* und *filmi.* Glauben sie vielleicht, sie müßten das Wort italianisieren? Wir hatten bereits vergessen, daß Film kein italienisches Wort ist, aber *filmo* hat uns wieder daran erinnert. *Film* ist ein Wort englischen Ursprungs und bedeutet soviel wie Häutchen oder Membran. Am Anfang verwendeten ein paar Puristen den Ausdruck *pellicola* (Häutchen), aber der konnte sich nicht durchsetzen. Niemand ist je auf die Idee gekommen zu sagen: »Hast du *Scipione l'Africano* gesehen? Ich glaube, das ist ein gutes Häutchen.« Eine Zeitlang war nicht ganz klar, ob *Film* nun männlich oder weiblich ist, bis sich die männliche Form, übrigens völlig zu Recht, durchgesetzt hat. Panzini schreibt in seinem *Dizionario Moderno,* Ojetti würde als Pluralform im Italienischen *filme* vorschlagen, aber auch dieser Vorschlag hat keinen Anklang gefunden.

Warum soll man diesen Wortfloh beschweren und ihn am Hüpfen hindern? Das einsilbige Wort Film springt unbemerkt vorbei: das Wort *filmo* hingegen mit der mißlungenen italienischen Endung wirkt schwerfällig und töricht.

Ohne damit sagen zu wollen, es gäbe keine Präzedenzfälle, und es hätte noch nie jemand daran gedacht, aus Norden und Süden *nordo* und *sudo* zu machen.

FLECKEN. Vor einigen Monaten habe ich das Buch mit den schönen Gedichten von Salvatore Quasimodo und mit dem so petrarkesken und gleichzeitig so heutigen Titel

Flecken *Und schon ist es Abend* erhalten. Ich blättere in dem Band, in dem die leichten, zarten Gedichte auf die weißen Seiten niedergelegt sind; sie besingen das Leben, die Menschen, die Natur, wie sie früher einmal Hesiod besang, aber da das goldene Zeitalter verloren ist, sind sie mit dem Schmerz, der Melancholie, der Traurigkeit beladen, die die anderen Zeitalter darüber gelegt haben; und auf Seite 157 finde ich ein Zeichen von diesen allertraurigsten Zeiten auf dem Papier eingeprägt – sogar auf dem Papier selbst. Auf der Seite, auf der oben ein Gedicht von nur drei Versen steht und die fast ganz weiß ist, finde ich links unten neben der Heftung und dicht bei der gegenüberliegenden, weißen Seite ein seltsames Zeichen, einen Flecken, eine Wunde im Papier. Er hat die Form eines Tennisschlägers, und im Innern ist das Papier hauchdünn zerfressen, wie eine durchsichtige alte Spitze. Auch die Farbe des Papiers ist an dieser Stelle verändert, wie von Feuchtigkeit, von Alter – wie von Krankheit. Diese Wunde im Papier ist so abstoßend, daß ich sie nicht zu berühren wage, und mich schmerzt ihr bloßer Anblick. Was ich denke?... Ich denke an eine krebsartige Form des Papiers. Ich schaue auf den oberen, ›gesunden‹ Teil der Seite, und da steht – welch ein Gegensatz! – ein Gedicht des Alkaios in der leuchtenden, zarten Nachdichtung Quasimodos. Es ist nach dem ersten Vers betitelt: *Schon fühle ich den Frühling*, und lautet: »Schon fühle ich den Frühling / der naht mit seinen Blumen / schnell schenkt mir ein von dem süßen Wein.« Welchen Bedeutungswert hat dieses Adjektiv »süß«, das so oft von den griechischen Dichtern in bezug auf den Wein gebraucht wird? Hat es eine direkte Bedeutung und bezeichnet die Vorliebe der Griechen für die lieblichen oder süffigen Weine, im Gegensatz zu uns, die wir die trockenen vorziehen, oder hat es eine Bedeutung, die über den Unterschied zwischen süß und trocken hinausgeht? Ich blättere um, und auf Seite 158, wo rechts unten die andere Seite der Wunde ist, lese ich diese drei Verse des Dichters aus Lesbos: »O Muschel, du Tochter / des Steins und des bleichenden Meeres / mit Staunen erfüllst du des Knaben Geist.« Aber nun ist alles von dieser Wunde befleckt. Flecken zeigen sich mir überall. Flecken auf den Menschen, Flecken auf den Dingen, Flecken auf dem Leben, Flecken auf der Welt, Flecken auf dem Frühling, Flecken auf den Blumen, Flecken auf dem Becher, Flecken auf dem Wein, Flecken auf der Muschel, Flecken auf ihrer Mutter, dem Stein, und auf ihrem Vater, dem bleichenden Meer, Flecken auf dem Geist des Knaben, Flecken auch auf dem ersten Erstaunen. Ich erinnere mich. Ich befand mich im Garten meines Schwagers Ascanio in Villastellone bei Turin. Ich betrachtete die schöne Linde, die früher den Schatten ihres Laubs großmütig über das Haus gebreitet hatte. Seit mehreren Monaten war der Baum krank und siechte dahin. Ein scheußlicher Pilz wucherte auf seinem kräftigen Stamm und zerfraß ihn. Es war nicht möglich, den Baum zu retten, jeden Tag verdorrte er mehr in stummem Schmerz, und schließlich mußte der alte Gärtner Martino, der von den langen Jahren seiner Erdnähe Hände wie Schollen hat, ihn über dem Boden absägen und auf die Erde herunterziehen. Selten war ein Anblick von Leiden schmerzvoller für mich, obwohl der Baum keinen Klagelaut, keine Träne, keinen Tropfen Blut von sich gab. Und auch damals, als ich die Krankheit der Linde betrachtete und deren schnelles, unaufhaltsames Fortschreiten, diesen seltsamen Pilzwuchs, der sie zerfraß, dachte ich an einen Krebs der Bäume. An die Übel und Leiden der organischen Welt sind wir gewöhnt. Jetzt enthüllt allmählich auch die anorganische Welt ihr Leben, ihre Leiden, ihre Krankheiten, sie, von der wir bisher glaubten, sie habe nicht dieses geheimnisvolle Vermögen, sich durch Umformung fremder Substanz in eigene zu ernähren und zu entwickeln. Und die Versuche von Stanley und Wyckoff, von Bawden und Pirie enthüllen die virulente und zugleich chemische Natur der Krankheitserreger, die das ›Mosaik‹ des Tabaks und den

Flecken

 Mißwuchs der Tomaten verursachen, sie entdecken das Vorhandensein geheimnisvoller Wesen, die sich fortpflanzen wie Mikroben und die kristallisieren wie Salze. Die Krankheit, das Leiden, der Tod belagern auch jenen Teil des universalen Lebens, den wir lange Zeit für unempfindlich gegenüber der Krankheit und für immun gegen das Leiden gehalten haben. Und je weiter und tiefer unsere Kenntnis der Natur vordringt, um so gewaltiger enthüllt sich uns die Macht der Krankheit, des Leidens, des Todes.

Flötenspiel. Drei rheinische Musiker, die das Kölner Trio bildeten, verließen jedes Jahr ihre schöne, am Ufer des Rheins gelegene Stadt und kamen nach Italien herunter, um uns ihre spinnwebzarte Musik vorzuspielen. An den Kölner Dom dachte ich wieder, als ich nach einer Parallele zwischen der Kirchenarchitektur und Rossinis *Stabat Mater* suchte; und ich dachte, daß diese apsychologische und hagiographische Musik nicht den ernsten und nachdenklichen Kirchen Apuliens ähnelt und auch nicht dem hohen und emporflehenden Dom zu Köln, sondern daß sie der Kirche ähnelt, die die Jesuiten in Rom dem Heiligen Ignaz geweiht haben und die im Hintergrund des gleichnamigen Platzes ihre barocke Fassade vor einem Spiel von Häusern und Straßen erstreckt, die mit soviel Geist ›in Szene gesetzt‹ sind, daß sie dort eigens für die Aufführung einer Komödie Goldonis aufgebaut zu sein scheinen. Hast du, Leser, Vertrauen in den ›Geist‹ der Namen? Wenn dir dieses Vertrauen fehlt, denke daran, daß Goldoni ein Anagramm von *gondola,* Gondel, ist, und du wirst Vertrauen gewinnen.

Alle drei Musiker spielten alte Instrumente: einer das Cembalo, der zweite die Viola da Gamba, der dritte die Flöte, das älteste Instrument von allen. Noch älter als die Flöte sind vielleicht die Schlaginstrumente, aber sie haben keine Tonartikulierung, sie erzeugen nur Geräusch

und Rhythmus. Die Schlaginstrumente bilden in unserem Orchester das sogenannte ›Schlagzeug‹, und der Partiturauszug, den der Musiker am Schlagzeug liest, ist nicht auf fünf, sondern auf einer einzigen Linie geschrieben – ausgenommen der für die Trommeln, von denen es zwei, eine große und eine kleine, gibt und die zusammen eine ganze chromatische Tonleiter von f bis f hervorbringen. Dem *saibit,* der von den Ägyptern gespielten Querflöte, werden sechzig Lebensjahrhunderte zugebilligt. *Halil* hieß die Flöte der Juden, *yo* die der Chinesen, *vamsa* die der Inder, und die Griechen nannten ihre Flöte *aulòs,* hergeleitet von dem Verb *àêmi,* ich blase. Auch unser Wort *flauto* hat die Bedeutung des Blasens, kommt es doch von dem lateinischen *flautus.* Die Flöte ist das älteste Instrument und auch das natürlichste (sie ist ja nur eine leichte Vervollkommnung des Pfeifens mit gespitzten Lippen), sie ist das Instrument par excellence, weil durch unseren Atem, so kann man sagen, in der Flöte unsere Seele singt. Man wünscht ein Beispiel? Ich kenne keinen höheren, einsameren *Gesang der Seele* als das Flötensolo im *Orpheus* von Gluck.

Wahrscheinlich wegen dieser seelenhaften Eigenschaften ist die Flöte das Lieblingsinstrument der Männer mit erhabenster Seele und tiefstem Geist. Sie war das Lieblingsinstrument Böcklins. Sie war das Lieblingsinstrument Schopenhauers, und dieser, der die Musik Rossinis über alles liebte und alle Werke seines Lieblingskomponisten als Flötenbearbeitung besaß, spielte sie jeden Tag von zwölf bis eins, das ganze Jahr hindurch, mit religiöser Andacht. Mehr noch: Jedesmal, wenn er Rossinis Namen nannte, hob der Autor der *Welt als Wille und Vorstellung* die Augen zum Himmel wie ein Huhn beim Trinken.

Auch Pan, der mehr als ein Philosoph war, denn er war ein Gott, liebte die Flöte, und auch er flötete zwischen zwölf und eins, aber nicht in der Zurückgezogenheit der Studierstube, sondern inmitten der reglos in der Sonne liegenden Felder zur Freude der Fröschlein, der Zikaden und der anderen kleinen Tiere die ihn umgaben und ihm verzückt zuhörten. Genauer gesagt blies Pan nicht die Flöte, sondern die Syrinx, die aus sieben kleinen nebeneinanderliegenden Flöten besteht, die der Größe nach geordnet sind wie die Pfeifen einer winzigen Orgel. Aber wer im Gefolge einer falschen Etymologie glaubt, Pan sei der Gott All, der irrt, weil der Name dieses antiken Gottes der Arkadier von einer griechischen Entsprechung des lateinischen Verbs *pasci* herkommt und im Namen seine Hirteneigenschaften beweist.

Die Flöte war auch das Instrument der Rhapsoden, die ihre Rhapsodien mit kurzen *Sonaten der Seele* unterbrachen. Die Rhapsoden sind nicht alle tot. Als Kind sah ich jeden Tag in Athen einen, der in der Patissia saß, einer Straße in der Nähe unseres Hauses, den Rücken an die Mauer der Polytechnischen Schule gelehnt, in die mein Bruder zum Zeichenunterricht ging und wo er die Gipsabgüsse des Hermes von Praxiteles, der Venus von Milo und anderer schöner Exemplare der griechischen Plastik mit dem Kohlestift abzeichnete. Er war sehr alt, dieser Rhapsode, und blind wie Homer; besser gesagt, blinder als Homer, denn die Blindheit der antiken Rhapsoden war eine sinnbildliche Blindheit und die Gewähr für einen schönen Gesang, so wie auf den Kanarischen Inseln noch heute die Kanarienvögel geblendet werden, damit sie besser singen, während die Blindheit meines Rhapsoden nicht sinnbildlich, sondern tatsächlich war. Und er sang; er sang mit hohler und kaum wahrnehmbarer Stimme, die ihm im Bart hängenblieb, der so gelb war wie die Haarbüschel vom Mais; nicht den Trojanischen Krieg besang er wie seine antiken Kollegen und auch nicht die Abenteuer des Odysseus, sondern die Heldentaten der *kleftes,* das heißt der *Räuber,* wie die Patrioten genannt wurden, die zur Zeit eines Canaris und eines Kolokotroni in den Untergrund gingen und gegen die Türken kämpften und die damals das waren, was heute die Partisanen sind; und ab und zu unterbrach er seinen kläglichen Gesang, um ebenfalls eine kurze *Sonate der Seele* auf einer großen Kupferflöte zu spielen, die sie dort unten *floghèra* nennen.

Um mit der Flöte einen Ton zu erzeugen, muß man in das obere Loch des Instrumentenzylinders blasen und die Silbe *te* aussprechen, so daß die Noten einer Flötenmelodie eine Folge von *te te te* sind. Die von Flötisten geliebten Frauen könnten uns sagen, welchen Geschmack die Küsse haben, die mit *te te te* gegeben werden; aber sie werden es uns nie verraten. Die Frauen sind Geständnissen abgeneigt, ausgenommen es handelt sich um eine Beichtmutter. Freud schreibt am Ende seiner langen Erfahrung als Seelenforscher: »Es ist mir nie gelungen, aus einer meiner Klientinnen ein Geständnis herauszubringen.«

Zola hat einen kleinen Roman geschrieben, der, wenn ich nicht irre, *Für eine Liebesnacht* heißt. Es ist die Geschichte eines sehr häßlichen und mißgestalteten Mannes, der sich in eine wunderschöne Frau verliebt und der, da er es nicht wagt, sich ihr tags zu zeigen, die Nächte flötespielend unter ihren Fenstern verbringt, um ihr durch diesen einsamen und beichtenden Klang seine Liebe zu gestehen. Aber das ist nur die Ausgangssituation der beiden Gestalten. Die Tragödie kommt danach, und sie besteht darin, daß die von dem häßlichen Flötenspieler geliebte Frau dessen Liebe ausnutzt und ihn dazu bringt, einen anderen Mann zu töten, dessen sie sich entledigen will. Zola gilt gemeinhin als ein wenig intelligenter Schriftsteller; aber daß er unter so vielen Instrumenten die Flöte ausgewählt hat als das Instrument, das am besten den Gesang eines liebenden Herzens singt, ist ein Zeichen von sehr feiner Intelligenz.

Flauto solo ist der Titel eines Werks von Eugène d'Albert, der ein großer Pianist war und auch komponierte, aber so, wie Pianisten komponieren, nämlich schlecht; und daß die Flöte ein Zauberinstrument sei, sagt auch Mozart in jenem Werk, das er in den Dunstwolken des Freimaurertums geschrieben hat.

In ihre römischen Programme nahmen die drei Instrumentalkünstler des Kölner Trios auch Stücke auf, die seltener in Konzerten zu hören sind, unter anderem einige Stücke für Flöte, die Friedrich der Große selbst geschrieben hat.

Das Flötenspiel war der liebste Zeitvertreib dieses Monarchen. Ich habe weiter oben gesagt, daß die Flöte, das Instrument des einsamen Klanges, vor allem von einsamen Seelen geliebt wird. Und wer war einsamer als Friedrich von Preußen, sowohl in seiner tragischen Jugend als auch in seinem Leben als König?

In den abgelegenen Räumen des Berliner Schlosses, in jenen Zimmern in der Nähe des Daches, wo Friedrich und Wilhelmine ihr geheimes Leben fern von den Blicken des Vaters lebten, spielte Friedrich mit Wonne auf der Flöte und ließ sich von der Schwester Wilhelmine auf dem Cembalo begleiten. Die beiden hatten ihren Instrumenten italienische Namen gegeben: *Principe* hieß Friedrichs Flöte, *Principessa* das Clavicembalo von Wilhelmine. *Flötenspiel*

Wilhelmine heiratete später den Markgrafen von Bareith. Später hieß die Stadt Bayreuth und wurde das Mutterhaus des Wagnertums. In dieser Geschichte gibt es eine Art fortdauernder musikalischer Linie.

Die Flöte war das geheime, das poetische Leben Friedrichs, der Gesang seiner einsamen Seele. Eines Nachts wurde der sechzehnjährige Kronprinz von seinem Vater entdeckt, als er auf dem Fensterbrett saß, die Beine ins Nichts hängen ließ und mit zerzaustem Haar und abwesendem Blick im Mondschein Flöte spielte. Um ihn zu bestrafen, zog ihm der Feldwebel-König die Bahn einer Gardine um den Hals, und wenn nicht einige Wachoffiziere eingegriffen hätten, dann hätte sich Friedrich nicht den Titel ›der Große‹ erworben, durch den er sich in der Geschichte hervorhebt, denn er wäre schon vorher erdrosselt worden.

Das Flötenspiel hatte Friedrich allein erlernt, und anfangs spielte er schlecht. Dann vervollkommnete er sich unter der Anleitung von Quantz, dem berühmten Flötisten, den ihm der König von Polen verschafft hatte.

Dieser war ganz wild auf Musik und umgab sich gern mit Musikern; er umgab sich aber auch mit den schönsten Frauen seines Königreichs, und nachdem er aus diesem ausdauernden Kreis dreihundertvierundfünfzig Söhne empfangen, hatte er die Genugtuung und den Stolz, eine Kompanie zusammenzustellen, die gänzlich Fleisch von seinem Fleisch und Blut von seinem Blut war, und es war ein Genuß, diese dreihundertvierundfünfzig prächtigen Soldatenkerle, die alle einander ähnelten, anzuschauen, während sie alle zusammen vor ihrem Papa das Gewehr präsentierten.

Der Flötenspieler wird sprichwörtlich vom Unglück verfolgt, und darauf bezieht sich die folgende Anekdote. Drei Musiker, ein Flötist, ein Trompeter und ein Paukenspieler, zogen umher, um sich mit Konzerten ihr Brot zu verdienen. Sie kamen an den Hof des bulgarischen Zaren, der an jenem Tag guter Laune war; und so gab er nach dem Konzert den Befehl, die Instrumente der drei Musiker mit Goldmünzen zu füllen. Der Trompeter bekam viele Münzen, der Paukenschläger noch mehr, aber in das kleine Loch der Flöte paßte nicht eine einzige Münze. Aus Mitleid gaben der Trompeter und der Paukenspieler dem Flötisten ein paar Münzen ab, und von Bulgarien zogen sie weiter nach Konstantinopel. An jenem Tag war der Sultan schlechter Laune, und noch vor dem Konzert gab er den Befehl, den drei Musikern ihr Instrument in den Hintern zu jagen. Es war nicht möglich, den Herrscher aller Gläubigen zufriedenzustellen, was den Trompeter und den Paukenspieler betraf; dem armen Flötisten aber fuhr seine Flöte in ihrer ganzen Länge und mit allen Klappen in den A...

FÖHN. Deutsches Wort, das »Wind aus Süden« oder »Schirokko« bedeutet. Vgl. Engad. *favnogu* oder *fnogu,* von lat. *favonius,* Westwind, der in der Mythologie Zephyr heißt und sich vom Verb *favere* mit der Bedeutung »günstig, gut« herleitet. Diesen Namen gibt man in vielen Schweizer und Tiroler Tälern einem warmen, trockenen Wind, und in Antonomasie nennt man auch die große Pistole *Fön,* die trockene und warme Luft abschießt und mit der die Friseure das Haar ihrer Kunden trocknen. *Alaska* wiederum heißt ein Eis, das, in ein isolierendes Papier gepackt, in den Kinos verkauft wird und das der Kinobesucher ohne Teller und Löffelchen zu sich nehmen kann.

Auf dieses Artikelchen hin, das in *La Stampa* erschienen war, erhielt ich den folgenden Brief:

»Grande Albergo Savoia, Rapallo, d. 11. Mai 1942, XX. Jahr. Was sie *favnogu* oder *fnogu* nennen, heißt auf engadinisch, und nicht nur auf engadinisch, sondern auf ladinisch, *favuogn* oder *fuogn.* Sie hätten das Ladinische, und nicht das Engadinische, das nur eine der gesprochenen Formen des Ladinischen ist, als Herkunftssprache für die beiden Wörter nennen müssen. Der Föhn hat eine viel größere Bedeutung als nur die, trocken und warm zu sein. Ein Föhntag schmilzt mehr Schnee, als zehn Sonnentage es vermöchten. Wenn es diesen Wind nicht gäbe, wären viele der schönsten und bekanntesten Täler der Schweiz das ganze Jahr über von Schnee bedeckt. Der Föhn beeinflußt außerdem den Seelenzustand, ruft Kopfschmerzen, Reizbarkeit, Empfindlichkeit, Umnebelung hervor, so daß die Schweizer Gerichte es als mildernde Umstände berücksichtigen, wenn dieser trockene und warme Wind an dem Tag wehte, an dem ein Verbrechen begangen wurde.«

Es folgten Grüße und die Worte SIEG HEIL!

FORTSCHRITT, MECHANISCHER. Im Kapitel über die Mechanik des *Traktats von den Geheimen Werken der Natur und der Kunst* sagt Roger Bacon, man werde bald Fahrzeuge ohne Pferde sehen und Maschinen, die den Menschen durch die Luft tragen. Es ist klar, daß der gelehrte Franziskaner aus Oxford damit die Maschine voraussagte, welche die Leute, die auf dem neuesten Stand sind, und die Abkürzungsfanatiker *Auto* nennen, und jenen fliegenden Apparat, den man *aeroplano* schreibt und *areoplano* ausspricht. Übrigens hatte Gabriele D'Annunzio, der den Dingen, die nach seinem Empfinden unedle Namen trugen, gern edle Namen gab, vorgeschlagen, den Aeroplan ›Segelflieger‹, *velivolo,* zu nennen. Aber er hatte keinen Erfolg. Das ist das gemeinsame Los all derer, die aus ästhetischen oder anderen Gründen versuchen, den natürlichen Lauf der Sprache umzuleiten. Zufällig entdeckten obskure Philologen, daß *velivolo* keine Erfindung D'Annunzios war, sondern von Chateaubriand stammte, und sie zitierten: *»le pécheur napolitain dans sa barque vélivole«* aus Band IV, S. 164 der *Mémoires d'outre-tombe.* Die Worte Roger Bacons

Fortschritt, mechanischer

werden zur prophetischen Voraussage, wenn man bedenkt, daß dieser Anbeter des Großen Werkes – das bekanntlich die Suche nach dem Stein der Weisen war – 1214 geboren wurde und 1294 starb, also sieben Jahrhunderte vor der Geburt des Automobils und des Aeroplans lebte. Es ist jedoch nicht klar, ob Bacon diese kühnen Voraussagen aufgrund einer besonderen seherischen Fähigkeit machte, oder ob sie ihm der Android eingab, den er sich nach dem Vorbild des Albertus Magnus geschaffen und den er sprechen gelehrt hatte, wofür ihm dieser als Entgelt die Geheimnisse der Zukunft enthüllte. Wie auch immer, Bacon wurde der Hexerei angeklagt und ins Gefängnis geworfen, aus dem ihn Clemens IV., ein großer Freund der Kabbalisten und auch selbst ein wenig Kabbalist, befreite. Außer dem Automobil und dem Aeroplan sagte Bacon auch die Tauchglocke für Unterwasserforschungen und die Hängebrücke voraus. Diese Voraussagen Bacons werden zitiert zum Beweis seiner außergewöhnlichen Genialität, aber welches Verhältnis zwischen Genialität und ›mechanistischem Denken‹ besteht, muß noch geklärt werden. Für mich ist die ›mechanistische‹ Orientierung des Geistes ein untrügliches Zeichen von Unintelligenz (ich spreche hier von Intelligenz im absoluten Sinn). Ich empfand eine gewisse Hochachtung für Roger Bacon, solange ich glaubte, er sei nur der Alchimie und der Magie ergeben; ich habe sie verloren, seit ich weiß, daß er sich um den mechanischen Fortschritt der Welt Gedanken machte. Ich finde es immer merkwürdig, merkwürdig und traurig, daß man um den mechanischen Fortschritt der Welt so viel Aufhebens macht und so wenig um ihren moralischen. Ist der Mechanizismus wirklich so nötig für die Gesundheit, das Wohlbefinden, das Glück des Menschen? Wir waren glücklich, glücklich und stolz, daß das Automobil und der Aeroplan so tief in unser Leben eingedrungen waren, daß wir glaubten, wir könnten ohne sie nicht mehr auskommen; die durch den Krieg verursachten Einschränkungen haben uns gezeigt, daß man auch ohne ›das Auto‹ und ohne ›das Flugzeug‹ leben kann. Der Unterschied zwischen unserer Art zu reisen und der des Platon ist groß, aber mir ist nicht bekannt, daß derselbe Unterschied besteht zwischen der Art und Weise, wie ein heutiger Mensch denkt, und der Art und Weise, wie Platon argumentierte. Im Gegenteil … Die Physiokraten vertreten daher die Meinung, daß der geistige Fortschritt eine gotteslästerliche Illusion sei, eine Herausforderung an Gott. Diese Behauptung stinkt mir nach der schmutzigsten moralischen Feigheit.

Fortschritt, mechanischer

FRAU, ÜBERRAGENDE. Einige Frauen schaffen es, über das allgemeine und sehr niedrige Niveau des weiblichen Geisteslebens hinauszukommen; aber auch wenn sie dieses Niveau überwunden und das Recht auf den Titel der überragenden Frau erworben haben, verlieren sie dadurch nicht die natürliche »Schwäche« der Frau, die sich vor allem darin zeigt, daß es der Frau unmöglich ist, *den rechten Weg zu finden.* (Übrigens liegt jeder Art von Schwäche eben diese Unmöglichkeit, den rechten Weg zu finden, zugrunde.) Die überragende Frau überschreitet daher wohl das Niveau der gewöhnlichen Weiblichkeit, aber einmal über dieses Niveau hinausgelangt, beschreitet sie einen Weg, der unausweichlich ein abwegiger, ein krummer, ein ›nicht rechter‹ Weg ist. Und das Werk dieser überragenden Frau in der Literatur oder in der Malerei mag interessant, anziehend, sogar faszinierend sein, es ist aber immer grundlos und nutzlos, da außerhalb des Richtigen, Rechten. (Es versteht sich von selbst, daß ich mit rechtem Weg keinesfalls einen Weg meine, der die Richtung irgendeiner gängigen Moral verfolgt, noch mit ›nützlichem‹ Werk eines, das von staatsbürgerlicher oder sozialer oder humanitärer oder humaner Nützlichkeit ist.) Die überragenden Frauen, ob sie nun schreiben oder malen oder nur sprechen, haben etwas Angestrengtes an sich, etwas Übertriebenes, Eigenartiges, eine Art, die Dinge verkehrt herum anzupacken, etwas Gezwungenes. Diese Anstrengung ist *nötig*. Sie ist nötig, um dem, was sich nicht von selbst rechtfertigt, was allein nicht ›standhält‹, Leben, Bewegung, Anziehungskraft zu verleihen. Sie ähnelt der Anstrengung, mit der man die Spitze einer Amphore in den Boden stößt, weil sie sonst nicht aufrecht stünde. Aber es ist ein Eintagsleben, isoliert in seiner Vorläufigkeit. Daher auch die *Notwendigkeit des Dämonismus* bei der überragenden Frau. Daher der *unangenehme Eindruck*, den die überragende Frau auf mich macht. Ihr Sich-Bedecken mit Dornen. Ihr Unvermögen, Beziehungen zur Menschheit außer durch Stiche herzustellen. In derselben Lage finden wir ja auch viele Männer – viele *weibliche* Männer. Die charakteristischsten Beispiele dieser Spezies finden sich bei den Surrealisten: André Breton, Salvador Dalí … Man muß hinzufügen, daß der Surrealismus dem Mann, dem die Potenz fehlt, den rechten Weg zu finden, ein sehr geeignetes Feld bietet. Was nicht heißen soll, daß der Surrealismus an sich ein unrechter Weg sei. Im Gegenteil. (→Nora)

Freiheit. Der Mensch kämpft, um die Freiheit zu erobern. Er bekämpft alles, was sich der Gewinnung der Freiheit in den Weg stellt. Er hat den Feudalismus bekämpft. Er hat die Privilegien des Adels und des Klerus bekämpft (Französische Revolution). Er bekämpft den Kapitalismus. Und danach? … Es ist gut, schon jetzt zu wissen, welche Hindernisse der Mensch jenseits des Kapitalismus wird bekämpfen müssen, um zu einer vollen und vollkommenen Freiheit zu gelangen. Wie die Freiheit jenseits des Kapitalismus aussehen wird, ist leicht vorauszusehen. Eine noch sehr trübe Freiheit. Die Freiheit wird nicht vollkommen klar sein, solange auf der Welt noch ein Rest einer Gottesidee vorhanden ist. Solange nicht der letzte Rest des Göttlichen verraucht ist, also dessen, was über allem steht und dem Menschen ein Geheimnis vorhält, ihm Seufzer entlockt, ein Streben in ihm erweckt, ihm ein Ziel anzeigt. Und andererseits wird die Freiheit nicht vollkommen sein, solange im Menschen noch eine letzte Erinnerung an das Prinzip von Ursache und Wirkung fortdauert und daran, daß das Leben im allgemeinen und jedes Ding im besonderen einen Zweck hat. Solange die Fragen nicht gänzlich vergessen sind, die der Mensch sich angesichts der Geburt, des Todes, der Kunst, der ›Geheimnisse‹ stellt: »Warum?« – »Was bedeutet das?« Solange nicht auch der letzte Verdacht erloschen ist, daß die Dinge *eine Bedeutung verbergen.* Solange das Leben nicht die vollkommene Bedeutungslosigkeit und die höchste Leichtigkeit erreicht hat. Solange der Geist des Menschen noch nicht beim reinen Lyrismus angelangt ist. Und an jenem Tag werden die *Ilias,* die *Commedia,* die Fresken der Sixtinischen Kapelle, das Wort der Moralisten, die Systeme der Philosophen, das Werk der Lenker der Gesellschaft, alles, was es an Schwerwiegendem, ›Ernstem‹, ›Bedeutungsvollem‹, Verehrungswürdigem, Notwendigem in der Welt gibt, mit archäologischer Neugier betrachtet werden, als Dokument einer Epoche der Barbarei und der Sklaverei.

FREUNDSCHAFT. *Amicizia,* Freundschaft, geht vor *amore,* Liebe, nicht nur in der alphabetischen, sondern auch in der moralischen Reihenfolge; die Freundschaft ist die reinste und selbstloseste Form der Liebe. Um den selbstlosen Charakter der Freundschaft richtig zu verstehen, ist es nötig, zuvor den eigennützigen Charakter der Liebe zu begreifen. Die Liebe ist eine Form des einvernehmlichen Zusammenschlusses zu mehr oder weniger mittelbaren Zwecken, in der Freundschaft dagegen schließen sich die Partner nicht im Hinblick auf einen Zweck zusammen, sondern nur zum Genuß der freundschaftlichen Gefühle. Anders als die Liebe, die der dramatischen Musik gleicht, welche singend ›eine Antwort‹ erfleht, gleicht die Freundschaft folglich der abstrakten Musik, die sich an ihrem kontrapunktischen Spiel ergötzt und nichts anderes verlangt. Nackter als anderswo erscheint der eigennützige Charakter der Liebe in der Ehe, wenn die Liebe verschwindet und die ›sozialen‹ Beweggründe der Ehe unverdeckt sichtbar werden, so wie die Ebbe den Sand mit seinen Topfscherben, bodenlosen Hüten, alten Schuhen mit Nägeln im krokodilgleich klaffenden Maul freilegt. Mann und Frau hassen sich schließlich und sehnen sich danach, möglichst weit entfernt voneinander zu leben, aber sie kommen augenblicks zusammen und wieder überein, sobald etwas oder jemand die ›sozialen‹ Gründe ihrer Ehe bedroht oder auch nur anzuzweifeln versucht. Was verursacht diesen beständigen Untergrund aus Bösem in der Liebe? Vielleicht die Ungleichheit der Partner, die bei der Liebe anscheinend eine unerläßliche Bedingung ist, während die unerläßliche Bedingung der Freundschaft die Gleichheit ist, daher der Spruch des antiken Philosophen *amicitia inter aequales.* Ein sehr starker Beweggrund, der das Feuer der Liebe nährt, ist der Wunsch, entweder zu herrschen oder beherrscht zu werden. Das eine ist nicht weniger angenehm als das andere, und da im gesellschaftlichen Leben die Mehrheit der Menschen gern dient, liebt es die Mehrheit der Liebenden, sich beherrschen zu lassen. Und wenn der Mann in einer Zweierbeziehung zu dieser Herrschaft nicht fähig ist, die im allgemeinen dem Mann zufällt, dann geht sie an die Frau über und wird noch autoritärer ausgeübt. Wie kann es also ein reines Glück geben, wenn es Autorität auf der einen und Unterwerfung auf der anderen Seite gibt? Die Unterwerfung anderer und ebenso das Gefühl, anderen unterworfen zu sein, enthalten, soviel Lust sie auch den Sinnen und der Seele verschaffen können, in sich die Keime der Rebellion, des Hasses, der Rache; und es gibt keine Liebe, auf deren Grund nicht diese verschiedenen Formen des Bösen ruhen, die vielleicht eingeschläfert sind, aber plötzlich an die Oberfläche steigen, hellwach und lebendig werden und einen schrecklichen Tatendrang an den Tag legen. Wie oft, und besonders wenn wir lieben, werden wir doch von einem plötzlichen Drang nach Rache gegenüber dem geliebten Menschen überrascht, einem Drang, ihn zu zerfleischen, um zu einem nicht vorsätzlichen, sondern ›natürlichen‹ Abschluß unserer Liebe zu gelangen … Und Rache – und wofür? Für unsere eigene Liebe. Weil die Liebe wohl ein natürliches Gefühl ist, zu dem die Natur mit all ihren Kräften drängt, deren heimtückischen Hinterhalt der Mensch jedoch spürt, und dem er mit allen Mitteln zu entkommen sucht; und die Angst, die Scham, die der Verliebte über seinen Zustand empfindet, beweisen, daß die Liebe den Menschen in eine zutiefst unangenehme Situation bringt, deren sich zu rühmen er weniger Gründe hat, denn sich zu schämen (eine unangenehme und erniedrigende Situation für die ›höheren‹ Empfindungen des Menschen, und wem es an diesen Empfindungen mangelt, der gewöhnliche Mensch also, der hat keinen Grund, sich der Liebe zu schämen, wie er sich ihrer tatsächlich auch nicht schämt). Und an wem ist die Rache legitimer für diese ruhmlose Falle, in die wir geraten sind, für dieses Zeichen, das wir im Gesicht tragen, für diese Scham, die uns verbietet, erhobenen Hauptes unter den Menschen einherzugehen, unserer starken Unschuld und heroischen Keuschheit sicher – an wem ist die Rache legitimer als eben an dem Wesen, das wir lieben? Wenn die Ungleichheit zwischen den Liebenden verschwindet und nicht gleichzeitig, wie fast immer, auch die Liebe, dann wird in diesen seltenen und auserwählten Fällen aus der Liebe Freundschaft. Das ist das *Wunder*, das Nora erfleht, bevor sie das Haus von Thorwald Helmer verläßt. Das ist das Wunder auf das auch wir warten und das nicht nur an Nora und Thorwald geschehen möge, sondern an allen Noras und allen Thorwalds, du, Nora-Maria, und ich-Thorwald eingeschlossen; und ebenso an den Vätern und

Söhnen, den Müttern und Töchtern; möge die unsinnige Liebe ohne Freundschaft verschwinden und sich das Licht der Freundschaft über die Welt ergießen. (→Nora)

Friseur, Sofa, finstere Strasse. *Erste Etappe (1904).* Die Zeitungen sind voll vom Russisch-Japanischen Krieg. Die Schlacht von Mukden im Korrespondentenbericht von Luigi Barzini. Die *Illustrazione Italiana* widmet dem Ende des Kreuzers *Variag,* der allein gegen ein ganzes Geschwader gekämpft hat, eine Farbseite. Nivasio Dolcemare hat die Hände unter dem Laken hervorgestreckt und umfaßt die Ränder des großen Bandes aus satiniertem Papier. Und so werden Irrtümer geboren: die großen Irrtümer der Geschichte. »Die Hände unter dem Laken hervorgestreckt« hat die Vorstellung geweckt, Nivasio Dolcemare liege im Bett. Nivasio Dolcemare ist nicht im Bett, sondern beim Friseur, und das Laken, von dem die Rede ist, ist nicht das Laken, in das sich der Mensch jeden Abend hüllt, um sich auf das Leichentuch vorzubereiten, das ihn eines Tages für immer einhüllen wird, sondern das Laken, in dessen Mitte der Friseur das Haupt seines Kunden isoliert wie ein Felsenriff inmitten des schäumenden Meeres, um es bequem und nach Gebühr zu bearbeiten. Der sterbende Kreuzer, der auf der Mitte der Seite abgebildet ist, hat vier sehr hohe Schornsteine, aus denen seine Seele in Form eines leichten Dampfes aufsteigt, und Nivasio denkt, daß das Schiff nicht so sehr wegen der Schüsse des Feindes als durch die Schuld dieser vier unproportionierten Schornsteine schief liegt, durch die es das Gleichgewicht verloren hat. (Die Nebeneinanderstellung von Schuß, *colpo,* und Schuld, *colpa,* ist Absicht.) Warum übrigens nicht? Wie wir uns dem Schlaf überlassen und die Wange aufs Kopfkissen legen, so müßten sich die Schiffe auf dem Wasser, das ihr Kopfkissen ist, auf die Seite legen, um auszuruhen; und nachts wären die glatten und ruhigen

Meere unter dem Mond voll von schlafenden Schiffen, die mit horizontalem Kiel und Antennen dahintreiben. Nivasios Gedanken sind jetzt die eines Schiffsingenieurs. Er stellt sich Schiffe ohne Schornsteine vor (das Prinzip unseres Jahrhunderts ist das Ohne: Wagen ohne Pferde, Telegraf ohne Draht, während in einer anderen Bedeutung des Ohne die Epoche der Romanzen ohne Worte zu Ende ging), die horizontal an den Seiten Rauchabzüge haben, nach hinten gebogen wie die Stummelarme eines Seehunds, eine Vorstellung, in der man auch das aerodynamische Prinzip wiedererkennen kann. Aber man darf dem keine Bedeutung beimessen, es sind Vorstellungen ›beim Friseur‹. Die absurdesten, außergewöhnlichsten, auch die klarsten Ideen kommen uns, während wir in den Händen des Friseurs sind. Eine Wirkung der gezwungenen Haltung und des *principium tormentorum.* Im Grunde hätten wir Schreibende viel blendendere Ideen, wenn wir uns angewöhnten, in Torturhaltung zu schreiben, auf einem Bein stehend wie die Ufervögel oder mit den Füßen am Querbalken einer Schaukel aufgehängt; und im Bett dürften wir niemals der Versuchung nachgeben, eine unbequeme Stellung gegen eine bequemere zu vertauschen, weil die Freiheit und Bequemlichkeit das Denken ›verbürgerlichen‹. Die beste Stellung, um starke Gedanken hervorzubringen, ist die des Heiligen Laurentius auf dem Rost, nur genügt der Rost allein nicht, man muß auch denken können. Plötzlich verdunkelt ein Schatten den Blick von Nivasio Dolcemare: Mit einer Kammbewegung hat ihm der Friseur einen Haarbusch über die Augen geworfen. In der Dunkelheit seiner Haare (»Wie eine Magdalena«, denkt Nivasio Dolcemare) werden seine Gedanken dichter und spitzer, ein üppiger Wald von Gedanken, die Funken schlagen wie Knallbonbons. Nivasio Dolcemare assoziiert seine Gedanken und Knallbonbons, damals in Papier gewickelte Bonbons, die beim Auswickeln ein kleines pyrotechnisches Spiel aufführten. Dann schneidet die Schere ebenso

Friseur, Sofa, finstere Straße

Friseur, Sofa, finstere Straße

schnell den Haarbusch weg, und das Licht kehrt in Nivasio Dolcemares Augen zurück. Wer ist der schöne Jüngling ihm gegenüber mit dem weißen, milchigen Gesicht und den nachdenklichen Augen im Schatten der Augenhöhlen, mit dem dichten Haar, das ihm in schwarzen und blauen Wellen über die bleiche Stirn fließt? Eine diagonale Girlande aus gemalten Blumen verdeckt eine Bruchstelle im Spiegel. Nivasio empfindet eine tiefe Zärtlichkeit, ein tiefes Wohlgefallen an sich selbst, als ergösse sich lauwarme süße Milch in seine Adern. Der Friseurladen rings um ihn glänzt von Spiegeln, die einander vervielfachen. Der Duft der Lotionen, der aus den Zerstäubern dringende Atem kommen hinzu. Es ist Sommeranfang. Es ist Abend, und der Abend versüßt den Tag. Plötzlich werden die Lichter in der Stadt angezündet. Man hört die Stimmen der Passanten, zwitschernde Frauenstimmen eilen durch das Gebimmel der Straßenbahnen und das Tüt-tüt der ersten Wagen ohne Pferde. Nivasio Dolcemare sieht sich ›so‹, wie er sich jetzt in diesem gesprungenen Spiegel unter den gemalten Blumen sieht, er sieht sich in seiner Zukunft als Musiker, die Erfolge, die Frauen und eine Liebe, die eine schönere Variante der Liebe Wagners zu Mathilde Wesendonk ist. *(Der Vorhang fällt.)*

Zweite Etappe (1924). Nivasio sitzt auf dem Sofa neben Mathilde. Sie ist nicht die einst erträumte Variante von Mathilde Wesendonk, und das wäre übrigens auch nicht nötig, da Nivasio Dolcemare im Mai 1915 die Musik aufgegeben und sich der Literatur verschrieben hat. (Was Petrolini aus Spaß sagte: »Mich hat der Krieg ruiniert«, ist für den Musiker Nivasio Dolcemare eine ernste Realität, weil der Krieg 1915–1918 wirklich sein musikalisches Schicksal ruiniert hat.) Nivasio und Mathilde schweigen, aber bis vor wenigen Minuten hat Nivasio voll Eifer gesprochen, was übrigens nur die Fortsetzung von vielen anderen ebenso eifrigen pausenlosen Reden war und von vielen Spaziergängen durch die Straßen und Parks der

Friseur, Sofa, finstere Straße

Stadt und von vielen Briefen, die mit bebendem Herzen im Herzen der Nacht geschrieben wurden. Aber jetzt ist das so ersehnte, so gefürchtete Schweigen gekommen, und Nivasio Dolcemare fühlt mit einer gewissen Unruhe (die aber nichts von Überraschung an sich hat, denn mit seiner unheilbaren Schüchternheit hat er nunmehr genug Erfahrungen gemacht), daß der Augenblick für den ersten Kuß gekommen ist. Und eben da hat Mathilde eine Art Ohnmachtsanfall und sinkt an Nivasios Brust (daß er Mathilde die Initiative überläßt, ist zwar wohl eine Auswirkung seiner Schüchternheit und seiner ewigen Unsicherheit über das Wie und das Wann bestimmter Handlungen, aber es ist auch eine List, denn wie schon bei Stendhal hat sich bei Nivasio die Schüchternheit in eine Kunst verwandelt oder, noch besser, in eine Waffe, deren er sich mit Heuchelei und Geschick bedient); ja, sie sinkt nicht so sehr, sondern wirft sich eher an Nivasios Brust, so daß er gezwungen ist, den Kopf zurückzulehnen, um Halt an der Wand zu suchen; in diesem Augenblick fühlt er an der höchsten Stelle des Hinterkopfes eine seltsame Kälte, als befände sich zwischen Kopfhaut und Wand keine schützende Haarschicht mehr. Nivasio Dolcemare wird nachdenklich, und sein erster Kuß mit Mathilde wird von einem Verdacht verdüstert: »Bin ich kahl?« *(Der Vorhang fällt.)*

Dritte Etappe (1943). Nivasio Dolcemare geht eine finstere Straße hinunter, und hin und wieder verlangsamt er seinen Schritt und tastet mit mißtrauischem Fuß nach dem Höhenunterschied zwischen Gehweg und Straße. In der Nähe seines Hauses hört er im Dunkeln die Stimme eines Mannes: »Entschuldigen Sie, können Sie mir mal helfen, den Koffer auf die Schulter zu heben? Ich komme vom Bahnhof, und ich kann ihn einfach nicht länger mit der Hand tragen.« Nivasio Dolcemare erkennt im Schatten einen Soldaten, der neben einem großen Koffer steht, und er nähert sich ihm, um die erbetene Hilfe zu leisten. Während sich Nivasio Dolcemare über den Koffer beugt,

Friseur, Sofa, finstere Straße

knipst der Soldat eine Taschenlampe an, und als ihr Schein auf Nivasio Dolcemares Gesicht fällt, entfährt ihm ein Ausruf der Überraschung: »Oh … ja dann …« Überflüssig zu sagen, daß Nivasio Dolcemare als Reaktion auf den Ausruf des Soldaten alle Kraft, die er hat, zusammennimmt; und auf die Gefahr, sich einen Bruch zu heben, ergreift er den schweren Koffer, reißt ihn von der Erde hoch und befördert ihn mit einem herrlichen Schwung auf die Schulter des Soldaten. *(Der Vorhang fällt.)*

Drei Etappen im Leben von Nivasio Dolcemare. Welche Veränderungen von Etappe zu Etappe! Wie aber kommt es, daß Nivasio Dolcemare diese Veränderungen jedesmal durch äußere Zeichen erfahren hat? In der Dunkelheit hatte der Soldat einen Passanten um Hilfe gebeten, aber als er dessen Gesicht erblickte, hat er die Hilfe eines Alten abgelehnt. Wer ist dieser Alte? Nivasio Dolcemare fühlt sich als derselbe wie an jenem Abend auf dem Friseursessel, als er den Tod der Variag *in der Hand hielt. Und wenn es Veränderungen gibt, dann deshalb, weil sich Nivasio Dolcemare heute beweglicher fühlt, gelöster, freier und dazu bereit,* auf den Mauern entlangzugehen. *Was bedeutet das? Nivasio Dolcemare glaubte, ein Mensch zu sein, statt dessen ist er ›zwei Menschen‹: einer, der davongeht, und einer, der bleibt. Und er fühlt, daß eines vielleicht nahen Tages der eine der beiden am Ende seiner Kräfte sein und sich auf die Erde niederlegen und dort liegenbleiben wird; und der andere, der einzige, der ihn interessiert, der einzige, den er ›kennt‹, wird seinen freien und starken Weg fortsetzen. Und dann wird er wirklich seiner Lust nachgeben können, auf den Mauern zu wandern und außerdem auch über die Berge und in die Erde hinein, und am Himmel zwischen den Sternen, und er wird endlich seinem Bedürfnis nach großer Freiheit folgen können, das sein Inneres bedrängt, und dem Bedürfnis nach unendlicher Liebe; denn andere Verwandtschaften, andere Freundschaften, andere Lieben werden sich ihm auftun: alle Verwandtschaften, Freundschaften, Lieben dieser Zeit und anderer Zeiten, dieser Welt und anderer Welten.*

GAS. Dieses Wort wurde von Johann Baptist van Helmont erfunden, einem Alchimisten und großen Bewunderer von Paracelsus, geboren 1577 und gestorben 1644, um das zu bezeichnen, was später als Kohlensäure bestimmt wurde. Van Helmont wählte das Wort *Gas*, weil es seiner Meinung nach dem Wort *caos* ähnelte, mit dem diese imponderable Substanz vieles gemein hat. Giorgio Aristide Sartorio signierte einige seiner Bilder nur mit seinen Initialen, die zusammen das Wort GAS ergeben. Aber er merkte es nicht.

GEFÄNGNIS. Ich habe keine große Erfahrung mit Gefängnissen. Nur einmal in meinem Leben war ich im Gefängnis, für zwei Stunden nur, und zwar in einem Militärgefängnis. Das war in Ferrara, im Sommer 1915, im Gefängnis der Kaserne San Benedetto, »weil ich die Kaserne ohne reguläre Erlaubnis verlassen hatte«. (In Wirklichkeit hatte ich an jenem Morgen starke Kopfschmerzen, und da es in der Kaserne weder eine Krankenstation noch Medikamente gab, war ich zur gegenüberliegenden Apotheke gegangen, um mir ein Pyramidon zu holen.) Zwei Stunden Gefängnis sind nicht viel, aber sie haben genügt, um mich den ›Sinn‹ der Gefangenschaft begreifen zu lassen. Vor allem habe ich erfahren, was es bedeutet, sich eingeschlossen zu fühlen, und dazu an einem Ort, den die Gefängniswärter bemüht sind so unbequem und unsympathisch wie nur möglich zu machen, indem sie ihm die beiden Hauptelemente des Lebens, Luft und Licht, entziehen; denn das Gefängnis hat das erklärte Ziel, den Delinquenten zu bestrafen und ihn außerstand zu setzen, der Gesellschaft zu schaden, aber es hat auch das nicht eingestandene Ziel, seine Gesundheit zu schädigen und ihn, kurz gesagt, zu töten. Außerdem habe ich erfahren, was erzwungene Promiskuität bedeutet und die Unmöglichkeit, sich abzusondern und sich vor jemandem zu verbergen, mit dem man »keine Beziehungen haben will« (in jener einzigen Zelle waren wir zu viert oder zu fünft); ich habe erfahren, was es bedeutet, auf die elementarste Scham zu verzichten, und welchen Ekel das Gefäß einflößt, das sich mitten in der Zelle befindet und für die körperlichen Bedürfnisse der Zelleninsassen bestimmt ist. Schließlich habe ich das Gefühl der Ungerechtigkeit kennengelernt und, was man empfindet, wenn sich die Macht plötzlich und willkürlich auf dich stürzt und sich, ohne deine angebliche Schuld zu prüfen, deiner Person bemächtigt, deine Freiheit einkerkert, deinen Willen vergebens und deine Verteidigung unmöglich macht und dich straft. Jene zwei Stunden waren jedoch nicht ausreichend für mich, um die verschiedenen Systeme kennenzulernen, die der Gefangene anwenden muß, um das Gefängnisleben ertragen zu können und um, wenn er kein Rohling ist, nicht geistig zu sterben; die wichtigsten von ihnen sind nach Aussage einiger Geistesmenschen, die das Unglück hatten, eine viel härtere Erfahrung mit dem Gefängnis zu machen als ich, die Bewegung und die Arbeit. Kropotkin sagt in seinen Erinnerungen, daß er sich in seiner winzigen Zelle, in der ihn die zaristische Polizei mehrere Jahre lang gefangenhielt, angewöhnt hatte, täglich zwischen den Zellenwänden so viele Schritte zu gehen, wie das einem Marsch von vier Kilometern entsprach. In einem Absatz seiner Erinnerungen im *Totenhaus* schreibt Dostojewski, daß es »schwer und mühselig war, das Rad zu drehen, aber auch eine ausgezeichnete Gymnastik«, und an anderer Stelle, daß er gern »Ziegelsteine auf der Schulter trug, weil das die Körperkräfte stärkte«. Aber das bewegendste Geständnis eines Gefangenen, das ich kenne, stammt von Luigi Settembrini. Im Vorwort zu seiner hervorragenden Version des Lukian schreibt er aus dem Kerker von Santo Stefano im September 1858: »Fünf Jahre lang habe ich hier fortgesetzt gearbeitet, inmitten aller Belästigungen, Schmerzen und Schrecken, in diesem fürchterlichen Gefängnis, zwischen Totschlägern und Vatermördern, und Lukian hat mich wie ein liebevoller Freund vor dem endgültigen Verlust meiner Intelligenz bewahrt.«

Vor dem praktischen schreibt man der Arbeit einen moralischen Wert zu. Naiv sagt das Sprichwort, die Arbeit adle den Menschen, und Faust wird am Ende seines Abenteuers aufgrund der Arbeit erlöst, nicht aufgrund des Gebets oder der Reue. Mit dem Gefängnis habe ich geringe, mit der Arbeit habe ich eine große Erfahrung. Ich arbeite viel, ich kann sagen, ich arbeite immer. Und diese dauernde Arbeit läßt meine Zeit immer schneller vergehen und schenkt mir ein immer größeres Glück. Aber was verbirgt dieses dauernde Bedürfnis nach Arbeit? Was will es vergessen machen? Ist der Mensch also ein Gefangener und das Leben ein großes Gefängnis?

GELÜBDE. Den Haaren und dem Bart wurde magische Kraft zugeschrieben, und diese haarigen Attribute hatten in den Gelübden des Mittelalters eine große Bedeutung. Benedikt XIII., in Avignon gefangengehalten, schwört, er werde sich als Zeichen seiner Betrübnis nicht den Bart schneiden, solange seine Gefangenschaft dauere. Harald Arfagi schwört, sich nicht die Haare schneiden zu lassen, bis er ganz Norwegen erobert hat (*Haraldarsaga Harfraga*, Kap. 4). Und ist die Schnelligkeit seiner Eroberungen die Ursache für das nackte Gesicht Napoleons? Sicher ist jedenfalls, daß sich Napoleon, als er sich den Bart abrasierte, ein römisches, das heißt ›imperiales‹ Gesicht zulegte, weil der Bart für die Römer etwas Barbarisches war. Auch darin war Napoleon klassizistisch. Lumey gelobte, sich den Bart nicht abzurasieren, bis die Ermordung des Grafen Egmont gerächt sei, und dieses Gelübde des Anführers der *gueux* gilt als letztes Beispiel für ein Haargelübde. Aber das ist ein Irrtum. Als junges Mädchen an Bauchfellentzündung erkrankt, legte meine jetzige

Schwägerin das Gelübde ab, ihre Haare der Madonna zu schenken, und der Schopf der Gesundeten ist noch immer in der Kreuzträgerkirche in Rom ausgestellt. Einen Trauerbart könnte man den Bart nennen, den sich Wilhelm II. in seinem Exil in Doorn wachsen ließ. Aber hier ist ein noch überzeugenderes Beispiel für ein Haargelübde. Nach dem Premierenfiasko der *Madame Butterfly* gelobte Tito Ricordi, der Letzte dieses Namens, der den berühmten Verlag leitete, sich so lange nicht zu rasieren, wie das widrige Geschick dauerte, und er kehrte erst zu seinem bartlosen Gesicht zurück, als die *Madame Butterfly* im Teatro Grande in Brescia ›rehabilitiert‹ wurde. Häufiger als die Haargelübde sind die Ernährungsgelübde. Der erste von Philippe de Mézières in seine *Chevalerie de la Passion* aufgenommene Ritter war ein Pole, der sich seit neun Jahren weder zum Essen noch zum Trinken niedergesetzt hatte. Bertrand du Guesclin war stets zu Gelübden dieser Art bereit. Als ein englischer Krieger ihn herausfordert, erklärt der Konstabler im Namen der Heiligen Dreieinigkeit, er werde bis zum Sieg über den Feind nur in Wein eingeweichtes Brot essen. Ein andermal schwört er, daß er kein Fleisch essen und seine Kleider nicht ablegen werde, bis Montcontour eingenommen sei, und offensichtlich denkt er nicht an den Kräfteverlust, den die Unterernährung bei ihm verursachen wird. Es erübrigt sich, zu erwähnen, daß Ernährungsgelübde noch heute sehr häufig abgelegt werden, und damit meine ich nicht das religiöse Fasten. Das Gelübde beinhaltet einen Verzicht, dem man sich unterwirft, um die Vollendung einer versprochenen Handlung anzuregen, aber es gibt auch Gelübde der ›Selbstbestrafung‹. Meine Großmutter, die ebenso keusch wie schön war, dachte einmal in unreiner Weise an einen jungen Marineoffizier des Königs von Sardinien, und um sich für diese Gedankensünde zu bestrafen, legte sie das Gelübde ab, keine Makkaroni mehr zu essen. Sie starb hochbetagt, ohne jemals ihre Lieblingsspeise wieder angerührt zu haben, und bewies übrigens damit auch, daß sie die *Verlobten* nicht gelesen hatte. Denn hätte sie die *Verlobten* gelesen, dann hätte sie daraus gelernt, daß man von einem Gelübde auch entbunden werden kann. *Gelübde*

GEMITO UND GENITO. *Narrate, uomini, la vostra storia (Erzählt, Menschen, eure Geschichte)* enthält auch die Biographie von Vincenzo Gemito. Gemito war ein Findling. Im Findelhaus in Neapel gab man ihm und drei anderen Findlingen, die mit ihm am selben Tag in das Rad gelegt worden waren, den Familiennamen Genito, was ›der Gezeugte‹ bedeutet. Aber am nächsten Tag änderte der Schreiber, der die Namen ins Register eintrug, das *n* irrtümlicherweise in *m*, und so war derjenige, der einer unserer eigenartigsten Bildhauer werden sollte, einen Tag lang Genito, der Gezeugte, und für den Rest seines Lebens Gemito, der Seufzer. Natürlich hatte ich, als ich von dieser Episode

Gemito und Genito

berichtete, im Manuskript Genito geschrieben, wenn es Genito heißen sollte, und Gemito, wenn es Gemito heißen sollte. Aber der Korrektor, der die letzte Korrektur der Fahnen vornahm und Genito sah, wohl wissend, daß der *verrückte Bildhauer* Gemito heißt, korrigierte alle Genitos in Gemitos und nahm damit der Geschichte ihren ganzen Sinn. Ein anderer Irrtum dieser Art ist mir in diesen Tagen begegnet. In einem Artikel, der in einer Tageszeitung erschien, erwähnte ich dreimal Ludwig *van* Beethoven und fand am nächsten Tag dreimal Ludwig *von* Beethoven, weil der Setzer oder der Korrektor oder beide wußten, daß der deutsche Adelstitel »von« ist, und folglich »van« für einen Fehler gehalten hatten. Ähnlich irrt der Kellner, bei dem ich einen Aurum bestellt habe und der mir einen Aurùm bringt, weil er meint, der Name dieses Likörs komme von Rum. Irren durch Wissen. Bildungsirrtümer. Fehler, die nicht durch Unkenntnis oder Zerstreutheit entstehen, sondern durch ein zwergenhaftes Wissen und den daraus resultierenden Überlegungen. Und das sind die schlimmsten und schädlichsten. Denn der bloß Unwissende kann zwar auch schädlich werden, weil sein Geist von Dunkelheit umgeben ist und er in Finsternis wandelt, aber viel schlimmer, viel gefährlicher ist der mittelmäßig Gebildete, der, vom Lichtlein seines winzigen Wissens verführt, über einen Leuchtturm zu verfügen glaubt, der die Welt erhellt und alle Wahrheiten aufdeckt; und der, von diesem Lichtlein geleitet, überlegt, folgert, theoretisiert. Und wenn man bedenkt, daß die überwiegende Mehrheit der ›Gebildeten‹ Gemito kennt, aber nicht weiß, daß Gemito auch Genito sein kann, und nur dieses Lichtlein im Kopf hat und bereit ist, ihr unfehlbares Wissen auch mit dem Schwert zu verteidigen, andere anzuklagen, zu bekämpfen, zu verurteilen, dann begreift man, welch furchtbare Gefahr solch hinkende Gelehrsamkeit darstellt und daß man zur eigenen Sicherheit auch die friedliche und unschädliche Unwissenheit herbeiflehen kann.

GERUCHSSINN. Während ich schreibe, nähert sich der kleinere Zeiger meiner Uhr der Eins, aber nicht so schnell, wie ich möchte; und durch die Tür kommen vielversprechende Gerüche aus der Küche. Bald werden diese duftenden Versprechungen Wirklichkeit werden. Ich bin froh, nicht dem Volk von Taprobane anzugehören, der Insel, die wir Ceylon nennen, wo Megasthenes zufolge (den Seleukos Nikator als seinen Vertrauensmann zu König Sandrakottos in dessen Hauptstadt Polibotra schickte und der einen Bericht über seine Indienreise verfaßte, von dem uns nur geringfügige Fragmente bei Arrian und Strabo erhalten sind) Menschen ohne Mund lebten, die sich allein »durch den Geruchssinn« ernährten.

GEWEHR (FUCILE). *Fucile,* von barb. lat. *fusillus.* Anfangs bedeutete es Feuerstein, Zündpfanne. Wir nennen *fucile* das, was eigentlich die Flinte ist. Eine literarische Synekdoche, in umgekehrter Richtung. *Les dieux s'en vont,* aber die Wörter bleiben, auch wenn die Bedeutung, aus der sie entstanden, verlorengegangen ist. So bedeutet *murata* für uns Schiffsflanke, ursprünglich bezeichnete es die innere Bordwand eines Schiffes von der Wasserlinie bis zum oberen Rand *(früher von einer Steinmauer geschützt).* Und da gibt es noch Leute, die sich über die Angemessenheit der Wörter den Kopf zerbrechen! Die Angemessenheit des Sprechens! Des Sprechens, das wie das Meer je nach dem Himmel seine Farben ändert (*concolori,* würde Dante sagen, *Paradies,* XII, 11). Und darum ist ja das Auffinden der Urbedeutung der Wörter so erregend.

GIGANT. Im Haus meines Freundes Guerrisi entdecke ich ein Miniaturbildchen, das ich aus der Ferne für die geduldige Übung irgendeines Flamen halte, weil die italienischen Maler im allgemeinen mittelgroße Formate bevorzugten und selten sehr klein oder sehr groß gemalt haben. Von nahem entdecke ich indessen, daß es ein entzückendes Bildchen von Giacinto Gigante ist, mit der Pinselspitze auf ein Holztäfelchen von elf mal acht Zentimetern gemalt. Und auf dieser winzigen Fläche hat der neapolitanische Maler, der dem Namen nach das war, was Briareus tatsächlich war, zwei Kirchenfenster mit einem Altar in der Mitte, einen Priester, der zwei Knienden eine Hostie reicht, und eine vierte Figur, die gegenüber in einer Bank kniet, unterbringen können. Der Priester, der stehend, als robuster, gutaussehender Mann dargestellt ist, mißt genau zweieinhalb Zentimeter. Die Natur liebt Gleichheit, aber sie verachtet auch Gegensätzlichkeit nicht. (Es kann sein, daß die Natur alles liebt, es kann ebenso sein, daß die Natur im Grunde nichts liebt, und ich bin für die letztere Hypothese.) Der Gigant strebt zum Winzigen, und der Zwerg zum Gigantischen. Ich kenne einen Verleger, einen gewaltigen Mann, der ein Buch für die Westentasche erfunden hat. Ich kenne nicht die Körpermaße von Giacinto Gigante, aber bei ihm wirkte der Name: Der Gigant wurde angezogen vom Winzigen. Die Astrologie entdeckt uns allmählich ihre Geheimnisse: noch nicht den Einfluß der Gestirne auf uns, aber den des Klimas, der Umwelt, *des Namens.* Achten wir darauf, welche Namen wir unseren Kindern geben, achten wir auf die Namen, die wir tragen: auch der Name beeinflußt unser Geschick. Daraus kann man schlußfolgern, daß, wenn der Gigant Miniaturbilder malt, der Maler Minimetti gigantische Bilder malen wird. (→GROSS UND KLEIN)

GIOTTOKULT. Es ist bekannt, wie sehr sich Stendhal für Malerei interessierte und wie sehr er sie liebte. Da überrascht es, wenn er in den beiden kleinen Kapiteln über Padua in *Rome, Naples et Florence* von seiner Begegnung mit dem Kastraten Pacchiarotti erzählt, von dem Turm, in dem Pietro Bembo seine Geschichten auf den Knien seiner Schönen schrieb, vom Café Pedrocchi, dessen Namen er übrigens falsch schreibt: Pedrotti; nicht ein einziges Wort aber über die Kirche der Eremitani, wo die Malereien des jungen Mantegna leuchten, und auch kein Wort über die Scrovegni-Kapelle. Aber wenn die Überraschung gewichen ist, werden wir durch Stendhals Schweigen daran erinnert, daß es zur Zeit seiner Notizen über Padua nicht üblich war, über Giotto zu sprechen, und daß der Ruhm Giottos *in unseren Tagen begonnen hat.* Was ist daran verwunderlich? Der Ruhm der großen Männer ist nicht konstant, sondern ebenfalls der Mode unterworfen. Dante, viel gelesen und sehr bewundert im vorigen Jahrhundert, ebensosehr bewundert, aber nicht so gelesen im unsrigen, wurde im 18. Jahrhundert für einen langweiligen Barbaren gehalten. Ich füge hinzu, daß der Grund des Stendhalschen Schweigens über Giotto nicht in dem Buch zu finden ist, das die beiden Kapitelchen über Padua enthält, sondern in einem anderen ›touristischen‹ Buch des Autors, nämlich in den *Mémoires d'un touriste* (Band I, S. 212). »Es ist keine Blasphemie«, schreibt Stendhal, »zu meinen, daß Giotto, wäre er 1483 statt 1276 geboren, Raffael hätte gleichkommen können. Sein ›inneres Feuer‹ war ebenso stark, er wäre nicht so lieblich, aber ebenso feierlich gewesen.« Diese meiner Meinung nach vollkommen richtigen Worte Stendhals klingen ihrerseits wieder blasphemisch in den Ohren vieler Kunstkritiker. Stendhal gestand Giotto ein »inneres Feuer« zu, aber nicht die malerische Reife von Raffael, und also hielt er ihn für einen Primitiven. Unsere Zeit dagegen, die so tüchtig im Entdecken von Bouvard-und-Pécuchet-Wahrheiten ist, hat entdeckt, daß es die Primitiven nie gegeben hat oder, wie einmal Ardengo Soffici gesagt hat, daß es »die Alten nie gegeben hat, weil auch die Alten ihrerseits ihre Alten hatten«. So ist aus dem Wörterbuch unserer Zeit die Bedeutung von ›primitiv‹ verschwunden, die das Fehlen der Reife von Geist und Mitteln bezeichnete, durch welche die Kunst eine vollkommene Schönheit erreicht. Es war dumm, die Malerei Giottos als kindliche

Giottokult Malerei zu betrachten, weil sie in der Zeichnung nicht das *tondo* und im Pinselstrich nicht die Flüssigkeit eines Raffael erreichte. Es ist gleichermaßen dumm, die Malerei Giottos oder Pieros della Francesca oder Masaccios als *vollkommene* Malerei zu betrachten und sie zum Modell zu erheben, wie es heute bei gewissen Kunstkritikern üblich ist, zum Beispiel bei Roberto Longhi, einem gescheiterten Maler und Schriftsteller, der mit Ausnahme von ein paar Daten und Zuschreibungen von Kunst keinen Schimmer hat. Außerdem ist die heutige ›Giottomanie‹ weniger die Entdeckung einer Wahrheit als eine praktische Notwendigkeit, besonders für einige unserer besonders ›analphabetischen‹ Maler, weil es leichter ist, Giotto nachzuahmen als Raffael. (→Stendhal)

Giraffe. Ich betrete den Zoologischen Garten in Rom. Er ist ein vollkommenes Abbild des Paradieses. Über dem Dickicht niedriger Bäume sehe ich aufgereckt den Hals einer Giraffe, die den kleinen Kopf zwischen den Blättern eines höheren Baumes hin und her trägt: Dieser Baum ist ihrer Statur würdiger. Zebaoth war ein Schluderer. Seine Sintflut war nur eine große Wäsche und nicht das große Reinemachen, das sie sein sollte. Die Erde ist voll von vorsintflutlichen Tieren: Tiere, die der Sintflut entkommen sind. Eines ist der Truthahn, ein anderes die Giraffe. Sie ist das eigenartigste Tier, das ich kenne. Das geheimnisvollste. Höchst geheimnisvoll ist ihr Kopf, der so klein auf dem hohen Hals sitzt und oben von zwei Rasierpinseln geschmückt ist; er ist ausgestattet mit einem Mund, sicher nicht zum Zweck der Ernährung, der dort oben unabhängig vom übrigen Körper arbeitet und *im Auftrag eines anderen* die Blätter mit den Lippen faßt; er ist ausgestattet mit Augen, die nicht sehen, die nicht um sich schauen, sondern ganz erfüllt sind von der Unschuld der Welt vor dem Sündenfall. Ein Zeichen für das große Geheimnis der Giraffe: sie ist das einzig *völlig stumme* Tier der

Schöpfung. Man hat den Kopf der Sphinx benutzt, um das Rätsel der Schöpfung darzustellen, man hätte den Kopf der Giraffe nehmen müssen, der viel rätselhafter als der Kopf der Sphinx ist und überdies einem lebenden Tier gehört: einem Säugetier wie Sie und ich. Der winzige Kopf der Giraffe am Ende des langen Halses, dieses rätselhafte Köpfchen, das sich hin und her bewegt, während die Basis des Halses und der Körper unbeweglich bleiben (der gänzlich stimmlose Mund wählt mit geschwätzigen und vorwitzigen Bewegungen die zartesten Blättchen in dem Laubball aus), erinnert mich an das Mikrophon am Ende einer langen, beweglichen Stange, das im Film für die Aufnahmen der Stimmen bei Massenszenen benutzt wird; er liefert mir ein Beispiel für den ›Kopf auf Distanz‹. Ich habe mir immer einen abnehmbaren, vom Oberkörper unabhängigen Kopf vorgestellt und gewünscht, einen Kopf am Ende eines viel längeren Hebels als dem, mit dem die Natur uns ausgestattet hat, den ich in die höchsten Fächer meiner Bücherregale zu Forschungen entsenden könnte, während ich schreibend am Tisch sitze, oder den ich sogar zu Hause lassen könnte, mit meinen Arbeiten beschäftigt, während ich ausgehen muß und die Angelegenheiten erledige, für die man die Anwesenheit des Kopfes nicht benötigt, wie es bei den normalen Angelegenheiten des Lebens der Fall ist. Übrigens ist mein Wunsch legitim und weitaus weniger absurd, als man meinen sollte. Der ›Kopf auf Distanz‹ ist von mehreren Persönlichkeiten, die alle berühmt waren, getragen worden. Der Heilige Dionysius wurde zum Enthaupten verurteilt, aber nach der Dekapitation verlor er die Geistesgegenwart nicht, stand auf, hob den Kopf wieder auf, der über den Boden rollte und schon die Strahlen des Martyriums aussandte, nahm ihn unter den Arm und ging davon. Im 28. Gesang der *Hölle* trifft Dante Bertram de Born: *Der abgeschlagne Kopf, am Haar gehalten, / pendelt ihm in der Hand wie die Laterne / und schaut uns an und sagt: »Weh mir, o weh!« / So leuchtet er mit sich sich selbst voran.* Giraffe

GLAUBE UND WISSENSCHAFT. Um einen Freund zu bitten, ihm die Werke des Heiligen Augustinus zu leihen, sandte Petrarca ihm ein Sonett, in dem es heißt:

da ich das eine mit dem andren Wahren paare ...,

und das spielt wahrscheinlich auf die christliche Wahrheit an, die mit der von den heidnischen Philosophen und besonders von Platon gelehrten versöhnt werden soll. Um das Jahr 1908 diskutierte eine Zeitschrift »freier Studien« namens *Coenobium,* die in Lugano erschien, die These, *ob man den Glauben mit dem wissenschaftlichen Denken vereinbaren kann.* Immer haben die Menschen versucht, das, was man als Glauben besitzt, mit dem, was man durch forschendes Experiment erfährt, das heißt das Unvereinbare, zu vereinbaren. Ein schwerer Irrtum. Glaube und wissenschaftliche Forschung sind zwei eigene Werte des geistigen Erbes der Menschheit. Man sollte jedem seinen Wert ungeschmälert zubilligen und daran denken, daß die Welt reich ist, weil es viele Wahrheiten gibt.

GRAMMATIK. »Es ist bekannt, daß die Originalmanuskripte selbst der gelehrtesten Männer der besten Jahrhunderte und besonders die von Ariost und Tasso trotz ihrer vielen Korrekturen eine höchst verdrehte und unkorrekte Rechtschreibung haben, mit Fehlern, die heute nicht einmal der unerfahrenste Abschreiber oder Abc-Schütze begehen würde, wo ein und dasselbe Wort mal auf die eine, mal auf die andere Art geschrieben wird.« So schreibt Leopardi in einer Bemerkung am 21. März 1824, die ich auch an anderer Stelle in diesem Buch zitiere. Ist die Grammatik also so nötig, wie man behauptet? Ist es so nützlich, dem kindlichen Gehirn diese Summe von logisch-grammatikalischen Abstraktionen einzuhämmern? Die Grammatik ist ein Fakt *a posteriori,* und schon das diskreditiert sie. Das Griechische war zu seiner höchsten Vollkommenheit gelangt, bevor die Griechen auf den Gedanken kamen, die Regeln, die es beherrschten, zu untersuchen und zu einem Regelwerk zu vereinigen. Ein Pindar, ein Aischylos hatte nicht die geringste Ahnung davon, was ein Adverb ist oder eine Präposition, sie wußten auch nichts von den Regeln für den Gebrauch der Modi und der Zeiten, und doch sind sie hervorragende Schriftsteller. Sie wußten nichts von Grammatik, weil die Grammatik zu ihrer Zeit noch nicht existierte. Als Erfinder der Grammatik kann Protagoras von Abdera bezeichnet werden, der den Beinamen der Weise hatte und von Beruf Wanderlehrer, also Sophist, war. Er sammelte die Regeln der Sprache in einem Buch mit dem Titel *Korrektur des Sprechens* und vergnügte sich darin auch damit, nach Fehlern in den großen Dichtungen zu suchen. Zum Beispiel ist hier der Imperativ falsch gebraucht: »Sing mir, o Göttin, vom Zorn des Achill …«, weil der Dichter der Muse keinen Befehl gibt, sondern eine Bitte an sie richtet. Oder: das Wort ›Zorn‹ (μῆνις) ist weiblich, aber ein Wort mit der Bedeutung Zorn wäre besser männlich. Man sieht, Protagoras war ein Mann von Geist, und seine Anmerkungen nehmen Stendhal vorweg. Nur daß er unfreiwillig zum Geist und zum Stendhalismus gelangte.

Grammatik

Wie einer unserer Bühnenautoren, der eine Tragödie geschrieben hatte und sie in eine Farce umwandelte, weil alle im Theater darüber lachten. (→Klassiker)

Gross und klein. Mein Freund Cesare Zavattini hat eine Idee gehabt, die Harlekins würdig gewesen wäre: Da er sich keine Sammlung von großen Bildern zulegen konnte, hat er beschlossen, eine Sammlung von Kleinstbildern anzulegen, und er hat sich von allen unseren zeitgenössischen Malern jeweils ein Bildchen von zehn mal acht Zentimetern, einem halben Postkartenformat also, malen lassen; bei der Bestellung betonte er, er wolle keine Skizze, sondern ein »komplettes Bild«. Ich habe Zavattinis

Miniaturensammlung gesehen, und ich kann sagen, daß sie nicht nur ausgezeichnet ist, sondern daß neben diesen winzigen Bildchen die Bilder normaler Größe von denselben Malern an Kraft verlieren und blutarm werden, sie verlieren ihre Farbe und bleichen aus wie Wäsche, die mit zuviel Chlornatron gewaschen wurde. Ohne es zu wollen, hat Zavattini bewirkt, daß unsere zeitgenössischen Maler, auch die für solche Wunder weniger geeigneten, das Geheimnis der Griechen entdeckten, das darin besteht, das Große im Kleinen zu fassen. Das Große ist einfach zu machen und für Leute ohne Erfahrung, das Kleine ist schwer zu machen und nur den Könnern zugestanden. Das Bild, das ich male, sehe ich mir gern durch eine Linse für Kurzsichtige an, weil es mir dann klein und kostbar erscheint. Gegenüber diesen glänzenden und geistvollen malerischen Pygmäen (bewunderungswürdig in der Sammlung Zavattini ein winziges Selbstbildnis von Amerigo Bartoli) erscheinen die anderen Bilder wie dumme, blasse, schwache Riesen. (→Ordnung)

Händedruck. *Ut primum soceri data copia, dextera dextrae / Iungitur et fausto committitur omine sermo.* »Als Tereus, der Ehemann der Prognis, seinem Schwiegervater Pandion vorgestellt wird, vereinen sie ihre Hände und die Begegnung nimmt unter glücklichen Auspizien ihren Anfang.« Der Gruß durch das Vereinen der Hände, (den Händedruck) bedeutet nicht nur, daß wir uns dem, den wir grüßen, waffenlos nähern, sondern auch, daß wir ihm unsere Hände übergeben (der Händedruck war beidhändig, wie er noch heute als Zeichen von großer Zuneigung angewendet wird), und wir nehmen uns also nicht nur die Möglichkeit, ihn mit der Waffe zu verletzen, sondern wir können ihm auch keinen Faustschlag, nicht einmal einen *copaphus,* einen Klaps, versetzen. Wenn die Füße während des Händedrucks nicht frei wären, würde ihn die französische Wendung *pieds et mains liés* genau beschreiben. Ein

Beispiel für einen vollständigen und ›verratenen‹ Händedruck: Mailand, im Winter 1907. Ein Kastanienröster steht hinter seinem duftenden Öfchen in der Via Manzoni, Ecke Via Andegari. Jemand sagt zu ihm: »Gib mir die Hände.« Der Kastanienröster streckte beide Hände hin, der Junge drückt sie ihm mit großer Herzlichkeit und auf die ›antike‹ Art, also mit beiden Händen. Und während der erste Bursche die Hände des Kastanienrösters festhält, durchwühlt der andere seine Taschen und stiehlt ihm seine gesamte Tageseinnahme. Das ist der ›wahre‹ Sinn des Händedrucks: volles Vertrauen zu dem haben, den man grüßt. *Händedruck*

HANNIBAL. Alle bewundern Hannibal als Heerführer, niemand bewundert ihn als denjenigen, der auf den Gedanken kam, den Krieg mit der Industrie und dem Besitz von Rohstoffen zu verbinden. Bevor er zur Eroberung

Italiens in den Zweiten Punischen Krieg aufbrach, heiratete Hannibal die Tochter eines der größten Bergwerksbesitzer von Tharsis (Andalusien, am Guadalquivir), nicht weil sie ihm als Frau gefiel, sondern um Herr jenes zinn- und silberreichen Erzbergbaubeckens zu werden.

HEIDE. *Paganus* bezeichnet alles, was zum Dorf gehört und ländlich und bäuerlich ist. *Paganus* bedeutet Landmann, Bauer, Bewohner des *pagus,* des Dorfes. In einem bestimmten Augenblick der Geschichte des Christentums, nämlich als das Christentum Rom erobert hatte, *die* Stadt par excellence, und die Religion Konstantins wurde, die ›urbane‹ und ›imperiale‹ Religion, wurden diejenigen, die noch nicht zum neuen Glauben bekehrt waren, als grobschlächtig, ländlich betrachtet: *paganus.* Aber diese wörtliche Bedeutung veränderte sich bald. Man sagte *paganus* und meinte damit ›nicht christlich‹, und allmählich ging die erste Bedeutung, die des bäuerlichen Menschen, verloren. Und das ist richtig. Zur Eigenschaft des Heiden gehört die Eigenschaft des gebildeten, erleuchteten Menschen mit erlesenen Umgangsformen, dessen, der nicht an den Gott der Christen glaubt, nicht an die Unsterblichkeit der Seele, sondern der an die falschen Götter glaubt oder besser: an gar keinen Gott, und der sich daher in der stolzen Lage befindet, von keinem übermenschlichen Wesen etwas zu erbitten oder zu erhoffen. Und trotz der Verachtung, die die Christen dieser Eigenschaft bezeigen, wird ›Heide‹ zum Synonym für einen Menschen, der sich selbst genügt, also für einen starken und einsamen Menschen, für den »von sich erfüllten« Menschen. Sagen wir die Wahrheit: Die Christen betrachteten den Heiden als denjenigen, »den es nicht geben durfte«, aber insgeheim schauten sie ihm mit Bewunderung nach, wie die Klosterschüler, die Internatszöglinge, die Gefangenen aus den Fenstern des Klosters, des Internats, des Gefängnisses dem freien und einsamen Menschen nachschauen, der keine Begleitung und keine Hilfe braucht und frei über die Straßen der Welt davongeht.

HERMOKRATES. Geizig. Setzte sich in seinem Testament selbst als Erben ein (Epigramm der Anthologie). Nun gut. Wer aber seine Frau und seine Kinder zu seinen Erben bestimmt, ist kaum weniger geizig als Hermokrates. Etwas weniger geizig ist derjenige, der seine Cousins, einen entfernt verwandten Onkel, einen Vetter dritten Grades, einen Freund, einen Bekannten, einen Unbekannten zum Erben einsetzt. Bis man schließlich zu dem gelangt, der seinen schlimmsten Feind als Erben einsetzt. Und nur er ist *nicht geizig*. Auch was die Beurteilung des Geizigen betrifft, ist eine Revision nötig. Der Geiz ist eine Tugend, und selten gelingt es jemandem, geizig zu werden. (Hier ist nicht die Rede von den von Natur aus Geizigen.) Der Geizige ist stark, im Gegensatz zum Verschwender, der ein Schwächling ist. Dafür spricht auch, daß es wenig Geizige und sehr viele Verschwender gibt. Ganz zu schweigen davon, daß den Geizigen ein aristokratisches Prinzip leitet (erhalten heißt, den Dingen Wert verleihen), während der Verschwender von einer plebejischen Seele beherrscht wird. Auch die Völker kann man in geizige und verschwenderische aufteilen, und die ersteren sind den letzteren überlegen.

HIN UUN SURUCK. Das Teatro delle Arti in Rom hat eine kleine Oper von Paul Hindemith aufgeführt: *Hin und zurück*. Es handelt sich um ein nicht sehr bedeutendes Werkchen, das aber den Vorzug der Kürze hat: es dauert zehn Minuten. In so kurzer Zeit stellt und löst Paul Hindemith ein Problem, an dem der Geist der Philosophen sich jahrhundertelang vergebens abgemüht hat, nämlich die Umkehrbarkeit der Zeit. Ein Mann feiert den

Geburtstag seiner Frau, aber beim Eintreffen eines Briefes wird er eifersüchtig und tötet sie. Hier bricht die Handlung ab, um sich bis zum Anfang zurückzuspulen. Zusammen mit der Handlung spult sich auch die Musik zurück, und das hatte mich neugierig gemacht. Ich erhoffte mir eines jener spielerischen Exerzitien, an denen sich einige Polyphoniker ergötzt haben, auch Bach in der *Kunst der Fuge* und Haydn in einem Menuett, wenn ich mich recht erinnere, und die in anderer Form auch Francesco Petrarca gefielen, denn auch im Ernstesten schlummert ein Löser von Kreuzworträtseln. Hindemith kehrt seine Musik jedoch nicht Note für Note um, sondern in Gruppen zu vier Takten, was seinem musikalischen Spaß jeden ›anatomischen‹ Geschmack nimmt. Davon abgesehen, hat *Hin und zurück* den mechanischen, hölzernen und marionettenhaften Charakter, halb makaber, halb Karikatur, ohne den man in einer bestimmten Epoche unseres Jahrhunderts (*Hin und zurück* stammt aus dem Jahr 1928) keine ›intelligente‹ Kunst machen zu können oder machen zu *dürfen* vermeinte. Man müßte die ›psychischen‹ Gründe suchen, die den Künstler veranlassen, den Menschen einmal so und dann wieder so, immer jedoch in unnatürlicher und übertriebener Form darzustellen: einmal als Kasperlepuppe (›Nachkrieg‹ zwischen 1920 und 1930, damals zeigte sich am deutlichsten der Wille, den Menschen zu erniedrigen), einmal als Gespenst (deutsche Romantik), dann wieder als Heros (Michelangelotum, Wagnertum, De-Carolistum) usw. Auf diese Weise könnte man ein technisches Handbuch der ›künstlerischen‹ Darstellung des Menschen verfassen (was tun die Kritiker?), das darüber hinaus lehren würde, daß der Mensch nie dargestellt werden soll, wie er gemeinhin in Wirklich ist, weil man so (De Amicis, Giacosa u. a.) ein längst bekanntes und also nutzloses Bild von ihm gibt, etwas ›Nicht-Erschaffenes‹; wenn wir von der Voraussetzung ausgehen, daß die einzig gültige Seite der künstlerischen Darstellung die vom Künstler ›erschaffene‹ Seite

Hin Uun Suruck

ist, eben diejenige, die der Durchschnittsmensch für willkürlich und gefälscht hält. *Hin und zurück* ist ein Begriff der Eisenbahn, er steht auf den Fahrkarten und bedeutet wörtlich »Hin- und Rückfahrt«. Wenn wir Italiener Arthur Schopenhauers Hauptwerk zitieren, dann sagen wir nicht *Die Welt als Wille und Vorstellung,* sondern *Il mondo come volontà e rappresentazione*; und wenn wir die Musik bezeichnen wollen, die Siegfrieds Begräbnis begleitet, sagen wir auch nicht *Trauermarsch aus der Götterdämmerung,* sondern *Marcia funebre del Crepuscolo degli dei.* Man begreift daher nicht, warum die römischen Zeitungen dieses Operchen von Paul Hindemith mit seinem Originaltitel ankündigen wollten. Vielleicht aus denselben Gründen, die unsere Damen veranlassen, *renard* zu nennen, was bei uns »Fuchs« heißt; was den Visconte La Nuance* veranlaßte zu behaupten, *nuance* enthalte eine Bedeutung von Abtönung, die das Wort »Abtönung« nicht wiedergeben könne. Die Zeitungen kündigten also wiederholt *Hin und zurück* von Paul Hindemith an, aber jedesmal anders und jedesmal anders falsch. Einmal schrieben sie *Hin Uun Suruck,* ein andermal *Hi ünd Zurk,* und jedesmal entstanden in mir seltsame und unverständliche Bilder. Eine Mauer aus Dunkelheit erhob sich vor mir, und eine große Traurigkeit breitete sich in meiner Seele aus, gleichsam als hätte ein Tintenfisch seine Tinte in meinen Kopf gegossen, weil die Dunkelheit – ich meine die Dunkelheit im übertragenen Sinn, als Nicht-Bewußtsein – mich traurig macht wie eine Gefängnismauer. Vor einigen Tagen sagte mein Freund Valentino Bompiani zu mir: »Warum soll ich Goethes *Faust* nicht in der Originalsprache genießen dürfen?« Diesen Wunsch müßte man ausdehnen auf die *Luisaden* von Camões, auf den *Eugen Onegin* von Puschkin, auf die Lyrik von Solomòs usw. Aber wie soll man ihn befriedigen? Gestern erzählte mir jemand von einem Mann, der elf Sprachen spricht, als wäre er ein Ungeheuer; da in Europa

* Gestalt aus *Idioma gentile* von Edmondo de Amicis.

aber mehr als elf und nicht weniger als zwanzig Sprachen gesprochen werden, müßten sich die Europäer, die keinem *Hin Uun Suruck* oder *Hi ünd Zurk* begegnen wollen, allesamt in Superungeheuer verwandeln. Ist das möglich? Ich meine: Ist eine Ansammlung von 500 Millionen Polyglotten möglich? Wenn wir heute den *Peloponnesischen Krieg* lesen (übrigens kann man zur Zeit eine perfekte italienische Übertragung von Pietro Sgroi, herausgegeben vom Institut für Studien Internationaler Politik, im Buchhandel bekommen, und ich kann sagen, daß das Original in dieser Übertragung keinen seiner vielen Vorzüge einbüßt), wenn wir also heute den *Peloponnesischen Krieg* lesen, sind wir überrascht von der Analogie zwischen den Kriegen, die Thukydides beschreibt, und den Kriegen, die in unserer Zeit geführt werden, nur mit dem Unterschied, daß heute die Kontinente die Antagonisten sind, während es damals Athen und Sparta waren. Es ist so, als sähe man das Modell einer Stadt, das ein Architekt angefertigt hat. Früher befanden sich die Gegner in derselben Stadt, und die Häuser der Strozzi oder der Albizzi in Florenz waren gleichzeitig Wohnhäuser und Festungen. Als sich die Reichweite der Waffen vergrößerte, mußten die Gegner den Abstand zwischen sich vergrößern, und aus Gegnern innerhalb derselben Stadt wurden Gegner in verschiedenen Städten, und Florenz kämpfte gegen Pisa, und Lucca gegen Siena. Dabei gibt es eine Analogie zwischen dem Krieg und der Musik: Ihre Entwicklung wird vom ›technischen‹ Fortschritt der Instrumente bestimmt. Der Unterschied zwischen Strawinsky und Frescobaldi beruht zum großen Teil auf den verschiedenen instrumentalen Möglichkeiten, und da die Kriegsorchestrierung die uns bekannte Entwicklung genommen hat, wird es schwerlich neue Kriege in Europa geben, weil, wenn man sich nicht gegenseitig umbringen will wie Hunde, keine Duelle von Mann zu Mann mehr gestattet sind. Der Mensch, und besonders der lateinischen und katholischen Geistes, zweifelt, daß die Vereinigung von Menschen durch ›ideelle‹ Gründe stattfinden kann, ja, diese Idee ist ihm sogar zuwider; aber daß sich die Vereinigung in der nahen Zukunft als Auswirkung des praktischeren und materielleren »Nein« abzeichnet, wird den Zweifel zerstreuen, wird die Augen öffnen und sie erleuchten… Und die Sprache dieses Europas ohne Kriege? Die Sprache dieser Europa-Nation? Werden die Angehörigen derselben Nation aufeinander zugehen müssen wie Blinde und wie Stumme? Diejenigen, die nicht Russisch sprechen, nennen die Russen »stumm« und »Menschen ohne Sprache«. Hier erhebt sich ein neuer Zweifel, entsteht ein neuer Widerwille: sie werden besonders in unseren Breiten durch alle Formen von »Modernismus« und »Fortschrittsglauben« geweckt. Aber genügt dieser »Instinkt der Verteidigung«, um die Notwendigkeit einer ›europäischen‹ Sprache – dieses neue ›Problem‹ – zu unterdrücken? Ich spreche hier nicht als Esperantist, sondern als Schriftsteller. Die Sprache ist ein Instrument, um Gedanken zu verbreiten. Aber die Sprache sucht nach Kraft, Wirksamkeit, Ausdruck, Schönheit. Und die Sprache wird rar und zurückgezogen: schöner, und für wenige. Und so verzichtet sie auf ihre Funktionen, auf ihren Zweck; sie verzichtet um so mehr, je mehr sie sich in ihre »Personengebundenheit« zurückzieht, in ihre ›Eifersucht‹, in ihre ›Aromen‹, in ihre Preziosität. Man sagt, man müsse die Sprache mit der Muttermilch einsaugen, so als wäre zur Verbreitung von Ideen nicht jede Art von Sprache gut. Ich weiß nicht, welche Sprache die Europäer sprechen werden; die Angehörigen der ›Nation‹ Europa; ich mache keine Voraussagen. Aber um die Arbeit zu erleichtern, fordere ich schon jetzt dazu auf, all jene ›Gefühle‹, jene ›Vorurteile‹ aufzugeben, die Hindernisse einer Sprache, all das, was als Vorzug einer Sprache gerühmt wird. Ich fordere dazu auf, die Sprache zu lösen, aufzuknöpfen, aufzuknüpfen, sie von ihrem »Regionalismus« zu befreien, damit sie frei, fließend, farblos, geschmacklos als solche verschwinde und den

›Ideen‹ freien Durchlaß gewähre. Eines Tages wird als Barbarei erscheinen, was heute als Schönheit der Sprache gilt. Aber zum Ausgleich wird es zwischen den Menschen vielleicht nicht mehr die Finsternis eines *Hin Uun Suruck* geben.

HITLER. Im September 1943 war ich in der Versilia. Deutsche Wagenkolonnen unter Tarnzweigen, beladen mit Soldaten, die als Kröten verkleidet waren, besetzten systematisch diese ›italienischsten‹ unserer Städte, zogen wie riesige eiserne Raupen über diesen menschlichsten unserer Landstriche. Am Mittag des 11. September überquerte ich die Piazza Vittoria Apuana in Forte dei Marmi. Um mich zu erfrischen, bleibe ich an einem Stand stehen, an dem eine Frau kühle Getränke und Wassermelonenschnitze verkauft. Ein junger Mann kommt auf dem Fahrrad heran und sagt zu der Frau: »Haben Sie gehört? Es heißt, Hitler sei tot.« Die Getränkespenderin mischt weiter ihren Himbeersirup mit zerstoßenem Eis und zeigt weder Überraschung noch andere Gefühle. Der junge Mann mit dem Fahrrad ist ein wenig »enttäuscht«, wiederholt zwei- oder dreimal seine Meldung, die leider falsch ist, und schließlich, angesichts der unbeirrbaren Gleichgültigkeit dieser Frau, schauen er und ich uns wie Komplizen an, um uns die außergewöhnliche Entdeckung mitzuteilen, daß diese Frau *nicht weiß, wer Hitler ist.* Im Jahre 1936, anläßlich einer Luchsjagd, die der Präsident der Polnischen Republik zu Ehren von Hermann Göring am Rand der Sümpfe von Pinsk veranstaltete, entdeckte man, daß die Bewohner dieser abgelegenen Gegend keine Ahnung davon hatten, daß jemals in ihrer Nähe ein Krieg stattgefunden hatte, den wir sogar den Großen Krieg nennen. Vor Jahren zeigte man mir in den Elendsvierteln von Neapel eine alte Frau, die in ihrem ganzen Leben weder einen Brief noch eine Postkarte bekommen hatte. Aber die Getränkeverkäuferin auf der Piazza Vittoria Apuana war weder alt, noch stammte sie aus den Sümpfen von Pinsk, im Gegenteil: sie war jung, von lebhaftem Wesen und lebte in einer der kultiviertesten und geistig wachesten Gegenden Italiens. Schlußfolgerung? Mir kam der Gedanke, sie ignoriere die Existenz Hitlers aus *hygienischen Gründen,* und die Nützlichkeit dieses Gedankens half mir, über seine Absurdität hinwegzukommen. Ich erinnerte mich, daß ich selbst, viele Jahre zuvor, die Gründung einer Liga vorgeschlagen hatte, deren Mitglieder sich verpflichten sollten, Mussolini zu ignorieren und niemals seinen Namen auszusprechen. Wenn mehr Menschen den Willen, die Ausdauer und vor allem das ›hygienische Bedürfnis‹ hätten, die Grundsätze einer ähnlichen Liga zu befolgen, wäre der Aufstieg von Männern wie Mussolini und Hitler ebenso unmöglich wie der eines Ballons in einem luftleeren Raum. Aus welchem Grund ist eine »generelle« Durchsetzung solcher Vereinbarungen nicht möglich? Weil Männer wie Hitler und Mussolini die Gedanken, die Wünsche, die Ambitionen der Mehrheit der Menschen repräsentieren, sie ausdrücken, realisieren: ihre Ideen von militärischem Ruhm, ihre Vorherrschaftsträume, Eroberungsgelüste. Warum überrascht oder schmerzlich berührt sein von den Ergebnissen, die die Macht eines Mussolini oder eines Hitler zeitigt, wenn die Menschen, *alle Menschen,* zu eben diesen Ideen von ›Größe‹ erzogen werden, deren natürlicher und genauer Ausdruck Hitler und Mussolini sind? Auch hier gibt es jedoch zum Glück ein paar Ausnahmen. Ich habe von meiner frühesten Kindheit bis heute, da ich mehr als ein halbes Jahrhundert alt bin, stets totale Gleichgültigkeit und tiefe Verachtung für die Eigenschaften empfunden, die die ›Größe‹ und den ›Ruhm‹ von Männern wie Alexander, Cäsar, Napoleon, Hitler, Mussolini ausmachen. Der Irrtum ist der, daß man bei diesen ›Typen‹ einen Unterschied macht zwischen denen, die Erfolg haben, und denen, die scheitern. Es handelt sich nicht darum, gegen Mussolini und gegen Hitler zu sein, wenn Mussolini und Hitler in die Abstiegsphase geraten sind und nicht mehr das leisten, was die anderen »von ihnen erwarteten«. Es geht vielmehr darum, die Meinung umzustürzen, die diese Typen *trägt;* es geht darum, die Ideen abzuschaffen, die Leute wie Hitler und Mussolini nicht nur ermöglichten, sondern *heiß ersehnen ließen.* Es geht, kurz gesagt, um eine radikale Wandlung des Begriffs der Größe. Und dafür sieht man kein Anzeichen, nicht einmal mitten in all dem Unglück, in das uns die ›Größe‹ dieser Leute gestürzt hat. Dagegen besteht die Gefahr, daß zur Beseitigung der von Hitler und Mussolini verursachten Schäden neue Hitler und neue Mussolinis geschaffen werden. Aber wer bemerkt schon diese Gefahr? (→Fass-Menschen)

Homer. Die Sage stellt Homer blind dar, denn nach der Überlieferung ist der epische Sänger ein Blinder, dem die Muse, als sie ihm den Gesang verlieh, das Augenlicht nahm. Ist nicht zumindest die Analogie interessant zwischen dem blinden Sänger und dem in Spanien und besonders auf den Kanarischen Inseln noch immer geübten Brauch, die Kanarienvögel zu blenden, damit sie besser singen? Von Finsternis umgeben und durch nichts mehr abgelenkt, konzentrieren sich Dichter und Kanarienvögel wieder ganz auf ihre einsame Sängerseele. Auch der blinde Sänger gehört also in die Kategorie »praktischer Grausamkeiten«, zusammen mit dem Brauch, die Gänse an den Flügeln festzunageln, oder dem noch schlimmeren normannischen Brauch, sie einzugraben und nur den Kopf freizulassen, damit die von der Mißhandlung geschwollene Leber der armen Tiere genug Stoff für die Gänseleberpastete liefert.

Hundeliebe. Die den Hunden von Konstantinopel zuteil gewordene Behandlung deutet auf eine geringe Liebe der Türken zu dem Tier hin, das man den ›Freund des Menschen‹ nennt. Und das ist verständlich. Inexistent im Süden, entsteht und wächst die Liebe zum Hund, je weiter man nach Norden kommt. Auf die ›klimatische‹ Wandlung dieses Gefühls hat die Verschiedenheit der religiösen Überzeugungen einen großen Einfluß. *Hundeliebe*

Auch Schopenhauer, ein Mensch des Nordens, liebte die Hunde. Vor dem Fenster seines Arbeitszimmers zeigte ein Bärenfell auf dem Fußboden den Platz an, wo sich derjenige aufhielt, den sein Herr »seinen besten Freund« nannte. Es war ein wunderschöner weißer Pudel, dem Schopenhauer als Verehrer der indischen Philosophie den Namen Atma, »Seele der Welt«, gegeben hatte. Aber eines Tages im Jahre 1849 starb Atma, und am selben Tag ging Schopenhauer in ein Frankfurter Hundeasyl, fand einen wunderschönen weißen Pudel, dem er den Namen Atma, »Seele der Welt«, gab, hieß ihn sich auf dem Bärenfell am Fenster seines Studierzimmers niederlegen und begab sich an die Niederschrift von *Die Welt als Wille und Vorstellung*. Im Grunde war Schopenhauers Hundeliebe ein einfaches Bedürfnis nach tierischer Wärme. Aber auch die Ehe, die von anderen als »eine lange Konversation« definiert wird, ist für viele Menschen nichts weiter als ein Bedürfnis nach animalischer Wärme. Poetischer drückte Nietzsche dasselbe Bedürfnis in einem Vers aus: »Gebt heiße Hände, gebt Herzens-Kohlenbecken.«

IMPRESSIONISTEN Seit langem arbeiten die Maler nicht mehr allein, sondern zu zweit: der Maler und der Zufall. Manchmal schläft der Maler vor der Staffelei ein, und wenn er wieder aufwacht, ist das Bild fertig: der Zufall hat gearbeitet. Ich spreche nicht von den unbedeutenden Malern. Der erste, der den Zufall aufgefordert hat, sich vor die Staffelei zu setzen und mitzuarbeiten, ist Leonardo gewesen. Sie erinnern sich doch seiner bösartigen Ratschläge, vorbeiziehende Wolken und Flecken auf der Wand zu benutzen? Wo ist der Zufall übrigens größer als beim Helldunkel? Und wieviel Zufälle soll es verbergen?

INTELLIGENZ. Die vollkommene, ausgeglichene, fruchtbare Intelligenz ist so selten; die Anstrengungen, die der Mensch unternimmt, um die Stufen der Intelligenz zu erklimmen, sind so schmerzhaft, so verzweifelt; die Schäden, die aus einer unvollkommenen Intelligenz erwachsen, sind so viel größer als die, die aus einer klaren und friedfertigen Dummheit herrühren, daß einem allmählich ernste Zweifel kommen hinsichtlich des tatsächlichen Wertes, der Nützlichkeit dieser so gepriesenen, so ersehnten Intelligenz. Sind nicht eben der Eifer und der Ehrgeiz, mit denen der Mensch nach der Intelligenz strebt, der überzeugendste Beweis, daß sie etwas Unnatürliches, Unmenschliches ist? Der Mensch ersehnt am meisten das, was er nicht besitzt; das, was er nicht besitzen kann und soll. Und ist von allem, was der Mensch begehrt, Liebe, Gesundheit, Reichtum, Ehren, nicht die Intelligenz sein Hauptwunsch, die große Begehrte? Die Dummheit wiederum, dieses Aschenputtel, die arme, bescheidene, verachtete, geschmähte, die liebe Dummheit ist im Grunde diejenige, der sich die wahre, spontane, dauerhafte Liebe des Menschen zuwendet. Wenn es gestattet ist, als Beispiel die gespaltene Liebe jener unersättlichen Dummköpfe heranzuziehen, die, obwohl verheiratet, sich den Luxus leisten, auch eine Geliebte zu haben, können wir sagen, daß der Mensch auch in der Metaphysik seine Zuneigung teilt zwischen der Intelligenz (der Geliebten) und der Dummheit (der Ehefrau), vielmehr seiner ›besseren Hälfte‹, denn selten trifft eine Wortbedeutung so genau den Sinn. Über alle Enttäuschungen, die die Intelligenz bereitet, ihren Eigensinn, ihre Bosheiten, ihren Verrat, die Ausgaben (denn sie ist teuer, diese Luxusgeliebte), tröstet sie uns, die gute, die großherzige Dummheit. Sie ist die Geduldige, die Getreue, die uns nach allen Verfehlungen und Irrungen einer langen Jugend am häuslichen Herd erwartet, um mit uns in einer sanften Idylle den Frieden unserer alten Tage zu teilen. (→DUMMHEIT) *Intelligenz*

IRRTUM. Eine Wochenschrift hatte in einer ihrer letzten Nummern eine Zeichnung veröffentlicht, unter der als Erklärung stand: »Disegno a contorno«, Umrißzeichnung. Diese Erklärung machte mich neugierig und veranlaßte mich zu Überlegungen über eine neue, mir unbekannte Art zu zeichnen, bei der nur die Umrisse der Gegenstände festgehalten werden. Aber die veröffentlichte Abbildung entsprach der Erklärung nicht: es war eine bis ins letzte, mit allen Lichtern und Schatten ausgeführte Zeichnung. Was nun? Ich kenne den Direktor der Zeitschrift. Also fragte ich ihn, was »Umrißzeichnung« bedeute. Er wußte es auch nicht und ließ das Photo suchen, das als Vorlage gedient hatte. Als es gefunden war, lasen wir auf der Rückseite: »Disegno a carbone«, Kohlezeichnung. Meine Phantastereien über die neue, mir unbekannte Methode der »Umrißzeichnung« fielen schlagartig in sich zusammen. Der Direktor der Zeitschrift ließ die für diesen Fehler Verantwortliche rufen und rügte sie in meiner Gegenwart auf das schärfste. Es tat mir leid, der Abkanzelung der Typografin beizuwohnen (sie war bleich und dazu schön und jung wie Hebe), die ich meinerseits ausgezeichnet hätte. Einige Irrtümer sind mehr als glücklich, sie sind von der Vorsehung gewollt, und zu ihnen gehört die »Umrißzeichnung«.

JEANNE D'ARC. Es ist nicht leicht, von Jeanne d'Arc als einer historischen Gestalt zu sprechen. Als historische Gestalt hat Jeanne nur zweitrangige Dichter und Künstler inspiriert. Aus Erfahrung pflegen wir einer solchen Tatsache Wichtigkeit beizumessen. Als poetische Gestalt erscheint mir Jeanne als ein Sujet ›fürs Verlustkonto‹. Welche Realität hat diese Heldin? Es ist schon wahr, eine Heldin ist sie, aber eine französische, wie auch *Vercingetorix* ein französischer Held war. Ich gestehe, daß auch der ›praktische Zweck‹ dieser beiden Krieger mir vollkommen unklar ist. Vergebens suche ich nach Resultaten, Wirkungen ihrer Aktionen als Heerführer. Der Krieg ist für uns unbelehrbare Römer nur mit dem Sprichwort vom Zweck, der die Mittel heiligt, zu erklären. Was das ›Historische‹ von Jeanne betrifft, genügt es, sich auf die *Kriegskunst,* Buch IV von Machiavelli zu besinnen, der nur ein Jahrhundert nach ihr lebte: »Zu Zeiten unserer Väter behauptete König Karl VII. von Frankreich, er berate sich in seinem Krieg gegen die Engländer mit einem von Gott gesandten Mädchen, das sich überdies die Jungfrau Frankreichs nannte.« Die Antonomasie ist einleuchtend: Jeanne kannte in ihrer kurzen Existenz keine andere Lebensform als die der strengsten Jungfräulichkeit. Damit fehlte ihr die Ausdrucksmöglichkeit, die die natürlichste für die Frau ist. Diesen Mangel glich Jeanne durch eine andere Art, sich auszudrücken, aus, die sich aus der hysterischen Pathologie herleitet: Sie hörte Stimmen, die vom Himmel zu ihr sprachen. Aber diese Stimmen hörte Jeanne auch, als der Inquisitor *maître* Loiseleur, hinter einem Vorhang verborgen, die Stimmen des Erzengels Michael und der Heiligen Katharina nachahmte – mit wieviel Anmut, wollen wir nicht erwähnen. Wahrscheinlich hat Jeanne nie bemerkt, daß sie eine Frau war, sie begriff keine andere Existenzform als die eines Empfängers der Gottheit. Auf dem Glacis des belagerten Orléans benutzte Hauptmann La Hire für die Jungfrau das Wort, das die Franzosen *p...* schreiben und das wir mit dem Namen der Stadt des Priamus ausdrücken. Die Beschimpfung war für Jeanne eine Enthüllung. Die Enthüllung ihrer Erbsünde. Die Enthüllung eines unabwendbaren Zustands. Es versteht sich von selbst, daß Jeannes Glücksstern von diesem Tag an zu sinken begann. Was ihr Ende betrifft, so ist es bekannt.

Jeanne d'Arc hat gewiß nicht vorausgesehen, daß sie eines Tages heiliggesprochen werden würde. Sie hat nicht vorausgesehen, daß ihre Standarte unter pompösen und tönenden Zeremonien, mit Trinksprüchen und Applaus zwischen Engländern und Franzosen von Hand zu Hand gehen würde. Aber diese Erfolge, von denen wir nicht wissen, ob sie Jeanne gefreut hätten, sind leichte Erfolge, die besonders denen zuteil werden, die wie sie über keine wirkliche historische Realität verfügen; denn Jeanne, und nun ist es angebracht, es auszusprechen, ist nicht so sehr eine historische Realität, sondern vielmehr eine Abstraktion, ein Ideal, ein Symbol, ein frommer Wunsch: Frankreichs frommer Wunsch. Sie ist die Personifizierung des ritterlichen, kriegerischen, großmütigen, jungfräulichen Frankreichs. Sie ist das Bild eines idealen Frankreichs, so wie es sein möchte und wie es leider – weil wir bekanntlich hienieden alle nur Menschen sind – nicht ist.

Mit vollem Bewußtsein haben wir unserer Zeichnung einen gewissen theatralischen Zug gegeben. Das Drama der Jeanne d'Arc, der Prozeß und die Hinrichtung haben etwas von der Tragik eines Jahrmarktsspektakels. Der Schatten des Kreuzes, Jeannes mystische Dominante, überragt die Gestalt der Angeklagten, deren Gesicht verschlossen und blicklos ist (der innere Blick scheint uns nicht für eine bildliche Wiedergabe geeignet). Unter dem Schafott schaut die Kapuze eines Mönches hervor, vielleicht eben jenes Loiseleur, der der naiven Erleuchteten ein X für ein U vormachte. Im Rechteck des offenen Fensters mit dem Himmel fliegt ein Vogel vorbei, ein Symbol der Freiheit, an der Jeanne nichts lag. Vielleicht Jeannes Seele, die vom Scheiterhaufen zum Himmel aufsteigt, wie sie die frommen Einwohner von Rouen sahen. In diesem Zusammenhang wollen wir daran erinnern, daß ein Soldat, der auf der Brücke von Königsberg Posten stand, die Seele von – jawohl, von Immanuel Kant ebenfalls in Gestalt einer Taube zum Himmel aufsteigen sah.

JOY UND TRISTEZZA. Stendhal, *Mémoires d'un touriste,* Band II, Seite 3: »Die Verherrlichung der Liebe, dieses heute (1838) so lächerliche Gefühl, das in den Dichtungen Petrarcas und Dantes alles beherrscht, war das Prinzip allen Rittertums: Die provenzalische Dichtung nannte es *joy.* Im spanischen Kodex wurde *joy* den Rittern als eine Pflicht auferlegt. So hieß das Schwert Karls des Großen *Joyeuse*, das heißt ›die von Liebe Begeisterte‹.« Noch heute ist im Italienischen *tristo* ein niedriger, prosaischer Mensch, der Feind aller Großmut ist, ein Mensch, den man meiden und beinahe aufhängen sollte. Das provenzalische Ritterleben hatte verschiedene, deutlich voneinander abgegrenzte Stufen festgelegt, die man nacheinander erreichen mußte. Zuerst war man *feignaire,* zögernd; dann *prégaire,* beschwörend; dann *entendaire,* zuhörend; schließlich *druz* Freund.

Im Italienischen bedeutet *drudo:* Liebhaber einer verheirateten Frau. *Drudo* bedeutet für uns ehrloser Liebhaber, früher aber bedeutete es treuer Freund (vom Deutschen *treu*), und so verwendet es Dante im XII. Gesang des *Paradieses,* als er vom Heiligen Dominikus aus dem edlen Hause Guzman spricht (Vers 55):

Dentro vi nacque l'amoroso drudo
Della fede cristiana, il santo atleta
Benigno a' suoi ed a' nemici crudo.

Auch Montaigne (*Essais,* »De La Tristesse«) lobt die Italiener, weil für sie *tristezza* Synonym für »Niedertracht« ist, und er sagt: »Mir geht diese Leidenschaft gänzlich ab, ich liebe sie weder, noch schätze ich sie, obwohl die Menschen die Traurigkeit ganz besonders ehren und die Weisheit, die Tugend, die Klugheit mit ihr schmücken: ein dummer, und häßlicher Zierat! Die Italiener waren klüger, sie haben die Niedertracht *tristizia* genannt, weil sie immer schädlich und unvernünftig ist; die Stoiker verbieten dem Weisen dieses Gefühl als gemein und niedrig.«

Diese Worte treffen haargenau auf jene besondere Form von Traurigkeit zu, die bei uns eine Kunstform geworden ist und die wir »Schmerzkult« nennen. Wir haben Schriftsteller des Schmerzkults (Pirandello), Maler (Casorati), Schauspielerinnen (Eleonora Duse). Der Schmerz wird für eleganter, edler, tiefer gehalten als die Freude. Zur Freude als ›Verherrlichung der Liebe‹ *(joy)* wäre hinzuzufügen, daß auch in der strahlendsten Verherrlichung der Liebe ein Schatten enthalten ist, der ihr Licht befleckt; weil die Liebe, die man für andere empfindet, niemals vollkommen rein ist in unserer Hingabe, auch wenn sie den erhabensten Beweggründen der Liebe entspringt; wir Ritter ohne Dame werden die *joy* der Liebe zu uns selbst vorbehalten, dem, was wir an Reinstem und Höchstem von uns selbst ausdrücken, unseren Werken: dem, was uns nicht aus fremden Quellen zuströmt, sondern aus unserer eigenen. Unsere Einsamkeit ist unser Adel. Unsere Einsamkeit ist unsere Lust: unsere *joy*. Das entspricht auch dem gängigen Bild vom Adel: Adlig sind die Wenigen, die Auserwählten; mit noch größerem Recht ist es also der Einsame. (→LIEBE, →SCHMERZKULT) *Joy und Tristezza*

JUGEND. Ein junger Mann schickt mir seine Rezension zu meinem Buch *Kindheit des Nivasio Dolcemare*, in der er neben einigem Lob, für das ich ihm dankbar bin, schreibt, daß »der erste Teil des Buches besser als der zweite« sei. Daran erkennt man den Jüngling im Unterschied zum reifen Mann. Der erste Teil meines Buches ist nicht »besser« als der zweite, sondern er ist schroffer, Licht und Schatten kontrastieren stärker, er ist dramatischer. (Ich benutze das Adjektiv ›dramatisch‹ nicht im üblichen und begrenzten, sondern in einem weiteren Sinn, der alles umfaßt, was eine dramatische Situation ausmacht, auch das plötzliche Auftauchen eines Hundes inmitten einer Gruppe spielender Kinder, auch ein jäher Blick in das Innerste einer Seele, auch der plötzliche Anblick des nackten Schädels einer alten adligen Dame, den wir *stets* von einer vollkommen echt aussehenden Perücke bedeckt gesehen hatten.) Der zweite Teil hingegen ist eben, mit einem gleichförmigen Licht, undramatisch. Aus Wahrheitsliebe sage ich also, daß nicht der erste Teil meines Buches besser als der zweite ist, sondern der zweite besser als der erste. Und so ist es richtig. Man geht auf das Drama zu und durchläuft es, um es zu überwinden und zu einem Stadium der Ruhe zu kommen, in dem keine Spur von einem Drama mehr ist, sondern nur noch die stillschweigende Erfahrung, die unaussprechliche Erquickung – zu einem Stadium, das der Preis für die durchgemachten und überstandenen Mühen ist, zum einzigen Kapitalismus, der Gültigkeit hat und von den göttlichen und menschlichen Gesetzen zugelassen ist. Genau dieses ›Fortschreiten‹ vom Drama zur Überwindung des Dramas und zur Erreichung der Glückseligkeit wiederholt sich auch im Leben von uns Künstlern; andernfalls ist unser Leben verfehlt, und wir sind falsche Künstler. Für den Künstler liegt das Paradies auf Erden, aber man muß es zu finden wissen. Die Jugend dagegen hat Vergnügen am höllischen Stadium. Sie will brennen und leiden, leiden und kämpfen: kämpfen *ohne Hoffnung* (die Hoffnung impliziert das Erreichen des Paradieses und ist also undramatisch). Und sie glaubt, das Leben bestehe nur aus Gipfeln und Abgründen, Schluchten und Tiefen; und sie weiß nicht, daß das Leben eines Tages für den, der es verdient hat, eine Ebene wird, von kleinen Hügeln sanft gewellt, unter einem weichen Herbsthimmel. Und nicht, weil die Kräfte nachlassen und die Reichtümer verloren sind, nicht aus Verzicht; sondern weil alles Schwierige sich gelöst hat und leicht ist, alle Tiefen an die Oberfläche gestiegen sind und sich ausgebreitet haben, alle Schatten sich im Licht aufgelöst haben, alles Böse sich in Gutes verwandelt hat. Sehen Sie sich die letzten Bilder von Renoir an, lesen Sie die letzten Verse des *Faust II:* Diese federleichten Pinselstriche, diese federleichten Worte sind das Resultat, der Abschluß, der höchste Preis für alle von ihren Schöpfern ertragenen Mühen, alle Kämpfe, alle Entdeckungen, alle niedergerissenen Hindernisse, alle erforschten Abgründe, alle erklommenen Gipfel, alle durchquerten Zweifel, alle Leiden, alle verscheuchten Schatten, all das Böse, das besiegt wurde.

KALAUER. Ich korrigiere die Fahnen der Lukian-Auswahl, die ich für Bompiani gemacht habe. In meiner Anmerkung zu *Eine wahre Geschichte* hatte ich geschrieben: »Der Homer der Legende ist blind, weil der Tradition zufolge die Muse dem Dichter den Gesang *(il canto)* gibt und ihm das Augenlicht nimmt.« Aber der Setzer hat statt *canto* (Gesang) *conto* (Rechnung) gesetzt.

Jeder Wortwitz ist eine Überraschung für mich. Hier handelt es sich dazu um den Witz einer Linotype und nicht eines Setzers, also einer Maschine und nicht eines Menschen, weil ich immer mehr zu der Überzeugung gelange, daß die Maschinen ebenso und noch mehr als die Menschen das Kalauern lieben. Ich selbst kalauere nicht (es ist etwas ›Peinliches‹ dabei, aber nicht weil ich mich schäme, lehne ich es ab, selbst zu kalauern, denn wie ich schon mehrfach gesagt habe, erkenne ich wie die Griechen im Kalauer die Stimme der Götter), sondern meine Schreibmaschine kalauert; und während ich die Finger auf die Tasten schlage und mich für den Herrn und Meister dessen halte, was ich schreibe, überrascht mich die Listige ab und zu – mit einer Häufigkeit, die mich langsam besorgt macht – mit einem Kalauer. Woraus man auch eine kleine moralische Lehre ziehen und sich an die einzige dieses Namens würdige Wahrheit erinnern kann, daß nämlich alles hienieden wandelbar und schnellen, unerwarteten Veränderungen unterworfen ist. Wir glauben, einen Gedanken, eine Idee, einen Sinn erfaßt zu haben, und die willkürliche Veränderung eines Buchstabens bringt nicht

Jugend nur einen orthographischen Fehler in diesen Gedanken, diese Idee, diesen Sinn, sondern zerstört sie und erschafft etwas ganz anderes. In dem obenerwähnten Fehler ist die Veränderung wirklich beeindruckend, weil die Verwandlung von *a* in *o* nicht nur eine andere Bedeutung herstellt, sondern auch von einer scharfen Logik herrührt und neue und sehr akzeptable Gedanken suggeriert, wie den, daß der Dichter, um zu singen, sich bei der Muse mit Gesang versorgen muß, wonach dem Dichter die »Rechnung« vorgelegt wird, wie von einem Wirt, in dessen Trattoria wir gegessen haben. Die Surrealisten benutzen die automatische Schreibweise, aber es wäre auch gut, die Wörter zu registrieren und zu sammeln, die die Schreibmaschinen und die Linotype ›spontan‹ schreiben. In der automatischen Schreibweise bleibt gewiß ein Rest von Willen, auch wenn das Bewußtsein noch so gelöst ist; eine ähnliche ›Unreinheit‹ kann in der spontanen Schreibweise einer Maschine nicht vorkommen. Außerdem kann man die maschinistische Schreibweise auch durch einen Willen der Maschine erklären; und dieser dunkle, unbekannte Wille der Maschinen läßt uns im Tiefsten an ein Land Jerewan denken. (→Achilles)

Kallifonia. Ich übersetze aus dem Vorwort (S. XXVI und XXVII) des I. Bandes der *Odyssee* (»Homerische Poesie«) von Victor Bérard (Société d'édition Les Belles Lettres): »Die Alten haben die grundlegenden Eigenschaften deutlich definiert, die Geschmack, Vergnügen und Bequemlichkeit der ersten Zuhörer vom Epos forderten, jener Zuhörer, deren Versammlungen nach Aussage der antiken Kommentatoren den wirklich homerischen Stil formten. Die erste Eigenschaft ist die musikalische Anpassung der Sprache an die Erfordernisse der Rezitation und an den Genuß des Hörens, die *eufonia*, die *kallifonia*, das »schöne Sprechen«, die Harmonie der Buchstaben und der Klänge, der sich die Regelgemäßheit und die Korrekt-

heit – zwar nicht die tatsächliche, aber die scheinbare – unterordnen. Die zweite ist eine stete Klarheit, *safèneia,* selten blendend, noch seltener gedämpft, ein großes, lebendiges Licht, das alle Teile des Werkes berührt. Schließlich kommt die Gruppe der »urbanen«, »zivilen« Eigenschaften, die *asteiòtes,* der Geschmack, die Eleganz, die Feinheit, die Bewegung und Vielfalt, das städtische Lächeln – im Gegensatz zu der Schwerfälligkeit, Grobheit, Derbheit, Lächerlichkeit und Monotonie des Landes, des Bäuerlichen der *agroikìa.* Denn die Alten haben niemals in diesem Dichter die Naivität und Einfachheit des Wortes, die hier gebundene, hier freie Energie des Tones, die Gewalt des Wortes und die Seelenanstrengung gesehen, die wir seit einem Jahrhundert nach dem Willen der Homerforscher in seiner Dichtung bewundern sollen.«

Die Mythen werden nicht als solche geboren, sondern wir selbst erschaffen sie allmählich. Beachtenswert ist, daß in der Sprache Homers *mythos* ganz einfach *Wort* bedeutet.

 Die Helden Homers sprechen wie ihr und wie ich, nur daß sie Mythen benutzen wie wir Worte. Der Irrtum liegt bei dem, der liest und die Synonymik von Mythos und Wort nicht erkennt. Das »Mythische« Homers ist eine Illusion, die entstanden ist aus der Unkenntnis der wahren Bedeutungen jener Sprache. Man gebe dem homerischen Wort seinen ursprünglichen Sinn zurück: das »Mythische«, das dann übrigbleibt, ist nur das ›übliche‹ Mythische, das in den Worten aller Dichter, auch den unseren, enthalten ist. Es ist interessant, das ›Degenerieren‹ einiger Wörter zu verfolgen, was nicht zufällig geschieht, sondern immer einen Grund hat. Wörter, die ihre Bedeutung vervollkommnen, trennen das Unnütze ab, senden einen Zweig aus zu einer zweiten, einer dritten, vielleicht auch zu einer vierten Bedeutung, die zuerst kaum und wie von ferne und indirekt angedeutet waren. *Asteiòtes,* das in der Sprache Homers Urbanität bedeutet, bezeichnet im heutigen Griechisch den Scharfsinn. In diesem Fall hat sich die Bedeutung nicht nur vervollkommnet, sich nicht nur vertieft, sondern sie hat einen feinen psychologischen Grund enthüllt: Das Land ist gesund, aber ohne Geist, und nur die Stadt ist geistvoll, *asteia.*

KARA-DEKITZ. Die Türken nennen das Schwarze Meer Kara-Dekitz, wegen der häufigen Stürme, die es aufwühlen, die Griechen nannten es Pontos Eusinos, »das gastfreundliche Meer«. Wem soll man glauben? Keinem von beiden. Festzustellen ist hier, daß es sich nicht um eine metaphysische Gegebenheit handelt, über welche die Meinungen pflichtgemäß auseinandergehen, sondern um ein Meer. Falls dieses Meer nicht von den Zeiten Lukians bis zu denen Mohammeds II. seine Stimmung geändert hat und vom sanften Azur zum stürmischen Schwarz übergegangen ist. Was beweisen würde, daß dieses Meer dieselben Gefühle wie Chateaubriand und Giovanni Pascoli für die Türken hegt. (→MEER)

Karussell (Giostra). Ich schlage das *Novo Dizionario della Lingua Italiana* von Policarpo Petrocchi beim Stichwort *giostra* auf und finde: »Öffentlicher Kampf zweier lanzenbewehrter Ritter mit dem Ziel, den anderen vom Pferd zu werfen. *Far la* –. Um einen Ort kreisen. Theaterspiel in Gebirgsgegenden, bei dem junge Männer, als antike Krieger verkleidet, ihren Part singen und mit Holzschwertern kämpfen. Auch das von ihnen gesungene Lied mit achtsilbigem Versmaß. Vergnügen für Kinder auf öffentlichen Plätzen, wo ein Mechanismus Löwen, Pferde usw. aus Holz dreht. Auch Karussell.« Die Bedeutung, die uns an *giostra* interessiert, ist die dritte, also das »Vergnügen für Kinder auf öffentlichen Plätzen«. Aber was sagt schon Policarpo Petrocchi, außer dieser skeletthaften Objektbeschreibung, über die innere und geheimnisvolle Natur dieses seltsamen Mechanismus, über seine tiefsten Gründe, seine ›Seele‹? Betrachten wir die etymologische Bedeutung von *giostra.* Ich schlage das *Vocabolario etimologico della Lingua Italiana* von Ottorino Piamigiani beim Stichwort *giostra* auf und finde: »Giostra, ant. *giosta* prov. *josta* und *justa;* span. u. port. *justa;* afr. *joste, jouste,* mod. *joute:* von veraltet Giosta von einigen für Giusta gehalten, gemeint Kampf, in diesem Sinn gebraucht bei Tasso: ›*giusta pugna*‹, bei Malherbe: ›*juste duel*‹, bei Titus Livius: ›*in modum justae pugnae*‹. Aber es ist wahrscheinlicher, daß es von lat. *juxta,* nahebei, herstammt, mit Epenthese von R, wahrscheinlicher über prov. *jostar, justar;* span. und port. *justar,* afr. *joster, juster,* mod. *jouter* mit der Bedeutung zusammenfügen, auch sich annähern, im Turnier kämpfen, also nahe, Körper an Körper, Kampf zu Pferd mit Lanzen, bei dem die Reiter gegeneinander anrennen mit dem Ziel, den Gegner vom Pferd zu werfen. Abl. Giostrare, Giostratore.«

Bevor wir unsere Untersuchungen über die Bedeutung des Wortes *giostra* fortsetzen, schlagen wir das Wörterbuch nochmals bei dem Stichwort Epenthese auf, über das wir vor kurzem gestolpert sind (verrate mich nicht, Leser, dann werde ich dich nicht verraten), und wir erfahren, daß *Epenthese* (von dem griechischen Substantiv *epènthesis,* dieses wiederum von dem Verb *epèntithemi* »ich füge ein«, »ich schiebe ein«) ein Terminus der Grammatik ist und die Einfügung eines Buchstabens oder eine Silbe aus klanglichen Gründen oder zur Vermeidung eines Hiatus bedeutet, wie in *vivuola* für *viola,* oder römisch *pavura* für *paura,* volkstümlich toskanisch *divieta* für *dieta.*

Der Leser ist überrascht, weil er, in der Hoffnung auf den üblichen ›unterhaltsamen Beitrag‹ einen dem Karussell gewidmeten Artikel zu lesen begonnen hat und statt dessen von den ersten Worten an einen kleinen philologischen Vortrag findet? Der gute Leser, der einzige, der mich interessiert und der es verdient, daß mein Gehirn stöhnt und sich abmüht, der Leser also, der die gedruckten Seiten nicht nur eines oberflächlichen und vergänglichen Genusses wegen liest, will durch die dichtesten Ideenwälder, zu den tiefsten Gedankengründen, in das Innerste der Seele von Menschen und Dingen geführt werden. Und das, o Leser, ist der Grund der Komplizenschaft zwischen dir und mir, und aus diesem Grund ist die Literatur von allen Handlungen eigentlich die undelikateste, die indiskreteste, die unerlaubteste; und aus diesem Grund empfindet ein schamhafter Mensch eine Scheu beim Lesen und erträgt es nicht, daß ein anderer mit ihm in demselben Buch liest (ausgenommen der Fall von Paolo und Francesca, dessen Ende wir kennen), und wenn er nicht ganz verdorben ist, betrachtet er die Lektüre als ein heimliches Tun und entfernt sich zum Lesen wie ein Tier zum Sterben. Und welches Mittel ist sicherer, um die dichtesten Urwälder der Ideen zu durchstreifen, sich in die tiefsten Tiefen der Gedanken hinabzulassen, das Geheimnis der verschlossensten Seelen aufzubrechen – welches Mittel ist sicherer als die Philologie? Bei der Suche nach der Bedeutung von *giostra* ist die Etymologie keine Hilfe. Vor allem sucht die Etymologie nur nach der ritterlichen Bedeutung, wir dagegen suchen die Bedeutung von *giostra* als »drehbarer Apparat, mit Schiffchen, Pferdchen, hängenden Sphinxen usw.«. Über diese ›andere‹ Bedeutung von *giostra* verliert die Etymologie kein Wort, weil dem »drehbaren Apparat« dieser Name einfach aus der Nachahmung gegeben wurde. Aber ist es wirklich eine getreue Nachahmung? In der *giostra* als Ritterduell kreisen zwei Ritter mit der Absicht, gegeneinander anzurennen und einander vom Pferd zu werfen, in der *giostra* als Vergnügen kreisen die Ritter ohne offenbares praktisches Ziel, nur um des Kreisens willen: sie kreisen ›im Leerlauf‹. Das ist es! Das Problem *giostra* beginnt sich zu klären. Die *giostra* als Ritterduell ist ein einfaches Kämpfen, ein bloß physisches Spiel mit einem simplen materiellen Zweck; in der als Vergnügen sehen wir dagegen einen rein metaphysischen Sinn durchschimmern und einen Zweck, der universalen Charakter hat – sagen wir doch das Wort, das wir auf der Zunge haben: einen ›kosmischen‹ Zweck.

Die Etymologie hat oben zwei verschiedene Herkünfte für das Wort *giostra* angegeben, und wieder einmal hat sie sich als zweideutige Wissenschaft erwiesen. Die Zweideutigkeit gilt als ein Mangel der Etymologie, aber meines Erachtens ist sie ihr Vorzug. Die absolute Wahrheit, die einzige Richtung, die ausschließliche Bedeutung sind die Feinde des Menschen, die Gefahr, die ihn fortgesetzt bedroht, wie viele schwarze Pfeile, die sich ihm tief in die Brust bohren, wie viele schwarze Hämmer, die auf seinen Kopf niederschlagen. Die Zweideutigkeit hingegen ist sanft und angenehm. Sie hat dieselben Eigenschaften wie Kissen oder Polster und bewirkt, daß man, wenn man fällt, sich nie weh tut. Die Zweideutigkeit ist der Weg zum Gleichgewicht und der Beginn der Harmonie. »Zwei Eisen im Feuer haben« ist ein Sprichwort, dem zu Unrecht ein verächtlicher Beiklang gegeben wird. Und welche Reichtümer bringt die zweideutige Etymologie hervor! Ich war noch ein Kind, als ich die *Argonautika* von Apollonios von Rhodos in der nach dem Geschmack des 16. Jahrhunderts pompösen Version des Kardinals Bentivoglio las (warum wird diese Dichtung, die so abenteuerlich und unterhaltsam ist wie ein sizilianisches Marionettentheater, derart vernachlässigt?), und noch heute, nachdem mein Leben ein halbes Jahrhundert überschritten hat, entsinne ich mich einer etymologischen Fußnote, die besagte, daß das Wort Hasard von einer arabischen Burg namens Hasard herrührt, die in der Nähe von Jerusalem lag und in der sich die Kreuzritter zum Würfelspiel trafen, um sich die Langeweile der Belagerung zu vertreiben. (Dreimal habe ich das Wort *crociati*, Kreuzritter, neu geschrieben, und dreimal hat meine Schreibmaschine darauf bestanden, *corciati*, Gekürzte, zu schreiben. Die seltsame Schreibweise, die andere Form eines Wortes, die uns unsere Schreibmaschine bisweilen so beharrlich aufzwingt, ist vielleicht die wahre Schreibweise, die exakte Form, die *wir* nicht kennen, aber die Schreibmaschinen, diese treuen Komplizinnen des geheimen Wörterbuchs.) Etymologen auf neuestem Stand wie Magn leiten das Wort Hasard von dem vulgär-arabischen *sar* oder *zar*, mit Artikel *alzahr*, *assahr*, *as-schar*, »das zum Spiel Gegebene«, her (daher auch *zara* und das slaw. *sar-tati*, wagen), das seinerseits von Sahara, »leuchten, weiß sein«, kommt; und wie wahr, wie schön, wie anregend ist diese ›leuchtende‹ Bedeutung des Namens Sahara!

Wem soll man glauben? Allen und keinem. Das, was wir Kenntnisse nennen, ist eine Mischung aus Wahrheiten, Irrtümern und Nichtgewußtem. Aber wer garantiert uns, daß für die ›letzte‹, die ›höchste‹ Erkenntnis der Irrtum weniger nützlich, fruchtbar, *erkenntnis*bringend ist – besser: wer garantiert uns, daß die Wahrheit *immer* nützlich und der Irrtum *immer* schädlich ist? Das Nichtgewußte ist ›von uns‹ nicht Gewußtes, was nicht bedeutet, daß es nicht existiert; unbewußt oder mit Hilfe einer außergewöhnlichen Sinnesschärfe, einer ›verliebten‹ Aufmerksamkeit, vernehmen wir manchmal den Anruf der Dinge, die wir nicht

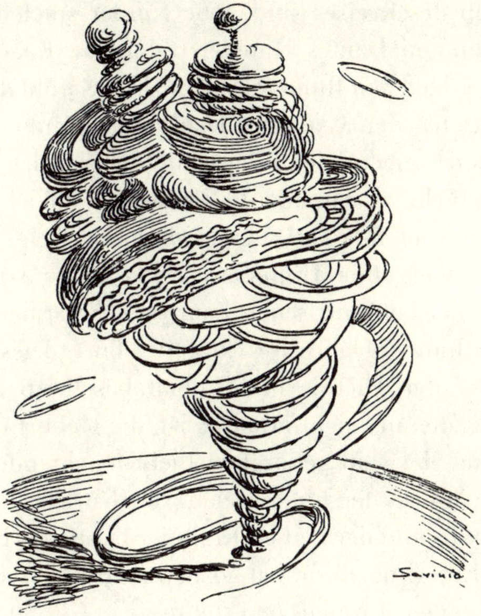

kennen, wir ›hören auch das‹, was sie uns lehren – sie, die alle zusammen die unaussprechliche und unendliche Fortführung der Erkenntnis sind; das, was die Luft für die Erde ist, und das, was eine noch nie erklungene Melodie für mein Musikerohr ist. So wie wir heute ahnen, was eines Tages andere wissen werden – und das ist ein weites Gewimmel von gesichtslosen Gesichtern –, so fühlten die Vorkopernikaner bei aller Gewißheit der Unbeweglichkeit der Erde deren kreisende Bewegung, die für uns ein Wissen ist. Direkt oder indirekt hat die kreisende Bewegung zu allen Zeiten die Bewegung im allgemeinen und, mehr noch, den ›Sinn‹ des universellen Lebens dargestellt. Wenn der Mensch einen Kreis zeichnet – mit Bleistift auf Papier oder mit Kohle auf eine Wand oder mit der Stockspitze in den Staub oder in den Sand –, hat er immer das Gefühl, etwas Problematisches darzustellen, das verbunden ist mit der geheimnisvollen und unendlichen Form des Universums. Der Kreis ist magisch, und unsere Existenz verändert sich gewaltig, je nachdem, ob wir innerhalb oder außerhalb des Kreises sind. Die Kinder spielen Ringelreihen, und in Dantes Himmel treten die Engelshierarchien zu erhabenen Rundtänzen an. Das Gefühl der Kreisbewegung hat den Geist der Denker auch außerhalb der Kenntnis der eigentlichen Bewegung beschäftigt. Denken bedeutet nicht wissen, und die Gedanken, die ich am meisten liebe, sind an kein Wissen gebunden: freie, absichtslose Gedanken ohne ›Hintersinn‹. Von dieser Art war der Gedanke der konzentrischen Zentren des Parmenides aus Elea, fünfhundert Jahre vor Christi Geburt. Dieser wahre Begründer der Theorie der Einheit beschrieb in seiner Dichtung, die uns nicht erhalten ist, die Geburt der Erde, der Sonne, des »mit geborgtem Licht leuchtenden« Mondes, des Äthers, der himmlischen Milchstraße, des höchsten Olymps und der heißen Kraft der Gestirne. Er wußte, daß die Erde Kugelform hat, er nannte die verschiedenen Himmelszonen »Kronen« und stellte sie in Gestalt von konzentrischen Kreisen dar, die zum Teil aus reinem Feuer bestanden, zum Teil mit dem dunklen Element, der Erde nämlich, gemischt waren.

Ein ebenso ›zweckfreier‹ Gedanke stammt von Anaxagoras: der der kosmischen Revolution (meine Schreibmaschine hatte »komischen« geschrieben). An einem bestimmten Punkt des Universums begann eine rotierende Bewegung, die sich in immer weiteren Kreisen fortpflanzte und die nie enden wird. Der himmlische Nordpol wird als der Ausgangspunkt dieser Bewegung betrachtet. Was ihre Übertragung betrifft, so kann sie sich nur in kreisförmigen Linien vollziehen und entsteht durch Aufprall und Druck, den jedes Materiepartikel auf seine Umgebung ausübt. Was ist der Unterschied zwischen der Darstellung der Bewegung des Universums, die der Philosoph aus Klazomenä gibt, und dem Karussell? Vor allem die Größe, zweitens die Antriebskraft, die beim Karussell von einem Elektromotor oder einem Dampfmotor geliefert wird, bei den ärmlichsten Karussells auch von Menschenhand, und die im Universum des Anaxagoras von jenem geheimnisvollen *Nous* gespendet wird, das in unserer Sprache keine Entsprechung hat, weil die Wörter *Geist* oder *denkende Materie* die Bedeutung dieses Wortes nicht decken. Anaxagoras selbst erklärte Nous als *leptòtaton pànton chremàton,* als das »allerfeinste der nützlichen Dinge«. Und auch das ist ein Unterschied: Das Universum des Anaxagoras und das Karussell verhalten sich zueinander wie Modell und Kopie; denn täusche dich nicht, Mensch, das Karussell ist kein bloßes Spiel, es ist nichts anderes als ein kleines Abbild des Universums in seiner unendlichen und ewigen Rotation.

Die ärmlichsten Karussells...

Ich habe vielleicht das ärmlichste gesehen, und zugleich die betrüblichste Tragödie eines Karussells. Es war in dem Dorf Genêts in der Bucht von Saint Michel in der Normandie. An jenem Ozeanstrand, wo der Sommer so kurz ist und dazu noch von Wolken gefleckt und von Stürmen zerrissen, herrschte schon der Herbst. Und am Ufer des schwärzlichen Meeres, das wechselhaft und träge kommt und geht mit dem Anfang und dem Ende des Tages und das bei seinem Rückzug trüben Schlamm hinterläßt, der einem unendlichen Teppich aus Waschseife ähnelt, durchzogen von Rinnsalen und von bläulichen Erdstreifen, wo der Fließsand einen vorbeikommenden Menschen verschluckt wie dieser eine Banane – dort ließ sich eines Tages das schäbigste aller Karussells nieder: von Hand betrieben, stumm wie nur die Armen sind, allein mit dem Geräusch des melancholischen Kreisens seines alten, quietschenden Skeletts mit seinen vier mähnen- und schwanzlosen Pferdchen. Und während der langsam verstreichenden Tage kletterte manchmal das Kind eines Fischers oder eines Austernverkäufers staunend und begierig auf die verstümmelten Vierfüßer in ihrem unbeweglichen Galopp; am Abend duckte sich das Karussell wie ein alter Invalide zum Schlaf unter ein zerrissenes Zeltdach, und allmählich wurde es vom Rauschen des näher kommenden Ozeans umgeben, diesem weiten und langen »Ja« des Meeres, das Homer *floisbos* nennt. Aber eines Abends kam außer dem Ozean auch der Wind mit gebieterischer Gewalt und riß das Zeltdach über dem Karussell weg, als entkleide er ein altes Weib; und da konnte man sehen, wie sich – nicht durch die Kraft eines Elektromotors, nicht durch die Kraft einer Dampfmaschine und auch nicht durch die geheimnisvolle Macht des *Nous* – das Karussell schräg hochhob und auf die Seite zurückfiel wie ein Kreisel am Ende seines Tanzes, und wie die vier mähnen- und schwanzlosen Pferde *von allein* eine Runde drehten und dann mit einem letzten Todesquietschen anhielten. Aus einem Fenster des Hauses von Madame Lechevretelle, die auf italienisch Signora Lacaprettella, Frau Zicklein, heißen würde, schaute ich hinab, schaute dem Sterben dieses kleinen Universums zu.

Gleichermaßen ›zweckfrei‹ war der Gedanke des Empedokles aus Agrigent von der Gestalt der göttlichen Sphäre aus Seele und Glückseligkeit, die er *Sphairos* nennt und die unter der Herrschaft der Freundschaft alle Elemente in sich versammelt hatte, durch den Antrieb eines Wirbels zu kreisen begann und dabei das ›Schwere‹ vom ›Leichten‹ trennte, uns ins Schwere, diesen zentralen Kern, den wir bewohnen und der aus Erde und Wasser besteht, versetzend und uns zugleich eine dauernde brennende Sehnsucht danach einflößend, reine Seele zu werden, um als Leichtes ins Leichte einzugehen. Was für eine Miene würde unser Freund machen, der eine Fahrt bezahlt hat und eben auf ein rosa Schweinchen oder eine smaragdgrün geschwänzte Nixe oder auf ein feuerrotes Pferd steigen oder, bürgerlicher, sich in einem viersitzigen Rennboot niederlassen will, wenn wir ihm erklärten, daß er das Karussell besteigt, um im voraus seine kosmische Sehnsucht zu stillen und sich wenigstens die Illusion zu verschaffen, er gehe vom ›Schweren‹ ins ›Leichte‹ über?

Die kosmische Trunkenheit, in die das Karussell uns versetzt, ist kindlicher, später jugendlicher Natur, aber wenn die Jugend vorbei ist, versiegt sie. Der Erwachsene weiß, daß er sich auf einem Karussell schamlos aufführt, und verbirgt das hinter einer gezwungenen Fröhlichkeit, so wie sich Jupiter hinter einer Wolke versteckte, wenn er seine Streiche beging, weil der Erwachsene zwar auch eine kosmische Trunkenheit sucht, aber eine ganz materielle. Wenn die Jugend vorbei ist, verliert das Karussell seinen Zauber für uns, weil das Kreisen selbst seinen Zauber verliert und das Leben rings um uns allmählich seine Drehungen verlangsamt. Ja mehr noch: Das Karussell verliert seinen Zauber für uns, weil sich uns der eigentliche und wahre Sinn dieser ewigen Bewegung enthüllt, der zutiefst entmutigend ist. Protagoras sah im Kreis das Zeichen der Vollkommenheit, ich sehe darin das Zeichen des Gefangenseins. Und die Runden, die die Welten und Aberwelten ewig um uns ziehen, dieses unendliche Kreisen des Universums ist nichts anderes als die Form eines endlosen Kerkers: ein wahnsinniges und verzweifeltes Karussell.

Was nützt es, daß der Ring des ptolemäischen Universums zerbrochen worden ist? Was haben wir jenseits dieses Ringes gefunden, nachdem sich die Illusion eines neuen Universums und einer unendlichen Freiheit verflüchtigt hatte? Wir haben andere Ringe gefunden; Ringe in ewiger Kreisbewegung; Ringe, die stets zu ihrem Ausgangspunkt zurückkehren; Ringe, die unerbittlich das Zeichen für Gefangenschaft wiederholen; als wir vom ptolemäischen zum kopernikanischen Universum überwechselten, haben wir nichts anderes gefunden, nichts Neues erworben, höchstens daß wir von einem kleineren Gefängnis, das wenigstens den Vorzug hatte, nach unseren Maßen gemacht zu sein, in ein unendliches Gefängnis umgezogen sind.

Ein noch elenderes Karussell als das, welches ich in dem normannischen Dorf Genêts sterben sah, drehte sich vor vierzig Jahren zur Zeit des Karnevals in den Vorstadtstraßen von Athen, und vielleicht dreht es sich dort noch immer. Dort wurde es *Gaitanàki* genannt, was an *Gaetano* denken läßt (der ›in Gaeta Geborene‹ – das Neugriechische übernimmt häufig italienische Namen und Wörter), zusammen mit der typisch kretischen Endung *aki*. Aber ich glaube eher an eine türkische Herkunft des Wortes, an ein mögliches Wort *gaitàn*, das mir klingt wie *sceitàn* (der Teufel), von dem ich aber nicht weiß, was es bedeutet, ja nicht einmal, ob es überhaupt existiert. Ich müßte nachforschen, um es zu erfahren, aber wozu? Was bedeutet schon das Wissen, das der Mensch *begehrt* und das er für Wissen *hält?* In dieser Vorahnung eines Wissens jenseits der Grenzen menschlicher Kenntnisse liegt wirklich etwas von diesem universalen Karussell, und ich fühle seine Anziehungskraft immer stärker, so daß ich das menschliche Wissen vernachlässige und verachte, so als eröffne sich mir schon die Erkenntnis, die ich jenseits dieses Lebens finden werde, wenn ich die Worte wissen und sagen werde, die hienieden niemand weiß und sagt, und wenn ich auch das wissen und sehen werde, was hienieden niemand weiß und sieht.

Es war ein Karussell ohne Eigenbewegung (im Unterschied zu den Königen, die ganz *motu proprio* sind; ich stelle mir einen von seiner dauernden Eigenbewegung angetriebenen König vor, der, ohne auch nur die Füße unter seinem langen und schweren Hermelinmantel zu bewegen, durch die Stadt streift, auf Häuser, Ministerien, Ämter, bis hinauf auf die Türme der Kathedrale steigt und dann mit dem vom Winde geblähten Mantel über Felder und Meere fliegt, die Gebirge überwindet und, wie es wirklich jeder König tun müßte, den durchdringenden Herrscherblick seines einsamen Auges auf das Leben seiner Untertanen bis in den totesten Winkel seines Reiches richtet), eine Art seltsamer, riesengroßer Sonnenschirm, ein plumper Pfahl mit einem drehbaren Ring an der Spitze, von dem einige rote Bänder hingen. Der Besitzer des Karussells setzte den Pfahl auf den Boden und hielt ihn mit den Händen fest, jeder Karussellfahrer ergriff ein Band und umkreiste ihn tanzend zum Klang der *floghère* und der *daùli.*

Das hat etwas Typisches von ›Drittem Stand‹, etwas ›Rotes‹ (die roten Bänder des Gaitanàki); etwas von *revolutia* ist in diesem Rundtanz *(Auprès de ma blonde – qu'il fait bon fait bon fait bon);* und dieses Etwas lenkt den Menschen unerbittlich von seinem Schicksal ab und zwingt ihn, dem allgemeinen Los zu folgen, treibt ihn unwiderstehlich ins Zentrum des Kreises, zum Tod hin.

Damit haben wir die unmoralische Seite des Im-Kreise-Fahrens, die unmoralische Seite des Karussells entdeckt.

Ich muß an G. B., den »Mann des Fleisches«, denken. Er umwarb Frau I. A., sie aber wollte nichts von ihm wissen. Eines Abends lädt G. B. Frau I. A. ein, in sein Auto zu steigen und neben ihm Platz zu nehmen. Das war in Paris, um das Jahr 1930, zu später Nachtstunde. G. B. fuhr mit seinem wuchtigen Buick, der mächtige Kinnladen wie ein Bluthund hatte, zur Place Vendôme, welche um diese Stunde leer und hell wie eine Sonnenuhr dalag. Er begann, die Säule zu umkreisen, die auf ihrer Spitze Napoleon trägt und die zu stürzen Gustave Courbet unter der Commune nicht mithalf. G. B. kreist immer schneller und in immer engeren Runden und wiederholt alle fünf Runden, wie der Teufel, der einen Pakt vorschlägt, seinen erpresserischen Antrag, und jedesmal antwortet I. A.: »Nein.« In ihrer Angst versucht I. A. auch, das Auto anzuhalten, aber der kreisende Bluthund macht eine beängstigende Drehung, und um ein Haar hätte er sich zu Füßen Napoleons zerschmettert. Und wieder begannen die Runden, immer schneller, immer enger; bis sie mit dem letzten Rest Stimme, den sie noch in der Kehle hatte, »Ja« sagte.

Eine reiche Literatur umgibt das Leben des Karussells, beinahe so reich wie diejenige, die das Leben des Zirkus umgibt. Zirkussentimentalität, Karussellsentimentalität … Und gerade vor wenigen Jahren war unter Literaten und

Künstlern die »Zirkuspoesie«, die »Karussellpoesie«, in Mode, man besuchte die Vergnügungsparks, den Jahrmarkt von Porta Genova und *La Fête de Neuilly* in Paris mit der demonstrativen Absicht der ›Oberflächlichkeit‹, des gesunden Hineintauchens ins einfache, volkstümliche Vergnügen.

Verführt von jener Literatur, kehren ein paar Naivlinge gläubig zum Karussell zurück in der Hoffnung auf pure Zerstreuung oder auf Wiedererweckung von Kindheitsträumen. Ein vollkommenes Abbild ihrer düsteren Enttäuschung haben wir im Anblick dieser fettwanstigen Vierziger, die aufgelöst, fahl, wankend, wie betrunken vom rosa Holzschwein, vom roten Pferd, von der smaragdgrün geschwänzten Nixe steigen. Sie glaubten, auf dem Karussell die verlorene Unschuld und den Flügel des Schutzengels überm Kinderschlummer wiederzufinden – sie wußten nicht, daß das Karussell ein Universum en miniature ist, beladen mit allem, was es an Sterblichem, Schicksalhaftem, Verdammtem im Universum gibt.

Niedergang des Karussells. Das Faszinierende am Karussell war das Kreisen, und diese Faszination wurde verstärkt durch den Glanz der Spiegel, den Lichtkegel der Azetylenlampen, das Blitzen des blankgeputzten Metalls, die Farben der Tiere und der Kutschen, die Vergoldungen, die Marschmusik, selbst durch das Keuchen des Motors; in der bescheidenen Bewegtheit eines städtischen Tages war das Karussell in seinem nächtlichen Halbdunkel ein Feuerwerk von Versprechungen. Aber mit dem allmählichen Fortschreiten der mechanischen Zivilisation sind die Städte selbst riesige Karussells geworden; und was kann ein Karussell heute schon versprechen, was kann das reichste, glänzendste funkelndste Karussell erhoffen im Vergleich mit den größeren und ›natürlichen‹ Karussells Piccadilly Circus, Place de l'Opéra und Piazza del Duomo in Mailand? Das Karussell geht zugrunde, weil sich das Leben in ein Karussell verwandelt.

Letzte Begegnung mit dem Karussell. Es war, wenn ich mich recht erinnere, im Sommer 1921; in der Villa Borghese in Rom, in der Nähe der Porta Pinciana, war ein kleiner Jahrmarkt aufgebaut worden. Ich war dreißig, und eines Abends wurde ich gegen meinen Willen von einer lärmenden Schar, in die ich zufällig geraten war, zur Villa Borghese geschleppt. Das Karussell hatte weder Pferde noch Nixen, es war ein Karussell ohne Mythologie, ein Karussell ›für die Großen‹. Ja, der Apparat, auf den ich zu steigen hatte, war mehr als ein gewöhnliches Karussell: Es waren Sessel, die mit Stahlketten an einem sich drehenden Pfahl befestigt waren und die durch die schneller werdende Drehung immer weiter emporgetragen wurden, bis sie die Höhe der Pfahlspitze erreichten. Man hatte nicht das Gefühl, zu kreisen, sondern zu fliegen. An mein Sesselchen gekettet, hatte ich das furchtbare Empfinden, wie unmenschlich, wie ›feindlich‹ diese Bewegung war, wie sie mich beherrschen wollte, wie sie mich unterwerfen, ganz und gar aufsaugen, in ihren Kreis einschließen, mir die Flucht vereiteln, mich betäuben, meine Denkfähigkeit auslöschen, mir jede Möglichkeit der Rettung und des Heils nehmen und mich töten und vernichten wollte – erst im Rot, dann im Schwarz ihres Rades. Und dieses Empfinden dauerte an, auch nachdem man mich von dem kreisenden Apparat heruntergehoben hatte. Lange hielt ich die Augen geschlossen. Allmählich kehrten Ruhe und Licht wieder in mich zurück. Und da kam mir der Gedanke, daß das Geschick des Individuums gradlinig ist. Ich überlegte, daß der Mensch, der seinem Schicksal folgen will, die Rotation fliehen muß, jegliche Rotation: die des Karussells, die der Erde, die des Universums, die ihn in ihr Kreisen einschließen und in das allgemeine Los hineinziehen will. Ich überlegte, daß auch die moralische Ordnung von einer Geraden dargestellt wird, die zum Kreis im Widerspruch steht. Ich dachte, daß der Mensch auf seinem idealen Weg niemals zurückgehen darf, und erst recht nicht auf seinen eigenen Spuren, wie es der Kreis verlangt. Ich überlegte, daß es unsere Pflicht ist, der Verführung des Kreises zu widerstehen, uns vor dem Kreis zu bewahren und überhaupt vor jeder mechanischen oder geistigen Bewegung, vor jeder physischen oder metaphysischen Regung, und allmählich, von jeglicher Bewegung gereinigt, ins Herz des Unbeweglichen zu gelangen: in unsere Ewigkeit.

KLASSIKER. In einer Zeitschrift finde ich einen kleinen Streit über die Frage, ob es falsch sei oder nicht, »sublimst« zu sagen, und der des Ausdrucks »sublimst« schuldige Schriftsteller verteidigt sich gegen die Anklage des Grammatikverstoßes mit der Behauptung, man könne sehr wohl »sublimst« sagen, und zitiert zur Bekräftigung als Beispiel *La Gerusalemme liberata,* Boccaccios *Labirinto d'amore,* Dantes *Paradiso* und das *Dizionario* von Nicolò Tommaseo. Ich für meinen Teil bin der Ansicht, daß man nicht nur »sublimst« sagen kann, sondern daß man alles sagen kann, was man will und wie man will, wenn man es nur mit Klugheit und aus gutem Grund sagt; und daß die in unserem Land leider stets beliebte grammatikalische Strenge einer Sprache mehr schadet als nützt; und außerdem sind diese Meinungsäußerungen der ›eifrigen Leser‹, die auf Grammatikverstöße, Ungenauigkeiten und ähnliches aufmerksam machen, höchst lästig: entmutigende Zeugnisse dafür, wie viele Leute Zeit zu verlieren haben und den Wunsch hegen, ihre Kleinlichkeit auszutoben, und vielleicht auch das Bedürfnis, ihren Namen in der Zeitung gedruckt zu sehen, ohne Gefühl für das Passende und das Lächerliche, und vor allem ohne die Fähigkeit, den Geist und nicht nur den Buchstaben des Gelesenen zu durchdringen. Aber das war es gar nicht, was ich zu diesem kleinen Streit um die Legitimität von »sublimst« sagen wollte, sondern daß auch diesmal, wie immer in solchen Fällen, der des Grammatikverstoßes angeklagte Schriftsteller die Autorität der »Klassiker« zu Hilfe gerufen und sich hinter ihnen in Sicherheit gebracht hat. Neben vielen Verdiensten weist unsere heutige Literatur auch einen Mangel auf: nämlich eine gewisse Kargheit und Unbeweglichkeit der Ideen und eine allzu kanonische Haltung. Dieser Fehler kommt zum Teil daher, daß sich unsere Schriftsteller vor den »Klassikern« wie manche Schüler vor ihrem Lehrer verhalten und daß die Unfehlbarkeit der Klassiker allgemein vorausgesetzt wird. Wo ist nur das fruchtbare, nötige, kräftigende Empfinden des Sohnes geblieben, der den Vater übertreffen, wo das des Schülers, der es besser als sein Lehrer machen will? Für viele ist es angenehm, sich unter einer Vormundschaft zu wissen, aber für kühne Taten, für die »sublimsten« Werke ist es nicht geeignet. Es fehlt also unserer Literatur zum großen Teil der rebellische Geist, der dazu treibt, neue Fenster zu öffnen, neue Tore aufzutun, neue Horizonte zu entdecken, und der die Seele einer Literatur, das heißt die ›höhere‹ Seele eines Volkes, erweitert und groß macht; dagegen verstärkt sich das zu Einfache an ihr, oft das Kanonische. Manchmal das Reine. Außerdem ist es viel intelligenter und einträglicher und menschlicher, die »Klassiker« wie unseresgleichen, das heißt wie fehlbare Menschen zu behandeln anstatt wie unfehlbare Gottheiten. Das ist auch eine bessere Grundlage, um sie zu verstehen und auch um uns nicht in die Lage von Leuten zu bringen, die die Klassiker bedingungslos verehren, ihr Werk aber überhaupt nicht kennen. Auch Kulte müssen cum grano salis behandelt werden. Um zum Schluß zu kommen, ich meine, unsere Autorität auf dem Gebiet der Grammatik ist größer als die der »Klassiker«, die ja vor uns gelebt haben; sie müßten von uns lernen, nicht wir von ihnen. Hier trifft der Gedanke Leopardis aus dem *Zibaldone* zu, den er am 21. März, dritter Sonntag Quaresima, niederschrieb: »Es ist bekannt, daß die Originalmanuskripte selbst der gelehrtesten Männer der besten Jahrhunderte und besonders die von Ariost und Tasso, trotz ihrer vielen Korrekturen, eine höchst verdrehte und unkorrekte Rechtschreibung haben, mit Fehlern, die heute nicht einmal der unerfahrenste Abschreiber oder Abc-Schütze begehen würde, wo ein und dasselbe Wort mal auf die eine, mal auf die andere Art geschrieben wird.« Nur bemerke ich, daß ich mit diesem Zitat auch mich selbst mit der Autorität eines »Klassikers« ausgestattet habe. Unvermeidbare Krankheit.

KLEINSTADTPROBLEME. Einmal begegnete ich einem jungen Mann, aus Abbiategrasso gebürtig, der sich sehr angelsächsisch gebärdete und seine Wäsche, wie er sagte, aus einem Hemdengeschäft in der Bond Street kommen ließ. Diesem jungen Herrn widmete ich ein Artikelchen in einer Zeitung und überschrieb es *Ein Dummkopf.* Doch eine Zeitung aus Abbiategrasso griff mich scharf an und versicherte mir, daß nie ein Individuum dieser Spezies in Abbiategrasso geboren worden sei.

Der Verliebte leidet bei dem Gedanken, daß die Geliebte ißt, verdaut und die Überreste der Verdauung wieder ausscheidet. (→DUMMHEIT)

KNABE. In *Tessa,* der Komödienbearbeitung von Jean Giraudoux nach Margaret Kennedy und Basil Dean, beschreibt der folgende, von Lewis gesprochene Satz: »*Tu es comme un enfant qui a vu un crime…*« den Eindruck, den der Anblick eines Verbrechens in der »im Bösen unerfahrenen« Seele eines Knaben hinterläßt. Nivasio Dolcemare hat nun – und mit ihm einige andere – ein Alter von zweiundfünfzig Jahren erreicht, aber noch immer ist seine Seele »im Bösen unerfahren« wie die eines Knaben; ja, noch unerfahrener, denn Ideen, Phantasien, das Spiel mit der Kunst beschäftigen fortgesetzt seinen Geist und halten ihn von der Idee und vom Schauspiel des Bösen fern; und der Eindruck, den ein Verbrechen in ihm hinterlassen wird, wird noch stärker, noch *erschütternder* sein. Die Reinheit der Künstlerseele. Ihre fortdauernde Jugend, ihre permanente Kindlichkeit. *Maxima debetur puero …* Nein: *Maxima debetur poetae reverentia.* *Knabe*

KOMETEN-WÖRTER. Das Italienische betont die vorletzte, das Französische die letzte, das Englische die vorvorletzte Silbe. Das englische Adjektiv steht vor dem Substantiv; auch dies wegen der Betonung auf der vorvorletzten Silbe, weil Adjektiv und folgendes Substantiv ein einziges, auf der vorvorletzten Silbe betontes Wort bilden. *A faithful husband.* Zwei Wörter (drei mit dem Artikel) mit einer einzigen Betonung auf *faith,* die ein einziges Wort bilden, mit dem Ton auf der viertletzten Silbe: *afaith'fulhusband.* Ein Kometen-Wort. Das Englische besteht fast nur aus Kometen-Wörtern. Der Stern ist die Silbe, auf welche – ganz leicht – der Akzent fällt; der Schweif sind die unbetonten Silben, welche die betonte Silbe nach sich zieht und die allmählich an Klang verlieren und in einem Klangstaub enden, so wie der Kometenschweif allmählich an Licht abnimmt und als leuchtender Staub in der unendlichen Dunkelheit des Firmaments endet. Romantisch nicht nur im Wesen und im Geist, sondern auch in der Anlage und im Klang der Wörter selbst.

Ein romantisches Element im Leben ist das Gefühl des Unendlichen. Vergangen oder zukünftig: alles was außerhalb der Gegenwart liegt. Im Klangorganismus des Englischen drückt der Schweif der Kometen-Wörter ihr romantisches Gefühl, ihre Liebe zum Unendlichen aus: die vielen unbetonten Silben, die die betonte (der Stern) hinter sich herzieht, deren Ton allmählich schwächer wird und sich im Unendlichen verliert.

Ich sprach mit meinem Freund Giulini. Am vergangenen Sonntag hatte Giulini im Teatro Argentino die Komposition eines jungen italienischen Komponisten dirigiert, und er fragte mich, was ich davon hielte. Ich antwortete ihm, daß es ihr an Klang fehle. Besser hätte ich geantwortet, sie sei unromantisch. Das ist der gemeinsame Charakter alles Italienischen – der italienischen Seele. Ich sage nicht »klassisch«, weil uns dieses Wort vom Thema abbringen, uns vom Inhalt dieses Artikels ablenken würde. Das romantische Empfinden setzt die Dinge jenseits der Dinge fort. Wie der Schatten den Körper. Wie die an den Gegenständen haftende Erinnerung an sie. Die Fortsetzung des Dinges. Lebendig, gegenwärtig, greifbar. Das Ding und zugleich die Erinnerung an das Ding ›in der Gegenwart‹. Sonst haben die Dinge keinen Schatten, keine Erinnerung. Diesem Mangel hilft das Unromantische ab – glaubt ihm abzuhelfen –, indem es die Dinge vergrößert, aufbläst, übertreibt. Die Musik damals erfüllte den Raum mit höchster Lautstärke, sie ließ keine Stelle frei, erstickte einen; und sie hatte keinen Schatten an ihrer Seite, keine Erinnerung an sie. Die Eloquenz, die Rhetorik entstehen aus dem Mangel an romantischem Empfinden.

Auch das Französische ist eine *romantische* Sprache – weniger als das Englische. Man bezeichnet es als eine endbetonte Sprache, weil der Akzent auf dem Wortende liegt, aber das ist ein Irrtum. Die Endbetonung im Französischen gleicht nicht der Endbetonung im Italienischen. Wäre das so, dann wäre das Französische mit so vielen endbetonten Wörtern eine Sprache ›ohne Beine‹, es ist jedoch eine der wanderfreudigsten Sprachen, es schreitet fort und wird immer reicher. Der Klang (der Körper – das Schicksal) des französischen Wortes bricht nicht unvermittelt und hart ab, während der Klang (der Körper – das Schicksal) des italienischen Wortes hart und kurz abbricht. *Vertu* ist nicht so endbetont wie *virtù*. Der Endklang des französischen Wortes breitet sich aus; er weitet sich aus, wenn das Wort auf einen Vokal endet, und noch mehr, wenn das Wort auf einen Konsonanten endet *(poison, espoir)*, und noch stärker, wenn das Wort auf ein stummes *e* endet:

espérance, inexorable. Und dieses Sichausweiten des Wortendes, sein Verklingen im Unendlichen ist das hörbare Zeichen für den romantischen Charakter des Französischen.

Kometen-Wörter

Das Französische hat die Diminutive verloren. Was sollte es auch damit? Jedes französische Wort ist ein Diminutiv. Eine französische Freundin, die hörte, wie ich vom Italienischen zum Französischen überwechselte, bemerkte: *»Votre voix passe du grave à l'aigu.«*

Das Fehlen eines romantischen Charakters im Geist und in den Gefühlen des Italieners wird auch bewiesen durch das Fehlen eines romantischen Charakters im Mechanismus und im Klanggefüge der italienischen Sprache. Das italienische Wort setzt sich als Klang, oft auch als Sinn nicht jenseits des Wortes fort, sondern endet mit einem Wort selbst: es wird von ihm aufgesaugt. Die Betonung liegt fast immer auf der vorletzten Silbe. Kleine, ›isolierte‹ Gebäude. Manchmal aus zwei Teilen bestehend: *velo, nube, chiodo;* manchmal aus dreien: *lavoro, denuncia, ritrovo.* In diesem Fall hat das Wort die Form eines Tempelchens: ein Mittelbau (das »vo« von *lavoro,* das »nun« von *denuncia,* das »tro« von *ritrovo*) und zwei Seitenflügel; aber es sieht auch aus wie ein Mann zwischen zwei Carabinieri; manchmal besteht das Wort aus drei, vier oder fünf Teilen, aber mit der Betonung auf der drittletzten Silbe: *àlbero, impùbere, incuràbile.* In diesen selteneren Wörtern taucht ein romantischer Schatten auf. Nur ein Schatten. Deshalb spricht man nicht eigentlich von Romantik, sondern von größerer Beredsamkeit. Die auf der drittletzten Silbe betonten Wörter sind darum beliebt bei Dichtern wie Carducci, D'Annunzio, Pascoli, die manchmal Poesie mit Eloquenz verwechseln.

Selten klingt das französische Wort so »abgebrochen« wie das endbetonte italienische Wort. Ein seltenes Beispiel eines abgebrochenen Klanges findet sich im folgenden Vers der *Andromaque* von Racine (1. Akt, 1. Szene):

Le pompeux appareil qui suit ici vos pas.

Kometen-Wörter

Während im folgenden Vers:

N'est point d'un malheureux qui cherche le trépas

das *pas* in *trépas* zwar äußerlich dem *pas* des vorangehenden Verses ähnelt, aber nicht abgebrochen, sondern lang klingt.

Italiener, die miteinander sprechen, kümmern sich nicht um den Gleichklang der Töne. (Warum lehrt man in Zeiten eines so verbreiteten Dirigismus an den Schulen nicht Regeln für ein gutes Gespräch: Man unterbricht den Sprechenden nicht, man übertönt keine fremde Stimme mit der eigenen?). Die Russen, ja, sie müssen sich nicht darum bemühen, der Gleichklang ist ihnen von Natur gegeben. Chorale Völker. Das Italienische ist eine intellektuelle, eine indirekte Sprache; das Russische ist eine direkte, eine physische Sprache. Die russische Vokabel hat nur schriftlich eine unveränderte Form, ausgesprochen verändert sie ihren Klang je nach den psychischen *Modulationen*. Eine russische Freundin nannte mir als Beispiel das Wort *molokò*. Geschrieben ist und bleibt es *molokò*. Ausgesprochen verändert es am Anfang, in der Mitte, am Ende seinen Klang je nach den Gefühlen, die man beim Sprechen in dieses Wort legt. Die Russen sind ein Volk der Musiker und Tänzer auch in der Sprache. Sie reden nicht in Begriffen (wie wir). Sie sprechen nicht »kalt«, »indirekt«, »vom Physischen losgetrennt«. Sie drücken durch Bewegungen und Modulationen der Klänge ihre verschiedenen Seelenzustände aus. Ein Unterschied wie zwischen einem Klavier und einer Orgel. Wir halten den Ton nicht, sie ja. (→A)

KOSMISCHE BÄUME. Enrico Galassi, ein sehr lieber Freund und ein genialer Künstler, der mein Haus in Poveromo in der Versilia entworfen hat und mir eines Tages diesen ungewöhnlichen *mègaron* makellos und vollkommen mitten in den Wald stellte, so wie die Fee einst den braven Kindern ein Schloß – Enrico Galassi hat vor

meinem Haus eine Mauer in S-Form gezogen (vielleicht um diesen Fata-Morgana-Bau mit dem Anfangsbuchstaben meines Namens zu ›signieren‹), die mit jeder Krümmung eine Eiche umschließt. So wiederholen sich in der Architektur eines unserer Zeitgenossen die Themen der ältesten Bauten. Gäbe es einen besseren Beweis seines großen künstlerischen Ernstes? Die ersten Säulen wurden nicht von Menschen aus Stein gemacht, sondern es waren *natürliche* Säulen, sehr oft Bäume, um die herum man das Haus erbaute. Im XXIII. Buch der *Odyssee* sagt Odysseus: »In der Mitte der Einfriedung breitete ein kräftiger Olivenbaum sein Laub, und sein Stamm war wie ein dicker Pfeiler, rings um ihn errichtete ich die Mauern unseres Zimmers, und nachdem ich es mit einer Tür aus massivem Holz ohne

Kosmische Bäume

Sprünge und Risse versehen, schnitt ich das Laub des Olivenbaums weg, haute den Stamm zurecht bis zu den Wurzeln, und nachdem ich ihn viereckig zugeschnitten und geglättet hatte, verbolzte ich in ihm das Bett.« Ebenso wird in der *Völsungasaga* der große Saal des Königs rings um einen großen Baum erbaut, und in diesem Sinne ist wahrscheinlich das isländische Sprichwort zu verstehen: *Verdhr eik at faga, er undi skal bua,* »Wir müssen die Eiche ehren, unter der wir wohnen«. Im übrigen ist der Baum, der das Haus des Menschen trägt, nichts anderes als die Nachahmung des »Baumes von Brahma« (ein *asvattha* oder *ficus religiosa*) und aller anderen kosmischen Bäume oder Säulen oder Atlanten, die das Himmelsgewölbe tragen. Besteht nicht die Gefahr, daß eines Tages die kosmischen Bäume nachgeben und der Himmel auf die Erde stürzt? Einige keltische Gesandte wurden von Alexander, dem Mazedonier, empfangen. »Was fürchtet ihr am meisten auf der Welt?« fragte sie der selbstbewußte König und erwartete, daß sie antworteten: Deine Macht, o König! Aber die Gesandten sagten: »Wir haben vor keinem Menschen Angst, das einzige, was wir fürchten, ist, daß der Himmel auf uns herabfällt.« Und diese Furcht im Herzen der Gesandten war nicht metaphorisch, sondern real.

KRISE. Wells erzählt von einem Mann, der sein spezifisches Gewicht verloren hatte. Zu Hause hing er an der Decke wie ein Luftballon, oder er stieg zum Fußboden herab, indem er sich an den Möbeln festklammerte, und um nicht plötzlich zu den Stuckverzierungen zurückzukehren, schob er sich wie einen Torpedo unter den Schreibtisch. Wenn er das Haus verließ, um Luft zu schnappen, füllte er sich die Taschen mit Blei und trug in jeder Hand einen Koffer voll Steine. Immer wenn ich einen Neurastheniker treffe, denke ich an diese gewichtslose Figur von Wells. Ihre Situationen entsprechen einander. Äußerlich verschieden, ist ihr ›Drama‹ in Wirklichkeit dasselbe. Auch der Neurastheniker ist ein Mensch, *der sein Gewicht verloren hat.* Nicht das spezifische, sondern das psychische, und dieser Verlust ist schlimmer. Das Leiden des Neurasthenikers ist schwer zu definieren. Er selbst kann nicht sagen, was er fühlt, welches Übel an ihm frißt, und um so weniger kann er es beschreiben. Er ist in der Lage jenes Rekruten, der, um zu zeigen, daß ihm das Herz weh tat, die Hand auf den Bauch legte. Von allen Krankheiten ist die Neurasthenie die am wenigsten *plastische.* Sie ist die trübste, die undeutlichste, die ›impressionistischste‹. Was die Diagnose »Neurasthenie« betrifft, so ist sie die allgemeinste, die dunkelste, die sinnloseste; und es hilft nichts, hier daran zu erinnern, wie allgemein, dunkel und sinnlos auch die Diagnosen der anderen Krankheiten sind. Einmal habe ich einen Neurastheniker, mit dem ich gut bekannt bin, gefragt, ob er sich *leer fühle.* Seine bis dahin erloschenen Augen entzündeten sich plötzlich. Seine ruhelosen Pupillen blieben stehen und wurden aufmerksam. Er hatte verstanden! Und mit einer Stimme wie ein Bauchredner, mit der Scham eines Menschen, der beichtet, antwortete er mir: »Ja.« Der äußere Anblick des Neurasthenikers (eine ungerechtfertigte Beweglichkeit des Körpers, eine ungerechtfertigte Beweglichkeit des Geistes) deutet auf eine *arbeitslose Seele* hin. Und wenn die Neurasthenie mehr unter Frauen als unter Männern wütet, so deshalb, weil die Seele der Frauen häufiger arbeitslos ist als die der Männer. Innerlich leer, empfindet der Neurastheniker, daß er ›im Leeren‹ lebt. Ein extravagantes *(extra vagans)* Geschöpf, ein Gespenst, das ironischerweise noch den Körper behalten hat, den es als Lebender besaß *(man alive).* Rings um ihn, mehr noch als um Salomon, ist alles Eitelkeit, und darin kehrt beharrlich, ausdauernd, mitleidlos die Erinnerung an die ›notwendigen‹ Dinge, an Prinzipien, den Glauben ans Leben, Gesetze, eine genaue, sichere und streng verwaltete Welt wieder. Ein monotones ›Warum‹, das nicht das des Philosophen ist, streicht immer wieder über sein nutzloses Leben hin wie der Strahl eines Leuchtturms; über ein ankerloses Leben, ein Leben, das die Taue gekappt hat. Für ihn wäre der Wahnsinn die ideale – aber unmögliche – Heilung. Könnten ihm Ruhe, Kräftigungsmittel helfen? Im Gegenteil, sie können ihm schaden. Muße, geistiger Stillstand, das Nicht-Denken erweitern ›seine‹ Leere. Sie schaffen rings um ihn eine ideale und um so weniger erträgliche Wüste, während die ›Leere‹ des Neurasthenikers danach lechzt, ausgefüllt zu werden. Und zwar mit den härtesten, kompaktesten, schwersten Realitäten: mit den ernstesten geistigen Beschäftigungen – mit den ernstesten Sorgen möglicherweise. Ein neurasthenischer Kant ist nicht denkbar. Ist die Seele voll, beruhigt sie sich, wie der Magen. Weil sie die Realität ›überwinden‹ wollte, ist nicht ein einzelnes Geschöpf, sondern eine ganze Kultur, eine ganze Welt (die nördliche) an Neurasthenie erkrankt: sie hat ihr psychisches Gewicht verloren, sie hat sich entleert. Und jetzt ist sie in dem Zustand, den wir *Krise* nennen.

KUPPEL. *E per mancata còpula/la cupola/si spopola* (A. S.). Die Kuppel ist das architektonische Abbild des ptolemäischen Himmels, also die Darstellung des Himmels nach katholischer Auffassung. So begreift man die ›kapitale‹ Bedeutung (ich liebe die Wortspiele, diesen improvisierten Teil der Philologie), die die Kuppel unter den Bauelementen des katholischen Gotteshauses hat, und warum es keine katholische Kirche gibt – kann man sagen –, die ohne Kuppel ist. Auch die Kirchen, die keine zentrale Kuppel haben, keine ›dominierende‹ Kuppel, die anscheinend kuppellos sind, wie die römischen Basiliken San Giovanni in Laterano und Santa Maria Maggiore, haben doch in einigen ihrer Teile eine oder mehrere Kuppeln – diese ›unerläßliche‹ Erinnerung an die Form des Himmels, wenn es auch nur die kleinen Kuppeln der Seitenkapellen von

San Giovanni in Laterano sind, die von der Fassade verborgen werden. Wie könnte auch in einem katholischen Gotteshaus dieses Abbild des Himmels, dieses ›Modell‹ des gelobten Ortes fehlen? Die Laterne in der Höhe vervollkommnet die Kuppel und stellt in der Einheit dieses magischen Symbols den Sitz des Allerhöchsten dar. Die Kuppel ist auch vorhanden, wenn sie anscheinend fehlt. Beispiel: das Bonner Münster und der Mailänder Dom, wo die Kuppel nach außen hin von den Fialen verborgen wird (seltsam dieser Kompromiß zwischen dem ptolemäischen Weltbild des Himmels – die konkave Seite der Kuppel, die die Gläubigen im Innern der Kirche sehen – und dem Hinaufstreben, das von den Fialen verkörpert wird, die das Äußere der Kuppel überragen). Als Silvio Pellico bei der Rückkehr vom Spielberg die Corsia dei Servi, den heutigen Corso, in Mailand betrat, von deren Ende man die Apsis des Doms erkennt, wandte er sich an die beiden österreichischen Bewacher, die ihn begleiteten, und rief mit vor Rührung zitternder Stimme aus: »Wie glücklich bin ich, daß ich die Kuppel des Doms wiedersehe!« Was zeigt, daß ein Dichter, auch wenn er höchstens ein schwacher Klassikernachahmer ist wie der Autor der *Francesca da Rimini*, mehr mit den Augen des Geistes als mit den Augen unter der Stirn sieht. Übrigens spricht auch Stendhal (*Rome, Naples et Florence*, S. 41) von der »Kuppel« des Mailänder Doms. Die Kuppel, diese symbolische Überdachung der Kirche, ist nicht italienischen Ursprungs. Schon vor den Katholiken hat die Kuppel für alle Völker, die sich ein halbkugelgestaltiges und *geschlossenes* Bild vom Himmel machten, den Himmel dargestellt. Orientalische Architekten brachten die Kuppel nach Italien. Kuppeln hatten die Tempel der Araber, die Synagogen und später die Tempel des Islam. Ein schönes Beispiel archäologischen Witzes stammt von Oswald Spengler, der das Panteon Agrippas (warum schreibt man immer noch Pantheon?) die *älteste Moschee* nennt. Es ist also natürlich, daß

Kuppel

Kuppel Campanella, der im Geist das Ideal einer »vervollkommneten« katholischen Kirche hegte, auf die höchste Erhebung der *Sonnenstadt* einen runden Tempel mit einer Kuppel darüber, einen ausgesprochen katholischen Tempel, setzt. Auch aus diesen architektonischen Details wird ersichtlich, wie wenig dieser Utopist vom Geist der Utopie in sich trug, die den Himmel des Ptolemäus (die Kuppel) zerstört und den Menschen mitten in eine Ebene stellt, unter den weiten und grenzenlosen Himmel. Es mußte erst Albert Einstein kommen, damit sich die Kuppel durch Wirkung des *gekrümmten Raumes* wieder zusammenfügte. Aber was für eine Superkuppel!

KURETEN. Zeus kam ohne Wissen seines Vaters auf der Insel Kreta zur Welt, wurde von der Ziege Amalthea genährt, und um die Wiege herum machten die Kureten großen Lärm, um das Gewimmer des Gott-Kindes zu übertönen. Bei einigen primitiven Völkern ist es heute noch Brauch, rings um das Neugeborene großen Lärm zu machen, um die bösen Geister in die Flucht zu schlagen, die bei jeder Geburt, diesem kritischen Ereignis, herbeieilen. Ein armseliger und trauriger Aberglaube. Die Griechen verstanden es aber, auch dem Aberglauben Glanz zu geben.

KURZLEBIGKEIT DES KOMISCHEN. Im alten Teatro dei Rozzi in Siena wohnte ich vor zwei Jahren (1940) der Exhumierung des *Trionfo dell'onore* von Francesco Antonio Tullio bei, in Arkadien bekannt unter dem Namen Colantuono Ferelintisco, mit der Musik von Alessandro Scarlatti, dem Stammvater der Musikdynastie der Scarlatti. Wie andere kleine Komödien des Settecento benutzt auch der *Trionfo dell'onore* die Streitereien einiger Liebespaare zum Zweck der Erheiterung des Zuschauers. Von Zeit zu Zeit erschallte denn auch in dem kleinen und berühmten Theater ein kurzes, erfreutes Gelächter, aber die Lacher waren

Kurzlebigkeit des Komischen

die üblichen Naiven und Ahnungslosen, die auch im Zuschauerraum des Teatro dei Rozzi das Gros des Publikums bildeten. Ich für meinen Teil lachte nicht nur nicht, sondern empfand, wie sich bei dem neckischen Wortwechsel, der einst vielleicht geistvoll gewesen, dann aber schimmlig und stumpf geworden war, eine große Niedergeschlagenheit immer schwerer auf mich herabsenkte. Das Komische hat ein kurzes Leben. Es erlischt rasch, und noch rascher verdirbt es. Jedesmal, wenn wir versuchen, alte Bücher oder Zeitschriften oder humoristische Zeitungen wieder anzuschauen oder wieder zu lesen, fühlen wir eine ›häßliche‹, eine ›vulgäre‹ Traurigkeit aus den vergilbten Seiten aufsteigen. Die gleiche Traurigkeit empfand ich bei den Aufführungen der *Wolken*, des *Miles gloriosus*, der *Meneachmi* usw. (nicht bei der Lektüre), und die witzigen Dialoge, die Situationen, über die sich die Zeitgenossen von Aristophanes und Plautus schief- und krummlachten, weckten in mir Reaktionen, die dem Leiden näher waren als dem Lachen. (Bei der Lektüre des ›antiken‹ Komischen empfinden wir eine versöhnliche Nachsicht, wir hüllen es in kulturelle Rechtfertigungen, wie man etwas, was man verstecken will, in ein Tuch einwickelt, und wenn wir allein mit dem Buch sind, bleiben unsere Reaktionen ja auch geheim.) Um frisch und wirksam zu sein, muß das Komische täglich, wenn nicht sogar stündlich erneuert werden. Man sehe einmal, wie ein Kalauer, ein Witz im Laufe weniger Tage altern. Man versuche, einen Kalauer zu wiederholen, der einem nur zwei Monate zuvor geistvoll erschienen war. *Frigida verba* nennt Cicero *(De Oratore)* das, was bei uns Kalauer heißt, und die niedrige Temperatur ist gewiß unerläßlich für die Konservierung und die Explosion des Komischen. Im Komischen (in der komischen Person) findet der Zuschauer das dargestellt, *was er nicht sein möchte.* Schlimmer noch: er findet sich selbst, aber jenes Selbst, *dessen er sich schämt und das er verbirgt.* Er findet sein beschämendes und geheimes Ich. Er findet

Kurzlebigkeit des Komischen

jenes Ich, das er wegjagen, zerstören, beseitigen möchte. Aristoteles definiert die Komödie folgendermaßen: »Die Komödie ist die Nachahmung von Menschen niederer Eigenschaften.« (Antithese der Tragödie: Darstellung von moralisch überlegenen Menschen.) Wer bei der Vorführung dieser ›Personen mit niederen Eigenschaften‹ lacht, muß also mit einer beträchtlichen Portion Sadismus ausgestattet sein und auch mit Masochismus, wenn er in der Person mit niederen Eigenschaften sein beschämendes und geheimes Ich wiedererkennt. Jedenfalls ist, um ›das Lachen auszulösen‹ (ein mechanischer Akt), *die Überraschung nötig*. Denn die echte Komik wirkt durch Kontrast: durch das überraschende, unerwartete Auftreten von Aspekten, Charakteren, Zeichen, die wir in der Person, die sich selbst darstellt, nicht vermutet hatten und die im Widerspruch zu ihrem gewohnten Aspekt, zu ihrem bekannten Charakter, zu ihren geläufigen Zeichen stehen. Das Komische ist, kurz gesagt, eine Form der Verwunderung, nicht tragisch, sondern anregend. Und aus diesem Grund kommt aus der Tiefe des Komischen, wenn die Überraschung vorbei ist, die alte Bitternis (immer dieselbe!) über das verlorene Paradies herauf. Worüber hätten Adam und Eva in ihrer Unschuld lachen sollen, in einem Leben, das keine Tiefen und keine Geheimnisse hatte? Das Komische ist die Enthüllung dessen, was häßlich und verborgen ist. Das Komische erfordert vor allem den Überraschungseffekt und von unserer, der Zuschauerseite eine ernste Betrachtung, die von dem ›normalen‹ Aspekt der Person (Mensch oder Sache) überzeugt ist. Das Komische entsteht also aus der ›Demontage‹ der ernsten und schwerwiegenden Dinge, und eben deshalb ist im Komischen, auch wenn es noch so unschuldig ist, immer etwas Schädliches, etwas Böses und Ätzendes, und es gefällt vor allem dem Pöbel. Im Lachen ist immer etwas Niedriges (etwas *Sterbliches*), und deswegen wird das Lachen als vulgär betrachtet (als so edel dagegen, so fein die

Ernsthaftigkeit!). Aber dieses Spiel der Kontraste muß sich, um ›Effekt zu haben‹, an lebendigen Dingen und Personen, die zu unserer ›Aktualität‹ gehören, entwickeln. Den Menschen von größter Komik oder, anders gesagt, von niedersten Eigenschaften adelt der Tod, der seine Komik auslöscht. Ein noch so überraschender Aspekt, ein noch so großer Gegensatz zur bekannten und ›ernsten‹ Figur des Galilei oder Karls des Großen oder Dionys' von Syrakus bringt uns nicht zum *Lachen*. Gegenüber dem kurzen Leben des Komischen erstreckt sich das unendlich lange Leben des Tragischen. Im Komischen ist kein Platz für die Ewigkeit. (→Kalauer, →Trauer)

Kurzlebigkeit des Komischen

Latein. *Però non fui a rimembar festino; / Ma or m'aiuta ciò che tu mi dici, / Sì che raffigurar m'è più latino* (Dante, *Divina Commedia*, Paradiso, III, 61). *Latino* steht hier für einfach, natürlich. Diese Bedeutung ist in unserer Sprache allgemein üblich. Zum Beispiel: »etwas lateinisch sagen« bedeutet »sich verständlich machen, deutlich reden«; oder »Latein verstehen« bedeutet, »die Anzeichen, den Hintersinn begreifen«. Diese Beispiele zeigen, wieviel natürlicher das Latein für uns als für andere Völker ist, die vom Latein abstammende Sprachen sprechen.

Im folgenden übernehme ich den Brief, den ich auf diese kleine Anmerkung zum Stichwort Latein von Kapitän V. Bertello erhielt. Es gibt nichts Rührenderes als eine schweigsame und einsame Gelehrsamkeit.

Anonyme Schiffahrtsgesellschaft Oberitalien
Genua – Kreuzer »Monbaldo«
Der Kommandant 20. Mai 1942 – XX. Jahr

Herrn Alberto Savinio
c/o *La Stampa*, Turin

In Ihrer interessanten Rubrik bin ich auf die Definition des Begriffs ›lateinisch‹ aufmerksam geworden (*La Stampa*,

Latein 15.5.1942 – XX. Jahr), und ich glaube, es interessiert Sie, zu erfahren, daß dieses Adjektiv in der Seemannssprache häufig in der Bedeutung ›leicht manövrierbar‹ gebraucht wird.

Latino bedeutet, genauer gesagt, daß eine Achse oder eine Stange, die in ihren Halterungen rotieren oder gleiten müssen, nicht ›blockiert‹ sind, z.B. von Rost, sondern daß sie sich leicht drehen oder bewegen.

Es freut mich, daß ich Ihre maßgebliche Zustimmung zum Gebrauch dieses Begriffes finde, der bisher das Naserümpfen gewisser Dutzendpuristen hervorrief; nützlich wäre jedoch auch eine maßgebliche Äußerung zu dem Verb ›latinare‹, das ebenfalls an Bord häufig gebraucht wird.

Jeder unserer Matrosen wird sofort verstehen, was ich sagen will, wenn ich befehle, den Kran zu *latinare,* aber ich glaube, es wird schwierig für Sie werden, auch für dieses Verb eine Vaterschaft Dantes zu entdecken ... Ein überaus nützliches Verb, das die Pedanten nur mit einem langen, farblosen und ungenauen Satz umschreiben können, wie etwa ›die Einsatzbereitschaft herstellen‹.

Auf jeden Fall, auch wenn Dante das Wort nicht in diesem Sinne benutzt hat, meine ich, daß seine Herkunft legitim ist und es nur bekannt gemacht zu werden braucht, um unsere Sprache zu bereichern. Vielleicht hat es das bisher wegen der undurchdringlichen Schotten nicht getan, die die Seeleute (auch die piemontesischen) von der übrigen Menschheit trennen; vielleicht besteht in anderen Kreisen kein Bedürfnis nach diesem zu ›technischen‹ Terminus.

Ich bin nicht in der Lage, philologische Studien durchzuführen (ich würde Schiffbruch erleiden!), aber ich meine, diese Hinweise könnten Sie interessieren.

Ich bitte um Entschuldigung, wenn ich Sie nicht mit den Ihnen zustehenden Titeln angeredet habe, die ich leider nicht kenne, und ich bitte Sie überdies, den Namen des

Kreuzers und meine Adresse (aus militärischen Gründen) vertraulich zu behandeln. *Latein*

Meine ergebensten Grüße
(Kapitän V. Bertello – Kreuzer »Monbaldo« – Oberkommando der italienischen Unterseestreitkräfte im Atlantik – Marineministerium – Rom).

LERCHEN. Stendhal schreibt auf S. 81 des 1. Bandes seiner *Promenades dans Rome:* »Ich habe der Seligsprechung des Heiligen Julian beigewohnt. Der neue Heilige ist zu dieser Würde erhoben worden, weil er, als er eines Freitags das Haus eines Feinschmeckers betrat und auf dem Tisch gebratene Lerchen sah, ihnen das Leben zurückgab; so wurde eine Sünde unmöglich gemacht, und die lebhaften Vögelchen flogen aus dem Fenster davon.«

LESERBRIEFE. In diesen kleinen Notizen, die ich unter dem allgemeinen Titel *Lexikon* veröffentliche, sind die Themen vielfältig und reichen von moralischen Problemen bis zu Fragen der Sitten, von künstlerischen Gegenständen bis zu literarischen, von gelehrten Annotationen bis zu Anekdoten, von ernsten Dingen bis zum Spaß (aber es sei sofort und ohne eine Pause zu lassen gesagt, daß der Spaß häufiger und besser dem Hauptziel unseres Schreibens und Sprechens dient, nämlich etwas ›aufzudecken‹, jedesmal einen, wenn auch noch so kleinen und leichten, Schleier zu lüften). Aber während die wenigen Zuschriften, die ich bekomme – von Lesern, die ich nicht kenne, oder von Lesern, die ich kenne, oder von Lesern, die meine Freunde sind oder zumindest sich als solche bezeichnen –, einige Anekdoten betreffen, die ich erzählt habe, und mir mitteilen, daß sie verstanden wurden und Beifall gefunden haben, so habe ich niemals eine Zuschrift erhalten, die sich auf ein von mir angeschlagenes moralisches Thema bezog.

Wer nun das Metier des Schreibens ausübt und dabei so eitel ist, ›auch‹ über moralische Probleme zu schreiben, der hat den Eindruck und kommt bald zu der Überzeugung, daß er vollkommen überflüssige oder dem Leser unsympathische Dinge schreibe. Und diese Überzeugung schlägt um so leichter in uns Wurzeln, als sich dasselbe Schweigen, dieselbe Wüste rings um uns breitet, wenn wir irgendein moralisches Problem im Gespräch anschneiden und den plastischen Beweis dieses Schweigens, dieser Wüste vor uns sehen: Die Gesichter verändern und verschließen sich, das Lächeln erlischt, oder ein gezwungenes Lächeln der Verteidigung erscheint auf den Gesichtern unserer Gesprächspartner, was bedeutet, daß sie uns *nicht zuhören wollen.* Während die physische Welt so wunderbar aktiv ist, ebenso die praktische und nicht weniger die mechanische Welt, ist die moralische Welt unbeweglich wie ein zugefrorener See. Ich suche nach einem Weg, um dem Stagiriten mitzuteilen, daß er irrte, als er den Menschen *zoon loghikón,* »denkendes Tier«, nannte. Doch langsam! Bei einigem Nachdenken bemerke ich, daß Aristoteles sich nicht geirrt hat. Der Mensch ist wahrhaft nicht nur ein denkendes Tier, sondern dermaßen denkend, daß er denkt, alles Denkbare schon ein für allemal gedacht zu haben; und damit ihn nicht die Lust ankommt, das schon Gedachte zu verderben oder auch nur durcheinanderzubringen, denkt er, daß jeder neue Gedanke gefährlich ist und eine Sünde darstellt. *Cogito ergo sum* muß korrigiert werden zu: *Cogitavi ergo sum.* Aber auf welch amüsantes Spiel, auf welche Glückseligkeit verzichtet man, wenn man sich starr und stumm hinter dieser Sicherheitsmauer verschanzt! Die sicherste Art der Glückseligkeit ist die geistige Bewegung, das geistige ›Spiel‹: diese höchste und vollkommenste Ablenkung von der Langeweile, vom Ärger, vom Neid, von der Verwirrung, von der Enttäuschung; von Traurigkeit, Haß, Zorn, Schmerz und Tod. Ich denke an eine Gesellschaft, in der statt Brot und Spiele Themen zum Nachdenken ausgeteilt werden. Zu den genannten Leserbriefen kommen noch zweitrangige hinzu: Briefe von Leuten, die dich scheinbar auf eine Unterlassung oder einen Irrtum aufmerksam machen wollen, die sie in deinen Schriften entdeckt haben, die dir in Wirklichkeit aber schreiben, um dir zu zeigen, daß sie in den Dingen der Bildung und der Geschichte besser bewandert sind als du (die Geschichte ist die große Sehnsucht und Schwäche des Menschen), und vor allem wegen des boshaften Vergnügens, dich ertappt zu haben: Äußerungen kleiner Geister, Äußerungen jener dumpfen Animosität, die bei den meisten Leuten entsteht, wenn man ihnen einen Gedanken anbietet, der ein wenig von der gewöhnlichen Logik abweicht; oder nur die Äußerung eines Wahns oder der Langeweile.

LIEBE. Bei dem Stichwort »Liebe« antworte ich nicht direkt, sondern vermittels eines seltsamen Abenteuers, das im Jahre 1917 meinem Freund Aniceto P. in Saloniki zugestoßen ist und an dem ich nicht beteiligt war. Zu sagen, daß ich bei dem Stichwort »Liebe« aus Mangel an Erfahrung nicht direkt antworte, wäre von meiner Seite eine geschmacklose und unelegante Eitelkeit. Und aus Feigheit? Auch nicht, aber vielleicht aus Mangel an Stoff. Wer kann sich einer ›vollständigen‹ Erfahrung in der Liebe rühmen? Nur ein Ungeheuer an Vielfältigkeit, ein Polypen-Mensch mit zahllosen Fangarmen, die den unzählbaren Begierden und Wünschen entsprechen, die unserem Leben einen Schein von Sinn, eine Illusion der Notwendigkeit verleihen und die alle zusammen die große Täuschung des Lebens darstellen. Und von welcher Liebe ist die Rede? Die grundsätzliche Prüfung der Frage würde uns wieder auf die hohe See hinaustreiben, und nur die Prüfung jeder einzelnen Art von Liebe könnte vielleicht etwas Licht in die Sache bringen. Liebe des Menschen zu Gott und umgekehrt, Kindesliebe zu den Eltern und umgekehrt,

Ruhmesliebe, Liebe zum Reichtum, zu den Künsten, sexuelle Liebe, platonische Liebe, Tierliebe, Liebe zur einfachen Natur und zur bearbeiteten, Liebe zu sich selbst usw. usw. Aber auch nach der ›spezialisierten‹ Prüfung jeder Art von Liebe würden wir mit leeren Händen dastehen. Aus einer unabwendbaren Ursache ist jede Möglichkeit einer Begegnung zwischen uns und der Liebe ausgeschlossen: Genau in dem Moment, in dem die Liebe entsteht, stirbt sie. Stirbt nur die Liebe der Sinne, wie wir leider wissen? Nein, sondern jede Liebe, auch die Liebe zum Reichtum stirbt mit dem Akt, mit welchem der Mensch den Reichtum erwirbt. Von Dauer ist nur die unstillbare Liebe, die Liebe, die keine Möglichkeit hat, bis zur Liebe zu gelangen, das heißt in den Besitz des begehrten Dinges. Wie die Liebe der alten Jungfer zu ihrem Pekineserhündchen; denn außer in Fällen eines übersteigerten Sadismus überschreitet die alte Jungfer auch in ihren blindesten Anfällen von Leidenschaft und Hysterie nicht die Grenze bei den zärtlichen Manipulationen an ihrem Pekinesen, hinter welcher sie das Tierchen zwischen ihren liebevollen Händen zermalmen würde, um es zu besitzen, wozu sie eben der Anfall von Leidenschaft und Hysterie – die Liebe – treibt. Ein anderer Grund, der die Verwirklichung der Liebe verhindert, das heißt die Auflösung des Begehrens im Sinne der Liebe, ist der, daß in dem Augenblick, in dem wir in den Besitz des geliebten Gegenstandes gelangen, die Liebe zu ihm ihren transitiven Charakter verliert, sich mit der Eigenliebe vermischt und von ihr absorbiert wird. Die Frau ist überrascht, daß der Mann in dem Augenblick, in dem er liebevoller denn je sein müßte, wieder egoistisch und verschlossen wird. Auch bei der größten Liebe, der sublimen Liebe, der Liebe Petrarcas zu Laura, liebt der Liebende sich selbst, und in diesem Fall wird das Intransitive der Liebe sogar bewiesen durch ihr Poesiewerden, durch ihre Kristallisierung in einen ›intransitiven‹ Zustand par excellence. Die Liebe also? Die Liebe existiert eigentlich nicht. Sie ist eine Hypothese, eine große, eine maßlose Hypothese. Durch einen Irrtum im Begrifflichen wie im Ausdruck, dessen Ursprung sich in der Nacht der gesprochenen Sprache verliert, wird die Liebe verwechselt mit der »Vorbereitung der Liebe«, das heißt mit dem Begehren. Auch hier kommt uns die Philologie zu Hilfe. »*Amore* lat. *amor-rem* von *amare*, verwandt mit dem griech. MAO *ich begehre* (und so auch *amare* durch *camare* aus der Sanskrit-Wurzel KA, KAM, *begehren*), bezeichnet eher die Wirkung der natürlichen Neigung und der von der Anziehungskraft der äußeren Form erregten Leidenschaft als das Resultat einer Wahl oder einer Reflexion, das, was die Römer mit dem Wort *diligere* ausdrückten, von *legere*, wählen.« Und es ist gut, daß es so ist. Begehren ist das Unbegrenzte, das Unendliche. Liebe ist der Tod. (Eine neue Bedeutung für das Binom Liebe–Tod.) Und nun müßte ich dazu übergehen, vom Begehren zu sprechen, also davon, was tatsächlich Liebe ist. Aber hier fehlt mir wirklich die Erfahrung oder vielmehr, sie beginnt mir zu fehlen. Die Begierden halten uns am Leben fest wie die Haltetaue die Schiffe im Hafen. Aber nach und nach sterben die Begierden, die Haltetaue zerreißen, ohne daß wir es bemerken, und eines Tages wird unser Schiff ruhig und frei von Begierden in See stechen. Wird sich dann die ›große Hypothese‹ ereignen? Nun müßte ich noch das seltsame Abenteuer berichten, das meinem Freund Aniceto im Jahre 1917 in Saloniki zustieß und das ›direkt‹ das Stichwort »Liebe« erklärt. Dieses Abenteuer war die Begegnung meines Freundes Aniceto mit Psyche, die noch heiß von Tränen und bebend vor Schmerz war, weil Eros sie verlassen hatte, und sie fand in einem Zimmer des russischen Konsulats in Saloniki statt. Aber dieses Abenteuer erklärt wiederum allzu direkt das Stichwort »Liebe«. Und es ist gut, über dieses Stichwort einen Schleier fallen zu lassen. Unter vielen Dummheiten sagte Marcel Prévost einmal auch etwas Richtiges: »*Il y a toujours quelque chose de mal dans l'amour.*«

Literaten, Hass auf. Sueton und Juvenal zufolge, zwei Meistern des Klatsches, wurden die Spiele, die in Lyon (Lugudunum) am Altar des Augustus stattfanden, von Caligula begründet oder wiederbegründet. Wenn die Spiele zu Ende waren, erhielten die Sieger des Rednerwettstreits die Preise, die die Besiegten beschaffen und den Siegern selbst überreichen mußten. Als sei das noch nicht genug, mußten die Besiegten die Sieger lobpreisen. Wenn unter den vorgelegten Werken einige des Wettstreits für unwürdig befunden wurden, mußten die Autoren sie zuerst mit der Zunge auslöschen, dann wurden sie ausgepeitscht und in die Rhône getaucht.

Stendhal, der sich dieses Geschichtchen im Kapitel über Lyon seiner *Memoiren eines Touristen* in Erinnerung ruft, sieht in der »Bestrafung des Literaten« einen Beweis für den Wahnsinn des Caligula. Irrtum. Der Haß auf den Literaten ist universell und ewig, und wenn andere ihn nicht äußern, besser: nicht ›ausüben‹, wie ihn Caligula ausübte, so deswegen, weil ihnen die Macht eines Caligula fehlt oder der Mut, sie anzuwenden. Und wie soll man den Literaten nicht hassen, denjenigen also, der *weiß und zu wissen bekennt?* Diese Variante des Klassenkampfes wird nie verschwinden, weil der Mensch nie müde werden wird, in den anderen das zu hassen, was er selbst sein möchte und nicht zu sein vermag. Und wer begehrt das Wissen nicht, oder wenigstens den Glanz, den das Wissen verleiht?

Napoleon ist der geworden, als den wir ihn kennen, aber er vermochte nicht der zu werden, der er in seinem tiefsten Innern zu sein begehrte: ein Literat. Er beginnt mit fünfzehn Jahren, abgesehen von früheren Versuchen, mit einer Art von jugendlichem Erinnerungsbuch (bemerkenswert ist die Analogie mit den Erinnerungen am Ende), das er *Etappen meines Lebens* nennt. Später schreibt er eine *Geschichte Korsikas* in Briefform. Er schreibt den *Brief an Buttafuoco.* Er schreibt einen kleinen Roman: *Clisson et Eugénie.* Er schreibt einen Dialog: *Le Souper de Beaucaire*.

Und wenn er nicht schreibt, nimmt er sich vor zu schreiben, wie in dem Aufruf an die Soldaten nach Waterloo: »Wenn ich mich entschlossen habe, am Leben zu bleiben, so deshalb, weil ich eurem Ruhm noch dienen will. Ich werde die großen Dinge, die wir zusammen vollbracht haben, *niederschreiben*.« Und wenn er nicht selbst schreibt, läßt er andere schreiben, wie auf Sankt Helena. In einem aufrichtigen Geständnis seiner geheimsten Wünsche hätte Napoleon Arcole, Wagram, Austerlitz hingegeben für ein literarisches Werk, das die Jahrhunderte überdauerte, wie die Werke der großen Autoren, die er so liebte, die er stets wiederlas und die er in Unglück und Unbill meditierte und kommentierte.

Literaten, Haß auf

Die Rhône hat nicht genug Wasser, um den Literaten von seiner Schuld reinzuwaschen, von seiner Schuld, um die er *beneidet* wird.

LITERATUR, ANACHRONISTISCHE. Ich habe *Pietà contro Pietà* von Guido Piovene gelesen. Einige Kritiker werfen diesem Buch seine fehlende Einheit vor. Für mich dagegen ist die fehlende Einheit der Vorzug dieses Buches, besser: sie bezeugt seine »Wahrheit in der Zeit«. Die »Einheit« eines literarischen Werkes, von der *Commedia* bis zu den Romanen von Fogazzaro, war die literarische Widerspiegelung der damals im Begriff vom Universum existierenden Einheit. Aber seit einem Jahrhundert ist die Einheit des Begriffs vom Universum, besser gesagt: ›jene‹ Einheit eben, allmählich abhanden gekommen, und dieser Verlust der Einheit im Begriff vom Universum ist meiner Meinung nach die wahre und tiefe Ursache für die Krise, die die zivilisierte Menschheit in unserer Zeit auf so dramatische Weise durchlebt, eine Krise in der Kunst, im Denken, in den politischen und sozialen Formen, in den Wissenschaften und selbst in der Idee von Gerechtigkeit. (Erscheint es nicht bedenklich, daß die Organisation der

Literatur, anachronistische

Gesetze, die bis zum Aufkommen der totalitären Staaten allen zivilisierten Völkern gemeinsam war, nunmehr bei totalitären Staaten anders ist als bei Staaten mit liberalistischem Regime?) In einem Artikel über den Staat, den ich im Juni in der *Illustrazione Italiana* veröffentlicht habe und der für das Buch *Nach der Sintflut* bestimmt ist, das Dino Terra angeregt hat und das gemeinsam von einer Gruppe von Schriftstellern geschrieben wird, demonstriere ich die Absurdität und den Anachronismus des Staates heute, weil er in der Organisation der Nation jene einheitliche, geschlossene, monotheistische Weltanschauung reflektiert, die in der Vergangenheit von allen akzeptiert wurde und die daher lebendig war, die aber heute nicht mehr von allen akzeptiert wird, nicht mehr der Vorstellung entspricht, die wir vom Universum haben, und die also nicht mehr wahr ist. Dasselbe behaupte ich von der Einheit des literarischen Werkes, das gestern einem lebendigen Begriff entsprach und das heute nur noch die Nachahmung eines untergegangenen Begriffes ist. Sind noch weitere Worte nötig, um zu erklären, warum heute keine Romane von der einheitlichen und geschlossenen Form der *Kartause von Parma,* der *Verlobten,* der *Madame Bovary* geschrieben werden und warum die wenig erleuchteten Autoren, die sich noch heute darin üben, Romane in ›jener‹ Form zu schreiben, *pompiers* sind, tote Arbeit leisten? Um zu dem Buch von Guido Piovene zurückzukommen: ein so rein masochistisches Werk ist eine kostbare Seltenheit auch in unserer gegenwärtigen Literatur, dieser Literatur, die die Dinge nie direkt angeht, die den Euphemismus und das Jesuitentum zu granitener Härte gebracht hat und die nie Interesse für die eigenen Eingeweide gezeigt hat, den Engeln nacheifernd, die das Drama der Verdauungsbeschwerden, der Verdauung und der Ausscheidung nicht kennen.

Luftfahrt. Vor ein paar Tagen schrieb ich über den Heiligen Dionysius, *Areopagita* genannt, weil er dem Areopag von Athen angehörte, aber der Setzer machte daraus *Aeropagita.* Was beweist besser, daß die Luftfahrt nunmehr zu den Gefühlen des Menschen gehört?

Macht des Tragischen. Als der Mensch seinen Kampf mit der Natur und ihren Ungeheuern beendet hatte, war die Macht des Tragischen verbraucht und beinahe erloschen. Von nun an konzentrierte der Mensch seine Aufmerksamkeit auf sich selbst, und der Geist des Tragischen brach aufs neue in den großen Zwisten und den gewaltigen Kämpfen hervor, die der Mensch in seiner eigenen Seele entdeckte. Beispiel der Kunst im ersten Stadium: Aischylos; im zweiten: Ibsen und die Psychologisten. Aber es kam der Tag, an dem die verspäteten Fischer aus dem Ozean der Seele nur noch ein paar übriggebliebene Fischlein herauszogen. Und die Kunst hätte auf Diät gehen müssen, wenn wir, eben wir, nicht den metaphysischen Zustand der Welt entdeckt hätten. Leben und Weiterleben der Macht des Tragischen wurden noch einmal gerettet.

Macht des Wortes. Pius XII. trat auf den Balkon der Peterskirche, segnete mit der behandschuhten und mit Ringen und Edelsteinen geschmückten Hand die anwesende sowie die unsichtbare Menge. Und während er den Ostersegen im Namen des Vaters, des Sohnes und des Heiligen Geistes spendete, verfiel er nach rituellem Brauch in einen Singsang.

Für uns schallte die Stimme des Heiligen Vaters aus dem unsichtbaren Mund eines Lautsprechers, während der Projektion des Films *Luce;* und dennoch offenbarte sich in diesem Augenblick mehr denn je die Macht des Wortes auf eindeutige und überzeugende Weise. Wir begriffen, warum »der Priester singt«.

Macht des Wortes

Der Glaube an die Macht des Wortes ist uralt. Bei den Ägyptern ist er genauso groß wie der Glaube an die Kraft des Ka, der Lebenskraft, beziehungsweise an die schöpferische Kraft der sprechenden Statuen, auf denen die Nekromantie der Ägypter beruht. Das Wort bringt Leben hervor, nichts existiert, bevor es mit Hilfe von Tönen formuliert worden ist. Die Sprache wird von Gott Thot personifiziert, Menschen und Dinge existieren erst, wenn sie von denen, die sie erdacht haben, »von innen nach außen geworfen« werden. Die hieroglyphischen Inschriften, die Hermes Trismegistos diktiert haben soll, besagen, daß »die Sprache alles hervorbringt, was geliebt und gehaßt wird, und nichts ist, bevor es nicht mit lauter Stimme seinen Namen empfangen hat.«

Der Kult des Wortes ging mit einer genau definierten Art des Singens einher. Damit die rituellen Formeln auch zu dem gewünschten Effekt führten, durfte sich die Stimme, die sie aussprach, keinen einzigen falschen Ton erlauben. Die Sänger waren also äußerst wichtig. Thot, der Gott der okkulten Künste, hatte nicht nur den Text der göttlichen Reden beziehungsweise die Zaubersprüche überliefert, die Menschen und Götter in den Besitz von dem bringen sollten, was sie begehrten, sondern gemeinsam mit dem Text auch den Gesang, die Art und Weise, wie der Text ausgesprochen werden mußte. Thot, der sowohl sprach- als auch wortgewaltig war, achtete darauf, daß die, die seine Formeln aussprachen, gut singen konnten, und indem er ihnen die Stimme »einrichtete«, sorgte er für die Wirksamkeit ihrer Gebete. (→A, →Etymologie)

Mädchen für alles. Die Familie von Nivasio Dolcemare macht eine anhaltende häusliche Krise durch. Beherrschendes Thema der Unterhaltungen der Dolcemare ist die Suche nach einem Mädchen »für alles«. Die Freundinnen des Hauses begleiten als Chor die Klagen von

Frau Dolcemare und jammern ihrerseits über ihre häuslichen Krisen, aber das Sprichwort »Geteiltes Leid, halbes Leid« ist nicht weniger unzutreffend als andere Sprichwörter. Wie im Eisernen Zeitalter der Glückseligkeit des Goldenen Zeitalters nachgetrauert wurde, so erinnern sich die Dolcemare der Zeit, als die üppige und kühne Lina sich im Hause bewegte, die Perle, die, wenn sie mit einem redete, *aspettate,* warten Sie, sagte, am Telefon aber *attendete,* gedulden Sie sich, weil sie es für eleganter hielt und wahrscheinlich nicht wußte, daß Messer Ludovico Ariosto in der dritten Auflage des *Orlando Furioso* alle *attendere* durch *aspettare* ersetzte. Aber Lina war eben zu üppig, zu kühn, um ein Leben lang im Hause Dolcemare die Betten zu machen und die Nudeln abtropfen zu lassen, und nach einem kurzen und, wie es scheint, glücklosen Versuch beim Varieté thront sie jetzt an der Kasse eines der größten Kinos der Hauptstadt, und wenn Ruggero, der kleine Sohn der Dolcemare, mit dem Kinogeld in der Hand erscheint, streicht sie ihm mit zärtlicher Hand über den Schopf und läßt ihn umsonst hinein. Und jetzt… Nach einem Aufenthalt von zwei Tagen, oder einem Tag, oder manchmal einem halben Tag verlassen die Mädchen ›für alles‹ das Haus Dolcemare ohne Wiederkehr. Vergebens setzt sich Nivasio Dolcemare an den Flügel und spielt, während das neue Mädchen für alles den Flur bohnert, auf seine sanfteste, einschmeichelndste Art ein Preludium von Chopin, eine *Kinderszene* von Schumann, einen *Liebeslieder-Walzer* von Brahms: Das Mädchen für alles, als hätte es seine Ohren mit denselben Kügelchen verstopft, die Odysseus während seiner Vorbeifahrt an der Insel der Sirenen benutzte, verläßt dennoch das Haus Dolcemare und dessen Harmonien. Nivasio Dolcemare glaubte an den Mythos von Orpheus, wie er übrigens an alle Mythen geglaubt hat, aber jetzt glaubt er nicht mehr daran. Er wird erst wieder daran glauben, wenn sich ein Mädchen für alles findet, das zu den Dolcemare spricht: »Ihre Wohnung gefällt mir nicht, den Lohn, den Sie mir geben, werfe ich Ihnen ins Gesicht, aber ich bleibe trotzdem, weil ich die Musik liebe.« (→Orpheus)

Mandarinentum. Zusammen mit einem Kollegen führte ich eine Wandmalerei aus; da dieser aber mit anderen Arbeiten beschäftigt und nicht so häufig wie ich bei der Malerei war, wurde er von den Leuten, die uns sahen, als der ›Prinzipal‹ betrachtet und ich als der Gehilfe. Allen optimistischen Axiomen, wie »Arbeit adelt«, zum Trotz wird allgemein nicht die Arbeit als ein edler Stand betrachtet, sondern die Muße. Ich weiß nicht mehr, in welcher Gegend die Bauern den Reichtum an der Zeit messen, die man dem Schlaf widmet, und von einem, der spät aufsteht, sagen: »Er hat ein Herrenleben.« Das erinnert mich an das alte Vorurteil, daß der, der wohlhabend ist, »nicht zu arbeiten braucht«, und wenn man diese aberwitzige und höchst unedle Meinung weiterverfolgt, daß man um so höher auf der sozialen Stufenleiter aufsteigt, je weniger man arbeitet, dann erreichen wir die oberste Stufe und den Mandarin, der darauf thront; und er setzt zwischen sich selbst und die Arbeit nicht nur seinen Willen zur Trägheit, sondern das viel überzeugendere Argument seines langen Fingernagels.

Masken und Verkleidung. Manche Verkleidungen sind ein Versuch, sich vermittels Nachahmung der äußeren Erscheinung auch die Tugenden der bewunderten und nachahmungswürdigen Person oder Figur anzueignen, und hinter ihnen verbirgt sich der Traum oder die uneingestandene Absicht eines gänzlichen Einswerdens mit dem Modell. Andere entspringen der Trauer. Bei den Bewohnern der Toskana ahmt der Sohn das Äußere des verstorbenen Vaters nach, um die Erinnerung an ihn zu bewahren. Eines Tages traf ich in Florenz Ottone Rosai und fand ihn verändert, nämlich bärtig. Ich fragte ihn nach dem Grund, er antwortete mir, sein Vater, der einen Bart gehabt habe, sei gestorben. Eine physische Ehrenbezeigung. Der Sohn, der metaphysisch gesehen das Grab des Vaters ist, wird auch zum Denkmal für seinen Vater. Andere Verkleidungen entspringen einem läppischen Ehrgeiz. Aber haben wir das Recht, ihn läppisch zu nennen? So erscheint er uns von außen gesehen und im Licht unserer vorgefaßten Meinung; aber für den ›Beteiligten‹ ist er ein sehr ernstes Motiv, ein wesentlicher Daseinsgrund. Wie für denjenigen, der sich als D'Annunzio verkleidete; wie für Antonio D'Annunzio, den Bruder Gabrieles, der sich als Gabriele verkleidete; wie für die Gestalt aus *Idolo* von Gerolamo Rovetta, die sich als Giuseppe Verdi verkleidete.*

Masken und Verkleidung

Die Ägypter verkleideten die toten Pharaonen als Götter, damit sie sich in Götter verwandelten, und die Annahme ist begründet, daß die Gottwerdung vollständig stattfand. Tutenchamun wurde nach seinem Tod als Osiris verkleidet, und die harte Strafe, die die Schänder seines Grabes traf, bezeugt, daß dank der Verkleidung die Kraft des Gottes tatsächlich auf den Pharao übergegangen war.

Unter dem Faschismus rasierten sich ein paar Fanatiker das Gesicht und den Schädel kahl, um ›zu Mussolini zu werden‹ und durch Nachahmung die Tugenden des Diktators zu erwerben. Wenn man übrigens den Faschismus als ein kolossales und kollektives Phänomen von Homosexualität betrachtet (was die Diktatur in der Tat ist), in dem der Diktator den aktiven und das Volk den passiven Teil darstellt, dann war es Mussolini gelungen – ich weiß nicht, ob bewußt oder unbewußt –, auszusehen wie ein gewaltiges männliches Glied.

Im zweiten französischen Kaiserreich ›ähnelten‹ viele Franzosen Napoleon III. Ebenso werden Alexander, Cäsar, Karl der Große *imitatores* gehabt haben, die der Magie der

* Zu diesen drei ›Imitatoren‹ vgl. mein Buch *Dico a te, Clio,* S. 54.

Ähnlichkeit vertrauten. Bevor das gewöhnliche und einförmige nackte Gesicht aufkam, fragten die Pariser Friseure ihre Kunden, ob sie einen Diplomatenkopf, einen Offizierskopf, einen Bankierskopf usw. wünschten.

Massimo Bontempelli gesteht mir seinen Widerwillen gegen Masken und Verkleidungen. Es ist der Widerwille, den einem die Leute einflößen, die unzufrieden mit sich selbst sind, sich ihrer selbst ›schämen‹, und wenn sie sich schon nicht verändern oder auslöschen können, sich wenigstens bemühen, anders zu erscheinen. Das trifft man häufig, und die Gründe sind offensichtlich. Lesen Sie *Le Masque* von Maupassant, die Geschichte eines alten Damenfriseurs, der dank einer Maske weiter als ein Jüngling lebte. Ganze Völker sind unzufrieden mit dem, was sie sind, und sie bemühen sich durch Verstellung und Verkleidung, anders zu sein oder wenigstes zu scheinen. So die Deutschen. Unter dem Faschismus verkleideten sich auch die Italiener. Oft trägt die Architektur eine Maske. Anläßlich eines Besuchs in Rom, ich weiß nicht mehr, ob es Hitler oder eine andere Persönlichkeit war, wurde die Fassade der Stazione Termini mit einem ›moderneren‹ Äußeren maskiert. Für die »Ausstellung der Revolution« wurde die Fassade des Palazzo dell'Esposizione in der Via Nazionale mit einer falschen futuristisch-rationalistischen Fassade maskiert. Auch diese architektonische Verkleidung entspringt der Scham, weil die Faschisten, selbst Maskierte, sich der bescheidenen und ältlichen Fassade der Stazione Termini und der einfachen klassizistischen Fassade von Pio Piacentini schämten. Im übrigen ist die Maske in der italienischen Architektur eine alte und berühmte Tradition. Viele Kirchen und viele Paläste, von San Giovanni in Laterano bis zum Palazzo Ruccellai in Florenz, haben eine Masken-Fassade, das ist der architektonische Ausdruck des italienischen ›Katholizismus‹, das heißt der ›Sorge um die Fassade‹. Die Protestanten (siehe Mommsen) sagen, den Italienern »fehle die Seele«. Diese ›Sorge um die Fassade‹

macht jeden Widerruf schwierig. Symptomatisch bei den Mailänder Bauten aus der Epoche Piermarinis (und einer vollendeten Kultur) ist das Fehlen der Fassade und die Bedeutung der ›inneren‹ Fassade.

Giorgio de Chirico hat sehr viele Selbstbildnisse gemalt, aber in den letzten Jahren malt er sich ›verkleidet‹. Auf welche psychischen Veränderungen deuten diese Kostümierungen hin?

Wenn man »Maskerade« sagt, meint man etwas Lustiges; das Sich-Maskieren dagegen kommt aus sehr dunklen und tiefen Beweggründen. Man könnte einen grandiosen Katalog zusammenstellen, in dem alle Maskierungen enthalten sind, hinter denen sich sowohl die Menschen verstecken, die anders erscheinen wollen, als sie sind, als auch die Natur, der Himmel und die Götter, die ihn bewohnen. Die Maskerade ist vor allem von sexuellen Motiven bestimmt und besonders von dem Wunsch, ein anderes Geschlecht zu haben. Wir lesen in Goethes Notizen über den römischen Karneval (*Italienische Reise,* Band III, S. 166): »Nun fangen die Masken an, sich zu vermehren. Junge Männer, geputzt in Festtagskleidern der Weiber aus der untersten Klasse, mit entblößtem Busen und frecher Selbstgenügsamkeit, lassen sich meist zuerst sehen. Sie liebkosen die ihnen begegnenden Männer, tun gemein und vertraut mit den Weibern als mit ihresgleichen, treiben sonst, was ihnen Laune Witz oder Unart eingeben.

Wir erinnern uns unter andern eines jungen Menschen, der die Rolle einer leidenschaftlichen, zanksüchtigen und auf keine Weise zu beruhigenden Frau vortrefflich spielte und so sich den ganzen Corso hinab zankte, jedem etwas anhängte, indes seine Begleiter sich alle Mühe zu geben schienen, ihn zu besänftigen …

Da die Frauen eben so viel Lust haben, sich in Mannskleidern zu zeigen, als die Männer, sich in Frauenkleidern sehen zu lassen, so haben sie die beliebte Tracht des Pulcinells sich anzupassen nicht verfehlt, und man muß bekennen, daß es ihnen gelingt, in dieser Zwittergestalt oft höchst reizend zu sein.«

So gelangt man zum Kostümierten par excellence, dem Schauspieler. Die Isolierung, die der Schauspieler im Leben und die seine sterbliche Hülle auf dem Friedhof erfährt, ist vor allem, mag man auch noch so viele andere Gründe anführen, in der zweideutigen Persönlichkeit des Schauspielers begründet, darin also, daß er als Schauspieler ein anderer ist denn als Mensch. Die Reinheit und Klarheit einer Person sind bei uns die Garantie für den moralischen Wert eines Menschen. Wie soll man einem maskierten und kostümierten Menschen trauen und ihn in die Gesellschaft aufnehmen? Aber der entscheidende Grund für die Isolierung des Schauspielers ist sein Schauspielertum selbst: seine physiologische und psychologische Eigenart, ein leeres und durchsichtiges Gefäß zu sein, das nacheinander die Persönlichkeiten verschiedener Figuren aufnimmt. Zerstört oder mindert man diese Eigenart, zerstört oder mindert man den Schauspieler.

Soweit meine Erinnerung zurückreicht, sehe ich, daß die Rampe zwischen Schauspieler und Mensch immer mehr von ihrer trennenden Kraft verliert und daß schädliche Infiltrationen in beide Richtungen stattfinden. Der Schauspieler wollte einfach, natürlich, ›lebenswahr‹ werden, und um mehr Mensch zu werden, ist er weniger Schauspieler geworden, ist er herabgesunken. Ich kenne einen Maler, der unter Realismus versteht, daß man die Maße der Natur millimetergenau und ihre Farben wie eine photographische Reproduktion wiedergibt. Noch immer wissen manche Leute nicht, daß die Kunst Maskerade *(mascarade)* ist. Ich selbst habe noch Gelegenheit gehabt, Schauspieler kennenzulernen, die außerhalb des Theaters das waren, was jeder dieses Namens würdige Schauspieler sein müßte, nämlich Ungeheuer. Außerhalb des Theaters mied man die Nähe des Schauspielers, und zwar aus Angst vor dieser ungeheuerlichen Verschiedenheit zwischen ihm und uns.

Masken und Verkleidung

Nicht nur das Gesicht und der Körper waren maskiert, sondern auch die Gesten und die Stimme. Sie verstehen, was das ist: *maskierte Gestik?* Eine Gestik, die einen außerhalb des Theaters vor Schreck *davonlaufen* läßt, so wie die ausgebreiteten Arme einer Vogelscheuche die Vögel verjagen. Was die maskierte Stimme betrifft, so verstehe ich darunter etwas ganz anderes als das Sprechen, das bis in die letzten Sitzreihen verständlich ist. Heutzutage höre ich und sehe ich den Schauspieler nicht. Der *natürliche* Schauspieler hat seine ›Dimension‹ als Darsteller verloren. Diese Schwächung des Schauspielers, die manchmal bis an die Grenze seiner Auslöschung getrieben wird, ist mir in der neuesten Inszenierung der *Hochzeit des Figaro* durch den Kontrast zur Maskerade der Kostüme und der Bühnenbilder sehr deutlich geworden. Wie kann man bei einem ›kostümierten‹ Akteur ein ›natürliches‹ Gesicht und ›natürliche‹ Hände ertragen? Sie werden ›tote‹ Details, wie das gemalte Gesicht und die gemalten Hände einer Ikone, die von glänzendem Silber umgeben sind. Man hat vergessen, daß der Schauspieler und der Sänger ›Bühnengeschöpfe‹ sind, ›Bühneninstrumente‹, und daß außerhalb der Bühne keine Gemeinschaft und Nachbarschaft mit ihnen möglich ist. Vor einigen Tagen befand ich mich unter den Theaterbesuchern in den Wandelgängen des Teatro Adriano, als ich plötzlich hinter mir eine ungeheuerliche Stimme vernahm. Sie kam in Klumpen hervor wie ein Strom aus dickem, gerinnendem Blut, als käme sie aus einem Körperteil, der sonst keine Öffnungen hat, wie ein Schenkel oder eine Handfläche, sie quoll hervor wie Schlamm aus der Erde, die sich öffnete zu einem Mund und zu Lippen. Beinahe kam mir der Gedanke, es spräche jemand ›durch eine Kanüle‹, als käme die Stimme durch das Röhrchen, das man den Diphteriekranken früher in die Luftröhre einführte. Die Stimme eines sprechenden Hundes, eines sprechenden Pferdes – oder die Stimme einer Giraffe, dieses einzigen vollkommen stummen Tieres, das durch ein Wunder zum erstenmal spricht, um eine neue Sintflut anzukündigen ... Zu Eis erstarrt wandte ich mich um und erkannte einen sehr bekannten Baß des Teatro dell'Opera, ein Mensch-Ungeheuer inmitten all der Menschen, die nur Menschen waren; und instinktiv krümmte ich mich zusammen und trat beiseite, um dieses Ungeheuer vorbeizulassen, ohne von ihm berührt zu werden: den Sänger in seiner ganzen ›Dimension‹ als Sänger.

Nicht ein Quadratmillimeter Haut dürfte auf der ›natürlichen‹ Oberfläche des Schauspielers nackt bleiben. Die Kostüme der Theatermagazine sind verblaßt und haben allen Zauber als Kostüme verloren. Die Gewohnheit hat sie fade und bürgerlich gemacht. Die Kostüme der melodramatischen Tradition gelten nicht mehr als Kostüme, und ebenso die Bühnenbilder. Der Herzog von Mantua könnte auch auftreten und seine Kavatine in Jacke und Hose singen, man würde keinen Unterschied merken. Das Theater erwartet Bühnenbilder und Kostüme, die auch den Eindruck von Bühnenbildern und Kostümen erwecken, als neue Bühnenbilder und Kostüme. Auch die ins Auge fallende Malerei *sieht man nicht mehr.* Ein Beispiel für ›uns entsprechende‹ Bühnenbilder und Kostüme hat Giorgio de Chirico mit seinen Entwürfen für die *Puritaner* (beim Ersten Florentiner Mai) gegeben. Der Tenor Lauri Volpi weigerte sich, das von dem Maler entworfene Kostüm anzuziehen, und betrat die Bühne mit dem alten, aus dem Fundus hervorgeholten Kostüm, in *Straßenkleidung* also. Fragen Sie doch nicht dauernd, warum das Theater dahinsiecht und erlischt. Was bedeutet das Ende des Karnevals? Hat der Mensch keine Lust mehr, sich in Gott, in den Teufel, in den Herrscher, in den Herrn zu verwandeln?

MAUPASSANT. Viele gesellschaftliche Verhaltensweisen der Solarianer stammen aus zweiter Hand. Beachten wir den Gleichklang von Solarianer, den Bewohnern des

Sonnenstaates, und Solarianer, den Mitarbeitern der Zeitschrift *Solaria,* die eine so große Rolle bei der Herausbildung unserer heutigen Literatur gespielt hat. Aus diesem Gleichklang wird der auf philologische Spiele trainierte Leser jene feinen Bedeutungen entnehmen, die die Griechen in der zufälligen Begegnung homophoner Wörter entdeckten und die wir in den Wortspielen und den Kalauern finden.

Maupassant

Auch die Bürger der *Republik* Platons haben ihre Frauen gemeinsam, obwohl bei ihnen die sexuelle Gemeinschaft den beiden oberen Klassen vorbehalten bleibt, die allein in der Lage sind, ihren Wert zu begreifen und sich ihr im Interesse des öffentlichen Wohls zu unterwerfen. Seltsame Auswirkungen einer von Philosophen regierten Republik. Der Kommunismus, wenn auch nur der sexuelle, wird praktiziert von den Oberklassen, von den Richter-Philosophen, die die Vernunft repräsentieren, und von den Kriegern, die den Mut repräsentieren und die Aufgabe haben, den Staat gegen äußere Feinde zu verteidigen und die Bürger zum Gehorsam anzuhalten, während die Monogamie, also sozusagen der sexuelle Kapitalismus, von den Bauern, Handwerkern und Händlern praktiziert wird, die den Instinkt und die Begierden vertreten, das heißt von der Plebs. Noch ein anderes Beispiel für sexuellen Kommunismus, das uns näher ist und tatsächlich vorgelebt wurde: Guy de Maupassant erzählt in seiner Novelle *Mouche* von einem Mädchen, das aus keinem ersichtlichen Grund den Namen dieses gewöhnlichen Zweiflüglers von aschgrauer Färbung trug und das gleichzeitig die Geliebte von fünf wackeren jungen Seineruderern war. Schwerlich hat zwischen den Richter-Philosophen der *Republik* Platons größere Harmonie geherrscht als zwischen den fünf gleichzeitigen Liebhabern von Mouche. Einem von ihnen, »Einauge« mit Namen, war als Vorrecht die Zeit von Samstagabend bis Montagmorgen vorbehalten, der Zeitraum, den die Engländer *weekend* nennen und der einen so großen

Raum in ihrer sozialen Organisation einnimmt; die anderen vier Mitliebhaber teilten sich Mouche an den Werktagen. Die Vollkommenheit des sexuellen Kommunismus der fünf Ruderer zeigt sich vor allem darin, daß es, als Mouche schwanger wurde, keinem der fünf Gefährten in den Sinn kam, auch nur einen Versuch zu machen, nach der Vaterschaft zu forschen. Das Kind wurde tot geboren, und »Einauge« sagt, um den Schmerz der Mutter zu lindern, zu ihr: »Tröste dich, kleine Mouche, *wir machen dir ein neues.*« Ich zweifele daran, daß ein Richter-Philosoph der *Republik* Platons und noch weniger ein Krieger derselben *Republik* imstande gewesen wäre, derart ein Gefühl auszudrücken, das über den sexuellen Kommunismus hinausgeht und zur Metaphysik eines Kommunismus der Vaterschaft aufsteigt. In *Ecce Homo* nennt Nietzsche Maupassant »einen wahren Römer«, aber man begreift nicht, warum. Maupassant war kein wahrer Römer, sondern ein wahrer Pariser Bürger, Gewohnheitsmensch, Chauvinist, von niedriger Intelligenz. Maupassant gehörte zu jener radikalen Spezies der Pariser, die sich nicht an den Umriß des Eiffelturms gewöhnte, und er wollte Paris aus Protest gegen den unanständigen »Leuchter« verlassen, der die Schönheit der *Ville Lumière* verunstaltete. Ein vor wenigen Jahren in der Zeitschrift *Sapere* erschienener Artikel wies nach, daß Paris jedes Recht auf den Titel *Ville Lumière* verloren hat, weil andere Städte, auch in Italien, heute besser beleuchtet sind. Wenn der Nationalismus dahin kommt, absichtlich das Moralische mit dem Materiellen zu verwechseln, können die Länder, in denen diese Formen geistiger Verstopfung aufblühen, leicht ein schlechtes Ende nehmen. Maupassant besaß wenig Intelligenz, aber ein kraftvolles Talent, weil die Intelligenz dem Talent nicht nützt, sondern es eher hindert und zerstreut. Banal, schlampig, nachlässig, von einer bejammernswerten ›inneren‹ Dramatik zerquält, scheint das Leben von Maupassant selbst eine Erzählung von Maupassant zu sein. Die letzten

Jahre wurden vom Wahnsinn verdunkelt. Er hatte das Gefühl, voll Juwelen zu sein, und wollte keinen Stuhlgang haben, um sie nicht zu verlieren. Und hier noch ein anderes Beispiel für sexuellen Kommunismus. Im Jahre 1917 hatten vier Offiziere des Kreuzers *Piemonte,* der vor Saloniki auf Reede lag, gemeinsam eine griechische Geliebte. Ich weiß nicht, ob der sexuelle Bund der vier Offiziere von ökonomischen Gründen bestimmt war, auf jeden Fall kann ich versichern, daß er niemals von dem geringsten Hervorbrechen eines Individualismus getrübt wurde. Ich freue mich, daß ich sogar zwei Beispiele des sexuellen Kommunismus *unter Lateinern* geben konnte, womit ich zum Teil auch den Ruf des sexuellen Absolutismus, der wie eine Wolke auf unserer Rasse lastet, entkräftet habe. Ich will noch hinzufügen, daß das Leben an Bord, dieser ›schwimmenden Republik‹, eher als das Leben an Land zu Gemeinschaftsformen führt. Wir haben Beispiele ganz anderer Gemeinschaften, zu denen das Leben an Bord inspiriert. Guillaume Apollinaire, der gemeinsam mit Ferand Fleuret den Katalog der *Enfer* genannten Abteilung der Pariser Nationalbibliothek zusammengestellt hat – der Name *Enfer* rührt sowohl daher, daß sie in den Kellergeschossen des Gebäudes in der Rue Richelieu liegt, als auch daher, daß sie wirklich höllische Dokumente beherbergt –, zeigte mir im Jahre 1913 einen unter jenen Dokumenten ausgegrabenen Brief Colberts, in dem der Minister Ludwigs XIV. den Kommandanten der *vaissaux du roy* nicht nur riet, die Verbindung von Matrosen zu dulden sondern den ausdrücklichen Befehl gab, daß im Falle der Versetzung eines Matrosen auf ein anderes Schiff auch sein ›Freund‹ mitversetzt werde. Unter den verschiedenen Kriegsschiffen, die im Jahre 1917 vor Saloniki lagen, hatte der Kreuzer *Piemonte*, der klein und untersetzt war, die Rolle des Gianburrasca im Kreis der schwerfälligen und langweiligen Tanten. Die Flugabwehr steckte damals noch in den Kinderschuhen, und wenn eine *Taube* über der Hauptstadt

Maupassant

Mazedoniens erschien (seltsamer Einfall, einem Kriegsinstrument den Namen des Friedensvogels zu geben), eröffnete die *Piemonte* mit ihrem Buggeschütz ein ebenso geräuschvolles wie wirkungsloses Feuer. Man möge aber nicht glauben, das System der gemeinschaftlich gehaltenen Dinge sei gefahrlos. In der Novelle *Die Serviette der Dichter* erzählt Apollinaire, daß einige Dichter einen gemeinschaftlichen Mittagstisch organisiert hatten, und da sie sehr arm waren, hatten sie eine einzige Serviette für alle; einer von ihnen war aber schwindsüchtig, und da die Gemeinschaftsserviette die anderen Dichter angesteckt hatte, starben alle nach kurzer Frist. Ich befürchte, manchem Leser könnte es scheinen, diese Anmerkungen seien nicht mit jenem Ernst gewappnet, mit dem sich sonst die Glossen der gelehrten Bücher rüsten. Durch meine Arbeit in dieser utopischen Sphäre bin ich schließlich zu dem utopischen Glauben gelangt, daß alle meine Leser das Vorurteil der Ernsthaftigkeit überwunden haben, die soviel Dunkel über die gelehrten Gegenstände und das Leben überhaupt breitet, und daß sie begriffen haben, daß die Ernsthaftigkeit ein Hindernis und eine Begrenzung ist und also eine Form von Unintelligenz. Bliebe noch zu sagen, daß das System der Gemeinschaftsfrauen das sexuelle Problem zum Teil löst, aber nur für die Männer, es befreit vom Absolutismus, von der Eifersucht und vom tierischen Eigentumsinstinkt; aber es löst nicht das Problem der Frau, ja, es vergrößert es. Dem System der Gemeinschaftsfrau fehlt die Gegenseitigkeit. Die Gemeinschaftsfrau ist nicht die Sklavin eines einzelnen Mannes, sondern vieler, und also vielmals Sklavin. Vervollständigen wir das Werk Platons und Campanellas und überlassen wir nicht nur die Frauen dem gemeinschaftlichen Gebrauch der Männer, sondern auch die Männer dem gemeinschaftlichen Gebrauch der Frauen. Diese Gegenseitigkeit, die allein die Ungerechtigkeit korrigieren kann, die besonders in den lateinischen Ländern auf den Frauen lastet, wird – ganz zu schweigen von Campanella – nicht einmal von Wells in seiner *Modernen Utopie* in Betracht gezogen, obwohl diese doch von der gesellschaftlichen Ordnung der UdSSR inspiriert ist; man sagt mir zum Ausgleich dafür, daß in Rußland Männer und Frauen in vollkommener sexueller Gleichberechtigung leben, was, als höchst wichtiges Resultat, zur Abschaffung der Prostitution geführt hat. Der Aufruf zur sexuellen Gleichberechtigung ist verfrüht. Erst müssen die Frauengemächer geöffnet werden. Campanella stammte aus Kalabrien. Aus Kalabrien stammt auch unser wohlbekannter Komödienautor, den ich seit über zwanzig Jahren kenne, aber den ich nie in Begleitung seiner Frau getroffen habe.

Maupassant

MAZZINI. Mehrfach hat die sogenannte »faschistische Republik« oder »Repubblica sociale italiana«, wie sie sich selbst gern nennen ließ – dieser Abschaum der Faschistischen Partei, der seine hassenswerte und groteske Existenz auf italienischem Boden im Schatten der deutschen Panzer lebte, verachtet und geschmäht von allen und besonders von den Deutschen selbst, die ihn beschützten –, mehrfach hat diese »faschistische Republik« den Namen Giuseppe Mazzinis für ihre Propaganda benutzt. Die hörigen Zeitungen druckten hin und wieder einen kleinen Abschnitt von Mazzini ab, sie setzten ihn fett und rahmten ihn ein, wie sie zu Zeiten des ›triumphierenden‹ Faschismus nach jeder Rede Mussolinis mehrere Tage lang die ›markantesten‹ Abschnitte dieser Rede abdruckten. Hier sind zwei kleine Abschnitte von Mazzini, der eine im *Giornale d'Italia*, der andere im *Popolo di Roma* erschienen. Ich habe sie ausgeschnitten und zur Erinnerung aufgehoben: »Wir also predigen ohne Unterlaß und mit allem möglichen Eifer: Republik und Einheit. Wir haben die Absicht, das Nötige zu tun, damit das Volk frei, allgemein legal aussprechen kann, was es denkt.« Und: »Das Geschick

 Italiens ist auf unserer Seite. Die Italiener werden bemerken, daß die Irrtümer, die Feigheit, die Unsicherheit von weiter oben herkommen als von dem einen oder anderen Minister, sie sind dem System inhärent, das weder unseren Traditionen noch unseren Bestrebungen entspricht.«

Hier urteilen wir nicht über den philosophischen oder politischen oder sozialen Gehalt der Schriften Mazzinis; aber kann man auch den literarischen Gehalt meinungslos hinnehmen? Diese beiden Stückchen sind schludrig, wirr, ›publizistisch‹! Die republikanischen Argumente, die Mazzini gegen die monarchistischen Argumente vorbringt, genügen noch nicht, um auf Vernunftgründe der Sprache zu verzichten. Aber das soll unter uns bleiben. Der Faschismus war ein Tier, das je nach Moment und Gelegenheit das Fell wechselte und das nacheinander ein monarchistisches, ein katholisches, ein kommunistisches, ein imperiales Fell trug; bis ihm nach dem Verlust der Unterstützung des Königs nichts anderes übrigblieb, als republikanisch zu werden, und es sich auch das republikanische Fell überwarf und mit der ihm eigenen Unbefangenheit Hand an die Schriften des Autors legte, der in der mageren Geschichte des italienischen Republikanertums einen unbefleckten Ruhm genießt. Was riskiert man schon, wenn man die Kollaboration eines Toten usurpiert? Und doch, welche Frechheit! ›Bronzegesichter‹ sagt man zu den unverschämtesten Frechlingen, aber dieses Metall ist noch zu weich für die Gesichter derer, die den Namen von Giuseppe Mazzini benutzt haben, um ihre eigene Niederträchtigkeit zuzudecken, des Mannes, der wohl ein unelegantes Italienisch schrieb, aber eine der reinsten Gestalten unserer Geschichte ist. Die Faschisten werden nach ihren Missetaten beurteilt und bestraft werden; aber wird sich jemand daran erinnern, daß zu den Missetaten der Faschisten auch gehört, den Namen dessen befleckt zu haben, der nach George Meredith »*nourrished by sovereign principles, … despised material present interests, and he was less supple than a soldier«?* Und das Gesindel der faschistischen Republik, das in den Kellern des Palazzo Braschi das Diebesgut der ›Strafexpeditionen‹ versteckte, hat es gewagt, einen Mann zu seinem Komplizen zu machen, der »gegenwärtige und materielle Vorteile verachtete«.

Kommen wir ›zu uns‹ zurück. Ich hasse die Beweggründe, die *auch mich* veranlassen, einen richterlichen Ton anzuschlagen und rhetorische Emphase von mir zu geben, *monter sur mes grands chevaux,* wie die Franzosen sagen. Armer Mazzini! Manche begnügen sich nicht damit, im Leben unglücklich zu sein, sie wollen es auch im Tode sein. Apropos Tod: irre ich, oder schwebt über Giuseppe Mazzini noch jenes Todesurteil, das von den Gerichtshöfen des savoyischen Königreichs gegen ihn erging und das von diesen Gerichten niemals annulliert worden ist? George Meredith sagt von ihm weiter: *»A mind much less supple than a soldier's, anything but the mind of a Hamlet.«* Aber der Autor von *Vittoria* irrt. Wenn Hamlets Charakter die Unsicherheit ist, dann war Mazzini hamletisch, denn seine Unsicherheit – nicht die seines Charakters, sondern die seiner Geschichte – verbot ihm, einen Platz in der Zeit seines Lebens zu finden, und ebenso verbietet sie ihm, einen Platz in der Zeit seines Todes zu finden. Es gibt Männer (siehe Stendhal), die zu ihren Lebzeiten keinen Platz hienieden finden, aber sie finden ihn als Tote. Nicht so Mazzini, für den ich weithin keinen Platz sehe, an dem er, der Schatten, nützlich sein könnte – denn der Daseinsgrund der repräsentativen Männer ist der, eine Lücke auszufüllen, einen leeren Platz einzunehmen, der Menschheit das zu bringen, was ihr noch fehlt. Was an Nützlichem, an Notwendigem kann Mazzini heute tun oder sagen? Er hat gesagt: »Italien ist eine Religion«, und im jetzigen Moment ist die Vaterlandsliebe in ihrer mystischen und frömmelnden Form sowohl in Italien als auch in Europa und der Welt nicht nur nicht nützlich, sondern sie wäre gefährlich wie eine der Formen des Absolutismus, die wir

Mazzini um Italiens und der Menschheit willen mit allen Mitteln, mit allen Waffen bekämpfen und beseitigen müssen.

Während seines Londoner Aufenthalts arbeitete Karl Marx in der Bibliothek des British Museum, und im selben Saal arbeitete ein Leser »von mittlerer Statur, mager, zerbrechlich, den Kopf nachdenklich gesenkt, in einem engen, hochgeknöpften Anzug und in einer lauschenden Haltung.« Marx erfuhr, daß es Giuseppe Mazzini war, und er war ein wenig enttäuscht, denn der Autor des *Kapitals* empfand keine übermäßige Bewunderung für den italienischen Emigranten. Dann lernten sie sich kennen und wurden beinah Freunde. Marx änderte seine Meinung nicht, aber er fügte hinzu: »Ein Ehrenmann.« Verstehen Sie? »Ein Ehrenmann.« Allein wegen dieser Eigenschaft dürfte ein republikanischer Faschist niemals wagen, den Namen von Giuseppe Mazzini in den Mund zu nehmen.

MEER. Eines der wahrscheinlichsten Etyma von Meer ist nach Curtius das aus dem Sanskrit stammende *Maru*, was Wüste bedeutet, eigentlich totes Ding, von der Wurzel *Mar*, sterben. Dieses Etymon entzündet in meinem Geist eine faszinierende Idee, auch wenn sie der Wahrheit nicht entspricht; aber von Natur aus erliege ich eher dem Zauber der Dinge, die außerhalb der Wahrheit sind – jener, die die ›anderen‹ Wahrheit nennen –, und das ist gewiß auch der Grund für die Unmöglichkeit oder zumindest die Schwierigkeiten, die ich habe, mich in die Gesellschaft einzugliedern und in ihr das Bürgerrecht zu erwerben. Denn das Meer ist alles andere als unfruchtbar; es ist höchst fruchtbar, auch wenn es Ungeheuer hervorbringt. Je größer übrigens die Fruchtbarkeit ist, desto mehr Ungeheuer gebiert sie auch. Die reinsten und vollkommensten Typen sind der Schwanengesang der Fruchtbarkeit und die Früchte eines Zustandes, der der Sterilität sehr nahe ist. Das Wesen der Fruchtbarkeit ist es, Vorbote

von Reichtümern, materiellen und geistigen, zu sein, wie es das Meer ist. Das Wesen der Fruchtbarkeit ist es, Kenntnisse, Ideen, Kultur, Intelligenz zu *vermitteln,* der große Helfer des menschlichen Fortschritts zu sein. Es besteht ein Unterschied in der Intelligenz zwischen den Völkern, die eine direkte Beziehung zum Meer haben (wie die Griechen), und den Völkern, die das Meer *nicht* sehen, wie die Russen des Inlands, und diese wären geistig völlig erloschen, wenn in ihren trostlosen Landtiefen nicht die Flüsse zum Teil das Meer ersetzten, und die Russen besingen ja auch ihre Flüsse, die ›Fruchtbarkeit‹ ihrer Flüsse. Eine Art der Fruchtbarkeit ist es auch, Wärme zu bringen, wie das Meer es tut, zu Landstrichen, die sonst unfruchtbar und wüst wären. In der »Legende« von Tamerlan, dieses Binnenlandmenschen par excellence und also par excellence dunkel im Geist, wird erzählt, wie er, von diesem geheimnisvollen Element, das er nie gesehen hat, übermäßig angezogen, die Eroberung Asiens vorantrieb, bis er die Küste Kleinasiens erreichte; aber dort vom Meer her geblendet, das unter ihm glänzte, und gewissermaßen unfähig, diesen Glanz zu ertragen, starb er. Man setze anstelle von Meer »Leuchten der Intelligenz«, und das Beispiel Tamerlan gilt auch für viele andere Fälle. Und doch ist das *unfruchtbare Meer* ein so faszinierender Gedanke, daß ich ihn auch selbst im *Capitano Ulisse* benutzt habe, und ich war so von ihm bezaubert, daß sich in meinem Innern eine Art ›Dokumentation‹ über diese Faszination herstellte, und schließlich war ich davon überzeugt, daß *unfruchtbar* eine Bezeichnung ist, die Homer dem Meer gibt, eines jener festen Beiwörter wie *kuhäugig, rosenfingrig* usw., die ein Bestandteil der Sache sind, von der man spricht, und sehr oft Bestimmungen ihres magischen Wesens. Aber bei einer Überprüfung, die ich in diesen Tagen vornahm, habe ich festgestellt, daß Homer das Meer göttlich nennt, er nennt es wellentönend, er nennt es weiß, er nennt es weinfarben, aber nicht ein einziges Mal unfruchtbar. Ich setzte die Suche in einer Art Verzweiflung fort, und schließlich fand ich das unfruchtbare Meer nicht bei Homer, sondern im zweiten Vers des kurzen Fragments, das vom Hymnus an Poseidon der *Homerischen Hymnen* erhalten ist, die bekanntlich mit Homer nichts zu tun haben.

> *Poseidon, mächtiger Gott, ich beginne den Gesang,*
> *Erschütterer der Erde und des unfruchtbaren Meeres*
> (ἄτρύγετοσ: unfruchtbar).

Bleiben wir einen Augenblick bei den *festen Beiwörtern.* Die geistige Synthese verkürzt den wörtlichen Ausdruck und unterdrückt das Adjektiv neben dem Nomen (dem Namen), die »Hinzufügung«, die es beschreibt. So entstehen die ›Beinamen‹ der Dinge, der Ideen: Sie enthalten und resümieren Namen, Qualitäten, Eigenschaften usw.; denn der literarische Ausdruck ist eine Art riesiges Register, und der wertvollste besteht nur aus Substantiven und ist ganz frei von Adjektiven. Aber das Volk vollzieht diese Synthese von Namen und Beiwort nicht, und des besseren Verständnisses des Namens wegen ist es noch nötig, dem Namen eine Qualifikation hinzuzufügen.

Im südlichen und also mehr *homerischen* Teil Italiens vermag das Volk Männer mit besonderen Eigenschaften, die sie vom Volk unterscheiden, nur dann zu erkennen, wenn sie vor dem Namen auch einen Titel tragen, der diese Eigenschaft bestimmt; und wenn der Titel nicht genannt wird, so erfinden sie ihn selbst, nicht immer der Wahrheit entsprechend, aber meist vom Instinkt eingegeben. Und aus diesem Grund sind in dem ›antiken‹ Teil Italiens (und im allgemeinen bei allen Leuten, die, wie die Bauern, einen starken Sinn für das Alte haben) die Männer oberhalb der Eigenschaft »Volk« entweder *commendatori* oder *professori* oder *eccellenze*, auch diejenigen, die, wie ich, keinen dieser Titel haben und wahrscheinlich auch nie haben werden. »Reizende Gebieterin« sagten die Engländer noch von ihrer Königin Viktoria, und »illustrer Freund« sagen wir noch scherzhaft; aber selten versteckt sich hinter einem Spaß nicht zumindest der Leichnam einer Wahrheit.

Eine genaue Übersetzung der *Ilias* und der *Odyssee* (literarische Spiegelbilder einer sehr reifen Kultur, die aber noch nicht bis zur geistigen Synthese gelangt war, da diese nur als Folge eines gewissen geistigen Liberalismus eintreten kann) müßte auch die Titel übersetzen (Victor Bérard hat das Schiff Odysseus' sehr richtig mit *Kreuzer* übersetzt), und nicht zufällig habe ich im Vorwort zum *Capitano Ulisse* Odysseus *commendatore* genannt. Penelope würde ihrerseits die *gnädige Frau Penelope* werden und so fort. (→Kara-dekitz)

Melancholie. Seelenschmerz, der Traurigkeit verwandt, aber diese quält heftiger *(materieller)*. Auch wenn sie düster und tief ist, findet die Melancholie noch

Quellen von Zärtlichkeit. Man könnte sagen, ihr Charakter ist die Sanftheit. Die Traurigkeit ist verzweifelt, die Melancholie kommt in den ›Pausen‹ der Hoffnung. Wenn die antiken Götter so melancholisch sind, dann deshalb, weil die Unsterblichkeit, jene ›irdische‹ Unsterblichkeit, zu der sie bestimmt (oder ›verurteilt‹) sind, die Hoffnung ausschließt. Wahre Kunst ist oft melancholisch, aber nie traurig. Im Grunde ist das der Unterschied zwischen Traurigkeit und Melancholie. Die Traurigkeit schließt das Denken aus, die Melancholie nährt sich davon. Schauen Sie einmal, wie die »Melancholia« von Dürer ›denkt‹. Sokrates sagt im *Phädon,* daß eine Gottheit eines Tages versuchte, den Schmerz und die Lust zu verschmelzen, und als ihr das nicht gelang, bewirkte sie, daß sie sich wenigstens in einem Punkt berührten.

METAMORPHOSEON. Ich las wieder einmal das Buch von Lucius Apuleius, dessen Originaltitel die *Verwandlungen* ist und das für gewöhnlich *Der goldene Esel* genannt wird. Ich las es zum fünften oder sechsten Mal. Und jedes Mal hatte ich es mit größerem Vergnügen gelesen. Hin und wieder machte ich meinen Geist an einem Wort fest, das entweder besonders bedeutsam oder suggestiv war, und erging mich in Abschweifungen, Überlegungen, Phantasien. Wir, die wir schreiben, messen die Qualität eines Buches in seinem Nährwert.

Gleichzeitig las ich, vielleicht von der Ähnlichkeit des Titels verlockt, die *Verwandlung* von Kafka. Ein untrüglicher Beweis: Dieses Buch las ich »schlecht«. Was für ein Unterschied! Dies ist die Bestätigung, wie einzigartig doch der lateinische Geist ist und wie sehr er sich von den anderen unterscheidet, dies ist – sofern man seiner bedarf – wieder einmal der Beweis, daß zwar nicht nur im lateinischen Geist das heilige Licht der Vernunft leuchtet, daß aber nur in ihm ein heiteres und volles Licht leuchtet.

Metamorphoseon

Die Vernunft geht den Taten voraus und bestimmt ihre Existenz. Das ist eines der schönsten Axiome des »lateinischen Geistes«. Ich weiß nicht, ob es wahr oder falsch ist. Vielleicht ist es falsch. Es mag sein, daß die Taten nicht der Vernunft entspringen, sondern auf irrationale Weise entstehen. Alles ist: Alles kann somit philosophisch bewiesen werden. Das ist letztlich der Grund für das Unglück des Menschen. Aber um nicht unglücklich zu sein, um das »Pflichtthema« des Unglücks zu umgehen, klammern wir uns verzweifelt an das künstliche (mit Kunst gemachte) System und von allen »künstlichen« Systemen an das, was mit der größten Kunst gemacht worden ist: an den lateinischen Geist. Und wir glauben an die Vernunft: an die absolute Existenz der Vernunft, an ihren perfekten Organismus, an ihre unumstößlichen Gesetze, an ihre schützende und heilende Kraft.

In der vernünftigen Phantasie der Antiken ist die Metamorphose, das »Wechseln des Antlitzes« kein irrationaler Akt, keine ungerechtfertigte Monstrosität, kein Wunder, sondern eine Belohnung oder Bestrafung; und manchmal ist sie der poetische Ausdruck einer psychologischen Erkenntnis: wie im Fall der Verwandlung der drei Schwestern in Schwalben. Die Verwandlung Gregor Samsas in »ein riesiges unsauberes Insekt« ist jedoch keine Bestrafung und noch weniger eine Belohnung: Sie ist eine jener schrecklichen, unvorhergesehenen, unerklärlichen, unheilbaren Krankheiten, wie sie in jenen Ländern ausbrechen, die nicht unter der hygienischen Gesetzgebung des »lateinischen Geistes« stehen.

Die Vernunft ist für unsere moralische Gesundheit das, was die Hygiene für unsere körperliche Gesundheit ist. Kafka, der Ärmste, gehörte einer irrationalen, einer empirischen Welt an! Die Vernunft schafft die Vorbedingung für die Gesundheit, und diese Gesundheit, die für die anderen ein wunderschönes, aber fernes Licht ist, ist für uns die natürlichste aller Möglichkeiten. Diese »Pathologie«

des faustischen Menschen ist wahrscheinlich der Ursprung seiner ständigen Angst.

Immer wieder überquerte der faustische Mensch im Lauf der Jahrhunderte die Alpen, strebte er nach der Schönheit unseres Landes, nach der Sanftheit unseres Klimas. Aber ziehen ihn nur Land und Klima an und nicht vielmehr die »moralische Gesundheit«, deren man sich diesseits der Alpen erfreut?

Ich sage nicht, daß die Vernunft, diese moralische Hygiene, die Krankheit ausschließen oder auf immer beseitigen würde (was für ein unmenschlicher und »krankhafter« Zustand wäre übrigens eine ewige und perfekte Gesundheit!), aber sie macht selbst die Krankheit zu etwas Vernünftigem und hält für jede einzelne Krankheit eine entsprechende Therapie bereit! Aber mit welcher Therapie soll man der Krankheit Gregor Samsas begegnen?

Lucius Apuleius wurde ungefähr 125 in Madaura in der Nähe von Cirta, dem heutigen Constantine, geboren. Ein Land der Mysterien und der Magie.

Vor einigen Jahren brach ich eines Morgens von Philippeville auf, dem Hafen von Constantine, und drei Stunden später war das Automobil in Sichtweite der hauchzarten Brücke, die in schwindelerregender Höhe über die Schlucht des Rummel führt.

Constantine befindet sich zur Gänze auf dieser enormen hoch gelegenen Scheibe und ist rundherum von Felsen und Schluchten umgeben. Eine Stadt, die ganz aus Unebenheiten und Felsenschluchten besteht. Das Haus, das mich beherbergte, hatte zwei Fassaden und zwei Eingänge: einen auf Höhe des Erdgeschosses, einen zweiten auf der Höhe des dritten Stockwerkes. In diesem Haus hatte ich ein eigenartiges Abenteuer, aber davon werde ich etwas später erzählen. Constantine ist wahrhaft eine Stadt, die »man entdeckt«. Eine Stadt, wie geschaffen für einen alten Stich oder eine Belagerung. Ein Jerusalem wie das von Buglione, eines Torquato Tasso würdig. Und tatsächlich ist

die Einnahme Constantines eine der malerischsten und spektakulärsten Episoden der Eroberung Algeriens. Aber auch eine der blutigsten. Eine große Schlacht in echt französischem Stil: rote Hosen inmitten des Rauches und der Angriff der *turcos*. Die *mukere*, die so wild waren, wie sie später sanft werden sollten, gossen siedendes Öl von den Mauern herab. Die endgültige Einnahme gelang erst fünf Jahre nach dem ersten Ansturm, so »geschlossen« ist diese Stadt von Natur aus. Sowohl von dieser Brücke aus, die ein technisches Wunder ist, als auch vom Rand jener schrecklichen Schlucht, auf deren Boden das stinkende schwarze Wasser des Rummel fließt, sieht man, wie auf halber Höhe der Felswand Geier kreisen, langsam und schwer von totem Fleisch.

Kaum ragt aus der steilen Felswand ein kleines waagrechtes Fleckchen heraus, liegt dort ein »Sonnenesser«. Er scheint nicht dort zu liegen, sondern eingemauert zu sein. Er ist so unbeweglich wie der Stein, dessen Fortsetzung er bildet. Ob lebendig oder tot, schlafend oder wachend, das weiß man nicht. Die Araber sagen es, die Franzosen haben es übersetzt, und ich wiederhole es aus dem Anstand in ihrer Sprache: *»Partout au monde les oiseaux fientent sur les hommes: aux gorges du Rummel les hommes fientent sur les oiseaux.«* (»Überall auf der Welt kacken die Vögel auf die Menschen herab: in der Schlucht des Rummel kacken die Menschen auf die Vögel.«)

Zu vorgerückter Stunde begebe ich mich in die elende Behausung, die mir die höchste politische Instanz des Departements zur Verfügung gestellt hat. Die Zimmer, die finster sind und hallen wie ein leerer Magen, sind mit häßlichen Gemälden und afrikanischen Gemälden bevölkert. Ich habe die Gewohnheit, vor dem Schlafen ein wenig zu lesen; eine notwendige Ablenkung von meinen eigenen Gedanken. Und da ist eine umfangreiche Bibliothek, die mir ihre strengen Reize anbietet. Auf den Buchrücken glänzt das Gold der Titel. Voltaire, Diderot, eine Erstausgabe von Rabelais, Historiker, Moralisten, Tragiker, Dichter und Prosaisten: der gesammelte Geist Frankreichs, die höchste Blüte des Intellekts bietet sich meiner Lust an. Ich lege die Hand auf den dritten Band der Werke Voltaires, aber nicht nur der dritte Band kommt mir entgegen, sondern das Gesamtwerk des »schrecklichen Philosophen von Fernay«, und für den großen Umfang ist es überraschend leicht. Ich schaue... Es ist eine Fälschung, eine Täuschung: ein Karton, geformt wie mehrere nebeneinandergestellte Bücher, und darin befindet sich die vollständige Ausgabe eines freizügigen Journals aus dem vergangenen Jahrhundert, *Le Voleur*, mit üppigen Schenkeln zwischen den Froufrou.

Sobald der Reisende den Bahnhof verlassen hat, müßte er würdig empfangen werden vom Philosophen, Rechtsanwalt und Redner Lucius Apuleius, dem Autor der *Florida*, der *De Deo Socrates*, *De Dogmate Platonis* und *De Mundo*. Aber nein: der Reisende – und aus welchem Grund, wenn nicht, um die magische Natur dieses Landes hervorzuheben – wird von einem in grünlicher Bronze gegossenen Orpheus empfangen, von einem kleinen, pausbäckigen und lockigen Orpheus, einem Orpheus, der in jenem *joli-joli*-Stil gedrechselt ist, in dem die mittelmäßigen französischen Künstler unvergleichliche Meister sind. Nicht weit davon entfernt setzt uns ein angemessenes Marmordenkmal davon in Kenntnis, daß die Stadt von Konstantin dem Großen auf den Ruinen von Maxentius wiederaufgebaut wurde.

Rund um diese kreisförmige Felsenstadt verläuft sich das Land tragisch in großen, nach einem schweren Sturm erstarrten Wellen. Für eine sensible Nase wie die meine ist hier sogar der Duft des Mysteriums spürbar: Er kommt auf den Flügeln des Giblis: der fette und klebrige Wind, der membranartige Wind, der auf Fledermausflügeln daherfliegt. Er kommt aus der nahen Wüste, dem Bett eines verdursteten Meeres, dem offenen Grab der Menschen aus goldfarbener Bronze. Zwischen diesen Sturzwellen aus grauer Erde, die inzwischen unfruchtbar und mit viel Sand vermengt ist, lief Lucius Apuleius umher und suchte Lemuren und Lamien.

Wenn wir *làmia* anders betonen, erhalten wir *Lamìa.* Und sind in Griechenland. Und das Abenteuer des Lucius – nicht des Autors Lucius, sondern der Person Lucius, was letzten Endes dasselbe ist – beginnt genau in Thessalien. *»Thessaliam – nam et illic origines maternae nostrae fundamenta a Plutarcho illo inclito ac mox Sexto philosopho nepote eius prodito gloriam nobis faciunt – eam Thessaliam ex negotio petebam.«* »Nach Thessalien ging ich – denn dort liegt der Ursprung unserer Herkunft mütterlicherseits, nach dem berühmten Plutarch und fortgesetzt von dem Philosophen Sextus Empiricus, dessen Enkel, der Ursprung, der uns zum Ruhm gereicht – nach Thessalien ging ich der Geschäfte wegen.« Aufgrund glücklicher Lebensumstände kenne ich Thessalien genauso gut wie das Land rund um Constantine, und ich kann für die Verwandtschaft, für die völlige Gleichartigkeit der beiden Landstriche bürgen. Beide sind ein Land der Gespenster, der Hexen, der schicksalsträchtigen und höchst bezaubernden Begegnungen. Hier wie dort verläuft der Boden in Form langgestreckter Wellen, besitzt dieselbe karge, harte, ungenießbare Vegetation, dieselbe trockene, salzige Luft infolge des verdunsteten Meeres. Als Gegenstück zu den kreisrunden Felsen, die dort Constantine tragen, haben wir hier einen Wald verzerrter, schmachtender, tragisch menschlicher Felsen, die in der Sprache der Astronomie Meteore und in der Sprache der türkischen Herrscher *Kalabàka* heißen. Auf diesen Höckern, den Nestern des Christentums, bewahrte sich nicht nur die Sprache, sondern auch das Bekenntnis der Paleologhi und Comneni. Dem stinkenden, eingezwängten, unheimlichen Rummel dort entspricht hier der blonde, offene, wohltönende Peneios. Meine Herrschaften, wir sind in Griechenland.

Metamorphoseon

Wie man weiß, wurde der *Goldene Esel* von Agnolo Firenzuola ins Italienische übertragen und wie auch *Daphnis und Chloe* von Annibale Caro ist diese Version ein Glanzstück italienischer Prosa. Im Finale, das sich ein wenig vom Originaltext unterscheidet, finden wir eines der wenigen Beispiele von Feminismus, die die italienische Literatur aufweist.

Nach so vielen eselhaften Leiden trifft Lucius schließlich jene, die ihn wieder in einen Menschen zurückverwandelt (»Die Rosen töten die Esel«, sagte Aristoteles). Costanza heißt die Rosenträgerin, und sie ist wunderschön. Und Lucius, der sie dankbar zur Frau genommen hat, dankt am Ende ihrem Angedenken (wunderschön und sehr melancholisch ist dieser Gruß an den Schatten): »die nach ihrem Tod nicht lange gezögert hat, mich zu trösten, und, indem sie mir ihren schönen Namen fest und konstant in der Erinnerung bewahrt hat, mich nie wieder zum Esel werden ließ«. In anderen Worten, aber mit derselben Geisteshaltung, sagte Nietzsche vier Jahrhunderte später, daß die »Ehe eine lange Konversation« ist.

Die Legende von Amor und Psyche wurde in den *Goldenen Esel* eingesetzt wie eine funkelnde Gemme. Niemand, nicht einmal Schopenhauer, der doch sonst so erpicht war auf derartige Bissen, hat versucht, das geheimnisvolle »Verbot« dieser Legende zu klären. Psyche muß darauf verzichten, Amor anzublicken, sobald sie mit ihm vereint ist, sonst wird sie strengstens bestraft. Verbirgt sich also hinter dem magischen Schleier und der unaussprechlichen Wollust etwas »nicht zu Betrachtendes«?

»Il y a toujours quelque chose de mal dans l'amour.« Immer steckt irgendein Übel in der Liebe, sagt Marcel Prévost – ausnahmsweise eine intelligente Bemerkung eines Menschen, der sonst so viele Dummheiten von sich gegeben hat.

Mickey Mouse

MICKEY MOUSE. Mickey Mouse ist zu einer derart vertrauten Kinofigur, um nicht zu sagen zu einer derart populären Figur geworden, daß es vor allem in den Kinos, die von den breiten Massen besucht werden, keine Vorführung mehr ohne die tapfere Maus gibt. Und während Mickey Mouse ihre Leinwandabenteuer besteht, sind die Gesichter der Zuschauer zufrieden, außer sich, hingerissen.

Mickey Mouse läßt sie die Probleme des Alltags vergessen, der *struggle for life* tritt in den Hintergrund, sie entführt den sterblichen Menschen in eine Zone der Halb-Unsterblichkeit.

Was also ist diese Mickey Mouse, wenn nicht eine Form von Vulgärsurrealismus, eine Form von Surrealismus, die für alle zu haben ist, ein Surrealismus für kleine Börsen? Mickey Mouse setzt sich tatsächlich über die allgemeine Wirklichkeit hinweg und berührt die »andere« Wirklichkeit: die Wirklichkeit der Dichter. Mickey Mouse erweckt die Dinge zum Leben und macht den Animismus greifbar. Mickey Mouse führt die Zweckbestimmtheit des Lebens ad absurdum. Mickey Mouse führt uns mit der Gelassenheit eines Demiurgen vor, daß jedes menschliche Wesen, jedes Tier, jedes Ding, jedes Objekt das ist, was es ist, und zugleich noch vieles mehr. Mickey Mouse gelingt ganz bewußt der Versuch eines mannigfalten Lebens, das der ehrgeizige Prometheus in einem Augenblick der Trunkenheit, also der Bewußtlosigkeit erfand. Mickey Mouse spielt mit den bewährten Möglichkeiten einer vegetabilen, einer mineralischen Kultur. Mickey Mouse zähmt die Meerestiefen und das Firmament, nähert die Planeten einander, reduziert die Geheimnisse des Universums auf nicht nur menschliche, sondern geradezu kindliche Ausmaße. Mickey Mouse zeigt die Kehrseite jeder Medaille, bekämpft die Finsternis, die der Grund jeder Angst und jedes Aberglaubens ist, stürzt die Statuen vom Podest. Insofern ist die »surrealistische« Mickey Mouse die menschlichste aller literarischen Figuren, die wohltuendste, die »zivilste«.

Mickey Mouse Es stimmt aber auch, daß die Art und Weise, wie Mickey Mouse die Probleme des Universums löst, karikaturhafte Züge hat. Aber von der Karikatur zur Poesie ist es nicht weit, auch Rizinusöl ist in Kapseln eingesperrt worden, und das »Lachgas« hat die Qual des Zähnereißens in einen süßen Genuß verwandelt.

MODE. Die Mode desauvouiert sich selbst aufgrund ihrer Wandelbarkeit. Wir lieben nur das, was sich dem Anschein nach nicht verändert und unseren Durst nach Ewigkeit stillt, auch wenn unser Gefühl im Widerspruch zum wahren Schicksal der Dinge steht; auch wenn wir wie Heraklit im *panta rei* die einzig gültige Definition des Lebens sehen. Warum verehren wir als ewig, was bloß sterblich ist, obgleich genau darin der Grund unseres Unglücks liegt? Wir respektieren »instinktiv« den Menschen, der seinen Vorstellungen treu bleibt, auch wenn er dies vor allem aus Faulheit, Angst, Dummheit tut; genauso wie wir instinktiv den verachten, der seine Ansichten ändert, auch wenn wir zugeben müssen, daß der Sinneswandel gerechtfertigt ist. Und die Mode, das Symbol der Veränderlichkeit und Wandelbarkeit des Lebens schlechthin, ist unserer Meinung nach das Allersinnloseste, Lächerlichste, Verachtungswürdigste. Aber diese Eigenschaften verändern sich mit der Bedeutung der Anlässe, die die Mode inspirieren, ihren Wandel beeinflussen und ihr dabei helfen, vor dem frivolen Hintergrund der Stadt ihre Spiele zu inszenieren, die zuweilen anmutig sind und zuweilen so dumm, daß sie uns beleidigen. Denn auf dem Land stirbt die Mode. Denn dem Land, womit die Natur gemeint ist, gelingt es eher, die Illusion der Ewigkeit zu erzeugen. »Wenn wir von einer Art der Kleidung sprechen, die nicht dem täglichen Wandel unterworfen, sondern etwas beständiger ist, bezeichnen wir sie nicht als Mode, sondern als Tracht, und als Tracht bezeichnen wir auch die Kleidung der

Bauern, denn auf dem Land ist die Kleidung viel weniger Veränderungen unterworfen als in der Stadt.« Die Mode wird manchmal auch von Vernunftgründen inspiriert. Der Reifrock ist lächerlich, aber er hatte die Funktion, die Schwangerschaft einer großen Dame zu verbergen. In diesem Fall schließt die Mode Freundschaft mit der Architektur, und ein »rationales« Kleidungsstück entsteht, so wie ein Haus entsteht: Wenn es sich in einem schneereichen Land befindet, gibt man ihm ein Walmdach, und wenn es sich in einem sonnigen Land befindet, ein Flachdach. Und dann gibt es noch die »reine« Mode (vgl. reine Poesie, reine Musik, reine Malerei), die Mode, die weder den Zweck hat, die häßliche, aber unausweichliche Notwendigkeit zu verbergen, noch, sie zu verzieren, die Mode als Ästhetik (im Kantschen Sinn), die Mode an und für sich. Ganz zum Schluß kommt die Mode als Paraphrase und Imitation, und hier muß der Moralist seine Stimme erheben, denn es handelt sich um eines jener mimetischen Phänomene, die entweder nur lächerlich oder auch respektlos oder sogar beleidigend sind, die den Menschen zum Affen degradieren. Wir bewundern den Mut oder besser gesagt das fehlende Bewußtsein der Lächerlichkeit jener Frauen, die sich ein Täschchen umhängen, das aussieht wie eine Gasmaske im Futteral. Modisch ist im Augenblick auch ein Kleid, das mit großen Taschen versehen ist. Was hat dazu geführt, daß die Frau plötzlich Taschen trägt – die Frau, die nie Taschen trug, wobei es überflüssig ist, darauf hinzuweisen, wie sehr ihr das zum Schaden gereichte und uns in Verzweiflung stürzte. Nur dies: Diese beiden Taschen »paraphrasieren« die Taschen, in denen der Soldat die Handgranaten trägt …

MOHAMMED. Mohammed rühmte sich, weder lesen noch schreiben zu können. Und doch bedeutet *Korân* wörtlich Lektüre, so wie Bibel Buch bedeutet; denn alles, was danach strebt, die Zeiten zu überdauern, muß zum Buch werden. Unheilbar ist der Zwiespalt zwischen der direkten, unmittelbaren Handlung und der indirekten, auf Fernwirkung gerichteten, die der Mensch nicht mit der Hand, sondern mit dem Denken und vermittels des geschriebenen Wortes vollbringt. *Defugiunt avidos carmina sola rogos.* Das Buch bewahrt die denkwürdigen Menschen und Taten. Mehr noch: es erschafft sie. Chateaubriand schreibt in der Einleitung zu *Natchez*: »*Sans Tite-Live, qui se souviendrait du vieux Brutus? sans Tacite, qui penserait à Tibère? César a plaidé lui-même la cause de son immortalité dans ses Commentaires, et il l'a gagnée. Achille n'existe que par Homère. Otez de ce monde l'art d'écrire, il est probable que vous en ôterez la gloire. Cette gloire est peut-être une assez belle inutilité pour qu'il soit bon de la conserver, du moins encore quelque temps.*«

MONTE NAVALE. Schon zum zweitenmal schreibt mir meine unbekannte Freundin vom Monte Navale. Der vorherige Brief kündigte ihre Abreise aus Turin und die Ankunft zu Füßen des nautischen Berges an. Bei seinem Namen sah ich sofort einen Berg in Form eines Schiffes, von Wäldern bedeckt wie von Tauwerk, und das rings um ihn glänzende Meer; ich sah auch die unbekannte Freundin, behende wie ein Matrose kletterte sie den Berg hinauf, löste das Vormarssegel, zog das Vorbramsegel auf und hißte auf der höchsten Spitze die Flagge. Auch eine orographische Dokumentation hatte ich schon für diesen Berg, der als »Monte Navale« für mich feststand: Ich dachte ihn mir als Bruder anderer Berge, die ebenfalls die Anziehungskraft des Meeres spüren, wie der Argentario und der Circeo, und die sich auch von ihren Gebirgsfamilien gelöst haben, der eine vom umbrischen Apennin, der andere von den Monti Lepini, und die auf ihren Granitgesäßen bis ans Ufer des Tyrrhenischen Meeres gerutscht sind, um sich dort wie kolossale und unendlich geduldige Fischer niederzuhocken; aber als einen freieren Bruder, denn er ist nicht nur bis ans Meeresufer gelangt, sondern in See gestochen, und schwimmt dahin, eskortiert von Delphinen, nach dem kühnen Kurs, den die unbekannte Freundin steuert, die das leuchtende Auge des Fernrohrs auf den Horizont richtet und mit der anderen Hand die Kapitänsmütze auf den Kopf drückt, während der Wind hinter ihr die Schlingen des Schals löst und zu sieben Buchstaben aufrollt, die am Himmel stehen: »Leb wohl...«

Aber im zweiten Brief, in dem von Astolfo und dem Hippogryph, den Leibnizschen Syllogismen und dem Heiligen Augustinus die Rede ist, erklärt mir die unbekannte Freundin, daß Monte Navale eine entstellte Form von Monte Nevale ist, weil im Canavese das e in a verwandelt wird, und mit einem Schlag, als würde ein Film rückwärts abgespielt, unterbricht der Monte Navale seine kühne Meeresreise und kehrt zum Ufer zurück, bleibt dort aber nicht stehen, sondern rutscht rückwärts auf seinem granitenen Gesäß den Weg zurück, den er in der Nacht der Zeiten gekommen war, und kehrt heim zu seinen Bergeltern, seinen Gebirgsbrüdern und -schwestern, und zuletzt, als äußerste Verarmung, verliert er sein waldiges Tauwerk und setzt sich ein weißes Wollmützchen aufs Haupt, wie ein Alter, der zu Bett geht, weil leider klar ist, daß ein Monte Nevale ein Berg ist, dessen Schädel den Schnee herbeiruft...

Enttäuscht, ›bestohlen‹, stelle ich mir einen noch weiteren Gestaltwandel vor, der mich für diesen großen Verlust entschädigen könnte: Ich denke an einen Monte Nuvale, weil von Wolken umgeben; ich denke an einen Monte Nivale, weiß wie das Einhorn; ich denke an einen Monte Novale, weil er erst vor kurzem aus der Erde hervorgekommen ist, und ebenfalls an einen Monte Novale, weil er einen Grat mit neun Spitzen hat. Aber das sind trübsinnige Ausweichmanöver, nie hatte sich mir die Etymologie als so feindlich erwiesen. (→Etymologie)

Moro MORO. Das *Lob der Torheit* des Erasmus heißt auf lateinisch *Stultitiae laus* und auf griechisch *Moriàs encómion,* weil Torheit auf griechisch *morià* heißt und der Tor *moròs.* Mit der Entwicklung vom klassischen zum modernen Griechisch haben bei einigen Wörtern merkwürdige Bedeutungsveränderungen stattgefunden. *Asteiotes,* das bei Homer die Bedeutung von städtisch, gebildet hat (von *asti,* Stadt, wie Urbanität von *urbe*) und alles einschließt, was am Menschen höflich und gebildet ist, hat im modernen Griechisch die Bedeutung von *Scharfsinn* angenommen, wie um zu sagen, daß der Stadtbewohner scharfsinnig ist und der Landbewohner nicht (höchst wahr). So hat *moròs,* im klassischen Griechisch »Tor«, im Neugriechischen die Bedeutung »Säugling«, wie um auszudrücken, daß die gerade geborenen Menschen Toren sind. Bemerkenswert, daß für die heutigen Griechen die erste Benennung, die man dem Menschen gibt, *Tor* ist. Es ist auch bemerkenswert, daß *moròs* im heutigen Griechisch sein ursprünglich männliches Geschlecht verloren hat und sächlich geworden ist: *to morò.* Das erweitert und verallgemeinert auch seine Bedeutung. Das konnte Erasmus in sein allzu berühmtes Buch nicht aufnehmen. Vgl. *moròkakos* (töricht und schlecht) als Gegenteil von *kalokàgathos* (schön und gut).

MUTTER. Rom, März 1944. Jemand wurde von der Polizei gesucht, aus einem der Gründe, aus denen damals Leute von der Polizei gesucht wurden. Eines Tages, als dieser Mann bei seiner Mutter in der Wohnung war, erschien die Polizei. Das Hausmädchen kam erschrocken gelaufen und verkündete, an der Tür seien drei Polizisten mit Maschinengewehren, aber die Mutter sagte ruhig: »Sagen Sie, mein Sohn sei nicht da. Für alles andere sorge ich schon.« Die drei Polizisten begnügten sich nicht mit dieser Antwort und wollten die Wohnung durchsuchen. Sie öffneten die Türen zu allen Zimmern: sie fanden nichts.

Sie machten auch die Tür zum Badezimmer auf, es war leer. Aber im Badezimmer befand sich noch eine Tür, und einer der Polizisten fragte, was das für eine Tür sei. Das Hausmädchen antwortete, das sei die Tür zum Abort, und der Polizist riß sie auf, zog sich aber sofort mit dem Ausruf »Verzeihung!« zurück und schloß sie wieder. Auf dem Abortbecken saß eine bejahrte Frau. Die drei Polizisten gingen weg, und nun kam auch der Gesuchte, den seine Mutter hinter der Aborttür versteckt hatte, wieder hervor. Mehr als den Mut und die Gelassenheit in der Gefahr muß man den psychologischen Scharfsinn dieser Frau bewundern, der eingefallen war, daß jeder Mann, selbst ein Polizist, sich instinktiv zurückziehen würde, wenn er eine Frau auf dem Abort sitzen sähe. Erwähnung verdient auch die Überwindung, die dazu gehört, sich in Gegenwart ihres Sohnes auf den Abort zu setzen und die Röcke hochzuziehen. Aber welche Heldentaten vollbringt eine Mutter nicht, um den eigenen Sohn zu retten?

MUTTERSPRACHE. Der Ersehnte aus Rotterdam – Erasmus genannt, weil der Humanismus die lebenden Sprachen verachtete und die toten ehrte und weil das griechische Erasmos »der Ersehnte« bedeutet –, Erasmus stammte, wie die topographische Ergänzung seines Namens angibt, aus Rotterdam, war also Holländer; aber als Humanist hatte er das Latein zu seiner Sprache erkoren, das zu jener Zeit eben das war, was das Esperanto heute nicht zu werden vermochte, nämlich eine Universalsprache; und da er stets lateinisch schrieb und sprach, hatte er das Holländische ganz vergessen. So also lebte der Humanist Erasmus von Rotterdam sein ganzes Leben von neunundsechzig Jahren auf lateinisch, aber als er am 12. Juli 1536 in den Kampf mit dem Tod ging (agonia), weil die Ruhr, die ihn seit dem Frühjahr desselben Jahres quälte und schwächte, schlimmer wurde, fand er im Dämmerschlaf zwischen Leben und Tod die Silben, die Wörter, die Klänge, den Sinn der verachteten und verabschiedeten Muttersprache wieder, und mit stammelnden, ›automatischen‹ Lippen sprach der hochgebildete Latinist in niederem Flämisch aus: »Ich werde deinen Ruhm singen, o Herr« – »O Mutter Gottes, erbarme dich meiner« – *»lieber Gott«.* Ist das nicht ein Zeichen dafür, daß das ganze Leben und das humanistische Werk des Erasmus ein brillantes Kunststück ist und daß nur die Agonie ihn davon entbindet und zur Wahrheit und Spontaneität zurückführt? Ebenso war auch Petrarca gewiß, mit dem Werk *Africa* und seinen anderen lateinischen Werken die Unsterblichkeit zu erlangen, und niemals streifte ihn eine Ahnung, daß er dagegen durch den ›vulgären‹ *Canzoniere* unsterblich werden würde. Und auch das ist ein Zeichen dafür, daß der gesamte Humanismus eine ausgedehnte Erscheinung des Ästhetentums ist, das heißt ein grandioser Versuch, etwas zu sein, was man nicht ist, indem man eine Form benutzt, die für schöner und edler gehalten wird, für höherstehend als die eigene und natürliche Form. Und ich habe mich so viele Jahre lang gefragt: »Was klingt mir nur an der Renaissance so unnatürlich, so künstlich, so falsch?« Es heißt, der Heilige Franziskus habe im Augenblick seines Todes wieder Französisch gesprochen, das seine Muttersprache war.

MYSTIZISMUS. Wer kann uns versichern, daß die mystischen Gründe in uns nicht weiterleben, die Dante veranlaßten, in die Hölle hinabzusteigen; die Homer veranlaßten, Mars in die Kämpfe der Menschen und Venus in ihre Liebesangelegenheiten einzuschalten – oder wenigstens die Erinnerung der Schatten dieser Gründe? Die geheimnisvollen Schöpfungen, die sich in unserem Geist bilden, sind am Anfang wie Lichter inmitten tiefer Finsternisse; aber allmählich erlischt das Feuer, die Finsternis ringsum lichtet sich, und das, was ein ›mystischer‹ Funke war, wird ein kaltes, feierliches Denkmal, aber dauerhaft und von Ewigkeitswert; vor ihm kann nicht nur der einstige ›Leidende‹ stehen, sondern wir alle, Menschen von Vernunft, können uns davor versammeln und es ansehen. Wenn auch anders als für die Heilige Theresa, existiert das Paradies ›auch‹ für uns – eben auf andere Art. *Mystizismus*

NACHBARSCHAFT. Angelo Poliziano singt in seinen *Rispetti Spicciolati* LXXII unter dem Titel *Aspettar Tempo*:

La notte è lunga a chi non può dormirre,
Ma ancora è breve a chi contento giace.

Und Charles Baudelaire singt im *Voyage:*

Ah! que le monde est grand à la clarté des lampes!
Aux yeux du souvenir que le monde est petit!

Diese unerwartete Nachbarschaft zweier Dichter, die sonst einander so fern sind, verdiente angemerkt zu werden.

NÄCHTE DES ZORNS. Im Piccolo Teatro in Mailand habe ich *Die Nächte des Zorns* von Salacrou gesehen. Mich hier kritisch über Theaterarbeit zu äußern ist nicht meine Aufgabe. Übrigens hat seinerzeit mein Freund Renato Simoni erfahren und kompetent über dieses Werk von Salacrou gesprochen. Mir sei jedoch über diese *pièce de la résistance* eine kurze Betrachtung erlaubt. Um den wiederholten Vorbeimarsch deutscher Streifen durch die Straßen von Chartres anzudeuten, erklingt von Zeit zu Zeit hinter den Kulissen ein rhythmisches Fragment, das von einer großen und einer kleineren Trommel geschlagen wird. Man wird zu Eis dabei. Mir hat dieser düstere Rhythmus durch eine Klangassoziation außerdem auch den Kriegsruf der Wilden in Afrika ins Gedächtnis gerufen. Ich kenne diesen Ruf nicht direkt, sondern indirekt durch das Kino, diese Schule der vermittelten Geographie.

Während ich von meinem Theatersessel im Piccolo Teatro aus die Erlebnisse jenes halben Dutzends Franzosen verfolgte, das aus Partisanen und Kollaborateuren besteht, tauchten in meinem Geist Nachtszenen aus afrikanischen Filmen auf, die vom kriegerischen Tamtam beherrscht waren. Meine Phantasie tat das übrige. Und ich sah Europa – das Vaterland des Parthenon und des Dolce Stil Nuovo, der *Nikomachischen Ethik* und des *Traums des Ritters,* des *De rerum natura* und der *Brandenburgischen Konzerte,* des *Sonnenstaats* und des *Deutschen Requiems,* der *Essais* und von *De l'Amour,* der metaphysischen Musen und des Musenführers Apoll –, ich sah dieses, ›unser‹ Europa als ein ungeheures Heideland, auf dem sich die Nacht niedergelassen hat, ohne viel Umstände zu machen, eine anscheinend verlassene Heide, die aber hinter jedem Busch bewohnt ist von verwilderten Menschen, die dort lauern und die, entzündet vom beharrlichen, hämmernden Ruf des Tamtam, aufeinander losstürzen und einander bis zum letzten Knöchelchen zerfleischen.

NAPHTHALIN. Ich sitze an meinem Arbeitstisch, da dringt an meine Nase ein scharfer Geruch nach Naphthalin; und schon muß ich verzichten auf die Seite, die ich eben schrieb, weil alle Ideen, die ich in meinem Kopf gesammelt hatte und gerade formulierte und zu Papier brachte, mit einem Schlag vom Geruch des Mottenpulvers vernichtet worden sind. Das Umräumen nach dem Sommer geht zu Ende, man bereitet sich auf den Winter vor. Gestern habe ich im Wohnzimmer die beiden Zwillingssessel in strengem dunklem Gewand gesehen, ohne ihre sommerlichen Hemden mit den fröhlichen Blümchen. Dort drüben werden offenbar die Wintersachen aus den Schränken genommen, wo sie den Sommer über aufbewahrt wurden, wie Mumien in Leinenstreifen gewickelt und mit Naphthalin einbalsamiert. Im Kopf hatte ich eine kleine Welt gesammelt, und eine größere Welt hat sie unversehens zerstört. Denn der Geruch nach Mottenpulver bringt eine Welt mit sich: einen weiten Komplex von Erinnerungen, die alle miteinander die Welt der Kindheit bilden, die Welt meiner Kindheit, jene Welt, die selbst heute, da ich bei einem halben Jahrhundert angekommen bin, der faszinierendste Teil meiner Vergangenheit bleibt, der geheimnisvollste, mit seinem vertrauten Geheimnis, der dunkelste, mit seiner tröstlichen Dunkelheit – der einzige, zu dem ich zwar nicht zurückkehren möchte (der Gedanke an Rückkehr stößt mich ab, nur die Zukunft ist eine Versuchung für mich, heute mehr denn je), aber an den ich mich gern erinnere und bei dessen Erinnerung ich noch immer die Wärme und die Zärtlichkeit einer Zuflucht finde. Beim Geruch des Naphthalin wird in mir die Erinnerung an die mythische Vorbereitung für den Winter wach. Die Teppiche wurden aus ihrem Sommerschlaf geweckt, aus ihrem »Übersommern«; die Vorhänge kamen wieder hervor. Das Licht im Haus verdunkelte sich, die Echos erloschen in den Zimmern. Die Außenwelt (die Welt der anderen) starb ab, die Innenwelt, meine Welt, wurde geboren. Deshalb liebe ich den Winter und ziehe ihn den anderen Jahreszeiten vor. Deswegen liebte ich ihn auch als Kind, weil der Winter uns aus der Natur herausnimmt, aus den Wäldern von Menschen, aus den Tälern von Menschen, aus den Bergen von Menschen – und uns in uns selbst verwickelt. Er versetzt uns in den einzigen Zustand von Freiheit und Glückseligkeit, der es wert ist, ersehnt und erstrebt zu werden, nämlich die Freiheit und Glückseligkeit, die wir in unserem Geist finden können. In einem Kapitel gegen die Geräusche wettert Schopenhauer gegen die Pferdekutscher, die in der Nähe seiner Wohnung in Frankfurt haltzumachen pflegten und zum Spaß ihre Peitschen knallen ließen – denn jeder Peitschenknall *tötete ihm einen Gedanken.* Sicher ist es bedauerlich, daß ein Peitschenknall, ein plötzliches Geräusch, ein plötzliches

Naphthalin Licht, ein plötzlicher Geruch wie der nach Mottenpulver unsere ›persönliche Welt‹ töten, die wir uns mit soviel Mühe gerade errichten und die wir eifersüchtig zu bewachen und vor Attentaten der Außenwelt zu bewahren suchen. Und dieser plötzliche Naphthalingeruch also ... Jedoch: dieser plötzliche Naphthalingeruch hat zwar die kleine Welt zerstört, die ich vorbereitet hatte und zu Papier bringen wollte, aber er hat sie durch eine andere und größere Welt ersetzt; und das ist die vollkommenste, radikalste Zerstörung, die es gibt. »Man zerstört nur, was man ersetzt«, so hieß eines der Grundthemen von Saint-Simon, das von August Comte wiederaufgenommen und Madame de Stäel in ihren *»Considérations sur les principaux événements de la révolution française«* zitiert wurde. Und das ist verständlich. Nur ist es schwer, zu ersetzen, und also ist es nicht leicht, zu zerstören. Zum Glück! Das bringt den Barbaren, den Untüchtigen zur Verzweiflung: Er glaubt zu zerstören, aber statt dessen sieht er das, was er zu zerstören glaubte, wieder auferstehen; und da er seinen eigenen Augen nicht trauen kann, glaubt er schließlich an Gespenster. Man könnte die Tragödie des Macbeth in diesem Sinne lesen: sein Erschrecken vor dem Überleben dessen, was er – da er unfähig war, es zu ersetzen – nicht hat zerstören können und was er für ein Gespenst hält. Geistig weniger bewegliche, weniger entwickelte, ›irdenere‹ Leute können das Wort Naphthalin nicht aussprechen und sagen *nafetalina.* Eine Auswirkung des Vokalismus, der immer nach dem Einfachsten guckt und die Dunkelheiten oder was man dafür hält, die ›verborgenen‹ Farben, übersieht, der das Leben in eine ununterbrochene Reihe von Vokalen verwandelt, von offenen Tönen, von offenliegenden Wahrheiten, von Offenkundigem. Wie langweilig! Die Verfeinerung des Geistes führt zum geistigen ›Konsonantismus‹. Der größte Teil der Bücher, die erscheinen, ist eine ununterbrochene Reihe von Vokalen, ein Aeiousmus, der auf der ersten Seite beginnt und erst auf der letzten Seite endet.

NATIONALISMUS. In meinem Atelier habe ich drei Porträts und ein Phantasiebild. Vier Besucher treten ein. Sie gehen auf die Porträts zu, zwei interessieren sie besonders, weil sie die dargestellten Personen kennen. Niemand sieht das Phantasiebild an. In dieser kleinen Episode ist der Keim des Nationalismus enthalten. Geistig bewegliche Leser werden mich verstehen. Die Kriege werden erst aufhören, wenn die Leute lernen, sich nicht nur für die Porträts zu interessieren, und besonders für die Porträts der Leute, die sie selbst kennen, sondern auch für die Angelegenheiten und Dinge außerhalb ihres vertrauten und persönlichen Umkreises, das heißt für die allgemeinen Ideen und, falls sie dazu fähig sind, für das Phantastische und, falls sie wirklich starke Lungen haben, auch für die erhabenen Spiele des Lyrismus. In Frankreich lebte ich mit einer mir sehr lieben Person zusammen. Oft erzählte sie unseren französischen Freunden von Italien. Aber sie erzählte auf eine seltsame Art. Sie glaubte, von Italien zu sprechen, aber in Wirklichkeit sprach sie von einem Teil Italiens, nur von Rom, vielmehr von einem Stadtviertel Roms, wo sie geboren ist, in der Nähe der Fontana di Trevi. Ich machte diese mir so liebe Person darauf aufmerksam, daß man eine so weite Angelegenheit wie Italien nicht auf unsere Erinnerungen, unsere Zuneigungen, unsere persönlichen Interessen reduzieren kann; und sie verstand mich, und jetzt erzählt sie – nicht nur den französischen, sondern auch den italienischen Freunden – viel umfassender von Italien, als es die Italiener sonst tun, besonders in Wahlzeiten. Aber wie soll man den drei Großen – allen »drei Großen«, den allzu vielen »drei Großen« – die Grundlagen der wahren Demokratie begreiflich machen?

NERO. Tacitus spricht Nero jeglichen poetischen Geist ab, aber ich halte nicht viel von der poetischen Kompetenz des Tacitus. Sueton wiederum gesteht Nero ein natürliches Talent in der Dichtung zu, und ich bin geneigt, Sueton zu glauben. Er sagt: »Nero schrieb mit Vergnügen und ohne Anstrengung Verse. Es ist nicht wahr, wie einige behaupten (darunter auch der erste Autor der *Annales*), daß er auch fremde Verse als eigene ausgab. Ich habe Schreibtafeln und Papyri in Händen gehabt, auf denen einige sehr bekannte Verse niedergeschrieben waren: Es war seine Handschrift, und man sah sehr gut, daß sie weder abgeschrieben noch diktiert worden waren, dazu enthielten sie zu viele Streichungen, Einschübe und Hinzufügungen. Es war offenkundig, daß Nero sie, den eigenen Meditationen folgend, verfaßt hatte.« Aber das deutlichste Zeugnis sind Neros Verse selbst. Unglücklicherweise sind von den vielen und langen Dichtungen Neros nur zehn Verse erhalten, die sich nicht wegen ihrer Schönheit retten konnten, sondern weil sie als Zitate in anderen Werken stehen. Einer dieser Verse lautet: *»Sub terris tonuisse putes.«* (»Es schien unter der Erde zu donnern.«) Mir gefällt dieser Vers außerordentlich. Ich finde ihn stark und suggestiv. Es gibt keinen Vers von Victor Hugo, keinen Satz von Lautréamont, die ebenso klar und plastisch den Gedanken von der dunklen Mühsal der Erde ausdrücken. Wenn ich Victor Hugo und Lautréamont genannt habe, dann deshalb, weil ich sie für verwandt mit der poetischen Eigenart Neros halte. Dieser herrliche Vers wird von Sueton in seiner kurzen *Vita des Lukan* zitiert, leider mit einer Episode verbunden, die von nicht ausdrückbarer Vulgarität ist (die Liebhaber von Kalauern können aus dem Adjektiv auf den Charakter der Episode schließen). Noch schlimmer. Es scheint, als spiele dieser Vers auf ein Erdbeben oder eine andere unterirdische Erschütterung an, und diese Erklärung mindert in meinen Augen die Schönheit des Neronischen Verses, sie verdirbt sie mir. Bis zum vorigen Jahrhundert glaubten die Menschen, eine feurige Substanz erfülle die Eingeweide der Erde, und die Vulkane seien nichts anderes als die Sicherheitsventile dieser Substanz. In der Antike glaubte man außerdem noch, die Vulkanausbrüche hingen von Wassereinsickerungen ins Innere der Erde ab, und das erweckt den Verdacht, das Werk Neros, aus dem der zitierte Vers stammt, habe einen lehrhaften Charakter gehabt, wodurch auch dieser Vers einen ganz physischen Charakter bekommt und seine ›bewundernswerte‹ Poesie sich verflüchtigt. Denn das beste Mittel, um Poesie von Nichtpoesie zu unterscheiden, besteht für mich in der Abgrenzung von physischer und metaphysischer Poesie. Auf der einen Seite befindet sich das, was Poesie ist, weil es die Dinge der metaphysischen Welt besingt (Dante, Rimbaud, Lautréamont), auf der anderen Seite das, was die Dinge der physischen Welt ›in Verse setzt‹ oder, besser, ›in Schönschrift‹, ›im Sonntagsputz‹ zeigt (Carducci, Parini, die gesamte historische, patriotische, sittenbeschreibende Dichtung, und auch die der Gefühle, der Leidenschaften usw.). Darum jedoch wird die Zahl der ›wahren‹ Dichter immer kleiner, und selbst Lucio Domizio Enobarbo, von dem ich meinte …

NIETZKY, GRAF. Dieser Tage hat Adolf Hitler in der Goethestadt Weimar Frau Förster-Nietzsche einen Besuch abgestattet. Die Ehre galt nicht Frau Förster-Nietzsche in ihrer Eigenschaft als Frau Förster-Nietzsche, sondern als Schwester Friedrichs. Der Ruhm, den diese Dame genießt, ist der Abglanz des Ruhms eines anderen. Damit ist nicht gemeint, daß Frau Förster-Nietzsche nicht auch eigenen Ruhm verdient hätte. Im Leben Friedrichs hat die ehemals kleine und nunmehr neunzigjährige Schwester das Weiche, die Liebe, das Frauliche verkörpert. Nietzsche war ein strahlender Dichter, ein Psychologe, der die Seele mit ultraviolettem Licht durchdrang, aber ein ganz schlechter Don Giovanni. Nichtsdestotrotz war der nachgeborene Zarathustra wie alle anderen empfänglich für das Ewigweibliche, um nicht zu sagen für *sex appeal,* aber diesen Ausdruck möchte ich aus Ehrfurcht vor dem Angedenken

Nietzky, Graf

an diesen äußerst keuschen Idealisten vermeiden. Er verliebte sich zwar immer wieder über beide Ohren, aber keine der von ihm angebeteten Frauen kam auch nur im entferntesten auf die Idee, seine leidenschaftlichen Gefühle zu erwidern. Sein Liebesleben war eine lange Folge von Fragen ohne Antworten, ein schreckliches Fiasko. Nicht aus Prinzip und auch nicht aus Koketterie war er Asket, sondern aufgrund höherer Gewalt. Dieser dionysische Geist, der ausgelassen und bildlich gesprochen auf den höchsten Gipfeln tanzte, war das Gegenteil des *danseur professionnel* schlechthin. Er hegte eine tiefe Liebe für Cosima Wagner, die er, da er in der Tiefe seiner Seele ein griechischer Ehrenbürger war, Ariadne taufte. Er wurde von einer intellektualistischen Sirene namens Lou de Salomé, die unter der Aufsicht einer üppigen und schrillen Mutter ganz Europa bereiste, umgarnt, verführt, bezirzt. Nietzsche bot ihr sein Herz an und seine Hand, die sie annahm. Der ungeliebte Dichter, der jungfräuliche Hellenist stand also kurz davor, das Brautgemach zu beziehen. Aber am Abend vor der Trauung ließ die Schmalspur-Salomé den verliebten Philosophen sitzen und brannte mit seinem besten Freund durch: Paul de Rée. Er mußte mit Fräulein von Meysenbug vorliebnehmen. Aber die war eine fürwitzige und verrunzelte alte Jungfer, die ihm keinen anderen Trost bieten konnte, als ihm die *Maximen* von La Rochefoucauld vorzulesen, die er selbst nicht lesen konnte, weil er an einer Lidrandentzündung laborierte. Nach jeder Niederlage lief der arme Fritz zu seiner lieben Lisbeth, die ihn mit weiblicher Güte und im Rahmen ihrer schwesterlichen Möglichkeiten für die erlittenen Enttäuschungen entschädigte. Als Nietzsche schließlich verwirrt und phantasierend aus dem königlichen Turin ins großherzögliche Weimar gebracht wurde, erwies sich Elisabeth als äußerst aufmerksame und liebevolle Krankenschwester für diesen außergewöhnlichen Kranken. Zehn Jahre lang dauerte die Krankheit: Qualvoll waren die ersten Jahre, etwas ruhiger schließlich die darauf folgenden, und heiter, glücklich beinahe die letzten. Sie wohnten in den Hügeln, mit Ausblick auf die Stadt und den Fluß, der sich durch diese schlängelt. Sie saßen auf der Terrasse. Langsam kehrte seine Erinnerung zurück. Eines Tages sagte er. »Nicht wahr, Lisbeth, ich habe doch viele gute Bücher geschrieben?« Sie unternahmen kurze Spaziergänge. Einmal trafen sie ein blondes, engelsgleiches Bauernmädchen. Nietzsche legte ihr die Hand auf den Kopf und fragte: »Nicht wahr, Lisbeth, das ist das Bild der Unschuld?« Schließlich starb er. Lisbeth widmete sich ganz seinem Angedenken, sie verwahrte sorgfältig und beflissen Papiere und Erinnerungen und hütete gewissenhaft das Nietzsche-Archiv. So groß diese Verdienste auch sind, rechtfertigen sie doch nicht die Ehre, die ihr vom *Reichspräsidenten*[1] zuteil wurde. Wenn wir uns nicht irren, hat diese Huldigung symbolischen Charakter, sie soll unter Beweis stellen, daß der Führer Nietzsches Größe anerkennt, und andererseits Nietzsche posthum ein Bekenntnis zum Faschismus abringen. Schlicht und einfach ausgedrückt geht es dabei wie immer darum, daß ein Toter spricht oder besser gesagt zum Sprechen gebracht wird. Nun ist die »Philosophie mit dem Hammer« das einzige, was das heutige Deutschland an Friedrich Nietzsche ehren kann. In diesem Punkt darf es keine Zweifel geben. Aber die »Philosophie mit dem Hammer« ist allenfalls ein Teil von Nietzsches Werk, wenn auch der schrillste, der rhetorisch aufgeblasenste, der leerste. Den wahren, tiefen, dauerhaften Wert Nietzsches finden wir romanischen Menschen, die wir uns bei diesen Dingen auskennen, woanders: beim »griechischen« Nietzsche, beim »italienischen« Nietzsche, beim »katholischen« Nietzsche, beim »klassischen« Nietzsche, bei dem Nietzsche, der ein Meister des Stils war. Denn das Besondere an Nietzsche war gerade diese unablässige, pathetische, verzweifelte Bemühung, sich selbst und damit alle Deutschen von der

Nietzky, Graf

[1] Im Original deutsch.

Nietzky, Graf

»Schuld« zu erlösen, die auf der germanischen Rasse zu lasten und ihr jahrhundertelanges Streben zu rechtfertigen scheint, zu werden, was sie nicht ist. Was den »antideutschen« Nietzsche erklärt, den »antiwagnerianischen« Nietzsche, den »freiwillig im Exil lebenden« Nietzsche, den Nietzsche, der die »deutsche Schwerfälligkeit geißelte«, den Nietzsche, der sich seiner hypothetischen polnischen Wurzeln rühmte und seines weniger hypothetischen Namens »Graf Nietzky«. Vielleicht täusche ich mich, aber ich glaube nicht, daß der *Reichspräsident* gerade diesem typisch »nietzscheanischen« Aspekt Nietzsches Ehre erweisen wollte. Derselbe Aspekt, nämlich die unablässige Bemühung, vom Deutschtum erlöst zu werden, findet sich auch bei Heinrich Heine, und wir wissen, daß das Denkmal, das auf einem Platz in Frankfurt zur Erinnerung an diesen durch und durch romantischen Dichter errichtet worden war, auf Befehl des Nazi-Propagandaministeriums abgerissen worden ist.

NIETZSCHE. Friedrich Nietzsche ist angeklagt worden, diese Zeit der Gewalt inspiriert zu haben. Die Diktatoren hatten seine Worte zu den ihren gemacht, und Hitler, der Mussolini eine Freude machen wollte, sandte ihm eines Tages als Geschenk die gesammelten Werke dessen, der den Tanz auf dem Schädel als die höchste Errungenschaft des Menschen pries. Und als vor dreizehn Jahren Frau Elisabeth Förster-Nietzsche, die Verwalterin des Nietzsche-Archivs, ohne Mittel war, da war es Benito Mussolini, der das Archiv vor der Zerstreuung in alle Winde rettete, der ihr zum Zeichen seiner angeblichen ideologischen Verwandtschaft mit Friedrich einen Scheck über einhunderttausend Lire schickte. Worauf gründet sich diese Anklage?

Auf einen der üblichen Interpretationsfehler. Besser: Stilfehler. Noch besser: den üblichen Mangel an geistiger Bildung, vielmehr an Bildung tout court.

Vor einem Bild, das keinen realistischen Anblick wiedergibt, fragt der intellektuell ungebildete Mensch: »Was bedeutet es?« *Nietzsche*

Der ungebildete Mensch ist ein Zweckmensch. Er glaubt, alles hienieden habe einen Zweck, und dieser Zweck sei in der Bedeutung der Dinge selbst angezeigt. Und er glaubt, je höher ein Intellekt stehe und je größer ein Geist sei, desto mehr seien ihre Gedanken und Handlungen auf einen Zweck gerichtet.

Diese Annahme ist auch der Grund für die Religion. Auch eine psychische Ursache erhält also Gott am Leben.

Der intellektuell ungebildete Mensch verbindet Wert mit Zweck. Er denkt nicht, daß das Leben auch keinen Zweck haben könnte; daß Gott dem Leben auch fehlen könnte. Er meint, das »zwecklose Handeln« sei die Sache frivoler oder geradezu wahnsinniger Leute. Er kann nicht verstehen, daß es auch Handlungen – ›große‹ Handlungen – ohne einen Zweck geben kann. Infolgedessen begreift der intellektuell ungebildete Mensch den Lyrismus nicht, diese par excellence »zwecklose« Angelegenheit. Er kennt den Lyriker als menschlichen Typ nicht – diesen ›höchsten‹ menschlichen Typ.

Der Lyrismus ist eine Lebensform, Intelligenz, Aktion jenseits aller Zwecke, jenseits von all dem, was man im praktischen Leben, im physischen – und im metaphysischen – für einen Zweck hält. (Auch Gott ist ein praktischer Zweck, sogar der erste und höchste praktische Zweck, den der Mensch sich hienieden geschaffen hat.)

Die Menschen verwechseln das, was einen Zweck braucht, um sich selbst zu rechtfertigen, mit dem Lyrismus, der keinen Zweck braucht, weil er jenseits aller Zwecke ist; und aus dieser Verwechslung entstehen die absurdesten Irrtümer, wie der, Nietzsche die Gewalttätigkeiten und die Ungerechtigkeiten vorzuwerfen, die von den totalitären Staaten zur Demonstration ihrer Kraft, ihres Realismus, ihrer Freiheit von Sentimentalitäten begangen wurden.

Nietzsche Nietzsche ist ein Lyriker. Er ist das typische Beispiel für einen Lyriker. Er ist der lyrisch vollkommenste Mensch, den ich kenne. Sein Werk, sein Leben selbst sind lyrische Fakten. Sein Philologismus, sein Philosophismus, seine Philosophie mit dem Hammer, sein Wille zur Macht, sein Politizismus, seine Ideen über die Staaten und über den Krieg sind Formen des Lyrismus; und daß seine Poetik selbst auch eine Form von Lyrismus ist, sage ich nur deshalb nicht, weil man mir auf so gewundenen Wegen nicht folgen würde. Ergo müssen Nietzsches Philologie, Philosophie und Politik *more lyrici* betrachtet werden, abgelöst von jeglichem Zweckdenken, als ein Spiel. Weil Nietzsche ein Lyriker ist. Er ist nur Lyriker. Er ist auch Lyriker, wenn er von Bismarck oder Crispi spricht; und Bismarck und Crispi werden bei ihm zu lyrischen Themen. Er ist ›bloß‹ Lyriker, das heißt von jeglichem praktischen Zweck gelöst. Nennen wir das richtige Wort: er ist ›zweckfrei‹. Daher müssen seine Gedanken und Worte zweckfrei aufgenommen werden, als lyrische Erleuchtungen. Nie darf man sich bei einem Gedanken Nietzsches fragen: »Was bedeutet das?« Noch weniger ihn wörtlich nehmen oder interpretieren und auf das Gebiet übertragen, wo die Dinge einen Zweck haben und »um eines Zieles willen« getan werden. Das wäre wie eine Torte aus Schießpulver backen oder Statuen aus Puder formen.

Stellen wir uns die Überraschung, dann den Schmerz, schließlich die Verzweiflung Nietzsches, dieses lyrischsten aller Menschen, vor angesichts der ›Verantwortung‹ für die Gewalttaten, die Kriege, die Blutbäder, die Deportationen, die Folterungen, die Morde, für die Massaker am Geist und am ›Geistigen‹.

War es vielleicht die drohende Vorahnung dieser ungeheuerlichen Verantwortung, die Nietzsche in den Wahnsinn stürzte?... Viel weniger würde genügen.

Nichts, ihr dunklen Menschen, hat in Nietzsches Worten die Absicht, die »ihr meint«. Man müßte eine Regel einführen, durch die dieser unsterblichste aller Irrtümer vermieden würde. Art von Art trennen. Verbieten, daß die dunklen Menschen sich mischen mit den Licht-Menschen, daß sie von deren »unverständlichen Worten« Gebrauch machen. (→NIETZKY, GRAF) Nietzsche

NIOBES EMPÖRUNG. *Fama mali populique dolor lacrimaeque suorum / Tam subitae matrem certam fecere ruinae! Mirantem potuisse irascentemque quod ausi! Hoc essent superi, quod tantum iuris haberent.* »Die Stimme der Öffentlichkeit, der Schmerz des Volkes, die Tränen ihrer Verwandten haben der Mutter diese plötzliche Katastrophe mitgeteilt (sie haben Niobe die Ermordung ihrer sieben Söhne mitgeteilt), und sie ist verwundert, daß die Götter das haben tun können, und empört, daß sie das gewagt haben und daß ihr Recht so weit geht.« (Ovid, *Metamorphosen*, I, IV). Niobes Empörung beleuchtet die Beziehung zwischen Sterblichen und Unsterblichen und zugleich den ›antiken‹ Begriff von Autorität. Die Griechen hatten sich ihre Götter mit großer Klugheit gemacht, mit jenem Maß, das zwischen ihrem physischen und ihrem metaphysischen Leben einen Ausgleich herstellte. Das sprichwörtliche *pan metron àriston* und seine lateinische Entsprechung *est modus in rebus* treffen sogar für die Autorität und die Macht der Götter zu. Möge es eine übergeordnete Autorität geben, da sie notwendig ist (die Notwendigkeit einer übergeordneten Autorität, die die Griechen in begrenztem Umfang empfanden und die ich überhaupt nicht empfinde, wird hoffentlich eines Tages von niemandem mehr empfunden werden, wenn die poetische Sehnsucht des Lukan verwirklicht ist: *Veniet felicior aetas*), aber ihre Gewalt und ihr Einfluß mögen ein rechtes Maß nicht überschreiten. Dieser Zügel, den der Mensch der göttlichen Autorität anlegt, diese Kontrolle, die der Mensch über das Verhalten seiner eigenen Götter ausübt, diese metaphysische Demokratie sind der Hauptgrund für die tiefe Freiheit und

Niobes Empörung Geistigkeit und Menschlichkeit des griechischen Wesens. Welch ein Unterschied zwischen diesen Göttern der *maßvollen Gewalt* und einem Zebaoth, bei dem jeder Gedanke, jede Tat ein Exzeß ist, eine Beleidigung für jedes Maß, das wir im physischen Sinne Kultur und im metaphysischen Sinne Harmonie nennen! Jedoch auch diese höchst maßvollen Götter verlieren manchmal das Gefühl für das Maß *(errare divinum est)* und übertreiben. Wie im Falle von Apollo und Diana, die sich herausnehmen, die sieben Söhne und die sieben Töchter Niobes zu töten, nur um ihre Mutter Latona zu rächen, die trotz ihres mit Zeus begangenen Ehebruchs nicht mehr als zwei Kinder bekommen hat. Niobes Empörung schließt ein, daß die Götter, *die zu weit gehen,* bestraft werden müssen. Was für ein schönes Exempel wäre es doch, den Göttern den Prozeß zu machen, sie zu verurteilen und zu bestrafen wegen *Mißbrauchs ihrer Amtsautorität!* (→MUTTER)

NORA. *Ein Puppenheim* wurde zum erstenmal im Winter 1879 in Christiania aufgeführt, und der Streit, der darüber entbrannte, erreichte eine solche Temperatur, daß die norwegischen Damen, die um die Würde ihrer Salons besorgt waren, auf ihren Einladungsbillets baten, das Drama des Herrn Ibsen nicht zu erwähnen. Allmählich kühlte sich der Streit ab, und schließlich erlosch er ganz, und als am Abend des 14. März 1941, zweiundsechzig Jahre nach der Uraufführung, *Ein Puppenheim* in einem römischen Theater in einer seltsamen Atmosphäre zwischen Erfolg und Fiasko über die Bühne ging, äußerte mir gegenüber einer der gebildetsten und aufgeklärtesten Zuschauer, die von Ibsen in *Ein Puppenheim* vertretene These habe nunmehr jegliche Daseinsberechtigung verloren. Stimmt das? Nein. Das ›Noratum‹ ist noch immer aktuell, und besonders für uns Italiener ist es von brennender Aktualität.

Aber was ist ›Noratum‹?

Das Noratum ist das Problem der weiblichen Seele. Wer das Noraproblem negiert, das heißt, wer Nora Helmer das Recht abspricht, von ihrem Mann das Eintreten des ›Wunders‹ zu fordern, der spricht damit auch der Frau eine Seele ab.

Ist das möglich? Nicht immer war die Existenz einer weiblichen Seele ein Thema, über das man nicht sprach. Im 6. Jahrhundert wurde die Frage einer weiblichen Seele von der Synode zu Orange diskutiert, und es ist nicht auszuschließen, daß noch heute … Andere, wie Jung, sprechen der Frau die Existenz einer Seele nicht ab, aber schreiben ihr eine ›andere‹ Seele zu.

Die frühchristliche Kirche, die teilweise die Formen der Synagoge fortsetzte, welche der Frau keine ›religiösen Rechte‹ zuerkennt, war so kühn, einen antifeministischen Kult zu zelebrieren, genauer einen afeministischen, und die orthodoxe Kirche, die noch heute Formen der urchristlichen Kirche fortführt, bewahrt im Gynecon – der wohlgemerkt nicht nur dem Brauch dient, in der Kirche Männer und Frauen zu trennen – die Erinnerung an jenen ursprünglichen Afeminismus. In entsprechenden Proportionen hat die allerdings ein wenig schwerfällige Institution des Marientums innerhalb der Christenheit dieselbe Wirkung gehabt wie fünfzehn Jahrhunderte später Henrik Ibsen, diese zweite ›religiöse‹ Seele, in der säkularisierten Welt. Nora Helmer verläßt in jener Nacht ihr Puppenheim, weil ihr Mann sie wie eine Frau *ohne Seele* behandelt. Versetzen wir uns an ihre Stelle. Wer von uns würde es hinnehmen, als ein seelenloser Körper behandelt zu werden?

Die Seele ist unser bester Teil, unser Stolz. Die Seele ist in uns, wird mit uns geboren, aber nicht in allen Menschen ist sie auf dieselbe Weise lebendig. In vielen ist sie untätig, in vielen erloschen, bei vielen ist sie vorhanden, aber zurückgebildet wie die Muskeln unserer Ohren.

Nora Die Seele der Frauen war zugegen, aber zurückgebildet. Bis sie aus dem Schlaf erwachte, zu leben und sich zu regen begann. An dem Tag, als auch Nora fühlte, daß sie eine Seele hatte, und als sie sah, daß Thorwald es nicht bemerkte, verließ sie das Puppenheim, weil sie es nicht ertragen konnte, daß ihr Mann nur eine Hälfte, und die schlechtere, von ihr anerkannte.

Aus welchen Gründen verläßt Nora das Puppenheim? Aus dem obengenannten Grund und auch aus verletztem Stolz, wie jemand, der Gedichte macht, aber von den anderen nicht als Dichter anerkannt wird. Und auch aus *Scham*. Denn die Seele gehört uns zwar, aber zwischen ihr und uns liegt ein ›unüberwindlicher‹ Abgrund, niemals werden wir mit ihr ganz und tief vertraut. Wir leben vielmehr in der Sorge, oft auch in der Furcht, immer in dem Bestreben, sie zufriedenzustellen und vor allem vor ihr *gut dazustehen*.

Die Seele ist unser Zeuge. Wenige unserer Handlungen sind zutiefst und gänzlich *unser*, das heißt von unserer Seele inspiriert, geführt, ›geformt‹, und daher sind wir mit wenigen unserer Handlungen vollkommen zufrieden. Alles andere tun wir ohne den Willen und die Beteiligung der Seele; entweder zufällig oder instinktiv, oder weil es ›die anderen‹ wollen, oder überhaupt ohne einen Grund. Unsere Seele beurteilt diese Handlungen mit Strenge. Im Grunde ist sie ein anspruchsvoller und pedantischer Eindringling. Wie konnte Nora das Spiel eines ehelichen Lebens mit Thorwald weiterspielen, eines Lebens, das plötzlich absurd, lächerlich und beschämend geworden war, seitdem sie eine Seele in sich spürte? Wie konnte sie vor allem unter dem strengen Blick ihrer ›wiedergeborenen‹ Seele ihre intimen, geheimen Spiele mit Thorwald fortsetzen? Wie ist es möglich, diese Spiele unter dem kühlen und leidenschaftslosen Blick eines Fremden weiterzuspielen? Nicht daß Frauen mit einer hellwachen Seele diese Spiele nicht spielen könnten, im Gegenteil. In diesem Fall müssen die Seelen ebenso wie die Körper Komplizen des Spiels werden und die Scham über die Sünde teilen. Noras Seele aber begegnet keiner Komplizenschaft in der Seele von Thorwald, sie muß kalt und untätig zusehen und urteilen. Auf diese Weise entstehen Abscheu und Ekel…

Aus welchen Gründen spricht man der Frau eine Seele ab? Aus Egoismus; aus der Lust an einer niedrigen Herrschaft; um der Frau keine Waffe in die Hand zu geben; um das Kapital nicht mit ihr zu teilen; vor allem, um uns vor der Frau als Mann-Gott aufzuspielen und sie zu überzeugen, daß sie, sollte sie den Wunsch nach einem höheren Leben verspüren, aus der Seele des Mannes schöpfen muß.

Aus politischen Gründen. Weil die Seele eine *politische* Tatsache ist. Genauer: Die Seele ist der politische Teil des Individuums. An dem Tag, an dem die Frau in sich das Vorhandensein einer Seele spürt, erwacht sie politisch und verurteilt und zerbricht die politische Situation, die nur den Mann begünstigt. Denn der Mann spricht nicht nur der Frau die Seele ab, sondern auch anderen Männern, und auch manchen Völkern; und der erste Kanonendonner eines ›Unabhängigkeits‹-Krieges ist für die Völker dasselbe wie das Geräusch der ins Schloß fallenden Tür, als sich Nora Helmer in jener Nacht für immer von der sanften Tyrannei des Puppenheims befreit.

Was für eine ›Geborene‹ ist Nora Helmer? Seltsam, daß Ibsen drei lange Akte hindurch die Befreiung Noras vorbereitet und nicht daran denkt, sie zuerst aus der Knechtschaft des Namens ihres Mannes zu befreien und ihr ihren Namen als unabhängiges Geschöpf zurückzugeben. Wenn verheiratete Frauen ihren Mädchennamen an den Namen ihres Ehemannes anhängen, nur weil sie »Man nennt mich Mimì« singen oder auf dem Flügel die *Regentropfen* von Chopin spielen oder die Faraglioni auf Capri in Brandmalerei darstellen, dann hätte Nora viel eher das Recht, ihren Mädchennamen wieder anzunehmen, sie, die als erste die eheliche Knechtschaft zerbricht und den anderen Frauen zur Führerin wird. Aber Ibsens Vergeßlichkeit ist vom Ruhm wiedergutgemacht worden: niemand kennt Frau Helmer, alle kennen Nora.

Das erste Anzeichen einer ›italienischen‹ Nora, das ich entdeckte ... Noch immer herrscht in Italien ein gegenreformatorischer Geist, der, auch wenn er es nicht offen erklärt, der Frau eine Seele abspricht. Auf vielen Teilen unserer Halbinsel lastet noch der Geist des Rechtsanwalts Helmer. Zarathustra rät: »Wenn du zum Weibe gehst, vergiß die Peitsche nicht.« Das sagt derjenige, der mit »Der Gekreuzigte« unterschrieb, der sich von Fräulein von Meysenbug die Seelendichter vorlesen ließ, der in Lou von Salomé und Cosima Wagner verliebt war! Aber im Gedenken an unsere alte Freundschaft mit dem Dichter Nietzsche haben wir uns Schweigen über den ›reaktionären‹ Nietzsche auferlegt. Die Frauenfeindlichkeit ist nicht nur an sich ungerecht, sondern für die Zivilisation schädlich. Zivilisation, Kultur gedeihen nicht ohne die Anwesenheit und die Teilnahme der Frauen. Mehr noch: Es gibt sie, weil es Frauen gibt. Genauer: Sie entstehen *für die Frauen.* Die Kultur ist in den Beziehungen zwischen Männern und Frauen das, was das Hofmachen in der Beziehung zwischen dem einzelnen Mann und der einzelnen Frau ist: eine Form der Verführung, der Schmeichelei, der Verstellung, um das Häßliche, Traurige, Schändliche und Sterbliche in der Liebe – und im Leben – zu verbergen. Wenn die Menschen eingeschlechtig wären wie die Strahlentierchen, würden wir noch mit der Schleuder auf Gazellen schießen und uns von ihrem dampfenden Fleisch nähren, und abends würden wir nackt auf die Bäume klettern, um mit herabbaumelnden Armen und Beinen zu schlafen; während wir in seidene Pyjamas gehüllt – nicht wir selbst, um die Wahrheit zu sagen – abends zwischen himmelblaue Laken gleiten. Seht euch um, je weiter ihr nach Süden in Länder gelangt, über die gelb und verbrannt der Mittagsdämon herrscht: Allmählich verschwinden die Frauen, und die Kultur verwelkt.

Das erste Anzeichen einer ›italienischen‹ Nora nahm ich um 1907 bei einer Aufführung von *Wie das Laub* durch die Theatertruppe Talli im Teatro Manzoni in Mailand wahr, als ich hörte, wie Maria Melato auf den Liebesantrag von Max antwortete: »Ja ... weil ich fühle, daß du mich achtest.« (Für die Genauigkeit des Satzes kann ich mich nicht verbürgen, andererseits besitze ich unter meinen Klassikern die Werke Giacosas nicht, kann ihn also nicht nachprüfen.) Bei diesen Worten – ausgesprochen mit der ›Krisen‹-Stimme, also guttural, zweitonig, mit einem Streifen Mädchensäuerlichkeit und gleichsam erstickt von übermäßiger Flüssigkeit, die in der Kehle sitzt – begriff ich, daß die ›italienische‹ Nora geboren war; denn das Bedürfnis, ›mit Achtung‹ geliebt zu werden, ist das erste und elementarste Zeichen, daß die Frau kein passives und stumm hinnehmendes Geschöpf mehr ist – mit anderen Worten: sie ist keine orientalische Frau mehr, sondern sie fühlt ihre Seele, das heißt, sie hat einen Willen, sie hat Unterscheidungsvermögen, eine Persönlichkeit. Die ›italienische‹ Nora hat sich dann weiterentwickelt, in Einklang mit den geistreichsten Formen dieser Kultur; sie empfindet einen aktiven Geschmack am Leben, kennt das Vergnügen und die Praxis intellektueller Betätigung, die Heiterkeit der Existenz, sie liebt die Kunst, die mit dem Gedanken der Sünde und mit der Bitternis des Lebens spielt (die Malerei des ausdruckslosen Schönen, die makellosen Bücher sind »Puppenheim«-Künste), und heute steht die ›italienische‹ Nora in voller Blüte.

Das »Noratum« hat sich bei uns undramatisch entwickelt. Trotz einiger Familienkrisen hat die ›italienische‹ Nora nicht das Bedürfnis verspürt, mitten in der Nacht das Haus ihres Mannes zu verlassen, die Tür hinter sich zuzuschlagen und allein in die Welt hinauszugehen. Das war möglich, weil der italienische Thorwald, der von seinem norwegischen Kollegen gewarnt worden war, keine Schwierigkeiten bei der Anerkennung der *Seele* seiner Nora gemacht hat. Ein Beispiel dafür, was das Werk der Dichter vermag.

Trotz allem kommt der Mann, der zutiefst und auf natürlichste Weise Feminist ist, aus der lateinischen Welt.

(→Amazone, →Frau, überragende)

Nova Atlantis. Unter den Institutionen der Insel Bensalem, des Sitzes der von Francis Bacon erdachten und ursprünglich von Salomon regierten *Nova Atlantis,* trägt die nützlichste und angesehenste den Namen des weisen Königs selbst: das *Haus Salomons,* das Institut des Sechstagewerks, speziell für das Studium der Schöpfung und die Erklärung von Naturerscheinungen vorgesehen. »Es ist eine Art Akademie«, sagt Bacon, »das Licht und das Auge dieses Reiches.« Als Mischung von Bibelforschung und Wissenschaft ist die *Nova Atlantis* das Modell der englischen Mentalität. Alle zwölf Jahre stechen zwei Schiffe von Bensalem aus in See, jedes mit drei Brüdern aus dem *Haus Salomons* an Bord, deren Mission es ist, alle Arten von Nachrichten über den Zustand der anderen Länder, insbesondere ihrer Wissenschaften, ihrer Künste und ihrer Erfindungen, zu sammeln. *Nova Atlantis* ist von 1620, zwei Jahre älter als der *Sonnenstaat* von Campanella, der von der Utopie des englischen Kanzlers angeregt worden war, aber auch von der *Utopia* eines anderen englischen Kanzlers, Thomas Morus. Wollen wir uns die Gelegenheit entgehen lassen, auf die außergewöhnliche Tatsache hinzuweisen, daß zwei englische Kanzler, Thomas Morus und Francis Bacon Baron Verulam, das Bedürfnis gehabt haben, eine Utopie zu verfassen? Man kann sich schwerlich Richelieu, Metternich, Bismarck, Giovanni Giolitti als Autoren von Utopien vorstellen. Diese ›literarische‹ Besonderheit hilft uns besser als irgendein ›politisches‹ Faktum, den englischen Liberalismus zu verstehen. Besser gesagt, den angelsächsischen Liberalismus. Der letzte angelsächsische Utopist ist Woodrow Wilson. Er hat jedoch bei der Errichtung seiner Utopie, des *Völkerbunds,* eines der Hauptelemente der Utopie vergessen: die Verteidigungszone, die den ›Sitz der Vollkommenheit‹ umgibt und die Rußland, das nicht wie die Insel Utopia von einem Meer umschlossen wird, durch ein wahrhaft pelagisches Heer ersetzt hat. Aber Wilson war, wie man weiß, vom Wahnsinn unterminiert. Zwischen der Mission der Gesandten der *Nova Atlantis* und der Mission der Gesandten des *Sonnenstaats* besteht der folgende Unterschied: Die ersteren wurden ausgesandt, um Nachrichten über die Wissenschaften, die Künste und die Erfindungen anderer zu sammeln, die zweiten sollten sich unterrichten über das Wohl und das Wehe der anderen. Rational ist die Mission der Neuatlantiden, irrational ist die der Sonnenstaatler. Die Wissenschaft bedient sich der Wissenschaft und schreitet voran und vervollkommnet sich durch den Vergleich. Das Wohl und das Wehe aber sind etwas Unaussprechliches und haben nichts zu schaffen mit Vergleichen.

Nova Atlantis

NOVEMBER 1918. Gemeinhin wird gesagt, daß die Realität des Lebens der Phantasie des feurigsten Romanschreibers überlegen sei, aber dieses Lob auf die Phantasie der Realität halte ich für unberechtigt. Wäre die Realität des Lebens wirklich der Phantasie der Schriftsteller überlegen, würden die Briefe, die die Leute einander schreiben, reicher an psychologischer Substanz sein als die Bücher, die wir verfassen. Aber so ist es nicht, und ich habe mich selbst davon überzeugen können. Im November 1918, als der Krieg zu Ende war, mein Jahrgang aber noch nicht entlassen wurde, mußte ich in der Militärzensur von Mailand meinen Dienst leisten. Durch meine Hände gingen Hunderte von Briefen, die aus den verschiedensten Teilen

November 1918

der Welt kamen und in die verschiedensten Teile der Welt gerichtet waren, in verschiedenen Sprachen von Männern und Frauen aller Rassen und Länder geschrieben, aber vergeblich suchte ich *(aus Berufsgründen)* ein besonderes oder tiefes Gefühl, irgend etwas, was den Namen »Seelengeheimnis« verdient hätte, ein Wort, das meinen Blick festgehalten, meine Phantasie entflammt, meine Neugier erregt, mein Interesse geweckt hätte. Nichts. Unendliche Enttäuschung. Nichts als Monotonie in diesem Briefstrom, nichts als Armseligkeit. Überraschend war nur die naive Überzeugung bei Engländern wie Franzosen, Belgiern wie Serben, das Verdienst des Sieges sei jeweils ihrer eigenen Nation zu verdanken, und nie zeigte sich mir der Nationalismus deutlicher in seiner innersten und bösartigsten Engstirnigkeit. Und sonst? Eine griechische Dame schreibt aus Athen an ihre Freundin in Marseille und äußert Stolz und Freude, weil das Eingreifen des Heeres unter Venizelos den Zusammenbruch der Türkei und Bulgariens verursacht hatte und folglich den Zusammenbruch Österreichs und Deutschlands, und für sie war demgemäß Griechenland der wichtigste Faktor für den Sieg. Wer vermag die Armseligkeit, die Trägheit, die Sterilität zu ermessen, die aus solchen Formen des Autismus geboren werden, die viele Leute mit Nationalstolz und Vaterlandsliebe verwechseln? Während des Ersten Weltkriegs veranstaltete eine brasilianische Zeitschrift eine Umfrage unter ihren Lesern, um festzustellen, wer sich im Krieg als der größte General erwiesen hatte. Aus den Antworten war zu entnehmen, daß an zweiter Stelle Hindenburg stand, an dritter Stelle Cadorna, an vierter… Aber der Leser wird wissen wollen, wem der erste Platz zugebilligt wurde. Ich sage es sofort: Auf den ersten Platz kam General Martinetti, der ein kleines portugiesisches Truppenkontingent kommandiert hatte, als dieses Kontingent an der französischen Front kämpfte. Die Brasilianer sind bekanntlich portugiesischer Herkunft.

Öl. Wenn kein anderes Mittel bleibt, um dem Sturm zu trotzen, werden Fässer von Öl rings um das Schiff ausgegossen. Plinius, Buch XXIX, sagt, daß die Alten, wenn sie gereizt waren, Ölbäder nahmen.

Ordnung. Nach den revolutionären Ereignissen von 1848 in Berlin schenkte Schopenhauer den Familien der bei der Niederschlagung der Aufstände gefallenen Soldaten einen Geldbetrag. Ein Zeichen dafür, wie sehr der Autor der *Welt als Wille und Vorstellung* die Ordnung liebte. Aber ›welche‹ Ordnung? Denn man kann nicht leugnen, daß dieser Freund der Ordnung in anderen Bereichen des menschlichen Lebens eine gewisse Unordnung gestiftet hat. Als ich ein Kind war, empfanden die ›Großen‹, unter denen ich lebte, einen wilden Haß auf Schopenhauer, weil er ›Unordnung‹ in die Religion, in die Moral und überhaupt in die Welt der Ideen gebracht hatte; und vielleicht dauert dieser Haß noch fort, obwohl ich keine Gelegenheit mehr habe, ihn zu bemerken, da ich kein ›Kleiner‹ mehr bin, der unter den ›Großen‹ lebt, sondern ganz im Gegenteil... Im Grunde ist die Kindheit darum jenes große Beobachtungsfeld, weil sich die ›Großen‹ vor den ›Kleinen‹ nicht zur Geheimhaltung verpflichtet fühlen (ein großer Irrtum, es gibt keine aufmerksameren und mitleidloseren Zeugen als die ›Kleinen‹). Man sieht, daß Schopenhauer hienieden die materielle Ordnung liebte, weil sie ihm dort oben eine größere geistige Freiheit zubilligte. Dieser Betrachtung fehlt es nicht an illustren Vorläufern, sei es nur das »Gebt Cäsar...«.

Orpheus. Zwecklos ist es, ergründen zu wollen, ob Orpheus wirklich gelebt hat oder ob er nur eine allegorische Gestalt ist. Wie in allem Abgeleugneten stets ein kleiner Rest Wahrheit zurückbleibt, ist in jeder allegorischen Gestalt immer ein kleiner Rest historischen Geschehens vorhanden. Es ist nicht wahr, daß die Mythen verschwunden sind. Wir sehen täglich in unserer Umgebung Beispiele dafür, wie allegorische Gestalten entstehen. Sie bilden sich durch Verstärkung der Eigenschaften einer Gestalt mittels Allegorisierung und durch Übertragung von Eigenschaften anderer Gestalten auf sie. Verdi starb in Mailand in einem Hotel der Via Manzoni. Man sagt, der Stadtrat hätte in der letzten Phase seiner Krankheit unter den Fenstern des berühmten Kranken Stroh ausstreuen lassen, um den Lärm der Fahrzeuge zu dämpfen. Das ist nicht wahr. Das Stroh in der Via Manzoni und in der Via Croce Rossa hatte der Stadtrat zehn Jahre früher während der Krankheit des Ex-Kaisers Dom Carlos von Brasilien vor dem Hotel ausstreuen lassen. Ein Beispiel dafür, wie die größere Gestalt persönliche Fakten der kleineren an sich zieht, die den eigenen Mythos zu stärken vermögen. Und im Falle Verdis und des Dom Carlos von Brasilien ist es für mich ein Grund besonderer Genugtuung, daß die größere Persönlichkeit ein Künstler ist und die kleinere ein Kaiser. Dasselbe tat der fünfte Orpheus, als er in seinen eigenen Mythos die Eigenschaften, Werte und persönlichen Fakten jener Orpheuse aufnahm, die ihm vorangegangen waren und von denen es nach Auskunft von Suidas und Cicero vier gegeben hat. Die Haupteigenschaft des Orpheus war sein musikalisches Genie, und die Heldentaten des Orpheus auf dem Gebiet der Musik rechtfertigen das französische Sprichwort *la musique adoucit les mœurs.* Orpheus wurde ein Jahrzehnt vor dem Trojanischen Krieg in Thrazien als Sohn des Königs Oiagros und der Muse Kalliope geboren.

Orpheus war also ein kleiner Halbgott. Ein Schüler des Linus (manche sagen, dessen Bruder). Er spielte die Kithara auf den Schiffen der Seefahrer und fuhr mit ihnen über die Meere. So besuchte er auch Ägypten und folgte den Argonauten als Führer der Kikonen nach Kolchis. Was den Aufenthalt von Orpheus in Ägypten betrifft, wohin er sich begab, um die Mysterien kennenzulernen (und aus welchem anderen Grund hätte man sonst nach Ägypten reisen sollen? Wenige wußten, daß die berühmten ägyptischen Mysterien die am wenigsten mysteriösen Mysterien waren), so schreibt Plutarch darüber in *Isis und Osiris,* die Priester Ägyptens hätten Orpheus nicht in ihre Mysterien initiieren wollen, was ihn nicht hinderte, nach Rückkehr in sein Vaterland selbst eine Schule der Mysterien zu eröffnen.

Seine größten musikalischen Wunder vollbrachte Orpheus während der Kreuzfahrt des Schiffes *Argo.* Im Hafen von Iolcos, dem heutigen Volos, dem Geburtsort Giorgio de Chiricos, ließ sich die *Argo* nicht von der Anlegestelle losmachen. Orpheus nimmt seine Lyra, beginnt zu spielen: das Schiff kann die Anker lichten. In Lemnos waren die Seeleute ganz am Ende ihrer Kraft und ihres Mutes. Da nimmt Orpheus die Lyra und beginnt zu spielen: die Schiffer raffen sich auf und schöpfen neue Hoffnung. In Kyzikos besänftigt die Lyra des Orpheus den Zorn der Rhea und später die Unruhe der Symplegaden; noch später stimmt sie Hekate günstig und schläfert den Drachen ein; schließlich besiegt sie den Gesang der Sirenen und rettet die Argonauten vor dem Tod durch Gefressenwerden (die Sirenen waren Menschenfresser), woraus man folgert, daß, so zauberkräftig der Gesang der Sirenen war, der Klang von Orpheus' Lyra doch noch zauberkräftiger gewesen sein muß. Die Niederlagen der italienischen Marine im letzten Krieg sind auf das Fehlen des Radars zurückzuführen. Ich bin der Meinung, nicht nur das Radar fehlte auf unseren Schiffen, sondern auch die Lyra des Orpheus. Das wird verstehen, wer es verstehen kann. Diese Beispiele für die musikalische Macht des Orpheus (und ebenso die des Amphion) und generell für die Macht der Musik zeigen vor allem die Bedeutung, welche die Griechen der Kunst zuschrieben, die sie sich zur Lebensregel gemacht hatten, und bestätigen damit, was als allgemeinverbindliche Wahrheit gelten sollte, nämlich, daß die Griechen unter den vielen Formen der *Kratie* (Dikekratie der Römer, Theokratie der Republik) jene wählten, die auf den ersten Blick dem Autoritätsprinzip und der Regierung eines Volkes oder dem Leben »als moralischem Faktum« am wenigsten angepaßt scheint, und eine Ästhetokratie begründeten.

In der mythischen Zeit Griechenlands bauten Orpheus und Amphion Städte und ließen zum Klang der Lyra Schiffe vom Stapel laufen, und in der historischen Zeit lehrte Platon in den *Nomoi* und im *Staat*, daß die Musik aller Unterweisung zugrunde liegt.

Nicht nur Musik lehrte Orpheus, sondern auch Astronomie. Doch wie man weiß oder zu sagen pflegt, sind die Musik und die Astronomie verwandte Wissenschaften. Das zeigt das Beispiel des Pythagoras und im weiteren Sinne auch das Edouard Schurés, des Grafen Keyserling und anderer. Ich will hinzufügen, daß die astronomische Seite des Orpheus (der außer der musikalischen Seite noch eine poetische, eine medizinische, eine moralistische, eine religiöse Seite hatte) seine qualitativ schwächste Seite ist: seine »kompromittierendste«. Orpheus war alles in allem nichts anderes als wir: ein Künstler. Er ist also unser Schutzpatron, unser heiliger Beschützer: der Mensch, der die wunderbare Fähigkeit besitzt, das physische Leben in metaphysisches, die Materie in Geist, das Bewegliche in Unbewegliches, die Spezies in einen Typus, das Vergängliche in Ewiges, das Sterbliche in Unsterblichkeit zu verwandeln, das Unausführbare auszuführen und die am unmöglichsten scheinenden Dinge möglich zu machen. Mit diesen Eigenschaften übte Orpheus eine große Anziehungskraft auf seine Umgebung aus, vor allem auf die Frauen, diese Freundinnen der Künstler, die oftmals ihre *Opfer* sind. Es ist also natürlich, daß die Frauen danach strebten, von Orpheus geliebt zu werden. (Diesem Bestreben der Frauen, sich vom Künstler lieben zu lassen, liegt unbewußt die Idee zugrunde, daß die Liebe »des Verwandlers des Lebens in Schönheit« auch die Frau schön zu machen vermag, wobei der Künstler im Unterbewußtsein der Frau eine Art Antoine oder Alfredo wird: ein Doktor der Schönheitskunde.)

Doch Orpheus selbst liebte, sei es dank einer erlesenen Art von Monogamie, sei es, weil der Künstler, ein Mann der großen Spiele, der großen Phantasien, der großen Zerstreuungen, ganz andere Spiele zur Verfügung hat und nichts mit Polygamie anzufangen weiß, diesem Spiel, dieser Phantasie, dieser Zerstreuung des Nichtkünstlers; sei es, weil er sich vielleicht selbst in der Lage jener vom Ehrgeiz ergriffenen Menschen befand, die unempfänglich für die Anziehungskraft des anderen Geschlechts sind, es sei denn in Gestalt einer einzigen Frau; sei es aus »Symbolismus«, das heißt, weil Orpheus alle Frauen liebte und vielleicht alle Menschen, aber konzentriert auf eine einzige Person; sei es auch nur, »um zu vereinfachen«; sei es aus einem dieser Gründe, sei es aus mehreren, sei es aus allen diesen Gründen zusammen, liebte Orpheus einzig und allein Eurydike. Und die anderen Frauen, die wütend waren, daß dieser erhabene, dieser unausstehliche, dieser »unverständliche« Monogame sie verachtete, zerfetzten ihn, wie man ein Steak zerfetzt, das man nicht in Stücke schneiden und in Form einzelner Happen verzehren kann. (Die wahre, die »universelle« Liebe wird in Fleischklößchen verwandelt: kleingehackt, weich gekocht, der Knochen und anderer Dinge »zum Wegwerfen« beraubt.) Und sein Kopf begann über Meere und Flüsse zu schwimmen und zu singen. Aber er verachtete sie gar nicht. Der Tod des Orpheus ist ein »Justizirrtum«. Er verachtete sie nicht. Wir, die wir in dieser Materie eine lange, tiefe Erfahrung besitzen, können es bezeugen. Orpheus verachtete die Frauen nicht: Er liebte sie. Er liebte sie *in Eurydike.* Und das ist die mystische Form der Liebe. Aber im Grunde, im innersten Grunde liebte Orpheus auch Eurydike etwas »vermittelt«, denn mittels Eurydike liebte er sich selbst; besser gesagt, er liebte Eurydike *in sich selbst.* Weil Orpheus Künstler war. Er war *der Künstler.* Und der Künstler ist *der einsame Mensch* par excellence. Wie es auch sein Name bezeugt, der von dem griechischen *orphanòs* und von dem lateinischen *orbus* herrührt: der Einsame. (→Mädchen für alles)

Papa. Ich hatte einen Onkel. Er hieß Gustavo und war ein glühender Katholik. Als solcher wollte er die Bücher von Antonio Fogazzaro lesen, aber er ließ von dieser Idee ab, als ihm ein Freund sagte, die Bücher Fogazzaros seien voller Idiotismen. Die philologischen Diskussionen, die heute (1940) stattfinden, um die Barbarismen aus der Sprache auszumerzen und um die Sprache zu reinigen, erinnern mich an meinen Onkel Gustavo, der auf die Bücher Fogazzaros verzichtete, weil er nicht wußte, daß Idiotismus und Dummheit dasselbe sind.

Schon bildet sich eine weiße, fade, gallertartige Sprache mit einer Tendenz zum Surrealismus heraus. Ein Geschäft, das Standard hieß, nennt sich heute *Standa,* der Alkohol heißt *alcole,* der Film *filmo.* Vorgestern kaufte ich zwei Pillen eines Schmerzmittels. Auf dem Tütchen stand: »Zwei Knöpfe«, und in Klammern *Tabletten.* Die Absichten sind patriotisch, aber in der Sprache reicht Patriotismus nicht aus.

Manchmal leiden solche Absichten an Übereifer, wie bei der Verbesserung von *alcool* in *alcole,* wahrscheinlich um eine vermutete englische Herkunft des Wortes vergessen zu machen, während es aus dem Arabischen kommt.

Alle nicht eigentlich italienischen Ursprünge sollen unterdrückt werden? Die Sprache würde sich in ein starres Instrument verwandeln; dabei ist sie schon starr, manchmal verfügt sie auch nicht über die Wörter, die die Gedanken auszudrücken vermögen, die wir im Kopf haben und die nicht herauskönnen, weil sie keine Worte finden;

wie die kleinen Mädchen, die nicht spazierengehen können, weil sie kein feines Kleid haben.

Das Italienische ist eine verspätete Sprache, und es wäre angebracht, den Wörtern jeglicher Herkunft und Zugehörigkeit die Tore zu öffnen – wie es Livorno einst tat, um neue Bürger zu gewinnen – und den Neuankömmlingen Zeit zu lassen, sich dem ortsüblichen Aussehen anzupassen: Das geschieht durch den spontanen Gebrauch im Volk und durch die intelligente Arbeit von Schriftstellern, niemals durch das Eingreifen improvisierter Puristen.

Das Werk der Puristen hat noch nie Gutes gebracht. Die linguistische Mikrobenangst tritt ein, wo Ideen, Phantasie, Geist und alle die Elemente fehlen, die zusammen den Nährstoff einer lebendigen Literatur bilden. D'Annunzio rühmte sich, im *San Sebastiano* nur Vokabeln benutzt zu haben, die seit fünfhundert Jahren existieren; das Ergebnis ist aber, daß das Französisch des *San Sebastiano* kein Französisch ist. Als Kolonialnation mußte Italien beginnen, auch in der Sprache die Vorteile der Kolonien zu nutzen, das heißt die Bereicherungen aufzunehmen, die von den entferntesten Punkten der kolonialen Expansion kommen. Die Wirkung der Kolonisierung ist auch für die Sprache eine doppelte: zentrifugal und zentripetal. Man denke an die Bereicherung durch Ideen, an die größere Aktivität und Beweglichkeit des Geistes, an die ›neuen‹ Erkenntnisse und Gefühle und also an die Bereicherung des Wortschatzes, die die Engländer und Franzosen durch ihre koloniale Expansion erfahren haben. Universalismus ist bisweilen eine rein materielle Tatsache. *Sinite verbula venire ad nos.*

Jemand hat dem Herausgeber einer Wochenschrift vorgeschlagen, das Wort *papà* abzuschaffen, weil es eine Gallizismus-Sünde sei. Ja, wenn sich diese Dummköpfe von Philologen dahinterklemmen, wird es ihnen tatsächlich gelingen, uns unseren Papa wegzunehmen. *Papà* gibt es im Französischen, aber auch im Griechischen heißt es seit Homers Zeiten Vater. Wer kein Unmensch ist und den eigenen Vater verleugnet, wer ein Gefühl für das hat, was *papà* bedeutet, der wird sich gegen diese Drohung erheben, auch wenn sie nur kurz einem *papà* durch den Kopf gegangen ist. Papà ist ein onomatopoetisches Wort, ein reines, ursprüngliches und kostbares Wort; es gehört zu den wenigen, die ihre Bedeutung noch frisch und unverändert im *Klang* bewahren; es täuscht nicht durch einen Klangkörper, der mit dem Sinn nichts zu tun hat; es liegt im Mund wie ein Beignet.

Noch immer klingt uns das *pââ* im Ohr, mit dem Luigi Pirandello von der Straße herauf seinen Vater grüßte, der am Fenster stand. Wenn doch alle Wörter dies klare Gesicht, diese Aufrichtigkeit, diese Überzeugungskraft hätten. Ganz abgesehen vom Herzen dieses so ›direkten‹ Wortes, von seiner Vertraulichkeit, seiner Ironie. Es gibt einen Film mit dem Titel *Papa für eine Nacht:* was für eine Figur würde da ein *babbo,* ein Papi, machen? Doch so würde man in der Toskana sagen, belehren uns die gestrengen Richter. Als lebten wir zu Zeiten Alessandro Manzonis!

Pa als phonetisches Symbol ist so alt wie die Menschheit und noch immer unverändert; es ist das männliche Element der Sprache, die alle sprechen, so wie *ma* das weibliche Element ist. Heutzutage, da Wörter fabriziert werden, möge man doch *pama* statt Eltern sagen, oder besser *mapa,* da man den Damen den Vortritt läßt.

PHILISTERTUM. Erweitern wir den Begriff des Philistertums. Dehnen wir ihn aus auf die Idee vom Vaterland. Gewöhnen wir uns daran, Ausdrücke wie »unser Italien«, »unser Vaterland«, »unser Heer« als das zu sehen, was sie sind, nämlich der Ausdruck reinsten Philistertums.

PHOTOGRAPHIE. Wie viele Vorwürfe hat Cézanne sich doch von den Pharisäern gefallen lassen müssen, weil die horizontale Struktur seiner Bilder nicht immer eines

Landvermessers würdig ist! Die Gemälde des einsamen Malers aus Aix sind gewiß keine Vorbilder, die man Kunststudenten zur Nachahmung empfehlen sollte; allzu oft erwecken die Zitrusfrüchte auf seinen schwindelerregend schiefen Tischen den Eindruck, sie würden nur deshalb nicht runterrutschen, weil sie angeklebt sind. Auf jeden Fall werden Cézannes »Fehler« gerechtfertigt von den langen und hartnäckigen Studien, die allmählich seinen Stil geformt haben, und inzwischen wissen auch die größten Banausen, daß Cézannes vielgeschmähte Verzerrungen weder gewollt waren noch ästhetischen Prinzipien entsprachen, sondern sich sozusagen von selbst ergaben. Aber was sollen wir sagen, wenn die Photographie, die anerkannte Königin der Genauigkeit, die die Fehler der Menschen korrigiert, ebenfalls das Gesetz der Schwerkraft bricht, die gerade Linie des Horizonts zur Diagonale verbiegt, Menschen über vertikale Ebenen krabbeln läßt wie Fliegen, dem Schauspiel der Welt das beunruhigende Durcheinander eines kollektiven Rausches hinzufügt, und zwar nicht unfreiwillig wie der arme Cézanne, sondern absichtlich und mit Kalkül?

Wehe, wenn jemand beleidigt worden ist und sich nicht rechtzeitig zu Lebzeiten rächen konnte! Niemand entgeht der schrecklichen Rache der Toten. Im besten Fall begnügen sich die Verblichenen damit, den Lebenden einen Streich zu spielen, die Personen, von denen sie einst beleidigt wurden, zu erschrecken oder ihnen ins Gesicht zu blasen, wenn sie im Bett liegen, oder ihnen die Decke wegzuziehen und sie an den Füßen zu kitzeln. Auch der widerspenstige Cézanne erweckt im Tod nicht den Anschein, die Pharisäer mit seinem Zorn zu verfolgen, die ihm einst vorgeworfen haben, er könne nicht zeichnen, sondern er begnügt sich damit, sie ihrerseits zu *cezannisieren* und für ihre Fehler zu bestrafen. Denn inzwischen sind die Pharisäer Photographen, und die Photographie ist die Kunst der Nicht-Künstler geworden. Allzu oft hat man darauf hingewiesen, daß ein häßliches Bild »wie eine Photographie« ist, damit von der Gegenseite niemand auf die Idee kommt, die Photographie zu rehabilitieren und ihr die Würde des künstlerischen, poetischen Ausdrucks zuzusprechen.

Aber wir wollen optimistisch sein; und bevor wir das Elend der Photographie beklagen, wollen wir ein Loblied auf sie anstimmen. Als die Photographie erfunden wurde, war es, als ob die Welt aus einem langen Schlaf erwachte. Die Erfindung der Photographie bezeichnet einen Wendepunkt in der Geschichte der Menschheit, übertrifft in gewisser Weise die Eroberung von Konstantinopel, die Entdeckung Amerikas und sonstige Meilensteine der Geschichte. Wenn man diese schicksalhafte Erfindung mit Ereignissen von ähnlicher Tragweite vergleichen möchte, muß man schon die Geistesgeschichte bemühen, im Archiv der Geschichte nach Ereignissen suchen, die nicht das Antlitz, sondern die Psyche der Erde verändert haben, wie es zum Beispiel der Übergang von der Scholastik zu den von Francis Bacon formulierten Prinzipien der neuen Philosophie war oder, besser noch, die »Entdeckung des Bewußtseins« durch Sokrates. Denn die Photographie hat die Farbe der Welt verändert; oder besser gesagt, sie hat der Welt Farbe entzogen, sie hat sie entfärbt und eine grausame, schlaflose, tragische »weiße Nacht« eingeläutet.

Die Photographie, die ein allgemein benutzbares Mikroskop ist, hat nicht nur die Funktion, einzuebnen, sondern auch, zu offenbaren, die verborgensten Details der Physiognomie unbarmherzig zu beleuchten, die winzigsten Gesten, die in der allgemeinen Bewegung, in den Falten des Alltäglichen, im Halbdunkel der Gewohnheiten untergehen, bis vor kurzem gar nicht zu existieren schienen, da niemand sie beachtete. Die Photographie fixiert die geheimsten Haltungen, entdeckt die verborgensten Wahrheiten, hält die flüchtigsten Bewegungen fest, registriert unbarmherzig die verschiedenen, die unendlichen Augenblicke, aus deren Summe die Minute, die Stunde, der Tag, der Monat, die Jahreszeit, das Jahr bestehen, das ganze Leben des Individuums Mensch. Vom Gang der Amtsperson über das Lachen des Flußpferdes bis zum Tautropfen auf dem Blütenblatt einer Rose (man sage ja nicht, daß wir nicht auch zu einer freundlichen Anmerkung fähig wären) hat die Photographie eine durchdringende und äußerst grausame Art und Weise, Menschen und Dinge zu betrachten, ins Leben gerufen. Sie hat eine tragische Morgenröte vor uns inszeniert, sie hat dem Blick neue Ziele eröffnet und mit Hilfe des von Mitleid und Scham befreiten Blicks die Aussicht auf verbotene Schauspiele gestattet, sie hat die Türen der Krankenhäuser aufgerissen, den Schrecken in den Irrenhäusern aufgedeckt, das Gesicht des Wahnsinns, der Verzweiflung festgehalten, das Antlitz jener Freude, die so heftig ist, daß sie an Schmerz grenzt, und was noch? Sie hat uns den Augenblick des Todes gezeigt, jenen Augenblick, der vor der Erfindung der Photographie für alle im Verborgenen lag.

Aber jede Entdeckung hat ihren Preis, und für die Offenbarung der Geheimnisse hat die Welt ihre Farben eingebüßt. Die Welt sieht nicht mehr aus wie das pralle Baby-Cartoon aus der Seifenwerbung, sondern wie ein ausgemergelter Schreiber. Möglicherweise hat die Geburt der Photographie der Poesie der Farben den Garaus gemacht. Ich höre das ferne Schwatzen der Engel, Flüstern in militärischer Formation, Choräle aus riesigen Lungen – und denke dabei an das Kadmiumgelb der *Ilias,* an das Lasurblau der *Odyssee,* an die zurückhaltenden, aber äußert leuchtenden Farben, die ebenfalls die *Änäis* auszeichnen, an die mit zinnoberroten und himmelblauen Streifen versehenen Länder der *Göttlichen Komödie,* an die himmelblaue Lasur des *Orlando furioso,* an die Anilinfarben Metastasios ... oder auch ... Lamartines, Victor Hugos.

Nachdem alle Farbquellen ganz plötzlich versiegt sind, wird das erste Beerdigungsinstitut gegründet, und die Welt legt Trauerkleidung an. Sie verzichtet zwar nicht darauf, sich porträtieren zu lassen, besteht jedoch darauf, daß ihr Porträt in Schwarzweiß geätzt wird, sie möchte sich nicht mehr malen, sondern beschreiben lassen. Sogar die Dichtung legt alle Kleider ab, bis sie nur noch in Schwarzweiß dasteht, und was die Prosa anbelangt, so entsteht sie gleichzeitig mit der Photographie, und ich möchte sehen, ob jemand meine Theorie widerlegen kann, daß die Prosa, die schwarze, dünne Prosa vor der Erfindung der Photographie jemals von sich reden gemacht hat.

Flaubert, der sich nicht damit begnügte, in Schwarzweiß zu schreiben, trägt sogar den Kopf eines Photographen auf den Schultern: eines Provinzphotographen: *Mœurs provinciales.* Vor mir liegt das Porträt, das sich auf der Titelseite seiner in der Edition Crés erschienenen *Versuchung des hl. Antonius* befindet. Schnurrbart wie einst Vercingetorix, Kuhaugen, leere Stirn, tief angesetzter Haarkranz, Strähnen, die auf den Stiernacken fallen – dieser »zurechtgemachte« Kopf holt aus den Tiefen meiner Erinnerung die Köpfe der Photographen hervor, vor denen ich der Eitelkeit meiner Eltern zuliebe als Kind habe posieren müssen.

Einmal abgesehen von Flaubert, gäbe es die ganze Kunst des Verismus, auch die Musik (siehe das späte italienische Melodram) nicht ohne die Erfindung der Photographie. Aber die Photographie, diese Königin der kleinen Leute, die den Zynismus schöne Fortschritte hat machen lassen, fühlte sich eines Tages gedemütigt von ihrer Aufgabe, brav die Wirklichkeit abzubilden, und wollte ebenfalls das Schlagen eines liebenden Herzens in der Brust fühlen, Bekanntschaft mit den Leidenschaften schließen, mit dem Höhenflug der Phantasie, der sublimen Unwirklichkeit der Kunst. Der teuflische Norden begann der Photographie eine Seele zu geben, ein Hirn, ein Herz, und es entstand die »nachdenkliche« Photographie. Es entstanden ganze Bücher, die nur aus Photographien bestanden, die »Motive« reduzierten sich auf einen erbaulichen Schematismus, unter anderem auf einsame Straßen und von oben gesehene Pflastersteine. Der geworfene Schatten feierte Triumphe. Schließlich entstanden, nicht ohne das unvermeidliche Zutun der Rhetorik, verzerrte Bilder, Menschen wurden zu Pyramiden aufgetürmt, die Füße wurden riesig groß und die Köpfe winzig klein, es kam zu monströsen perspektivischen Verkürzungen, zum Stil Cézannes in der Photographie. Das ist der Streich, den der tote Cézanne den Lebenden gespielt hat. *Photographie*

In den vergangenen Tagen haben anläßlich einer äußerst wichtigen Ausstellung, bei der Photographie und Photomontage in ihrer Höchstform gezeigt wurden, mehrere von uns festgestellt, daß die Photographie als »eloquentes Medium« nichts taugt. Der Gerechtigkeit halber muß ich zugeben, daß selbst die Malerei, die nur die Wirklichkeit treu wiedergibt, beziehungsweise das Auge und die Hand des Menschen die Fähigkeit besitzen, die Dinge zu durchdringen – eine Fähigkeit, von der die Photographie nur träumen kann. Es ist nicht verwunderlich, daß die Photographie nicht die »menschliche« Wirklichkeit wiedergibt, sondern eine mechanische Wirklichkeit, die nur das verkleinerte, gefälschte Bild, das Gespenst der wahren Wirklichkeit ist. Der Photographie fehlt »das Geheimnis des Blicks«. Dieser Blickwechsel von Auge zu Auge, dieses hochmütige und bewegte Schauen, das die Dinge ertappt, findet bei der Photographie nicht statt, kann gar nicht stattfinden, denn die Photographie hat nur ein Auge, und das ist noch dazu statisch. Und während die Photographie schaut und zu sehen glaubt, geht es ihr wie dem Betrunkenen, der glaubt, die Flasche an den Mund zu führen, und sie sich statt dessen an die Schläfe hält.

POESIE. *Nicht mehr verehrt durch seine Schuld / ist Rom, der Senat, bei deren Zeichen einst / der Parther zitterte und blaß der Skythe ward.* (Metastasio: *Cato in Utica*, I. Akt,

1. Szene) Wieviel ist anders ausgedrückt worden, als es gedacht wurde, wieviel Unnützes ist gesagt worden, wieviel Dummheiten, wieviel Fehler sind gemacht worden (siehe Metastasio) nur aus dem Zwang, die Sprache in ein Versmaß zu bringen. Der Mensch drückte sich am Anfang in Versen aus; es wäre ebenso natürlich – und dazu auch weise –, daß er nun, ins Zeitalter der Vernunft gelangt, sich nur noch in Prosa ausdrückte. (→Prosa)

Porträt. Von den Porträts, die ich gemalt habe, hat Libero de Libero gesagt, sie seien, jedes für sich, ein Urteil. Man konnte mir kein größeres Lob aussprechen. Das Porträt ist eine ›Enthüllung‹. Es ist die Enthüllung der Persönlichkeit. Es zeigt ›sie‹ in äußerster Klarheit. Es ist ›sie‹, wie sie selbst sich nie wird im Spiegel sehen können, noch wie die Angehörigen sie werden sehen können, die Bekannten, die Freunde und diejenigen, die sie auf der Straße treffen und sie nicht kennen. Man spricht von

der Genauigkeit der Photographie – sie wird niemals eine so tiefe Genauigkeit und Durchdringung erreichen: sie hat nur ein Auge. Auch dem Maler genügen die beiden Augen nicht, zwischen denen der Blick hin und her geht. Der Maler braucht ein drittes Auge, das der Intelligenz. Sehr selten sind die ›mit drei Augen‹ gemalten Porträts. So sehr ich auch suche, ich finde nur Dürer, Holbein ... Aber Porträts dieser Art sind gefährlich: sie sind tödlich. Sie bannen die Person, ob König oder Köhler, für die Ewigkeit auf die Leinwand. Sie töten sie als vergängliche Kreatur. Der *gemalte* Mensch wird der *wahre*, der *lebendige* Mensch. Der andere, das Original, das Modell, verwandelt sich in einen Rest, in totes Gewicht. Und wenn er so geschmacklos ist, nach Vollendung des Porträts seinerseits noch weiterzuleben, dann ist sein Leben eine Fiktion, ein Irrtum, eine Vergeßlichkeit. Auch wenn er – da ihm ja der Mut fehlt, mit diesem nunmehr pleonastischen Leben Schluß zu machen – mit der Kraft der Feigheit alles daransetzen wird, *seinem Porträt zu gleichen.* *Porträt*

PRONOMEN. Die Zeitungen des verflossenen Regimes, die den Befehl erhalten hatten, die Italiener zur Abschaffung des *Lei, Sie,* und zum Gebrauch von *Voi, Ihr,* zu zwingen, haben sich die größte Mühe gegeben, um zu beweisen, daß das *Lei* nicht einer italienischen, sondern einer spanischen Tradition entstamme, daß es nicht würdevoll, sondern unterwürfig sei, daß es beim Plural Verwirrung stifte und so weiter. Heute versuchen die Zeitungen das Gegenteil zu beweisen, also daß *Lei* nicht aus der spanischen, sondern aus der italienischen Tradition komme, daß es nicht unterwürfig sei, sondern würdevoll, daß es eine Eleganz und Geschmeidigkeit besitze, die das *Voi* nicht habe, und so weiter und so weiter. Das bestätigt vor allem unsere These, die wir immer vertreten haben, daß man mit der gleichen Überzeugungskraft und der gleichen Leichtigkeit und mit gleichermaßen gültigen Argumenten alles beweisen kann, das heißt, daß es keine absoluten Wahrheiten gibt, besser: daß an absolute Wahrheiten nur Köpfe glauben, die bar jeglicher Urteilskraft sind (bei dem Gedanken, wie viele Leute in Religion, Politik und sonst an absolute Wahrheiten glauben, schaudert es einen: Wieviel Köpfe bar jeglicher Vernunft muß es geben!). Zur Kontroverse zwischen *Lei* und *Voi* ist das rechte Wort aber noch nicht gesprochen worden, nämlich daß das verflossene Regime *Voi* nicht eingeführt hat, weil es italienischer als das *Lei* ist, nicht, weil es weniger unterwürfig, und auch nicht, weil es leichter im Plural zu gebrauchen ist, sondern weil *Voi* dannunzianisch ist. »Dannunzianisch« ist mehr als eine literarische Form, mehr als eine Variante des Ästhetizismus, mehr als eine Imitation von Werk und Leben D'Annunzios: es ist ein physiologischer Zustand. Man ist es von Geburt, man wird es nicht. Das Dannunzianische ist früher als der Mann geboren worden, der ihm seinen Namen gegeben hat, Gabriele D'Annunzio. Seine Ursprünge reichen in die Nacht der Zeiten zurück. Die Männer des verflossenen Regimes, angefangen bei ihrem Chef, waren allesamt Dannunzianer, und der Faschismus selbst war in seinem Wesen und in seinen Äußerungen nichts anderes als eine Ausdünstung des Dannunzianischen. Bevor das *Voi* zur Pflichtanrede der öffentlichen Ämter, der Zeitungsprosa, der Komödien und der Filmdialoge wurde, war es schon bei den Dannunzianern im Gebrauch, also bei den schlechten Literaten, den ›eleganten‹ Schauspielern (im Unterschied zu den volkstümlichen Schauspielern, die immer *Lei* benutzt haben) und vor allem bei den intellektuellen und mondänen Frauen. In dem Versuch, die Italiener zur Aufgabe des *Lei* und zum Gebrauch des *Voi* zu zwingen, war die Absicht verborgen, alle Italiener auf das Niveau der schlechten Literaten, der ›eleganten‹ Schauspieler und der intellektuellen und mondänen Frauen, mit einem Wort: der Dannunzianer, zu bringen. Das Vergangene zu kritisieren ist sinnlos. Ich kritisiere es nicht, ich zeige ein Laster auf, das unter dem verflossenen Regime in ein virulentes Stadium trat, aber schon vorher endemisch vorhanden war: der *virus dannunzianus*, der auch den einfachsten und natürlichsten Dingen eine ästhetisierende, großtönende und plumpe Form gibt und der von den Parolen »das Leben verschönern« und »gefährlich leben« zusammengefaßt wird. Er gehört zu den verderblichsten rhetorischen Formen und muß unerbittlich verfolgt und ausgerottet werden. Und hier haben wir ein Beispiel dafür, wie gefährlich der *virus dannunzianus* ist und wie schwer man seiner Macht entkommt. Ich selbst habe eben das Adjektiv »unerbittlich« gebraucht, das ebenso wie »unbeugsam« und ähnliche Adjektive dannunzianisch infiziert ist. Für das Verständnis der Sprache D'Annunzios sind ganze Wörterbücher zusammengestellt worden, man sollte lieber die dannunzianischen Wörter in Verzeichnissen sammeln, damit die Italiener sie kennen- und meiden lernen.

Pronomen

PROPHEZEIUNGEN. Wie einige Pyramidenforscher behaupten, ist die Große Pyramide oder Pyramide des Cheops, ungefähr im Jahr 3000 v. Chr. erbaut worden, um eine Botschaft mit den Daten einiger großer zukünftiger Ereignisse aufzubewahren. So verkünde dieser sprechende Stein: 1. die Geburt Jesu Christi, 2. seinen Tod, 3. den Krieg von 1914, 4. den Frieden von 1918 bis 1929, 5. die Wirtschaftskrise von 1928 bis 1936, 6. eine Periode großer Erschütterungen von 1928 bis 1953. Hoffen wir, daß der prophetische Stein, da er das Anfangsdatum der »großen Erschütterungen« falsch vorausgesagt hat, sich auch im Datum ihres Endes irrt.

PROSA. *»C'est la prose qui est le thermomètre des progrès littéraires d'un peuple.«* (Stendhal, *Rome, Naples et Florence,* S. 388) Von der poetischen Sprache hat man eine irrige Auffassung, die nichts zu tun hat mit den Ursachen und Bedingungen ihrer Entstehung. Mitunter ist es gut, wieder an diese Ursachen zu denken, sich daran zu erinnern, warum sich der Mensch zuerst in Poesie und danach in Prosa äußerte. Der Ursprung des poetischen Sprechens ist auch eine Lektion in Bescheidenheit, und durch die Wiederauffrischung der Erinnerung an diese Ursachen verflüchtigen sich die nebulösen Grenzen der sogenannten »poetischen Welt«, und sie erhält präzise Formen und scharf Umrisse.

Nicht aus *poetischen,* sondern aus praktischen Gründen begann der Mensch sich dichterisch auszudrücken: um seinen Worten eine größere Reichweite und eine erinnerbare Form zu verleihen. Als der Mensch später ein neues Mittel fand, um seine Worte dauerhaft zu machen, nämlich die Schrift, verlor die poetische Sprache ihren Daseinsgrund und hätte verschwinden müssen. Aber der Schrift zum Trotz lebte sie weiter. Sie bestand weiter, als bedauere sie, sterben zu müssen. Sie bestand weiter aus anderen Gründen als den ursprünglichen. Sie bestand aus weniger zwingenden und vor allem weniger praktischen Gründen weiter. Aus eben den mißverständlichen und unklaren Gründen, von denen am Anfang die Rede war. Und eben weil sie nunmehr ihrer praktischen Gründe beraubt war, die ihren Gebrauch rechtfertigen, umgab sie sich mit einer mystischen Aura, prunkte mit einem erhabenen und heiligen Charakter. Der aber vermochte es nicht, die poetische Sprache und im allgemeinen die Poesie – so wie wir sie begreifen – im tiefsten Bewußtsein der Menschen von einem gewissen Verdacht der Überflüssigkeit zu befreien.

Fragen Sie einen Schauspieler nach den Gründen, die der Mensch hatte, die poetische Sprache zu benutzen, bevor die Schrift erfunden wurde; er wird es besser erklären können als ich. Er wird Ihnen sagen, daß der Mensch damals, genau wie der Schauspieler, einen anderen, einen stärkeren Ton benutzte, durch den die Stimme auch die entferntesten Zuschauer erreicht und die Worte tiefer ins Gedächtnis des Zuhörers eindringen und darin haftenbleiben. Kurz, die poetische Sprache wurde benutzt, um erinnerungswürdige Dinge ins Gedächtnis einzuprägen. Eine tönende Blockschrift, phonische Großbuchstaben halfen, die Idee des Göttlichen, die Gesetze, die wichtigsten Ereignisse ins Gedächtnis einzuprägen. Lykurgs Gesetze waren in Versen verfaßt.

Die poetische Sprache ist ein kürzeres und dichteres Sprechen. Es ist die Wahl der geeignetsten und klingendsten Worte. Es ist die eindrucksvollste und am besten erinnerbare Art, etwas zu sagen. Millionen erinnern sich an den Vers »Wappne das Schiff und brich auf in die Welt«, den sie vergessen würden, wenn er in Prosa umgeformt würde. Die poetische Sprache ist ein Mittel, die Wörter im Gedächtnis ›zu verstauen‹, was jedoch eine gewisse Fassung der Wörter erfordert und nicht selten auch ihre Deformierung verlangt.* Jemand wollte die Hühner dazu bringen, viereckige Eier zu legen, um das Verpacken zu vereinfachen. Die poetischen Wörter sind wie viereckige Eier.

Dann wurde die Schrift erfunden, die das Ende der poetischen Sprache bedeuten mußte. Weil sich die Wörter in der Schrift besser und sicherer erhielten als in der Erinnerung in Gestalt von Versen, das heißt in geordneten und gemessenen Sätzen, die untereinander auch von Assonanzen oder gleich betonten Wörtern (man denke an das Zusammentreffen von Proparoxytona in den Versen Carduccis) vereint werden, und auch weil die Schrift nicht

* Sehr oft ist der Vers ein Prokrustesbett. Es ist erschreckend, daran zu denken, wie vieles die Dichter nicht gesagt haben, weil es nicht in den Vers paßte; und wieviel Unnützes sie dagegen gesagt haben, nur um das Versmaß zu füllen; und wie vieles sie *anders* gesagt haben, es deformierend und verfälschend, weil der Vers sie zwang, es so zu sagen und nicht so, wie der Dichter es gedacht hatte. Aber im Grunde sind diese ›kleinen Dramen‹ selten, weil der Dichter nicht ›in Gedanken‹, sondern ›in Versen‹ denkt, so wie der Maler sich ›in Bildern‹ erinnert; und er lauscht nur dieser inneren Musik. Womit wir zu dem vorher Gesagten zurückkehren, nämlich daß der Dichter nicht denkt.

 nur besser aufbewahrt, sondern weil sie alles aufbewahrt, und mühelos, auch die *Neue Wissenschaft,* auch die Bücher Hegels, auch die wildwucherndsten, schwierigsten Redeweisen.

Der Übergang vom mündlichen Ausdruck zur Schrift war nicht schlagartig, sondern schrittweise. Die Griechen zum Beispiel benutzten, bevor sie die schon bei den Semiten gebräuchliche Schrift übernahmen, eine grobe und schwerfällige Silbenschrift, von der einige Zeugnisse auf Zypern gefunden wurden. Und davor benutzte der Mensch die ideographische Schrift, die in gewisser Weise die geschriebene oder, besser, gezeichnete Form der poetischen Schrift ist, weil sie dem Auge dasselbe Bild der Dinge darbietet, das die poetische Sprache dem Ohr gibt. Und auch dieser Übergang vom Ohr zum Auge bezeichnet den Fortschritt, den der Mensch mit dem Übergang vom mündlichen zum schriftlichen Ausdruck vollbracht hat, weil von den beiden Sinnen, Gehör und Gesichtssinn, der Gesichtssinn der edlere ist. »Das Gehör ist niederer als der Gesichtssinn«, schreibt Paul Gauguin im Jahre 1900 in einer Anmerkung in der Zeitschrift *Vers et Prose,* Nr. XXII. »Das Gehör kann nur einen einzigen Ton auf einmal aufnehmen, während das Sehen alles wahrnimmt und gleichzeitig vereinfacht.« Erinnern wir uns, wenn wir in der poetischen Sprache und der Bilderschrift Geschwister sehen, daß Apollinaire eben zur ideographischen Form zurückkehrte (obwohl von der Schrift vervollkommnet), als er zu den ursprünglicheren und reineren Formen der Poesie zurückkehren wollte.

Aber wichtiger ist die geistige Veränderung, die die Erfindung der Schrift herbeiführte. Mit der Schrift wird die Prosa geboren oder, besser, das Denken. Denn die Poesie denkt nicht. Das Denken ist ein Spiel von Analogien und Gegensätzen. Vor der Schrift dachte der Mensch nicht, oder er dachte in Bildern. Er betrachtete das Bild, das in seinem Geist entstand, und drückte es mit Worten aus.

Mit der Erfindung der Schrift gibt es keinen Grund mehr, die Gedanken mittels poetischer Formulierungen auszudrücken. Der Gedanke bedient sich noch immer des Wortes, aber als einer *Transparenz*. Der Gedanke ist nicht mehr *im* Wort, nicht *im Klang* des Wortes, sondern erreicht den Geist *durch* das Wort *hindurch*. *Prosa*

Vergleichen wir die unterschiedlichen geistigen Bedingungen der klingenden poetischen Sprache und der lautlosen Sprache, der Schrift also. Die klingende Sprache ist die Sprache der Imperative, der absoluten Feststellungen, der Dogmen. Sie kennt keine Gliederung der Gedanken, erlaubt keinen Vergleich, benutzt nicht die Intelligenz, die eben aus dem Vergleichen entsteht.

Der einfältige Mensch traut der Schrift, diesem Teufelswerk, nicht und liest mit lauter Stimme, um den *Klang* der Worte wiederzufinden, den einzigen Bestandteil, dem er traut, und dasselbe tut das Kind. Was kann man aus diesem Beispiel schließen? Und was aus dem beharrlichen Fortbestehen des Wortes als Klang? Was soll man folgern aus dem prägraphischen Gebrauch des Wortes bei noch so vielen Schriftstellern, beinahe allen Schriftstellern, bei den größten jedenfalls oder doch denen, die als solche betrachtet werden? Es bedeutet, daß sie noch nicht an das geschriebene Wort, an das lautlose Wort, den farblosen Boten des Gedankens, gewöhnt sind. Es bedeutet, daß sie noch Mißtrauen gegen das geschriebene, das klanglose Wort hegen. Es bedeutet, daß sie die ungeheure, die erschreckende Wichtigkeit der Prosa noch nicht kennen, der ebenen, horizontalen Schrift, in der das Wort keine Stimme, keinen Körper mehr hat, sondern lediglich ein Mittler ist, der lautlos, beinahe unsichtbar, den Geruch oder Gestank der Idee hindurchläßt und deshalb den Gedanken einen Spielraum gibt, sich zu vereinen oder sich zu widersprechen, sich anzuregen, einander zu bereichern, Zweige zu treiben und den Fluß der Gedanken zu bilden, der die vertikalen und isolierten Gedanken, auf die er trifft, niederwirft. Und deshalb haben sie die Mentalität von Wortsängern bewahrt, und sie halten an dieser anachronistischen Position fest und setzen dem freien Fluß der Gedanken, der aus der lautlosen, amorphen, anonymen, unpersönlichen Prosa entspringt, entweder das »schöne« Wort (D'Annunzio) entgegen oder das »häßliche« Wort (Verga), das aber stark und übermächtig ist, ein Körper, ein Hindernis, und das die Aufmerksamkeit des Lesers fesselt wie ein heftiger Ruf aus jener Zeit, in der die Schrift noch nicht geboren war: jene Schrift, die dem Menschen den Mund verschließt und sein Gehirn arbeiten läßt. (→Sprache, korrekte)

Prosa, unerzogene. Vorigen Sommer mußte ich eine Eisenbahnfahrt antreten, und zwar zusammen mit jemandem, den ich wenige Tage zuvor kennengelernt und der sich vom ersten Tag an als ein Mensch ohne Erziehung erwiesen hatte. Nicht daß ihm die mechanischen und äußerlichen Formen fehlten, die für die meisten gleichbedeutend mit guter Erziehung sind, nein, alle diese Formen benutzte er, und zwar mit einer Unbefangenheit, die aus der Erfahrung herrührt, dazu zeigte er ein überlegenes Gehabe und einige Raffinements, die nach seiner Ansicht vor allem seine Eigenschaft als ›Literat‹ ins Licht rücken sollten – eine Eigenschaft, die allerdings nicht von einem entsprechenden literarischen Werk bestätigt wurde. Der Zug war überfüllt, und es gelang uns nur mit Mühe, in den Anfang des Ganges einzudringen, bis dorthin, wo die Toilettentür ist, in ein heißes, menschliches Magma, das mit harten Koffern gefüllt war wie ein Kastanienkuchen mit Pinienkernen. Und aus meiner erstickenden Ecke, in der ich bewegungslos und mit an den Körper geklebten Armen wie eine in ihre Tücher gewickelte Mumie stand, konnte ich zwischen schweißnassen Hälsen und triefenden Häuptern dem Schauspiel folgen, das mein Reisegenosse mit seiner außergewöhnlichen Bequemlichkeits-

technik bot. Er manövrierte mit Methode und Ausdauer, und am Ende seines Manövers war es ihm gelungen, auf einen Stoß fremder Koffer zu steigen, die ihm als Sitz dienten, die Füße auf andere, niedrigere Koffer zu setzen, die ihm als Fußschemel dienten, und die Ellenbogen auf die Fensterbank des offenen Fensters zu stützen, so daß er also nicht nur inmitten all der stehenden und zusammengepreßten Leute bequem saß, sondern auch frische und saubere Luft atmete, während wir den vereinigten Odem der anderen Reisenden einatmeten. Mein Reisegefährte hatte sich vor Besteigen des Zuges reichlich mit Proviant versehen, und sobald er sich auf dieser Art Thron eingerichtet hatte, begann er, Pakete und Päckchen auszupacken und Salamischeiben zu verspeisen, indem er sie zuerst auf die Zungenspitze legte und dann hinunterschlang wie ein Ameisenbär. Er entfleischte Hühnerschenkel und küßte wiederholt den Mund mit einer kleinen Korbflasche voll Chianti, die er zwischen einem Kuß und dem nächsten an ihrem Strohhenkel an einen Haken an der Wagendecke aufhängte. Als er beim Obst angelangt war, übermittelte er mir, wie um unsere Solidarität als Reisegenossen zu besiegeln, durch die Hände der Reisenden, die zwischen ihm und mir einen Wall bildeten, einen Pfirsich; aber neben mir stand eine Frau (übrigens die Besitzerin der Koffer, auf denen er königlich thronte, was ich aus den besorgten und verwirrten Blicken schloß, die sie ab und zu auf die Stücke richtete, die in Gefahr waren, vom Gewicht jenes Herrschergesäßes eingedrückt zu werden), eine Frau, die, wie ich aus einigen Worten entnommen hatte, die sie mit einer Gefährtin gewechselt, schon viele Stunden in diesem Zug reiste, die müde, hungrig und durstig war; also bot ich den mir angebotenen Pfirsich meinerseits ihr an, und sie, nach einer mühsam-höflichen Ablehnung, nahm ihn an. Ich borgte ihr auch ein Messerchen, das ich in der Tasche hatte, und sie begann den Pfirsich zu schälen, aber in diesem Augenblick dröhnte von oben herab die Stimme meines Reisegenossen, der zu der Frau sagte: »Warten Sie mit dem Schälen, bis der Zug steht, sonst trägt der Zugwind aus dem gegenüberliegenden Fenster die Safttropfen auf meine Krawatte, und sie kriegt Flecken.« Ein solches Betragen hätte zu Recht die Rebellion der Mitreisenden ausgelöst – aber es entstand keine Rebellion, sondern eine stumme Verblüffung, in der eine Art Bewunderung enthalten war, wie angesichts eines Wunders. Es gibt unendlich viele Arten von Wundern, und dadurch, daß er gegen alle menschlichen Sitten und Gebräuche verstieß, hatte mein Reisegefährte auf seine Art ein Wunder vollbracht. In die Ekstase jenes Wunders gehüllt, fing ich an, mir den erzogenen und den unerzogenen Menschen vorzustellen, ja, ich sah sie. Der unerzogene erschien mir in Gestalt eines Stachelschwein-Menschen, von langen Borsten umgeben, den expansiven Strahlen seiner Bedürfnisse, seiner Erfordernisse, seiner Wünsche, seiner Gelüste, seiner Bequemlichkeiten, seines ›Lebensraumes‹. Dagegen sah ich den erzogenen Menschen, der, um das Leben in der Gemeinschaft weniger beschwerlich zu gestalten, die Strahlen seiner Bedürfnisse einzieht, sie in sich hineinnimmt, schließlich keine Bedürfnisse mehr hat und seine Lebenserfordernisse auf jenes unerläßliche Minimum reduziert, hinter dem der Tod liegt. Und für einen Augenblick erschien vor meinen Augen auch der Mensch mit der *besten Erziehung,* der nämlich, ›um zu vereinfachen‹, darauf verzichtet, zu leben; denn alles in allem ist die Erziehung eine Frage der Verpackung. Und von der Verpackung der Menschen ging ich über zur Betrachtung der Verpackung der Worte, einer Verpackungsform, die mich besonders angeht, nämlich die beste Art, die Wörter in einem literarischen Text unterzubringen, ohne daß sie sich gegenseitig stoßen und, vor allem, ohne daß sich die anmaßenden und schlecht erzogenen Wörter über den Raum der bescheidenen und zurückhaltenden ausbreiten; und auch hier erschien mir auf der einen Seite die unerzogene Prosa, die einige Leute – aus welcher Geschmacksverirrung heraus, weiß ich nicht – lebendige, reine, menschliche Prosa nennen, eben die ›schlecht verpackte‹ Prosa eines Benvenuto Cellini, eines Giovanni Verga und derjenigen, die sich heute vom Verismus der amerikanischen Schriftsteller inspirieren lassen; und auf der anderen Seite die wohlerzogene Prosa, in der die Wörter so angeordnet sind, daß keines dem anderen zum Hindernis wird und dadurch, daß es besondere Aufmerksamkeit auf sich zieht, den Sinn stört, sondern in der die Wörter als einzelne ›verschwinden‹ und den Gedanken frei hervortreten lassen; das ist die Prosa der großen literarischen Kultur, wie die Prosa eines Lukian von Samosata, eines Voltaire, eines Stendhal und bei uns eines Annibale Caro, eines Agnolo Firenzuola und heute die Prosa eines Massimo Bontempelli und die, die ich selbst zu schreiben versuche. Ich füge hinzu, daß eine gute Verpackung auch eine lange Haltbarkeit der Prosa garantiert. (→SPRACHE)

Prosa, unerzogene

PROUST. Ich habe es nicht geschafft, das gesamte Werk von Marcel Proust zu lesen. Ich kenne einen, vielleicht zwei Bände jeder Folge. Aber ich habe es auch nicht geschafft, diese von Anfang bis Ende zu lesen. Ist das ein Hindernis, um das Werk von Marcel Proust zu beurteilen? Ich glaube nicht. Das Werk von Proust ist umfangreich, aber gleichförmig. Von Folge zu Folge kann man einen Fortschritt an literarischer Eleganz feststellen, aber keinen an Intelligenz und Geist. Ich glaube an die Fortentwicklung innerhalb des Werkes eines Schriftstellers. Beispiele muß man nicht lange suchen, es genügt Flaubert, der von der *Versuchung* zu *Bouvard und Pécuchet* gelangt.

Ich will das Werk von Proust nicht so sehr unter poetischen Gesichtspunkten als unter psychologischen und gesellschaftlichen betrachten. Dieses System mag falsch erscheinen, und ich selbst betrachte es auch so. Aber da es sich um einen französischen Autor handelt, und zwar nicht um einen Dichter, sondern um einen Romancier, ist dies nach meiner Ansicht das einzig angebrachte System. Die französische Romanliteratur hat vor allem einen historischen und dokumentarischen Wert. Einige Autoren ausgenommen, einige wenige Bücher ausgenommen, die sich von allein abgrenzen und unter jedem Gesichtspunkt, vor allem unter dem dichterischen, gültige und dauerhafte Werke darstellen (nehmen wir die *Bovary*), würde sich die gesamte französische Literatur in nichts auflösen, könnte sie sich nicht auf ihren Charakter als »Sittengeschichte« stützen.

Hier zeigen sich die Franzosen als ein in bewunderungswürdigem Maße mit historischem und nationalem Gefühl begabtes Volk. Mit höchster Aufmerksamkeit kümmern sie sich um Leben und Gesundheit der Rasse, bestimmen ihre Charakterzüge, verfolgen ihre Veränderungen, dokumentieren Punkt für Punkt ihre Parabel. Es ist wahr, daß die Romanliteratur überhaupt, und nicht nur die französische, vorwiegend den Charakter der »Sittengeschichte«

hat. Das ist der Ausgangspunkt für den russischen Roman, und eben dieses Ziel haben die wenigen deutschen Romane, mit keiner anderen Absicht schrieben die wenigen italienischen Romanautoren (ich meine einen Fogazzaro, einen Rovetta; was die größeren betrifft, Manzoni, Nievo, Verga, so lasse ich sie beiseite, denn ihr Werk überschreitet die ziemlich engen Grenzen der »Sittengeschichte«). Aber was sehen wir? Die heutigen Russen suchen ihre Themen entweder in Amerika oder auf Capri (dieses Kapitel wurde 1923 geschrieben); die Deutschen (einschließlich der Brüder Mann) beschreiben nicht das Leben des deutschen Volkes, sondern einen illusorischen, künstlichen Aspekt davon. Was die heutigen italienischen Romanciers betrifft ... In der französischen Literatur dagegen kann man diese Erschöpfung der Materie und der Schriftsteller nicht feststellen. Der französische Roman geht seinen Weg, folgt ihm, wie eine Eisenbahn ihrem Schienenweg folgt. Ja, mehr noch. Während bei uns die »Sittengeschichte« bei den *Cronache Fiorentine* stehenbleibt, setzen die Chronisten in Frankreich ihr Werk des Schreibens und Dokumentierens unbeirrt fort. Überall sonst sind die Chronisten verschwunden oder sind dazu herabgesunken, in den Zeitungen die Vorkommnisse auf der Polizei und in den Krankenhäusern zu berichten. In Frankreich haben die Chronisten überlebt und heißen Romanciers. Dort spielt sich das gesamte intellektuelle Leben in Gestalt einer Chronik ab: die Kunst, die Literatur, die Medizin, die Wissenschaften, das gesellschaftliche Leben. Ich frage mich nicht, ob man diese Chronikmanie der Franzosen nachahmen sollte. Ich stelle Tatsachen fest, und nicht allein aus dem Vergnügen an der Feststellung, sondern mit dem indirekten Ziel, das Werk eines der größten neueren *chroniqueurs* zu erläutern: Marcel Proust.

Beleidige ich den Schriftsteller vielleicht oder mindere ich seinen Wert, wenn ich ihn *chroniqueur* nenne? Ich glaube nicht. Das größte und am häufigsten wiederkehrende Lob, das seine Bewunderer ihm aussprechen, besteht eben darin, daß man ihn einen der minutiösesten und wahrhaftigsten Schilderer der französischen Gesellschaft nennt. Ich füge hinzu, daß die von Proust abgebildete Gesellschaft nicht die gesamte französische Gesellschaft ist, sondern ein Teil von ihr, ein schon erschöpfter, sterbender, im Verschwinden begriffener Teil. Proust selbst wird die Agonie dieser Gesellschaft bemerkt haben, die er mit unendlicher Sympathie und dem Gefühl tiefer Verbundenheit abschilderte, und im Stil des *chroniqueur* schimmert eine von Trauer überschattete Zärtlichkeit durch, ein sanftes Mitleid, dieselbe verehrende Haltung, mit der jemand einen Gipsabguß vom Gesicht eines Toten abnimmt.

Das erklärt andererseits die Angst, die Beharrlichkeit, mit der Proust sein autobiographisches und dokumentarisches Werk zur Vollendung führte; diese Unruhe kam nicht nur daher, daß ihn stets der Tod belauerte, sondern auch aus der Sorge, die Erinnerung an diese *sterbende Gesellschaft* würde für immer untergehen, wenn er ihre Geschichte nicht zu Ende brächte.

Es ist also nicht zutreffend, das Werk Prousts eine Autobiographie zu nennen, nicht autobiographisch ist dieses Werk, sondern biographisch, ja multibiographisch. Es ist ein Spiegel der Charaktere, ein Spiegel der Sitten, ein Spiegel der Gesellschaft. Und da diese Gesellschaft ihren letzten Atemzug tut und morgen vielleicht keine Spur mehr von ihr existieren wird, sichert dieser Spiegel, der das Gesicht der Dahingeschiedenen unauslöschlich und ewig zurückwerfen wird, dem Werk des großen *chroniqueur* ein bleibendes Leben.

Ich glaube, man kann in der gesamten Weltliteratur keinen Autor finden, der mehr als Proust mit der Gesellschaft verbunden und verschmolzen war, in der er lebte. Man nennt mir Balzac? Balzac war vor allem ein Mann der Phantasie, und über die Realität seiner Figuren zieht die Wolke seiner romantischen und visionären Stimmungen.

Man nennt mir die Russen? Aber abgesehen von Gogol (der andererseits nicht zu den Romanciers gehört, sondern zum Epos aufsteigt) verfolgten die anderen, Tolstoi, Dostojewski (um nur die größten zu nennen), entweder soziale oder mystische Ziele: Erlösung, Suche nach der Seele usw. Proust lebte mit der und für die Gesellschaft, die er in seinen Romanen beschrieb. Er verfolgte kein anderes Ziel als das, mit größter Genauigkeit und Vollkommenheit seine mondänen Figuren zu beschreiben, indem er sie entweder direkt aus der Wirklichkeit ableitete oder indem er ihnen ähnliche Phantasmen schuf. Sein Werk ist ganz frei von Absichten, es entwickelt keine These, verficht kein Prinzip, beruft sich auf keine Ideen, enthält weder moralische noch soziale, noch ethische Postulate. Einige seiner Lobredner sagen (und diese Erfindung ist, wenn ich nicht irre, Paul Morand zuzuschreiben), Prousts Werk habe eine moralische, ja moralistische Absicht, erkennbar vor allem in der kruden Zeichnung der verdorbenen Seiten *seiner Gesellschaft,* ihrer Laster, ihrer eigenartigen Gebräuche, der sexuellen Anomalien einiger seiner Gestalten, besonders des Barons Charlus. Aber in Prousts minutiöser und ausgiebiger Beschreibung der Laster im allgemeinen und der Bisexualität im besonderen sehe ich eher ein offenkundiges Wohlgefallen – nicht des Schriftstellers, sondern des Mannes, der, nach dem wenigen, was ich über sein Leben weiß, natürlich nicht zu einem gesunden und animalischen Leben neigte, sondern zu jenen anomalen Formen, die unter dem Namen Raffinement, Erlesenheit, Dekadenz usw. laufen.

In den Büchern von Proust ist nichts anderes enthalten, nur die reine Beschreibung von Ereignissen und Typen. Einfache Chronik. Dokumentation um ihrer selbst willen. Die *Literatur* selbst verschwindet beinahe bei diesem hochliterarischen Schriftsteller. Der höchst gewollte und gesuchte Stil Prousts hat kein anderes Ziel, als die Dokumentation zu verdichten. Natürlich! Proust war schließlich ein Künstler, und er hätte sich nicht dazu hinreißen lassen, wie ein Mönch vom Berge Athos zu schreiben. Jene Spuren von Verzückung aber, die sich durch seine Romane ziehen, das Stocken, die poetischen Seen, die sich hin und wieder inmitten des Urwalds von Tatsachen öffnen, sind nur kurze Ruhepausen, leichte Unterbrechungen, *divertissements,* sowohl um dem poetischen Atem, der in seiner Brust eingeschlossen ist, freien Lauf zu lassen, als auch aus der Neigung heraus, die jeder dieses Namens würdige Schriftsteller hat, die Wirklichkeit zu mythisieren.

Ich habe gesagt, die von Proust beschriebene Gesellschaft sei nur ein Teil der französischen Gesellschaft. Auch dem anderen Teil fehlt es nicht an guten und angesehenen Dokumentaristen. Dieser andere Teil ist dank gewisser Proteinkräfte nicht schwach und sterbend wie der Proustsche, sondern höchst widerstandsfähig und lebendig und erneuert sich und erblüht von Tag zu Tag mehr. Eben dies ist vielleicht der Grund, weshalb die Dokumentaristen dieser lebendigen und blühenden Gesellschaft nicht die Bedeutung und den Ruhm Prousts erwerben konnten. Solange das Original am Leben ist, bedürfen wir nicht seiner schriftlichen Fixierung. Aber für sich betrachtet, scheinen mir die Dokumentaristen dieser anderen Gesellschaft Proust nicht unterlegen zu sein. Von diesen Dokumentaristen gibt es eine große Anzahl in der benachbarten Republik, es sind mehr oder weniger alle Romanciers und Novellisten, die dort schreiben. Ich wüßte nicht, wen ich hervorheben sollte. Ich möchte nur zwei Autoren aus dieser Menge nennen, die mir reicher an Geist als die anderen erscheinen, Tristan Bernard und Henri Duvernois. Der erste hat mit seinen *Aventures d'un Jeune-Homme rangé* die Magna Charta des französischen Bürgertums geschrieben; der andere hat in zahlreichen Erzählungen ebenso viele Aspekte der französischen Gesellschaft dargestellt, und das mit einem Geschmack, einer Formschönheit und einer solchen Achtung vor der Wahrheit, daß seine Bücher ein würdiges *Pendant* zu den Bildern von Albert Guillaume darstellen, dieses Historien- und Sittenmalers, dieses ›klassischen‹ Daumier. *Proust*

Schließlich möchte ich hinzufügen, daß die Fähigkeit zur Beobachtung und damit zur Dokumentation bei den Franzosen derart entwickelt ist, daß auch die finstersten und dürftigsten Schriftsteller, die ihre kleinen Prosatexte im *Petit Parisien* und im *Petit Journal* abdrucken, in der Substanz lauter kleine Prousts darstellen; weniger raffiniert und literarisch, aber vielleicht lebendiger und wirksamer.

Räucherhütchen (Zampironi). Die kleinen Räucherhütchen, die man abends im Schlafzimmer verbrennt, um die Mücken zu betäuben und unschädlich zu machen, die Zampironi, auch »ruhiger Schlummer« genannt, die mit Zündungen und Rauchwölkchen verglühen und an winzige ausbrechende Vulkane erinnern, heißen so nach ihrem Erfinder, Gio Batta Zampironi, der im Jahre 1862 sein Laboratorium in Mestre gründete. Von 1922 bis 1943 wurden die Italiener zur Bewunderung von jeder Art von Mördern und zur Verachtung für die Leute erzogen, die für das Wohl der Menschheit gearbeitet haben; und das 19. Jahrhundert, das in hervorragender Weise humanitär war, wurde mit den Worten von Léon Daudet »das dumme neunzehnte Jahrhundert« genannt. Die zwanzig Jahre sind vorüber, und die Italiener können wieder ohne Gefahr die Mörder verachten und die Wohltäter ehren, einschließlich der kleinen wie Gio Batta Zampironi. Er, der uns von den Mückenstichen befreit hat, und zwar in einem Land, das überreich an diesen grausamen Zweiflüglern ist, kann mit gutem Grund als ein Wohltäter der Menschheit betrachtet werden. Vor zwei Jahren schlug ein römischer Journalist vor, einige Denkmäler aus dem 19. Jahrhundert in der Hauptstadt zu entfernen und aus der Bronze Kanonen zu gießen, und unter den zu stürzenden Denkmälern nannte

Räucher-hütchen (Zampironi)

er auch das für Terenzio Mamiani, das nicht aus Bronze, sondern aus Marmor ist. Wahrscheinlich dachte dieser Journalist, daß die Kanonenkugeln noch aus Stein sind, wie die, welche Benvenuto Cellini von der Engelsburg abschoß. Von welchem Grad seiner Verdienste an ist der Mensch würdig, in Marmor oder Bronze verewigt zu werden? Jetzt, da die von der Diktatur errichteten Denkmäler entfernt worden sind, könnte man an ihrer Stelle Denkmäler für Gio Batta Zampironi und andere bescheidene, aber unserer Dankbarkeit würdige Italiener aufstellen. Ein anderer ›kleiner‹ Wohltäter ist Pellegrino Artusi, Autor der *Scienza in Cucina e Arte die mangiar bene, Wissenschaft in der Küche und Kunst des guten Essens,* ein Werk, das in den Regalen der Buchläden vorteilhaft die Reden des Diktators ersetzen könnte. Pellegrino Artusi ist unser Brillat-Savarin, und sein Buch, einer der größten Erfolge des italienischen Buchmarktes, ist natürlich in einem sehr würzigen Italienisch geschrieben. Pellegrino Artusi erwarb den Ruhm eines großen Kochs in Florenz, wo er den großen Doney zum Rivalen hatte, aber gebürtig war er aus Forlimpopoli in der Romagna. Vor seinem Tod bestimmte dieser Künstler der Küche eine Summe, die als Preis dem großen Manne zufallen sollte, der in dem einige Kilometer messenden Umkreis um seine Geburtsstadt zur Welt kommen würde. Es fehlen einige hundert Meter, und in diesen Kreis des Artusi-Preises wäre auch Predappio gefallen.

REALITÄT. Ein dicker und intelligenter Freund von mir (einer meiner ›besten‹), dem ich ein Stilleben zeigte, das ich monochrom in Türkis gemalt hatte, rief aus: »Es gibt keine türkisen Birnen!«, und weinte fast vor Wut. Diese türkisfarbenen Birnen waren seiner Meinung nach ein Verrat an der Realität. Ich wollte ihm schon die berühmte Frage stellen: »Ist die Natur real?«, erinnerte mich aber rechtzeitig, daß mein Freund den Ruf eines Hypo-

chonders hat. Ich richte dieselbe Frage an die weniger Verletzlichen unter meinen Lesern und bitte sie, mir zu sagen, wo die Realität anfängt und wo sie aufhört. Nicht einmal der so grausame Tiberius hätte, glaube ich, die Farbenblinden aus der Realität verjagt. Und was soll man zu der Realität sagen, die vor einigen Jahren durch infrarote und ultraviolette Strahlen entdeckt wurde und die der Mensch vermittels besonderer Glasscheiben wahrnimmt, während einige Insekten, besonders die Ameisen, sie mit dem bloßen Auge sehen? Wollen wir diesen fleißigen Tierchen unterlegen sein? Ich fordere die gestrengen Hüter der Realität auf, über die *italienische Landschaft* nachzudenken, die Professor Wood mit infraroten Strahlen photographiert hat und die leider nur schwarzweiß und ohne ihre »nichtrealen« Farben auf Seite 96 in *Von den Sternen zu den Atomen* von Störmer und Contu veröffentlicht ist. Diesen

 Gesundheitsaposteln der Kunst, diesen Gefängniswärtern einer rachitischen und zwerghaften Realität ist die Langeweile, das Fehlen von Anziehungskraft, die Passivität eines großes Teiles der Malerei vorzuwerfen. Von allen Schlußfolgerungen der Philosophie ist die bekannteste und am häufigsten von den Feinden der Philosophie verspottete die, daß die ›äußere‹ Welt nicht existiere oder nicht wahrhaft ›real‹ sei. Weil sich die Malerei allzusehr an diese »nicht-existente Realität« hält, ist sie die am wenigsten philosophische der Künste.

REVOLUTIONÄRE. Als Leo Trotzki, aller Ämter und allen Glanzes enthoben, unter Geleit zur türkischen Grenze reiste, suchte ihn ein amerikanischer Journalist auf, um ihn zu interviewen, und fand ihn ganz in die Lektüre eines Buches versunken. »Es ist ein Buch von Anatole France«, antwortete der Mann, der ins Exil ging. »Anatole France ist mein Lieblingsautor. Er ist nicht nur ein großer Stilist, sondern auch ein tiefer Denker.« Wenn man bedenkt, daß dieses Urteil von einem Berufsrevolutionär abgegeben wurde, vom ›Techniker‹ der russischen Revolution und Theoretiker der ›permanenten Revolution‹, so beweist das wieder einmal, wie sehr der Schein trügt und daß sich hinter der ›revolutionären‹ Schale so vieler Menschen ein höchst träger, rückwärts gewandter, pantoffelheldischer Geist verbirgt.

RHETORIK. Ich bin ein Mann ohne Lebenswissenschaft, ich lebe frei und folge meinem natürlichen Talent, das mich häufiger in den Himmel als auf die Erde versetzt, und ab und zu lasse ich mich von Leuten beraten, die diese kostbare Lebenswissenschaft besitzen und sie mit Sicherheit und Nutzen anwenden. Einer von ihnen riet mir vor kurzem, als ich meinen Wohnsitz wechseln mußte, alle meine Habe mit mir zu tragen, da wir in gefährlichen

Zeiten alle handeln sollten wie der Weise, welcher *omnia secum ferebat.* Bevor ich denn also abreiste, begab ich mich zur Filiale 23 des Credito Italiano, bei dem ich ein kleines Konto habe, und wollte meine Einlagen abheben. Der Kassierer, ein äußerst höflicher und witziger Neapolitaner, kam meinem Wunsch sofort nach und zählte mir einige wenige Tausenderscheine auf die Schalterbank, denen er einige Fünfhunderterscheine hinzufügte, wie der Fleischer den Suppenknochen. Ich bemerkte, daß die Tausender, alle druckfrisch, von einem schönen Braun waren, das an den Kakao erinnert, den Nietzsche in *Ecce Homo* »stark entölt« zu trinken empfiehlt und den wir in den heutigen Zeiten weder entölt noch auf andere Weise trinken können; und daß die Fünfhunderterscheine von einem rötlich flammenden Rosa waren, das passend zur Jahreszeit an Erdbeereis erinnerte. Ich faltete die empfangenen Scheine und wollte sie ins größere Fach meiner Brieftasche schieben, doch das Bündel war zu groß, und unter seinem Druck platzte die Brieftasche auf, ein großer Schaden heutzutage, da Lederwaren nicht nur selten, sondern überhaupt nicht erhältlich sind. Der Leser wird vielleicht meinen, die Brieftasche platzte auf, weil es so viele Scheine waren, aber das ist ein Irrtum: es waren sehr wenige, doch von unglaublicher Größe. Zu Hause maß ich neugierig einen Schein und stellte fest, daß er 14 mal 24 cm maß. Wäre ich Chauchard, der Multimillionär und Besitzer der Louvremagazine, der Renoir und Degas sammelte, ohne etwas davon zu verstehen, und der sich schon im Jahre 1910, als ein Tausender noch eine viel größere Kaufkraft hatte als heute, seine Zigarren damit anzündete und sich auch die Nase damit putzte – wäre ich dieser Chauchard, würde ich vorschlagen, diese großen Scheine als Bettvorleger oder, noch besser, als Abtreter fürs Badezimmer zu benutzen, da sie für das erste durch ihre Dekoration prädestiniert sind, die sie den in der zweiten Hälfte des vorigen Jahrhunderts gebräuchlichen Bettvorlegern sehr ähnlich macht, für das

Rhetorik

zweite durch ihre Dichte und Wasserundurchlässigkeit und vor allem durch ihren Linoleumgeruch; aber ich bin nicht Chauchard, meine Verachtung fürs Geld ist keine Krösusverachtung, sondern eine Philosophenverachtung, in der auch eine an Angst grenzende Hochachtung enthalten ist; der Charakter des Geldes ist eben zweideutig: Der Weise muß es verachten wie etwas Niedriges und zugleich achten wie etwas Heiliges. Warum druckt ein armes Land wie Italien so große Tausenderscheine? Vielleicht weil es arm ist und einen nicht vorhandenen Reichtum vortäuschen möchte, während der Reiche seinen Reichtum verbirgt oder zumindest nicht zur Schau stellt. Darüber hinaus sind diese enormen Banknoten, die so ehrenvoll zu Füßen einer Badewanne ruhen könnten, auch ein Beispiel für die Disproportion zwischen Schein und Sein, zwischen dem, was man vorzeigt, und dem, was wirklich ist, und also ein Beispiel für Rhetorik. Die Rhetorik, also das Ungleichgewicht zwischen Schein und Realität durch die Hypertrophie des Scheins, ist das schlimmste Laster der Italiener und das verderblichste. Ich meine die Rhetorik der Worte und die Rhetorik der Taten. Denn nicht nur in der Predigt des Tribunen, im Artikel des Journalisten, im hochtrabenden Sermon des Rundfunksprechers macht sich die Rhetorik breit, sie ist auch in der Architektur enthalten, in den Verkehrsmitteln, in der Größe der Tausendernoten; rhetorisch ist die Art, das Volk zu führen und das Leben der Nation zu organisieren, rhetorisch ist die Kriegsführung und vor allem die Kriegsvorbereitung; der Krieg selbst ist Rhetorik, weil er aus Prahlerei, Ehrgeiz, Rhetorik geführt wird und nicht aus einer unvermeidlichen Notwendigkeit, die zu diesem schlimmsten aller Mittel zwingt. Und in diesem Fall ist die Rhetorik nicht nur gefährlich und verderblich, sondern verbrecherisch; anzukündigen, daß »die italienischen Flügel das Sonnenlicht verdunkeln werden«, um dann den größten Militärmächten der Welt mit einer Anzahl von Flugzeugen gegenüberzustehen, die … Mein

Vater sagte, ein gutes Mittel, um den Magen gesund zu erhalten, sei es, nicht ganz gesättigt vom Tisch aufzustehen. Es wird von Nutzen sein, in den Schulen Klassen für Antirhetorik einzurichten, wo die kleinen Italiener lernen können, das Gleichgewicht zwischen der Wirklichkeit und ihrer Darstellung zu finden und vielleicht sogar eine Wirklichkeit zu beschreiben die ein wenig bescheidener als die tatsächliche ist (nicht ganz gesättigt vom Tisch aufzustehen). Stellen Sie sich die Wirkung vor, wenn nach der Ankündigung, die Anzahl unserer Flugzeuge sei bescheiden, bei einer Überprüfung offenbar wird, daß es so viele sind, daß sie wirklich »die Sonne verdunkeln«. Manche Pianisten meinen, größere Wirkung zu erzielen, wenn sie fortissimo mit getretenem Pedal spielen. Aber das sind schlechte Pianisten, und ein schlechter Pianist tut nur dem weh, der Lust hat, ihn anzuhören. Während ein schlechter Politiker, ein schlechter Regierungschef…

ROMANERSATZ. Es ist ganz deutlich, daß die auf Phantasie beruhende Literatur schön langsam von einer Literatur abgelöst wird, die man nur als dokumentarisch bezeichnen kann. Dieser Tage ist in Deutschland ein Buch mit dem Titel *Radon* erschienen, mit dem bezeichnenden Untertitel: *Roman eines Elements.* Vor ein paar Jahren haben wir, nicht ohne Genuß, das *Epos des Öls* gelesen. Im Augenblick liegt in den Schaufenstern der Buchhändler die *Biographie des Kaffees,* und *Die Vitamine der Seele* ist nichts anderes als die Geschichte des Tabaks in Romanform.

Diese Rückkehr zum Animismus nach Jahrhunderten des rigorosen Anthropozentrismus geht meiner Meinung nach jedoch nicht mit einer Rückkehr zu jenem Denken einher, das Thales, Empedokles und auf alle Fälle die Vorsokratiker die Wahrheit des Universums in den Elementen suchen ließ; und auch der unschuldige Animismus des

Wilden, der im Fließen des Baches *die Seele des Wassers fliehen* sieht, hat wenig damit zu tun. Diese Literatur jenseits des Menschen schlägt einen ganz und gar nicht dadaistischen Ton an und trägt über Gebühr jene wissenschaftliche Hochnäsigkeit zur Schau, die den Fachleuten zufolge dem gewöhnlichen Leser Vertrauen einflößt und, was den Verkauf betrifft, wie eine Art Abführmittel wirkt. Wir sind keine überzeugten Anhänger Spenglers und sehen in dieser Entwicklung auch keinen Beweis für die Wiederkehr des Immergleichen, aber die Tatsache lädt auf jeden Fall zum Nachdenken ein.

Hinweise auf das Ende des Anthropozentrismus hatte es, um die Wahrheit zu sagen, auch schon gegeben, bevor *Der Roman eines Elements* erschienen war (was waren der Kubismus, der Surrealismus in Malerei und Literatur, die abstrakte Kunst denn anderes gewesen als der Versuch, den Menschen durch das Ding zu ersetzen?) – und ohne uns rühmen zu wollen, können wir behaupten, daß auch wir in bescheidener Weise zu diesem Ende beigetragen haben. Als Individuum eilt der Mensch behende von Form zu Form (gestern noch Kubist, versenkt er sich heute wieder in das unergründliche Geheimnis der menschlichen Seele), während die Menschheit träge und stur wie ein Ochse an die Unveränderlichkeit der Systeme glaubt, und da sie sich bis gestern das Dogma des Anthropozentrismus auferlegt hatte, ist sie heute durchaus in der Lage, sich das Dogma von der zentralen Stellung der Elemente aufzuerlegen und es dreiundzwanzig Jahrhunderte lang beizubehalten, so lange, wie sie auch den Anthropozentrismus beibehalten hat.

Aber diese besorgniserregende Rückkehr zum Glauben an die zentrale Stellung der Elemente ist auch noch unter einem anderen Aspekt zu betrachten: dem Versiegen des Geistes des Nordens, der, nachdem er seine Schwanengesänge angestimmt hat, Haare, Zähne, Nägel besingt, nur um zu überleben ... Kein einziges dieser Bücher, die ein

Loblied auf die Elemente anstimmen, stammt von einem italienischen oder französischen Autor. Ein schlechtes Zeichen, wenn der Mensch nicht mehr Mensch sein kann und deshalb Demiurg sein will.

Um diesen ausgemergelten Objektkult in Animismus zu verwandeln, fehlt es jedenfalls am Wesentlichen, an Religiosität. Die sozialistische Ideologie Ende des 19. Jahrhunderts versuchte in ihrer Naivität, den technischen Erfindungen und den Entdeckungen der Wissenschaft etwas Göttliches einzuhauchen. Oje! Wozu verkommt der Kult der Göttin Elektrizität?

ROMANTIK. Die Romantik ist die heroische Zeit des Geistes: In ihr wird der Mensch von einem unendlichen – und unbestimmten – Sehnen getragen. Aus dieser unendlichen Sehnsucht, dieser außergewöhnlichen Neugier, diesem gewaltigen Willen, zu erkennen und zu handeln, erwächst dem Menschen der unstillbare Eroberungsdurst, der ungebändigte Mut, der aus jedem Mann einen Odysseus macht. Und eben in der romantischen Periode macht der Mensch seine Eroberungen, häuft Reichtümer an, »bildet ein Kapital«. Meist bleibt diese Fülle von Reichtümern verstreut, wird nutzlos und auch bald schädlich, selbst wenn sie nicht verfault und stinkend wird wie ein Schlachtfeld, auf dem die Toten unbegraben liegengeblieben sind. Das geschieht dann, wenn in dem Gebiet des akkumulierten Reichtums Leute wohnen, die *chronisch* romantisch sind, bar jener geheimnisvollen Fähigkeit, alle Werte auf die höchste Potenz und das geringste Volumen zu bringen, das, was man allgemein »Klassik« nennt. Vereinfachen wir die Termini: Der »chronische Romantiker« ist der *Barbar*. Ein Barbar ist ein untauglicher Mensch einer, der nicht »mit den Händen denken kann«. Zu den höchsten Ambitionen des Barbaren gehört, eine schöne Karambolage zustande zu bringen. Die geistige Ambition, die sich hinter dieser Spielambition verbirgt, verdient unsere, der unfehlbaren Karambolespieler, herzliche Anteilnahme. Von niemandem sage man a priori: »Das ist ein Barbar.« Die Norm will, daß jeder Mensch am Anfang Romantiker ist (die Kindheit ist romantisch). Besser gesagt, die Norm will, daß jeder Anfang romantisch ist. »Romantisch« ist der Mensch, der in seiner eigenen Brust blättert wie in einem Buch und auf jeder Seite einen anderen Hauch der Weltseele aufnimmt; ein Mensch, der den Wind »faßt« wie ein Segel; ein Mensch, der »ganz Ohr« ist, wie die Umgangssprache sagt, der mit Augen bedeckt ist wie ein Pfauenschweif. Nicht vor, nicht während, sondern erst mit dem Abschluß der romantischen Vorbereitung, am Ende dieses ›Aufgusses‹ der Weltseele, wird er sich an die einsame, undankbare, dürre Arbeit machen, eine Arbeit der Aussonderung, der Selektion, der Klärung, aus der das Werk rein, erlesen und kompakt hervorgeht. »Romantisch« ist eine Seele, die *verliert.* Zuletzt bleibt, wie der Sand auf dem Boden des Filters, der Romantiker übrig, der zu anderem unfähig ist; ihn nennen wir *Barbar.* Hin und wieder bringt die Romantik eine herrliche Blüte hervor: die Klassik. Unter »Klassik« verstehen wir vor allem Auswahl und bewußtes und wissenschaftliches Ordnen der Elemente, die in der Romantik verstreut und in ihrem natürlichen Zustand bleiben. Die Klassik ist *kein natürlicher Zustand.* Daher ihre Überlegenheit, ihre Seltenheit und die vielen Nachahmungen. Die Kenner bemerken sofort, ob ein als klassisch ausgegebenes Stück aus der Romantik kommt, und scheiden es als Fälschung aus. Die Romantik ist horizontal, die Klassik vertikal. Wir sprechen hier von der Romantik in ihrer ganzen Tiefe und Dichte, mit all dem Drang ihres ewigen und ziellosen Laufes. Es ist nicht jedermanns Sache, dem enormen Gewicht und der mitreißenden Bewegung der Romantik standzuhalten. Aus den Gewässern dieses dunklen und von Melancholie angeschwollenen Flusses taucht die Gestalt eines Tamerlan, die eines Garibaldi auf. Aber die anderen? Hier wirkt das System der Formate. Die Natur ist ein Kaufhaus für Konfektionsware, ein etwas größeres Rinascente-Warenhaus. Wer Maßkleidung trägt entweder weil er bucklig ist oder weil er so fehlerlos ist, daß auch das wieder einen unkorrigierbaren Fehler darstellt, für den ist hienieden kein Platz. Man fragt sich so oft, woher der Impressionismus kommt. Der Impressionismus ist latent auf der Welt. Bis im 17. Jahrhundert der Schlauch zerreißt und die *melan cholé* sich über die gebildete Welt ergießt. Seit damals ist der Fluß nicht versiegt. Und allmählich verfeinert sich der Impressionismus. Von der schwarzen Brühe Michelangelos gelangt man über Caravaggio zu dem in allen Regenbogenfarben flimmernden Staub der großen *coiffeurs* der Malerei. Was ist *Impressionismus?* Das, was von der Romantik bleibt: ein leichter *loimòs,* den die Romantik hinter sich zurückläßt. Eine Romantik für schwache Lungen, schwache Mägen. Die Seele, diese treue Alliierte der Romantik, ist in Ruhestellung. Oder sie schläft. Oder ist tot. Oder nicht geboren. Aber wozu dient die Seele? Die Impressionisten leben ohne Seele und fühlen sich sehr wohl. Sie leben an der Oberfläche. Sie leben mit den Lippen, mit den Fingerkuppen – und ein wenig mit der Nase. Was das Auge betrifft, so zwinkert es wie verrückt und berauscht sich an Farben, aber es hat jegliche Beziehung zum Gehirn abgebrochen. Die Impressionisten leben *im Leerlauf.* Zu ihrer eigenen Bequemlichkeit und Rechtfertigung setzen sie die Behauptung in Umlauf, daß »Denken gefährlich und dumm« sei. Sie erschauern bei jedem Anzeichen von Klassik: dieser »Lebensgefahr« des Impressionisten. Und das ist richtig. Aber sie erschauern ebenfalls bei jedem Anzeichen von Romantik ... Söhne, die ihren eigenen Vater nicht erkennen.

Halt, schlagen wir einen anderen Ton an! Die Impressionisten werden unsere Worte für die üblichen Salbadereien halten, die im Land des Geschwätzes so reichlich kursieren. Irrtum! Dies ist eine nach allen Regeln der Kunst durchgeführte Analyse, und ihre Angaben werden in dieser sehr düsteren Situation der Menschheit als Wegweiser dienen. Wir verstehen unter Romantik alles, was die Natur an roher Materie in ihrer herrlichen und unordentlichen Großzügigkeit darbietet.

Wir verstehen unter Klassik eine besondere Fähigkeit, die sehr wenige besitzen: aus dem Fluß der Romantik zu schöpfen, das Tote vom Lebendigen zu scheiden, das Sterbliche vom Unsterblichen und mit den so ausgewählten und zugeschnittenen Elementen seltsame vertikale Formen zu errichten, die durch ihre ganz besondere Anordnung und den geheimnisvollen Geist, der sie erfüllt, nicht unter das Gesetz der Zeit fallen, sondern isoliert überleben inmitten des kollektiven und eiligen Todes aller menschlichen Dinge. Sich ohne Kontrolle, ohne geistige Reaktion, ohne Anstrengung diesem Fluß der Romantik hinzugeben, diesem Fluß voller Tod, führt zu immer weicheren, immer ungeschützteren, immer undeutlicheren Positionen, die immer mehr dem Tod unterworfen sind. Wir meinen, daß man sich nicht unter dem Vorwand einer gesunden Kunst, der Tradition, der übertriebenen Heimatliebe mit leeren Formen begnügen darf, mit seelenlosen Formen, die nicht die *notwendige Taufe im Fluß der Romantik* empfangen haben.

Nach diesen Worten erwarten wir gläubig und in frommer Sammlung, daß Gott die Seinen erkenne.

SALZ. Ich schaue nicht gerne zurück. Ich setze mich nicht gerne der Gefahr aus, in eine Salzsäule verwandelt zu werden. Aber warum verwandelte der Herr Lots Weib ausgerechnet in eine Statue aus Salz, als sie sich umdrehte, um Sodom in Flammen aufgehen zu sehen? Ein klarer Irrtum. Das Salz ist schlecht gewählt, um die stumme, taube, blinde Materie darzustellen, das Salz, das auf der anderen Seite in der Allegorie den Geist darstellt, also die höchste und am meisten geheimnisumwobene unserer höheren Fähigkeiten. Offenbar hat der Herr Zebaoth, ein Gott von etwas fadem Geist, diese Materie erniedrigen wollen, die seinen gebildeteren und intelligenteren Kollegen, wie Zeus, Apollo, Merkur, so lieb war und auf ihrer Tafel geehrt wurde. In der zukünftigen Hauptstadt der Intelligenz werden die Denkmäler für die großen Bürger aus schneeweißem, funkelndem Salz sein, an dem am vom Kalender festgesetzten *dies salis* die Nachwelt lecken wird. Wie kann man nur Trägheit durch Salz darstellen wollen, durch Salz, das sich durch die Vergeßlichkeit des Meeres verhärtet und bei der sehnsüchtigen Erinnerung an sein mütterliches Element auflöst? Im südlichen Algerien, mitten in den furchtbaren Landschaften aus Sand, durch die Apuleius zur Jagd auf Lemuren zog, habe ich das erschreckende Schauspiel der Salzseen gesehen, die metallisch in der Sonne glänzen und so funkeln, daß das menschliche Auge ihren Anblick nicht erträgt; sie sind ein blendender Spiegel für die Dämonen, die ihren schrecklichen Himmel überfliegen, und sie sind von einem weißen Feuer erfüllt, dem ursprünglichsten und zartesten Element des Lebens. Und auf die Zunge des Kindes, das er im Namen von Christus, diesem großen Salzig-Scharfen, tauft, legt der Priester Salz als Zeichen dafür, daß das Leben ohne Salz kein Leben ist. Und wenn Christus Zeus besiegt hat, dann deswegen, weil er salziger ist; wie auch wir wiederum ...

SATIE. Dem Namen Erik Saties pflegt man das Wort »Fall« voranzusetzen. Man sagt: der Fall Erik Satie. Ein Zeichen dafür, daß an diesem Musiker etwas Besonderes ist. In der Tat. Aber der Fall Satie ist besser von einem Psychologen zu lösen als von einem Musikwissenschaftler. Die Bestimmung Erik Saties ist eine geheimnisvolle und tragische Bestimmung. Wie es sie häufig gibt im menschlichen Wirken, d. h. in den Tätigkeiten, die das Geheimnis der Schöpfung voraussetzen. Es ist die Bestimmung dessen, der will, aber nicht kann. Wenn es jemandem gelungen wäre, Erik Satie sein Geheimnis zu entlocken, würde er gesagt haben: »Ich will, aber ich kann nicht«. Aber solch ein Geheimnis würde ein Künstler, ein Schöpfer aus keinem Grund der Welt preisgeben. Eher sterben. Denn dieses Geheimnis geht tiefer als Jean-Jacques Rousseaus »eingestandene Schändlichkeiten«, diese hinterhältige Koketterie. Es ist ein »tödliches« Geheimnis. Der Fall Satie ist der Fall eines Mannes, der ein Schöpfer von Musik sein wollte; weil er aber die Mittel nicht besitzen konnte für eine musikalische Schöpfung, die ihn zufriedengestellt hätte, reagierte er darauf, indem er die Musik in ihrer ansehnlichsten Form zerstörte. Mit anderen Worten: Erik Satie ist ein Liebhaber von Euterpe; weil sie seine Liebe aber nicht erwidert, versucht er, die Undankbare zu töten.

Das sind also die beiden höchst unterschiedlichen Aspekte bei Erik Satie: der werbende Schöpfer, der Zerstörer. Vom werbenden Schöpfer stammen die *Sarabandes, Socrate* usw., vom Zerstörer die *Trois morceaux en forme de poire,* die *Pièces froides,* die *Véritables Préludes flasques (pour un chien)* usw. Die rein musikalischen Qualitäten Erik Saties müßten am besten im Werk des werbenden Schöpfers zutage treten. Und das ist tatsächlich der Fall. Aber dieses Werk steht beständig unter dem Zwang des »ich will, aber ich kann nicht«. Saties »normale« Musik hat einen kurzen Schritt. Es ist eine gefangene Musik. Eine Musik in der Zelle. Sie erinnert mich an ein Detail aus den Erinnerungen Kropotkins, wo dieser Vorläufer der russischen Revolution erzählt, daß er als Gefangener in der Peter-und-Paul-Festung in Petersburg in seiner Zelle, die fünf Meter lang und drei Meter breit war, monate- und jahrelang jeden Tag so viele Schritte vorwärts und zurück machte, daß er damit eine Distanz von acht Kilometern zurücklegte, um den Folgen körperlicher Untätigkeit vorzubeugen. Wie

Kropotkin es geschafft hat, bei diesem »eingequetschten Marsch« nicht verrückt zu werden, weiß ich nicht. Ich glaube jedoch, daß sich dem Wahnsinn nicht entziehen könnte, wer jeden Tag die »normale« Musik Erik Saties hört, in der die Töne nach jedem Schritt an die Wand einer unsäglichen Zelle stoßen.

In den *Sarabandes* erscheint sie wie die Vorahnung einiger Harmonien von Debussy. Musik als sanfte Schaukel. Es ist nicht so, daß die Musik Debussys so schnellfüßig wäre wie der Pelide Achill; sie gleicht eher der ersäuften Ophelia, von den Wogen des Wassers getragen wie sie. Aber die *Sarabandes* von Satie markieren einen Schritt, eingeschlossen in einen unverletzbaren Kreis. Und es sind auch eher drei Varianten derselben Sarabande und nicht drei verschiedene Sarabanden. Eine armselig hockende Musik. Bescheiden in einem Strohstuhl hockend. *Socrate* ist Saties erhabenste Musik, die reinste. Und die monotonste. Kilometermäßig die monotonste. Aber hier ist die Monotonie kein unabsichtlich unterlaufener Fehler; sie ist ein Ausdrucksmittel. Sie macht den Zauber dieser Musik. Man muß in diese Monotonie eintreten, sich an ihr sättigen und sie genießen. Es ist eine Musik, die man nahe ans Ohr bringen muß, wie bei einer Art Kurzsichtigkeit des Gehörs. Toscanini hielt das Partiturblatt waagrecht vor die Augen und rasierte es ab mit seinem extrem kurzsichtigen Blick. Es ist eine Musik für chinesische Ohren. Es heißt, daß chinesische Ohren unsere Musik, auch die schwerste, wie Zirkusmusik empfinden. Um *Socrate* zu hören, muß man sich darauf konzentrieren. Als mein Sohn Ruggero sieben Jahre alt war, sah ich ihm zu, wie er einen Strohhalm bog, einen Gummi darauf spannte, wie Verkäufer ihn in den Geschäften um die Pakete binden, wie er diesen winzigen Apparat an die Ohrmuschel hielt und mit dem Zeigefinger die Saite zupfte; diesem kaum wahrnehmbaren Ton einer mikroskopischen Note wiederholte er beständig und geriet darüber in Begeisterung.

 Erhebt sich die Frage, ob es die Mühe lohnt, sich in die Lage eines Chinesen oder eines siebenjährigen Knaben zu versetzen, um die Musik *Socrate* entsprechend zu genießen. Um so mehr als diese Musik etwas »Gekünsteltes« hat; ihre so große Einfachheit erweckt den Verdacht einer verkehrten Rhetorik, und was ihren Gräzismus betrifft, so ist er offensichtlich manieriert. Wahr ist, daß den meisten Kennern des Griechischen sogar Platons Griechisch suspekt ist. Eine Anmerkung auf der Partitur des *Socrate* weist auf die Ähnlichkeit zwischen der Reinheit dieser Musik und der Reinheit einer Zeichnung von Ingres hin. Man sieht, daß der Autor dieser Anmerkung Ingres mit Puvis de Chavannes verwechselte.

Quälendes Drama eines Künstlers, dem das Wunder der Schöpfung versagt war. Es besteht eine Analogie zwischen dem Wunder der Schöpfung und dem Funktionieren eines Zigarrenanzünders. Manchmal erhebt die Flamme sich wie ein blauer Helmbusch schon beim ersten Daumendruck. Meistens aber sprühen die Funken, und die Flamme erscheint nicht. Und manchmal bleibt das Rädchen eben schwarz, so sehr der Daumen sich auch abmüht. In diesem Fall versucht der Künstler, sich mit »falschen Wundern« zu behelfen.

Trauriger Behelf. In den Werken Erik Saties ist das falsche Wunder stets gegenwärtig. Manchmal in kompromittierenden Formen. Mystagogismen in der Art des »Sar« Péladan nicht ausgeschlossen. Erfahrung und Wissen in der Kunst sagen mir, daß man einem Künstler mißtrauen sollte, der sich einer so oder so gearteten geistigen Partei anschließt, um sich zu stärken, um Substanz zu gewinnen. Ich mißtraue deshalb dem »katholischen« Schriftsteller, dem »kommunistischen« Schriftsteller, dem Schriftsteller, der die Grundlagen der indischen Kultur nach der Wahrheit durchwühlt. Auf seine Weise suchte auch Satie die Wahrheit. Und wahrscheinlich glaubte er, sie im *Socrate* zu finden. Denn diese Suche nach der Wahrheit, dieser

Glaube, diese Religiosität waren um so drängender in seiner Seele, je stärker er sich vom Dämon der Zerstörung herausgefordert fühlte. Und das ist die treibende Kraft bei Satie; ihretwegen wird dieser aufgeriebene und überforderte Musiker in der Musikgeschichte fortdauern.

Der Mensch, und vor allem der Künstler, gibt in seinen Werken das Bild des Universums so wieder, wie er es sich vorstellt. Für sehr lange Zeit stellten die Menschen sich das Universum in einer Form vor, die wir aristotelisch nennen. Die Entdeckungen von Kopernikus und Galilei haben dieses Bild als falsch erwiesen. Dennoch stellten die Menschen sich weiterhin, und manche tun es bis heute, das Universum in vertikaler und Pyramidenform vor. Und zwar nicht nur die unbedarften Geister, sondern auch die großen Geister, die vollgestopft sind mit Kenntnissen, wie Benedetto Croce.

Erst im letzten Drittel des vergangenen Jahrhunderts, lange Zeit nachdem die Astronomen ihre Entdeckungen gemacht hatten, begannen einige Künstler, der Form des antiken Universums zu mißtrauen und sein Bild, das nunmehr tot ist, hinter sich zu lassen. Das war Baudelaire, das war Cézanne und, mit der üblichen Verzögerung in der Musik, Erik Satie. Sie sind alle Franzosen. Denn im französischen Geist herrscht mehr als anderswo ein Sinn für Revolution, das heißt ein Sinn für Übereinstimmung zwischen dem Physischen und dem Metaphysischen in der beständigen Entwicklung dieser Doppelbestimmung. Und diese natürliche Aufgabe sollten die Franzosen nicht vergessen, vor allem heute, wo in einer gewaltigen Reaktion die Menschen wieder dabei sind, sei es aus Angst, sei es aus geistiger Feigheit, in den politischen Formen bis zu den Formen philosophischer Spekulation, ein neues aristotelisches Weltgebäude zu errichten, was um so illegitimer und absurder ist, als heutzutage solch ein Weltgebäude sich nicht mehr auf den Glauben stützen kann, sondern auf eine bewußte und aufgesetzte Fälschung.

Satie Es hieß: Verfall der Künste, der Form, der Schönheit, der Konstruktivität; aber es war nur das Ende der Nachahmung eines toten Universums.

Heute spricht man von der Auflösung der Materie. Auch darin sind die Künste Vorreiter. Im letzten Drittel des vergangenen Jahrhunderts begannen einige Künstler mit der Auflösung der poetischen Materie. Eine undankbare, aber notwendige Arbeit. Nichts weist darauf hin, daß die Künstler diese Arbeit wissentlich taten, aber sie taten sie, und das genügt. In der Musik wurde das Werk der Auflösung von Erik Satie geleistet. Mit jenem Teil seines Werkes, das anscheinend den Charakter des Burlesken, Mechanischen, Marionettenhaften, Ironischen trägt, z. B. *Parade,* z. B. die *Morceaux en forme de poire* usw. Der Anschein täuscht. Wie die betont humoristischen Regieanweisungen täuschen, das Abschaffen der Takte und der Agraffen zwischen den hohen und den tiefen Tönen. Solche Scherze bringen niemanden zum Lachen, sie sind aber notwendig, um die Bitterkeit dieser Musik zu verbergen, es ist die notwendige Grausamkeit ihrer Aufgabe. Daß Vincent d'Indy *Fervaal* geschrieben hat, hat keine historische Bedeutung. Daß Henri Rabaud, um bei den Landsleuten Saties zu bleiben, *Marouf savetier du Caire* geschrieben hat, hat keine historische Bedeutung. Gäbe es diese Werke nicht mehr, würden sie keine Lücke hinterlassen. Historische Bedeutung hat jedoch die »burleske« Musik Erik Saties: diese Musik, die nur die Einfältigen für ironisch halten. Diese Musik, die so bitter ist, weil schicksalsschwer, die so traurig ist, weil sie das Opfer ihres Autors verbirgt, sie hat die Musik errettet vor einem feierlichen Tod im Kitsch.

SCHAMGEFÜHL. Vor ein paar Jahren mußte ich die Biographie von Vincenzo Gemito rekonstruieren. Ich sprach auch mit einem seiner Freunde. Gemito hatte einige kindische Eigenheiten. Er wollte niemandem unterlegen sein, auch in Dingen, die überhaupt nichts mit seiner persönlichen Würde zu tun hatten. Als man ihm erzählte, Succi faste einen ganzen Monat lang, wettete Gemito, er werde das auch fertigbringen; aber am zwanzigsten Tag konnte er sich nicht mehr von seinem Bett erheben. Besorgt holten seine Angehörigen einen Arzt, und dieser bereitete, da der Zustand des Fastenden eine Ernährung über die Speiseröhre nicht mehr zuließ, ein Nährklistier vor. Als sich der Äskulap mit der gefüllten Röhre in der Hand dem Bett näherte, öffnete Gemito ein Auge und stieß in neapolitanischem Dialekt eine Drohung aus, die ich hier nicht einmal auf italienisch niederzuschreiben wage. Gemitos Freund, der mir dieses Geschichtchen erzählte, berichtete es zuerst in einer Form *ad usum delphini,* wo das Nährklistier durch eine subkutane Injektion ersetzt wurde, was dem Geschichtchen nicht nur seine Farbe, sondern auch jegliche Logik nahm; und nur mein fortdauerndes Mißtrauen und meine unstillbare Neugierde erreichten es allmählich, daß die wahre Version hinter dem Schleier dieses unbegreiflichen Schamgefühls hervorkam. Ich mache darauf aufmerksam, daß alle Gemito-Biographien, die ich konsultiert habe, und das sind zweifellos alle, die über den *verrückten Bildhauer* verfaßt worden sind, Gemito als einen *bizarren Künstler* auf der Suche nach *seinem Ideal* darstellen, aber systematisch solche bisweilen tragischen, bisweilen komischen Episoden verschweigen, die für den Biographen ebenfalls wichtig sind – so wie für den Arzt die Anamnese – und die das Leben Gemitos und seine Kunst in einer natürlichen Kontinuität sehen. Ich kann mir diese Angst nicht erklären, die meine Literatenkollegen angesichts der Wahrheit empfinden, und ich verstehe nicht, warum sie danach trachten, das Drama und die Tiefe des Lebens unter einem manieristischen Optimismus zu verstecken, der auch nicht mehr die Grazie der rosigen Heuchelei des 18. Jahrhunderts hat. Dagegen kann ich mir sehr gut erklären, daß als Auswirkung dieser Angst ein Großteil unserer Literatur fad und wiedergekäut schmeckt.

SCHATTEN. Im *Menippos* des Lukian aus Samosata lese ich den folgenden Abschnitt: »Die Schatten sind nach unserem Tod die Ankläger, die Zeugen, die Beweise dessen, was wir im Leben getan haben; und einigen von ihnen schenkt man volles Vertrauen, weil sie immer mit uns sind und den Körper nie verlassen.« Lukian ist gewissermaßen ein Mann des 18. Jahrhunderts, das 18. Jahrhundert wiederum ist eine Epoche, die der des Lukian ähnelt. Er ist der Ausdruck einer sehr hohen und vor allem ›abschließenden‹ Kultur: einer Kultur, die der Schlußpunkt einer langen Reihe vorausgehender Kulturen ist, deren höchst abgeklärtes Kompendium. Lukian ist ein Resultat. Mit dem Erlöschen der Kultur Lukians wandelt sich die Welt. Lukian hat keine Augen, zu sehen, was nach ihm sein wird, das also, was schon unmittelbar vor ihm und rings um ihn ist, sondern er ist der klarste und reinste Abglanz dessen, was vor ihm war. Und also müssen die Gedanken, die er darbietet, nicht allein in ihrer scheinbaren Leichtigkeit betrachtet werden, sondern auch in den Schichtungen von Gedanken, die den seinen vorausgegangen sind und die weniger leicht sind, sondern tiefer, ernster, gröber, je weiter sie in die Zeit zurückreichen, deren letzte und zarteste Blume sie sind. Dem Gedanken Lukians, daß wir im Jenseits angeklagt werden von dem Schatten, den wir mit uns herumgetragen haben, dieser leichten und geistvollen Idee muß man ihr Gewicht und ihre Tiefe zurückgeben: jenes Gewicht und jene Tiefe, deren sie sich aus Gründen des Anstands, der ›Kultur‹ entledigt hat. Der Schatten also ist die ungreifbare Anhäufung von Schuld, die wir mit uns tragen; dieser Schatten, der sich einmal rechts, einmal links, einmal vor, dann wieder hinter uns befindet. Der Schatten ist das *Schwarze* an uns. Ist diese Natur des Schattens geklärt, wird die Furcht begreiflich, die er dem Menschen zu allen Zeiten eingeflößt hat: der Schatten als Doppel *(kâ)*; der Schatten als die Seele, die man auch dem Teufel verkaufen kann (Peter Schlemihl); der Schatten, den

man nicht neben den Körper setzen darf, wenn man ihn unsterblich bewahren will (die Figuren Giottos, die *keinen Schatten haben*). Aber der Schatten ist auch das Licht, das ihn offenbart. Und aus diesem Grunde wird das Licht, trotz aller Lobreden, trotz aller Liebeserklärungen, trotz aller Ehrenbezeigungen, gefürchtet und gehaßt. Darum werden auch die Schriftsteller, die Licht bringen, gefürchtet und gehaßt (und zu ihnen rechne ich mich auch, wenn Sie nichts dagegen haben). Darum war Lukian gefürchtet und gehaßt. Und darum sagte man, er sei von Hunden zerrissen worden. (→CLAIR-OBSCUR)

SCHEIN. Als Ramón Llull eines Tages durch eine Straße von Palma ritt, erblickte er eine schöne Genueserin, und er war so beeindruckt, daß er ihr zu Pferd bis in den Dom hinein folgte, wohin sie sich zum Gebet begab. Angesichts dieser verliebten Hartnäckigkeit des Ritters entblößte die schöne Genueserin zum Beweis, daß der

Schein trügt, ihre Brust, die vom Krebs zerfressen war. Die Geschichte fügt hinzu, daß die Begegnung mit der »schönen Genueserin« die Bekehrung des Mannes bewirkte, der später den Beinamen »Dottore Illuminato« erhielt. Diese Geschichte beweist nicht nur, daß der Schein trügt, sondern sie zeigt auch die vollkommene Rechtschaffenheit dieser Frau. Das Gegenteil von einer anderen, die es erreicht hatte, geheiratet zu werden, und die am Abend nach der Hochzeit, angefangen bei der Perücke, dem Gebiß, dem künstlichen Busen bis zu den falschen Hüften und Waden, zu drei Vierteln im Ankleidezimmer blieb.

Schlüssel zur modernen Malerei. Wahrscheinlich kennen wenige Leser den Maler Moritz von Schwindt, geboren 1804 in Wien, gestorben 1871, der zusammen mit Caspar David Friedrich, Hans von Marées, Böcklin und anderen zur Gruppe der »romantischen deutschen Maler« gerechnet wird. Die Bilder von Moritz von Schwindt sind entweder anekdotisch, wie »Die Hochzeitsreise« in der Schack-Galerie, München, oder »Aufbruch im Morgengrauen« in der Nationalgalerie Berlin, oder symbolisch, wie die »Jungfrau« und die »Legende vom Bischof und vom Teufel«, beide in der Schack-Galerie, oder märchenhaft, wie »Des Knaben Wunderhorn«, ebenfalls Schack-Galerie, oder sie sind Ideenmalerei, wie das oft reproduzierte »Die Morgenstunde«, gleichfalls Schack-Galerie, oder auch unklassifizierbar und von seltsamer Inspiration, wie »Der Mittag« oder »Siesta einer chinesischen Familie in der Hängematte« (weil Moritz von Schwindt ein Maler war, der seine Bilder ›dachte‹, bevor er sie malte, und wenn er auch oft schlecht dachte, so hatte er doch manchmal einen Gedanken von seltener Poesie), und sie sind immer äußerst minutiös gezeichnet und in einer vollkommenen und geradezu affektierten Manier gemalt. Kurz, einer der Maler, die heute sowohl wegen ihrer Themen als auch wegen ihrer Technik als *pompiers* betrachtet werden. Unter den Schwindtschen Bildern, die in einer Monographie reproduziert werden, die Friedrich Haak diesem Maler gewidmet hat (Velhagen und Klasing, Leipzig 1908), befindet sich nun aber eines (S. 91, ich mache diese Angaben, damit der Leser es nachprüfen kann, wenn er es wünscht), ein kleines Porträt, das Moritz von Schwindt im Jahre 1860 von seiner Tochter Anna malte (Öl auf Holz, 22 cm x 18 cm, Moderne Galerie Wien), *das in der Freiheit und Knappheit seiner Linien ein Gemälde von Manet sein könnte.* Und dieses knappe kleine Bild eines Malers, der es sich sonst zur Pflicht machte, seine Bilder bis zum letzten Detail zu Ende zu malen, gibt uns den Schlüssel für das, was sehr naiv »das Problem und die Revolution der modernen Malerei« genannt worden ist und lediglich darin besteht (laßt es euch sagen von einem, der etwas davon versteht), das Bild in einem Zustand der *lebendigen und pulsierenden Unvollendetheit* zu belassen. An dieser Stelle werden sich maßgebliche Stimmen erheben und einwerfen, daß »das Problem der modernen Malerei nicht *nur* darin besteht ...« Einverstanden. Ich sage, es besteht *vor allem* darin. Es wäre interessant, zu erfahren, ob die Leute, die über einen halb gemalten Manet oder einen zu einem Drittel gemalten Matisse so glücklich sind, ebenso glücklich wären über ein zur Hälfte genähtes Paar Schuhe oder eine zu einem Drittel gare Pastasciutta. (→Realität)

Schlüssel zur modernen Malerei

SCHMERZKULT. *Orba resedit / Exanimes inter natos natasque virumque / Deriguitque malis ...* So heißt es bei Ovid im VI. Buch der *Metamorphosen,* und man kann übersetzen: »Verloren die ganze Familie, die Söhne, die Töchter und den Gatten, stürzt Niobe nieder inmitten der leblosen Körper, starr vor Schmerz.« *Toute la gamme,* sagen die Franzosen, *toute la lyre,* sagte Victor Hugo; und wir sagen unsererseits: »Bis zum letzten Tropfen.«

Schmerzkult Niobe, die tantaleische und die ismenische, ist die erhabene Patronin des Schmerzkults, Vorfahrin einer anderen berühmten Vertreterin des Schmerzkults, Eleonora Duse.

Aber Niobe war noch nicht Witwe, als sie, die im Stolz auf ihre herrliche Kinderschar Latona verspottet hatte, durch die Hand der beiden göttlichen Kinder Latonas ihre sieben Söhne und ihre sieben Töchter fallen sah.

Übrigens ist diese demographische Rivalität seltsam, die von den Göttern in eine malthusianische Propaganda übertragen wird. Die Götter Griechenlands sind grundverschieden von den anderen Göttern, und diese Verschiedenheit drückt sehr klar die Andersartigkeit der Griechen, dieses ›isolierten‹ Volkes, im Vergleich zu den übrigen Völkern aus. Setzen wir die Schwierigkeiten, die Oberflächlichkeit und die Unnatürlichkeit meiner Beziehung zu den anderen auf die Rechnung meines »Griechentums« und lassen wir's damit gut sein.

Bei der Ermordung der Nachkommenschaft war auch Niobes Gatte anwesend, Amphion, König von Theben, das er erbaut hatte, indem er durch den Klang der Lyra die Steine aufeinanderschichtete. (Nebenbei gesagt, überzeugt mich der Mythos von der musikalischen Erbauung Thebens nicht. Die Musik hat mehr zentrifugale denn zentripedale Wirkung, und ich würde eher verstehen, wenn die Stadt beim Klang der Lyra eingestürzt wäre und ihre Steine verstreut worden wären, eben durch *die Bewegung auf das unbekannte Schicksal zu, das die Töne haben.*) Amphion nun aber will nicht »den bitteren Kelch bis zur Neige leeren«; und *»nam pater Amphion ferro per pectore aducto finierat moriens faciter cum luce dolorem«,* das heißt: »Schon bei Beginn des Blutbades hatte sich Amphion den Dolch in die Brust gestoßen, um so in einem Augenblick seinem Leben und seinem Schmerz ein Ende zu setzen.«

Warum?

Weil Amphion ein Mann war.

Schmerzkult

Die Frau verhält sich anders zum Schmerz als der Mann, weil Mann und Frau eine verschiedene Auffassung vom Schmerz haben. Für die Frau ist der Schmerz edel, erhaben, heilig. Sie erweist dem Ehre, was eine so große Rolle in ihrem Leben spielt (»unter Schmerzen wirst du gebären«, sagt das Alte Testament, und Marcel Proust nennt die Frauen *»les éternelles blessées«*). Daher der Kult des Schmerzes, nämlich eine *Ehrenbezeugung an den Schmerz*, und sie macht, in Ermangelung anderer Gründe, so viele Frauen achtenswert und geachtet. Die Frauen halten den Schmerz außerdem für tief, und diese Meinung wird von vielen Männern geteilt, leider auch von vielen Künstlern oder angeblichen Künstlern, die sich mit einem Eifer und einer Ausdauer, die bessere Ziele verdienten, der Darstellung und dem Ausdruck des Schmerzes widmen, in der Überzeugung, dadurch ein ›tiefes‹ Werk zu schaffen. Viele schließlich treiben den Schmerzkult bis an die Grenze des Unglücks. Die Frauen glauben auch, der Schmerz reinige sie, und sie fühlen sich durch den Schmerz geläutert und wiedergeboren. Sie glauben, der Schmerz helfe, das Böse abzubüßen, und dieser magische Glaube hilft ihnen, den Schmerz nicht nur resigniert hinzunehmen, sondern auch mit einer gewissen Dankbarkeit, und ihn mit einer geheimen Freude zu ertragen. Als Gegenstück zu dieser wohltätigen Wirkung des Schmerzes sagen die Franzosen: *La joie fait peur.*

Es ist zweifelhaft, ob Niobe, hätte sie wählen können zwischen dem Leben und dem Tod ihrer Kinder, das Leben gewählt hätte (der Tod ihrer Kinder machte sie berühmt und ließ sie zu einer weinenden Statue werden); wie es zweifelhaft ist, ob Sokrates, hätte er wählen können zwischen der Amnestie, die ihm das Leben schenkte, und dem Schierling, der ihm die Unsterblichkeit schenkte, die Amnestie gewählt hätte.

Amphions Verhalten ist repräsentativ für einen Männercharakter, der nicht nur Feind des Schmerzkultes ist, sondern der die schnellen Lösungen liebt, die *den Weg freimachen.* Die Probleme, diese Knoten des Lebens, existieren oder existieren nicht; sehr oft aber existieren sie, weil die Menschen sie lieben, sie suchen, sie erschaffen. Der Mensch liebt die Probleme, weil sie *dem Leben Schwere verleihen.* Meine Frau ist verwundert (und betrübt), weil ich an den ›Knotenpunkten‹ des Lebens, wie Umzügen, Abreisen, Ankünften, beim Zahlen in Gasthäusern oder Hotels, in denen ›wir nicht bekannt sind‹, usw. mit vollen Händen Trinkgelder verteile, die *höher als ›notwendig‹* sind. Aber meine Frau irrt sich. Was sie für ›höher als notwendig‹ hält, ist hingegen genau das Nötige, was nach meinem, eines Schmerzkultgegners, Wissen, die Knoten schmerzlos löst. Denn um einen Schmerzkult ins Leben zu rufen, ist nicht der Tod von sieben Söhnen und ebenso vielen Töchtern vonnöten, da genügt die schlechte Laune eines Gepäckträgers, der *strenge* Blick eines Kellners, das ausgebliebene Lächeln eines Hotelportiers.

Um dem Schmerz aus dem Wege zu gehen, kann man *auch sterben,* wie es Amphion mit höchster Eleganz tat. Denn der Schmerz ist das ernsteste, ›gewichtigste‹ Hindernis für die Eleganz des Lebens; und indem wir ihn unterbinden, wo immer wir auf ihn stoßen, machen wir das Leben leicht, kultiviert, elegant; wir sorgen für ein gutes Funktionieren der *Weichen.* Versuchen Sie einmal, den Schmerzkult auf den Verkehr in einem Bahnhof zu übertragen, stellen Sie sich vor, daß die Signale und Weichen wegen *Schmerzkult* nicht mehr oder nur langsamer funktionieren, und Sie haben ein ›plastisches‹ Bild von den Zusammenstößen, den Unglücksfällen, die der Schmerzkult – scheinbar mit weniger Gewalt, in Wahrheit aber mit viel größerer – verursacht. Gide notiert an einer Stelle in seinem Tagebuch, Charles Peguy sei an der Front gestorben, um *zu vereinfachen.* Wieviel eleganter wäre das Leben, wenn das Beispiel Peguys nachgeahmt würde – auch ohne zu sterben. Es geht also darum, die Katharsis vorwegzunehmen, sie an den Anfang der Tragödie zu versetzen. Es geht darum, Verzögerungen zu unterbinden, Ansammlungen aufzulösen, Probleme zu beseitigen – ohne ihre Gewichtigkeit zur Kenntnis zu nehmen. *Schmerzkult*

Wie aber die Metaphysik des Schmerzes bekämpfen? Die Leute glauben, das Leiden mache sie besser, rette ihre Seele, verhelfe ihnen ins Paradies, sei die notwendige Bedingung für Glück.

Es würde genügen, aufs Paradies zu verzichten.

Wie ich es getan habe.

SCHURKEN (MALANDRINI). Dieser Name wurde zur Zeit der Kreuzzüge den ägyptischen oder arabischen Räubern gegeben, die Syrien und Ägypten heimsuchten, weil die meisten von ihnen die Lepra hatten, welche einst Malandra hieß. Der Name wurde dann den Banden gegeben, die stehlend und raubend umherzogen. Die Malandrini suchten vor allem Frankreich heim, und Du Guesclin säuberte das Königreich von ihnen, indem er sie mit nach Spanien nahm, unter dem Vorwand, sie sollten gegen die Mohren kämpfen. Er tat dann sein möglichstes, daß sie alle unter den Krummsäbeln der Ungläubigen fielen.

So befreit sich der Fuchs von den Flöhen, indem er ein Grasbüschel ins Maul nimmt, in einen Fluß steigt und allmählich tiefer ins Wasser geht, bis er zuletzt auch den Kopf untertaucht und das Grasbüschel losschwimmen läßt, auf das sich die Flöhe nach und nach geflüchtet haben.

Eine höchst grausame Variante des Systems des Konnetabels wurde von der Stadt Konstantinopel angewendet, als sie sich im Jahre 1907 oder 1908 von ihren vielen Hunden befreite: Sie wurden auf eine öde, verlassene Insel des Marmarameeres gebracht und starben dort unter der Sonne an Tollwut.

Eine dritte Variante des ›Systems Du Guesclin‹ wurde von den Studenten der Universität Turin angewendet, die

Schurken (Malandrini)

Francesco Pastonchi zu seiner ersten Literaturvorlesung vor dem Hörsaal erwarteten, dem Ankommenden zeremoniell die Tür öffneten, sie hinter ihm zumachten und weggingen.

SCHWEIGEN. Nivasio Dolcemare schrieb an seine Frau: »Es schmerzt dich, Maria, daß wir nicht mehr miteinander reden wie früher, und aus unserem Schweigen entnimmst du, daß wir uns nichts mehr zu sagen haben. Zwanzig Jahre sind wir nun verheiratet, und wenn du in Gedanken unsere lange Vergangenheit durchwanderst und zu den ersten Monaten unserer Ehe zurückkehrst und besonders zu den Monaten davor, empfindest du Bedauern, wie bei der Erinnerung an einen fernen und für immer verlorenen Augenblick des Glücks. Damals waren unsere Tage ein ununterbrochenes Gespräch, das Wörterbuch schien nicht genug Wörter für unseren Verbrauch zu enthalten, ich hörte dir zu und du mir, du sagtest mir alles und ich sagte dir alles – besser: ich sagte alles, was mich in ein gutes Licht setzen konnte, und schmückte es auch so aus, daß sich vermittels der verwickeltsten Dialektik, der überzeugendsten Bilder, der geschicktesten Wörter jene Gestalt formte, auf die du dunkel gewartet hattest, seit deine Frauenseele in dir erwacht war, eine Gestalt, die du nun Tag für Tag, Stunde für Stunde, Minute für Minute lebendig und konkret vor dir erstehen sahst als die wunderbare und glückliche Verwirklichung jenes uralten Versprechens, das vor dir der Frau gemacht worden war, die dich zur Welt gebracht hat, und davor derjenigen, die deine Mutter gebar, und so weiter bis zu den ersten Formen des Menschengeschlechts, das vom Licht des Bewußtseins und der Seele erleuchtet wurde. Und dasselbe galt für mich. Dann sind unsere Gespräche allmählich seltener geworden, so wie sich auch die Haare auf meiner Stirn lichteten, und allmählich sind sie ganz erloschen. Und jetzt sind unsere verbalen Beziehungen auf ein notwendiges Minimum zurückgegangen, auf kurze Mitteilungen, wie ›Wann fahren wir ab?‹ oder ›Hast du die Gasrechnung bezahlt?‹ oder ›Wir müssen uns darum kümmern, daß in Poveromo Kartoffeln gesetzt werden.‹ Aber weißt du, warum ich damals so viel redete und jetzt überhaupt nicht mehr? Hast du dich das gefragt? Ich redete damals aus denselben Gründen, aus denen Camillo Benso di Cavour die piemontesischen Soldaten in den Krimkrieg schickte: Du solltest mich kennenlernen. Mein Reden war ein Marktgeschrei, ein Anpreisen. Und um dir die Wahrheit zu sagen, wenn ich jetzt mein Verhalten von damals betrachte, schäme ich mich nachträglich, aber nicht weniger, daß ich mich aufgeführt habe wie ein Straßenverkäufer, der mit Tribunenberedsamkeit einen Rasierapparat mit ewiger Klinge oder ein todsicheres Fleckenwasser anpreist. Warum also diese wehmütige Erinnerung an die rhetorische Vorbereitung unserer Vereinigung? Ich erinnere mich ihrer nicht als eines glücklichen, sondern als eines beschämenden Augenblicks in meinem Leben, wie ich mich des Tages erinnern würde, an dem ich von dem Menschen, den ich am meisten schätze, nackt in einer unschicklichen Stellung gesehen wurde, wenn mir das wirklich geschehen wäre. Das Ziel dieses ›Hofmachens‹ ist es ja, uns auf den Zustand der Nacktheit – und zwar mehr der Nacktheit der Seele als der des Körpers – vorzubereiten, und bevor sich ihre bleiche ›Mond‹-Oberfläche offen zeigt, versucht sich diese allmählich erscheinende Blöße hinter den Worten zu verbergen wie Daphne hinter den Zweigen, und nie haben Worte so sehr die Funktion von Schleiern wie in der Idylle zwischen Mann und Frau. Endlich tritt unsere Nacktheit ohne Worte hervor, ohne Schleier, schweigend also. Gleichzeitig verblüht das ›Außergewöhnliche‹, das uns die Vorbereitung versprochen hatte, in der Wirklichkeit, und wiederum finden wir uns vor dem farblosen und stummen Angesicht des Nichts. In diesem Augenblick sagen die Unwissenden, die Liebe sei tot. Nein! Die Liebe hat ihre beste Frucht getragen, und es ist etwas wirklich Lebendiges geboren: das Wesen Mann-und-Frau oder Individuum-Staat. Dies ist die geheimnisvolle und wesentliche Frucht der Ehe, und das Schweigen ist das äußere Zeichen, daß sie vollkommen ist, so wie die Blase auf dem Arm anzeigt, daß die Impfung ›gewirkt‹ hat. Auch Napoleon gehörte zu den Unwissenden, und er hat aphoristisch geäußert, die Ehe töte die Liebe; woraus man schließen kann, daß Napoleon, wäre er nicht Soldat und Souverän, sondern Literat gewesen, wie sein Herz es ihm eingab, heute ein unbekannter Herr Bonaparte wäre. Warum gesellst du dich zu den Unwissenden, Maria? Der Mann redet in der Vorbereitungszeit der Liebe, um schön zu erscheinen, so wie der Pfau sein Rad schlägt, und ›das Rad schlagen‹ ist eine heute noch gebräuchliche Wendung für das Hofmachen. Der Mann redet, weil er die Frau mit seinen Worten verführen will, und er glaubt, sie zu verführen, wenn er nicht *Mensch und Übermensch* von Shaw gelesen hat und weiß, daß er nicht der Verführer, sondern der Verführte ist. Der Mann redet vor allem, um über das hinwegzutäuschen, was er vorbereitet, um das Böse zu verhüllen, auf das sie sich beide zubewegen. Das ist es. Auch in der reinsten Liebe ist immer etwas Böses enthalten, und es ist unwichtig, daß dieser Satz der einzige ›ernste‹ von Marcel Prévost ist, der soviel Dummheiten gesagt hat. Die Natur will es so. Der geheimnisvolle Mechanismus der Art will es so. Lieben bedeutet den nötigen Komplizen suchen und sich zu zweit gegen den Rest der Menschheit verbünden. Wenn Platons Republik nicht realisierbar ist, dann deshalb, weil eine beispielhafte Republik vor allem anderen die Liebe als den ersten und stärksten Staatsfeind ausmerzen muß. Die Ehe löst dieses Böse auf – ich sage nicht, daß sie es beseitigt – sie löst das Böse auf, indem sie sich damit konfrontiert und zwischen Mann und Frau wie zwischen den beiden Mördern desselben Opfers eine feste Komplizenschaft herstellt: Blutkomplizenschaft. Warum also noch viele Worte machen? Alles ist nunmehr gesagt, und beide wissen Bescheid: wir beide; und das gemeinsame Wissen um das Böse, die Anstrengung, die Mühe, ihm entgegenzutreten und es zu bezwingen, hat unsere Seele von der Scham und der Notwendigkeit, sie zu verbergen, befreit. Nicht rein – denn Reinheit finden wir nie mehr, höchstens im Tod –, aber sieghaft und vereint im Sieg. Mein Gedanke ist dein Gedanke, dein Gedanke ist mein Gedanke, unsere Gedanken sind unser Gedanke. Mehr als vereint: eins. Die Menschen können nicht sehen. Schlimmer als die Farbenblindheit ist die Formenblindheit. Sonst würden uns die Ehepaare als das erscheinen, was sie wirklich sind: Ungeheuer mit vier Beinen und vier Armen, mit zwei Nasen, zwei Mündern, die sich wie Riesenspinnen vorwärts bewegen. Wer ist der Mann von uns beiden und wer die Frau? Zeus hieb die Mann-Frau-Wesen in der Mitte durch, weil sie seiner Herrschaft gefährlich waren, aber die Ehe hat das Mann-Frau-Wesen wiederhergestellt, und tatsächlich gibt es keinen Zeus mehr, eben weil ein Zeus neben einem vollkommenen Menschen nicht existieren kann. Wenn unser Schweigen dich schmerzt, dann bedeutet das, daß deine Qualität als Ehefrau in dir schwächer wird. Hörst du mich also nicht mehr in der Stille, wie ich dich in der Stille höre? Und doch weißt du, daß Worte zwischen uns mehr als ein Pleonasmus sind: Sie sind eine Gefahr, ein böses Zeichen; und wenn ich manchmal mit dir rede, wie ich damals redete, fragst du scherzhaft, aber mit einem Verdacht und als müßtest du eine geheime Sorge verbergen: ›Was ist mit dir? Hast du etwas vor mir zu verbergen?‹ Es ist wahr: ›Ich habe etwas zu verbergen, und ich muß von vorn beginnen.‹ Das dicht wachsende, das üppige, das ausgeschmückte Wort, das Wort, das überzeugen will, ist der Klebstoff, der einen Bruch in unsrer Komplizenschaft zusammenfügen möchte; und wenn du siehst, daß ich wieder anfange, ›wie damals‹ zu reden, fürchtest du, daß ein Bruch da ist. Du wirfst mir auch vor, daß ich ›mit den anderen‹ so spreche, wie ich einmal mit dir sprach. Das ist wahr. In meinem illusionären Wahn versuche ich, auch mit den anderen einen Staat zu bilden, so wie ich mit dir einen Staat gebildet habe, das heißt, dieselben Dinge tun und denken, vor allem ›denken‹, und es *bei Todesstrafe* ausschließen, Verschiedenes zu tun und zu denken. Außerhalb von uns gibt es die Solidarität (wenn es sie gibt) und gemeinsame Interessen, aber einen Staat gibt es nicht. Es gibt elastische und weitmaschige Bündnisse, in denen der eine beispielsweise Strawinskis *Psalmensymphonie*, der andere Mascagnis *Iris* lieben kann; während in unserem Staat, unter unseren Gesetzen und Statuten jeder Eklektizismus, jeder Kompromiß, jede Toleranz ausgeschlossen ist. Man redet, um einen Vorteil zu erringen. Aber wenn zwei dasselbe wissen, dasselbe glauben, dasselbe lieben, dasselbe hassen – und wenn sie nicht verschiedene Dinge lieben, hassen, denken, glauben können –, wozu dann reden? Lassen wir uns von der Stille schützen wie von einer Käseglocke; hüten wir uns zum Wohl unserer Gesetze, unseres Statuts, unseres Staates davor, sie zu zerbrechen.«

Der Brief endet so: »Ich schreibe dir das, weil man manches unter der Kuppel unseres Schweigens noch schreiben, nie aber sagen kann.«

SCHWÖREN. *Si ficta loquor, neget ipse videndum / se mihi sitque oculis lux ista novissima nostris.* »Wenn ich nicht die Wahrheit spreche, so möge sie selbst verbieten, daß ich sie je wieder erblicke, und dieser Tag sei mein letzter.« So spricht Klymene zu ihrem Sohn Phaeton und meint die Sonne (Ovid, *Metamorphosen*, Buch I, 771–772). Die Alten, und die Besten unter ihnen (die Götter selbst schworen bei den Wassern des Styx), benutzten, um zu überzeugen, diese übertriebenen Schwüre, die heute nicht mehr in Gebrauch sind, außer zwischen Menschen niedersten Niveaus. Der Rückgang des Gebrauchs von übertriebenen Schwüren findet seine natürlichste Erklärung im Rückgang des Aberglaubens, aber diese Erklärung genügt nicht. Ein paralleler Rückgang ist sichtbar bei der äußeren Kundgebung des Schmerzes. Um ihren Schmerz auszudrücken, zerkratzten sich die Alten, vor allem die Frauen, und nicht nur das Volk, sondern die Könige, die Patrizier, die Besten, die Brust, die Arme und sogar die Beine (Cicero, *Tusculanes*, III, 26). Von Narziß sagt Ovid im III. Buch der *Metamorphosen* (V. 497): *»Cumque suos manibus percusserat ille lacertos«;* und über Thisbe im IV. Buch (V. 138): *»Percutit indignos claro plangore lacertos«;* und über Philomela im VI. Buch (V. 532): *»Lugenti similis, caesis plangore lacertis«;* und über Biblis im IX. Buch (V. 636): *»Tum vero a pectore vestem – diripuit planxitque suos furibunda lacertos«;* und im XI. Buch wollen sich die Mänaden aus Schmerz, in Büsche verwandelt worden zu sein, die Schenkel aufreißen. Zahllose weitere Beispiele finden sich in der antiken Literatur. Welch Übermaß an Schamlosigkeit brächte heute den niedrigsten Mann aus dem Pöbel dazu, sich solchen übertriebenen Schaustellungen zu überlassen? Dem Laster, die Alten auf Kosten der Moderne zu loben, war auch Leopardi erlegen. Dieses Wachsen und Stärkerwerden der Scham im Menschen ist ein äußerst wichtiges Zeichen. Es ist gewissermaßen ein Vordringen der Gerechtigkeit. Die Gewalt in ihren verschiedenen Formen, gegen sich selbst und gegen die anderen, weicht zurück. Eine sehr starke Waffe gegen die Gewalt ist die Scham. Ein Zeichen, daß der Fortschritt kein leeres Wort ist und daß der Mensch allem Anschein zum Trotz sich langsam, aber sicher bessert. Was Leopardis Lob für die »Alten« betrifft, so ging es vermutlich über die »historische« Antike hinaus in Richtung eines idealen Zeitalters, das er in die Vergangenheit hineinträumte, während wir es in die Zukunft hineinträumen. Apropos sagen und schwören: hier begeht Shakespeare einen psychologischen Fehler im *Wintermärchen*, V. Akt, 2. Szene. Der Sohn des Hirten und vermutete Vater von

 Perdita ist zum Edelmann erhoben worden; und da er dem Fürsten schwören will, daß Autolicus ein Ehrenmann sei, macht ihn sein Vater darauf aufmerksam, daß er es *sagen,* aber nicht *schwören* könne. Worauf der neue Edelmann erwidert: »Nicht schwören jetzt, da ich Edelmann bin? Bauern und kleine Landbesitzer *(franklins)* mögen sich begnügen, es zu *sagen,* ich für meinen Teil *werde es schwören*.« Der Schwur setzt eine gewisse Schwierigkeit voraus, für glaubwürdig gehalten zu werden; sie ist größer für den Mann von niederer Herkunft und kleiner für den Mann von Rang. Als Hirtensohn muß man *schwören,* als Edelmann genügt es, zu *sagen.* (→Gelübde, →Scham)

Sebastian und Sebastian Melmoth. Als Oscar Wilde das Gefängnis von Reading verließ und sich jenseits des Ärmelkanals in dem Küstenort Berneval niederließ, wählte er »aus Rücksicht auf die Scham der Postboten« den Namen Sebastian Melmoth. Die Biographen sagen, er habe den Namen Sebastian in Erinnerung an die Pfeile angenommen, die seinen Sträflingskittel auf fürchterliche Art gestreift hatten, und diese Erklärung stammt wahrscheinlich von Oscar Wilde selbst. Wilde gibt diese Erklärung entweder unbewußt, oder er ist nicht ehrlich dabei. Ein Homosexueller wählt den Namen des Heiligen Sebastian nicht zufällig. Die Homosexuellen haben eine besondere Vorliebe für diesen Heiligen, in dem einige Eigenschaften vereint sind, die ihre Phantasie bewegen: Jugend, der Körper eines Epheben, die Zeichen von Martyrium. Bei den homosexuellen Malern ist der nackte, in ein Nadelkissen verwandelte Körper eines jungen Märtyrers ein besonders beliebtes Thema. Mein Freund Vittorio F.B., der in Rom in der Villa Rasella wohnte und der nach dem Massaker vom März 1944 an Herzeleid starb, hatte auf dem Nachttisch neben seinem Bett ein kleines Bild, das den Heiligen Sebastian blutend und gehörig mit Pfeilen gespickt darstellte, und eines Tages zeigte er mir in einem Fach seines Bücherschranks einige große, ordentlich aufgereihte Kartonbehälter und erzählte mir, daß er darin ein umfangreiches Bilderverzeichnis der Darstellungen des Heiligen Sebastian hüte und sich vorgenommen habe, eines Tages eine diesem Heiligen gewidmete Monographie zu veröffentlichen. Verstehen Sie? Vittorio F. B., der homosexuell, aber kein Maler war, mußte sich mit den von anderen gemalten Heiligen Sebastianen begnügen. Der Grund für die Vorliebe der Homosexuellen für diesen Heiligen muß in der Analogie zwischen bestimmten sexuellen Dingen und den Pfeilen gesucht werden, die den Körper des jungen Verwandten von Diokletian durchbohren. Ich füge hinzu, daß der Heilige Sebastian nicht nur der Heilige der Homosexuellen ist, sondern wegen der tiefen Ähnlichkeit zwischen sexueller Inversion und Ästhetizismus auch der Heilige der Ästheten. Siehe den Heiligen Sebastian, den Ida Rubinstein bei Gabriele D'Annunzio in Auftrag gab.

Sebastian und Sebastian Melmoth

SEELE. Um die Abtrennung der Seele vom Körper bildlich darzustellen, wollen wir an eine kleine Geschichte von Lanfranconi erinnern, die erzählt, wie der Mensch seine Uhr verlieren kann. So: Der Mensch geht spazieren und trägt seine Uhr in der Westentasche. Plötzlich bleibt die Uhr stehen, und der Mensch geht weiter. Mit noch größerem Recht geht die Seele weiter, ja, sie rennt geradezu, nachdem der Mensch stehengeblieben ist, denn die Seele besteht aus Wind, wie ihr Name selbst, *anima,* von *ànemos,* sagt. Ich füge hinzu, daß diese windige Natur der Seele gegen ihre gerühmte Dauerhaftigkeit spricht. Es bleibt also festzustellen, ob diese unendliche Dauer der Seele, an die so viele glauben, wahr ist oder ob dagegen die Möglichkeiten der vom Körper losgelösten Seele begrenzt sind, ob und wie sie sich im Raum und in der Zeit fortbewegen kann und ob auch die Seele irgendeinem

 Gravitationsgesetz gehorcht, das sie zum Gefangenen einer bestimmten Welt macht – also, um die Worte Lanfranconis wiederaufzunehmen, bis wohin die Seele gelangt in ihrem Lauf, nachdem der Körper stehengeblieben ist.

Die Seele ist für den Körper nötig, aber es scheint so, als sei der Körper für die Seele nicht weniger nötig. Warum kann man unter Leuten, die mit einer gewissen Boshaftigkeit ausgestattet sind, Worte wie »reine Seele«, »reiner Geist« nicht aussprechen, ohne gleichzeitig das Bedürfnis zu spüren, sie mit einem Lächeln zu ›korrigieren‹? Es gibt keinen Grund dafür, daß im Reich des Geistes die reine Geistigkeit ihren Charakter von Überflüssigkeit und Dummheit verliert, den sie hienieden hat. Übrigens wird das Bedürfnis der Seele nach dem Körper weithin von Theologen und Philosophen vertreten. Die Pharisäer glaubten an die Seelenwanderung. Die Sadduzäer, daß die Seele zusammen mit dem Körper stirbt; die Essener, und mit ihnen Platon, glaubten, daß die Seele von der höchsten Höhe des Himmels in den Körper herabsteigt und ihn beseelt. Und danach?... Danach zieht die Seele davon, auf die andere Seite des Ozeans, sagen die Essener. Für uns bedeutet die andere Seite des Ozeans Wolkenkratzer, Gangster, Lynchen. Für die Essener und für Platon war die andere Seite des Ozeans eine Gegend, wo es weder warm noch kalt ist, wo es nicht regnet und kein Wind weht (erinnern Sie sich an die Regengüsse und den Wind in den amerikanischen Filmen?) und wohin man die Seelen der rechtschaffenen Dahingeschiedenen bequem und risikolos schicken kann. Die Geographie ist die Feindin der Geistigkeit. Als Wort gleicht »Seele« bestimmten Ausdrücken, die als Übereinkunft im Schoß einer Familie entstehen, einen rein lokalen Gebrauch haben und als Klang bestehen bleiben, auch nachdem sie als Bedeutung gestorben sind. In der Familie meiner Frau sagte man *dindi* für Geld, aber als ich neulich vor meiner Schwiegermutter das Wort *dindi* gebrauchte, verstand sie nicht, daß ich Geld meinte.

So redet man weiter von der Seele, aber niemand weiß genau, was gemeint ist. Platon dagegen … *Ànemos:* Wind. Der Mensch jedoch legt in diesen Wind das Liebste und Teuerste von sich selbst, und Othello ruft Desdemona zu: »Meine Seele, ich verfluche dich!« (→Stil) *Seele*

SHAW. Mein Französischlehrer hieß Bronnaire und stammte aus Brabant. Bei dem Wort *fils* verschluckte er das Schluß-s, und das Adverb *donc* benutzte er weniger als Adverb, denn als Einwurf, das heißt, als einen erhabenen Stock, auf den er seine Sätze stützte die sonst in der Luft hängengeblieben wären. Die regionalen Formen hielt er keinesfalls für Mängel, sondern für Qualitäten, und in aller Ehre bemühte er sich, sie mir auch beizubringen. So erfuhr ich seit meiner frühesten Jugend, daß etwas, was für die einen ein Fehler ist, für die anderen ein Vorzug sein kann, und ich lernte, den absoluten Eigenschaften zu mißtrauen. Meine Dankbarkeit für Monsieur Bronnaire rührt weniger von den Dingen her, die er mich bewußt lehrte, also den komplizierten Mechanismen der französischen Orthographie, die noch immer einer Überarbeitung bedarf, als von dem, was er mir unbewußt beibrachte, nämlich daß es keine alleinige Wahrheit, sondern viele Wahrheiten gibt. Eines Tages begegnete Monsieur Bronnaire in unserem Haus dem Abbé Brémond, einem berühmten Jesuiten und Prediger, Mitglied der Académie Française und Autor der *Geschichte des religiösen Empfindens in Frankreich,* und nachdem sich zwischen ihnen ein kleiner Disput über die richtige Aussprache des Wortes *fils* entfacht hatte, zitierte Bronnaire einen Vers Racines, in dem *fils* sich mit einem auf i endenden Wort reimte, woraus ich folgerte, daß man auf dieser Welt alles beweisen und belegen kann, auch die Richtigkeit eines Fehlers. Monsieur Bronnaires Gesicht glänzte in rosiger Dummheit, und er ähnelte Walter Gieseking. Ich möchte nicht, daß man aus dieser ganz zufälligen Nebeneinanderstellung Rückschlüsse auf eine geistige Ähnlichkeit zwischen Walter Gieseking und Monsieur Bronnaire zöge. Ich empfinde für den Pianisten Walter Gieseking eine uneingeschränkte Hochachtung, und es ist für mich eine wahre Erquickung, zu hören, wie die klaren Klangbäche den Fingern dieses Mannes entspringen, der so ruhig und geduldig wie die Statue des Vaters Nil ist. Aber nützt Intelligenz einem Pianisten wirklich? Aus meiner eigenen Erinnerung, das heißt aus der Zeit, in der *auch ich* Pianist war, kann ich sagen, daß die Intelligenz für den Pianisten eher schädlich als hilfreich ist, für einen Mann, der weniger Künstler denn Handwerker ist und der mehrere Stunden täglich gezwungen ist, in engstem Kontakt mit jenem riesigen schwarzweißen Gebiß zu verbringen, Tonleitern und Fingerübungen zu machen, die Programmstücke zu üben und auswendig zu lernen; und der Hauptgrund dafür, daß ich vor vielen Jahren (1908) beschloß, dem Flügel Lebewohl zu sagen, war, daß ich es für unsinnig hielt, auf die Gnade der Göttin Intelligenz zu verzichten, um das Vergnügen zu haben, mit einer gewissen Sauberkeit ein Menuett von Scarlatti oder eine Chaconne von Bach zu spielen … Später (1915) sagte ich auch der Komposition und der Musik insgesamt adieu – aber ist nicht auch die Musik *insgesamt* schlecht mit dem Gebrauch der Intelligenz vereinbar? … *Quod demonstrandum est.*

Als Monsieur Bronnaire meinte, er habe mir nichts mehr beizubringen auf dem Gebiet der gallischen Orthographie, verabschiedete er sich von mir mit den besten Wünschen für mein Leben, das sich weit vor mir auftat, und schenkte mir zur Erinnerung an unsere schulischen Beziehungen das *Illustrierte Leben* von Hans Mertens, in dem ich zum erstenmal die Gestalt von George Bernard Shaw erblickte.

Ich muß genauer werden. Es war nicht eigentlich George Bernard, sondern jemand, der, wie ich später erfuhr, George

Bernard Shaw ähnelte. Daß wir uns richtig verstehen: eine Ähnlichkeit wie die oben beschriebene zwischen meinem Französischlehrer und Walter Gieseking, aber tiefer, denn außer der physischen enthielt sie auch eine metaphysische Verwandtschaft. Es war eine Abbildung von »Papà Engoulevent«, einem uralten und daher alterslosen Märchenzwerg, der stets Selbstgespräche führte und dessen Bart ihn wie eine weite Schürze bekleidete, in der sich seine flink dahinrennenden Füße verfingen; denn dieser verehrungswürdige Zwerg, immer von unbegreiflichen Geschäften in Anspruch genommen, die seinem Gesichtsausdruck etwas Besorgtes und Gekränktes gaben wie einem Säugling, der auf sein Fläschchen wartet, rannte Tag und Nacht durch Heide und Wälder, stützte sich dabei auf einen Stock, der größer als er selbst war und den er wie ein Ruder handhabte, und leuchtete sich nachts mit einem brennenden Kienspan, den er auf dem Kopf trug. Die guten Bauern in Flandern sprachen von »Papà Engoulevent« mit einem geheimnisvollen Ausdruck, aber es war nicht festzustellen, ob dieser zwergische Greis eine ernste oder eine komische Figur war. Wer kann leugnen, daß »Papà Engoulevent« die erste Inkarnation von George Bernard Shaw ist und daß George Bernard Shaw, wenn er nicht mehr George Bernard Shaw sein wird, was hoffentlich so spät als möglich eintritt, wieder zu »Papà Engoulevent« werden wird? *Shaw*

Ich bin G. B. Shaw nie persönlich begegnet, und ich kenne also seine Statur nicht, aber auch wenn er größer als ein pommerscher Grenadier wäre, bliebe er dennoch ein Zwerg, denn zwergisch sind sein Charakter und das eher intellektuelle denn körperliche Bedürfnis, ›sich aufzurichten‹, zwergisch ist sein Ehrgeiz, ›etwas darzustellen‹. Offiziell trägt G. B. Shaw normale Absätze unter den Schuhen, heimlich hat er aber ein Paar zusätzliche Absätze im Inneren der Schuhe versteckt, und wenn er redet, erhebt er sich auf die Zehenspitzen, genauer: er steht immer auf Zehenspitzen, weil er, wie wir bei seinem Urbild Engoulevent gesehen haben, *immer redet.* Ja alles, was G. B. Shaw redet und tut, geht auf Zehenspitzen, aber nicht in der Bedeutung, die man sonst diesem Ausdruck gibt, nämlich leise, gedämpft. Wer außerdem G. B. Shaw unter die Hosen schauen würde, zwischen Socken und unten zugebundenen Unterhosen (denn dieser gewaltige Snob treibt den Snobismus des Antisnobismus so weit, daß er lange, am Knöchel zugebundene Unterhosen trägt), fände einen kleinen Sporn mit abwärts gerichtetem Haken, wie ihn die Kampfhähne hinten am Fuß tragen, der nicht zu verwechseln ist mit der kleinen Schlaufe am stiefelähnlichen, elastischen Schuh, den er aus den soeben in der Klammer beschriebenen Gründen trägt.

Nun ist noch zu prüfen, ob G. B. Shaw im Gesicht den besorgten und gekränkten Ausdruck des Säuglings hat, der auf die Flasche wartet, und warum.

G. B. Shaw ist kein Humorist. Der Humorist zerlegt die Formen der Wirklichkeit und setzt sie auf seine Art wieder zusammen, und G. B. Shaw zerlegt nichts und setzt nichts zusammen. Er ist nicht ironisch, weil der ironische Autor (ich spreche von der ›höheren‹ Ironie) ein *verschämter Liebhaber* ist, der unter einem irgendwie ›feindlichen‹ Schleier seine Liebe zur Menschheit verbirgt, und was G. B. Shaw betrifft, so haben wir guten Grund zu glauben, daß ihm das Wohl und Wehe der Menschheit gestohlen bleiben kann. Was dann also?

G. B. Shaws Spezialität und vor allem seine Waffe ist die Bloßlegung der Heuchelei der Gesellschaft, aber da er schlau genug ist, um zu begreifen, daß er das Ende von Max Nordau nehmen würde, wenn er seine Entdeckungen in *ernstem Ton* vorbrächte, hat er das bequeme Alibi des *witzigen* Tones gewählt, denn er ist weder intelligent noch tief, noch scharfsichtig genug, *um nicht ernst sein zu können,* also unter den Menschen *zu einem Gott* zu werden.

Ist der Ernst etwas Schwieriges, dann ist der Nichternst noch etwas viel Schwierigeres, denn er durchmißt den

Ernst und überwindet ihn, was nur sehr wenige, wie Lukian von Samosata und Voltaire, erreicht haben. Im Vergleich mit der Tiefe dieser ›erhabenen Frivolen‹ wird die Tiefe des ›tiefen‹ Menschen nicht mehr als ein Kaffeesatz. Der Abstand zwischen Lukian oder Voltaire und G. B. Shaw ist beim ersten Hinsehen nicht groß, aber in Wirklichkeit gibt es keine Brücke zwischen ihnen, und er ist deshalb unüberwindlich. Entweder dort oder hier. Da George Bernard Shaw seine ›ernsten Späße‹ nicht an die ganze Menschheit zu richten vermochte, hat er sie auf die Menschheit der Salons und die Zuschauer im Theater beschränken müssen. G. B. Shaws Gedanken funkeln in einem Theatersaal, außerhalb hätten sie die Wirkung eines Streichholzes, das im Sonnenlicht brennt: Um seinen Streichhölzchen die größtmögliche Wirkung zu verschaffen, entzündet G. B. Shaw sie im helfenden Halbschatten der Theater. *Shaw*

Es gibt einen Grund dafür, daß ein Autor unter den möglichen Formen das Theater wählt, um seinen Gedanken und seiner Phantasie Ausdruck zu verleihen, dieser Grund ist seine Unterlegenheit. Was ein Autor von einem Schauspieler auf einer Bühne sagen läßt, ist von geringerer Bedeutung als das, was ein Autor nicht durch eine Theateraufführung sagen würde. Woraus nicht abzuleiten ist, daß Virgilio Brocchi Shakespeare überlegen ist, weil dieser für das Theater schrieb und jener nicht; dennoch bleibt es eine Tatsache, daß das Theater zu Einschränkungen und Kompromissen und zum Gebrauch allgemeiner Ideen zwingt, daß es Seiten berührt, die der Rhetorik und der Sentimentalität näher sind, und daß es das Intimste, Verborgenste, Kostbarste, Eigenartigste, das Poetischste und das Tiefste als *nicht theatergerecht* aussondert: all das, was nur im sicheren Asyl der Einsamkeit und des Schweigens ausgedrückt werden kann; denn das Beste, das Schönste, das Höchste kann man nicht vor einem Publikum *sagen,* ganz abgesehen davon, daß durch das Aussprechen das

 Beste verlorengeht: der *innere Duft* – die Seele. Vielleicht könnte eine ›nach Hause übertragene‹ Form des Theaters (aber ich meine nicht das Radio) seinen Ton heben. Es gibt übrigens eine unfehlbare Probe, um den Unterschied zwischen einem dramatischen und einem rein literarischen Werk zu ermessen und die Überlegenheit des zweiten zu bestätigen: Nur die schlechten literarischen Werke bewahren ihr Niveau, wenn sie auf die Bühne oder auf die Filmleinwand gebracht werden, während die literarischen Werke von wirklichem Wert unvermeidlich an Niveau verlieren.

G. B. Shaw, dieser Nachäffer der größeren Künstler, der stets damit beschäftigt ist, ihre Äußerungen, Haltungen und auch ihre Kapricen zu imitieren, um ebenfalls als ein großer Künstler dazustehen, mußte die Unterlegenheit des Theaters bemerken; da er auf die Gunst der Zuschauer aber nicht verzichten kann, weil sie Geld und großes Ansehen einbringt, hat er versucht, sein Bestes in den literarischen Teil seiner Dramatik, also in die Einleitungen zu seinen Komödien zu legen; und auch damit ahmt er einen höheren Künstler nach, Racine, der bekanntlich in die Vorworte zu seinen Tragödien einen Kunstverstand und eine moralische Bedeutung legte, die seine gewiß sehr schönen Alexandriner oft übertreffen. Aber genügt das? Der geheime Ehrgeiz von G. B. Shaw ist es nicht, im Theater fortzudauern, sondern in den Bibliotheken. Eine vergebliche Hoffnung. Trotz der oft sehr langen Vorworte, denen manchmal, wie bei *Mensch und Übermensch,* auch noch ein Nachwort folgt, werden die Bücher von G.B. Shaw nicht für würdig befunden, in einer Bibliothek, die auf sich hält, vertreten zu sein. Warum? Was fehlt diesem Mann, der sich doch so eigenartig, so stürmisch den höheren Künstlern nähert und sich, so wie sich Dante unter die Gäste des Edlen Schlosses versetzte, in die Gesellschaft von Goethe, Shelley, Schopenhauer, Wagner, Ibsen, Morris, Tolstoi und Nietzsche begibt, sich durch eigenes Dekret den ›denkenden Künstlern‹ zuordnet, die nach seinen Worten »Sokrates dramatisieren«? Ihm fehlt dies: Sosehr er sich ihnen auch annähert, sosehr er auch das streifen mag, was ihn am meisten bei einem höheren Künstler anzieht – er selbst kann keiner werden. Ihm fehlt dessen wesentliche Eigenschaft: die Poesie.

Wenn G. B. Shaw nicht die *Heilige Johanna* geschrieben hätte, könnten wir noch Zweifel haben. Aber er hat die *Heilige Johanna* geschrieben, sein »Werk der Poesie«, das Werk, das beweisen sollte: »Auch ich bin ein Poet«, ein ernstes Werk – weil man, wenn man poetisch ist, keinen Spaß versteht. Und *da* haben wir alle, ausgenommen die üblichen Naiven und Unerfahrenen, begriffen, daß die Poesie kein Brot für die Zähne von G. B. Shaw ist. Klügere Leute wissen außerdem, daß man mit Jeanne d'Arc keine Poesie machen kann, und sie haben die Jungfrau zusammen mit Prometheus und Don Giovanni (gewiß, auch den Don Giovanni) zu den nicht benutzbaren ›Typen‹ abgelegt.

G. B. Shaw hat noch die Chance, eine zweite *Heilige Johanna* zu schreiben, eine rein Shawsche Johanna, bei der er die Shawschen Elemente ihres Lebens benutzt, angefangen bei diesem: »Um die Richter zu überzeugen, daß Johanna eine Betrügerin sei, versteckte sich der Inquisitor, Maître Loiseleur, eines Tages hinter einem Vorhang und ahmte die Stimmen der Heiligen Margarete, der Heiligen Katharina und des Erzengels Michael so täuschend nach, daß Johanna ›darauf hereinfiel‹ und sich mitten im Gefängnis auf die Knie warf und schrie: ›Ich höre Stimmen, die zu mir sprechen! Ich höre Stimmen, die zu mir sprechen!«

Auf diese Art wird G. B. Shaw seine wahre und einzige Faszination auf das Publikum ausüben, die darin besteht, daß sich der Zuschauer – nicht der Leser – fragen muß, ob Papa Engoule ... ob G. B. Shaw eine ernste oder eine komische Figur ist.

Söhne und Mütter. Um mir Anton Tschechows Theorie von der Kunst ins Gedächtnis zurückzurufen, habe ich die *Möwe* wiedergelesen, in der diese Theorie enthalten ist. Ich habe nichts gefunden, was besonderer Erwähnung wert wäre, bis auf eine Bemerkung von Treplew, sie besagt, daß man »das Leben weder darstellen soll, wie es ist, noch, wie es sein sollte, sondern, wie es uns in den Träumen erscheint«, was eine Vorwegnahme der surrealistischen Theorie ist. Aber davon wollte ich nicht sprechen. Konstantin Treplew, die Hauptfigur der *Möwe*, ist der Sohn der Schauspielerin Irina Arkadina. Er ist ein junger, genial veranlagter Mann, der die Schriftstellerlaufbahn eingeschlagen hat, aber nach einigen Versuchen in der Literatur, in der Liebe, im Leben verzichtet er auf sein irdisches Glück und nimmt sich das Leben. Beeindruckend sind in dieser melancholischen Komödie, wie in anderen Arbeiten Tschechows (siehe die Erzählung *Wolodja*), die ›freien‹ Beziehungen zwischen Treplew und seiner Mutter; und es ist hier nicht von Bedeutung, daß Treplews Mutter, wie auch Wolodjas Mutter, eine leichtfertige Frau ist, die sich mehr mit sich selbst als mit ihrem Sohn beschäftigt. Treplew und seine Mutter sprechen nicht miteinander, wie wir gewohnt sind, Söhne und Mütter miteinander sprechen zu hören, sondern wie zwei Freunde, wie *zwei Gleichaltrige.* Diese Freiheit im Sprechen und Verhalten beeindruckt mich besonders, da ich mich, auch als ich über die Vierzig hinaus war, *verwandeln mußte,* wenn ich mit meiner Mutter sprach oder auch nur bei ihr war. Ein tiefer Unterschied zwischen der sogenannten »jesuitischen« und der liberalistischen Erziehung, dem »familiären Liberalismus«, der sich als Reaktion auf die Strenge und auf die ›indirekte Form‹ der jesuitischen Erziehung in den protestantischen und ›entwickelten‹ Ländern durchgesetzt hatte und den die Russen als ein noch junges Kulturvolk mit der Begeisterung übernommen haben, mit der sie stets alles ›Neue‹ übernehmen – und so haben sie auch den Kommunismus übernommen und angewendet, den andere erfunden und theoretisch formuliert hatten. Dieser Liberalismus, der die Organismen des Lebens auflöst (im Grunde besteht die gesamte Aktivität des Menschen darin, dem natürlichen und ›ziellosen‹ Fließen des Lebens entgegenzuarbeiten, und nur der liberale Geist folgt dem Fluß und paßt sich ihm an), bewirkt, daß alles ›horizontal‹ wird, so wie in der *Möwe* von Tschechow alles fließt, alles dahintreibt. Und um gegen dieses beängstigende Dahinströmen der menschlichen Existenz einen Damm zu errichten, haben wir, deren Vorfahren über Leben und Tod der Söhne befanden, gegen dieses horizontale Strömen von Menschen und Dingen eine vertikale Ideenkonstruktion errichtet, haben wir aus der Familie ein verkleinertes Modell der *Civitas Dei* gemacht, in der die Söhne im eigenen Vater den ›Priester‹ dieser menschlichen und zugleich göttlichen und zutiefst ›natürlichen‹ Organisation erkennen und in der Mutter die Gemahlin des Priesters. Wie ist da Freundschaft möglich, wie eine freie und direkte Beziehung, wie Vertrauen? Freiheit der Rede und des Verhaltens schließt eigentlich ›auch‹ die Möglichkeit sexueller Beziehungen ein; und aus diesem Grund schimmert in unseren Augen durch die Freiheit der Beziehung und des Gesprächs zwischen einem Vater und seiner Tochter, zwischen einem Sohn und seiner Mutter beinahe ein ungeheuerliches Mirra-Verhältnis oder ein ungeheuerliches Ödipus-Verhältnis hindurch. (→Mutter)

Solidarität. In den letzten Monaten der deutschen Besatzungszeit (Winter und Frühjahr 1944) wurde meine römische Wohnung täglich von Freunden buchstäblich überrannt, außerdem auch von Leuten, die ich kaum kenne, und schließlich auch von Leuten, die ich überhaupt nicht kenne. In jener außergewöhnlichen und bedrohlichen Zwangslage hatte sich zwischen mir und Leuten, die mir in normalen, freien und sicheren Zeiten ganz fremd sind,

Solidarität eine Solidarität, eine Nähe, ein Miteinander von gemeinsamen Interessen hergestellt. Das ist eine der schlimmsten und *unmoralischsten* Wirkungen nicht nur des Krieges und einer feindlichen Besatzung, sondern aller *allgemeinen Ereignisse,* die gleichermaßen und ohne Unterschied auf alle Menschen Einfluß nehmen und die Solidarität, Nähe, ein gemeinsames Interesse zwischen Menschen herstellen, die in ihren geistigen Eigenschaften, Neigungen, in ihrem Schicksal nichts miteinander zu tun haben. Eine zutiefst betrübliche und erniedrigende Gemeinsamkeit, die wie eine bösartige Vorwegnahme der zukünftigen und unvermeidlichen Gemeinsamkeit des Todes ist. Muß hinzugefügt werden, daß jede Form, jeder Versuch, jede Absicht, die Ungleichen zu vereinen, in sich das Prinzip des Todes enthält und daß stärkeres und stärkstes Leben hingegen uns in eine immer tiefere Isolierung führt? Rings um mich entdecke ich Versuche, mich *mit den anderen zu verschmelzen:* ein ›sanfter Mordversuch‹. Solidarität, Nähe, gemeinsame Interessen, die von außergewöhnlichen Zuständen herbeigeführt werden, sind oberflächlich, weil die Ereignisse, die diese Solidarität, diese Nähe, diese Gemeinsamkeit der Interessen bestimmen, selbst auch oberflächlich sind. Aber wie soll man *den anderen* erklären, daß dieser furchtbare Krieg, die Ursache von Millionen von Toten und unendlicher Zerstörung, im Grunde ein ›oberflächliches‹ Ereignis ist?

SPRACHE, KORREKTE. Ich stecke in den Vorbereitungsarbeiten für einen Aufsatz über Tommaso Campanella. Ich studiere also, so gut und so viel ich kann, was an Material über ihn vorhanden ist, und gestern habe ich eine Campanella-Monographie gekauft, die vor zwei Jahren in Mailand erschienen ist. Sie enthält einige Fragmente seines Werkes und als Einführung einen langen Aufsatz des Herausgebers. Ich liebe nur die Schriftsteller, die aus dem Bedürfnis zu denken heraus schreiben. Ich liebe nur die

Sprache, korrekte

Schriftsteller, deren Phantasie ein Spiel des Denkens ist, und in unserer Literatur liebe ich, abgesehen von den großen Dichtern, die »jenseits des Denkens« stehen, nur ganz wenige Autoren wie Bruno, Campanella, Vico, die die dogmatische Form des Geistes überwanden – diese schlimme und chronische Krankheit unserer Kultur – und die eine freie, persönliche und kritische Form erreichten, die, wenn auch noch in unvollkommener Gestalt, das Spiel der Gedanken ermöglichte. Das Werk der *Nuova Scienza* ist unterdrückt worden, aber zum Wohl unserer Kultur und unserer Bildung muß es wiedererweckt und entwickelt werden. Diese Schriftsteller, die inmitten der grausamsten Feindseligkeiten mit ihrem eigenen Kopf dachten und sich einen eigenen geistigen Organismus bildeten, sind das beste Vorbild für alle Schriftsteller. Muß ich hinzufügen, daß man dem Beispiel Brunos, Campanellas, Vicos folgen sollte, während meines Erachtens das Beispiel eines Schriftstellers wie Alessandro Manzoni zu meiden ist? Was gut und was böse ist, muß man allein begreifen lernen und nicht unter geistiger Kuratel. Nur so kann man das Böse ›radikal‹ besiegen, nur so wird das Gute wirksam. Der einzig gültige Gedanke entsteht in vollkommener Einsamkeit, in absoluter Leere, weitab von allen Einflüsterungen, von jeder Führung und auch von jedem aufgestellten Prinzip. Mit unendlicher Sehnsucht und schmerzlicher Erwartung denke ich an den Tag, an dem freie und reine Gedanken, stark und unabhängig, am Firmament unserer Literatur erscheinen werden.

Ich begann also, die gestern erworbene Campanella-Monographie zu lesen, aber schon auf den ersten Seiten der Einleitung, auf S. 12 und S. 15, finde ich das Pronomen *questi* zweimal im Genitiv gebraucht (S. 12: »*Ma ancora questa volta le speranze di questi vanno deluse*...«, und S. 15: »*Il Papa vorebbe forse proteggere il Campanella, ma, anche per timore che comunque della persona di questi gli spagnoli vengano poi a impossessarsi con un ratto, sembra gli abbia egli*

Sprache, korrekte

stesso consigliato di fuggire«). Nach dem zweiten, so grundfalsch gebrauchten *questi* mache ich halt. (Wahrscheinlich hätte mich die Verworrenheit der Sprache jedoch sowieso bald veranlaßt, die Lektüre aufzugeben.) Wie kann man den Gedanken und Überlegungen eines Autors vertrauen, der grammatikalische Fehler macht? Eine korrekte Sprache ist die erste Qualität eines Schriftstellers, besonders wenn er keine erzählende oder phantastische Prosa schreibt. In einem phantastischen Werk kann, wenn wir es wünschen, auch eine gewisse Phantasie des Schreibens erlaubt sein. Aber der Historiker, der Philosoph, der Kritiker haben die Pflicht, genau zu sein, klar und präzise, und vor allem grammatikalisch richtig. Schopenhauer schrieb vollkommen, Renan, Bergson ebenso. Nehmen wir ein Beispiel außerhalb des Kreises der Berufsschriftsteller: Die Bücher von Augusto Murri (eines Mediziners) sind Modell für ein klares und genaues Schreiben, und dasselbe kann man von den Büchern Schliemanns und Frazers (beide Archäologen) sagen. Ich genoß es früher zuweilen, den Jahresbericht der Banca Commerciale in der Zeitung zu lesen, der von einem Anonymus mit höchster Klarheit verfaßt wurde. Wir brauchen in Italien eine klare und leicht schwebende Sprache, ohne Tribunenpathos und pseudophilosophische oder hermetische Dunkelheit. Und diese Sprache wird erst gedeihen, wenn die Tradition der *Nuova Scienza* wieder zum Leben erweckt wird, das heißt, wenn man die dogmatische Form aufgibt und eine persönliche und kritische Form findet. Denn wenn der Mensch Urheber seiner Gedanken und Taten ist und sich für sie verantwortlich fühlt, möchte er besser und vollkommener werden und gelangt mit Leichtigkeit zu einer großen Klarheit des Denkens und des Ausdrucks. Wenn er hingegen Gedanken und Taten anderer wiederholt, kommen ihm ihr Sinn und ihre Bedeutung abhanden, und in kurzer Zeit werden sie unförmig und unsinnig. So gelangt man zu einer trüben, dunklen Form und zum unverständlichen

Gestotter, also dahin, wo sich ein Großteil unserer Literatur befindet: ein lateinisches Gebet, nachgeplappert von einem, der kein Latein kann. (→Hin Uun Suruck)

Sprache, korrekte

SPRECHEN, VORNEHMES. Lina Presotto, mein üppig gebautes, munteres Hausmädchen, das vor wenigen Tagen den Dienst bei mir quittiert hat, um im Varieté Karriere zu machen, benutzte, wenn sie mit mir oder meiner Frau oder meinen Kindern sprach, das Verb *aspettare,* warten, aber am Telefon sagte sie *attendere,* sich gedulden. Aber, und das muß sofort gesagt werden, nicht nur Lina Presotto denkt, *attendere* sei eleganter als *aspettare,* und nicht nur sie teilt die Sprache in zwei Kategorien, eine für den Familiengebrauch, die andere für Fremde und überhaupt für Leute mit größerem Ansehen. Dieselbe Unterscheidung wird gemacht zwischen *giungere* und *arrivare,* erreichen und ankommen, von denen das letztere als volkstümlich, das erste als aristokratisch gilt, zwischen *mandare* und *inviare,* schicken und versenden, zwischen *comprare* und *acquistare,* kaufen und erwerben, usw. Ein gleiches Schicksal haben die Pronomen, und wer *Essa* sagt, glaubt *Ella*[1] schreiben zu müssen, um nicht vulgär zu sein. Diese seltsame Eleganztheorie wird nicht nur von Lina Presotto vertreten, die vor kurzem vom Stand eines Hausmädchens zu dem einer Varietékünstlerin übergewechselt ist, sondern von allen Kolleginnen Lina Presottos. Und außerdem auch von den Drehbuchautoren beim Film, von vielen Komödienschreibern, von beinahe allen Übersetzern fremder Werke und damit auch von den Übersetzern von Filmdialogen. Wenn man der Aufführung eines von Cinecittà, von Terrenia oder von anderen Ateliers unserer Filmindustrie hervorgebrachten Films beiwohnt, hat man das Gefühl, in eine irreale Welt überzuwechseln, in der das Zelluloid nicht nur im Film selbst enthalten ist, sondern auch in der

[1] Heute kaum noch gebräuchliche Form der Höflichkeitsanrede »Sie«.

Sprechen, vornehmes

physischen und moralischen Substanz der Personen und in der Gestalt ihrer Umwelt; dieser Eindruck kommt nicht nur daher, daß in dieser Zelluloidwelt alle Telefone von einem fleckenlosen Weiß sind; alle Wohnungen im Stil eines märchenhaften pompejanischen 20. Jahrhunderts; daß alle Personen wie durch Zauber von Sorgen und Lebensproblemen befreit und alle in dieselbe sanfte Hühnerseligkeit getaucht sind, sondern er entsteht auch durch die seltsame, gefilterte Sprache dieser Personen, die nicht warten, sondern sich gedulden, die nicht schicken, sondern senden, die nicht kaufen, sondern erwerben. Sagst du, Leser, denn zu deinen Kindern, wenn deine Frau mit der Spaghettischüssel hereinkommt: »Harrt aus, sie naht«? Eben deswegen erkennst du deine eigene Sprache nicht wieder, wenn du diese *elegante* Redeweise im Kino oder im Theater vernimmst, du bist nicht überzeugt von dem, was du hörst, aber, seien wir ehrlich, statt der Dummheit und Plattheit des Autors die Schuld zu geben, kommt dich ein Zweifel an, ob die Schuld nicht bei dir liegt und ob du, um ›fein‹ zu sein, auch so ›ungewöhnlich‹ sprechen müßtest. Als ich eines Tages einem Geiger zuhörte, der ein Stück für ein Konzert einübte, fragte ich ihn, ob er bei dem Konzert »mit derselben Geige« spielen werde, aber da war ich sechs Jahre alt. So entsteht der Teufelskreis. Nun macht diese seltsame Eleganztheorie ja nicht bei Lina Presotto und den Drehbuchautoren und Übersetzern ungarischer Komödien halt, sondern sie steigt auf in illustre Regionen, erschafft die ›kostbare‹ Sprache eines D'Annunzio und der *Dannunzianer,* inspiriert diejenigen, die ›gewählt‹ schreiben oder ›prächtig‹ und ›erhaben‹ und deren Zahl in unserer Literatur groß ist und vor allem war. Unter dem Stichwort ANGELUS haben wir gesehen, welch seltsame Metonymien, welch absurde Verformungen von Substantiven und Verbformen Alessandro Manzoni benutzt, um auszudrücken, daß die Glocke dreimal am Tag zum Angelus läutet. Und Manzoni ist unser Familien-Autor par excellence, er hat die familiäre, alltägliche Sprache in unsere Literatur eingeführt. Was soll man dann über die anderen sagen? »Die freundlichen Pagen schon hörten den Schall / des nahen Metalls«, sagt Parini, um auszudrücken, daß der junge Herr im *Tag* die Glocke läutet, um seine Diener zu rufen. Und der Schönheit des *Ginsters* tut nach meiner Meinung der Vers Abbruch, in dem der Vesuv »Vernichter Vesevo« genannt wird. Das Wort entspricht nicht mehr dem Gedanken, es entstehen unreine und wirre Bilder, und für jeden Autor müßte man ein Spezialwörterbuch erstellen wie das für Gabriele D'Annunzio. Bekannt ist Leopardis Urteil über das Französische, es sei die Sprache »der Mittelmäßigkeit«. Nur muß man dieses Urteil nicht als Tadel, sondern als Lob verstehen. Sprache der Mittelmäßigkeit bedeutet Sprache des Lebens, das in seiner Breite mittelmäßig ist. Ich warte darauf, daß auch unsere Sprache die Sprache ›der Mittelmäßigkeit‹ werde, und das bahnt sich übrigens zum Glück auch schon an. Denn die Sprache hat nicht die Aufgabe, auf erhabene oder ästhetisierende Art wenige, beschränkte, obligate und zweideutige, wenn nicht sogar falsche Gedanken zu äußern, sondern ein genaues, gefügiges, ›unscheinbares‹ Instrument für all das zu sein, was ein tiefer, scharf beobachtender Geist denken kann, und auf diese Weise einer breiten, lebendigen, vollständigen Literatur eine Form zu geben.

Sprechen, vornehmes

In der dritten Ausgabe des *Furioso* ändert Ariost alle *attendere* in *aspettare*. Sehen wir nun, ob es besser ist, unseren Ludovico zum Vorbild zu nehmen oder Lina Presotto, mein flinkes und üppiges Hausmädchen, das vor kurzem zu den Triumphen des Varietés aufgebrochen ist. (→Emphase, →Pronomen)

Stadtsanierung und Aktionsdramatik. Vor ein paar Jahren habe ich das düstere Viertel einer Großstadt im Süden Europas besucht, und vielleicht bin ich

Stadtsanierung und Aktionsdramatik

der letzte Besucher dieses kleinen Infernos ohne Flammen gewesen, denn mir ist später berichtet worden, dieses Viertel sei zerstört oder, wie man heute sagt, ›saniert‹ worden. Es hatte die Gestalt eines Labyrinths, und ich konnte nicht erkennen, ob es über der Erdoberfläche erbaut oder in den Tuffstein hineingehauen war. Die Sonne stieg nie in die Schlünde dieses Labyrinths hinab, und als ich einmal die Augen zu dem Scheibchen Himmel hob, das hoch oben über den engen Lippen des Schlundes leuchtete, sandte ich zu diesem ›letzten‹ Himmel denselben Lebewohlgruß hinauf, den Axel vom Kratergrund des Sneffels dem letzten Stern schickte, bevor er hinter seinem Onkel, Professor Lidenbrock, und dem tüchtigen Führer Hans seine denkwürdige Reise zum Mittelpunkt der Erde begann. Türen und Fenster gab es nicht in diesen ärmlichen Wohnstätten, sondern Löcher, die schattenerfüllten Augenhöhlen glichen und auf deren Grund manchmal ein Licht blinzelte. Ich dachte an die Keller der Weinhändler mit ihren wie im Innern eines Bienenstocks durchlöcherten Wänden, wo die Flaschen hingestreckt schlafen, in Erwartung des adelnden Alters. Das Labyrinthvolk lebte ein für sein Empfinden höchst tätiges und schnelles Leben, das mir als Licht- und Luftmenschen sehr langsam und erloschen schien. Die Luft im Labyrinth war alt, und eine sehr sensible Hand hätte die Falten dieser greisenhaften Luft fühlen können. Die Leute waren schwarz wie Schornsteinfeger und in halber Höhe abgebrochen. Der riesige Kopf, der mit seinem abgetöteten Fleisch bis zum Nabel herabhing, und der sehr kurze Oberkörper gaben diesen Leuten das Aussehen von wandernden Köpfen, deren Füße direkt unterm Kinn angebracht waren. Die weit aufgerissenen weißen Augen glichen den Eiern, die in Öl aufbewahrt werden, und ich erinnere mich nicht mehr genau, ob es zwei waren oder eines mitten auf der Stirn. Das Gesicht erinnerte an die ausgehöhlten Kürbisse, in welche die Kinder sommers auf dem Land drei dreieckige Löcher schneiden, und ich dachte, daß man, um diesen Labyrinthmenschen wenigstens einen Funken von Leben zu verleihen, ins Innere ihres leeren Riesenschädels eine brennende Kerze stellen müßte. Ich habe nicht einmal den Versuch gemacht, mit diesen erloschenen Köpfen eine Kommunikation herzustellen, einerseits wegen meiner Schüchternheit, andererseits weil es sinnlos ist, das Wort an eine Pappschachtel, an eine Blechbüchse zu richten. Und außerdem, in welcher Sprache soll man mit diesen Aff-Menschen, diesen Schattenwesen verkehren? Untereinander tauschten sie rasche, halblaute Töne aus, und mir kam es vor, als habe sich mein Ohr durch ein außergewöhnliches Privileg plötzlich der Sprache der Käfer und Regenwürmer geöffnet; aber das Drachenblut hatte noch nicht meine Zunge verbrannt, damit ich auch die Bedeutung jener Insektensprache verstünde. Der Führer, der mich geleitete, sagte mir, jene schwarzen Zwerge hätten keine Adressen, erhielten keine Post, seien gänzlich von der Welt abgeschnitten. Er sagte mir auch, die weiteste Strecke, die diese Leute zurücklegten, sei fünfzig Meter lang; und sie liefen auch auf ihren Kinn-Füßen schwankend wie Stehaufmännchen. Sie waren nicht müßig, sondern auf ihre Art höchst aktiv – im übrigen wächst die Aktivität des Menschen im umgekehrten Verhältnis zu seiner Statur, und die Pygmäen sind unvergleichlich aktiver als die Riesen –, und mit ernster Miene waren sie damit beschäftigt, ein Hölzchen zuzuspitzen oder mit einem Messerchen einen Korken abzuschälen oder dünne Schnüre zu verflechten, mit einer eifrigen Betriebsamkeit, die für uns keinen Sinn hätte, für sie aber ein Lebensinhalt war. Und ich erfuhr, daß die Zwerge, als die sanierende Spitzhacke das Labyrinth zerschlug und der Sonne in dieser uralten Heimat des Schattens Platz machte, über ihre ovalen Augen, die sie bis dahin nie, auch im Schlaf nicht, geschlossen hatten, ein schweres und schwarzes Lid senkten; und in helle und luftige Orte verbracht, wo sie

Stadtsanierung und Aktionsdramatik

Gesundheit und Stärke finden sollten, starben sie alle, einer nach dem anderen, in kurzer Zeit. Und nun, während ich allein in meinem Arbeitszimmer am Schreibtisch sitze, erscheint mir jenes schwarze Labyrinth, in dem ich vor wenigen Jahren umherging wie ein Dante in einer friedlichen, schmerzlosen Hölle, als der letzte Wohnsitz des Dramatischen.

Ringsum höre ich Klagen, es gebe kein Theater (ich meine ein dieses Namens würdiges Theater und nicht die üblichen ›drei Akte‹ zum Verdauen); hingegen frage ich mich meinerseits, wie es ein Theater geben kann, wenn das Dramatische fehlt. Das Dramatische gedeiht nur unter besonderen Bedingungen der Fruchtbarkeit, und unsere Zeit ist für das Drama besonders unfruchtbar. Wie viele sind wir, die wissen, daß unsere Zeit eine »Renaissance« ist? Das Drama bedarf besonderer geistiger Bedingungen – geistiger Begrenzungen, geistiger Hindernisse; und unsere Zeit hat alle geistigen Begrenzungen abgeschafft, alle geistigen Barrieren niedergerissen, und es ist keine Spur mehr da von jener überirdischen Mauer, gegen die der menschliche Geist prallte – denn aus jenem Zusammenprall sprühte wie ein schwarzer Funke das Drama. Das Leben unserer Zeit ist gänzlich horizontal, und so weit das Auge reicht, ist kein Schatten mehr von den Formen ›vertikalen‹ Lebens, die die Stützpfeiler des Dramas sind. Haben Sie sich jemals gefragt, warum das Leben heute so rasch, so gleitend dahinfließt? Haben Sie sich einmal gefragt, warum die Zeit heute *schneller vergeht?* Ich habe oben schon die Antwort gegeben: weil das Leben heute *gänzlich horizontal* ist und die Zeit keine Hindernisse auf ihrem Weg findet.

Jedes Drama ist ein Abstieg in die Hölle, jedes Drama ist eine *saison en enfer,* und das letzte Drama, das ein menschlicher Geist gestaltet hat, das Drama Pirandellos, ist selbst auch eine kleine Hölle, die in ihr Dunkel eingeschlossen ist. Um das Drama Pirandellos zu ›empfinden‹, muß man sich in das notwendige Dunkel einschließen, wie der Photograph den Kopf unter ein schwarzes Tuch stecken muß, um das Bild auf der Platte zu sehen. Wir verstehen uns? Das Drama ist Trauer, und um das Drama zu ›ehren‹, muß man sich auch mit den äußeren Zeichen der Trauer bekleiden. Denken wir, um unsere Zeit besser zu verstehen, an eine der unseren sehr ähnliche Epoche, ebenso lichtreich (nie ist das Adjektiv ›solar‹ so häufig wie jetzt gebraucht worden, und es ist nicht wichtig, daß das meist auf rhetorische, dumme Weise geschieht), ebenso offen, ebenso hindernislos, ebenso ›horizontal‹: denken wir ans Cinquecento, dessen Eigenschaften von unserer Zeit perfektioniert wurden. Nach dem undramatischen Cinquecento wird das Dramatische erst als Auswirkung der Gegenreformation wiedergeboren (der Schwefel und die Wolken, das Helldunkel des 17. Jahrhunderts), und damit sich auch bei uns das Dramatische erneuert, wird es nötig sein, daß auch für uns eine Gegenreformation kommt, wofür es bis jetzt kein Anzeichen gibt.

Stadtsanierung und Aktionsdramatik

Von den Renaissance-Epochen stammt das Farblose und das Fade unserer Zeit, daher kann unsere Zeit auch, wie jede Renaissance-Epoche, aus ihrem Innersten heraus kein Drama formulieren, sondern nur eine *féerie,* ein Schauspiel im wahren und buchstäblichen Sinne des Wortes, ein Varieté-Schauspiel, besser: ein ›diffuses‹ Schauspiel; und ich halte es für überflüssig, zu beweisen, daß das Farblose und Fade unserer Zeit, wie jeder Renaissance-Epoche, von dem heute herrschenden Nebeneinander aller Farben und Geschmäcker herrührt. Was ist weniger dramatisch als die Malerei eines Signac?

Ich gewahre Erstaunen ringsumher, weil ich unsere Zeit undramatisch nenne, die doch in ihrem Ablauf so reich an Dramen ist – schon allein durch die Kriege, die schrecklichsten, die es bisher gegeben hat, und die den einen zufolge eine Heimsuchung, den anderen zufolge ein Belebungsmittel sind. Aber das Dramatische unserer Zeit ist

Stadtsanierung und Aktionsdramatik

eine Aktionsdramatik, die an der Oberfläche dahinfließt – eine alles niederreißende Katharsis – und nicht das *moralische* Hindernis aufrichtet, das allein das tief und fruchtbar Dramatische schaffen kann. Die Angst – nicht die Furcht –, die Angst als geistiger Fakt bringt das Drama hervor, und unsere Epoche kennt die Angst nicht. Nur unter einem schwarzen Himmel, dessen Sterne erloschen sind, nur unter einem ›geschlossenen‹ Himmel kann das Drama geboren werden, und nie zuvor ist der Himmel so lichtreich, so offen, so frei gewesen. Den Himmel über Dante Alighieris Haupt kann ich mir hell nicht vorstellen, sondern bleiern oder aus Gold in den Augenblicken des höchsten Glücks, einen Himmel, der den Blick hemmte, wie ein Metallgefäß die Luft einschließt. Besser gesagt, es ist der ›ptolemäische‹ Himmel, der das Drama ermöglicht, das heißt der Himmel, der wie eine Kuppel auf die Erde gesetzt ist (oder wie eine Käseglocke: jeder wähle das Bild, das ihm gefällt). Unser Himmel dagegen ist von Unendlichkeit erfüllt, von *unendlicher Freiheit.* Das Drama kann nur im Geschlossenen, im Umgrenzten, im Beschränkten geboren werden, und das Unendliche *vernichtet es.* Was die Kriege unserer Zeit betrifft, so sind sie, sei das nun ein Kalauer oder auch nicht, ›Luft‹-Kriege.

Die Aktionsdramatik, das an der Oberfläche dahinfließende Drama, kann die blutigsten Konflikte zwischen den Menschen erschaffen, aber sie erschafft kein Drama, weil beide Gegner von demselben *Fehlen eines moralischen Hindernisses,* von derselben *moralischen Freiheit* bestimmt sind. Wie soll man diese besondere Form des Dramatischen noch genauer bezeichnen? Vielleicht ›provisorische Dramatik‹. Wir sehen Werke entstehen, die von nationalen, von politischen, von sozialen Konflikten und Kontrasten der Sitten handeln, aber denen man nicht eigentlich den Namen Drama geben kann, weil ihnen der psychische Keim fehlt und die fruchtbare Angst; daher bedienen sich diese Werke einer ästhetizistischen Form, der oberflächlichsten und vergänglichsten von allen, die für die Herstellung eines literarischen Werkes benutzt werden.

Stadtsanierung und Aktionsdramatik

Zur Beseitigung des dramatischen Lebensgefühls hat viel das veränderte Erziehungssystem beigetragen, der Übergang von der ›jesuitischen‹ Erziehung – die zwischen Eltern und Kind, zwischen Erzieher und Zögling Konflikte hervorrief – zur liberalistischen Erziehung, die den Konfliktzustand abschafft und zwischen Eltern und Kindern, Erziehern und Zöglingen freie Beziehungen, Beziehungen der Gleichheit und der ›Freundschaft‹ herstellt. Kann man das Absurde einer ›Freundschaft‹ zwischen Vater und Söhnen ermessen? Auch ich bin der ›Freund‹ meiner Söhne, aber das, was ich als großzügige Haltung und Liberalität der Gefühle gelten lassen möchte, ist vielleicht nur Schwäche und Furcht, und außerdem zeigt mir das Unvermögen dieser Vater-Sohn-Freundschaft, sich zu erfüllen und Tiefe zu gewinnen, ihre ›Unnatürlichkeit‹. Diese ›unnatürliche‹ Freundschaft wirkt außerhalb der Zeit, versetzt die Beziehungen zwischen Eltern und Kindern in ein metaphysisches und nebelhaftes Klima, schafft eines der stärksten dramatischen Lebenselemente ab, den Konflikt zwischen den Generationen. Wem wird mein Sohn feind sein können, wenn er bei mir, seinem Vater, freies Gewähren findet und nie eine Antwort, die für sein Bedürfnis nach Haß nötig ist? So entsteht ein Leben ohne Haß, ein weißes, ein metaphysisches Leben, beinahe als wäre das Paradies (das schließlich nur ein ›Garten‹ ist) wieder auf die Erde zurückgekehrt.

Zur Auflösung des Dramatischen hat auch die Form der Häuser beigetragen. Im kubischen Zimmer mit ›kleinen Öffnungen‹ blieb das Dramatische eingenistet, aber auf den gebogenen Wänden und den gekurvten Decken gleitet es aus, entflieht durch die horizontalen breiten Fenster und Glastüren, die ›das Geheimnis des Zimmers entweihen‹. Die rationalistischen Architekten haben keine Ahnung, welch großen Anteil sie am Tod des Dramatischen haben.

Stadtsanierung und Aktionsdramatik

In dem Haus, wo ich die in Dunkel gehüllten Jahre der Kindheit verbrachte, in Zimmern, weiträumig wie Kirchen, in düsteren Abstellräumen, in Kellern, in die man mit der brennenden Kerze in der Hand hinabstieg und wo man mißtrauisch schaute, wohin man den Fuß setzte, auf Dachböden, wo die Spinnennetze sich an den Dachbalken blähten wie die Segel am Mast eines Schiffes, fand ich Wälder und Labyrinthe, unbekannte Städte und unerforschte Länder; und eines Tages glitt in der Vorratskammer eine Schlange hinter den Ölkrügen hervor; und eines Nachts entdeckte Nicola Valtadoro, unser Koch, im Kohlenschuppen einen maskierten Mann, der sich hinter den Kokshaufen versteckt hatte, um uns zu ermorden; und in der Nachttischschublade meines Vaters lag, Gegenstand der Faszination und des Schreckens, ein großer, nasenloser Revolver, den wir zu Hause Bulldogge nannten. Aber ich als Vater bin unbewaffnet, meine Kinder schlafen allein im Haus, hinter einem großen Glasfenster ›ohne Rolladen‹, und Angst haben die Kinder heute nicht, weil in unserer Renaissance-Epoche in den Häusern keine Schlangen sind, und im Kohlenkeller keine Mörder (ja, nicht einmal Kohlenkeller gibt es mehr in den Häusern), und der Blitz nicht mehr zum Fenster hereinkommt.

Zur Auflösung des Dramatischen hat auch die Form der Möbel beigetragen. Ich war gestern bei meinem Freund F., einem Flugingenieur, dem der Wind eines Tages den Arm aus dem Fenster seines Flugzeuges forttrug und der den Arm nun, damit er ihm nicht noch einmal entwischt, am Puls mit einem Goldkettchen festgebunden hat; und ich sah mir die Möbel in seinem Wohnzimmer an: *alle waren durchsichtig.* Früher einmal, dachte ich, konnte man sich hinter einem Möbelstück verstecken, und als Kind verschaffte ich mir hinter einer Kommode, hinter einem Sessel ›ein geheimes Leben‹.

Es bleibt offen, ob die Auflösung des Dramatischen ein Vorteil oder ein Nachteil ist, ob es besser ist, daß das Leben dramatisch ist oder undramatisch. Aber warum mit dem Dramatischen oder dem Undramatischen ein Urteil über Gut und Schlecht verknüpfen?

Es genügt, zu wissen, daß unsere Zeit undramatisch ist, diesen Gedanken als ein Faktum zu akzeptieren und, anstatt unmögliche Möglichkeiten ins Auge zu fassen, danach zu suchen, welche Formen von Theater eine ›dramatische‹ Epoche uns geben kann.

Anmerkung: Diese Betrachtungen über das Undramatische unserer Zeit habe ich vor dem Krieg (1939–1945) geschrieben. Man merkt es. Wir haben dann soviel Grausamkeit, so viele Greuel, so viele Schrecken gesehen. Aber genügen diese Elemente, um ein Drama zu erschaffen? Grausamkeit, Greueltaten, Schrecken explodierten hoch in die schreckliche Nacht von sechs Kriegsjahren wie ein riesiges Feuerwerk des Bösen, aber mit einer einzigen Stimme und ›ohne Antwort‹: ohne Drama. Die Unmöglichkeit des Dramas für uns hat eine ›kosmische‹ Ursache: das Verschwinden Gottes. Die Wurzel des Dramas war der lang andauernde Konflikt zwischen Mensch und Gott (und seinen Surrogaten). Mensch gegen Mensch ergibt kein Drama, sondern höchstens eine Schlägerei. Um den nötigen Antagonisten (Gott) zu ersetzen, haben die ›Dramatiker um jeden Preis‹ das ›innere‹ Drama kreiert (vergleiche die ›existentialistischen‹ Dramen über das Thema der Angst). Aber das sind keine Dramen, das sind törichte Monologe. Die Wahrheit ist allein dies: Es gibt kein Drama mehr, seit es Gott nicht mehr gibt. Was für uns ein Grund tiefer Genugtuung ist. (→THEATER, →TRAGÖDIE)

STATUR. Vor einigen Monaten wurde ich zur Gründung der »Freiheitsfront« eingeladen. Von Natur aus halte ich mich von Vereinigungen aller Art fern, aber ich gestehe, das Programm der »Freiheitsfront« zog mich an, besser gesagt, mich zog das in diesem Programm enthaltene Wort »Frei-

Statur heit« an. Ich betrete den Saal und finde mich als Mann von mittlerer Statur unter Riesen. Es war wie eine blitzartige Erleuchtung. Augenblicklich war mir klar, daß dieses Bündnis nicht vom Glück gesegnet sein würde. Und wirklich ... Inmitten all der heutigen Wirrnis und Barbarei ist es ein trauriger Gedanke, daß für die hohen Ziele der Kultur und mehr noch der Freiheit die Verschiedenheit der Statur von Bedeutung sein kann. Aber wie soll man ›den anderen‹ erklären, daß das, was ihnen als eine Dummheit erscheint, ernst ist, und daß das, was ihnen als ernst erscheint ...

STENDHAL. Ich habe soeben noch einmal den ersten Band der Briefe von Henri Beyle gelesen. Der gesamte Briefwechsel füllt drei großformatige Bände. Die Briefe des ersten Bandes gehen von 1800 bis 1814. Bis zum Dezember 1804 haben sie im Datum die poetischen Namen des Revolutionskalenders: Vendémaire, Brumaire, Frimaire – den wir im Italienischen eher Brinaio nennen müßten, denn *frimas* heißt auf italienisch *brina* –; aber im Nivôse des Jahres XIV entlassen sie den Revolutionskalender und kehren zum Gregorianischen Kalender zurück, ein Zeichen, daß die Republik nicht mehr existiert und das Kaiserreich begonnen hat. Und eine Sammlung unserer Briefe? Angesichts der organisierten Masse des Briefwechsels von Stendhal, und dasselbe kann man vom Briefwechsel Goethes, Leopardis, Flauberts und anderer sagen, kommt einem der Gedanke, daß gewisse Leute schon beim Schreiben ihrer Briefe sicher sind, daß sie eines Tages in einem Band vereint dem Leser vorgesetzt werden. Und die Empfänger müssen sich ihrerseits des historischen Charakters dieser Briefe, die sie erhalten, sicher sein, weil sie darauf achten, sie nicht zu zerstören, und sie sorgfältig aufbewahren. Eine eigenartige Form von Briefkapitalismus. Ein Briefwechsel von mir, dessen bin ich gewiß, wird nie das Licht der Sonne erblicken. Wem schreibe ich? Wann

habe ich schon Lust und Geduld, so lange und gewichtige Briefe zu schreiben? Wann habe ich schon unseren Briefen so eifersüchtige Gefühle, so intime Geständnisse, so wesentliche Tatsachen anvertraut? Viele der in diesem Band enthaltenen Briefe könnten Romankapitel sein. Das heißt, daß zur Zeit Stendhals der Mechanismus der Verleger und der Mitarbeit an Zeitungen, Wochenschriften und Zeitschriften anders war als heute und den Autoren mehr Großzügigkeit beim Schreiben gestattet wurde als uns heute. Wie auch immer, eine Bedingung scheint nötig für die Entstehung eines Briefwechsels, und das ist entweder eine große Liebe oder eine große Freundschaft. Wenn man aus dem Briefwechsel Stendhals die Briefe an seine Schwester Pauline herausnimmt, was bleibt dann? Ja, auch Stendhal hatte eine Schwester namens Pauline, und das ist der einzige Punkt, in dem er und Leopardi sich ähneln. Diese seltsame, wiederholt auftretende intellektuelle Intimität zwischen einigen großen Männern (Stendhal, Leopardi, Nietzsche) und ihren Schwestern müßte man genauer untersuchen. Die vertraulichen Beziehungen zwischen großen Männern und Mitgliedern ihrer Familie scheinen mir interessant, weil auf tiefere Art aufrichtiger, reicher an Geständnissen, zärtlich-liebevoller. Naiver die zwischen Sohn und Mutter (siehe Ugo Foscolo). Derber die zwischen Sohn und Vater (siehe Mozarts Briefe an seinen Vater, in denen die Vertraulichkeit nur zum Austausch trivialer Worte zu dienen scheint). In den Briefen ›an die Schwester‹ ist die ganze Zärtlichkeit der Liebe enthalten, nicht aber das Böse, das Sterbliche der Liebe. Die Schwester ist eine unvollkommene Geliebte, aber sie ist sicherer, mit ihr ›bricht‹ man nicht. »Bedenke«, schreibt Henri an Pauline am 23. Juni 1808 aus Berlin, »bedenke, daß du vielleicht der Mensch bist, den ich am meisten auf der Welt liebe. Nur dir kann ich all das sagen, was mir durch den Kopf geht.« Stendhal wußte sehr gut, welche Wirkung auf Frauen – jene, die unsere Krankenschwestern sein wollen und uns in ihrer Gewalt haben möchten ›ohne Muskelkontraktionen‹ – diese Hingabe und diese Haltung des totalen Vertrauens hat. Stendhal weiß auch, daß den Frauen – bestimmten Frauen – Liebeserklärungen nicht genügen, sondern daß auch Achtungserklärungen nötig sind; und ein Brief vom Dezember 1806 aus Niedersachsen beginnt so: »Die Glückseligkeit, an dich zu denken, ist eine der größten, die mir bleiben. *Du bist die einzige Frau, die ich achte* und für die ich mir heute zu empfinden erlaube, was ich vor wenigen Jahren für alle schönen Frauen empfand. Du bist eine Porzia für mich, die anderen sind Marquisen du Châtelet.« In einem anderen Brief (aus Braunschweig, vom 16. März 1807) sagt Henri, daß seine Liebe »immerfort wächst«, was normalerweise in der Liebe zwischen Bruder und Schwester eine ziemlich seltene Erscheinung ist. In einem anderen Brief (aus Berlin, vom 12. Mai 1807) bittet er die Schwester, ihm zu sagen, daß sie ihn liebe.

Ein Brief aus Marseille (vom 4. Brumaire des Jahres XIV) endet mit folgenden Worten: »Ich liebe dich, wie man eine Geliebte liebt, und du verläßt mich!« Am 17. Vendémaire des Jahres XIV (Marseille) bittet Henri die Schwester um eine »große Haarlocke«. Ein Brief vom 25. Dezember 1810 schließt so: »Ich verhehle dir nicht, daß ich bestimmt kommen werde, um dich zu umarmen, auch wenn ich desertieren muß. Ich sehne mich zu sehr danach, dich wiederzusehen! Leb wohl, du, die ich am meisten auf der Welt liebe! Die Tränen hindern mich fortzufahren ... Verbrenn diesen Brief.« Dies scheint weniger der Brief eines Bruders an seine Schwester zu sein als ein Kärtchen Don Josés an Carmen. Als Intellektueller will Stendhal Paulines Geist nach dem Bilde seines eigenen Geistes formen, und die Briefe an die Schwester sind angefüllt mit literarischen Ratschlägen und mit seinen Vorlieben: Jean-Jacques Rousseau, La Fontaine, Racine, und mit seiner Liebe zu unserer Sprache und unseren Dichtern: Tasso, Alfieri. Aber Pauline hat vor, sich zu verheiraten. Henri widersetzt sich nicht, aber gibt zur Wahl des Ehemannes einige Ratschläge, die gewiß nicht leidenschaftslos sind. Aus Braunschweig, am 24. März 1807: »Ich glaube, man muß das Glück in einem gutmütigen Ehemann suchen, der sich an der Nase herumführen läßt. Ist er ein Mann mit Herz, so wird man für ihn schließlich jenes Wohlwollen empfinden, das man fühlt für jemanden, der einem Gutes erwiesen hat. Ein Ehemann dieser Sorte wird dir Kinder schenken, die du anbetest (ich übersetze wörtlich aus dem Französischen), was das Leben nicht mit romanhaften Leidenschaften füllt, die physisch unmöglich sind (wegen der Natur unserer Nerven, die nicht auf lange Zeit in demselben Spannungszustand bleiben können, weswegen jeder wiederholte Eindruck einfacher und *weniger* empfunden wird), sondern mit einer vernünftigen Genugtuung.« Kann man es noch deutlicher sagen, daß für die erleseneren Genüsse er, Henri, da ist? Nach Paulines Heirat wird die Korrespondenz mit dem

Bruder noch geheimer. Bis dahin mußten Henris Briefe nur vor dem Vater verborgen werden, den Henri in seiner verschlüsselten Sprache *le Bâtard* nannte, nun müssen sie auch vor dem Schwager versteckt werden. »Achte darauf, daß niemand anders dies liest ...«, »Verbrenne diesen Brief sofort, nachdem du ihn gelesen hast ...« Die Briefe von Henri Beyle an seine Schwester Pauline beleuchten die sogenannte ›stendhalsche‹ Liebe: diese diffuse Liebe jenseits des harten Kampfes der Geschlechter, in die das Weibliche weniger von den Frauen als von Stendhal selbst eingebracht wird.

STENDHALISMUS. In den *Mémoires d'un touriste*, Band I, S. 164, schreibt Stendhal über die Häufigkeit der Eheschließungen in der Stadt Lyon um das Jahr 1839: »Wenn man beginnen wird, ungefähr im Jahre 1870, die Unmoral einer Handlung nach der Stärke des Unglücks zu beurteilen, das sie verursacht, wird das Ansehen, das diese Theorie beim Volk genießt, Schauder erregen.« In *Vie de Henri Brulard* sagt er wiederum auf Seite 7: »Wenn niemand von dem Herrn von S...al mehr sprechen wird, dann wird er diese Kladden verlassen, die vielleicht in zweihundert Jahren gefunden werden wie die Memoiren von Benvenuto Cellini.« Stendhal liebte es, vorauszusehen, was in der Zukunft geschehen würde, was das deutlichste Zeichen für seine ›Fortschrittlichkeit‹ ist; und die Dinge, die in der Gegenwart keinen Platz finden konnten, brachte er in der Zukunft unter. Er brachte sich selbst in der Zukunft unter und sah den Erfolg seiner Bücher achtzig Jahre nach seinem Tod voraus. Eine Form von ›vorsichtigem‹ Glück, höchst stendhalisch, aber in einem anderen Sinne gefährlich. Die Gefahr tritt ein, wenn die Geschichte, diese mitleidlose, fühllose, vernunftlose Verwirrerin der menschlichen Geschäfte, die von dem Vorläufer angekündigten Daten ›berührt‹. So ist das Jahr 1870 ein Datum, dem die Geschichte (französisch-preußischer Krieg) einen Charakter verleiht, der nichts mit den Voraussagen Stendhals zu tun hat. Dasselbe ist Jack London mit der *Eisernen Ferse* geschehen. Die Jahre 1914 und 1918, die der Autor als Daten der Weltrevolution vorausgesehen hatte, haben nichts mit den ›historisch‹ in denselben Jahren eingetretenen Ereignissen zu tun: 1914 bricht der Erste Weltkrieg aus, 1918 ist er zu Ende. Was eine latente Unvereinbarkeit zwischen Geschichte und Dichterphantasie beweist, auch wenn der Dichter so wenig Dichter ist, daß er ›Geschichte machen‹ will. Im Grunde sah Stendhal diese zukünftigen Ereignisse voraus, weil er sich selbst gern in der Zukunft unterbrachte. Aus Vorsicht. Um Schutz zu suchen. Aus seinem Glückssystem heraus. Um der Gegenwart zu entfliehen. Als eine Art Ausflucht. Übrigens sehr stendhalisch. Ein System, das er auch in seinen Beziehungen zu Frauen benutzte: die materiellen Möglichkeiten des Glücks fliehen und sich ein geistiges Glück schaffen, das sicherer und weniger dem Willen anderer sowie den blinden Schlägen des Zufalls ausgesetzt ist. Fügen wir zu den übrigen ›sexuellen Systemen‹ auch das von Stendhal erfundene hinzu, das wir teilweise zu dem unseren gemacht haben. Sadismus: Genuß des Leidens anderer. Masochismus: Genuß des eigenen Leidens. Stendhalismus: Genuß der Betrachtung des genußspendenden Objekts ohne Kontakt mit dem Objekt selbst.

STIL. Swedenborg sagt im *Regnum animale:* »Die Seelen erfahren durch das stete Ahnen von Gegenwärtigem und Vergangenem und ohne das Hilfsmittel der Sinne all das, was auf der Erde und im Himmel geschieht, und sie können vermittels der Sprache der Engel miteinander in Verbindung treten, die in einer einzigen Idee ausdrückt, was in der irdischen Redeweise Tausender materieller Worte und Gedanken bedürfte.« Mit anderen Worten, die Sprache der Engel – und der Seelen – ist die Lösung des Stilproblems. Und da jede Form von geistigem Leben nichts anderes als das gedachte Bild jenes vollkommenen Zustands ist, den wir hienieden ersehnen, aber nicht verwirklichen können, meinen wir, daß sich unter den Schriftstellern am meisten Tacitus der Sprache der Engel, das heißt dem Stil, nähert; noch mehr nähert sich ihm Bernardo Davanzati, der dasselbe mit weniger Worten gesagt hat; und noch viel näher kommen wir selbst ihm, denn wir haben so viel mehr und noch Unsagbareres und Vieldeutigeres zu sagen, und wir versuchen es beinahe ohne Worte.

SÜNDENBOCK. Die Juden nahmen einen Bock, beluden ihn mit ihren Sünden und schickten ihn in die Wüste, in der Überzeugung, daß sie dadurch ihre Seelen läuterten und rein würden. Jenen Bock, den wir Sündenbock nennen, nannten die Juden Azazel. Der Brauch scheint nicht rein jüdischen Ursprungs zu sein, sondern von den Ägyptern übernommen, weil ein kleineres und kulturell weniger entwickeltes Volk die Bräuche eines großen, kulturell höher organisierten Volkes, bei dem es lebt, übernimmt; das würde auch der Name Azazel bestätigen, der nach Aussage der Rabbiner kein hebräischer Name ist. Wie auch immer, der Ziegenbock Azazel bleibt das Modell für die Lösung eines moralischen Problems (der Gedanke der Sünde) vermittels einer praktischen Handlung (die Beladung des Bockes Azazel mit den eigenen Sünden und damit Befreiung von ihnen). Gewöhnlich ist der Mensch nicht fähig, die Ideen in ihrem reinen Zustand zu gebrauchen, und darum muß er ihnen eine sichtbare und offenkundige Form geben. Wenige haben das Recht, sich über den Sündenbock zu wundern oder gar über ihn zu lachen, weil das Leben der meisten Menschen auch heute noch voll von Sündenböcken ist. Auch die Kunst wird eigentlich zu einem großen Teil vermittels der Sündenböcke bewältigt, und eine völlig abstrakte Kunst, in der man ›den Bock nicht sieht‹, wird besonders in den lateinischen Ländern nicht

Sündenbock

als Kunst angesehen. Als Grund wird angegeben, *Kunst sei nicht Philosophie,* aber das ist ein unsinniger Grund, weil die Philosophie selbst sich der Böcke bedient, um sich begreiflich zu machen, wie die Philosophie Platons zeigt (im *Theaitetos* selbst) und vor allem die Philosophie Schopenhauers, die ihren großen Überredungserfolg den vielen Böcken verdankt, die sie benutzt. Weiter? Die reine Idee ist verdächtig, und deswegen sind der Pythagoreismus, der Spiritualismus, sogar der Idealismus, mit einem gewissen Mißtrauen angesehen worden. Das höchste Stadium der Kultur müßte das sein, in dem alle Lebensprobleme gelöst werden durch ein leichtes Spiel der reinen Ideen und ohne daß Böcke nötig sind, die den Ideen die Stofflichkeit und Körperlichkeit von Personen geben; überflüssig, zu sagen, wie vorteilhaft dieser Zustand für unsere Gesundheit wäre, der nicht verlangte zu *berühren, um zu glauben;* aber werden wir je einen solchen Zustand erleben? – ich will sagen: ist er *menschlich möglich?* Denn das ist der Kern. Das Hauptargument der Antispiritualisten ist ja, der Mensch habe durch seine Natur weder die Möglichkeit *noch das Recht* dazu, in der Welt des reinen Geistes zu leben und dorthin zu streben; und in dieses Streben legt der Katholik auch die Bitternis der Sünde, denn in dem Drang nach einem rein geistigen Leben strebt der Mensch gewissermaßen danach, sich zu vergöttlichen, weshalb die Beibehaltung der Böcke im Grunde die notwendige Voraussetzung für die Beibehaltung der Ordnung und für den Respekt vor den Hierarchien ist. Sollte übrigens das Verdienst, den Sündenbock erfunden zu haben, nicht den Juden zuzuschreiben sein, so kann man es ebensowenig den Ägyptern zugestehen, ja überhaupt keinem Menschen, sondern dem Fuchs. Der Fuchs hat keine Sünden, aber oft Flöhe, und um sich von ihnen zu befreien, tut er folgendes: Er reißt Gras aus und formt daraus einen Ball, nimmt diesen Ball vorsichtig zwischen die Lippen und geht an einen Fluß; je tiefer der Fuchs in den Fluß hineintaucht, um so dichter sammeln sich die Flöhe auf den noch trockenen Körperteilen des Fuchses, dann taucht der Fuchs auch den Kopf unter und läßt nur die Schnauze in der Luft, und die Flöhe suchen auf dem Grasball Zuflucht. Schließlich taucht der Fuchs den Kopf unter und stößt im selben Augenblick den Ball weg, der mit Flöhen beladen davontreibt. Wir wissen nicht, ob der Fuchs diesen mit Flöhen beladenen Ball Azazel nennt.

SURREALISMUS. Der Surrealismus ist ein mutiger Versuch, die Poesie auf die Spitze zu treiben. Das System des Surrealismus besteht darin, die konventionelle, undeutliche, verzerrte und oft auch fiktive Realität, die die meisten für die einzige Realität halten, zu überwinden und jene »andere« Realität in den Vordergrund zu rücken, die vom allgemeinen Gebrauch noch nicht getrübt und verunreinigt worden ist und die nur ein sehr geübtes und genaues und hell sehendes Auge – das Auge eines Dichters – zu durchdringen vermag.

Mag sein, daß der Surrealismus »als Schule« gescheitert ist: er hatte auf keinen Fall den Erfolg, den seine Propheten sich erhofft hatten, und schon gar nicht wurde er populär. Einmal abgesehen davon, daß das Mißverständnis bezüglich der »wahren Wirklichkeit« ein tief verwurzeltes Mißverständnis und kaum auszurotten ist, ist die Ökonomie des menschlichen Geistes so beschaffen, daß er den Surrealismus nur in winzigen, klug verabreichten Dosen aushält. Und genauso wie unser Magen eine Mahlzeit, die nur aus Süßigkeiten und Likören besteht, als widerwärtig empfindet, ekelt es den Magen der Wahrnehmung vor dem intensiven, hundertprozentigen Surrealismus.

Ein Kunstwerk beziehungsweise ein poetisches Werk weist, sofern es klug gebaut ist, Leerstellen und Totgänge auf, die das notwendige Gegengewicht zu lyrischen Höhenflügen bilden. Genauso wie der Dichter, sofern er kein

»reiner Tor«, sondern ein konstruktiver Dichter ist, eine kräftige Dosis Dummheit braucht.

Bei der Musik, die von allen Künsten die auf natürlichste Weise surrealistische ist, wird diese Dosierung streng eingehalten. Und das Wagnersche Melodram und vor allem das italienische Melodram bis hin zu Verdi sind nur deshalb nicht unverdaulich für unseren »musikalischen« Magen, weil bei ihnen die Leerstellen (Rezitative) und die lyrischen Oasen (Arien, Melodien, Leitmotive) sehr ausgewogen und überlegt angeordnet sind; während man der Musik Debussys, der sich der Illusion hingegeben hat, er könne seine Partituren von oben bis unten mit einer diffusen exaltierten Poesie zuschmieren, sehr bald überdrüssig wird. Mich zumindest ekelt vor ihr wie vor einer Mahlzeit, die nur aus Süßspeisen und Likör besteht.

Wenn ich mich also nicht scheue, den Surrealismus zu verteidigen, und gleichzeitig nicht minder gerechtfertigte Kritik an ihm übe, will ich damit gerade den Propheten des Surrealismus Anerkennung zollen, denn ich war einer der ersten, der versucht hat, höchste Poesie ohne einen Rest von Bürgerlichkeit, Konvention, banalem Realismus zu schaffen. Die Verängstigten, die geistig Rückständigen, die mit Watte ausgestopften Köpfe attackieren den Surrealismus noch immer auf wütende Weise und versuchen ihn hinterrücks als eine inhumane, absurde, schädliche Kunst zu denunzieren. Aber der Surrealismus ist alles andere als inhuman, und das überzeugendste Beispiel dafür, daß sogar der unpoetischste Mensch zu einer surrealistischen Phantasie tendiert, ist das große Interesse, auf das im Kino die kurzen Trickfilme stoßen, die im Volksmund einfach *Mickey Mouse* heißen. (→MICKEY MOUSE, →TRÄUME)

SÜSSE SPEISEN. Ich begegnete einer Dame, einer Freundin von mir, nach dem Abendessen, zu einer Stunde, da ausgemergelte Hunde mit fächergleich herausstehenden Rippen durch die Stadt streifen und an den Schuhen der Passanten schnuppern; und auf meine Aufforderung, mit in eine Konditorei zu kommen, wozu die Jahreszeit selbst einlud mit dem Bedürfnis nach einem geschlossenen, angenehmen, *gemütlichen* Raum, antwortete sie mir: »Ich habe keinen Hunger.« Eine unerwartete Antwort. Die Nacht war in ihrem Eis erstarrt, der Himmel gepunktet von Sternen wie eine Schreibtafel mit algebraischen Zeichen. Das, was an Brutalem in dem Wort ›Hunger‹ enthalten ist, und dazu verstärkend die Tatsache, daß es aus einem Munde gekommen war, der eher dazu geschaffen schien, Honigstrahlen zu kosten, als bluttriefende Bisonviertel zu zerfleischen, blies mir einen tödlichen Hauch in die Seele. Wie schmerzlich ist es, uns selbst in den zartesten Augenblicken des Lebens daran zu erinnern, daß wir schließlich und endlich Tiere und den unedelsten Notwendigkeiten unterworfen sind! Jenes Wort, von Finsternis und Gestank aufgeblasen wie das Innere eines Bauches, diese Vokabel, in unser Idyll eingebrochen wie ein Stein in einen Hühnerstall und so ohne Zusammenhang, so konträr zu der von mir gestellten Frage, brachte mir eine plötzliche Erleuchtung über die finstere Natur, über das Geheimnis, sozusagen über die Psychologie der Nahrungsmittel. Ist wirklich die Mitwirkung der traurigen Dea Fames vonnöten, um ein Törtchen zu essen? *Quod meditandum est.*

Sage mir, wie du ißt, und ich werde dir sagen, wer du bist. Die besonderen Vorlieben, die jeder von uns beim Vorgang des Sich-Ernährens an den Tag legt, müssen studiert werden, wie man die Gefühle und die Leidenschaften studiert, und sie erleuchten den Charakter eines Individuums bis in seine Tiefen. Die Ernährung befriedigt vor allem ein materielles Bedürfnis, aber auf dieser ununterdrückbaren Grundlage schichten sich und gedeihen andere Gründe, die nicht alle physischer Natur sind und der Lebenserhaltung dienen. An der Abwechslung, die die

Zusammenstellung einer Mahlzeit belebt, haben der Geschmack, die Phantasie und ein mehr poetisches denn tierisches und dringendes Bedürfnis ihren Teil. Sich immer mit denselben Speisen zu ernähren ist tierisch und unter Menschen nur bei einigen unglückseligen Fanatikern, wie den Hygienikern und den Vegetariern, üblich. Müller, der unvergeßliche Autor des Traktätchens mit dem Titel *Mein System*, das auf dem Umschlag das Bild des Apoxinòmenos zeigte, hat geschrieben, daß wir, um gesund zu bleiben, alle Tage dasselbe essen müssen (und wenn es nach ihm geht, dann ist Gerstensuppe das beste), weil »der Mensch in seinem Wesen konservativ ist«; abgesehen von dieser Betrachtung über den wesenhaften Konservatismus des Menschen, die ich für zutiefst richtig halte, gibt es keine anderen Beweise für Müllers psychologischen Scharfsinn. Nietzsche drückt seinerseits in *Ecce Homo,* jenseits aller Polemik über den *Parsifal,* Richard Wagner seine Dankbarkeit aus, der ihn zur Zeit ihrer Freundschaft vom melancholischen Wiedergekäue der Rohkost befreit hatte. Für die Wahl der Nahrungsmittel und die beste Art, sich zu ernähren, ist die Erfahrung eines Künstlers zuverlässiger, *ça va sans dire*, als die Vorschriften eines Spezialisten für Magenkrankheiten. Der Reichtum und die Abwechslung in den Mahlzeiten wachsen zusammen mit der Entwicklung und dem Fortschritt der Kultur. Die zu einer hohen Kulturstufe gelangten Völker haben die Gewohnheit, zwischen die ›resistenten‹ Gerichte weniger gehaltvolle Gänge als leichte Pausen, gastronomische Unterbrechungen oder Zerstreuungen einzuschieben; die Franzosen nennen sie *entremets,* Redi nennt sie *tramesse,* Artusi *tramessi,* und andere nennen sie weniger glücklich *intermezzi,* und einst wurden auch die Sorbets in der Mitte des Mahles serviert. Hüten wir uns jedoch davor, in einen »kulinarischen Ästhetizismus« zu verfallen, der nicht weniger bedauerlich und gefährlich als jener andere Ästhetizismus ist, der fortdauernd den Künsten und dem Leben nachstellt und sie so oft verdirbt und entstellt. Aber gegen die Drohung des kulinarischen Ästhetizismus haben wir zum Glück eine unbesiegbare Waffe: das treue Brot, die ererbte Speise, die ernste und zugleich ironische Nahrung, der Sperling der Nahrungsmittel, das Schutzgeistlein der Tafel. Das Brot hat in der Ernährung eine besondere und unersetzliche Aufgabe. Am Tisch des Armen ist das Brot die Grundlage der Mahlzeit (*pane* und *companatico,* Brot und Zubrot, die Wurzel ist »Brot«), sonst ist es der notwendige Begleiter der Mahlzeiten, der Baß, über dem sich die Melodie ausbreitet, der sichere und tüchtige Führer, der verbessernde Zusatz; es mildert den zu lebhaften Geschmack, belebt den zu schwachen, vereint die verschiedenen, schafft zwischen den ähnlichen eine angebrachte Trennung. Ein bedauerlicher Brauch, weil Zeichen von schlechtestem Geschmack und vulgärstem Wesen, ist die Abschaffung des Brotes bei Tisch oder seine Reduzierung auf einen winzigen ›Akt der Anwesenheit‹, weil das Brot die *Nahrung der Armen* und also *unelegant* ist. Das Brot mildert die kulinarischen Künstlichkeiten, und zwischen der Chemie der *pièces montées* ruft es zurück zum Anständigen, Einfachen, Natürlichen. Daß die Engländer geräucherte Sardinen, Speckstücke und rohes Fleisch verschlingen, ohne zwischen diese troglodytischen Speisen das zivilisatorische Korrektiv Brot zu schieben, enthüllt eine fortdauernde Barbarei hinter jener scheinbaren Kultur. Eine Mahlzeit ohne Brot ist wie die impressionistische Malerei, leer und ekelerregend. Hier wird nicht auf das ›Heilige‹ des Brotes angespielt. Ein Mensch von anständigem Charakter kann bei Tisch kein Brötchen auf dem Rücken liegen sehen und beeilt sich, es umzudrehen. Den schlimmsten Eindruck, den mein Bruder aus den Vereinigten Staaten mitgebracht hat, war der einer Frau, die in einem der teuersten Restaurants von New York während des Essens rauchte und ihre Kippen auf einem Brötchen ausdrückte, *das sie als Aschenbecher benutzte.* Für diese Verächterin des Brots gibt es die passende Strafe. Zu der Zeit, als Nostradamus in Avignon Medizin studierte, hörte man noch aus einem Jaucheloch in der Straße der Mützenmacher das Heulen einer Magd, die in eine Hündin verwandelt worden war, weil sie eines Tages in diese Jauchegrube das Brot der Armen geworfen hatte.

Süße Speisen

Bis jetzt habe ich nur von den Nahrungsmitteln gesprochen, die mehr oder weniger, auch die künstlichsten und nutzlosesten, irgendeine erhaltende Eigenschaft besitzen. Und die Süßspeisen? Sie sind eigentlich keine Nahrung. Das Süße stimuliert weniger den Magen als die Phantasie, jenen verborgenen Winkel unserer Phantasie, der durch den Genuß der Aromen inspiriert wird. Menschen, denen diese Phantasie abgeht, halten die Süßspeise für eine unnütze Hinzufügung, etwas Überflüssiges, einen Luxus. In der Rangordnung der Speisen nimmt die Süßspeise den Platz des Lasters ein – der Sünde, sollte man besser in aller Süße sagen. Es hat einen bestimmten Grund, daß die Süßspeise am Ende der Mahlzeit kommt. Die Süßigkeiten nehmen wir erst an, wenn der Hunger gestillt ist, das elementare Bedürfnis, zu essen, befriedigt ist. Solange wir noch hungrig sind, ist uns der bloße Anblick von Süßigkeiten oder überhaupt von Gezuckertem zuwider. Die Tiere, die nur fressen, um sich zu ernähren, lehnen Süßigkeiten ab. Ebenso die tierischen Menschen, die ihre Mahlzeit *mit Käse* beschließen. Der Genuß von Süßspeisen verlangt von uns eine natürliche Neigung zu Phantasie und zu poetischer Verzückung. Das Süße kommt am Ende der Mahlzeit, so wie die Poesie wieder erwacht, wenn das Drama und die Notwendigkeit erloschen sind. *Dann traten wir hinaus und sahn die Sterne.* Das Süße läßt uns vergessen, was nötig, was also düster und sterblich im Akt des Sich-Ernährens ist, es versöhnt uns mit dem göttlichen Teil des Lebens und läßt in uns das Lachen wieder aufblühen. Die allerschlimmste Strafe ist für ein Kind, *keine Nachspeise* zu bekommen: die Freude und den Trost, um das kleine

Tier in sich zu vergessen. Und nach der Süßspeise folgt das Obst: eine Reihenfolge, die einen tiefen Sinn hat. Die Poesie der Süßspeise ist zu intellektuell, zu verstandesmäßig; nun aber, gelöst von jenem göttlichen Wahn, kehren wir dank der gütigen Pomona zur sanfteren und ruhigeren Poesie der Erde zurück. Eine Mahnung an alle Damen, die abends nach dem Essen in eine Konditorei eingeladen werden und die vielleicht im Sinn haben zu antworten: »Ich habe keinen Hunger«: *Einem Freund, der dich geladen, / hüte dich, dies Wort zu sagen.* (→Café d'Italia, →Esskultur)

Tag. Sappho sagt: *Abend, alles bringst du zurück, / was der leuchtende Morgen verstreute.* Die Nacht ist menschlicher als der Tag. Der Grad von Menschlichkeit eines Unternehmens, einer Tat, einer Lage ist meßbar an dem Mehr oder Weniger an Freiheit, die sie uns gewähren, über uns selbst zu verfügen. Diese Freiheit nimmt uns der Tag (»was der leuchtende Morgen verstreute«), aber der Abend bringt sie uns zurück:

Bringst das Schaf zurück
bringst die Ziege zurück
bringst den Sohn der Mutter zurück.

Ob Michelangelo dieses Gedicht von Sappho kannte? Wenn nicht, ist das Verdienst seines athletisch strengen, aber *väterlichen Dämmerlichts* und seiner *Aurora,* die so traurig einen neuen Tag beginnt, noch einzigartiger. Die Menschlichkeit des Menschen beginnt nach der Vertreibung aus dem Paradies, und zu ihr gehört die Last der Sünde und die Kenntnis des Bösen. Vor dem Sündenfall waren Adam und Eva *nicht menschlich.* Tagsüber leben wir unter dem Auge Gottes. In Indien ist Suria (die Sonne) das Auge von Mitra und Varuna. In Persien ist die Sonne das Auge von Aura Mazda. In Griechenland ist Helios das Auge von Zeus. Für die alten Germanen war die Sonne

Odins Auge. In Ägypten war sie das Auge Ras. Ovid nennt die Sonne *oculus mundi.* Als Auswirkung dieses starren Blickes über uns ist unser Tagespessimismus wachsam und kämpferisch. Die Nacht dagegen erlaubt uns, die Süße des Pessimismus zu schmecken und den Honig der Sünde. Und wenn wir uns nachts der Ruhe und dem Schlaf hingeben, so darum, weil das Auge uns nicht beobachtet. (Wenn es einmal vorkommt, daß ich tags schlafe, dann wird mein Schlummer von dem Gedanken gestört, daß ich etwas Böses tue, und die Angst reißt mich hoch.) Vor dieser Kontrolle durch die Sonne (in der ein ethischer Gedanke enthalten ist) hatte der Mond die Funktion des Kontrolleurs. Daher stammt wahrscheinlich der Glaube der Bauern, daß man vom Schlafen unterm Mondlicht blind werde. Nietzsche hat den »Mittagsdämon« entdeckt, besser gesagt, er hat ihn wieder modern gemacht. Der Heilige Basilius sagt (im Kommentar zum 91. Psalm, *Patrologia Greca,* XXIX): »Zur Mittagsstunde richte der Mensch ein Gebet zu Gott, gegen den Mittagsdämon.« Es ist ebenfalls Mittag, als Empedotima in der Erzählung von Herakleides Pontikos Pluto und Proserpina, strahlend vor Licht, begegnet. Und in einem alten Bericht von einer Orientreise heißt es: »Gib acht, o Mensch, daß du nicht in der Mittagsstunde wandelst. Leg dich lieber nieder zum Schlafen, denn in dieser Stunde wachen die Dämonen.« Bei Theokrit (*Idyllen,* I, 15) sagt der Ziegenhirt ernst zum Schäfer: »Es ist nicht erlaubt, mittags die Flöte zu blasen. Zu dieser Stunde kehrt Pan von der Jagd zurück, und ein dunkler Zorn kraust ihm die Nase.« Ebenfalls mittags hört Jeanne d'Arc zum erstenmal die Stimmen und erstarrt vor Angst zu Eis. Und Porphyrios sagt, daß in der Mittagsstunde die Vorhänge vor die Tempel gezogen werden und es verboten ist, diese zu betreten, *um die Unsterblichen nicht zu stören.* Eines Tages fragte meine Tochter meinen Sohn: »Warum bist du nachts zufriedener als am Tag?« Und mein Sohn antwortete: »Weil ich am Tag ins Haus schaue und in der

Tag Nacht aus dem Haus. Weil ich mir am Tag überwacht vorkomme und in der Nacht nicht.« (Am Tag ist die Erde dem Zentrum unseres Sonnensystems zugewandt, in der Nacht ist sie dem Weltall, dem Unendlichen zugewandt.)

TANZ. Eine der charakteristischsten Erscheinungen der Nachkriegszeit (nach dem Ersten Weltkrieg) war die Liebe zum Tanz. Nie ist soviel getanzt worden, wie zwischen 1918 und ungefähr 1924, auch in Ländern, die, wie Italien, von Natur aus wenig tanzfreudig sind. Die Liebe degenerierte zur Manie und schließlich zur Tanzwut, und bei Wettkämpfen, die mehrere Tage dauerten, verwandelten sich die Champions in verzerrte Larven, bis mitleidlose Schiedsrichter in die Arena sprangen und diese seltsamen Wettkämpfer hinauswarfen wie schmutzige Lumpen. Ich denke aber nicht, daß diese Tanzmanie für eine lächerliche Äußerung von Frivolität gehalten werden sollte, wie es geschehen ist. Ich nenne sie eher eine physiologische Notwendigkeit, besser noch: eine Äußerung des kosmogonischen Instinkts des Menschen. Die zuvor festgestellte geringe Tanzfreude Italiens macht den Italienern Ehre als einem Volk, das das instinktive Leben überwunden hat; und der Tanz ist eine rein physische Teilnahme an der Bewegung und also am Leben des Universums. (Eines Tages muß man mit gewissen Legenden aufräumen, die über den Charakter der Italiener die Unwahrheit sagen, wie zum Beispiel unsere stets herbeizitierte und nicht existierende ›Fröhlichkeit‹.) Es tanzen die Völker, die stärker auf physische Art denn auf andere Art leben, wie die Amerikaner und vor allem die Neger. Für sie ist der Tanz Religion, das heißt, Gemeinschaft des Menschen mit der Gottheit. Aber nach vier Jahren Krieg (der Krieg ist für den, der ihn führt, eine viel intensivere Bewegung als die normale Bewegung des Lebens und für den, der zusieht, wie er geführt wird, eine erzwungene Trägheit) ist es verständlich, daß der

Mensch der Anziehungskraft des universellen ›Bahnenrennens‹ erlag und zu tanzen anfing, wie man blinzelt, wenn man aus der Dunkelheit ins Licht kommt; und wer weiß, ob wir nicht eine neue Zeit der Tanzfreude erleben werden.* Tanzen, *ballare,* kommt aus der Sanskrit-Wurzel *balati, balayati,* und diese Ableitung ist überzeugender als die Ableitung aus dem griechischen *ballein,* weil der tanzende Mensch sich nicht ›schleudert‹, sondern sich ›im Kreis bewegt‹, und somit die Bewegung des Universums nachahmt, das heißt, auf instinktive Weise lebt. Hier zeigt sich der Unterschied zwischen Tanz und Bühnentanz. Das erste ist eine gedankenlose Bewegung, das Sichhingeben an ein von außen Wirkendes, und der Rausch des Tanzenden ist der Rausch des Besessenen, der am Ende zum Delirium des tanzenden Derwischs wird (man denke an die berauschende Drehung des Walzers und an die Wirkungen, die der Walzer auf die jungen Mädchen ausübte), während der Bühnentanz, die edle Form des Tanzes, aus dem Gedanken und dem Willen des Tänzers geboren wird und die Regungen seiner Seele ausdrückt. Das ist es: Der Bühnentänzer hat eine eigene Seele, und diese Seele, ausgedrückt in den Tanzbewegungen, macht er der Gottheit, den Zuschauern, der Welt zum Geschenk; der Tanzende dagegen hat keine Seele (oder er bringt sie in diesem Moment zum Schweigen) und überläßt sich passiv der Seele des Universums, die bekanntlich eine ›kreisende‹ ist. Vielleicht weil sie sie als seelenlose Körper betrachteten, behandelten die Schiedsrichter der ›unmittelbaren Nachkriegszeit‹ die Tanzenden in den Wettkämpfen wie menschliche Stoffetzen. In diesem Falle wären alle diejenigen mit ebensowenig Achtung zu behandeln, die ihre Seele zeitweilig oder für immer verabschieden und sich der Seele eines anderen überlassen, mit anderen Worten, alle Fälle von Mystizismus. Gewiß wären die Walzerliebhaber erstaunt, wenn jemand ihnen sagte, daß zwischen ihren

* Wir erleben sie gerade (Anmerkung aus dem Jahr 1946).

Ansichten und denen des Parmenides eine Identität bestehe, Parmenides, der als einer der ersten die Erde in Kugelgestalt dachte, der die verschiedenen Himmelsregionen »Kronen« nannte und sie sich als konzentrische Ringe vorstellte; zwischen ihnen und Anaxagoras, der das Leben der Welt als eine rotierende Bewegung erklärte, die an einer Stelle des Universums begonnen habe und sich allmählich in immer größeren Kreisen fortpflanze; zwischen ihnen und Empedokles, der den Ursprung des Lebens und die Scheidung des »Schweren« vom »Leichten« durch eine Wirbelbewegung erklärte. In Kenntnis dieser Dinge könnte der Tanzende, gefragt, warum er tanze, antworten: »Um mich zu ver-all-gemeinern.« Auch das Tanzen um etwas herum, um einen Freiheitsbaum oder etwas anderes, ist eine Überlegung wert, gehört es doch zu den Nachahmungen der kosmischen Bewegungen. (→Karussell)

Telegraph. Herodot erzählt, daß die Epheser, als sie von Krösus, dem Sohn des Aliattes, belagert wurden, ihre Stadt der Artemis weihten, und um sich der Macht der Göttin zu versichern, spannten sie eine Leine zwischen ihrem Tempel, der sich vor dem Stadttor befand, und der Stadtmauer. Wie man sieht, ist die Erfindung des Telegraphen viel älter, als man glaubt. Und was für ein Telegraph!

Theater. Sehr oft hört man die Bemerkung: »Das ist überholt.« Dieser Satz bezieht sich besonders auf all das, was in der Periode der großen Suche, der großen Erneuerung, der großen Errungenschaften zwischen 1910 und 1930 vollbracht worden ist. Es erübrigt sich, hinzuzufügen, daß dieser Satz von den Leuten ausgesprochen wird, die an der fruchtbaren Aktivität jenes Zeitabschnitts nicht teilhatten, von den Kleinbürgern, Bürokraten, Parasiten, dem niedrigen Personal der Künste. Dieser Satz drückt die

Verärgerung, das Gift, die Rache der Ausgeschlossenen aus, die hämische Freude der ›Minderen‹, die glauben, daß die Gründe für ihre Minderwertigkeit nun verschwunden sind. Dieser Satz ist vor allem falsch, buchstäblich falsch. Nichts hat sich später ereignet, was die Taten oder auch nur die Versuche jener Periode großer Begeisterung und großer Entdeckungen ›überholt‹ hätte. Alles, was später geleistet wurde, ist eine sekundäre Folge jener Zeit. Danach hat es Verzicht und Zurückweichen gegeben, wofür man allgemein Begriffe wie Überdenken, Rückkehr zur Ordnung, Wiedergeburt der Grundwerte und andere pompöse und leere Namen fand. Auch das Wort ›menschlich‹ wird häufig in diesem Sinne gebraucht, und salbungsvoll sagt man, die Künstler seien heute ›zum Menschlichen‹ zurückgekehrt, so als hätten sie sich vorher mit der Welt der Epizoa beschäftigt. Wer an solcher Geistesbeschränkung krankt, möge mich nicht weiterlesen.

Die Idee des ›Menschlichen‹ ist das schlimmste Hindernis für eine freie und glückliche Entfaltung des künstlerischen Geistes, ebenso wie die Idee der Familie das schlimmste Hindernis für die freie und glückliche Entfaltung der zwischenmenschlichen Beziehungen ist. All dem, was in der Welt geschieht, und all den skeptischen Behauptungen der ›Realisten‹ zum Trotz darf der geistige Mensch niemals die Wiedererrichtung des Paradieses auf Erden aus den Augen verlieren, und er darf auch nie aufhören, darin die einzige und wahre Bestimmung der Menschheit zu sehen. Die Kunst ist das Bild, die Stimme, der Gedanke dieser Idee – und das, wenigstens das, darf und kann niemand leugnen. Die Kunst trägt in sich die Erinnerung an das verlorene Paradies, aber gleichzeitig enthält sie auch das Versprechen eines wiedergefundenen Paradieses; denn wenn sie nur die Erinnerung und nicht auch eine Hoffnung hätte, würde niemand die verzweifelte Traurigkeit der Dichter ertragen können, während die Stimme der Dichter die größte Tröstung für die Menschen ist: direkt für die Würdigen, indirekt für die anderen. Weil sie allein auf der Erinnerung an das verlorene Paradies beruht, liebe ich die Dichtung von Giacomo Leopardi nicht so sehr.

Die Idee des ›Menschlichen‹ verhindert die Wiedererrichtung des Paradieses, die auch verhindert wird von einer Idee ›Tiger‹, oder ›Affe‹, ›Schildkröte‹, ›Gewitter‹, ›Erdbeben‹. Ich frage mich immer, wieso die Idee des Christentums, das heißt die Auflösung des Bösen und damit die Entfernung des Dramatischen von der Erde, an der Grenze des Menschenreiches haltmacht. Sind die Christen sicher, das Christentum ›bis auf den Grund‹ zu interpretieren? An der ersten Grenze, die das Böse antrifft, hält es an und nistet sich ein, so wie sich der Staub in die Ecken setzt und Flusen bildet. Im Kampf gegen das Böse darf es keine Begrenzungen des Guten geben, darf das Gute keine Grenzen kennen, sondern muß einen freien Weg ins Unendliche finden. Wie kann auch das Gute zum ›freien Unendlichen‹ gelangen, wenn es zuvor nicht alles durchschreitet, was in der Welt ist, alles, was auf der Erde, alles, was im Menschen ist?

Die Idee des ›Menschlichen‹ schränkt die Menschlichkeit des Menschen selbst ein, sie tendiert dazu, im Menschen einen begrenzten, verengten Menschen aufzubauen, der unvollkommen ist und ein Feind des Menschlichen selbst zu werden droht: ein Feind seiner selbst.

Die ›menschliche‹ Menschlichkeit wird eine Gegenmenschlichkeit, und alles, was es an Schäbigem, Egoistischem, Niederträchtigem, Dummem gibt, kommt von ihr. Um Mensch zu sein, muß der Mensch das ›Menschliche‹ vergessen.

Aus diesem ›Menschlichen, Allzumenschlichen‹ des Menschen kommt das Bürgerliche im Leben: die sitzende Haltung, die Sorge um das eigene kleine Wohlergehen, die beschränkte Sicht. Aus diesem ›Menschlichen‹ kommt die Zwergenintelligenz, eine Einsicht, die so unelastisch ist wie ein Diwan in einem Wartezimmer; ein Blick auf Menschen und Dinge, der sich auf einen winzigen Teil von ihnen, nämlich auf das dem ›Menschlichen‹ Äquivalente in ihnen, beschränkt: im Meer sieht man nur die Marine, in der Luft die Luftfahrt, in der Erde das Irdische, im Papier das Papierne, im Himmel das Himmelblau, in einem Berg das Gebirgige, in einem Fenster nur das Fenstrige, in einem Haus nur das Häusliche, in einer Schachtel nur die Hostienkapsel, in einer Tafel nur das Tabularische, in Gott (oder in *einem* Gott) nur das Göttliche. Aus diesem Prinzip kommt alles Kleinlich-Persönliche, alles Isolierte, sich Abgrenzende, Nichtuniverselle, Nichtchristliche, mit einem Wort: alles ›Sterile‹. (Ich halte das Christentum für das Poetischste, Erhabenste, Tiefste des universellen Gefühls, und es ist um so universeller, als das Christentum in die Idee des Universellen auch all das eingebracht hat, was der Geist jenseits des Universums – jenseits aller Universa – begrifflich fassen kann: ein Gefühl, das keine Notwendigkeit und *keine Möglichkeit* der Vervollkommnung kennt, das Antikes und Modernes, Vergangenes und Zukünftiges überwunden hat und auf das die Geschichte *keinen Einfluß* hat – der ›nichtdramatische‹ Zustand par excellence.)

Aus dieser Sicht auf Menschen, Dinge, Objekte in ihrer kurzfristigen, beschränkten Kubatur entsteht auch die ›geheimnisvolle‹ Notwendigkeit, Menschen, Dinge und Objekte zu katalogisieren und sie in Kategorien zu unterteilen, um sie unterscheiden zu können. Es entsteht das geheimnisvolle Bedürfnis, jedem Menschen, Ding, Objekt einen Titel zu geben, und das ist um so stärker, je niedrigeren Geistes der Mensch ist. Man begreift also, warum der Mensch für bestimmte Menschen nur ein König oder eine Exzellenz, ein Fürst oder ein Geheimrat, ein Graf oder ein Professor, ein Doktor oder ein Ritter der Krone Italiens sein kann. Man begreift die geheimnisvollen Beweggründe für die Existenz des Adelsstandes, und man begreift, warum für bestimmte Leute die Welt nur eine feudale Struktur haben kann.

Der Titelwahn hält an beim ›Cavaliere Ufficiale‹, weil derjenige, der das Bedürfnis empfindet, alles in seiner Umgebung mit Titeln zu versehen, ein Mensch niedrigen Geistes und also auch in seiner Sprache krüppelhaft und beschränkt ist; denn hätte er den Mut, seinen Gefühlen freien Lauf zu lassen, und hätte er keine Angst vor dem Ungeheuerlichen – dem, *was ihm* ungeheuerlich erscheint –, dann würde er die Titel auch auf das ausdehnen, was ihm außerhalb des menschlichen Bereichs Furcht und Hochachtung einflößt, was er als überlegen ansieht, und er würde das Meer Exzellenz, eine Kanone Frau Geheimrätin und eine Rotationsmaschine Frau Professor nennen.

Diese Titel müssen wir jedoch erschaffen und aus dem Meer »Exzellenz Meer«, aus der Kanone »Frau Geheimrätin Kanone« machen, und mit der Verschmelzung dessen, was für den gewöhnlichen Sterblichen zwitterhaft ist, erschaffen wir Bilder und poetische Formen, also jenes größere Theater, jenes ›universelle‹ Schauspiel, das früher oder später das Theater der Affen ablösen wird (ich sage nicht aus Hohn oder Mißachtung Theater der Affen, sondern um präzise ein Theater zu definieren, das nur einige Bewegungen, einige Aspekte, einige Formen, einige Arten, Gefühle, Beziehungen der Menschen und der Welt – und fast immer die oberflächlichsten und sichtbarsten – reproduziert, genauso wie sich die Affen in bezug auf den Menschen verhalten); und aus dieser unserer Fähigkeit, die uns von ›ihnen‹ unterscheidet, nicht so sehr ›neue‹ Formen und Bilder zu erschaffen, als vielmehr ›andere‹ Formen und Bilder zu entdecken, die für die meisten Menschen verborgen bleiben, als gäbe es sie nicht, wird auch der wahre und in Wirklichkeit sehr banale Grund sichtbar, der es den Menschen verbietet, Dichter zu sein: die Angst, den eigenen Gefühlen *bis auf den Grund* nachzugehen, also über die Grenze hinaus, jenseits deren die Poesie, ähnlich dem bei einer bestimmten Temperatur fest werdenden Wasser, Gestalt gewinnt.

Ein anderes Beispiel. In der Periode der Erforschung und der Entdeckungen haben wir, die wir Akteure jener Zeit waren, den von seinem Thron herabgestiegenen Gott dargestellt, die von ihren Podesten herabgekommenen Götter, die auf der Erde umhergingen, in vertraulichem Umgang mit den Menschen und sogar von ihrer Statur (es muß hinzugefügt werden, daß der ›vertrauliche‹ Gott geheimnisvoller ist). Und das taten wir weder aus ›Phantasie‹ noch aus poetischer Willkür, noch aus einer Künstlermarotte, sondern weil sich uns der ›andere‹ (der verborgene) Anblick von Gott und der ›andere‹ (der verschleierte) Anblick der Götter enthüllte: Die Fleischwerdung Christi, also das Manifestwerden der ›menschlichen‹ Seite Gottes, ist für uns eine poetische ›Entdeckung‹, die höchste, auch die rührendste, pathetischste, und auch das überzeugendste Zeugnis jener ausgedehnteren Welt, in der wir uns freier, gelöster bewegen, gleichsam in der Luft schwimmend und nach Wunsch alle Körper durchdringend, weniger auf den Füßen als auf dem Kopf wandernd, weniger mit den Händen als mit Herz und Hirn wirkend, weniger mit den Augen unter der Stirn schauend als mit dem dritten, das wir den Stoikern zufolge über dem Gehirn tragen und mit dem wir unsere Träume betrachten (*wir* bedienen uns dieses Auges, um das wache Leben zu betrachten), vereint und verschmolzen mit allem Denkbaren und allem jenseits des Denkbaren; nicht mehr sterblich, das heißt dem Drama, der Blindheit, dem Nichtverstehen, der Impotenz unterworfen, sondern unsterblich.

Ich wiederhole: Nicht die ›Phantasie‹ hat uns dazu veranlaßt, die Götter an unseren Tisch und in unsere Gesellschaft zu bitten; nicht aus ›poetischer Willkür‹ haben wir ihnen geholfen, von ihren Podesten zu steigen, nicht aus einer Künstlermarotte heraus haben wir ihre Marmorhand mit unserer warmen Hand aus Fleisch und Blut berührt, respektvoll und brüderlich. *Phantasie* bezeichnet etwas, das ›nicht existiert‹. Der Begriff ›Phantasie‹ ist erfunden worden, um den Menschen besser in sein elendes Gefängnis einzuschließen, indem man ihn glauben macht, daß er jenseits des Eisengitters, das ihn einschließt wie eine Mausefalle, ins Falsche, Nichtexistente, ›Phantastische‹ gelange und *sich verliere.* Auch die Phantasie ist eine Erfindung des ›Menschlichen‹ im Menschen. Laßt euch sagen, daß ›Phantasie‹ euch nur Angst einflößen und euch den Zugang zu einer Welt verbieten will, die euch verschlossen ist, weil sie der Ort, der ›einzige‹ Ort der Glückseligkeit und die Fortsetzung – wenn auch nur die gedachte – des Paradieses ist; laßt es euch sagen von einem, der auf ebenso natürliche Weise im Existenten lebt wie in dem, von dem gesagt wird, es existiere nicht; ebenso im Wahren wie in dem, was für falsch gehalten wird; ebenso im Realen wie in dem, was als irreal gilt; ebenso im Wachen wie im Traum; von einem, der fühlt, daß er ebenso natürlich im Tode ›leben‹ wird, wie er jetzt natürlich im Leben lebt. Wann wird man auch für diese ›andere‹ Freiheit, auch für diese ›andere‹ Unabhängigkeit, zu kämpfen beginnen, sein Blut vergießen, sein Leben hingeben?

Um eine solche Ausweitung des Geistes zu ermöglichen, eine solche Klarheit des Verstandes und einen so weiten Blick, um zu beginnen die ›andere‹ Seite der Welt zu sehen, die den meisten verborgen ist wie die Rückseite des Mondes; um die versteckte Seite der Menschen und der Dinge kennenzulernen – dazu sind besondere Bedingungen nötig, und nie waren sie so günstig wie in den beiden Jahrzehnten zwischen 1910 und 1930, in denen eine lange Periode der geistigen Vorbereitung, der intellektuellen Spannung und der Aufklärung kulminierte. Wie ein Heer, das zum erstenmal die Grenze überschreitet und in unbekanntes Gebiet vordringt, so drangen Dichter und Künstler allmählich in die ›neue‹ Welt vor, entdeckten neue Formen, neue Aspekte, neue Akzente, das, was anfangs das ›Geheimnis‹ der Dinge genannt worden war, und das, wie wir bald bemerkten, lediglich ihre weitere Realität war. Dies war um so bemerkenswerter, als es sich zum erstenmal in der Geschichte nicht um einen individuellen, sondern um einen kollektiven Vorgang handelte. Dann wandelten sich die Bedingungen, der Vormarsch dieser außergewöhnlichen Kolonialisierung wurde unterbrochen, der Blick zog sich zurück auf den Ausgangspunkt, der Verstand verkürzte sich wieder auf die ursprüngliche Länge, der Mensch schloß sich wieder ins ›Menschliche‹ ein; und von diesem herrlichen Abenteuer bleibt nur die Erinnerung, die viele heute leugnen oder sogar auslöschen, zumindest in Mißkredit bringen wollen; nur einige wenige richten den Blick auf sie, aber übertrieben furchtsam, wie auf ein Modell, das aufs neue in Bewegung geraten wird, sobald der Atem der Menschen wieder friedlicher und entspannter sein wird.

Eine übertrieben lange Einleitung für die wenigen, sehr wenigen Worte, die ich dem Theater widmen werde, um darzustellen, wie das Schauspiel von morgen aussehen muß, wie ich es voraussehe? Das Theater ist der szenische Reflex des Zustands des Universums auf der Bühne, und wir wollten zeigen, ›welches‹ Universum das Theater nach unserem Wunsch reflektieren soll. Das Theater soll das ganze Universum reflektieren; nicht nur die Personen, die wir bisher mit tödlicher Monotonie über die Szene haben schreiten sehen, sollen erscheinen und agieren, sondern auch diejenigen, die bisher im Schatten geblieben waren oder von niemandem als solche angesehen wurden; in einem solchen Theater soll sich der Mensch ganz und gar zeigen und auch die Seiten seines Ichs ins Rampenlicht stellen, die bisher aus Scham, Angst, Unwissenheit, Trägheit verborgen blieben; in einem solchen Theater werden zusammen mit den Menschen auch die Dinge sprechen, die Elemente, sogar die Gedanken, die Hypothesen, die herrenlosen Erinnerungen; in diesem Theater wird der Schrank seine Türen aufsperren und einem vor Neugier bebenden Publikum seine nach Naphthalin, alten Parfümen und einbalsamiertem Schweiß riechenden Memoiren erzählen; ein Sessel wird seine Kindheitserinnerungen hervorholen und uns die Beziehungen zwischen Möbeln und Menschen enthüllen; ein Spiegel wird uns sagen, was er von uns denkt; die Luft wird ihr Schleppkleid aufheben und uns verraten, was ihr an unserem Innern so zusagt, da sie es so häufig aufsucht; die Musik wird sich in Prosa verwandeln, um uns von ihrem intimen Leben zu erzählen; die Prosa wird Musik werden, um uns ihre Augenblicke des Lyrismus zu enthüllen; das Meer wird seine Schuld eingestehen und uns seine Opfer in Bahren zurückbringen; in einem solchen Theater wird alles leben, was im Universum lebt und das Universum formt, ohne Einschränkungen, ohne Verstellungen, ohne Maske. Und dann erst wird das Theater des Namens würdig sein, den es trägt: *eine Sache, die würdig ist, gesehen zu werden.*

TIEFE. Ich habe in diesen Tagen den *Idioten* von Dostojewski wiedergelesen. Ich habe ihn aufmerksam gelesen, Wort für Wort. Aber vielleicht ist das nicht die beste Art, einen Roman zu lesen, und besonders einen russischen, und ganz besonders einen von Dostojewski. Jedenfalls gestehe ich, daß diese zweite Lektüre einen weitaus weniger glücklichen Eindruck in mir hinterlassen hat als die erste, die eilig und sprunghaft war, so, glaube ich, wie dieser Roman geschrieben worden ist. Ein höchst angenehmer Eindruck damals. Er hatte eine Sehnsucht in mir hinterlassen wie die Erinnerung an einen schönen Traum: wie die Erinnerung an den wunderschönen Traum, den ich vor einigen Nächten geträumt habe. Ich sah sechs Statuen, die in der Erde gruben und aus der Erde andere Statuen hoben, die sie, gleichsam wie tote Brüder, hinauftrugen über weiche Sanddünen, hinter denen sie allmählich alle verschwanden, und ich blieb allein vor den leeren

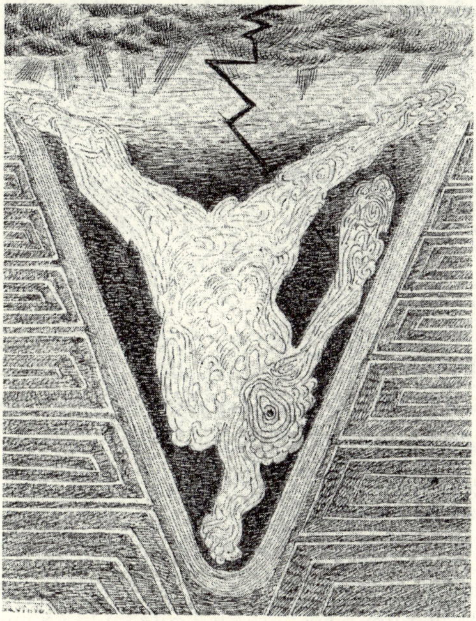

Gräbern. Das leere Grab! Da haben wir – durch Zufall – das genaue Bild für die ›Tiefe‹ Dostojewskis. Lassen wir uns nicht von den Wörtern täuschen. Um das Andenken an seinen *Ermordeten Dichter* zu verewigen, gräbt ihm Apollinaire am Ende seines Buches eine umgekehrte Pyramide. Ich hingegen habe mir, allen Wörterbuchbedeutungen zum Trotz, einen ganz anderen Begriff von der Tiefe gemacht. Sie ist auch nicht jene göttliche Frivolität, die Zarathustra veranlaßt zu tanzen, sondern es ist eine Tiefe, die eine neue Anthropologie entdeckt; sie berührt das dunkle Herz der Tiere, der Pflanzen, der Steine; sie strebt über die geschlossenen Himmel hinaus; sie dringt ein in das ratlose Reich der Träume, in dem wir … Und genau wegen des pathetischen Traums von Swidrigailow, den er träumt, bevor er sich zu Füßen des Wachpostens tötet, werden wir, vielleicht ohne jemals seine Bücher wieder in die Hand zu nehmen, Fjodor Dostojewski unsere Zuneigung bewahren. Was seine vielgepriesene ›Tiefe‹ betrifft, so haben wir sie schon seit einer ganzen Weile als unnütze Entdeckung beiseite gelegt: nämlich seit wir als Jünglinge an der ›Tiefe‹ der Tiefe zu zweifeln begannen. (→TRÄUME)

TITEL. Vor einigen Jahren war ich in Turin, und meine Doppeltätigkeit als Schriftsteller und Maler verlief in bester Übereinstimmung. Ich war am selben Tag in der Zeitung, deren Mitarbeiter ich war, und danach im Saale eines halbstaatlichen Büros, dessen Wände ich bemalte. Die Boten dieses Instituts nannten mich »Professore«, die Boten bei der Zeitung nannten mich »Dottore«, niemand nannte mich bei meinem Namen. Ich beugte das Haupt unter diesen unverdienten Titeln und versuchte, die Schamröte unter die Haut einzuziehen, denn da meine Rückseite nie die Bank einer Schule gewärmt hatte, klaffte zwischen mir und diesen Titeln ein Abgrund. Damit will ich nicht leugnen, daß bei der Probe aufs Exempel viele Doktoren und viele Professoren auf mich den Eindruck von unschuldigen Knäblein oder unermeßlichen Eseln machen, aber das ist ein anderes Thema. Es scheint, als müsse jedermann nach seinen Tätigkeiten und Eigenschaften klassifiziert werden, und wenn diese intellektueller Natur sind, dann fällt man automatisch in die Kategorie der Akademiker. Daß die Alma mater so wenige Schriftsteller aus ihrem Schoß hervorbringt, die etwas zu sagen haben, und die Akademien so wenige Maler, die etwas darzustellen haben, schwächt nicht im geringsten die Auffassung, daß man, um die Kunst des Schreibens anständig auszuüben, ein Doktor der schönen Literatur sein muß und daß man, um Farben anständig auf eine Oberfläche aufzutragen, ein Diplom mit sitzender Italia, Zirkel und Palette braucht. Dieses Klassifizieren von Menschen nicht nach ihrem persönlichen Wert, sondern nach der Klasse, zu der sie gehören, zeigt, wie tiefe Wurzeln der Elitegedanke, oder besser: der feudale Geist, noch hat.

Paul Bourget, Romancier und Mitglied der Académie Française, von vielen als Schriftsteller von unbestreitbarem Wert angesehen, strebte danach, Mitglied des Pariser Jockey Clubs zu werden. Manche suchen ihre Glückseligkeit an den überraschendsten Orten. Mitglied des Jockey Clubs: nur diese Krönung seines Glücks fehlte ihm, der den Beinamen »Marschall der französischen Literatur« erhalten hatte. Aber der Jockey Club ist ein erzaristokratischer Zirkel und streng verschlossen für alle, die nicht vollblütige Adlige sind. Da es sich jedoch nicht nur um einen illustren Schriftsteller, dazu um einen ›Unsterblichen‹ handelte, sondern auch um eine Persönlichkeit, die wegen ihrer legitimistischen Anschauung bekannt war, wurde die Aufnahme Paul Bourgets zwar für schwierig, nicht aber für unmöglich gehalten. Die Bürgen des Romanciers suchten also den Präsidenten des Zirkels auf, einen ätherischen alten Herzog vom Faubourg Saint-Germain, und baten ihn, die Kandidatur ihres Schützlings zu unterstützen. »Welches Adelswappen?« fragte der alte Herzog. »Paul Bourget«, antworteten die Bürgen, »hat kein Adelswappen.« – »Ist Herr Paul Bourget also *nicht geboren?*« Die Bürgen erklärten, daß der persönliche Wert Paul Bourgets, seine Bücher, sein Ruhm zumindest ebensoviel zählten wie ein Baronstitel. *»Rien à faire!«* fiel ihnen der alte Herzog ins Wort; und vor den konsternierten Bürgen erklärte er: *»Hereusement que nous sommes encore quelques uns en France, pour qui la valeur personnelle n'a aucune espèce d'importance.«* *Titel*

TOLERANZ. Die Heiden kannten das Gefühl nicht, das wir Mitleid nennen und das eine der Grundlagen unseres gesellschaftlichen Lebens ist, und wir, die wir in eine Welt geboren sind, die seit Jahrhunderten ununterbrochen von Mitleid redet und manchmal auch mitleidig handelt, wir können uns ein Leben ohne dieses Gefühl nicht vorstellen. Zum Ausgleich waren sie vollkommen

Titel tolerant in Glaubensfragen, und es ist bemerkenswert, daß es bei den Heiden *niemals Religionskriege gegeben hat.* Was ist besser, Mitleid oder Toleranz? Ich glaube, ihr Vorhandensein gleicht seine Abwesenheit *über das Maß* aus.

TRAGÖDIE. Die Zeit, da der erste Tragöde lebte, war von Wundern angefüllt. Die eben erst in Götter verwandelten Helden hatten sich gerade zum Flug zu den Sitzen der Unsterblichkeit erhoben. Einige wenige dieser muskulösen Idealisten streiften noch hier unten umher und reinigten die Erde von den letzten Ungeheuern. Auf dem Boden, noch nicht ganz geebnet durch das sanfte Werk der Ceres, waren die Spuren des gewaltigen Fußes des Alkiden und der Hufe des Pegasus noch frisch. Das Band zwischen dem geordneten Leben des Menschen und dem ungeordneten Leben der Natur war noch nicht zerrissen. Vor seinem Aufbruch zu den Sitzen der Unsterblichkeit übertrug der letzte Held die Aufgabe, die verbliebenen Ungeheuer zu töten, dem ersten Tragöden. Es war abgemacht, daß diese letzte Schlacht gegen die Ungeheuer nun nicht mehr mit Taten, sondern mit Worten stattfinden sollte. Wer lacht da? Das Wort kann *tödlicher* als die Tat sein. Damit ist gemeint, daß auch die Tragödie nur eine Form des Kampfes *gegen das Böse* ist. Was wir in christlicher Sicht *gut* und *böse* nennen, hieß vor dem Christentum *Kunst* und *Natur.* Die Tragödie ist der Kampf gegen die Natur als das Böse, das verbessert werden muß und das man, wenn man es nicht bessern kann, zerstören muß; es ist der Kampf gegen die Natur, in welcher Form auch immer sie erscheinen mag: als Mord (auch der Mord ist Natur), als Ehebruch (auch der Ehebruch ist Natur), als Gewalt in jeder Form, weil jede Form der Gewalt Natur ist, und das genügt, um zu beweisen, warum die Gewalt der Kunst feind ist. Ist es nach dem Gesagten nötig, zu erklären, ›warum‹ die Tragödie die *erste* Form der Kunst ist?

Nachdem sie ihre Aufgabe erfüllt hat, die Natur in Kunst umzuformen (in christlicher Sicht sagen wir das Böse in das Gute), hat die Tragödie keinen Daseinsgrund mehr, und tatsächlich gibt es sie nicht mehr: *es wird sie nie mehr geben.* Die den drei Griechen nachfolgenden Tragödien, einschließlich der Shakespeareschen, sind etwas rein *Literarisches*, nicht weniger literarisch als die Tragödien Cocteaus. Das Böse wird in der Welt nunmehr *mechanisch* bekämpft, und trotz allem arbeitet die Maschine *Zivilisation* unermüdlich und ohne Unterbrechung.

Die Geburt der Tragödie ist noch immer in Dunkel gehüllt. Die ›Notwendigkeit‹, die die Tragödie hervorgebracht hat, unterscheidet sich deutlich von der ›Notwendigkeit‹, die die Kunst hervorgebracht hat, und geht ihr voraus. Besser gesagt: Die Kunst schließt die Tragödie aus. Jeder wirkliche Künstler stellt sich dem ›Tragischen‹ wie Herkules der Hydra. Der Sohn der Alkmene und überhaupt alle Bändiger und Bekämpfer von Ungeheuern sind die ersten *Künstler* Griechenlands. Ich sehe das Opfer des *tragos* als symbolische Wiederholung der siegreichen ›Arbeit‹, der Tötung des Ungeheuers, des Sieges des Menschen über das ›Natürlich-Tragische‹.

Vergessen wir nicht, daß die Griechen, deren Bestimmung die Vervollkommnung der Individualität und der Kunst war, das Tier mit Eisen und Feuer *opferten* (die eucharistische Bedeutung des Opfers spielt hier keine Rolle), anders als die Orientalen, die Ägypter, Inder usw., die das Tier *anbeteten.* Dieser eine Unterschied zeigt schon, daß der Orientale, dem die Individualität und die Kunst verschlossen blieben, keine Notwendigkeit empfand, das ›Ungeheuer‹ zu zerstören, das ›Natürlich-Tragische‹, sondern versuchte, es sich günstig zu stimmen, mit ihm in guter Kameradschaft zusammenzuleben, zwischen sich und dem Ungeheuer eine feige Komplizenschaft herzustellen.

Die Griechen sind die ersten und einzigen, die unter ihren Göttern Künstler haben; die ersten und einzigen, die

 die Kunst als Lösung für das Leben betrachten; die ersten und einzigen, die begreifen, daß die Kunst die Lösung für das Leben *sein muß*. Späterhin haben die Künstler im Himmel nur Beschützer und Schutzpatrone wie die Heilige Cäcilia. Der Unterschied ist spürbar.

Die Tragödie als *Kunst* beginnt mit Euripides: mit einem Werk, das nicht mehr direkte Darstellung des universellen Tragischen ist (Aischylos) und auch nicht mehr des menschlichen Tragischen (Sophokles), sondern mnemonischer, intellektueller, ironischer, kurz ›künstlerischer‹ Ausdruck des Tragischen des Lebens. Mit anderen Worten, die Tragödie des Euripides ist die Natur (das Böse), die gefangen und in einen Käfig gesperrt worden ist, so daß auch die kleinen Jungen sie gefahrlos betrachten können. (Die Natur, das heißt das Böse, verliert, aus der Nähe und hinter Gittern betrachtet, all seine Schrecklichkeit und einen großen Teil seiner Faszination.) Aber die Intelligenz der Dinge flammt nur bei der Berührung mit den Ereignissen auf, und nicht umsonst folgt der Tragödie des Aischylos (unmittelbare Darstellung des universellen Tragischen) die Tragödie des Sophokles (unmittelbare Darstellung des menschlichen Tragischen), und auf beide folgt die Tragödie des Euripides (*vermittelte* Darstellung des universellen und des menschlichen Tragischen), die den Beginn der intellektuellen Kunst – der unseren – kennzeichnet.

Die Tragödien des Aischylos sind nicht reich an moralischen Ideen, und die wenigen vorhandenen stammen von Homer, der in einer nicht tragischen, sondern gebildeten und intellektuellen Epoche lebte, die also für moralische Ideen fruchtbar war. Eine einzige, die Idee der Gerechtigkeit, ist nicht von Homer, sondern ist von Rechts wegen Hesiod zuzuschreiben. Aischylos brauchte keine moralischen Ideen. Seine Werke wollen nicht beweisen, sondern darstellen: ›Das Tragische spricht von allein.‹ In der Natur ist etwas Schreckliches, Erstaunliches, Unerklärliches (und niemand wird es je erklären). Ziel der Tragödie ist es, diesen Aspekt darzustellen als etwas, vor dem man sich in acht nehmen und das der Mensch zerstören muß. Die Vorläufer von Aischylos feierten und besangen den erschreckenden und unerklärlichen Aspekt der Natur: das war der chorale Lyrismus. Die attische Tragödie des Aischylos übertrug diese statischen Feiern in Handlung und Darstellung, aber der Unterschied ist rein formal. Die passive Unterwerfung des Menschen unter das Fatum bleibt unverändert. Sie ist das Fundament, die herrschende Idee, das inspirierende Prinzip der Tragödie des Aischylos. Es gibt keinen ideologischen Fortschritt. Der sollte mit Euripides eintreten. Die Tragödien des Aischylos sind verzweifelt, folgen einer unabänderlichen Richtung, führen unausweichlich zur schicksalhaften Lösung. Die glückliche und vom Menschen ›begehrte‹ Erlösung, die triumphierende Idee von der Befreiung vom Fatum und zugleich die direkte Vereinigung des Menschen mit den Unsterblichen, das ›in der Kunst erlöste‹ Leben, erscheint erst bei dem, der nach dem Euripos benannt wurde. Die Bühnentragödie, bei Aischylos geboren und bei Sophokles herangereift, erreicht ihre Kunstform erst im Werk des Euripides. Aber hier wäre es richtig, ihr einen anderen Namen zu geben.

Aischylos' Geist ist mehr rezeptiv als kreativ. Bei ihm wirken machtvoll die Suggestionen des Schreckens und des Erstaunens. Aischylos war im Grunde ein Impressionist. Ich möchte nicht, daß diese Definition für den Vater der Tragödie wie eine Beleidigung klingt. Auch Dante, Shakespeare, Dostojewski, alle drei Brüder des Aischylos, sind auf ihre Art Impressionisten. (Hier ist die Rede von Impressionisten des Geistes, nicht der Augen.) Um die enge Verwandtschaft zwischen Shakespeare und Aischylos zu erkennen, genügt es, sich an die erste Szene des zweiten Akts der *Eumeniden* zu erinnern. Erweisen wir dieser großen Barbarei der Kunst Ehre, aber versuchen wir nicht, sie vor ihrer Barbarei zu ›retten‹. Barbar ist, wer lebt, das heißt aufnimmt und widerspiegelt, aber nicht denkt (hinzuzufügen zu der Bedeutung von Barbar als der, »der nicht spricht« oder eine ›andere‹ Sprache spricht, was genauso ist, als spräche er nicht). Der Tragöde denkt nicht. Dächte er (operierte er mit Gedanken), wäre er kein Tragöde. Der Gedanke zerstört das Böse, in welcher Form auch immer es erscheint, selbst im verführerischsten Kunstwerk. Weil er *nicht* denkt, wird Shakespeare rückhaltlos bewundert. Weil er *nicht denkt,* wird Aischylos rückhaltlos respektiert.

Aischylos war ein *Geweihter.* Wir halten uns lieber an die Worte des Aristophanes als an die von Clemens Alexandrinus. Kein Zweifel besteht, daß er in den Geheimnissen der Magie äußerst bewandert war. Die antike und heroische Magie war seine Inspirationsquelle. Es heißt, er sei angeklagt worden, die Mysterien verraten und profaniert zu haben, als er die gigantischen Kämpfe, die übermenschlichen Klagen, die wahnsinnigen Hoffnungen des Prometheus auf die Bühne brachte. Seine Tragödien haben alle einen magischen Untergrund, besonders der *Gefesselte Prometheus* und die Trilogie *Laius, Ödipus* und *Sieben gegen Theben,* die einem sehr alten Epos, der *Thebensage,* entnommen war und der ein Satyrspiel, *Die Sphinx,* folgte. Aischylos glaubte mit heiliger Begeisterung an den magischen Ursprung Thebens, das von Kadmos, dem Flüchtling aus dem großen ägyptischen Theben, gegründet worden war; Thebens, das sich selbst erbaut hatte, im Einklang mit den alten Buchstaben, kreisförmig und von einer quadratischen Festung verteidigt, von sieben Toren verschlossen wie der magische Himmel. Große Priester der Magie sind auch die sieben Condottieri, die, von Polyneikes angestachelt (»dem Urheber vielen Streits«), gegen die heilige Stadt ziehen, und ihre metallenen Schilder sind mit Symbolen bedeckt. Man vergesse nicht, daß der Haß zwischen den beiden Söhnen des Ödipus und der Jokaste *aus einem Traum entsteht.*

Aischylos ist kein reiner Grieche. Das Asiatische verdunkelt seinen Geist. Er selbst muß sich als etwas barbarisch und als Metöke empfunden haben. Er suchte immerfort rassische Rechtfertigungen. Sokrates erfüllt seine Soldatenpflicht als eine harte Notwendigkeit, Aischylos kämpft in Marathon und Salamis mit verzweifelter Wut, ›ostentativ‹, als müsse er für etwas Vergebung erhalten. Man könnte eine Parallele zwischen dem Metökentum Aischylos' und dem Apollinaires ziehen. »Der langmähnige Meda und die berühmten Wälder von Marathon bezeugen deinen Wert«, sagte der Epitaph auf dem Grab in Gela.

Die Tragödien von Aischylos sind einfach, kurz, elementar. Jedes Wort hat ein weit hallendes Echo. Das ganze Werk ist in ein großes Dröhnen gehüllt. Diese uralten poetischen Klänge hallen im Ohr des Lesers noch wider; werden die Tragödien des Aischylos aufgeführt, verlieren sie ihren asiatischen Rauch und werden auch für den Geduldigsten fade. Die verrückten Wünsche der Ästheten werden nie über unsere gutwillige, friedfertige, fruchtbare Langeweile siegen.

Aischylos malte den erschreckenden Anblick des Universums, Sophokles malte den erschreckenden Anblick des Menschen. Der Schleier der Magie ist gefallen. Das Fatum herrscht noch, aber mehr aus dem Gesetz der Trägheit denn aus anderen Gründen. In den Tragödien des Dichters aus Kolonos erscheint ein neues Element: das Mitleid. Und dahinter, der Größe nach aufgereiht, das ganze Repertoire der niedrigen menschlichen Gefühle. Sophokles' ganzes Interesse konzentriert sich auf den Menschen als handelndes und denkendes Geschöpf. In der *Antigone* preist er mit den Worten der Alten von Theben die Tugenden seiner Lieblingsfigur, die Klugheit und den Mut, mit denen sie die Kräfte der Natur bezwingt. Götter und Halbgötter gelten bei Sophokles nichts mehr, zumindest nicht als Bühnenfiguren. Nur einmal, im *Philoktet,* finden wir einen Halbgott (Herkules) unter den *dramatis personae.*

Die *Antigone*, die ihrem Autor die Präfektur von Samos einbrachte, setzt die Handlung von *Sieben gegen Theben* fort. Die von Aischylos vorausgesetzte Idee der Gerechtigkeit reicht weiter und kommt zur Lösung im pathetischen Drama des Dichters aus Kolonos. Die Schuld des Laius hat ihre äußersten Folgen gezeitigt. Das Recht hat aufgehört, herumzuwandern. Apollo ist beruhigt.

Anmerkung: Nietzsche hat 223 Seiten eng beschrieben, um zu entdecken, wie und warum die Tragödie entstanden ist, aber es ist ihm ähnlich ergangen wie Jacques Eliace François Marie Paganel, dem zerstreuten Geographen aus den *Kindern des Kapitän Grant*, der mit großem Eifer das Spanische studierte und, als er es gelernt hatte, entdeckte, daß es Portugiesisch war. Der *Ursprung der Tragödie* ist eine indirekte Anrede, ein »Ich sage dir, Schwiegertochter«, eine lange Abschweifung über die beiden inspirierenden Elemente der Poesie und der Musik; aber sie zielt weniger darauf ab, den Ursprung der griechischen Tragödie zu entdecken und ihre Natur zu bestimmen, als darauf, ein Führer zum musikalischen Drama Richard Wagners zu sein. Besser gesagt, es ist die List eines Verliebten, denn Nietzsche sah, als er sein Werk *Der Ursprung der Tragödie* schrieb, im musikalischen Drama seines ›großen‹ Freundes die endgültige und vollendete Form der von den Griechen begonnenen Tragödie, die vollkommene Verschmelzung des dramatischen Elements mit dem Opernelement. Muß hinzugefügt werden, daß Nietzsches Hoffnung trog? Um Nietzsches Irrtum zu begreifen, genügt es, daran zu denken, daß er die vollkommene Form der griechischen Tragödie in Wagners Werk zu finden glaubt, dem ungriechischsten Werk, das man sich denken kann. In einem Abschnitt des *Ursprungs der Tragödie* fragt Nietzsche selbst mit einem Anflug von Zweifel, ob Goethe, Schiller, Winckelmann »in ihrem Germanentum« die Griechen wirklich verstanden haben. Wir fragen unsererseits: Und hat Nietzsche sie verstanden? ... Lassen wir die Frage jetzt beiseite und erkennen wir an, daß Nietzsche seinen Fehler später einsah und mit Wagner brach. Aber warum Wagner böse sein und nicht sich selbst? Die Satrapen der westlichen Kultur waren Kolumbusse, denn sie richteten den Bug nach Süd-Ost und glaubten, Griechenland zu entdecken, und ohne es zu merken entdeckten sie ›etwas anderes‹; so wie Kolumbus vermeinte, Indien zu finden, und, ohne es zu wissen, Amerika entdeckte. Auf dieses ›Andere‹, das Goethe, Winckelmann, Nietzsche entdeckten, sind diese Forscher ohne Blick für den Osten wirklich stolz; was Griechenland betrifft, so ist es unberührt und tief verschleiert geblieben. Als Beweis für das Unhellenische Wagners nennen wir in unserem Text über den Tanz das gänzliche Fehlen des Tanzes in seinem Werk, aber ein anderer Beweis, einfacher und überzeugender, ist, daß Wagner 100 gibt, um 10 zu erhalten, während der Grieche 10 gibt, um 100 zu erhalten. Wer weiß, ob wir nicht eines Tages auch den ›physischen‹ Orientalismus Wagners entdecken, so wie wir vor kurzem das auch physische Germanentum Leo Tolstois entdeckt haben.

Griechenland entdeckt man, ›wenn man es am wenigsten erwartet‹. Man öffnet eine Tür und findet in ›dem‹ verlassenen Zimmer einen Stiefelanzieher in Form einer Lyra. Man entdeckt es beim Auseinandernehmen eines Spielzeugs. Bei der Beobachtung, daß eine Büchse und ein Deckel vollkommen aufeinanderpassen; besonders wenn der Deckel nicht der ›ihre‹ ist. Man entdeckt es, wenn man auf dem grünen Billardtisch drei Elfenbeinkugeln in einer vollkommenen Karambole vereint sieht. Nietzsche glaubte, den Ursprung der Tragödie im Gegensatz zwischen Dionysischem und Apollinischem zu entdecken, und hatte nicht bedacht, daß in diesem Gegensatz der Gegenstand fehlt und daß in Griechenland nichts ohne einen Gegenstand entstehen kann; er hatte nicht bedacht, daß im Land der Gegenstände, das dank seiner Künstler das Land der Spiele geworden ist, der Gegenstand den

Geist hervorbringt und nicht der Geist den Gegenstand. Offensichtlich hat er Griechenland mit den großen dunklen und religiösen Ländern des Orients verwechselt: den Ursprung der Tragödie mit dem Ei, das auf den Wassern schwimmt.

Den Ursprung der Tragödie hätte Nietzsche viel einfacher entdecken können, wenn er das Glück gehabt hätte, das wir in diesen Tagen hatten, nämlich die neue Wohnung unserer Freundin Leda M. in der Via Lime 48 zu besichtigen. Im sogenannten Repräsentationsteil dieser Wohnung wird das Spiel zweier Wände zu so raffinierten Kulissen, daß wir bei ihrem Anblick geäußert haben: »Hier kann die Tragödie wiedergeboren werden.«

Nur geistlose und zu dauernder und strohiger Ernsthaftigkeit (der erhabenen Mutter der Dummheit) verurteilte Leser werden die Gewichtigkeit und Tiefe dieses nicht-›geistvollen‹ Einfalls nicht verstehen: diejenigen, die nicht wissen, daß das Theater im Grunde nur ein ›Gesellschaftsspiel‹ ist.

Diesem Gesellschaftsspiel bot Griechenland ein natürliches und in jeder Hinsicht vorbereitetes Szenarium, auf das man keine Schilder stellen mußte: »Hier der Wald von Birnam« oder »Hier Brabantios Haus«, denn außer der natürlichen Szene bot Griechenland seinen Amateurtragöden auch den Berg, den Tempel, das Meer, andere Szenen und Versatzstücke, die abwechselnd für das Leiden des Prometheus, den Schlummer der Erinnyen, die hysterischen Krisen Elektras benutzt werden konnten.

Die Kunst ist die höchste Form der Glückseligkeit – aber die Glückseligkeit weidet sich ›auch‹ am Schauspiel des Bösen. In ihren muschelförmigen Theatern genossen die Griechen das auf der Bühne dargestellte Böse, wie einst der Europäer sich ›sicherer‹ fühlte, wenn er in den Illustrierten von den ›bettlosen‹ Flüssen in China las, die in ihrem tragischen Umherschweifen Menschen und Dörfer hinwegtrugen.

Ganz Griechenland hat die Form einer Muschel, die sich rückwärts nach Westen schließt und die Ränder ihrer Häfen nach Osten hin öffnet. Auch die ersten Theater waren vielleicht so orientiert: mit dem Rücken nach Westen, der Eingang zur Bühne nach Osten, von wo das Böse und die Tragödie kommen. (→TRAGÖDIE) *Tragödie*

TRAUER. Zur feierlichen Trauer gehörte außer dem Tragen von dunklen Gewändern und dem Kahlscheren des Kopfes auch das Abrasieren der Pferdemähnen, wie es die Thessalier beim Tod ihres Anführers und Befreiers Pelopidas machten, die *rings um seinen Körper die den Feinden geraubten Rüstungen aufhäuften, den Pferden die Mähnen abschnitten und sich selbst die Häupter kahlschoren.* Und Alexander tat noch mehr, denn er ließ *nicht nur den Pferden und Maul-eseln die Mähnen scheren, sondern schnitt auch die Zinnen von den Mauern ab, so daß auch die Städte zu klagen schienen, da sie nun anstatt ihres alten Aussehens einen geschorenen und verächtlichen Anblick boten* (Plutarch, *Leben des Pelopidas*). Alles, was herausragt, ist Lachen. Lachen die Zinnen auf den Mauern, Lachen die Türme der Städte. Von jetzt an werde ich an Sam Gimignano und an Bologna als an »lachende« Städte denken. Das Lachen Turins ist die Mole Antonelliana, und das Lachen von Paris ist der Eiffelturm. Das Lachen als Übermaß von Freude ist respektlos, und darum reizt und beleidigt es; das ist vielleicht der ›wahre‹ Grund, weshalb Maupassant den Eiffelturm nicht ertragen konnte und Paris verlassen wollte, um sich vom Anblick dieser *vilenie* zu befreien. Damit ist auch erklärt, warum ein Städtebaugesetz verbietet, daß ein Gebäude höher als die anderen ist: Man will kein Lachen hören. Betrachten Sie den Bauern, den auf *antike* Weise erzogenen Menschen, wenn er lacht: Er versteckt den Mund hinter der Hand. Die gute Erziehung *ist Trauer.*

Träume. Ich achtete sehr wenig auf Träume. Absichtlich. Ich verachtete die Träume. Willentlich. Ich will sagen: ich tat es mehr, weil ich es wollte, nicht weil die Träume es verdienten. Ich hütete mich vor Träumen. Ich mißtraute ihnen wie einer Sache, die einen mit hinterlistigen und zu billigen Mitteln verführt, die einen anzieht mit Versprechungen von oberflächlicher Tiefe und in Wahrheit nur ein absurdes, wirres, sinnloses Spiel ist. (Man beachte die ungewohnte, aber *richtige* Bedeutung dieser Antithese und scheinbaren Absurdität: »oberflächliche Tiefe«.) Ich verachtete Leute, die auf Träume etwas gaben, bei Pythagoras angefangen. Die glauben, den Träumen eine Bedeutung, ein Zeichen, eine Wahrheit entnehmen zu können. Ich brachte es nicht fertig, Freuds Traumdeutung als richtig anzuerkennen. Ich maß auch der ›spontanen‹ Akzeptanz des Traums als Poesie des Unbewußten (Surrealismus) keine Bedeutung bei. Der Traum erregte in mir Abscheu, ähnlich dem Ekel, den der mit faulen Blättern bedeckte Sumpf hervorruft, oder das schwarze, glänzende Wasser auf dem Grund einer unterirdischen Zisterne, oder ein finsterer Ort, an dem sich unreine Tiere und dunkle Gefahren verbergen. Ich assoziierte, mehr instinktiv allerdings als reflektierend, Traum und Mittelalter (Mittelalter als Idee und Sinn), jenes schreckliche und zwanghafte Mittelalter, das in seinem hellsten und glücklichsten Traum nicht mehr als die *Vita Nova* ausformulieren kann, und ich sah die Wiederkehr der Träume in unserem täglichen Schlaf gleichsam als eine regelmäßige und erzwungene Rückkehr ins Mittelalter, als eine stets wiederkehrende ›Verurteilung zum Mittelalter‹, als eine ewige Verurteilung zur Dunkelheit, zur Leere, zum Absurden. Ich weigerte mich vor allem, die ›Tiefe‹ des Traumes zu akzeptieren, diese ›schwarze‹ Tiefe, da ich die Tiefe immer in der Klarheit gesucht habe und aus dem ›Geheimnisvollen‹ ein durchsichtiges Spiel machte. Ich gab so wenig auf Träume, daß ich nicht mehr an sie dachte, sie gänzlich vergessen hatte, und obwohl ich wußte, daß es keinen Schlaf ohne Traum gibt (aber ist diese fortgesetzte Traumtätigkeit des Schlafes wahr?), lebte ich wie ein Mensch, der nie träumt, nur mit einer Brücke aus Nichts zwischen Wachsein und Wachsein.

Und heute?

Seit einiger Zeit wachen meine Träume auf, lugen hervor, widerstehen dem wachen Leben, machen sich bemerkbar. Sie kommen näher und profitieren von ihrem Mutismus, um sich als Herren in meinem Schweigen niederzulassen. Allmählich nehmen sie Gestalt an und bilden einen Kreis um mich. Ich werde von meinen Träumen bewacht wie von einer Ehrenwache. Sie erscheinen in Form großer konischer Figuren, sehr ausdrucksvoll und beredt, obwohl sie weder Gesicht noch Sprache haben. Sie werden immer herzlicher und vor allem immer überzeugender. Sie drängen sich ohne Gewalt und nur durch die Kraft der Freundschaft auf. Und heute warte ich auf meine Träume, sehne mich nach ihnen, kann ohne sie nicht mehr sein. Was bedeutet das? Was verbirgt sich hinter diesem Verführungsversuch? Was ist das Ziel der Besitzergreifung meiner Person durch die Träume? Die Träume, denen ich so sorgfältig ausgewichen bin und die ich mit so großer Leichtigkeit von mir fernhielt, haften jetzt auf eine sanfte Art an mir und bringen sich ›liebevoll‹ in Erinnerung.

Den Traum, den ich gerade geträumt habe, will ich nach seiner Hauptbegebenheit »*Drehe Horn*« nennen. Es ist ein Traum mit wenigen Personen, vier im ganzen: E. S., seine Frau R. P., ein Telegrammbote, G. R. (im Traum unsichtbar) und ich. Die Szene ist einfach wie in einer Komödie von Goldoni: ein einstöckiges Häuschen, zwei Fenster und zur Linken eine Tür, eine Straße, die daran vorbeiführt. Im Traum *weiß ich,* daß E. S. mit seiner Frau in diesem Häuschen wohnt. Ich stehe auf der Straße, dem Häuschen gegenüber. Es sei noch angemerkt, daß E. S., seine Frau R. P. und G. R. wirklich existieren und daß die Traumgestalten den realen Gestalten ganz ähnlich sind. E. S. ist ein bekannter Schriftsteller und mein Freund, der im Traum leicht hinkte, genau wie im Leben. Nur der Telegrammbote war eine vom Traum ›erfundene‹ Gestalt, obwohl er ein wenig dem neuen Briefträger ähnelt, der zweimal täglich in unser Stadtviertel kommt, die Schultern nach hinten gedrückt, den Bauch, auf dem die Tasche voller Briefe hängt, vorgestreckt, und der seit knapp einer Woche den alten Briefträger mit den Watschelfüßen abgelöst hat, der mich, sobald er mich auf der Straße traf oder am Fenster sah, mit großtönenden Titeln begrüßte: »Guten Tag, Herr Doktor! ... Guten Tag, Herr Professor! ... Guten Tag, Herr Geheimrat!«

Die Handlung meines Traums ist sehr einfach. Der Telegrammbote kommt die Straße herauf und streckt mir ein Telegramm aus gelbem Papier, mehrmals gefaltet, und das Quittungsbuch hin, in das ich meine Unterschrift setze. Das Telegramm enthält nur zwei Worte: *»drehe Horn«*, es kommt von G. R. und ist an R. P., die Frau von E. S., gerichtet, die den Kopf aus dem Dach streckt, um es entgegenzunehmen (das ist die einzige ›irreale‹ Stelle des Traums). Danach treffen zwei weitere Telegramme ein, die dem ersten haargenau gleichen und von demselben Boten gebracht werden, das dritte wird aber nicht von mir in Empfang genommen, sondern von E. S., der hinkend die Straße heraufgekommen ist und gerade die Haustür aufschließt. E. S. quittiert mit finsterer Miene.

Das ist alles.

Drehe Horn – ich verstand sofort, daß das Deutsch war und bedeutete: »Ich grüße das Opfer.« Ich bemerkte, daß *drehe* klein geschrieben war und *Horn* groß, daß das erste also ein Verb und das zweite ein Substantiv war. Die Ankunft des Telegramms überraschte mich nicht, weil ich ›wußte‹, daß G. R. mit der Frau von E. S. vereinbart hatte, daß sie ihr eine ganze Serie von immer gleichlautenden Telegrammen schicken werde.

Im Zustand des Wachseins hat sich die Bedeutung des Telegramms verändert. *Drehe Horn* bedeutet in Wirklichkeit nicht »Ich grüße das Opfer«, sondern »Dreh das Horn«. Und dieses »Herumdrehen des Horns« könnte in der Wirklichkeit eine bestimmte Entsprechung zu der Handlung des Traums haben, die sich in der Wirklichkeit aber nicht zwischen E. S. und seiner Frau, den Traumgestalten, abspielt, sondern zwischen einer entfernten Verwandten von mir und ihrem Mann, die gerade dabei sind, sich in gegenseitigem Einverständnis zu trennen, und G. R. hätte ihr (in der Wirklichkeit besteht eine Verbindung zwischen meiner Verwandten und G. R.) mit einigem Grund *wiederholt* Telegramme mit dem Text »Dreh das Horn herum« schicken können.

Wenn ich diesen Traum nach den üblichen traumdeuterischen Systemen interpretiere, finde ich: 1. er geht von der Erinnerung an eine wirkliche Tatsache aus; 2. eine Gestalt (G. R.) befindet sich in der Wirklichkeit in der

Nähe des genannten Tatbestandes; 3. zwei Personen (E. S. und seine Frau, R. P.) haben im Traum den Platz eingenommen, den in der Wirklichkeit meine Verwandte und ihr Ehemann besetzen. Schließlich finde ich den Telegrammboten, der ein einfacher Statist ist, und mich selbst, der *ich der Zuschauer bin.* Denn im Traum sind die Rollen »Zuschauer« und »Schauspieler« viel deutlicher unterschieden als in der Wirklichkeit, und für den Träumenden ist der Traum viel stärker »Schauspiel« (viel mehr *Theater,* etwas zum Anschauen), als es die Realität für den Wachen ist. Während der Wache auf die Dinge rings um sich blickt, sie aber zum großen Teil nicht sieht, verliert der Träumende nichts von dem Schauspiel seines Traums.

Warum die Träume nach ihrer *Ähnlichkeit mit der Wirklichkeit* interpretieren? Warum die Wirklichkeit als Modell für den Traum nehmen und den Traum als ihr Spiegelbild? Dieser hartnäckige Irrtum führt weg von der wahren Erkenntnis des Traums. Ein Irrtum, der dem der Frauen gleicht, die nachahmen, was die Männer tun, um ›sich zu erhöhen‹.

Um die für uns noch immer dunkle Sprache der Etrusker zu interpretieren, muß man ›sich in einen Etrusker verwandeln‹. Warum ist man noch nicht darauf gekommen, daß der Traum, der für den wachen Menschen ein Rätsel ist, *keines* für den Träumer ist? Um Träume zu verstehen, *muß man sich in einen Träumer verwandeln.*

Um die Träume zu verstehen, muß man sich an den Gedanken gewöhnen, daß die Werte und Begriffe des Wachseins im Traum nicht dieselbe Bedeutung haben, sondern sehr oft eine andere. Um die Träume zu verstehen, muß man daran denken, daß der Buchstabe A im Traum nicht der erste des Alphabets sein muß und 24 nicht die Summe aus 20 plus 4. Um die Träume zu verstehen, muß man darauf verzichten, sie mit den Wahrheiten des Wachseins zu kolonisieren. Um die Träume zu verstehen, muß man ihre Autonomie achten. Um die Träume zu verstehen, muß

man lernen, die besondere Schrift der Träume zu lesen, wie man die griechischen Buchstaben lernen muß, wenn man Griechisch lesen will. Um die Träume zu verstehen, müssen wir dem Eigenwert und den Eigenbedeutungen des Traumes vertrauen. Um die Träume zu verstehen, muß man ihre Unabhängigkeit achten. Um die Träume zu verstehen, dürfen wir nicht *unseren* Verstand in den Traum einbringen, sondern wir müssen erlauben, daß der Traum uns seinen Verstand bringt. Wir dürfen nicht unser Wissen einbringen, sondern müssen erlauben, daß der Traum uns sein Wissen bringt. Um die Träume zu verstehen, muß man sie von allem reinigen, was nicht zu ihrem eigenen Wissen gehört, sondern ein Rest unseres menschlichen Wissens im Zustand des Wachseins ist und was irrtümlich in den Traum eingegangen ist. Um die Träume zu verstehen, muß man darauf verzichten, die Träume zu verstehen.

In meinem Traum aus der letzten Nacht sind Reminiszenzen meines Wissens als Wacher enthalten und gleichzeitig Dinge, die zum Eigenwissen des Traums gehören. Man muß das eine vom anderen trennen. Der Irrtum der Psychoanalytiker besteht darin, daß sie die Autonomie des Traumwissens nicht anerkennen, sondern der Meinung sind, daß auch der autonome Teil des Traumes aus Reminiszenzen bestehe, die aus unserem Bewußtsein entlassen und in unser Unterbewußtsein eingegangen sind wie in ein sicheres Versteck.

Die Erinnerungen aus dem Wachsein, die in den Traum eingehen, sind die Unreinheiten des Traums, seine ›Nachahmungssünden‹. Sein Geheimnis liegt nicht hier. Nicht dies muß man vom Traum verstehen. Was sind die ›autochthonen‹ Erinnerungen des Traums? Aus welchem Erinnerungsmagazin stammen sie? Welche ›Welt der Ideen‹ sammelt und hütet sie? Welche Sprache ist das, die ich nur im Traum kenne und in der *drehe Horn* bedeutet »Ich grüße das Opfer«? Daß *drehe Horn* auch auf deutsch, in einer Sprache des wachen Lebens also, etwas bedeutet, das ist in meinen Augen ein reiner Zufall; wenn man nicht annehmen will, daß alle Sprachen eine doppelte Bedeutung haben, eine im wachen Leben, die andere im Traum, was eine ›zu menschliche‹ Hypothese wäre, die meiner immer stärker werdenden Überzeugung widerspricht, daß im Traum alles ›autochthon‹ ist, also auch die Sprache oder die Sprachen, in denen die Traumgestalten miteinander sprechen.

»R. P. streckt den Kopf aus dem Dach des Häuschens, um das Telegramm in Empfang zu nehmen«: Das war die einzige irreale Stelle meines Traums. Ich füge aber hinzu, daß der Sinn von Mensch als Bewohner eines Hauses und von Haus als Wohnstatt des Menschen mir nie so genau, so überzeugend, so logisch, so einleuchtend erschienen war wie beim Anblick von R. P.s Kopf (der sehr gut zu erkennen war an den tiefschwarzen, weißgescheckten Flechten, die wie ein Elsternest um ihren Kopf lagen), der aus dem Dach des Häuschens ragte und zum Kopf des Häuschens selbst wurde, während das Häuschen zum Körper und Gewand von R. P. wurde. Seit ich dieses Bild im Gedächtnis habe, geht mir der Vers von Giusti nicht aus dem Sinn: »Es lebe die Schnecke / das häusliche Tier.«

Warum Träume?

Und warum das Denken?... Warum haben wir diese Möglichkeit, zu denken, das heißt Dinge zu erschaffen, die *nicht in der Zeit sind,* die »an keinem Ort und auf keine andere Art« existieren? So wie Rußland – als ein Volk, das nicht behindert wird von der Weisheit, der Überlegung, dem gesunden Menschenverstand der Völker, die von der Tradition gehalten und geleitet werden –, so wie Rußland das anwendet, was Europa denkt und theoretisch entwickelt, was es aber zu verwirklichen nicht den Mut oder die Geduld oder auch nur die Lust oder die Naivität, vielleicht auch die Unklugheit hat; so verwirklicht der Traum das, zu dessen Realisierung unser Denken keine Möglichkeit hat – oder auch keinen Mut, keine Geduld, keine

Naivität, und wenn ich hinzufüge »kein Unterbewußtsein«, gebe ich auch der Psychoanalyse, was der Psychoanalyse ist.

Die Träume verwirklichen das, was mein Denken als wacher Mensch nicht verwirklichen kann. Jetzt beginne ich den Grund zu begreifen für dieses immer liebevollere Gedränge der Träume um mich, nachdem ich ihnen so feindlich gesinnt war und sie so verabscheut hatte. Jetzt beginne ich zu begreifen, warum die Träume sich immer eindringlicher bemerkbar machen. Damit ich mich an sie gewöhnen kann. Damit ich in sie übersiedeln kann. In Erwartung meiner ›totalen‹ Übersiedlung in die Träume.

Was wird anders sein?…

Schon im wachen Leben gleicht mein Dasein immer mehr dem eines Schlafwandlers. Schon im wachen Leben existiere ich mehr in meinen Gedanken als in der gewöhnlichen Realität. Schon im wachen Leben kann ich alle Ereignisse und Erinnerungen aus dem wirklichen Leben herbeirufen, die ›Unreinheiten‹ und die ›Nachahmungssünden‹ meines wachen Lebens.

Für mich wird es leichter sein als für alle anderen, zu sterben; wenn die Träume das Leben sind, das uns erwartet. Und wenn das wache Leben nicht so zerstreut, so bewegt, vor allem so kurz wäre, dann würde es uns mit ein wenig Training vielleicht gelingen, freiwillig und frei in die Träume hinüberzugehen wie in eine Art Sommerfrische, in eine Ruhepause, und darin ›gesellschaftlich‹ einen Teil unserer Lebenszeit zu verbringen, uns als Freunde zu begegnen, die in verschiedenen und weit voneinander entfernten Ländern wohnen, und uns in der Herzlichkeit der Träume, der ›Unsterblichkeit‹ der Träume zu versammeln, so wie man sich in einem angenehmen, hellen und geheizten Raum zusammenfindet, während es draußen friert und in der Nacht uns die dampfenden Zähne und die feurigen Augen der Wölfe belauern. (→Tiefe)

TRINKERATHLETENTUM. Ich beende gerade die Lektüre von *Alexander der Große* von Georges Radet, und auf Seite 328 finde ich: »Bei den Mazedoniern artete das Gelage oft zur Orgie aus, und eine der häufigsten Übungen dieser Halb-Barbaren bestand darin, in einem einzigen Zug den berühmten Herkulesbecher auszutrinken, was auch bei größter Widerstandskraft der Trinker eine schwere Trunkenheit zur Folge hatte, und mehr als einer der Zecher stürzte unter der Wirkung des Weins zu Boden.« Das Trinkerathletentum ist auch in unseren Tagen nicht ausgestorben und in den *Brauereien,* den Bierwirtschaften Münchens, und zwar besonders bei den Trinkfestivals wie dem *Oktoberfest* und dem Anstich des *Salvatorbiers* im Frühling, findet der Trinker große Bewunderung, der in Ermangelung des Herkulesbechers eine *Maß,* ein Gefäß, das einen Liter faßt, in einem Zug leert. Diese Trinkakte sind ein reiner Schluckheroismus und haben keinerlei praktischen Zweck; aber außer diesen *gesta bibendi* gibt es Trinkereien, die sozusagen von Nutzen sind, und eine, die ich kenne, ist des Erzählens wert. Eines Nachts spielte ein ungarischer Herr in seinem Schloß mit Freunden Karten, und als das Spiel zu Ende war, begannen die Spieler sich über einen riesigen böhmischen Kristallbecher zu unterhalten, der wie eine Trophäe an der Wand hing und der ein größeres Fassungsvermögen als der Herkulesbecher der Zechgenossen Alexanders hatte. Dieser Becher, erzählte der Schloßherr, habe einem seiner Vorfahren gehört, der ihn mit Tokaier füllte und in einem Zuge leerte. »Das waren Trinker!« rief einer der Anwesenden aus, denn die Bewunderung der Menschen gilt stets vor allem den großen Spielern, den großen Trinkern und den großen Umbringern, und er fügte hinzu: »Ich wette, daß keiner von uns dasselbe fertigbringen würde!« – »Ich nehme die Wette an«, sagte der Schloßherr, und nach einigen schwindelerregenden ›Gebotssteigerungen‹ wurde der Einsatz auf eine Million Pengös bestimmt, eine beträchtliche Summe, denn diese denkwürdige Wette fand nicht in unseren Tagen, sondern im Jahr 1910 statt. Das heroische Glas wurde mit Tokaier gefüllt, und der Schloßherr ergriff es mit beiden Händen, so groß war es, und begann zu trinken, und ohne Atem zu holen, trank er den Wein bis zum letzten Tropfen aus, worauf er, im Gesicht dunkel geworden wie der Mond bei Mondfinsternis, vom Schlag getroffen auf den Teppich stürzte. Die Million Pengös wurde den Abmachungen der Wette gemäß an die Erben ausgezahlt, und so erfuhr man, daß der Schloßherr, der in jener Nacht eine Million Pengös beim Kartenspiel verloren hatte, die sein ganzer Besitz waren, diese Wette als ein Opfer angenommen hatte, um seine Familie vor dem drohenden Elend zu bewahren. (→Beratungen)

Trinkerathletentum

Tschechow. Zufällig habe ich in diesen Tagen einige Erzählungen von Tschechow gelesen, die ich noch nicht kannte. Die eine heißt *Der schwarze Mönch*, die andere *Reich der Frauen*, und sie gehören zu den schönsten Erzählungen dieses Autors, die ich kenne. Im übrigen kenne ich keine Erzählung von Tschechow, die nicht schön ist, und ich meine mit dieser allgemeinen Bezeichnung »schön« die Sympathie, die sie erwecken, die ›lange‹ Rührung, die sie vermitteln, und vor allem das poetische Gefühl, das sie einflößen. Und doch ist Tschechow ein ›veristischer‹ Schriftsteller, der das Leben nicht verherrlicht, seine Personen nicht idealisiert, der unter dem, was er erzählen will, nicht das auswählt, was den Ruf hat, schön, edel, poetisch zu ein. Andere ›veristische‹ Schriftsteller dagegen, wie Maupassant (und ich nehme Maupassant, um als Beispiel einen Schriftsteller zu nennen, der von Tschechow mehrmals zitiert wird), interessieren mich, fesseln mich mit der ›Wahrheit‹ ihrer Erzählung, rufen aber in mir nicht dieselbe Sympathie hervor, vor allem flößen sie mir nicht das poetische Gefühl ein, das mir die Erzählungen

Tschechows *immer* einflößen, auch wenn er, in *Lust zu schlafen,* erzählt, daß Warka, um schlafen zu können, das Kind in der Wiege erwürgt, das sie hüten sollte. Mehr noch: Die Berührung, die ich durch Maupassant mit dem ›wahren‹ Leben erfahre, ist derart, daß ich mir nach der Lektüre die Hände waschen möchte, während die Berührung mit dem ›wahren‹ Leben, die mir Tschechow verschafft, in mir nach der Lektüre den Wunsch weckt, noch weiter in jenem Leben zu verweilen, einem Krankenhaus, einem Irrenhaus, einem Armenhaus, oder einfach in der Gesellschaft von Dummköpfen, Schwärmern, Unzufriedenen, lächerlichen Personen, Gescheiterten. Es besteht also ein ›tiefer‹ Unterschied zwischen dem Verismus Maupassants und dem Tschechows. Obwohl sie die Realität nicht im mindesten verbirgt oder verändert, vermag Tschechows Kunst das, was abstoßend an der Wahrheit ist, was man nicht ansehen und einatmen kann, zu ›desinfizieren‹. Und dieses Vermögen ist Poesie, das heißt das Vermögen, die Dinge in ihrer Totalität und *bis in die Wurzeln* zu sehen, zu verstehen, zu fühlen, also bis zu jenem Punkt, an dem die Dinge und Menschen, so verschiedenartig sie sein mögen, *ihr gemeinsames Wesen wiederfinden.* Und eben dadurch, wie Tschechow schreibt, das heißt auf poetische Art, werden alles und alle würdig, vom Dichter besungen zu werden: alle werden Helden; der Feigling ist auf derselben Ebene des *menschlichen Interesses* mit dem Paladin Roland, und die trivialste Frau steht neben der Heiligen, der Mann aus dem Pöbel neben dem Fürsten, der Dumme neben dem Intelligenten, der Mann im Dunkeln neben dem im hellsten Licht. Das Werk Tschechows wird somit das Werk, das am weitesten von allem Schein entfernt ist, am weitesten von der Oberfläche, das *christlichste* Werk, wenn man unter »christlich« den gemeinsamen und wahren Grund der gesamten Menschheit versteht. (→Maupassant)

TYPOGRAPHIE. Die Typographie ist eine Kunst. Diese Wahrheit wagt niemand zu widerlegen. Wir Italiener schon gar nicht, die wir die Buchdruckerkunst aufs äußerte perfektioniert haben, und das seit ihren weit zurückliegenden Anfängen. Aber Kunst oder nicht, die Typographie ist und bleibt ein Mittel zum Zweck. Das größte Mittel der Erkenntnis, das der Mensch erfunden hat. Diesen genau bestimmten Zweck sollte die Buchdruckerkunst niemals vergessen. Für mich ist die Buchdruckerkunst dann am schönsten, wenn sie einfach, klar und formlos ist. Wenn sie das Auge des Lesers nicht ablenkt, zwischen dem Auge des Lesers und der Aussage des Geschriebenen keine Schnörkel und keine graphischen Verzierungen einfügt. Aber nicht alle denken so. Und ich stelle mit Schaudern fest, daß die Buchdruckerkunst oft und gern vergißt, ein Mittel zu sein, und sich aufführt wie eine schöne Dame, die für ihre Reize bewundert werden will. Seitdem das ganze Leben zum ästhetischen Schein geworden ist, unterwirft sich auch die Buchdruckerkunst, genauso wie der Schnitt der Kleider und die Inneneinrichtung der Wohnungen den schnell wechselnden Moden. Gestern noch, als der Jugendstil am Ruder war, hatten die Buchstaben die Form von Lilien und Tulpen angenommen, heute, zu Zeiten der Moderne, sind sie zu fettleibigen Zwergen geworden. Der Mensch sollte nicht nur in seinen Gedanken und Taten »human« sein: er sollte auch den Dingen, die ihn umgeben, dem kulturellen Rüstzeug, ein menschliches Antlitz geben. Und je »menschlicher« ein Ding ist, desto logischer ist es, und desto mehr entspricht es dem Zweck, der seine Existenz rechtfertigt. Selbst ein Stuhl, ein Telefonapparat, ein gedruckter Buchstabe sollen ein »menschliches« Antlitz haben. Aber wenn der Stuhl sich als Muschel verkleidet, wenn der Telefonapparat sich unter dem Reifrock einer Dame versteckt, wenn das *L* aussieht wie eine Hyazinthe und das *O* wie eine schwarze Scheibe, nehmen diese Dinge etwas Unlogisches und Beunruhigendes an, flößen Mißtrauen und Argwohn ein, stören die Ökonomie des Lebens und bringen es aus dem Gleichgewicht. (→A, →TITEL)

UNENDLICHES (INFINITO). Das Unendliche ist eine Frage der Atmosphäre. Wenn Leopardi in Catanzaro geboren worden wäre statt in Recanati, hätte er wahrscheinlich nicht geschrieben: »Immer lieb war mir dieser einsame Hügel ...« Die Undurchsichtigkeit und Dunstigkeit der Luft machen es leichter, sich die Unendlichkeit des Lebens vorzustellen, das hingegen höchst endlich erscheint, wenn seine Aspekte klar und fest umrissen um uns sind. Auch der ›Lebensschwung‹ wird davon beeinflußt. Der Gedanke an das Unendliche weckt Hoffnung (Achtung: Das *Unendliche* von Leopardi ist im Grunde ein Gesang auf die Hoffnung) und also Vertrauen zum Leben, dazu Energie, Liebe zur Arbeit usw. Ein gewisser Nebel um uns (und vor allem in unserm Gehirn) ist nötig, damit wir richtig, ›mit einer Hoffnung‹, leben. Klarheit zerstört: Klarheit ›beendet‹ das Leben. Ich stelle mir vor, daß uns die höchste Klarheit im Augenblick vor unserem Tod zuteil wird. (Ist *sie* irrtümlich für den »Lebensfilm« des Sterbenden gehalten worden?) Ich bin noch nicht gestorben, also fehlt mir die direkte Erfahrung, aber vor einigen Monaten mußte ich für einen chirurgischen Eingriff narkotisiert werden, und da ich mich auf diesen kleinen Tod vorbereitet hatte, als wäre es der große Tod, sah ich einen Augenblick lang, bevor ich in den schrecklichen Schlaf fiel, das ›ganze‹ Leben, und nicht nur meines, mit der größten Klarheit (besser gesagt, ganz unbeteiligt, ganz ›dilettantisch‹ – vielleicht, weil das Dilettantentum mein wahrer und innerster Charakter ist) und ganz deutlich, fest umrissen, vollendet vor mir: wie die Teile eines Baukastens in ihrer Schachtel. Aber das Unendliche schadet auch – den allzu Gutgläubigen; wie der Sozialismus zum Beispiel und der

Impressionismus. Die südlichen Völker, die die Vorstellung des Unendlichen, den ›Blick‹ ins Unendliche, nicht besitzen, sind weder Sozialisten noch Impressionisten. Die Einwohner der Basilikata, Calabriens, Siziliens, Apuliens lehnen das Unendliche nicht nur als Idee ab, sondern auch als Verbform. In Catanzaro ersetzt man den Infinitiv durch einen mit *mu* eingeleiteten Nebensatz, in Reggio benutzt man *mi.* Man sagt: *Anno raggiuni mu ti chiamanu ciucciu:* »Sie haben recht, daß sie dich einen Esel nennen.« Dieses Beispiel sieht aus, als hätte ich es absichtlich gewählt, um meinen Zensoren jegliche Mühe zu ersparen. (→LEOPARDI) *Unendliches*

URSPRUNG. Der höchste Ehrgeiz des Menschen müßte sein, der Schöpfer seiner selbst zu sein. Man lobt ja auch die Originalität. Heute bedeutet Originalität Verschiedenheit, aber wenn man bei der ›originalen‹ Bedeutung des Wortes bleibt, müßte Originalität, Ursprünglichkeit, eigentlich bedeuten, daß jemand seinen Ursprung in sich selbst hat. Ein schöner und tröstlicher Gedanke. Ich bin ich und habe kein anderes Ich über mir. Und doch existiert eine andere Form von Stolz, die viel verbreiteter ist, und das ist der Stolz auf den Ursprung, den man außerhalb seiner selbst hat (Geschlecht, Sippe usw., die Vorstellung von Adel, Aristokratie). Und Napoleon, der sich nicht, wie Cäsar, einen Enkel der Venus nennen konnte, sagte: *»Notre prédécesseur Charlemagne.«* Fraglich ist, ob sich Cäsar seiner Abkunft von Venus ebenso gerühmt hätte, wenn er außer der *Aeneadum genetrix, dominum diuomque voluptas* auch die Venus aus der *Belle Hélène* gekannt hätte. Sehr wenige Menschen haben den Mut, ›aus sich selbst geboren zu werden‹. Das natürlichste Gefühl für den Menschen, das ihn am stärksten im Leben trägt, ist das Gefühl der Abstammung. Manchmal nimmt es die Form der Ergebenheit eines Dieners vor dem Herrn an, manchmal die eines Schülers vor dem Meister, manchmal die des

Regierten vor dem Regierenden und bei Dante (im *Paradies*) die Dantes vor Gott. Die verschiedenen Bezeichnungen, die Dante Gott gibt – ewiger Wert, ewiger Gärtner, das Gut und vor allem Liebe –, sind alle gleichermaßen Rechtfertigungsformen für Dantes Hingabe: für sein *Sich-in-Ihn-versetzen.* Mit weniger Hineinversetzen eines Dante und seiner Nachfolger hätten wir in unserer Literatur weniger tönende Verse, aber einen größeren Reichtum an Gedanken gehabt.

VERGANGENHEIT. Schweigend und reglos ist die Vergangenheit, wie ein von den Winden aufgegebenes Meer. Für immer den Strömungen jeglicher Art und auch den schrecklichen Durchzügen des Fatums verschlossen, ist es von strenger Stille umgeben, die seine unabänderliche Ruhe sichert. Alles, was aus der Gegenwart in die Vergangenheit übergeht, um sich leichter an den festen Orten niederzulassen, wo das Leben nicht mehr kreist, muß vor allem seine Rechnung mit dem Schicksal gemacht haben, dann erst wird es im Weiterleben der Erinnerungen sakrosankt und verehrungswürdig. Die Gesetze, die die vollkommene Ordnung der Vergangenheit regeln, sind derart, daß sie alles ausschließen, was sich nicht völlig vom Leben gelöst hat. Wer noch eine abzubüßende Schuld oder ein wiedergutzumachendes Unrecht mit sich trägt, wird von der Vergangenheit nicht aufgenommen, sie weist ihn zurück wie die Wellen, die einen Leichnam wieder aufs Ufer werfen, und er muß die Welt beunruhigen und mit seinem Jammern erfüllen. Ernste, leidvolle Klagerufe erheben sich dann von der Erde, und die wiederauferstandenen Toten streifen vor den entsetzten Augen der Schuldigen vorüber. Die Traurigkeit der Gespenster ist groß, nichts ist jammervoller als die vergebliche Klage eines Geistes. Der von den Furien verfolgte Orest, Hamlet, vom Vater zur Rache angestachelt: Sie sind die Toten, die vor den geschlossenen Toren der Vergangenheit warten, die umherschweifenden, die herumirrenden, die ruhelosen und verlassenen Toten, die nicht so sehr drohen als die Lebenden um Erlösung anflehen, um in die Vergangenheit eintreten und darin ausruhen zu können. Daher empfinden die Menschen soviel Achtung und Verehrung für die Vergangenheit. Aus diesem Grunde sind wir, von einem dunklen Gefühl geleitet, so eifrig bei der Pflege der Grabstätten; wir richten die Gräber symmetrisch aus; eifrig und bemüht ordnen wir alles, was stirbt; wir verhüllen den Kult der Erinnerung mit andachtsvollem Geheimnis; wir schrecken vor jedem geräuschvollen Gedenken zurück. *Tu Manes ne laede meos, sed parce solutis / crinibus et teneris, Delia, parce genis.* Und nicht nur auf den Friedhöfen (den Schlafstätten), sondern auch an Orten, wo Erinnerungsstücke und Reliquien gehütet werden, sogar zwischen den Trümmern und erhabenen Antiquitäten senken wir die Stimme und gehen auf Fußspitzen. (→Salz)

Verleger. Unsere Verleger hegen eine große Liebe zu ihrer Kunst, aber ich zweifle daran, daß diese Liebe unserer Verleger der eines Manutius, eines Froben, eines Amerbach gleichkommt, dieser vortrefflichen Verleger aus der Frühzeit der Buchdruckerkunst. Die holländischen Verleger des 16. Jahrhunderts stellten in den Fenstern ihrer Druckereien die Druckfahnen ihrer griechischen Ausgaben aus und setzten ansehnliche Preise für die Studenten aus, die einen Druckfehler darin fanden. Ich würde mich gern irren, aber ich habe den Eindruck, als habe das verlegerische Gewissen in der Zwischenzeit etwas unter Verstopfung gelitten. Zum vierten Mal nun korrigiere ich die Druckfahnen meines Buches, das bald erscheinen soll, und noch immer habe ich keine korrekte Schreibung der Wortspiele Homers mit den Namen von Achill und Odysseus erreicht. Aber es gibt Schlimmeres. Vor ein paar

 Tagen sehe ich in der Buchhandlung meiner Freundin D. M. *Sanctuary* von William Faulkner in der französischen Übersetzung von R. N. Raimbault und Henri Delgove, mit einem Vorwort von André Malraux, erschienen bei Gallimard, Paris, dem Verleger der *Nouvelle Revue Française;* und da ich, im Gegensatz zu einigen Kollegen, nicht aus nationalistischer Strenge vor der Lektüre ausländischer Bücher zurückschrecke, bitte ich meine Freundin, mir das Buch von Faulkner zu leihen, was sie liebenswürdigerweise tut. Ich kenne das Thema von *Sanctuary*, ich weiß, daß dieser Roman düsterer und zwanghafter als die anderen Bücher Faulkners ist; ich weiß, daß es darin um einen seltsamen Fall psychischer Perversion geht, und also begebe ich mich am selben Abend mit diesem kleinen Sprengkörper zu Bett und verspreche mir die stärksten Erschütterungen. Aber im ersten Kapitel, betitelt »Ende der ruhigen Väter«, lese ich, daß »die Franzosen die Wollust des Gedankens lieben« und daß sie »zu allen Zeiten die größten Ideenlieferanten gewesen sind«, und im zweiten Kapitel, mit dem Titel »Das Beamtenelend«, erfahre ich, daß »die Republik ihre Beamten, diese Prätorianergarde des allgemeinen Wahlrechts, verhungern läßt«. Mißtrauisch geworden bei diesen seltsamen Darlegungen, die um so seltsamer für einen im amerikanischen Milieu angesiedelten Roman sind, in dem unter anderem von einem Mädchen die Rede ist, das vermittels eines Maiskolbens entjungfert wird, blättere ich zu den ersten Seiten zurück und lese auf dem Titelblatt: *Pierre Hamp. La Peine des Hommes, Une Nouvelle Fortune*, das Buch eines Herrn Hamp also über die Lage Frankreichs nach dem Ersten Weltkrieg. Wenn es Manutius, Froben oder Amerbach passiert wäre, ein Buch von Pierre Hamp mit dem Umschlag eines Romans von William Faulkner herauszubringen, hätte wahrscheinlich keiner der drei Fürsten des Verlegergewerbes diese Schande überlebt, aber es ist mir nicht zu Ohren gekommen, daß Herr Gallimard davon getötet worden ist. Tags darauf treffe ich meine

Freundin und frage sie, ob sie *Sanctuary* von William Faulkner, das sie mir am Abend zuvor freundlicherweise geliehen, gelesen habe; sie antwortet mir, sie habe es gelesen und habe es ein wenig anders gefunden als die übrigen Bücher dieses Autors. (→TITEL)

Verleger

VERSUCHE, DIE KUNST MYSTISCH ZU MACHEN. Die Kunst ist heidnisch. Sie ist ihrer Natur, ihrem Wesen nach unheilbar heidnisch. Das Reich der Kunst ist von dieser Welt. Jeder Versuch, die Kunst hinüber in die jenseitige Welt zu führen oder nur mit der jenseitigen Welt in Verbindung zu bringen, ist zum Scheitern verurteilt. In der Kunst ist der Mystizismus ein gewaltiger Notbehelf. Ein Versuch – muß es noch gesagt werden? –, fehlende schöpferische Fähigkeiten, vor allem manuelle Fähigkeiten, zu ersetzen. Sie sind in Wahrheit für den Künstler am nötigsten und zugleich am geheimnisvollsten. Man beachte: Die Versuche, die Kunst ›mystisch zu machen‹, sie aus ihrem Reich herauszuholen, sind weniger das Resultat von Gefühl als von technischer Perfektionierung. Versuche, die Malerei mystisch zu machen, sind nicht so sehr die Malerei von Burne Jones, von Dante Gabriele Rossetti wie die Malerei derjenigen, die sich an den Beziehungen der Farbtöne untereinander entzücken. Ein Versuch, aber ein sehr grobschlächtiger, die Kunst vermittels der technischen Entwicklung mystisch zu machen, war der Divisionismus. Wichtig: Die gefährlichsten Versuche, die Kunst mystisch zu machen, verbergen sich hinter dem Naturalismus. Cézanne gehört mehr zu einem »antimalerischen Mystizismus« als Böcklin. Cézanne hat etwas von einer Kreatur Gottes, von einem Franziskaner an sich. Die sentimentale Ausweitung um das Werk Cézannes herum, der »Cézannismus«, ist eine Form von – wie soll ich sagen – ›weltlichem‹ Mystizismus. Einen Versuch, die Musik mystisch zu machen, sehe ich eher im Studium der Viertel-

Versuche, die Kunst mystisch zu machen

töne, im Paraphrasieren griechischer Tonarten als in den ›brillanten‹ religiösen Stücken des Abbé Liszt. (→Ambrosius, →Mystizismus)

Vertrauen. Im Zimmer eines der besten Hotels von Florenz lese ich (im August 1944) das folgende Kärtchen, das vor kurzem angebracht worden ist: »Es wird empfohlen, die Schuhe nicht vor die Tür zu stellen, sondern dem Personal zu übergeben.« Im Kleiderschrank desselben Zimmers finde ich einen Kleiderbügel vor, der mittels eines Metallrings an der Stange befestigt ist, was die deutliche Absicht bekundet, der Versuchung des Reisenden entgegenzutreten, der ihn in seinen Koffer legen möchte; so wie früher in den *Bouillons* Duval in Paris das Besteck mit soliden Kettchen am Tisch befestigt war. Diese Vorsichtsmaßnahmen hat der jetzige Kriegszustand hervorgebracht. Zerstören die Kriege also, die Menschen töten und Vernichtung und Verwüstung bringen, die seit Jahrhunderten gestorbene Krankheiten wieder zum Leben erwecken und andere, bislang unbekannte Krankheiten hervorrufen, zerstören die Kriege also auch jenes Minimum an Vertrauen in unseren Nächsten, das uns erlaubte, unsere Schuhe abends vor die Tür zu stellen, in der Hoffnung, sie am nächsten Morgen getreulich und blank wieder vorzufinden? Und Heraklit nennt den Krieg *patèr andròn,* »Vater der Menschen«! Wahrscheinlich sind es Menschen ohne Schuhe.

Volk. Als im Teatro Adriano die Sinfonie von Dimitri Schostakowitsch aufgeführt wurde, die *Die Belagerung Leningrads* genannt wird, haben viele Leute sie nicht so sehr wegen ihrer musikalischen als wegen ihrer ›populären‹ Qualitäten gelobt, und irgend jemand, der den Slogan des Tages wieder aufgriff, äußerte, die Sinfonie Schostakowitschs »gehe zum Volk«. Ich finde das nicht. Aber das ist nicht mein Thema. Ich will nach der besten Art suchen, in der man zum Volk sprechen kann. *Volk*

Das Volk ist heute das Hauptthema. Als ich noch ein Kind war, vor vierzig Jahren, waren vorherrschende Themen die Wissenschaft, der Fortschritt, das Ideal. Zu noch anderen Zeiten waren Gott, das göttliche Recht, das Jenseits die vorherrschenden Themen.

Ich habe ein halbes Jahrhundert Leben hinter mir. Ich habe viele Dinge entstehen und dann sterben und vieles sich verändern sehen. Nur die Vielfalt und Verschiedenartigkeit der Erfahrungen verschafft das nötige Gleichgewicht, die erforderlichen Pfeiler, auf die sich die Weisheit gern stützt. Schädlich ist es, die Dinge einzeln zu betrachten, weil man sie so am schlechtesten kennenlernt. Nur durch Vergleich lernt man verstehen. Wehe den Spezialisten. Die Deutschen sind Spezialisten. Seht sie euch an.

Die Weltprobleme lassen sich als eine reine Frage des Alters erklären. Mehr Dinge sehen anstatt eines einzigen. *Si jeunesse savait* ... Und nur Männer zur Führung ermächtigen, die verschiedenartige Erfahrungen besitzen (aber es genügt nicht, alt zu werden, um sie zu erwerben). Sonst gerät die Macht in die Hände von Fanatikern, und man kehrt in periodischen Abständen zum Mittelalter zurück.

In der totalitären Sprache heißt es: »Zum Volk gehen.« Wie um auszudrücken, daß das Volk sich nicht von der Stelle wegbewegen muß, an der es sich befindet, sondern daß sich dagegen der einzelne, in unserem Fall der Künstler, bewegen und dem Volke annähern, sich unters Volk mischen muß. Ich sehe das anders. Mir scheint, das Volk muß sich bewegen, vorwärts gehen, Fortschritte machen, so wie ein Knabe wachsen und lernen muß, um zum Manne zu werden. Richtiger als dieses *Zum-Volke-Gehen* war der von den Sozialisten um 1900 befolgte Grundsatz, nach dem das Volk aus seinem Zustand als Masse herausgeführt werden sollte, indem man seinen Geist durch Bildung erhellte und es auf den Weg des Fortschritts brachte. Und wie richtig dieser Grundsatz war, haben die großen Fortschritte gezeigt, die das italienische Volk damals gemacht hat, und wie es sich im Ersten Weltkrieg verhielt. Das war übrigens auch der Grundsatz der Russen, wenn auch in unendlich größerem Maßstab. Es ist nicht nötig, hier daran zu erinnern, was für die Russen die »Wissenschaft« ist. Man sagt mir, daß kein Buch in Rußland mit einer Auflage unter 50000 Exemplaren gedruckt wird. Mit der Versetzung des Volkes in den Vordergrund haben die Russen das Volk praktisch beseitigt. Sie sind nicht »zum Volk gegangen«, sie haben das Volk »hervorgerufen«. Das ist etwas anderes.

»Volk« sagt man wie »Luft«, wie »Erde«, wie »Wasser«. Die Ausgedehntheit des Körpers schließt jede wahrnehmbare Form aus, wenigstens für unser menschliches Auge. Auch die Erde hat ihre Lobredner, die von der »guten Erde«, der »freigebigen Erde« sprechen. Aber wenn man ohne Rhetorik *Erde* sagt, meint man weniger die Erde als die Früchte, die sie gibt. Wenn mit solcher Leichtigkeit und Hemmungslosigkeit Lobreden auf das Volk gehalten werden, dann liegt das daran, daß die Redner und Demagogen das »Gestaltlos-Menschliche« im Volk loben, daß sie sich aber angesichts einer geformten Persönlichkeit beleidigt und ›herabgesetzt‹ fühlen (und auch in ihrer ›Ehre‹, ihrer Existenz bedroht) und also zu allem anderen bereit als zu Lobreden. Ist das Volk wirklich glücklich darüber, daß es aus den obengenannten Gründen gelobt wird? Wenn es sprechen könnte ...

Hier wiederholt sich in anderer Form der Fall der Nora Helmer. Ihr Mann überhäufte sie mit Liebkosungen und Bonbons, und doch war sie so unbefriedigt, daß sie eines Tages die Türen hinter sich zuschlug und das Haus verließ.

Daß die Geschöpfe, die ›im Entstehen begriffen‹ sind, ein Bedürfnis nach Achtung verspüren, hatte sogar Giuseppe Giacosa begriffen. Die Heldin aus *Come le foglie* sagt zu ihrem Max: »Ich fühle, daß du mich achtest.«

Die Geschöpfe, die ›im Entstehen begriffen‹ sind, lieben nicht das, was sie sind, sondern das, was sie sein werden, und das Volk, dieses fortwährend im Entstehen begriffene Geschöpf, liebt nicht das, was volkstümlich ist. Es begnügt sich damit, solange es nichts Besseres hat, aber es strebt nach dem, was nicht volkstümlich ist. Auch der Arme ist mit seiner Armut nicht zufrieden und der Ungebildete nicht mit seiner Unbildung, und beide streben nach Veränderung. Nach den physischen Bedürfnissen ist unsere stärkste Triebfeder der Ehrgeiz.

»Zum Volk gehen« bedeutet für den Künstler und den Geistesschaffenden eigentlich, mit seinem Werk dazu beizutragen, das Volk in einem Zustand zu halten, aus dem es selbst herausmöchte; es wäre dasselbe, dazu beizutragen, den Armen in seiner Armut, den Unwissenden in seiner Unwissenheit gefangenzuhalten. Erscheint Ihnen das richtig?

Wenn das Volk eine ausgeprägte und handelnde Persönlichkeit wäre, würde es im Künstler, der »zum Volk geht«, denjenigen sehen, der ihm die Türen vor dem Fortschritt verschließt und seine »Ideale« zerstört, und es würde ihn hassen. (Das Wort »Ideal« ist nicht mehr in Mode, besonders bei den lateinischen Völkern, die sich seiner schämen und demonstrativ lachen und die es im Grunde nicht verstehen; aber das, was es bedeutet, ist mehr denn je in *unserer in Umwandlung befindlichen Welt* lebendig.) Dagegen wäre es dem Künstler dankbar, der es durch die Höhe und Einzigartigkeit seines Werkes aus seiner Lage als Volk befreite.

Zu sagen wäre auch noch, daß dieses *»Zum-Volk-Gehen«* für den Künstler nur ein frommer Wunsch ist, weil keiner von uns etwas tun kann, wozu ihn die Natur nicht bestimmt hat. Das ist unsere Würde und unser Glück.

Auch bei diesem Thema hilft der Vergleich. Denken wir daran, wie nützlich die komparatistische Methode in der Linguistik ist, in der Religionsgeschichte, in der Psychoanalyse. Denken wir daran, wie einfach mit der komparatistischen Methode *falsche Götter gestürzt* werden.

Zwischen Volk und Frauen, zwischen Volk und Kindern besteht eine Verwandtschaft. Drei Zustände *in fieri*. Drei ›provisorische‹ Zustände. Drei Zustände, denen die Gegenwart sehr wenig bedeutet und die Zukunft sehr viel. Welch Glück, dem Volk sagen zu können: »Du befindest dich in einem Provisorium, hab noch ein bißchen Geduld.«

Keiner der drei Genannten, Volk, Frauen, Kinder, ist zufrieden mit seiner Lage. Keiner möchte behandelt werden »als das, was er ist«. Denn sowohl das Volk als auch die Frauen und Kinder fühlen, daß ihr Status sich wandelt und etwas im Werden Begriffenes ist. Ein ›gründlich‹ erzogener Mensch zeigt, daß er die geheimen Bestrebungen dessen kennt, an den er sich wendet, und daß er die höchsten Ziele seiner Sehnsucht achtet. Wenn wir als Menschen von ›gründlicher‹ Erziehung uns an eine Frau, ein Kind oder an das Volk wenden, zeigen wir ihnen, daß wir ihre geheimen Bestrebungen kennen und das höchste Ziel ihrer Sehnsüchte respektieren; mit anderen Worten, wir zeigen ihnen, daß wir kennen und respektieren, was in ihnen *sein wird*, und nicht, was in ihnen *ist*. Wir kennen diese Zukunft ja auch wirklich und respektieren sie. Eine andere Erziehung dagegen, die nicht in die Tiefe reicht, sondern oberflächlich ist, lehrt, mit den Frauen galant zu sein, mit den Kindern kindisch, mit dem Volk demagogisch.

Als Kind habe ich die Leute zutiefst gehaßt, die sich meiner Meinung nach kindisch aufführten, die glaubten, sich mit äffischem Benehmen meinem Kindsein anzupassen. Ich habe selbst Kinder, aber ihnen habe ich nie gezeigt, daß ich sie für Kinder halte, und dennoch sehe ich nicht, daß meine Kinder mich so hassen, wie ich die kindisch tuenden ›Großen‹ gehaßt habe.

Ebenso hassenswert sind die Männer, die zu den Frauen ›galant‹ sind, sich also ›anders‹ zu Frauen verhalten als zu

Männern, die ein obligates Lächeln aufsetzen, maßlos die körperlichen Reize ihrer Gesprächspartnerin loben, auf frivole Art über Dinge reden, die immer irgendwie mit dem Sexuellen zu tun haben. Die Frauen selbst hassen das galante Getue, wenigstens die, die sich nicht mit der Weibchen-Rolle begnügen, sondern ihre Lage verändern wollen. Und wie das Kind den haßt, der kindisch tut; wie die Frau den, der galant tut, so haßt das Volk den, der volkstümlich tut. Aber diese Feststellung ist weniger kategorisch. Wer ist das Volk? Wie kann man seine Gefühle kennenlernen? Wie seine Gedanken erfahren?

Zur Verwandtschaft zwischen Volk, Frauen und Kindern auch diese Analogie: Mehr Achtung für das Volk haben diejenigen, die auch mehr Achtung für die Frauen und die Kinder haben, nämlich die Skandinavier, die Angelsachsen, die Russen; sie haben auch bessere Lebensbedingungen für das Volk geschaffen.

Verhängnisvoller Einfluß des Ostens. Wann werden auch wir Lateiner beginnen, die ›Anwesenheit einer Seele‹ wahrzunehmen, und im Kind nicht nur ein Spielzeug, in der Frau nicht nur ein Instrument der Lust, im Volk nicht nur ein Objekt der Demagogie sehen?

Maxima debetur populo …

VORFAHREN. Flug der Zugvögel: ein Schauspiel, das mehr als andere *verlockend* ist. Eine seltsame Scham verbietet uns, zu gestehen, welche Gefühle der Vogelflug in uns weckt, ob Freude, Trauer oder Sehnsucht und ob man ihm außer mit dem Blick auch mit der Seele und mit den Gedanken folgen soll. Ein geordneter, ein ernsthafter Flug. Ein sozialer Flug. Ein Dreiecksflug. Modell himmlischer Strategie.

Man begreift, warum der Flug der Zugvögel den religiösen Sinn des Menschen angerührt hat und von Wahrsagern gedeutet worden ist. Man begreift, daß diese kleinen

Tiere, die Rivalen des Blitzes, der Sonne, der Elemente sind, am Ursprung so vieler religiöser Kulte stehen. In den Familiennamen tierischer Herkunft lebt das ursprüngliche Totem fort, jenseits der Kristallisierungen des sozialen Lebens, das die Menschen mit einer gleichförmigen und gleichfarbigen Haut überzogen hat. Man verlasse die gewohnte Bahn, man lese den tierischen Nachnamen mit etymologischem Blick, und im selben Moment wird sich der Träger dieses Namens vom gemeinen Los der Menschen abheben und in der ihm eigenen Schicksalhaftigkeit erscheinen: ungewohnt, vergessen, aber frisch wie das Fleisch der Mammuts, die nach Millionen Jahren aus dem Eis Nordsibiriens treten.

Allen voran die antike Nobilität: die Familie Porcia. Ebenso hieß auch die Gemahlin von Marcus Brutus. Italienisch heißt es Porca, Sau. Dann die großen Säugetiere: Manzoni, Rinder; ein bewegliches Raubtier: Leopardi. Schließlich das Kleinzeug: die Katzes, die Lamms, die Hases, die Taubes … Niemand kann sich vorstellen, wie sehr ich ins Meditieren komme über einen möglichen Commendatore Widder mit seinem Schafskopf, wie tief ich mich versenke in die Rekonstruktion von uralten und geheimnisvollen Harmonien, in dunkle Spiele, die nur Unwissende für ›dummes Zeug‹ halten.

Maialetti, Schweinchen, hieß der Bürodiener einer römischen Zeitung, und anders, als sich vulgäre Leute das vorstellen – Leute, die beispielsweise loslachen, wenn auf der Straße jemand hinfällt –, tönte dieser Name weder komisch noch trivial über Treppen und Redaktionskorridore (Maialetti! Maialetti!: die Redakteure riefen den Bürodiener Maialetti auch ohne einen Grund, nur weil dieser Name sie faszinierte), sondern wie ein uraltes heiliges Wort.

Der Abstieg vom Ursprungstier enthüllt bisweilen ein betrübliches Drama, wie bei dem in seiner Menschenexistenz zum Zirkusplakat, zum Bettvorleger heruntergekommenen *Leoncavallo.*

IL PROBABILE ADAMO

Als Italiener bedaure ich, daß der Storch auf seinem Flug Italien nicht berührt, ebenso wie ich als kleiner Junge mit Vergnügen lernte, daß Italien das *Land der Kälber* ist. Ein weiser Vogel. Ein Vogel mit hohen familiären Tugenden. (Was macht es, wenn die Ornithologen es heute leugnen, daß der ehebrecherische Storch von einem Storchen-Tribunal gerichtet und zum Tode verurteilt wird?) Ein Vogel, der sich in Gesellschaft abzusondern weiß. Ein meditierender Vogel. Ein Glücksbringer. Ich habe ihn auf den Turmspitzen im Elsaß gesehen, wo er noch heute heilig und unverletzbar ist und seinen Totemcharakter bewahrt hat. Ich habe ihn in Thessalien gesehen, und auch dort ist er unverletzbar und heilig, auf den Spitzen der Minarette von Larissa, von Tirnovo, von Velestina. Das Geräusch seines Schnabels wie eine zuklappende Holzschachtel, das einbeinige Verharren auf dem Nestrand, der grübelnd unter den Flügel gesteckte Kopf – das alles sind Gründe, aus denen der Mensch so gern dem Storch gleichen wollte, *auch* und *besonders* dem Storch.

Diesen Ehrgeiz hatten die Pelasger. »Pelasger« ist eine allgemeine Bezeichnung. So wie das 19. Jahrhundert Napoleon in allen Betten aller in Europa verstreuten Villen und Paläste von einiger Bedeutung übernachten läßt, so wie die Religionsgeschichte alle Mythen unsicherer Herkunft in Sonnenmythen verwandelt, genauso hat die antike Geographie die Pelasger an alle jene Orte versetzt, wo ein schwieriges ethnisches Problem zu lösen war. Fest steht jedenfalls, daß die Pelasger ein wanderndes Volk waren. Nun heißt Storch auf griechisch *pelargo*, und von *pelargo* zu *pelasgo* ist es nur ein kleiner Schritt, besonders wenn man die Tendenz des Griechischen berücksichtigt, *s* in *r* zu verwandeln. Und wenn zur klanglichen Verwandtschaft auch die gemeinsame Vorliebe für das Wandern tritt ...

Ich glaube nicht, daß man ein größres Elend
Beim kranken Volk Äginas sehen konnte,
Als aus der Luft die große Seuche tobte,
So daß die Wesen bis zum kleinsten Wurme
Zu Boden fielen und die alte Menschheit,
So wie die Dichter sicher uns berichten,
Sich aus der Emsen Brut erneuern mußte.

Da haben wir die Myrmidonen, die in Italien Formichi heißen.

Strabo, dem bekannten Positivisten des 1. Jahrhunderts zufolge, wurden die Myrmidonen nach dem griechischen Wort *murmex* (Ameise) benannt, weil sie eine starke Neigung zur Landwirtschaft hatten. Sicher ist jedenfalls, daß die Myrmidonen als die starken Männer und erprobten Krieger nach dem Muster des Achill Ameisen-Menschen waren, sei es nun durch Nachahmung, sei es durch Verwandlung.

(Alexander H. Krappe zufolge sind der Name der Myrmidonen und der daraus entstandene Mythos einem Wortspiel zu verdanken, was nicht selten ist bei der Entstehung von mythologischen Namen und von Mythen selbst, wie der Name Merkur beweist, der ebenfalls aus einem Wortspiel entstanden ist.)

Ganz richtig bemerkt Weininger, daß das Ahnentier bei den Frauen deutlicher sichtbar bleibt als bei den Männern, wo es von einem stärkeren Willen unterdrückt, von einem aktiveren Bewußtsein überdeckt, von einem härteren Kampf mit dem Leben verbraucht wird.

Die Höflinge Ludwigs XIV. fanden den Namen Myrmidonen komisch, und sie verlachten Homer deswegen (den farcenhaften Charakter dieses Namens, von der französischen Aussprache verstärkt: *Myrmidons* – vgl. *allons-donc, la grosse dondon,* begreift man besser, wenn man an den zur Karikatur neigenden Geist Altfrankreichs denkt, an die gefährliche Nachbarschaft von *Andromaque* und *La Belle Hélène,* an den wahren Geist von Versailles, der den von Rimbaud, von Lautréamont vollzogenen Bruch von außen umgeht, um sich in den *Folies-Bergères* neu zu festigen.) Diese spöttische Haltung ist um so bedeutungsvoller, als sie sich mit einer eigenartigen Unbewußtheit paart. Ein griechisches Sprichwort sagt: »Der Esel nennt den Hahn einen Dickkopf.« Die Höflinge Ludwigs XIV. und Ludwig XIV. selbst waren ihrer tierischen Abstammung viel näher als andere Menschen, über die sie lachten. Mit seinen Störchen, Raben, Krähen, Schwänen, Gänsen, Enten, Rohrdommeln, Papageien, Finken, Tauben und Pelikanen war Versailles eine riesengroße Voliere, ein kolossaler vergoldeter Hühnerstall, ein *Chante-clair* ante letteram. Geflügel-Menschen, die sich über Ameisen-Menschen lustig machen ... Ein um so komischeres Schauspiel, als ein jeder dieser Herzöge, Markgrafen, Pairs von Frankreich seinen Tierkopf ernst und gravitätisch und ohne den Schatten eines Zweifels durch den *basse-cour royale* spazierentrug, im Angesicht des Sonnenkönigs, eines Papageien von Rang.

Unter den Glasmalereien mit Goldgrund im Städtischen Museum von Turin zieht die *Legende von Kyknos* den Blick besonders an. Kyknos, mit Menschenbrust und Schwanenkopf, durchpflügt die Wellen des Po. Dieser Fluß, der den berühmteren Namen Eridanos hat, trägt, am Ufer hingelagert, nur mühsam die unendliche Traurigkeit seines Stierkopfes. Die Mädchen im Hintergrund leben halb in Gestalt von Pappeln. Wenn unsere Museen nicht von Kunsthistorikern und Beamten, sondern von Psychologen und Metaphysikern *erhalten* würden, wäre dieses Gemälde in eine *camera charitatis* zu den Bildern für Einsame verbannt worden. Bei seinem Anblick fühlt sich der Betrachter plötzlich nackt. Ich sage »nackt«. Es ist nicht allein die Nacktheit, die man unter Hosen und zweireihigen Jacketts verstecken kann, sondern jene schreckliche Nacktheit, die auch durch das Anhäufen von Todesdaten unserer Vorfahren, bis zu unseren fernsten, dunkelsten, heiligsten, unseren vergessenen Vätern: den Tieren, nicht zu verbergen ist. In der Serie meiner Bilder von Menschen mit Tierköpfen haben leichtfertige Leute eine karikierende Absicht zu erkennen geglaubt, die absolut nicht vorhanden ist. Diese Bilder sind ›Charakterstudien‹, besser: ›Porträts‹.

Weil das Porträt – das ›wahre‹ Porträt – den *verborgenen Menschen* enthüllt. Der manchmal ein Kater, manchmal ein Hirsch, manchmal ein Schwein ist. Selten ein Löwe, noch seltener ein Adler. Oft ein lebloses Tier, das dennoch schädlich und todbringend ist, ein Aas.

Diese ›Wahrheit‹, die so tief und so schrecklich und so schwer zu ertragen ist, ließen die Ägypter, die unter ihrem Gewicht zusammenzubrechen fürchteten, von ihren Göttern tragen.

Diese Wahrheit heißt in dieser Welt euphemistisch *Metaphysik*. Und sie ist italienische Wissenschaft par excellence. (→Etymologie)

WAHRHEIT. Ein Zeichen für die Rückkehr der Freiheit nach Italien ist das Wiederauftauchen von Falschmeldungen in den Zeitungen, wie zum Beispiel die anschließend dementierte Nachricht von der Flucht und die später ebenfalls dementierte Meldung von der Verhaftung des ehemaligen Außenministers Galeazzo Ciano. Nicht daß die Zeitungen unter dem früheren Regime nur wahre Nachrichten veröffentlicht hätten, im Gegenteil, alle Nachrichten waren verseucht von Falschheit, aber alle wurden ohne Unterschied, auch die falschesten, als wahr ausgegeben, besser gesagt: uns als solche aufgezwungen. Der größte Fehler und die tiefe Unmoral der absolutistischen Regime, wie aller absolutistischen Verhältnisse, ist das Prinzip der ›einzigen Wahrheit‹. Und dabei weiß man doch, daß die menschliche Wahrheit, unsere Wahrheit, die ›wahre‹ Wahrheit, aus Wahrem und Falschem besteht: und mehr aus Falschem als aus Wahrem.

WIDERSPRUCH. Ich liebe die antiken Götter wie ein Sohn. Daher mißfällt es mir zutiefst, daß Dante an einer Stelle der *Komödie* Apollo anruft wie im 1. Gesang des *Paradieses*:

O mein Apoll, zum letzten Meisterstück
schenk mir von deiner Kraft soviel, daß ich
bei dir des Lorbeerpreises würdig werde

und ihn weiter unten (10. Terzine) sogar »Vater« nennt, während er an einer anderen Stelle (*Hölle,* I. Gesang, 24. Terzine) die antiken Götter, und also auch Apollo, »falsch und lügnerisch« nennt. Kann man die Pflichten der Gastfreundschaft noch mehr mißachten?

WIEGE. Wenn bei den Indianern eine wichtige Persönlichkeit stirbt, wird der Leichnam in einer Hängematte ungefähr einen Meter über dem Erdboden aufgehängt. In dieser hängenden Bahre werden dem Toten sein Bogen, seine Pfeile, seine Schneeschuhe, seine Pelze, seine Friedenspfeife an die Seite gelegt. Und wie ein Kind in der Wiege, so wiegt ihn der Windhauch in ewigen Schlaf.

Wille. Mit dem Willen können wir manche Teile unseres Körpers beeinflussen, andere nicht; wir können ein Bein oder einen Arm bewegen, die Augen schließen oder den Kopf senken, aber wir können nicht unseren Herzschlag beschleunigen, den Blutkreislauf verlangsamen, die Sekretion unserer Schilddrüse stoppen. So ist es bis zum heutigen Tag. In einer nahen Zukunft jedoch wird sich der Wille des Menschen auch auf jene Körperteile erstrecken, die bisher eigenständig und unabhängig von unserem Willen funktionierten. Diese Erweiterung des Bereichs des Willens wird die allergrößte Bedeutung für unsere Gesundheit haben, sie wird zwischen unserem Leben der Bezüge und dem neurovegetativen Leben ein vollkommenes Gleichgewicht herstellen, und der Mensch wird wirklich sein eigener Arzt werden. Zeitungsberichten zufolge hat ein italienischer Gelehrter, Dino Galardi, nach zwanzigjährigen Forschungen und biophysiologischen Experimenten die Möglichkeit für den Menschen entdeckt, »willentlich und nützlich auf das neurovegetative Leben einzuwirken, das heißt die Beziehung zwischen Psyche und Organismus zu finden«. Was die Methode angeht, durch die dieses Resultat erzielt wird, so scheint sie in einer *neuen* Art der Muskelanspannung zu bestehen. Die Zeitungen haben nicht genau erklärt, was diese Muskelanspannung ist, aber wir können es uns vorstellen. Es genügt, sich an die Angstträume zu erinnern. Im Traum verfolgt uns eine Gefahr, kreist uns ein, ist über uns. Jeder Ausweg ist verschlossen. Dann sammeln wir uns in einer ungewöhnlichen Konzentration, wir versenken uns in eine Art ›Gebet‹, das glühend ist, aber aus den Nerven und

Muskeln kommt, keinesfalls aus dem Geist, wir entdecken die Fäden einiger Fähigkeiten, die so selten in uns sind, daß sie uns unbekannt sind, und wir ziehen an ihnen, und am Ende, kraft dieser außerordentlichen Konzentration, fühlen wir in uns eine ›neue‹ Möglichkeit erstehen, und allmählich erheben wir uns zum Flug über die besiegte Gefahr. Nun handelt es sich ganz einfach darum, auch im Wachzustand diese außerordentliche Konzentration zu wiederholen, dieses ›Gebet‹ der Muskeln und Nerven zu formulieren und die Fäden dieser so seltenen Fähigkeiten zu entdecken und zu ergreifen, damit wir auch im Wachzustand diese außerordentlichen Wirkungen erzielen. Wenn das erreicht ist, werden wir sehen, wie Menschen auf der Straße mit gesenktem Kopf und gefalteten Händen wie Betende stehenbleiben und sich kurz darauf zum Flug erheben und hinter den Hausdächern verschwinden wie Gummiballons in Menschengestalt, die mit leichtem Gas gefüllt sind. War übrigens nicht schon bekannt, daß der *Glaube Berge versetzen* kann? Über die außerordentlichen Fähigkeiten, die die Angst im Menschen erweckt, hat Apollinaire eine der poetischsten Novellen, *Hérésiarque et Cie*, geschrieben. Ein Mann wird, als er bei seiner Geliebten ist, von deren Ehemann überrascht, und seine Angst ist so groß, daß es ihm gelingt, *in die Wand einzudringen.* Von diesem Tag an verfolgt der eifersüchtige Ehemann den Rivalen, und da die Bedingung sine qua non für das Eindringen in die Wand die Nacktheit ist, denn der Mann war ja auch nackt, als er überrascht wurde, gestattet er sich nun keine andere Bekleidung als einen Morgenrock und ein Paar Pantoffeln, die man schnell abwerfen kann. Sobald er seinen Verfolger nahen hört, entkleidet sich der Liebhaber im Nu, drückt sich nackt an die nächste Wand, und kraft einer außerordentlichen Willensanstrengung dringt er in sie ein. Wie ein schnaubender Stier erscheint der Eifersüchtige und findet nur die leeren Kleidungsstücke auf der Erde; enttäuscht und verwirrt entfernt er sich.

 Eines Nachts jedoch hört der Liebhaber, als er an einer Gartenmauer entlanggeht, plötzlich den Ehemann die Straße heraufkommen. Er wirft Morgenrock und Pantoffeln ab, drückt sich an die Mauer, schafft es aber nicht mehr, *ganz in sie einzudringen.* Der Ehemann kommt heran, bemerkt den liegengelassenen Morgenrock und die Pantoffeln und daneben auf der Mauer, ähnlich der Spur eines verblichenen Freskos oder einem Fisch, der zum Grund hinabtaucht, den bleichen Umriß eines Mannes, seines Rivalen, des Liebhabers seiner Frau, und schnell schießt er in Höhe des Herzens fünf Kugeln auf ihn ab. Während der Rauch sich verzieht, wird der bleiche Mann auf der Mauer noch bleicher und verschwindet allmählich.

Ein Beispiel von Überwillen finden wir auch in der *Neuen Kolonie* von Pirandello, als Spera, der die Bauern ihr Kind entreißen wollen, mit einer wunderbaren Willensanstrengung ihr eigenes Leid auf die Erde überträgt und die Erde, die größte Mutter, diese Anrufung der kleineren Mutter erhört und zu beben und zu wanken beginnt, bis die Insel birst und im Meer versinkt. Beispiele, wo der Wille auf Organe wirkte, die gewöhnlich unserem Wollen nicht gehorchen, waren auch mir bekannt. Vor Jahren wurde in einem Pariser Saal, in dem Darbietungen für Männer ohne Begleitung gezeigt wurden, ein seltsames Experiment unter dem Titel *Par la force de la volonté* vorgeführt. Es handelte sich um folgendes: Auf der Bühne saß ein Mann (der Darsteller) nackt auf einem Stuhl, die Hände an die Armlehnen gebunden. Ihm gegenüber, aber in einiger Entfernung lag auf einem Sofa eine Frau, ebenfalls nackt, vollkommen unbeweglich und gleichgültig, so daß sie weder seine Psyche noch sein Nervensystem beeinflussen konnte. Der Darsteller fixierte die Frau mit großer Intensität und geriet in einen erotischen Spannungszustand, so daß er ohne Kontakt und Berührung, nur mit der Kraft seines Willens, allein zur Ejakulation kam. Ein anderes Beispiel der Willensbeeinflussung von Körperteilen, die gemeinhin dem Willen nicht gehorchen, liefert uns der sogenannte *Pétemane.* Dieser herausragende Künstler, der die außergewöhnliche Fähigkeit hatte, die in seinem Darm angesammelten Gase zu beherrschen, trat vor vielen Jahren in den Pariser Varietés auf und arbeitete folgendermaßen: Er betrat die Bühne in einem Jäckchen, das ihm bis zu den Nieren reichte, setzte sich mit dem Rücken zum Publikum und begleitete die Walzer, Mazurken und Polkas, die vom Orchester gespielt wurden, mit einem glänzenden Kontrapunkt von Knattergeräuschen, die Luigi Pulci im *Morgante Maggiore* »prodici« oder »pordane« nennt. Im 27. Linieninfanterieregiment, in dem im Ersten Weltkrieg Soldat zu sein ich die Ehre hatte, lernte ich einen Soldaten namens Maggi kennen, der seinen Herzschlag beschleunigen oder verlangsamen konnte und ihn auch anhielt. Maggi gedachte, sich dieser außergewöhnlichen Fähigkeit zu bedienen, um sich ausmustern zu lassen, und zu diesem Zweck meldete er sich krank und ließ sich vom Regimentsarzt untersuchen. Der aber hielt sich angesichts dieses Wunders für nicht kompetent und überwies den Soldaten Maggi an das Ospedale Maggiore in Bologna. Endlich, nach zahlreichen und langwierigen Untersuchungen, die ihn beinahe zu seinem Schöpfer befördert hätten (sein exhibitionistisches Genie verführte ihn dazu, des Guten zuviel zu tun), wurde der Soldat Maggi »heimgeschickt«, wie er in seiner bäuerlichen Sprache sagte. Aber der Soldat Maggi hatte nicht nur sein Herz in der Gewalt, sondern auch sein männliches Glied. Diese besondere Fähigkeit erregte ein so großes Interesse im Regiment, daß sogar der Oberst dieses weniger wesentliche, aber beeindruckende Experiment mit eigenen Augen sehen wollte, und zu diesem Zweck ließ er den Soldaten Maggi zu sich rufen.

Bei dem Kommando »Achtung!« des Bataillonsadjutanten knöpfte sich der Soldat Maggi die Hosen auf und zog mit einem gewissen Widerstreben sein männliches Glied heraus, das sich im Zustand bescheidenster Schneckenähnlichkeit befand. »Eins!« kommandierte der Oberst, und bei diesem Kommando machte das Glied des Soldaten Maggi eine erste und scheue Erektionsbewegung. »Zwei!« sagte der Oberst, und das Glied des Soldaten Maggi stieg auf Halbmast. »Drei!« sagte schließlich die Stentorstimme des Obersten, und in musterhaftem Gehorsam erhob sich das Glied des Soldaten Maggi stolz zu priapischer Majestät. Bei den folgenden Kommandos des Obersten, der Mühe hatte, ein Wort herauszubringen, so heftig wurden er und die nach Dienstrang angetretenen Offiziere vom Lachen geschüttelt, kehrte das Glied des Soldaten Maggi in drei Phasen in die Ruhestellung zurück. Außer seinen physischen Sonderleistungen besaß der Soldat Maggi auch psychische Eigenarten. Er war Graphomane und Autor von ellenlangen Schriften, die von einem sozusagen natürlichen Surrealismus gekennzeichnet waren; denn obwohl er beinahe Analphabet war, überstieg die Phantasie in diesen Schriften bei weitem die eines Hoffmann, eines Achim von Arnim, eines Lautréamont. Auch seine Redeweise war höchst seltsam, und wenn man sich mit ihm unterhielt, hatte man das Gefühl, mit dem Angehörigen einer anderen Rasse oder eines anderen Volkes zu sprechen, ja sogar mit dem Bewohner eines anderen Planeten. Werden die neuen Möglichkeiten für den Willen, die Dino Galardi dem Menschen verschafft hat, nicht auch für seine Psyche neue Beunruhigungen bedeuten? Ich weiß es nicht, aber ich fürchte es. Ich glaube, daß es sehr schwierig und heikel sein wird, eine ›natürliche‹ und ›normale‹ Willensleistung bei den Teilen des Körpers zu erreichen, wo der Wille bisher keine direkte Macht ausübte; weil es sich ja schließlich darum handelt, etwas ›willentlich‹ zu tun, was der Mensch bisher im Zorn oder in einem hysterischen Anfall, jedenfalls unter anomalen Bedingungen tat. Dann wird auch das verschwinden, was man die »Phantasie des Körpers« nennen kann. Neben dem Fall des Soldaten Maggi muß man noch an Napoleon erinnern, der nach Belieben schlief und wachte und der wie der Soldat Maggi seinen Herzschlag anhalten konnte. Auch Massimo Bontempelli kann wie Napoleon einschlafen und erwachen, wann er will. Es ist bemerkenswert, daß die Entdeckung von Dino Galardi, wenn sie einmal praktisch angewandt werden wird, die physische Ausübung dessen sein wird, was für Arthur Schopenhauer nur eine metaphysische Tatsache war. Und es wird schön sein, zu sehen, daß der Mensch stirbt, weil er »auf den Willen zu leben verzichtet«, und bevor er stirbt, läßt er seine Organe stillstehen wie jemand, der die Lichter ausmacht, bevor er das Haus verläßt.

WIND. Rabelais nannte Avignon die »klingende Stadt«, vielleicht wegen ihrer vielen Glocken, wegen des Wahnsinns, den der Mistral bringt, den wir *maestrale* nennen und den Strabo *melanboreo* nennt. Vom Wahnsinn, den der Wind erzeugt, handelt auch, wie man sich erinnern möge, ein Film mit dem Titel *Wind*, in dem die Tragödie der Menschen von der dauernden, marternden Anwesenheit des Windes verursacht wird. Strabo und Diodor aus Sizilien versichern, daß der Melanboreo so heftig ist, daß er Steine aufhebt und Wagen umwirft, aber wenn sie bis nach Triest gekommen wären, hätten sie noch wunderbarere Leistungen des Windes gesehen. Die Psiller hatten recht, als sie dem Wind den Krieg erklärten, der ihre Zisternen ausgetrocknet hatte, nach dem, was Herodot berichtet. Aber das war ein Südwind, unser Schirokko wahrscheinlich oder vielmehr der Ghibeli oder der Simun. Die Psiller zogen also nach Süden mit dem Vorhaben, sich am Wind zu rächen; als sie aber in die Wüste kamen, häufte der Wind solche Sandmengen an, daß er sie alle begrub. Es wird erzählt, daß einer unserer Kolonialgouverneure beinahe dem Wind den Krieg erklärt hätte, als ihm mitgeteilt wurde, daß die »Venti Alisei«, die Passat-

Wind winde, sich näherten.* »Und wenn es vierzig wären!« rief der mutige Gouverneur aus. »Man soll sie fassen, lebendig oder tot!« Nach der Entdeckung des Arktischen Pols durch Kapitän Peary fragte Jarro nach dem Unterschied zwischen dem Pol und einer Latrine; und als niemand antwortete, sagte er: »Es gibt keinen, denn beide sind allen Winden ausgesetzt.«

WONDER-BAR. Das amerikanische Kino hat sich seit geraumer Zeit auf eine Form des Schauspiels verlegt, das ein Mittelding zwischen Revue und Kaleidoskop ist. Diese Form ist so zweideutig, daß das Objektiv des allgemeinen Menschenverstands nicht mehr ausreicht, um sie zu beurteilen. Man bräuchte dafür einen durch Dreiecke und Spiralen gebrochenen Blick, einen Blick, der undurchsichtige Körper durchdringt. Auf den ersten Blick sind *Dancing Venus, Footlight Parade, Wonder-Bar* metallisch und kalt. Dieser Eindruck ist vergleichbar mit dem, den Illustrierte auf uns machen. Im übrigen hat alles, was neu ist, etwas Kaltes und nicht selten Abstoßendes an sich. Das »Neue« ist absolut, einsam und unsympathisch. Dem Neuen fehlt der Trost der Gewohnheit, die Wärme der Bewegung, die Nähe zum Leben; sagen wir es ruhig: Es fehlt ihm an Gesellschaft. Wenn eine Sache würdig ist, nicht zu sterben, wird sie zu guter Letzt wieder zum Absoluten zurückkehren, aber in entgegengesetzter Richtung und mit der warmen Erinnerung an ihre irdische Reise. Am Ende dieser Filme ist man versucht auszurufen: »So ein Blödsinn!« Dann überlegt man es sich, man stellt fest, daß es zwar Blödsinn, aber doch höherer Blödsinn ist, der mit der staubförmigen, gasförmigen, äußerst verdünnten Poesie des neuesten *Faust*, der *Dionysos-Dithyramben*, Picassos Strichzeichnungen, dem Beben der Streicher in Strawinskys *Apollo*, Lautréamonts poetischen Kadenzen

* *venti* (ital.) – *Winde;* gleichzeitig auch: *zwanzig.*

verwandt ist. Die Kritik hat über diese Filme gesagt: »Geschmackloses Zeug«. Aber wie soll man Werke beurteilen, die sich jeglicher Beurteilung aufgrund von Geschmackskriterien entziehen, die die ganze Palette der menschlichen Sünden ausgekostet haben, die den Zustand der absoluten Makellosigkeit, der höchsten Unschuld erreicht haben? Um die Wahrheit zu sagen, sind diese Filme, die an der Oberfläche so banal und in ihrem Innersten so vielsagend sind, der zärtliche Abgesang auf eine Welt, die im Untergang begriffen ist, der Schwanengesang der Kultur des Nordens … und zwar ohne daß die, die diese Filme machen oder anschauen, auch nur die geringste Ahnung davon hätten.

In was für einer merkwürdigen Epoche wir doch leben! In derselben Zeit und Umgebung finden wir in christlicher Nächstenliebe vereint einerseits die exquisiten und schon überreifen Früchte einer bereits völlig metaphysischen und kristallisierten Welt und andererseits die Fladenbrote, die die slawischen Krieger ihrem König als Grabbeigabe mitgegeben haben, damit sich die Manen des ermordeten Herrschers im Jenseits davon nähren können. (→Filmo)

Ziborium. Ich schlage den Petrocchi beim Stichwort »ciborio« auf und finde: »Kleines Tabernakel auf dem Altar der katholischen Kirchen zur Aufbewahrung der geweihten Hostie.« Ich schlage die *Palatinische Anthologie* bei den *Christlichen Epigrammen* auf und finde im Titel des ersten Epigramms: »Auf das Ziborium des Altars von Santa Sofia.« Hier bedeutet Zimborium nicht kleines Tabernakel, sondern »Baldachin über dem Altar«. Den Wörtern mißtrauen.

Auch solchen wie Ziborium, die dem Sprichwort zufolge das Sicherste überhaupt bedeuten. Das Volk sagt: »Wahr wie das Ziborium.«

Zivilist. Für den Soldaten ist der Zivilist etwas Verächtliches. Als Alexander Severus seine rebellierenden Legionen in Antiochia niederzwingen mußte, redete er sie so an: »Haltet Ruhe, sonst werde ich euch nicht mehr Soldaten, sondern *Bürger* nennen.«* Und ›Bürger‹ bedeutet hier ›Zivilisten‹. (→Bürgertum)

Zoographie. Daß die Malerei allein die Darstellung lebender Wesen sein soll, ist ein uralter und tief verwurzelter Gedanke, der in dem Wort *zoografeia* Gestalt angenommen hat, das ›malen‹ heißt und wörtlich genommen bedeutet: lebende Tiere *(zooa)* darstellen. Dieser Gedanke war für Michelangelo selbstverständlich, er leitete ihn nicht von dem griechischen Wort her, denn er begriff Malerei als die Darstellung des Menschen und gab von dem übrigen nur Andeutungen: einen Baumstamm, einen Felsen, ein Blatt. Bedenken wir daher, welche Revolution in der Geschichte des menschlichen Geistes die Erfindung der *natura morta,* des Stillebens, ist: die Darstellung von wenigen Dingen, die auf einem Tisch angeordnet sind, zwei Äpfel manchmal, und die die meisten Leute mit Gleichgültigkeit betrachten wie etwas ganz Gewöhnliches und Unbedeutendes. (Daß der größte Teil der Stilleben gewöhnlich und unbedeutend ist, mindert nicht den ›revolutionären‹ Wert des Stillebens.) Bedenken wir vor allem, welche Revolution die Erfindung der abstrakten Malerei für die menschliche Geistesgeschichte bedeutet, dieser Malerei, die nun keine unbelebten, aber bekannten Gegenstände mehr darstellt, sondern Dinge, die in der gewöhnlichen Realität nicht existieren. (Daß der größte Teil der abstrakten Malerei unbedeutend, sinnlos, dumm ist, mindert nicht den ›revolutionären‹ Wert der abstrakten Malerei.) Ein Abgrund ist aufgetan worden in der Ge-

* Edward Gibbon, »Geschichte des Verfalls und Untergangs des Römischen Reiches«.

schichte des menschlichen Geistes, und über diesen Abgrund hinweg haben die Künstler – einige, sehr wenige Künstler – eine Brücke gebaut. Nun verstehe ich, warum mich, wenn ich mich zurückwende und die *zoographische Malerei* betrachte, die Langeweile lähmt und einschläfert; und warum ich andererseits für die Welt ›jenseits der Brücke‹ eine solche Liebe empfinde: eine um so größere, um so tiefere Liebe, als sie ganz geheim und eifersüchtig ist. (→Porträt, →Realität)

Stichwortverzeichnis

Richard Schroetter: Alberto Savinios ›Privates Lexikon‹

Im Januar 1941[1] eröffnete die in Mailand erscheinende Architekturzeitschrift Domus eine neue Rubrik mit der Überschrift Nuova Enciclopedia. Ihr Verfasser: Alberto Savinio.

Das reichbebilderte großformatige Luxusmagazin – es stand in dem Ruf, »Europas einflußreichste Architektur- und Design-Zeitschrift« zu sein, brachte im Laufe der Zeit insgesamt 23 Folgen dieser bizarren Enzyklopädie heraus, die Savinio mit nicht weniger bizarren selbstgezeichneten Illustrationen Nummer für Nummer ironisch versah.

Alberto Savinio[2], mit richtigem Namen Andrea Francesco Alberto de Chirico, war der jüngere Bruder Giorgio de Chiricos, des Begründers der *pittura metafisica.* Um keine Verwechslungen aufkommen zu lassen und den

[1] Im Januar 1941 hatte Massimo Bontempelli, ein alter Freund Savinios, die Leitung von DOMUS übernommen. Gio Ponti, Gründer des Magazins, von den Faschisten sehr geschätzt (wie eine Zeitlang auch Bontempelli, der 1938 aus der Faschistischen Partei ausgeschlossen wurde), hatte ein neues Kunstblatt namens *stile* kreiert, wo er seine Ideen besser zu präsentieren können glaubte. Mit Pontis Nachfolger Bontempelli hatte der Verlag einen ambitionierten Schriftsteller zum *direttore* ernannt, der sich forciert für die »geistige Erneuerung« Italiens und die aus Frankreich kommenden Avantgardeströmungen in Italien einsetzte, der sich für Futurismus, Surrealismus und Bauhaus-Ästhetik ebenso engagierte wie für seine eigene Literatur. Für Savinio war die Berufung Bontempellis sicher ein Glücksfall.

[2] In seinen Romanen nennt er sich wie auch in seinem *Privaten Lexikon* »*Nivasio Dolcemare*«. Nivasio ist das Anagramm von Savinio.

eigenen Ruhm nicht zu gefährden, nannte er sich Alberto Savinio.

Savinio wurde am 25. August 1891 in Athen geboren. Sein Vater, der Baron Evaristo de Chirico, eine bärtige Autorität mit undurchdringlich-finsterer Kapitän-Nemo-Miene, leitete in Griechenland den Ausbau der peleponnesischen Eisenbahn. Abseits der großen europäischen Metropolen empfand der heranwachsende Alberto Savinio die Differenz zwischen Kunst und Leben, zwischen Schein und Sein, besonders deutlich. Die Athener Gesellschaft – *»jenes so mürbe Saloneuropa ... der ›guten Europäer‹, das beim ersten Kanonendonner 1914 die bereits müden und matten Glieder von sich streckte«* (und dessen *»Knochen im September 1939 zu Staub zerfielen«*) – wurde für ihn zum Spiegelbild der großen Welt und zum Musterbeispiel, wie *er* nicht werden wollte.

Alberto, *en famille* auch Bettì genannt (ein frühes Kinderbild zeigt ihn mit schulterlangen Locken und mädchenhaft schmachtenden Augen), wollte Musiker werden. Er studiert Komposition und Klavier am Konservatorium von Athen, wo er bereits »mit 12 Jahren den Ersten Preis gewinnt«.

Nach dem Tod des Vaters zieht die Familie 1906 nach München.[3] Savinio vertieft seine Studien bei »dem armen Ingenieur des Kontrapunkts« Max Reger. Doch fühlt er sich unwohl im Deutschen Kaiserreich. Trotz seiner Bewunderung für Schopenhauer und Nietzsche, für Beethoven und Brahms, für Böcklin und Klinger vermag er sich »mit diesem Volk«, das in seinen Augen »ein nichteuropäisches Volk in der Mitte Europas« ist und das er nach dem Zweiten Weltkrieg zum »Feind Europas« erklärt, nicht anzufreunden.[4] 1911 geht er nach Paris. Auf einem Photo

[3] Die bayerische Metropole, »Isar-Athen«, erschien Gemma de Chirico, der Witwe, der ideale Studienort für ihre beiden Söhne zu sein. Savinios Bruder Giorgio de Chirico studierte dort an der Königlichen Akademie der Bildenden Künste.

[4] Siehe *Mein privates Lexikon,* Stichwort Der Deutsche und Europa.

sehen wir ihn gentlemanlike in maßgeschneidertem Anzug und Krawatte, mit Stöckchen und »milchkaffeefarbener Melone« ganz *comme il faut,* ein feiner junger Herr aus gutsituiertem Hause und lebenshungriger Ästhet mit leicht spöttischer Miene. In Paris stößt er endlich auf Gleichgesinnte. Er trifft Guillaume Apollinaire, seinen Mentor, Jean Cocteau, Max Jacob, Pablo Picasso, Francis Picabia, Pierre Roy, Ardengo Soffici und viele andere. Der Erste Weltkrieg – *la grande guerre* – löst unter den jungen Künstlern eine Solidaritätswelle aus. Zusammen mit seinem Bruder Giorgio meldet er sich 1915 – Italien war gerade in den Krieg eingetreten – als Freiwilliger zum Militär. Die beiden Brüder werden nach Ferrara geschickt, wo sie in der »Villa del Seminario«, einem Spital für Nervenkranke, zu »sitzenden Tätigkeiten« herangezogen werden. 1917 geht Savinio als Dolmetscher an die Front. In diesen Jahren beginnt er intensiv zu schreiben. Seine frühen Aufsätze und Pamphlete, seine lyrisch-dramatischen Experimente, die in den führenden Avantgardezeitschriften[5] abgedruckt werden, stehen ganz im Zeichen der Choc-Ästhetik und des *Esprit Nouveau,* wie ihn Apollinaire propagierte. 1918 erscheint sein erstes Buch *Hermaphrodito,* eine experimentelle Collage aus Essay und Roman. Mitte der zwanziger Jahre tritt er, von seinem Bruder de Chirico und Cocteau bestärkt, auch als Maler hervor. 1926 heiratet er die Schauspielerin Maria Morino, die er an Pirandellos Teatro d'Arte kennengelernt hatte. Die Weltwirtschaftskrise zwingt ihn zur Rückkehr in das faschistische Italien. Er läßt sich mit Frau und Kindern in Rom 1934 schließlich nieder, wo die Galleria Sabatello den ›Ankömmling‹ mit einer repräsentativen Ausstellung feiert. Seine surreal-popartigen bunten Bilder grotesker Homunculi aus Öl, Kreide, Tempera und Übermut, die in Paris großen Anklang gefunden hatten, verkaufen sich in Mussolinis Italien jedoch nur schwer. In den folgenden Jahren steigert Savinio noch seine Akti-

[5] So in Apollinaires *Les Soirées de Paris,* Zayas' *291,* Tzaras *DADA* u.a.

vitäten. Er veröffentlicht: Dramen, Romane, Erzählungen[6], Szenarien, Ballettvorlagen und Essays. Er ist als Übersetzer und Herausgeber tätig. Aus Geldmangel schreibt er regelmäßig für Tageszeitungen: Porträts, Feuilletons, Musikkritiken, Reportagen, Kommentare. Savinio, der sich während der Mussolini-Ära mit etwas Glück ›durchlaviert‹ hatte[7], bringen Zeitungsartikel, in denen er mit dem faschistischen Regime abrechnet, gegen Ende des Zweiten Weltkriegs noch in Lebensgefahr. Die deutschen Truppen, die das »abtrünnige« Italien noch besetzt hielten, hatten Savinio auf die schwarze Liste antifaschistischer Intellektueller gesetzt, so daß er 1943/44 für einige Zeit untertauchen muß.[8] Nach dem Krieg etabliert sich Savinio auch als Bühnenbildner und Regisseur. Im Mai 1952 stirbt er überraschend an einem Herzinfarkt in Rom.

Savinio war ein Außenseiter, der sich mit Lust und Eigensinn jeder Eingruppierung in eine ästhetische Fraktion entzog, auch wenn André Breton ihn als proto-surrealistisch zu vereinnahmen versuchte. »Der ganz noch im Entstehen begriffene moderne Mythos stützt sich an seinem Anfang auf die beiden … Werke von Alberto Savinio und seinem Bruder …« Vom Surrealismus trennte ihn manches. Alles Manifesthafte, theoretisierend Spitzfindige, Sektiererische ist seiner Kunst fremd, auch vom psychischen *Automatismus,* dem Leitbegriff des frühen Surrealismus, läßt sie sich nicht bevormunden. Ein guter Einfall bedeutet ihm mehr als eine widerspruchsfreie Begründung, ein geschliffenes Aperçu mehr als raffinierte Rhetorik, ein treffendes Beispiel mehr als graue Theorie.

Savinios Textwelt ist immer auch autobiographisch und voller Anspielungen. Was andere Schriftsteller gewöhnlich in Form von Lebensbeschreibungen, Tagebüchern oder

[6] *Capitano Ulisse, Die Tragödie der Kindheit, Die Kindheit des Nivasio Dolcemare* u. a.

[7] Dazu auch Leonardo Sciascias Vorwort zu Savinios *Torre di guardia.*

[8] Siehe auch *Mein privates Lexikon,* Stichwort Bibel.

Briefen hinterlassen, verwebt er systematisch in seine Texte. Das gilt für sein *Privates Lexikon* besonders, das zu großen Teilen während des Zweiten Weltkriegs entstanden ist. *»Ein Briefwechsel von mir«*, sagt er ironisch voraus, *»wird nie das Licht der Sonne erblicken«*[9]. Um die historische Zeitebene klar hervortreten zu lassen, versieht Savinio seine Aufzeichnungen gerne mit Datierungen, die nicht immer stimmen müssen. *»1907 kam ich zum ersten Mal nach Rom«; »1908 beschloß ich dem Flügel Lebewohl zu sagen«; »Am Abend des 25. Februar 1910 kam ich zum erstenmal nach Paris«*[10]; *»Mussolini habe ich 1918 als einen Mann von der Straße kennengelernt«*[11]; *»im Oktober 1943, als ich mich vor den Faschisten verstecken mußte«.*

Die scheinbar objektiven Fakten dieser Welt, das weiß Savinio sehr gut, sind die Munition für Mythen und Legenden. So wird aus Geschichte Fiktion und umgekehrt. Alles ist bei diesem erzählenden Essayisten sinnlich und von großer Plastizität. Alles hat seinen Ursprung in einem konkreten Erlebnis. An den Buchstaben hängen nicht nur Ideen und Begriffe, sondern ebenso eine Vielfalt von Tönen, Farben und Gerüchen, ein ganzes Universum eben – an allem nagt der Zahn der Zeit. Was uns echt und unvergänglich erscheint, ist oft nichts als die Hülle, das dünne Häutchen der Illusion, ein Imitat, so unecht wie der stolze Campanile von Venedig, der an einem ruhigen Sommertag im Jahre 1902[12] sang- und klanglos in sich zusammenfällt und dessen Schutthaufen (wie die wieder aufgebaute Kopie) Savinio als jugendlicher Venedigtourist bestaunt.

Alberto Savinio, der über Marcel Proust sagt, er sei kein echter Romancier, sondern bloß ein genialer Chroniquer[13],

[9] *Mein privates Lexikon,* siehe dort die Artikel Stendhal; Chateaubriand; Friseur, Sofa, düstere Strasse; Shaw.

[10] *Maupassant und der andere.*

[11] Dazu auch *Mein privates Lexikon,* Stichworte Bibel, Der Deutsche und Europa u.a.

[12] Am 14.7.1902 genau. Dazu auch Savinios Ausführungen in seinem Mailandbuch *Stadt, ich lausche deinem Herzen.*

pflegte selbst eine äußerst subtile Kunst des Chronikschreibens.

Mit seinem *Privaten Lexikon* hat sich Savinio einen ganz persönlichen Mnemosyne-Atlas geschaffen. Er konnte hier, wenn auch in alphabetischer Reihenfolge, die disparatesten Gegenstände seiner Wahl, Einfälle, Ideen, Erinnerungen, Assoziationen und Fundstücke verschiedenster Art, ohne große Begründung nebeneinanderstellen und sie miteinander kommunizieren lassen. Immer wieder verblüfft er den Leser mit unerwarteten Korrespondenzen. Wir begegnen dem Sänger Orpheus und Lina Pedrotti, dem Hausmädchen der Eltern, lassen uns von Chateaubriands *Mémoires d'outre-tombe* zu den römischen Bänkelsängern in der Via Gregoriana führen, von der griechischen Tragödie zum »Stiefelanzieher in Form einer Lyra«. Savinio liebt die Abschweifung, Kennzeichen seiner sprunghaften Phantasie und eines unerschöpflichen Einfallsreichtums.

»Ich bin so unzufrieden mit den Enzyklopädien, daß ich mir diese hier für meinen persönlichen Gebrauch geschrieben habe. Arthur Schopenhauer war so unzufrieden mit der Philosophiegeschichte, daß er sich eine eigene für seinen persönlichen Gebrauch schrieb«, begründet er sein eigenes (unvollendet gebliebenes) Lexikonprojekt.[14] Dabei greift er selbst (wie Borges zum Beispiel) mit Begeisterung zu Wörterbüchern, zu Nachschlagewerken aller Art. Savinio war ein unermüdlicher und wißbegieriger Leser. Wie der Gläubige die Bibel, der treue Übersetzer die Idiotiken, der Spekulant Börsenkurse und Währungstabellen, so schlägt er regelmäßig Petrocchis *Novo Dizionario della Lingua Italiana* auf,

[13] Dazu auch *Mein privates Lexikon,* Stichwort Proust.

[14] »Ich liebe die Enzyklopädien«, schreibt Savinio in seinem Mailandbuch, um dann mit dem ironischen Geständnis zu enden: »Darf ich noch wagen zu gestehen, daß auch ich eine Enzyklopädie besitze? Es ist die ›von Francesco Predari herausgegebene, dem Verständnisse und den Bedürfnissen eines jeden Standes angemessene Enzyklopädie, von besonderem Nutzen für Familienväter und Geistliche‹.«

die *Enciclopedia Italiana* oder Jaconos *Dizionario di Esotismi* und teilt den Lesern stolz seine neuesten Fundstücke mit. Die Etymologie mit ihren unglaublichen Verästelungen ist Savinios Steckenpferd und sein unentbehrlicher Begleiter, Gegenstand vieler Einträge auch seines *Privaten Lexikons.*

Savinio muß bei seinem Vorhaben anfangs sehr optimistisch gewesen sein. Allein die Artikel für die Buchstaben A und B verteilten sich auf 16 Nummern der Zeitschrift. Sie erstreckten sich auf einen Zeitraum von mehr als eineinviertel Jahren. Hätte er in dieser Ausführlichkeit (und mit dem besonderen typographischen Aufwand) weitergemacht, wäre er mit seinem Projekt zirka zwanzig Jahre später fertig geworden. Der Gedanke muß ihn allmählich beunruhigt haben. In den späteren Domus-Nummern hält er sich nicht mehr an die alte alphabetische Reihenfolge, er geht jetzt vergleichsweise assoziativ vor, springt beliebig von einem Buchstaben zum anderen, um diejenigen Artikel, die ihm besonders am Herzen liegen, unterbringen zu können. Allein seine skurrilen Vignetten und Zeichnungen garantieren für die Richtigkeit des Ganzen. Als sein alter Freund Massimo Bontempelli Domus im Dezember 1942 verläßt, wird von den neuen ›linientreueren‹ Herausgebern auch Savinios Rubrik eingestellt. Mit dem Stichwort Educazione bricht Savinios *Neue Enzyklopädie* vorläufig ab.

Savinios Diskurs über das Phänomen Enzyklopädie endet damit jedoch keineswegs. Im November 1944 meldet er sich in *La Stampa* mit einem längeren Artikel. Klar sah er voraus, was im Zeitalter des Internets ein Allgemeinplatz ist : »*Heute ist eine Enzyklopädie nicht möglich. Heute ist es nicht möglich, alles zu wissen. Eine abgeschlossene, eine umfassende Wissenschaft ist heute nicht möglich. Heute gibt es keine Homogenität der Kenntnisse, keine geistige Verwandtschaft zwischen Kenntnissen. Heute gibt es keine gemeinsame Tendenz der Erkenntnisse. Heute besteht ein gewaltiges Ungleichgewicht zwischen den Erkenntnissen. Das ist der Grund jener ›Kulturkrise‹, die zuerst von Spengler, dann von Huizinga verkündet wurde. … Und da andererseits keine Hoffnung besteht, daß einander so fernliegende Ideen sich vereinen und verschmelzen können, ist es angebracht, sich mit einer fortgesetzten und immer ernsteren Kulturkrise abzufinden.«*

Das hinderte ihn nicht (im Gegenteil, solche Widerstände inspirierten ihn), nach altbewährter Methode – so wie er es schon früher mit vielen seiner Artikeln getan hatte[15], ein eigenständiges Buch zu machen. Material dazu hatte sich im Laufe der Jahre reichlich angesammelt. Doch er starb, bevor er sein Vorhaben zu Ende führen konnte.

25 Jahre nach seinem Tod brachte der Mailänder Verlag Adelphi einen Sammelband, im Geiste Savinios und nach seinen Vorgaben zusammengestellt, unter dem Titel *Nuova Enciclopedia* heraus, der in der Übersetzung von Christine Wolter 1983 bei Insel erschien. Doch es fanden und finden sich noch immer neue Aufsätze und Artikel, die in dieses Buch hineingepaßt hätten. So gab Leonardo Sciascia, ein begeisterter Savinio-Leser, bereits 1977 einen Band[16] mit weiteren Beiträgen ergänzend heraus.

Die hier unter dem Titel *Mein privates Lexikon* veröffentlichte Ausgabe der *Neuen Enzyklopädie* hat, Sciascias Überlegungen berücksichtigend, neue Lexikon-Artikel aus Savinios Werkstatt aufgenommen, unter anderem auch den legendären von Mussolini inkriminierten Leopardi-Artikel (Café d'Italia), der im Januar 1939 in der Zeitschrift *Omnibus* erschien (die daraufhin eingestellt wurde) und der für Savinio ein kurzfristiges Publikationsverbot nach sich zog. So wurde diese Auswahl um sechzehn neue Beiträge erweitert, zwölf davon (in der Übersetzung von Karin Fleischanderl) erscheinen hier zum ersten Mal auf deutsch. Gemäß Savinios eigener Poetik, in der die freie Assoziation, die Digression und der Zufall eine nicht un-

[15] Die Mehrzahl seiner Bücher entstanden auf diese Weise, z.B. *Hermaphrodito (1918), La Casa ispirata (1925), Ascolto il tuo cuore, città, dt.: Stadt, ich lausche deinem Herzen (1944), Sorte dell'Europe (1945), Henryk Ibsen, Souvenirs (1945).*

[16] *Alberto Savinio: Torre di guardia. Sellerio 1977.*

erhebliche Rolle spielen, wurden auch einige Artikelüberschriften abgewandelt und unter neuen, schlagkräftigeren Stichwörtern eingruppiert.

Neben den Lexikon-Illustrationen, die Savinio für Domus zeichnete, sind in der vorliegenden Ausgabe auch Reproduktionen einiger seiner großformatigen Öl-Bilder zu finden, die (wie in den klassischen Lexika die Farbtafeln und Tiefdruckbeilagen) den Text er- und aufhellen mögen. Schließlich ist Alberto Savinio, darauf gilt es immer wieder aufmerksam zu machen, auch ein bedeutender Maler gewesen.[17]

Daß der freiwillig ›dilettierende Universalist‹, dieser im wahrsten Sinne des Wortes »freie Geist«, nicht nur Dante, Leopardi, Lukian, Nietzsche oder Petrocchis *Dizionario* studierte, sondern genauso interessiert die Entwicklung von Photographie und Film, von Mode und Design verfolgte (um nur ein paar Stichwörter zu nennen), weil seiner Überzeugung nach alles mit allem metamorphotisch zusammenhängt, ist ein Grund dieser erweiterten Ausgabe; ein anderer: das pure Lesevergnügen, das seine Lektüre bereitet.

[17] Zu Savinio allgemein vgl. *Akzente*, Nr. 3/2002, hrsg. von Richard Schroetter, mit Beiträgen von Richard Anders, Andrea Grewe, Gabriele Killert, Fabrizia Ramondino, Richard Schroetter und Hanns Zischler.

André Breton: Alberto Savinio, 1891 bis 1952

Der ganze noch im Entstehen begriffene moderne Mythos stützt sich an seinem Anfang auf die beiden, ihrem Geist nach fast nicht zu unterscheidenden Werke von Alberto Savinio und seinem Bruder Giorgio Chirico, Werke, die ihren Kulminationspunkt am Vorabend des Krieges von 1914 erreichen. Die Mittel des Universellen und Auditiven werden von ihnen gleichzeitig zur Schaffung einer symbolischen, konkreten und gemeinverständlichen Sprache benutzt, die nicht nur bemüht ist, der spezifischen Wirklichkeit ihrer Epoche in höchstem Maße Rechnung zu tragen (der Künstler erbietet sich, das Opfer seiner Zeit zu sein), sondern auch der dieser Epoche eigenen metaphysischen Fragestellung (das Verhältnis zwischen den neuen Gegenständen, deren sie sich bedienen muß, und den alten Gegenständen, mag man sie aufgegeben haben oder nicht, bedeutet insofern eine entscheidende Umwälzung, als es das Gefühl des Schicksalhaften verschärft). »Der Weg, den es zur Stunde einzuschlagen gilt«, schreibt Savinio 1914, »zeichnet sich insbesondere aus durch seine Strenge und Düsterkeit und durch die starre und vollkommen materialisierte Erscheinungsform seiner Metaphysik. ... Fern jenen Zeiten, da allein die Abstraktion herrschte, könnte unsere Epoche dazu neigen, aus der Materie (der Dinge selbst) alle ihre metaphysischen Elemente hervortreten zu lassen. Damit bekäme der Gedanke der Metaphysik, ehemals rein abstrakt, sinnliche Anschaulichkeit.

Und so auch könnten die Elemente, von denen der Typus des denkenden und fühlenden Menschen seine *Information*[1] bezieht, voll und ganz zur Geltung kommen.«

Wir befinden uns hier mitten in der Welt der Sexualsymbole, wie sie, vor Freud, von Volkelt und Scherner beschrieben wurde. Gerade so wie in den frühen Bildern von Chirico das Spiel der Türme und Arkaden – die ersteren rechtfertigen Titel, die um die Nostalgie kreisen, die andern solche, die das Rätsel betonen – die Beziehung des männlichen zum weiblichen Geschlecht ausdrückt, erscheint in den *Chants de la Mi-Mort* von Savinio (1914) vor unseren Augen der »Kahlkopf«, das Abbild des Vaters, wie Chirico ihn in *Cerveau de L'Enfant* gemalt hat, dessen Gesicht von weitem an »manche Photos von Napoleon III. und auch von Anatole France zur Zeit der »Lys rouge« erinnert; dieser Herr, der einen verstohlen lächelnd ansieht, ist immer er, der Versucher, »der gelbe Mann«, von heimlicher Gottesliebe getrieben (sehr wahrscheinlich das *Ich* selbst im Kreuzfeuer seiner verschiedenen Beleuchtungen); »Daisyssina«, das Ewig-Weibliche, »die Mutter aus Stein«, unter deren Maske man unweigerlich die sehr hochmütige und hartherzige Baronin de Chirico wiedererkennen muß, in deren Schatten ihr Sohn Giorgio sich so oft gemalt und vertieft hat (der gelbe Mann »tötet seine Mutter und umarmt sie dann; er wirft sie an die Decke und fängt sie wieder auf; er wirft sie auf den Boden und tritt sie mit Füßen. Großes Gelächter«); »die schmiedeeisernen Männer«, die das ganz und gar ornamentale Gitterwerk der Gesellschaft darstellen; »zwei Engel, ein verrückter König, die Schießscheiben-Menschen«, nicht zu vergessen den kleinen Jungen, dessen Auftritt »im Nachthemd, eine Kerze in der Hand«, recht symptomatisch ist. »Mit der Sohle eines Pantoffels zerklatscht er einen Weberknecht, der die Wand hochläuft; dann beobachtet er zitternd das platt gedrückte Tier, das einen Fühler bewegt«, womit die ganze

[1] Von mir hervorgehoben (A.B.).

Handlung an die geheimnisvollen Grenzen des *Ichs* und des *Über-Ichs* verlegt und dieses letztere in seiner ganzen Macht dargestellt wird – wie bei Chirico durch Statuen, die zumeist Reiterstandbilder sind, »fast überall anzutreffen«, und die gelegentlich zum Galopp ansetzen.

Der Humor entspringt bei den beiden Brüdern dem zeitweilig zwar aussetzenden, aber doch sehr klaren Bewußtsein von ihrer eigenen Verdrängung. So zum Beispiel halten beide zäh an dem primitiven Glauben fest, daß die Eigenschaften der Speise sich auf den, der sie ißt, übertragen und seinen Charakter beeinflussen; daher allerlei Verbote: Hebdomeros, der Held eines Buches von Chirico, teilt die Speisen in »moralische und unmoralische« ein. Er mißbilligt ausdrücklich das Essen von Mollusken und Krustazeen. »Er betrachtet es als sehr unmoralisch, in den Cafés Eis zu essen, wie überhaupt, Eiswürfel in Getränke zu tun … Die unmoralischsten Früchte aber waren für ihn Erdbeeren und Feigen.« Freud hat darauf hingewiesen, daß zwischen der Beharrlichkeit dieses Glaubens – nämlich daß die orale Absorption schwere Folgen haben könnte – und der Angst bei der Wahl des sexuellen Objekts eine enge Beziehung besteht.

Alberto Savinio hatte für die *Chants de la Mi-Mort* musikalische Begleitung vorgesehen. »Wir können nicht mit Stillschweigen übergehen«, schreibt der Kritiker der *Soirées de Paris,* »mit welch unvergleichlicher Meisterschaft und Kraft Savinio seine Werke am Klavier interpretiert. Ja, es ist ein einzigartiges Schauspiel, mit anzusehen, wie dieser junge Komponist, der Jacken verabscheut und hemdsärmelig vor seinem Instrument sitzt, sich gebärdet, wie er rast und brüllt, die Pedale traktiert, auf seinem Drehstuhl herumwirbelt und im Sturm der Leidenschaft, der Verzweiflung und der entfesselten Freude mit Fäusten auf die Tastatur haut … Nach jedem Stück mußte man von den Tasten das Blut abwischen.« – Zwei Monate später brach der Krieg aus.

Leonardo Sciascia: De Chiricos Bruder Savinio

Im 17. Jahrhundert war in Sizilien ein Maler namens Andrea Chirico oder di Chirico oder de Chirico tätig. In der Kirche Santa Maria del Gesù in Catania ist von ihm der Überrest eines Freskos oder Gemäldes erhalten. Ich erinnere mich, eine Abbildung in einem lokalgeschichtlichen Werk gesehen zu haben. Ich glaube, daß Gelehrte und Historiker von ihm nur äußerst wenig wissen, was über den Namen und das Jahrhundert, in dem er lebte, sowie über die Fragmente der Malereien, die ihm zuerkannt werden, hinausginge. Man kann die Hypothese aufstellen, daß er vorwiegend im östlichen Sizilien wirkte und dort Kirchen und Paläste mit Fresken schmückte, was den Untergang seiner Werke in der Zeit der Erdbeben bedeutete, die am Ende jenes Jahrhunderts die Region heimsuchten. Aber man kann auch die Hypothese aufstellen – der Leser mag das tun –, daß ich hier und jetzt gerade diesen Maler Andrea de Chirico aus dem 17. Jahrhundert erfinde. *Et pour cause.* Als Hommage und Mimesis für Alberto Savinio durch Alberto Savinio und seine Welt der Erinnerung, der Einfälle, der Zufälle, der Brechungen, der Entsprechungen.

Hatte Alberto Savinio, dessen wirklicher Name Andrea de Chirico war, je etwas von diesem Maler mit dem gleichen Namen gewußt, der drei Jahrhunderte zuvor in Sizilien lebte? Mit fast absoluter Sicherheit kann man behaupten, daß er nichts von ihm wußte, da er anderenfalls mehr als einmal über ihn geschrieben hätte, wenn er von den sizilianischen Ursprüngen seiner Familie und der im Namen Chirico enthaltenen Vorbedeutung sprach. Und was die Vorbedeutung anlangte, muß gesagt werden, daß er diese mehr auf seinen Bruder Giorgio als auf sich selbst bezog.

Bei der nunmehr langjährigen und beharrlichen Vertrautheit, die ich mir mit allen Schriften Savinios erworben habe, meine ich lesen zu können, was er nicht über den unbekannten sizilianischen Maler des 17. Jahrhunderts geschrieben hat, also das, was er über diesen Maler, dessen Namen er erneut trug, in bezug auf seinen Bruder Giorgio und sich selbst geschrieben hätte. Mit aller Wahrscheinlichkeit hätte er geschrieben, daß im großen Spiel der Wiederholungen, der Zufälle und der Verhängnisse, das sich im Universum und im Schicksal der Menschen entfaltet, ein kleines Versehen passiert sein müsse, und die Berufung zur Malerei, durch den Namen doch ihm vorherbestimmt, statt dessen den Bruder erreicht habe, während ihm die Freude an der Malerei geblieben sei; daher der notwendige Namenswechsel, eine Huldigung an das Versehen, das zum Schicksal wurde.

Aber ich glaube, daß heute viele angesichts der Gemälde von Savinio versucht sein mögen, nicht an ein Versehen zu glauben. Doch das ist eine andere Versuchung, die man zurückweisen muß. Alberto Savinio suchte nie den Vergleich mit Giorgio de Chirico, noch hätte er je diesen Vergleich von seiten anderer akzeptiert. Was die Malerei anging, so billigte und akzeptierte er jenseits jeglichen Vergleichs und jeglicher Wertung eine Art Recht der früheren Geburt: Ihm voraus an Jahren, war Giorgio ihm auch in der Malerei voraus. Wenn er ein Urteil abgab, jedoch nie, um es nochmals zu sagen, einen Vergleich anstellte, dann hielt er immer daran fest, daß Giorgio de Chirico sich in der Malerei unseres Jahrhunderts auf großartige Weise behaupten werde. Er schrieb 1918: Giorgio de Chirico »ist tief in das Mysterium der modernen Dramatik eingedrungen; seine Bilder geben nicht die stumme Sichtbarkeit des Gegenstandes wieder, der wegen der Dramatik seines Anblicks, seiner Form, seiner Natur, seiner Materie oder seiner Nützlichkeit ausgewählt wurde. Er stößt ins Jenseits des eigentlichen Gegenstandes vor. Er enthüllt die metaphysische Anatomie des Dramas. Er ist der moderne Maler, genauer noch, der moderne Magier.« Von sich selbst als Maler, und zwar nur als Maler, konnte er trotz der vielen Affinitäten (und mehr als Affinitäten), die sich heute entdecken lassen, nicht das gleiche sagen, und zwar hauptsächlich deswegen, weil es ihm eben gerade nicht gelang, sich nur als Maler zu sehen und das Malen als etwas anderes im Unterschied zum Schreiben und Komponieren zu betrachten. Und dann hatte die Freude an der Malerei ihn nicht ohne Grund auf das Mögliche verwiesen: »Wer meine Bilder gesehen, wer meine Bücher gelesen und meine Musik gehört hat, der weiß, daß es meine Aufgabe allein ist, Worte zu finden, Formen und Farben zu finden (und früher auch einmal: Töne zu finden) für meine eigene poetische Welt. Kein anderer der vielen Zwecke der Kunst geht mich etwas an.« Und man lese die Äußerungen, die er 1949 unter dem Titel »Meine Malerei« veröffentlicht hat. »Ich bin ein Maler jenseits der Malerei ... Die Malerei interessiert mich nicht.« Und so fort – was nichts anderes hieß, als daß die Malerei Teil eines Ganzen war, an dem er sich in verschiedenem Maße, aber ohne innere Anteilnahme, delektieren konnte, in dem er Dilettant war. Denn wenn auch gerade in den genannten Äußerungen das Wort Dilettant sich nicht finden läßt, so war doch dies die Vorstellung, die Savinio von sich als Schriftsteller, Maler, Musiker und *man alive* hatte (ich glaube, daß Chestertons »lebendiger Mensch« die passende Entsprechung ist): Dilettant. Dilettant beim Schreiben, beim Malen, beim Musizieren, beim Denken, beim Leben. Dilettant wie Lukian von Samosata. Dilettant wie Stendhal. Und Stendhalianer war für ihn synonym mit Dilettant, wie man aus seinen vielen Äußerungen zum Stendhalismus entnehmen kann. Stellvertretend für alle hier diejenige im Verzeichnis einer Mappe von Lithographien Fabrizio Clericis: »Als Stendhalianer wird man geboren, man kann es nicht werden. Fabrizio Clericis ungebundenes Umherstreifen im Leben; wie er sich von den unmöglichen Dingen in den Bann ziehen läßt; wie er die Macht der Männlichkeit verschmäht, der Kraft, der eisernen Faust, auch wenn sie sich im Samthandschuh verbirgt; wie er die Sätze vorkostet und sie dann meistens halb fertig läßt, als seien sie es nicht wert, ausformuliert zu werden; wie er selbst in den weltgeschichtlichen Ereignissen herumspaziert; sein Faulenzen auch in Zeiten intensiver Beschäftigungen; das gemächliche Herumstreifen seiner weißen Mandelaugen, zwischen Artemis und Gazelle; wie er die großen Ziele außer acht läßt, um sich den kleinen und unscheinbaren zu widmen; sein reinrassiger Dilettantismus; wie er immer nur seiner eigenen Nase folgt, seiner ureigenen Nase (und vergessen wir nicht ihr Pendant) –, all das war mir sicherer Hinweis auf seinen Stendhalismus. Der stendhalsche Freund ist notwendig. Er ist der Bruder Leichtfuß, der Ariel dieser kargen Welt aus Wasser und Luft. Du als Clerici und ich als Chirico, so sind wir obendrein noch Verwandte, denn auch ich als Chirico, Cherico oder Chierico leite mich genauso wie du von der Wurzel *clericus* ab, und zusammen gehen wir auf das gemeinsame *klerikos* oder *kleros* zurück, also auf den, dem etwas durch Los zuteil wird. Und was wird uns zuteil werden? Alles. Denn das ist die geheimnisvolle Tugend von uns Stendhalianern, daß wir unser eigenes Los im Los aller Dinge haben, von den kleinsten bis zu den größten, und daß wir allein so sind, wie Nietzsche sein wollte, wie einst die Götter waren: überall und nirgends.« (Man beachte die Variante in der Etymologie des Namens Chirico im Vergleich zu jenem Abschnitt im *Hermaphrodito*, in dem er von Giorgio spricht: »ein Maler, den das Schicksal unter die größten unserer Epoche erheben wird«, dessen

Name, ein Name von Florentiner Bürgern sizilianischer Abstammung, Herold und Verkündiger bedeutet. Die Namen zeichnen das Schicksal ihrer Träger vor, aber das Schicksal dessen, der ihn trägt, hat auch manchen Einfluß auf den Namen.)

In dieser Definition des Stendhalismus (in einem gleichsam aktiven Sinn, um ihn von jener passiven, durch Philologie und Gelehrsamkeit geprägten Form zu unterscheiden, in der gewöhnlich der Stendhalismus gepriesen wird) überwiegen, wie man sieht, jene Aspekte, die seinerzeit (1942) als widersprüchlich zum Faschismus verstanden werden konnten: die Verschmähung der Männlichkeit, der Kraft und eisernen Faust, das Herumspazieren in den weltgeschichtlichen Ereignissen (»weltgeschichtlich« zum Ausdruck der Ironie, denn nachweislich glaubte Savinio nicht an die historische Geschichte), das Absehen von den großen Zielen. Was Savinio und Clerici in ihrem Stendhalismus geringschätzten, war eben gerade das, was der Faschismus als Werte hochhielt. Der Faschismus war Langeweile, und Brancati sollte später in diesem Sinne zwischen Stendhal und Gogol davon sein genauestes Bild zeichnen. Der Stendhalismus hingegen ist die Ablehnung der Langeweile, das Delektieren am Leben, das Dilettantsein. Aber was Savinio über den Stendhalismus und über sich als Stendhalianer sagt, muß mit dem zusammengebracht werden, was ein alter treuer Leser – auch er im weiteren Sinne ein Stendhalianer – über ihn als Schriftsteller sagen kann. Und auch über ihn als Maler, denn es scheint mir, als gehorche seine Malerei einer Notwendigkeit, die derjenigen ähnelt, um derentwillen Stendhal im *Henri Brulard* für topographische Skizzen Platz schafft, einer Topographie, die dem Fühlen und der Sinnlichkeit die Erinnerung zurückgeben soll. Hier öffnet Savinio zugleich der Erinnerung die Bahn in Richtung Metamorphose, in Richtung Mythos. Die Notwendigkeit sozusagen, zu prüfen, zu bestätigen und die literarische Transparenz zu verlängern (ich brauche hier das Wort Transparenz als klar umrissenen Begriff in der Bedeutung, in der Starobinski ihn so wunderbar gebraucht), die Transparenz seiner selbst im literarischen Geschehen, im geschriebenen Wort. Das schließt keineswegs aus, daß Savinio nicht auch ganz und gar als Maler angesehen werden kann, und das heißt, daß er in seiner Malerei vollständig zum Ausdruck gelangen würde, auch wenn wir keine Kenntnis von seinem literarischen Werk hätten.

Wenn ich jedoch vom Maler einmal absehe und den Musiker völlig beiseite lasse – denn über ihn wüßte ich nichts zu sagen –, so ist da der Schriftsteller, und zwar einer derjenigen, die in ihre Geschichte die Geschichte des Lesers mit einbeziehen und deren Büchern die Kraft innewohnt, sofort den Leser zu fesseln und ihn nicht mehr loszulassen. Also einer von denen, die die Beziehung zwischen Leser und Buch, zwischen dem Leser und dem Schöpfer des literarischen Werks auf den Kopf stellen: Das Buch, das sich den Leser aussucht, der Autor, der sich den Leser wählt und ihn zu einer so hartnäckigen Treue zwingt, daß sie schon an Manie grenzt. Eben wie Stendhal. Insofern gehört er zu jenen Schriftstellern, die mit ihrem Eintritt in unser Leben daran teilzuhaben beginnen und unser Leben werden, da sie die unsagbare Gabe besitzen, die nur annähernd mit der Fähigkeit umschrieben werden kann, die Ramón Fernández Stendhal zuspricht: die Kunst, die nur wenige beherrschen, *de laisser entendre ou sentir, qu'à coté du sentiment ou de l'action qu'il note, il y avait d'autres actions et d'autres sentiments possibles.* Eine unausschöpfliche Möglichkeit, die für eine unausschöpfliche Aneignung offen ist, die sich mit jedem neuerlichen Lesen erneuert und vervielfältigt.

Der Begriff der Transparenz dient dazu, Savinios beständiges Lob der Oberflächlichkeit begreiflich zu machen, seine Liebe für die Oberflächlichkeit und seine Verachtung für die Tiefe, für die tiefen Schriftsteller. Dies läßt sich mit durch und durch optischen Begriffen erklären. Aus einem Zustand völliger Klarheit, Durchsichtigkeit und innerer Freiheit, aus einem hellen Bewußtsein seiner selbst auch in dem, was eigentlich dunkel sein sollte, oder von dem man meint, es müsse dunkel sein, entsteht offensichtlich das Phänomen, daß die Tiefe Oberflächlichkeit wird. Es gibt keinen Ort der Tiefe, den die Intelligenz nicht an die Oberfläche zu bringen in der Lage wäre. Tief ist für Savinio nur die Dummheit, angesichts deren seinen Geist Verwunderung befällt wie denjenigen Kants bei der Betrachtung des gestirnten Himmels. »Die Dummheit, diese uneingestandene Liebe, übt auf uns eine hypnotische Macht, eine unwiderstehliche Anziehungskraft aus. Mehrfach habe ich sie in der Straßenbahn, an öffentlichen Plätzen oder im Café erfahren. Ich habe mich im Café hingesetzt, und neben mir, der ich auf den unerforschtesten Kontinenten der Intelligenz herumstreife, sitzen ein paar Unbekannte. Wie es gewöhnlich der Fall ist, strömen ihre Unterhaltungen eine unsagbare, begeisterte und faszinierende Dummheit aus. Ganz allmählich verdüstert sich mein Abenteuer, ich verliere die Spuren meiner einsamen Reise und gebe dem ursprünglichen Ruf der Dummheit nach, mein Ohr voll von ihrem Sirenengesang. Intelligenz, ich lasse dich grüßen! Ich denke nicht mehr, ich suche nicht weiter, ich will nicht mehr. Eine süße Mattigkeit befällt mich wie nach einer lang andauernden Schlaflosigkeit, wenn sich unsere Nerven in wollüstiger Hingabe an den Schlaf entspannen. Jetzt wende ich mich an euch und frage euch: Ist für uns Kinder der Intelligenz, für uns Kinder der Sünde, dies nicht vielleicht der ganz ferne, wehmütige Ruf des verlorenen Paradieses?«

Die Tiefe, die Komplexität und das Dunkle in Literatur und Kunst sind für Savinio so etwas wie die Mütze von Charles Bovary: Nachdem Flaubert sie eine halbe Seite lang beschrieben hatte und sich dabei vielleicht sowohl der Unbeschreiblichkeit des Gegenstandes als auch der hypnotischen Wirkung, der er beim Versuch ihrer Beschreibung nachzugeben begann, bewußt geworden war, beschloß er, sich kurz zu fassen und sie mit dem Gesicht eines Idioten zu vergleichen. Bei Savinios Dilettieren, bei seinem Schweifen auf der kristallklaren, durchsichtigen Oberfläche, ist die Erinnerung, die Memoria, die einzige große Muse, diejenige, die alle Musen hervorbringt und in sich birgt. »Die Erinnerung ist unsere Kultur. Sie ist die geordnete Sammlung unserer Gedanken: sie ist auch die geordnete Sammlung der Gedanken der anderen Menschen und aller Menschen, die vor uns gelebt haben. Ist aber die Erinnerung die geordnete Sammlung der Gedanken von uns und anderen, so ist sie unsere Religion (*religio:* Verpflichtung). Memoria wurde in dem gleichen Augenblick geboren, in dem Adam die Schwelle des irdischen Paradieses überschritt ... Anfänglich war Memoria verzweifelt. Als sich ihr aber ein Gott in Liebe näherte, trat zu Memoria die Hoffnung. Neun Töchter zeugte die Liebe des Zeus zu Mnemosyne, und nachdem sie auf die Erde herabgestiegen waren, seufzte sie auf vor Freude und Trost. Die Kunst ist demnach aus dem fruchtbaren Schoß der Memoria entstanden ... Wenn die Kunst sich nicht aus der Memoria herleitet, ist die Kunst gemein (plebejisch), begrenzt, und voller Langeweile, eitel wie die Träume ...«

Zum Vergleich dieses Abschnitts muß man sich das Urteil vergegenwärtigen, das Savinio über Proust gefällt hat: Er nennt ihn den Mann des langen Satzes und des kurzen Gedankens. Es gibt Erinnerung und Erinnerung: in der Proustschen Erinnerung spürt Savinio nicht die Anwesenheit der Memoria. So lang wie das menschliche Denken, das jeder Mensch, dem Memoria zulächelt, in seiner Ganzheit besitzt. So lang wie die Zivilisation, die sich nicht mit Träumen befleckt – und man muß sorgfältig darauf achten, diese Befleckung zu vermeiden. Wie Monsignor della Casa verordnete, hat Savinio in der Tat niemals seine eigenen Träume erzählt. Als wohlerzogener Mensch. Als zivilisierter Mensch. Was in seinen Werken in den Bereich der Träume zu gehören scheint, erweist sich einfach als der langen Erinnerung, der Memoria, dem Mythos zugehörig. Daher seine Weigerung, sich in die Reihen des Surrealismus zu stellen oder sich gar zu seinem Vorreiter zu machen. Daher auch die Definition als »ziviler Surrealist«, die Salvatore Battaglia auf ihn anwendete. Zivil von Zivilisation, zivil von Bürgersinn. Vielleicht der zivilste Schriftsteller, den es in Italien je gegeben hat. Und dies ist der Punkt, mit dem wir hier enden wollen, von dem aus der Diskurs über sein Werk eröffnet werden muß.

Zeittafel
Alberto Savinio,
1891 bis 1952

1891. Am 25. August wird Andrea Francesco *Alberto De Chirico* (Alberto Savinio; Nivasio Dolcemare) in Athen geboren.

1900. Viktor Emanuel III. (1869–1952) wird zum König von Italien gekrönt.

1905. Tod des Vaters Evaristo de Chirico in Griechenland.

1906. Die Familie verläßt Griechenland. Aufenthalt in Italien, im Oktober Übersiedlung nach München. Savinios Bruder, der spätere Begründer der *pittura metafisica,* Giorgio de Chirico (1888–1978), studiert dort Malerei bei Carl von Marr. Er selbst nimmt Unterricht bei Max Reger.

1907. Alberto geht mit seiner Mutter im März nach Mailand.

1909. Sein Bruder de Chirico zieht ebenfalls nach Mailand. Intensive Beschäftigung der Brüder mit Nietzsche, Schopenhauer und Weininger. Gemeinsam konzipieren sie ihr Projekt einer »metaphysischen Poesie«.

Giorgio de Chirico: *Selbstbildnis mit Bruder* und *Das Bildnis des Bruders.* Erstes Bild Chiricos im Stil der *pittura metafisica: Das Rätsel eines Herbstnachmittags.*

1910. Die Familie siedelt nach Florenz über.

1911. 23. Januar: Einziges Konzert Savinios mit seiner Komposition *Phantastisches Heldengedicht,* die er in der Münchener Tonhalle selbst dirigiert. Ab 25. Februar längerer Parisaufenthalt.

1912. März/April: Zweite sensationelle Ausstellung des »Blauen Reiters« in München.

12. April: Eröffnung der Futuristen-Ausstellung in der Berliner Sturm-Galerie.

Savinio lernt Apollinaire und dessen Umfeld kennen (Massimo Bontempelli, M. D. Calvocoressi, Jean Cocteau, Paul Guillaume, Max Jacob, Francis Picabia, Pablo Picasso, Pierre Roy, Medardo Rosso, Ardengo Sofici u. a.).

1913. Savinio: Ballettmusik *La Morte di Niobe.*

13. Juni: Apollinaires *Futuristisches Manifest.*

1914. 24. Mai: Konzert in den Räumen der *Soirées de Paris.* Dort trägt Savinio Auszüge aus seinen *Chants de la Mi-Mort* vor.

1915. Savinio: *Chants étranges* für Klavier und Singstimme.

26. April: Italiens Kriegsbeitritt auf seiten der Alliierten.

23. Mai: Kriegserklärung Italiens an Österreich-Ungarn.

Savinio verläßt Ende Mai Paris und meldet sich in Florenz zum Militärdienst. Mit seinem Bruder ist er bis 1917 in Ferrara stationiert. Bekanntschaft mit dem Maler Carlo Carrà.

1916. 5. Februar: Erste DADA-Manifestation in Zürich/Cabaret Voltaire.

Savinio: *La Realtà dorata. Arte e storia moderna – Guerra – Consequenzo* (Bekenntnis zur Avantgarde).

28. August: Kriegserklärung Italiens an Deutschland.

1917. Erste DADA-Ausstellung in Zürich.

In DADA 1 erscheint Savinios Aufsatz *Un vomissement musical.*

Savinio wird als Übersetzer und Dolmetscher nach Saloniki abkommandiert.

Satie: *Parade.* – Apollinaire verkündet »L'esprit nouveau«

1918. Erste selbständige Buchpublikation Savinios: *Hermaphrodito* im Verlag Vallecchi.

Cocteau: *Le Coq et L'Arlequin.* Die Gruppe »Les six« etabliert sich.

In DADA 3 erscheint Savinios *Seconde origine de la voie lactée.*

1919. Savinio: *Tragedia dell'infanzia* (Urfassung), abgeändert als Roman 1937.

Oktober bis Dezember: Soupault/Breton: *Die Magnetischen Felder,* »erste systematische Anwendung des Automatischen Schreibens«.

1920. Savinio: *Prime chiose sull'ironia.*

1. DADA-Manifest in Paris.

Savinio: *La casa ispirata* (Roman, Buchausgabe 1925).

1921/22. Savinio: *Primi saggi di filosofia delle arti.*

1922. Savinio läßt sich wie auch sein Bruder Giorgio in Rom nieder.

28. Oktober: Mussolinis »Marsch auf Rom«. Der italienische König beauftragt den »Duce« mit der Regierungsbildung.

1923. Letzter DADA-Abend in Paris, Auflösung der Gruppe.

1924. Überwältigender Wahlsieg der »Partito Nazionale Fascista (PNF)« unter Mussolini.

Savinios Ballettmusik *Perseo* (Libretto: Fokine) wird an der New Yorker Metropolitan Opera aufgeführt.

André Breton: *Manifeste du Surréalisme.*

Chirico malt zweites Selbstbildnis mit Bruder.

1925. »Säuberung« des Beamtentums in Italien, Beginn der Diktatur Mussolinis.

Savinio schreibt das Theaterstück *Capitano Ulisse* (Uraufführung 8. Januar 1938)

14. Mai: Uraufführung von *La Morte di Niobe – ›tragedia mimica‹* (laut Savinio bereits im Winter 1913 in Paris entstanden). Savinio leitet selbst das kleine Orchester, Kostüme u. Bühnenbild stammen von Giorgio de Chirico.

1926. 26. Januar: Savinio heiratet die Schauspielerin Maria Morino, mit der er nach Paris übersiedelt. Er fängt an, intensiv zu malen, nebenbei journalistische Tätigkeit, u. a. für *Ambrosiana, La Stampa, La Nazione.*

Angelica o la notte di maggio, Roman, eigenhändige Übersetzung ins Französische, Paris 1927.

1928. Geburt der Tochter Angelica.

1929. In der surrealistischen Zeitschrift *Bifur* erscheint Savinios surreale Erzählung *Introduction à une vie de Mercure.*

Giorgio de Chirico veröffentlicht seinen Roman *Hebdomerus.*

1930. André Breton: *Second Manifeste du Surréalisme.*

1933. Savinio kehrt nach Italien zurück und läßt sich in Mailand nieder. Er leitet bis 1934 die Architekturzeitschrift *Colonna.*

1934. Treffen zwischen Mussolini und Hitler in Venedig.

Capitano Ulisse erscheint in einer Liebhaberausgabe (110 numerierte Handexemplare).

Sohn Ruggero wird geboren.

1935. Savinio zieht mit seiner Frau und den beiden Kindern nach Rom.

1936. Journalistische Arbeiten u. a. für *Omnibus* und *Lavoro Fascista,* Filmkritiken für die Kolumne *Le prime cinematografiche.*

Giorgio de Chirico übersiedelt nach New York.

1937. *Tragedia dell'infanzia* (Roman). Tod der Mutter.

1938. 3. Mai: Feierlicher Staatsbesuch Hitlers in Rom. Mussolini erklärt diesen Tag zum Nationalfeiertag.

Übernahme der nationalsozialistischen (zuvor abgelehnten) Rassengesetze in Italien.

Savinio: *Achille innamorato (Gradus ad Parnassum)*, Erzählungen.

Uraufführung von *Capitano Ulisse* (geschrieben 1925). Das Stück wird im Januar nach vier Vorstellungen abgesetzt.

1939. 22. Mai: Freundschafts- und Bündnispakt (»Stahlpakt«) zwischen Hitler und Mussolini.

Savinios Artikel *Il sorbetto di Leopardi* (hier: *Café d'Italia*) in der Zeitschrift *Omnibus* führt am 28. Januar 1939 zu deren

Verbot. Unter dem Pseudonym Quintilio Maio für die Zeitschrift *Oggi* Reiseberichte *(Dico a te, Clio)* und Film- und Musikkritiken *(Scatola sonora)*.

1940. Dreimächtepakt zwischen Deutschland, Japan und Italien.

Savinio: *Dico a te, Clio* (Rom).

1941. Im Januarheft von DOMUS erscheint Savinios erster Beitrag (A) seiner *Nuova Enciclopedia*.

Freundschaftlicher Kontakt zu dem Verleger Bompiani, der Savinios autobiographischen Roman *Infanzia di Nivasio Dolcemare* verlegt.

1942. Von Savinio erscheint: *Narrate uomini, la vostra storia*, eine Sammlung phantastischer Porträt-Essays.

1943. 10. Juli bis 17. August: Invasion der alliierten Truppen in Sizilien.

25. Juli: Sturz Mussolinis.

12. September: Deutsche Fallschirmtruppen befreien Mussolini aus seiner Internierung in den Abruzzen und bringen ihn in Hitlers Hauptquartier »Wolfsschanze«.

23. September: Mit deutscher Hilfe bildet Mussolini eine faschistische Gegenregierung und ruft die »Soziale Republik Italien« in Salò (am Gardasee) aus.

13. Oktober: Kriegserklärung des bereits befreiten Italien an Deutschland.

»Die Deutschen besetzen Rom«: Savinio taucht vor den Faschisten bei seinem Cousin auf dem Land unter.

1944. 4. Juni: Die Alliierten befreien Rom.

Savinio veröffentlicht *Nostra Anima* (Erzählungen), *Sorte dell'Europa* (politische Kommentare) und das Mailandbuch *Ascolto il tuo cuore, città (Stadt, ich lausche deinem Herzen)*.

1945. 28. April: Kapitulation der deutschen Streitkräfte in Italien. Mussolini wird auf der Flucht in die Schweiz von Partisanen erschossen.

Savinios Paris-Artikel und -Feuilletons erscheinen als Sammelband unter dem Titel *Souvenirs*.

1946. 9. Mai: Abdankung des italienischen Königs Viktor Emanuel III., der nach Ägypten ins Exil geht. Italien wird Republik.

1947/48. Arbeit an dem Theaterstück *Alcesti di Samuele.*

1948. Savinio ist mit seinen Gemälden in der Biennale in Venedig vertreten. Er stattet für die Mailänder Scala Stravinskys *Ödipus Rex* aus und lebt wieder in Rom.

1949. Savinio: *Emma B. vedova Giocasta* (Monolog). Für die Mailänder Scala richtet er *Hoffmanns Erzählungen* ein. Er arbeitet an der Oper *Orfeo Vedovo* (Libretto und Musik).

1950. Savinio stellt in der Biennale in Venedig seine neuen Bilder aus.

Uraufführung von *Alcesti di Samuele* unter Giorgio Strehler am Piccolo Teatro, Mailand.

1951. Savinio: Ballett *Vita dell'uomo* (Mailand) und *Cristoforo Colombo* (Radiooper).

Beginn der Oper *Oratorio.*

Carlo Maria Guilini dirigiert an der Scala Savinios *Ballata delle stagioni.*

1952. Savinio führt Regie und macht das Bühnenbild zu Rossinis Oper *Armida* – (mit Maria Callas in der Hauptrolle). In der Nacht des 5. Mai stirbt er an einem Herzinfarkt.

Nachweise

Absätze, hohe (Tacco e libertà); Filmo; Macht des Wortes (Potenza del verbo); Mode (Moda), Mickey Mouse (Topolino); Nietzky, Graf (Morto che parla); Photographie (Fasti e nefasti della fotografia); Romanersatz (Sostituti dell'uomo); Surrealismus (Surrealismo); Typographie (Tipografia); Wonder-Bar (Ultimo canto). Aus: Alberto Savinio: *Torre di Guardia.* Sellerio Editore: Palermo 1977. © Angelica e Ruggero Savinio, Roma, Italia. Ins Deutsche übertragen von Karin Fleischanderl.

Orpheus. Alberto Savinio: »Warum Orpheus den Frauen gefiel«. Aus: *Mythos Orpheus.* Aus dem Italienischen von Roland Erb. © Reclam Verlag Leipzig 1997. Original: Alberto Savinio, *Opere. Scritti dispersi. Tra guerra e dopoguerra (1943–1952).* Mailand: Classici Bompiani 1998. © Angelica e Ruggero Savinio, Roma, Italia.

Café d'Italia. Alberto Savinio: »Mit Leopardi im Café«. In: *Freibeuter* Nr. 37, Berlin: Wagenbach 1988. © Für die Übersetzung: Bettina Kienlechner und Thomas Dobberkau. Original: Alberto Savinio: »Il sorbetto di Leopardi«. *Omnibus,* Januar 1939. Danach als Auszug in *La mia vita.* Longanesi 1943. © Angelica e Ruggero Savinio, Roma, Italia.

Satie. Alberto Savinio: »Erik Satie«. In: *Der Pfahl III*, Jahrbuch aus dem Niemandsland zwischen Kunst und Wissenschaft. Aus dem Italienischen von Anna Wheill. © MSB Matthes & Seitz Berlin Verlagsgesellschaft mbH.

Metamorphoseon. Aus Alberto Savinio: *Stadt, ich lausche Deinem Herzen.* Aus dem Italienischen von Karin Fleischanderl.

Originaltitel: *Ascolto il tuo cuore, città.* Mailand: Adelphi 1984.

Alle anderen Artikel aus: *Alberto Savinio: Neue Enzyklopädie.* Aus dem Italienischen von Christine Wolter. © Insel Verlag Frankfurt am Main 1983. Original: *Nuova Enciclopedia.* Mailand 1977. © Adelphi Edizioni S.P.A. Milano.

Dossier. André Breton: »Alberto Savinio«. Aus: André Breton: *Anthologie des schwarzen Humors.* München 1972. © Rogner und Bernhard, Berlin. Aus dem Französischen von Rudolf Wittkopf. Original: André Breton: *Anthologie de L'humour Noir.* © Librairie Arthème Fayard 1979.

Leonardo Sciascia: »De Chiricos Bruder Savinio«. Aus: *FMR Internationales Magazin für Kunst und Kultur,* hrsg. v. Franco Maria Ricci, Nr. 18, 1989. Aus dem Italienischen von Hermann Meinhold.

Nachweise der Bilder Alberto Savinios:

Einband: *Objekte im Wald (Objets dans la forêt),* 1927–1928.

Vor- und Nachsatz: *Neptun (Nettuno),* 1932.

Tafeln: Zwischen S. 60/61: *Die Familie des kleinen Herkules (La famiglia di Ercole fanciullo),* 1927.

Zwischen S. 164/165: *Erinnerung an eine verschwundene Welt (Souvenir d'un monde disparu),* 1928.

Zwischen S. 252/253: *Wiederkehr des Wunderkinds (Retour de l'enfant prodigue),* 1930.

Zwischen S. 420/421: *Erinnerung an eine verschwundene Welt (Souvenir d'un monde disparu),* 1931.

19 Zeichnungen Alberto Savinios zur Rubrik *Nuova Enciclopedia* aus der Zeitschrift Domus, Januar 1941 bis November 1942.

Inhalt

MEIN PRIVATES LEXIKON von *ALBERTO SAVINIO* ist im Januar 2005 als zweihunderteinundvierzigster Band der ANDEREN BIBLIOTHEK im Eichborn Verlag, Frankfurt am Main, erschienen.

Das italienische Original trägt den Titel *Nuova Enciclopedia;* es wurde 1977 bei Adelphi in Mailand verlegt. Die deutsche Übersetzung von Christine Wolter erschien zuerst 1983 im Insel Verlag, Frankfurt am Main.

Für die vorliegende Ausgabe wurde Savinios *Privates Lexikon* von Richard Schroetter um eine Reihe von neuen Beiträgen und Abbildungen des Autors erweitert. Die meisten der Essays erscheinen hier – in der Übersetzung von Karin Fleischanderl – erstmals auf deutsch. Richard Schroetter hat außerdem ein Nachwort und ein Dossier beigesteuert. Das Lektorat lag in den Händen von Rainer Wieland.

Dieses Buch wurde in der Korpus Didot Antiqua von Wilfried Schmidberger in Nördlingen gesetzt und bei der Fuldaer Verlagsanstalt auf 80 g/m² holz- und säurefreies mattgeglättetes Bücherpapier der Papierfabrik Schleipen gedruckt. Der Einband stammt von der Buchbinderei G. Lachenmaier, Reutlingen. Ausstattung & Typographie von franz.greno@libero.it

1. bis 6. Tausend, Januar 2005. – Von diesem Band der Anderen Bibliothek gibt es eine handgebundene Lederausgabe mit den Nummern 1 bis 999; die folgenden Exemplare der limitierten Erstausgabe werden ab 1001 numeriert. Dieses Buch trägt die Nummer:

* 4394